Gottfried Benn

Prosa und Autobiographie in der Fassung der Erstdrucke

Mit einer Einführung
herausgegeben von
Bruno Hillebrand

Fischer
Taschenbuch
Verlag

Philologische Einrichtung: Inge Skibba

17.–18. Tausend: Januar 1998

Veröffentlicht im Fischer Taschenbuch Verlag GmbH,
Frankfurt am Main, April 1984

Lizenzausgabe mit freundlicher Genehmigung
der Verlagsgemeinschaft Klett-Cotta Stuttgart

Umschlaggestaltung: Jan Buchholz/Reni Hinsch
Frontispiz: Dr. Ilse Benn–Copyright 1955 by RAMA, Berlin
Satz: Hanseatische Druckanstalt GmbH, Hamburg
Druck und Bindung: Clausen & Bosse, Leck
Printed in Germany 1984
ISBN 3-596-25232-6

Inhaltsverzeichnis

Prosa:

Autobiographie

Prosa

Nocturno

Anni...
Da ging er zu Bekannten. Ein Mann und eine Frau, der Mann spielte. Sein Kopf hing aus einem Urwald hervor. Um seine Arme wanden sich dicke feuchte Ranken.
Die Frau lag vor ihm. Sie hatte Netze von blauer Mütterlichkeit über den Augen. Das tat ihm wohl, der er nicht hatte, wo er sich bergen sollte. Dann sah er auf ihr Haar. Das war fruchtbar, schwer, der Liebe gehörig. Ein Reif darin sang rauh aus grünen Steinen: wie sind die Nacken der Frauen so sanft!
Da sah er sie und ihren Mann sich begehren und stillen, und wie hernach die Erde gegen sie wuchs und sie an sich nahm und trug, und die Nacht, die über sie sank.
Da durchstach ihn seine Einsamkeit. Da krümmte ihn ein Schmerz. Da fühlte er seinen Leib dürr, krank geschlagen, mit einer lächerlich großen Wunde. –

Nun fühlte er sie stärker noch als schon den ganzen Tag und alles, was er verloren hatte: die ganze wehende Süße, wenn sie neben ihm geschritten war, der Stirne prunkende Gebärde, das Haar – oh nicht zu denken an dies Haar!
Die Zähne schlugen ihm aufeinander. Er sah dies Haar sich vor einem andern Manne öffnen. Der strich darüber. Das war es nun. In Ober-Italien würde es sein. Auf den Borromäischen Inseln vielleicht. In einem Hotel: die Tür zum Balkon stand offen und ließ die Nacht herein und das Meer.
Er hörte einen Schrei. Die ganze Erde schrie, als es dann geschah. Ein Röcheln war es wie aus einem fernen Untergang. –

Da erhob er sich und ging. Wenig Menschen kamen. Ein Fräulein kam mit Ohrringen. Wohlwollen heischend war die dunkelrote Form von ihrem Hut. Ein Trupp junger Männer kam. Froh, laut, voll beruflichen Ansehens, denen wenig fehlschlug. Sie lachten und waren vorbei. –

Dann war er im Walde. Noch einmal überfiel es ihn: zu fliehen und zu reisen. Ägypten lag ihm sehr am Herzen. Asien dämmerte auf. Häfen, Möwen, braune Kutter waren da; weißer Oleander die Ufer hoch.
Was aber dann, sagte er sich? dann? Überall würden Städte sein, in denen sie nicht war. Man konnte Meere durchfahren und sie blieb doch verloren. –

Dann ging er weiter.
Nun trug er sie zum letzten Mal durch den Abend, an den schlafenden Wassern vorbei. Er labte ihre Lippen mit der Süße des hellen Mondlichts. Er gab ihr von den zarten Nebeln an die Schläfen. Um die Schultern tat er ihr das Weiche aus den Wölbungen der Uferwälder gegen den hellen Nachthimmel.

Dann stand er still. Entkleidete sich. War nackt. Nun schöpfte er mit den hohlgebogenen Händen tief von unten an sich empor bis über die Stirne, als höbe er etwas aus sich hervor: wie lange trug er sie nun schon als das Liebste in seinem Blute; das Schönste, das an ihm war; Fernstes, Weiches, Verborgenes, Brüderliches: sie.
Das hielt er nun in die Höhe. Bewegte leise die Hände. Streute es in die Nacht wie Staub, wie Geruch, wie eine Wolke.
Ganz, ganz leise regte er die Hände. Mit einer letzten schluchzenden Zärtlichkeit. Mit fast geschlossenen Augen, als fühlte er, wie es entwiche.
Dann fanden die Hände und taten ihr letztes Werk. –

Heinrich Mann

Ein Untergang

Jahre waren es, die lebte ich nur im Echo meiner Schreie, hungernd und auf den Klippen des Nichts. Jenseits von Gut und Böse – dummes Literatenwort. Jenseits von Krebs und Syphilis und Herzschlag und Ersticken – das ganze grauenvolle Leben der Götter war es, ehe sie ihre Erde schufen.

Früher in meinem Dorf wurde jedes Ding nur mit Gott oder dem Tod verknüpft und nie mit einer Irdischkeit. Da standen die Dinge fest auf ihrem Platze und reichten bis in das Herz der Erde.

Bis mich die Seuche der Erkenntnis schlug: es geht nirgends etwas vor; es geschieht alles nur in meinem Gehirn. Da fingen die Dinge an zu schwanken, wurden verächtlich und kaum des Ansehens wert. Und selber die grossen Dinge: wer ist Gott? und wer ist Tod? Kleinigkeiten. Wappentiere. Worte aus meiner Mutter Mund.
Nun gab es nichts mehr, das mich trug. Nun war über allen Tiefen nur mein Odem. Nun war das Du tot. Nun war alles tot: Erlösung, Opfer und Erlöschen. Bis ich den Ausweg aus mir fand: in Siedelungen aus meinem Blut. Die sollten Heimat werden, Trost, Erde, Himmel, Rache, Zwiegespräch. –

Und Bild für Bild: jedes war wie der letzte Atemzug eines, dessen Mund schon unter den Wellen ist. Ich stiess sie hervor; ich röchelte sie ins Dasein. Es handelte sich garnicht darum zu malen. Es handelte sich darum zu leben. Etwas ganz Primitives stand in Frage. Etwas wie die Atmung. Ich setzte Strich bei Strich und jeder war wie ein Schrei und meine Hände kamen aus einem Abgrund. –

Als es kein Entrinnen mehr gab, machte ich kurzer Hand Schluss und fuhr.

Es war Schnee gefallen. Es kam Frost, harter, unnachgiebiger.
Mittags, als die Fahrt begann, waren ein paar Dinge schwarz: Wälder, Krähen. Buschwerk an Gräben laubbraun; das andere weiss.

Ueber allem lag das Licht: eingefroren, starr, lang hingeworfen. Blankes, auf das es fiel, sah vernichtend aus: nicht anrühren, sonst gibt es Wunden und Schorf. Alles war eines Sinnes: Hügel, Flüsse, Dörfer.
Und als gegen Abend das laue Rot begann, sanft sich hochwölbend und wie aus der Haut von Früchten, opferte es sich hin über das ganze Land.
Bis die Stunde kam, wo dies eintrat: alle Farben hatten sich erhoben und sahen der Sonne nach. Unter ihnen aber dehnte sich eine weite flache Schicht: grausam leer und grausam kalt; darin lag die Erde, grau und bitter. Die Raben in den Birkenkronen gehörten dazu und die Wege, die rasch auflebten und wieder zuwuchsen. Es stand alles vernichtet auf einem Ufer, das unaufhaltsam abfiel zu einem toten eisigen Fluss. Und dann begann die Nacht. –

Am nächsten Morgen war Italien da. Ich wusste kaum die Stadt, in der er wohnte, aber ich fand hin. Schliesslich kam er auch aus seinem Haus.
Er schielte nicht und der Kopf war ihm nicht schief aufgewachsen. Er war keine Missgeburt. Auch roch ich nichts an seinen Kleidern, das um ihn aufstiege. Und er sagte, er wüsste nichts von einem Gifte, das er täglich zu sich nähme.
Nein, dies alles war es nicht.
Die Dinge kamen zu ihm wie zu allen andern. In ihm erst wuchsen sie um. In irgend einem Zwielicht, vielleicht hinter den Augen.
Nein, er ist gross. Ihn trösten Madonnen. Er hat irgendwo einen verborgenen Gott.
Auch ging er lässig, gelassen und unzerfurcht durch diese Stadt bunt hingebreitet, von Gärten durchbrochen, nahe am Meer. – –

Nun heisst es reisen. Wie weit das Land blüht. Wie tief, über Berge, morgendlich.
Wie es stürmt: immer tiefer in den Süden: von Lippen über Brüste in den Schoss.
Hier wäre Wundreissen. Hier könnte Blut verströmen. Wenn hier immer zu wohnen wäre – dann vielleicht. – –

Ich wandere. Ich schluchze über die Dörfer. Vorbei an Heimaten; an Schlaf voll Traum; an Abendheimkehr; an Gesängen.
Es weint in mir. In der Brust irgendwo. Ein heisses Wasser.
Es gibt nicht Ruhe. Es schlägt hin und her: Heimat, Heimat. --

Ich wohne am Rande einer Ebene. Ich habe ein einstöckiges Haus.
Mein Schreibtisch steht in einem Zimmer mit einem einzigen grossen weiten Fenster und so ist das Land: ohne Spiel von Wäldern und Verstecken, meerähnlich, grenzenlos.
Alle Arbeit ist getan.
Aller Abschied ist vollbracht.
Es gibt keine Eltern mehr, die sich um verlorene Kinder grämen. Es gibt keine Geschwister mehr, die arm sind und sich hocharbeiten müssen – aber die borromäischen Inseln dämmern über ihren veilchenfarbenen See und die Nilmündung ist da: mit Barken und Licht, das aus der Wüste kommt.
Ich war ein arktisches Tier. Weisses Blut. Nördlicher als die Rosenmöven.
Nun bin ich der Einzug eines Bacchusfestes an einem warmen Mittag durch bedrängte Tore.
Nun stehe ich wie ein Knabe auf einem Hügel: nackt und an eine Säule gelehnt und treibe durch das gelassene Land.
Keine Armut mehr. Nein, keine Armut mehr. Kein Erliegen. Keine Jagd.
Ich stehe in einem Wirbel von Glück. In alle Furchen rinnt es. Aus Wolkenbrüchen der Erfüllung.
Ich wandere ihm zu wie einem Flötenlied.
Ich steige zu ihm nieder wie ans Meer.
Helles, gestilltes Herz. –

Gehirne

Rönne, ein junger Arzt, der früher viel seziert hatte, fuhr im Sommer vorigen Jahres durch Süddeutschland dem Norden zu. Er hatte die letzten Monate tatenlos verbracht; er war zwei Jahre lang an einem pathologischen Institut angestellt gewesen, das bedeutet, es waren ungefähr zweitausend Leichen ohne Besinnen durch seine Hände gegangen, und das hatte ihn in einer merkwürdigen und ungeklärten Weise erschöpft.

Jetzt saß er auf einem Eckplatz und sah in die Fahrt: es geht also durch Weinland, besprach er sich, ziemlich flaches, vorbei an Scharlachfeldern, die rauchen von Mohn. Es ist nicht allzu heiß; ein Blau flutet durch den Himmel, feucht und aufgeweht von Ufern; an Rosen ist jedes Haus gelehnt, und manches ganz versunken. Ich will mir ein Buch kaufen und einen Stift; ich will mir jetzt möglichst vieles aufschreiben, damit nicht alles so herunterfließt. So viele Jahre lebte ich, und alles ist versunken. Als ich anfing, blieb es bei mir? Ich weiß es nicht mehr.

Dann lagen in vielen Tunneln die Augen auf dem Sprung, das Licht wieder aufzufangen; Männer arbeiteten im Heu; Brücken aus Holz, Brücken aus Stein; eine Stadt und ein Wagen über Berge vor ein Haus.

Veranden, Hallen und Remisen, auf der Höhe eines Gebirges, in einen Wald gebaut – hier wollte Rönne den Chefarzt ein paar Wochen vertreten. Das Leben ist so allmächtig, dachte er, diese Hand wird es nicht unterwühlen können, und sah seine Rechte an.

Im Gelände war niemand außer Angestellten und Kranken; die Anstalt lag hoch; Rönne war feierlich zu Mute; umleuchtet von seiner Einsamkeit besprach er mit den Schwestern die dienstlichen Angelegenheiten fern und kühl.

Er überließ ihnen alles zu tun: das Herumdrehen der Hebel, das Befestigen der Lampen, den Antrieb der Motore, mit einem Spiegel dies und jenes zu beleuchten – es tat ihm wohl, die Wissenschaft in eine Reihe von Handgriffen aufgelöst zu sehen, die gröberen eines Schmiedes, die feineren eines Uhrmachers wert. Dann nahm er selber seine

Hände, führte sie über die Röntgenröhre, verschob das Quecksilber der Quarzlampe, erweiterte oder verengte einen Spalt, durch den Licht auf einen Rücken fiel, schob einen Trichter in ein Ohr, nahm Watte und ließ sie im Gehörgang liegen und vertiefte sich in die Folgen dieser Verrichtung bei dem Inhaber des Ohrs: wie sich Vorstellungen bildeten von Helfer, Heilung, guter Arzt von allgemeinem Zutrauen und Weltfreude, und wie sich die Entfernung von Flüssigkeiten in das Seelische verwob. Dann kam ein Unfall und er nahm ein Holzbrettchen mit Watte gepolstert, schob es unter den verletzten Finger, wickelte eine Stärkebinde herum und überdachte, wie dieser Finger durch den Sprung über einen Graben oder eine übersehene Wurzel, durch einen Übermut oder einen Leichtsinn, kurz, in wie tiefem Zusammenhange mit dem Lauf und dem Schicksal dieses Lebens er gebrochen schien, während er ihn jetzt versorgen mußte wie einen Fernen und Entlaufenen, und er horchte in die Tiefe, wie in dem Augenblick, wo der Schmerz einsetzte, eine fernere Stimme sich vernehmen ließe.
Es war in der Anstalt üblich, die Aussichtslosen unter Verschleierung dieses Tatbestandes in ihre Familien zu entlassen wegen der Schreibereien und des Schmutzes, den der Tod mit sich bringt. Auf einen solchen trat Rönne zu, besah ihn sich: die künstliche Öffnung auf der Vorderseite, den durchgelegenen Rücken, dazwischen etwas mürbes Fleisch; beglückwünschte ihn zu der gelungenen Kur und sah ihm nach, wie er von dannen trottete. Er wird nun nach Hause gehen, dachte Rönne, die Schmerzen als eine lästige Begleiterscheinung der Genesung empfinden, unter den Begriff der Erneuerung treten, den Sohn anweisen, die Tochter heranbilden, den Bürger hochhalten, die Allgemeinvorstellung des Nachbars auf sich nehmen, bis die Nacht kommt mit dem Blut im Hals. Wer glaubt, daß man mit Worten lügen könne, könnte meinen, daß es hier geschähe. Aber wenn ich mit Worten lügen könnte, wäre ich wohl nicht hier. Überall, wohin ich sehe, bedarf es eines Wortes, um zu leben. Hätte ich doch gelogen, als ich zu diesem sagte: Glück auf!
Erschüttert saß er eines Morgens vor seinem Frühstückstisch; er fühlte so tief: der Chefarzt würde verreisen, ein Vertreter würde kommen, in dieser Stunde aus diesem Bette

steigen und das Brötchen nehmen: man denkt, man ißt, und das Frühstück arbeitet an einem herum. Trotzdem verrichtete er weiter, was an Fragen und Befehlen zu verrichten war; klopfte mit einem Finger der rechten Hand auf einen der linken, dann stand eine Lunge darunter; trat an Betten: guten Morgen, was macht Ihr Leib? Aber es konnte jetzt hin und wieder vorkommen, daß er durch die Hallen ging, ohne jeden einzelnen ordnungsgemäß zu befragen, sei es nach der Zahl seiner Hustenstöße, sei es nach der Wärme seines Darms. Wenn ich durch die Liegehallen gehe – dies beschäftigte ihn zu tief – in je zwei Augen falle ich, werde wahrgenommen und bedacht. Mit freundlichen und ernsten Gegenständen werde ich verbunden; vielleicht nimmt ein Haus mich auf, in das sie sich sehnen, vielleicht ein Stück Gerbholz, das sie einmal schmeckten. Und ich hatte auch einmal zwei Augen, die liefen rückwärts mit ihren Blicken; jawohl, ich war vorhanden: fraglos und gesammelt. Wo bin ich hingekommen? Wo bin ich? Ein kleines Flattern, ein Verwehn.

Er sann nach, wann es begonnen hätte, aber er wußte es nicht mehr: ich gehe durch eine Straße und sehe ein Haus und erinnere mich eines Schlosses, das ähnlich war in Florenz, aber sie streifen sich nur mit einem Schein und sind erloschen.

Es schwächt mich etwas von oben. Ich habe keinen Halt mehr hinter den Augen. Der Raum wogt so endlos; einst floß er doch auf eine Stelle. Zerfallen ist die Rinde, die mich trug.

Oft, wenn er von solchen Gängen in sein Zimmer zurückgekehrt war, drehte er seine Hände hin und her und sah sie an. Und einmal beobachtete eine Schwester, wie er sie beroch oder vielmehr, wie er über sie hinging, als prüfe er ihre Luft, und wie er dann die leicht gebeugten Handflächen, nach oben offen, an den kleinen Fingern zusammenlegte, um sie dann einander zu und ab zu bewegen, als bräche er eine große, weiche Frucht auf oder als böge er etwas auseinander. Sie erzählte es den anderen Schwestern; aber niemand wußte, was es zu bedeuten habe. Bis es sich ereignete, daß in der Anstalt ein größeres Tier geschlachtet wurde. Rönne kam scheinbar zufällig herbei, als der Kopf aufgeschlagen wurde, nahm den Inhalt in die Hände und bog die beiden Hälften auseinander. Da durchfuhr es die

Schwester, daß dies die Bewegung gewesen sei, die sie auf dem Gang beobachtet hatte. Aber sie wußte keinen Zusammenhang herzustellen und vergaß es bald.
Rönne aber ging durch die Gärten. Es war Sommer; Otternzungen schaukelten das Himmelsblau, die Rosen blühten, süß geköpft. Er spürte den Drang der Erde: bis vor seine Sohlen, und das Schwellen der Gewalten: nicht mehr durch sein Blut. Vornehmlich aber ging er Wege, die im Schatten lagen und solche mit vielen Bänken; häufig mußte er ruhen vor der Hemmungslosigkeit des Lichtes, und preisgegeben fühlte er sich einem atemlosen Himmel.
Allmählich fing er an, seinen Dienst nur noch unregelmäßig zu versehen; namentlich aber, wenn er sich gesprächsweise zu dem Verwalter oder der Oberin über irgendeinen Gegenstand äußern sollte, wenn er fühlte, jetzt sei es daran, eine Äußerung seinerseits dem in Frage stehenden Gegenstand zukommen zu lassen, brach er förmlich zusammen. Was solle man denn zu einem Geschehenen sagen? Geschähe es nicht so, geschähe es ein wenig anders. Leer würde die Stelle nicht bleiben. Er aber möchte nur leise vor sich hinsehn und in seinem Zimmer ruhn.
Wenn er aber lag, lag er nicht wie einer, der erst vor ein paar Wochen gekommen war, von einem See und über die Berge; sondern als wäre er mit der Stelle, auf der sein Leib jetzt lag, emporgewachsen und von den langen Jahren geschwächt; und etwas Steifes und Wächsernes war an ihm lang, wie abgenommen von den Leibern, die sein Umgang gewesen waren.
Auch in der Folgezeit beschäftigte er sich viel mit seinen Händen. Die Schwester, die ihn bediente, liebte ihn sehr; er sprach immer so flehentlich mit ihr, obschon sie nicht recht wußte, um was es ging. Oft fing er etwas höhnisch an: er kenne diese fremden Gebilde, seine Hände hätten sie gehalten. Aber gleich verfiel er wieder: sie lebten in Gesetzen, die nicht von uns seien und ihr Schicksal sei uns so fremd wie das eines Flusses, auf dem wir fahren. Und dann ganz erloschen, den Blick schon in einer Nacht: um zwölf chemische Einheiten handele es sich, die zusammengetreten wären nicht auf sein Geheiß, und die sich trennen würden, ohne ihn zu fragen. Wohin solle man sich dann sagen? Es wehe nur über sie hin.

Er sei keinem Ding mehr gegenüber; er habe keine Macht mehr über den Raum, äußerte er einmal; lag fast ununterbrochen und rührte sich kaum.
Er schloß sein Zimmer hinter sich ab, damit niemand auf ihn einstürmen könne; er wollte öffnen und gefaßt gegenüberstehn.
Anstaltswagen, ordnete er an, möchten auf der Landstraße hin und her fahren; er hatte beobachtet, es tat ihm wohl, Wagenrollen zu hören: das war so fern, das war wie früher, das ging in eine fremde Stadt.
Er lag immer in einer Stellung: steif auf dem Rücken. Er lag auf dem Rücken, in einem langen Stuhl, der Stuhl stand in einem geraden Zimmer, das Zimmer stand im Haus und das Haus auf einem Hügel. Außer ein paar Vögeln war er das höchste Tier. So trug ihn die Erde leise durch den Äther und ohne Erschüttern an allen Sternen vorbei.
Eines Abends ging er hinunter zu den Liegehallen; er blickte die Liegestühle entlang, wie sie alle still unter ihren Decken die Genesung erwarteten; er sah sie an, wie sie dalagen: alle aus Heimaten, aus Schlaf voll Traum, aus Abendheimkehr, aus Gesängen von Vater zu Sohn, zwischen Glück und Tod – er sah die Halle entlang und ging zurück.
Der Chefarzt wurde zurückgerufen; er war ein freundlicher Mann, er sagte, eine seiner Töchter sei erkrankt. Rönne aber sagte: sehen Sie, in diesen meinen Händen hielt ich sie, hundert oder auch tausend Stück; manche waren weich, manche waren hart, alle sehr zerfließlich; Männer, Weiber, mürbe und voll Blut. Nun halte ich immer mein eigenes in meinen Händen und muß immer darnach forschen, was mit mir möglich sei. Wenn die Geburtszange hier ein bißchen tiefer in die Schläfe gedrückt hätte...? Wenn man mich immer über eine bestimmte Stelle des Kopfes geschlagen hätte...? Was ist es denn mit den Gehirnen? Ich wollte immer auffliegen wie ein Vogel aus der Schlucht; nun lebe ich außen im Kristall. Aber nun geben Sie mir bitte den Weg frei, ich schwinge wieder – ich war so müde – auf Flügeln geht dieser Gang – mit meinem blauen Anemonenschwert – in Mittagsturz des Lichts – in Trümmern des Südens – in zerfallendem Gewölk – Zerstäubungen der Stirne – Entschweifungen der Schläfe.

Die Eroberung

Aus der Ohnmacht langer Monate und unaufhörlichen Vertriebenheiten –: Dies Land will ich besetzen, dachte Rönne, und seine Augen rissen den weißen Schein der Straße an sich, befühlten ihn, verglichen ihn mit den Schichten nah am Himmel und mit der Helle der Mauer eines Hauses, und schon verging er vor Glück in den Abend, in die deutliche Verlängerung des Lichtes, in dieses kühle Ende eines Tages, der voll Frühling war.

Die Eroberung ist zu Ende, sagte er sich; es ist fester Fuß gefaßt. Sie tragen ihre Ohnmacht noch in Farben an ihren Hüten, in Schleifen, rot und gelb, und kleinen Fahnen an der Jacke; aber vertrieben werden wir hier zunächst nicht werden. Dagegen alles, was geschieht, geschieht erstmalig. Eine fremde Sprache, alles ist haßerfüllt und kommt zögernd über einen Abgrund her. Hier will ich Schritt für Schritt vorgehen. Wenn irgendwo, muß es mir hier gelingen.

Er schritt aus; schon blühte um ihn die Stadt. Sie wogte auf ihn zu, sie erhob sich von den Hügeln, schlug Brücken über die Inseln, ihre Krone rauschte. Über Plätze, vor Jahrhunderten liegen geblieben und von keinem Fuß berührt, drängten alle Straßen hernieder in ein Tal; es war ein Abstieg in der Stadt, sie ließ sich sinken in die Ebene, sie entsteinte ihr Gemäuer einem Weinberg zu.

Er verhielt auf einem Platz, sank auf eine Mauer, schloß die Augen, spürte mit den Händen durch die Luft wie durch Wasser und drängte: Liebe Stadt, laß Dich doch besetzen! Beheimate mich! Nimm mich auf in die Gemeinschaft! Du wächst nicht auf, Du schwillst oben nicht an, alles das ermüdet so. Du bist so südlich; Deine Kirche betet in den Abend, ihr Stein ist weiß, der Himmel blau. Du irrst so an das Ufer der Ferne, Du wirst Dich erbarmen, schon umschweifst Du mich.

Er fühlte sich gefestigt. Er schwang über die Boulevards; es war ein Wogen hin und her. Er ging beschwingt; die Frauen trug er in seinen Falten wie Staub; die Entthronten; was gab es denn: kleine Höhlen und ein Büschel Erde in der

Achsel. Einer Blonden wogte beim Atmen eine Rose hin und her. Die roch nun mit dem Blut der Brust zusammen irgendeinem Manne zu.
Ihr trieb er nach in ein Café. Er setzte sich und atmete tief: ja hier ist die Gemeinschaft. Er sah sich um: Ein Mann versenkte sein Weiches in ein Mädchen; die dachte, es käme von Gott, und strich sich glatt. Der Unterkiefer eines Zurückgebliebenen meisterte mit Hilfe von zwei verwachsenen Händen eine Tasse, die Eltern saßen dabei und verwahrten sich. Auf allen Tischen standen Geräte, welche für den Hunger, welche für den Durst. Ein Herr machte ein Angebot; Treue trat in sein Auge, Weib und Kind verernsteten seine Züge. Einer bewertete sachlich ein Gespräch. Einer kaute eine Landschaft an, der Wände Schmuck. Ja, hier ist das Glück, sagte er sich und blähte seine Nüstern, als versenke er sich, – das tiefe, gedehnte Glück. Nehmt mich auf in die Gemeinschaft!
Schon erhob er die Blicke wie zu seinesgleichen. Seine Augen schweiften wie die des Kauenden. Nicht mehr leugnen ließ sich, daß das Licht auf der Straße sich verdunkelte, und daß tief gebeugt ein Mädchen sang. Klar zutage lagen die Lüste zwischen den Soldaten und den Frauen, und der Kellner gewann an Geltung. Und er fühlte, wie er wuchs und still ward, so kühl umstanden zu sein von lauter Dingen, die geschahen.
Nun wurde er kühner; er entlastete sich auf die Stühle, und siehe – sie standen da. Er verteilte, was er unter der Stirne trug, um der Säulen Samt. Die Marmorplatten wuchsen sich aus, die Klinken traten selbständig hervor. Er schweifte sich innen aus: auf die Borde, auf die Simse häufte er es aus allen Höhlen und Falten Last um Last.
Nun hing sogar ein Bild an der Wand: eine Kuh auf einer Weide. Eine Kuh auf einer Weide, dachte er; eine runde braune Kuh, Himmel und ein Feld. Nein, was für ein namenloses Glück aus diesem Bild entstehen kann! Da steht sie nun mit vier Beinen, mit eins, zwei, drei, vier Beinen, das läßt sich gar nicht leugnen; sie steht mit vier Beinen auf einer Wiese aus Gras und sieht drei Schafe an, eins, zwei, drei Schafe, – o die Zahl, wie liebe ich die Zahl, sie sind so hart, sie sind rundherum gleich unantastbar, sie starren von Unangreifbarkeit, ganz unzweideutig sind sie, es wäre

lächerlich, irgend etwas an ihnen aussetzen zu wollen; wenn ich noch jemals traurig bin, will ich immer Zahlen vor mich her sagen; er lachte froh und ging.

Himmel um sein Haupt, blühte er durch das leise Spiel der Nacht. Sein waren die Gassen, für seine Gänge, ohne Demütigung vernahm er seiner Schritte Widerhall. Er fühlte ein Erschließen, er stieg auf; eine Pore war er, aus der es grünen wollte, eingeebnet fühlte er sich in das Schlenkern der Arme eines Mannes, der hastig über die Straße schritt, gehürnt von einem Ziel.

Weich und mahlend bewältigte er die Schaufenster durch Gedanken über Gegenstände in den Läden, stand herum prüfenden Blickes, als beabsichtigte er einzukaufen, ging weiter nicht befriedigt von dem, was man ihm bot.

Hart heran an Gangart und Gesichtsausdruck von anderen Männern, trat er, schloß sich dem an, glättete seine Züge, um sie gelegentlich aufzucken zu lassen in der Erinnerung an ein Vorkommnis im Laufe des Tages, sei es heiterer, sei es ernster Art. Einen belebten großen Platz vollends nahm er wahr, um plötzlich stehen zu bleiben, erschrocken mit der Hand an die Stirn zu fassen und den Kopf zu schütteln: nein, zu ärgerlich! nun hatte er etwas vergessen; entfallen war ihm etwas, das zu tun ihm oblag; ein Versäumnis lag vor, das trotz aller bevorstehender Verabredungen des Abends unverzüglich nachzuholen, ihm die Pflicht gebot. Weitergehen erübrigte sich. Es hieß jetzt, der Umkehr ins Auge sehen und vollbringen, was einmal als Recht erkannt.

Erregt machte er kehrt; die einreihenden Gedanken der Nachblickenden wärmten ihn und trieben ihn an: Vielleicht erzählte nun einer von ihm zu Hause, vielleicht spöttelte er ein wenig, vielleicht sagte er etwas schadenfroh: ein Herr, der etwas vergessen hatte – vielleicht kam er nun zu spät zu seiner Verabredung – vielleicht blieb ihm nun die Tür verschlossen während der Ouvertüre, – er mußte noch einmal zurückgehen – wahrscheinlich in sein Bureau –, wahrscheinlich ein Brief an einen Geschäftsfreund –, man kennt das ja selbst – ja ja, so ist das Leben – man erzieht sich selbst – man muß manches opfern – aber nur den Kopf nicht sinken lassen –, erhebt die Herzen, – Sursum corda – der gestirnte Himmel – das dienende Glied.

Er bog in ein Friseurgeschäft und unterzog sich der Pflege.
Ein Herr bekam den Hinterkopf gepudert. Warum, fragte sich Rönne, ich bekomme ihn nicht gepudert. Er überlegte. Er war blond. Es geht daraus hervor, daß das Prinzip des Weißen mit dem Prinzip des Blonden für diesen Zweck identisch ist. Es dürfte sich um den Lichtreflex handeln, um den Brechungskoeffizienten sozusagen. Jawohl, Brechungskoeffizient, sehr gut, und er verweilte einen Augenblick.
Man muß nur an alles, was man sieht, etwas anzuknüpfen vermögen, es mit früheren Erfahrungen in Einklang bringen und es unter allgemeine Gesichtspunkte stellen, das ist die Wirkungsweise der Vernunft, dessen entsinne ich mich.
Stark und gerüstet dehnte er sich in dem Rasierstuhl. Der junge Mann tänzelte herum, tupfte hin und her und puderte und strich.
Er war wieder auf der Straße. Eine Frau bot einen flachen Korb herum mit Veilchensträußen, blau wie Stücke der Nacht, mit Orchideenbündeln, weichen Zusammenflusses aus hellblau und orange.
Die Orchidee, lachte er selbstgefällig, die Blüte des heißen Afrika, der Liebling der Sammler, der Gegenstand so mancher Ausstellungen des In- und Auslandes, jawohl, ich weiß Bescheid, jawohl, ich bin nicht unkundig, selbst zu einem Fachmann fände ich Beziehungen.
Da fiel sein Blick auf die Inschrift eines Hauses, die hieß etwa: Schlachthof.
Nun mußte er sich eingehend über Schlachthof äußern. Der Dresdener Schlachthof vergleichsweise, erbaut Anfang der siebziger Jahre von Baurat Köhler, versehen mit den hygienisch-sanitären Vorrichtungen modernsten Systems – Bahnbrechend war in dieser Richtung die Entdeckung des Dänen Johannsen. Es war ein Junitag des denkwürdigen Jahres der finnischen Expedition. Da ging er am Morgen durch die Östergaade und sah zwei Kühe ankommen, alter jütländischer Art – – heraus aus einer solchen Fülle des Tatsächlichen sprach er; so äußerte er sich, so stand er Antwort und Rede, klärte manches auf, half über Irrtümer hinweg, diente der Sache und unterstand der Allgemeinheit, die ihm dankte.

Messer und Geräte, Griffe und Anerkennung des Raumes Erforderndes, traten ihm entgegen. Nun wurde er gar ein Jäger, eine starke, geschlossene Gestalt. Er scheute sich nicht, durch grüne Joppe und Hornknöpfe Aufschluß über sein Gewerbe jedem Vorübergehenden zu geben. Er war wetterhart und gebräunt und einen kräftigen Schluck zum zweiten Frühstück, jawohl die Herren, und noch einmal! Er erzählte in einem größeren Kreise von dem Sechserbock, wie er den Drilling an die Backe nahm, und das Silberkorn flimmerte in der Kimme. Er prüfte und begutachtete einen Standhauer, erinnerte an die ungünstigen Erfahrungen mit dem Modell eines Försters aus der Nachbarschaft; er nickte bedächtig, schüttelte mit dem Kopf und sprach starken Atems in die rauhe Morgenluft, kurz, er war der geachtete Mann, dem im Umfang seines Faches Vertrauen zukam, eine bodenständige Natur, festen Schrittes und aufrechter Art.

Nun erkrankte ihm vollends sein Kind; an einem Frühlingsmorgen, das junge Geschöpf! Er schluchzte mit seinem Weibe; aber mit dem kurzen Daumen des Broterwerbers strich er sich durch den Bart, den Schmerz zu meistern. Er stand demütig vor dem Unbegreiflichen; aller der Rätsel wurde auch er nicht Herr; das Mythische ragte in sein Leben hinein, die guten und die bösen Dinge, die Träne und das Blut.

Allmählich aber war die Nacht tiefer geworden und schloß ihn ein. Nun schwoll wirklich um ihn der Wald. Er sank auf Moos unter Stern und stillen Lauten. Blau stand zwischen Bäumen, Tier und Dorf. In ihrem Bett die Quelle. In ihrem Silberheim die Hügel. Und im Schauer seiner Haut, im Sprunge seiner Glieder, im Trunk der Augen, in seines Ohres Rausch: er, als der Blüten eine, er, als der Tiere Beischlaf, unter einem Himmel, unter einer Nacht –

Im Taumel halb und, halb weil Klänge riefen, stieg er die Stufen hinunter in den Saal.

Da tanzte eine hinter Schleiern, die Brüste gebunden, und ein Korallengaumen, aus dem sie lachte. Zwei wehten mit ihren Händen an ihren Leibern vorbei und trieben Geruch und Lust den Männern zu. Eine stieß Leib und Brüste hervor nach Enthüllungen. Zwei, die sich lieben wollten, streiften die Ringe ab, die hatten rauhe Steine.

Er aber spürte die Hände alle auf den Hüften, den Drang, sich abzuflachen auf die Erde, die Zuckungen, das Zusammenströmen und den Aufwuchs, und plötzlich stand vor ihm die Schwangere: breites, schweres Fleisch, triefend von Säften aus Brust und Leib; ein magerer, verarmter Schädel über feuchtem Blattwerk, über einer Landschaft aus Blut, über Schwellungen aus tierischen Geweben, hervorgerufen durch eine unzweifelhafte Berührung.

Da sprang er eine an, brach sie auf, biß in Gebein, das wie seines war, entriß ihm Schreie, die wie seine klangen, und verging an einer Hüfte, erstürmt von einem fremden Rund. –

Dann stieß der Morgen hervor, rot und siegreich. Rönne schritt durch die Wellen der Frühe, durch das Meer, das über die Wolken brach.

Rein und klar sah er hinter sich die Nacht, nun ging er den Weg zu den Palmengärten am Rande der Stadt.

Das Licht wuchs an, der Tag erhob sich; immer der gleiche ewige Tag, immer das unverlierbare Licht.

Die letzten Straßen: Brut quoll aus den Kellern; vorbei schabte ein Mönch, der Triumph des Inhalts; Frauen, Geruch aus Nestern und Begattung hinter sich herschleifend, führten ihre bejahenden Versenkungen dem Nachbar zu. Zu ihnen gehörten sie alle: Der Jäger und der Krüppel, der Vergeßliche und der Tänzer, – alle glaubten, versteckt oder frei, an die großen Gehirne, um die die Götter schwebten.

Er, der Einsame; blauer Himmel, schweigendes Licht. Über ihm die weiße Wolke: die sanftgekappten Rande, das schweifende Vergehen.

Er wehte sich über die Stirn: Am Abend, als ich ausging, schien ich mir noch des Schmerzes wert. Nun mag ich unter Farren liegen, die Stämme anschielen und überall die Fläche sehen.

Die Türen sanken nieder, die Glashäuser bebten, auf einer Kuppel aus Kristall zerbarst ein Strom des unverlierbaren Lichts: – so trat er ein –.

Ich wollte eine Stadt erobern, nun streicht ein Palmenblatt über mich hin.

Er wühlte sich in das Moos: am Schaft, wasserernährt, meine Stirn, handbreit, und dann beginnt es.

Bald darauf ertönte eine Glocke. Die Gärtner gingen an ihre Arbeit; da schritt auch er an eine Kanne und streute Wasser über die Farren, die aus einer Sonne kamen, wo viel verdunstete.

Die Reise

Rönne wollte nach Antwerpen fahren, aber wie ohne Zerrüttung? Er konnte nicht zu Mittag kommen. Er mußte angeben, er könne heute nicht zu Mittag kommen, er fahre nach Antwerpen. Nach Antwerpen, hätte der Zuhörer gedacht? Betrachtung? Aufnahme? Sich ergehen? Das erschien ihm ausgeschlossen. Es zielte auf Bereicherung und den Aufbau des Seelischen.

Und nun stellte er sich vor, er säße im Zug und müßte sich plötzlich erinnern, wie jetzt bei Tisch davon gesprochen würde, daß er fort sei; wenn auch nur nebenbei, als Antwort auf eine kurz hingeworfene Frage, jedenfalls aber doch so viel, er seinerseits suche Beziehungen zu der Stadt, dem Mittelalter und den Scheldequais.

Erschlagen fühlte er sich, Schweißausbrüche. Eine Krümmung befiel ihn, als er seine unbestimmten und noch gar nicht absehbaren, jedenfalls aber doch so geringen und armseligen Vorgänge zusammengefaßt erblickte in Begriffen aus dem Lebensweg eines Herrn.

Ein Wolkenbruch von Hemmungen und Schwäche brach auf ihn nieder. Denn wo waren Garantien, daß er überhaupt etwas von der Reise erzählen könnte, mitbringen, verlebendigen, daß etwas in ihn träte im Sinne des Erlebnisses?

Große Rauheiten, wie die Eisenbahn, sich einem Herrn gegenüber gesetzt fühlen, das Heraustreten vor den Ankunftsbahnhof mit der zielstrebigen Bewegung zu dem Orte der Verrichtung; das alles waren Dinge, die konnten nur im Geheimen vor sich gehen, in sich selber erlitten, trostlos und tief.

Wie war er denn überhaupt auf den Gedanken gekommen, zu verlassen, darin er seinen Tag erfüllte? War er tollkühn, herauszutreten aus der Form, die ihn trug? Glaubte er an Erweiterung, trotzte er dem Zusammenbruch?

Nein sagte er sich, nein. Ich kann es beschwören: nein. Nur als ich vorhin aus dem Geschäft ging, nach Veilchen roch man wieder, gepudert war man auch, ein Mädchen kam heran mit weißer Brust, es erschien nicht ausgeschlossen, daß man sie eröffnet. Es erschien nicht ausgeschlossen, daß

man prangen würde und strömen. Ein Strand rückte in den Bereich der Möglichkeiten, an den die blaue Brust des Meeres schlug. Aber nun zur Versöhnung will ich essen gehn.
Durch Verbeugung in der Türe anerkannte er die Individualitäten. Wer wäre er gewesen? Still nahm er Platz. Groß wuchteten die Herren.
Nun erzählte Herr Jansen von den Eigentümlichkeiten einer tropischen Frucht, die einen Kern enthalte von Eigröße. Das Weiche äße man mit einem Löffel, es habe gallertartige Konsistenz. Einige meinten, es schmecke nach Nuß. Er demgegenüber habe immer gefunden, es schmecke nach Ei. Man äße es mit Pfeffer und Salz. Es handelte sich um eine schmackhafte Frucht. Er habe davon des Tages 3–4 gegessen und einen ernstlichen Schaden nie bemerkt.
Hierin trat Herrn Körner das Außerordentliche entgegen. Mit Pfeffer und Salz eine Frucht? Das erschien ihm ungewöhnlich, und er nahm dazu Stellung.
Wenn es ihm doch aber nach Ei schmeckt, wies Herr Mau auf das Subjektive des Urteils hin, gleichzeitig etwas wegwerfend, als ob er seinerseits nichts Unüberbrückbares sähe. Außerdem so ungewöhnlich sei es doch nun nicht, führte Herr Offenberg zur Norm zurück, denn z. B. die Tomate? Wie nun vollends, wenn Herr Kritzler einen Oheim aufzuweisen hatte, der noch mit 70 Jahren Melone mit Senf gegessen hatte, und zwar in den Abendstunden, wo Derartiges bekanntlich am wenigsten bekömmlich sei?
Alles in allem: Lag denn in der Tat eine Erscheinung von so ungewöhnlicher Art vor, ein Vorkommnis sozusagen, das die Aufmerksamkeit weiterer Kreise auf sich zu lenken geeignet war, sei es, weil es in seinen Verallgemeinerungen bedenkliche Folgeerscheinungen hätte zeitigen können, sei es, weil es als Erlebnis aus der besonderen Atmosphäre des Tropischen zum Nachdenken anzuregen geeignet war?
Soweit war es gediehen, als Rönne zitterte, Erstickung auf seinem Teller fand und nur mit Mühe das Fleisch aß.
Ob er aber nicht doch vielleicht eine Banane gemeint habe, bestand Herr Körner, diese weiche, etwas mürbe und längliche Frucht?
Eine Banane, wuchs Herr Jansen auf? Er, der Congoken-

ner? Der langjährige Befahrer des Moabangi? Nein das nötigte ihm geradezu ein Lächeln ab! Weit entschwand er über diesem Kreis. Was hatten sie denn für Vergleiche? eine Erdbeere oder eine Nuß, vielleicht hie und da eine Marone, etwas südlicher. Er aber, der beamtete Vertreter in Hulemakong, der aus den Dschungeln des Jambo kam?
Jetzt oder nie, Aufstieg oder Vernichtung, fühlte Rönne, und: wirklich nie einen ernstlichen Schaden bemerkt? tastete er sich beherrschten Lautes in das Gewoge, Erstaunen malend und den Zweifel des Fachmanns: Vor dem Nichts stand er; Ob Antwort käme?
Aber saß denn nicht schließlich auf dem Stuhl aus Holz er, schlicht umrauscht von dem Wissen um das Gefahrvolle der Tropenfrucht, wie in Sinnen und Vergleichen mit Angaben und Erzählungen ähnlicher Erlebnisse, der schweigsame Forscher, der durch Beruf und Anlage wortkarge Arzt? Dünn sah er durch die Lider, vom Fleisch auf, die Reihe entlang, langsam erglänzend. Hoffnung war es noch nicht, aber ein Wehen ohne Not. Und nun eine Festigung: mehreren Herren schien in der Tat die nochmalige Bestätigung dieser Tatsache zur Behebung von etwa aufgestiegenen Bedenken von Wert zu sein. Und nun war kein Zweifel mehr: einige nickten kauend.
Jubel brach aus, Triumphgesänge. Nun hallte Antwort mit Aufrechterhaltung gegenüber Zweiflern, und das galt ihm. Einreihung geschah, Bewertung trat ein; Fleisch aß er, ein wohlbekanntes Gericht; Äußerungen knüpften an ihn an, zu Ansammlungen trat er, unter ein Gewölbe von großem Glück; selbst Verabredung für den Nachmittag zuckte einen Augenblick lang ohne Erbeben durch sein Herz.
Aus Erz saßen die Männer. Voll kostete Rönne seinen Triumph. Er erlebte tief, wie aus jedem der Mitesser ihm der Titel eines Herrn zustieg, der nach der Mahlzeit einen kleinen Schnaps nicht verschmähte und ihn mit einem bescheidenen Witzwort zu sich nimmt, indem Ermunterung für die andern, aber auch die entschiedene Abwehr jeglichen übermäßigen Alkoholgenusses eine gewisse Atmosphäre der Behaglichkeit verbreitete. Der Eindruck der Redlichkeit war er und des schlichten Eintretens für die eigene Überzeugung; aber auch einer anderweitigen Auffassung gegenüber würde er gern zugeben: da ist was

Wahres dran. Geordnet fühlte er seine Züge; kühler Gelassenheit, ja Unerschütterlichkeit auf seinem Gesicht zum Siege verholfen; und das trug er bis an die Tür, die er hinter sich schloß.

Schattenhaft ging er durch den Gang, nun wieder im Gefühl des Schlafes, in den man sank, ohne einen Wirbel über sich zu lassen, negativ verendet, nur als Schnittpunkt bejaht. Zwei Huren wuschen den Gang auf, von weitem schon ihn wahrnehmend, aber sich in die Arbeit versunken stellend, bis er da war. Nun erst trat in die Augen das jähe Erkennen, Keuschheit und Verheißung aus der Reife des Bluts.

Rönne aber dachte, ich kenne euch Tiere, über 300 Nackte jeden Morgen! aber wie stark ihr die Liebe spielt! Eine kannte ich, die war an einem Tag von Männern einem Viertelhundert der Rausch gewesen, die Schauer und der Sommer, um den sie blühten. Sie stellte die Form, und es geschah das Wirkliche. Ich will Formen suchen und mich hinterlassen, Wirklichkeiten eine Hügelkette, o von Dingen ein Gelände!

Er trat aus dem Haus. Helle Avenuen waren da, Licht voll Entrückung, Daphneen im Erblühn. Es war eine Vorstadt; Armes aus Kellern, Krüppel und Gräber, soviel Ungelacht. Rönne aber dachte, jeder Mensch, dem ich begegne, ist noch ein Sturm zu seinem Glück. Nirgends meine schwere, drängende Zerrüttung.

Er ging langsam, er schürfte sich vor. Es war eine ungewohnte Straßenstunde, ihm seit Monaten nicht mehr bekannt. Er blätterte das Entgegenkommende behutsam auseinander mit seinen tastenden, an der Spitze leicht ermüdbaren Augen.

Aufzunehmen gilt es, rief er sich zu, einzuordnen oder prüfend zu übergehn. Aus dem Einstrom der Dinge, dem Rauschen der Klänge, dem Fluten des Lichts die stille Ebene herzustellen, die er bedeutete.

Es war eine fremde Gegend, durch die er ging, aber es mochte immerhin ein Bekannter kommen und fragen, woher und wohin. Und obschon er einen Patienten jederzeit hierfür zur Hand gehabt hätte, so war es doch nicht der Fall, und ihm graute vor dem Erlebnis, vor dem er stehen würde: daß er aus dem Nichts in das Fragwürdige schritt,

im Antrieb eines Schatten, keiner Verknotung mächtig und dennoch auf Erhaltung rechnend.
Scheu sah er sich um; höhnisch standen Haus und Baum; unterwürfig eilte er vorbei. Haus, sagte er zum nächsten Gebäude, Haus, zum übernächsten; Baum, zu allen Linden seines Wegs. Nur um Vermittlung handele es sich, in Unberührtheit blieben die Einzeldinge; wer wäre er gewesen, an sich zu nehmen oder zu übersehen oder, sich auflehnend, zu erschaffen? Ein bischen durch die Sonne gehen, mehr wollte er ja nicht; es warm haben, und der Himmel hatte ein Blau: nie endend, mütterlich und sanft vergehend.
Weit war er noch nicht von seinem Krankenhaus entfernt, da übermannte ihn schon die Not. Wohin trug er sich denn, etwa in das All? War er der Träumer denn, weich streifend den Hang, oder der Hirt auf den Hügeln? Trat an die Maikastanie vielleicht er, den Ast beklopfend mit dem Hornmesser, bis in Saft vom Zweige die Rinde glitt und wurde die gehöhlte Flöte? Gesänge, hatte er sie? War er vielleicht der Freie, der in Segeln schritt, und überall die Erde, löschend mit seinem Blick? O, er war wohl schon zu weit gegangen! Schon schwankte vor der Straße Feld, unter gelben Stürmen gefleckter Himmel, und ein Wagen hielt am Saum der Stadt. Zurück! hieß es, denn heran wogte das Ungeformte, und das Uferlose lag lauernd.
Nun nahm ihn wieder die Straße auf, schnurgerade und unter einem flachen Licht. Von Tür zu Tür lief sie, und sachlich um den Fuß der Botenfrau; aus den Kellern über sie wehte die Küche Nahrung und Notdurft; vor dem Spiegel der Herr kämmte achtbar seinen Bart; klang der Fuß auf Metall, sorgte für Entwässerung das Gemeinwohl; lag ein Gitterchen an der Mauer, kam im Winter nicht der Frost, und in ihr Recht traten Förder und Schacht?
Wie einsam steht es um die Straße, dachte Rönne, sie ist eindeutig fixiert und wird entwicklungsgeschichtlich kaum durchdacht; aber schön und sicher ist es, hier zu wandeln, so dicht am Leib mündet sie, und eigentlich ist es kein Gehen mehr, sondern ein Träumen auf dem Rücken des Zwecks.
Dann prangten zwischen Pelz und Locken Damen in den Abend ihr Geschlecht. Blühen, Züngeln, Fliedern der

Scham aus Samt und Bänder über Hüften. Rönne labte sich an dem Geordneten einer Samtmantille, an der restlos gelungenen Unterordnung des Stofflichen unter den Begriff der Verhüllung; ein Triumpf trat ihm entgegen zielstrebigen, kausal geleiteten Handelns. Aber – und plötzlich sah er die Frau nackt – diese nicht; es müßte die Ernüchterte sein, die sich noch einmal krümmen ließe.
Da trat ein Herr auf ihn zu, und ha ha, und schön Wetter, ging es hin und her, Vergangenheit und Zukunft eine Weile im kategorialen Raum. Als er fort war, taumelte Rönne. Sie alle lebten mit Schwerpunkten auf Meridianen zwischen Refraktor und Barometer, er nur sandte Blicke über die Dinge, gelähmt von Sehnsüchten nach einem Azimuth, nach einer klaren logischen Säuberung schrie er, nach einem Wort, das ihn erfaßte. Wann würde er der erzene Mann, um den tags die Dinge brandeten und des Nachts der Schlaf, der gelassen vor einem Bahnhof stände, wieviel Erde es auch gäbe, der Verwurzelte, der Unerschütterliche?
Reisen hatte er gewollt; aber nun schienen Gleise über die Straße, und schon sank sein Blick. Oh, daß es eine Erde gab, wirklich grün, stark irden, silbern verfernt, über die die Augen strichen, wie ein Flügel, und Städte, flache weiße, an Küsten, und Kutter, braune, die man hinnahm, liebte und vergaß.
Oder ein Leben um das Radwerk einer Uhr; um Hyazinthenknollen die Hand; die Schulter, die das Fischnetz zog, silbern, und ihr Abwurf auf den Strand.
Da, durch die helle dünne Luft, in die die Knospen ragten, und unter dem ersten Stern, kam eine Frau vorbei und roch blau und langte Rönne nach dem Schädel und legte ihn tief in den Nacken, bettend, und über der Stirn stand die frühe Nacht.
Rönne schluchzte auf: wer knirschte so tief wie ich unter dem Stoff, wer ist so geknechtet von den Dingen nach Zusammenhang als ich, aber eben dies schweifende Gewässer, tief, dunkel und veilchenfarben, aus dem Aufklaff einer Achsel – mich stäubt Zermalmung an.
Zwischen die Straßen rinnt Nacht, über die weißen Steine blaut es, es verdichtet sich die Entrückung; die Sträucher schmelzen, welches Vergehn!

Nun fiel ein Regen und löste die Form. Wohnungen traten unter laues Wasser, in Frühlingsgewölke stand alle Stadt. Über ihr aber schwebte er, entrückt, einsam, mit einer Krone irgend woher. Jäh wurde er der Herr mit Koffer, der auf die Reise ging durch Aue und Land. Schon wogten Hügel heran, weich bewäldert; nun brüderlich die Äcker; die Versöhnung kam.

Er sah die Straße entlang und fand wohin.

Einrauschte er in die Dämmerung eines Kinos, in das Unbewußte des Parterres. In weiten Kelchen flacher Blumen bis an die verhüllten Ampeln stand rötliches Licht. Aus Geigen ging es, nah und warm gespielt, auf der Ründung seines Hirns, entlockend einen wirklich süßen Ton. Schulter neigte sich an Schulter, eine Hingebung; Geflüster, ein Zusammenschluß; Betastungen, das Glück. Ein Herr kam auf ihn zu, mit Frau und Kind, Bekanntschaft zuwerfend, breiten Mund und frohes Lachen. Rönne aber erkannte ihn nicht mehr.

Er war eingetreten in den Film, in die scheidende Geste, in die mythische Wucht.

Groß vor dem Meer wölkte er um sich den Mantel, in hellen Brisen stand in Falten der Rock; durch die Luft schlug er wie auf ein Tier, und wie kühlte der Trunk den Letzten des Stamms.

Wie er stampfte, wie rüstig blähte er das Knie. Die Asche streifte er ab, lässig, benommen von den großen Dingen, die seiner harrten aus dem Brief, den der alte Diener brachte, auf dessen Knien der Ahn geschaukelt.

Zu der Frau am Bronnen trat edel der Greis. Wie stutzte die Amme, am Busen das Tuch. Wie holde Gespielin! Wie Reh zwischen Farren! Wie ritterlich Weidwerk! Wie Silberbart!

Rönne atmete kaum, behutsam, es nicht zu zerbrechen. Denn es war vollbracht, es hatte sich vollzogen.

Über den Trümmern einer kranken Zeit hatte sich zusammengefunden die Bewegung und der Geist, ohne Zwischentritt. Klar aus den Reizen segelte der Arm; vom Licht zur Hüfte, ein heller Schwung, von Ast zu Ast.

In sich rauschte der Strom. Oder wenn es kein Strom war, ein Wurf von Formen, ein Spiel in Fibern, sinnlos und das Ende um allen Saum.

Rönne, ein Gebilde, ein heller Zusammentritt, zerfallend, von blauen Buchten benagt, über den Lidern kichernd das Licht.
Er trat auf die Avenue. Er endete in einem Park.
Dunkel drohte es auf, bewölkt und schauernd, wieder aus dem Gefühl des Schlafs, in den man sank, ohne einen Wirbel über sich zu lassen, negativ verendet, nur als Schnittpunkt bejaht; aber noch ging er durch den Frühling, und er schuf sich an den hellen Anemonen des Rasens entlang und lehnte an eine Herme, verstorben weiß, ewig marmorn, hierher zerfallen aus den Brüchen, vor denen nie verging das südliche Meer.

Der Geburtstag

Allmählich war ein Arzt über neunundzwanzig Jahre geworden und sein Gesamteindruck war nicht darnach, Empfindungen besonderer Art zu erwecken.
Aber so alt er war, er fragte sich dies und das. Ein Drängen nach dem Sinn des Daseins warf sich ihm wiederholt entgegen: wer erfüllte ihn: der Herr, der rüstig schritt, den Schirm im Arm; die Hökerin, die vor dem Flieder saß, der Markt war aus, im Abendwehn; der Gärtner, der alle Namen wußte: Kirschlorbeer und Kakteen, und dem die rote Beere im toten Busch vorjährig war?
Aus der norddeutschen Ebene stammte er. In südlichen Ländern natürlich war der Sand leicht und lose; ein Wind konnte – das war nachgewiesen – Körner um die ganze Erde tragen; hier war das Staubkorn, groß und schwer.
Was hatte er erlebt: Liebe, Armut und Röntgenröhren; Kaninchenställe und kürzlich einen schwarzen Hund, der stand auf einem freien Platz, bemüht um ein großes rotes Organ zwischen den Hinterbeinen hin und her, beruhigend und gewinnend; herum standen Kinder, Blicke von Damen suchten das Tier, halbwüchsige Jugend wechselte die Stellung, den Vorgang im Profil zu sehen.
Wie hatte er das alles erlebt: er hatte Gerste eingefahren von den Feldern, auf Erntewagen, und das groß: Mandel, Kober und Kimme vom Pferd. Dann war der Leib eines Fräuleins voll Wasser und es galt Abfluß und Drainage. Aber über allem schwebte ein leises zweifelndes Als ob: als ob Ihr wirklich wäret Raum und Sterne.
Und nun? Ein grauer nichtssagender Tag würde es sein, wenn man ihn begrub. Die Frau war tot; das Kind weinte ein paar Tränen. Er hatte sich nie viel um es gekümmert, es war Lehrerin und mußte abends noch in Hefte sehen. Dann war es aus. Beeinflussung von Gehirnen durch und über ihn zu Ende. Es trat in ihr Recht die Erhaltung der Kraft.
Wie hieß er mit Vornamen? Werff.
Wie hieß er überhaupt? Werff Rönne.
Was war er? Arzt in einem Hurenhaus.
Was schlug die Uhr? Zwölf. Es war Mitternacht. Er wurde

dreißig Jahre. In der Ferne rauschte ein Gewitter. In Maiwälder brach die Wolke auf.

Nun ist es Zeit, sagte er sich, daß ich beginne. In der Ferne rauscht ein Gewitter, aber ich geschehe. In Maiwälder bricht die Wolke auf, aber meine Nacht. Ich habe nördliches Blut, das will ich nie vergessen. Meine Väter fraßen alles, aus Trögen und Stall. Aber ich will mich, sprach er sich Mut zu, auch nur ergehen. Dann wollte er sich etwas Bildhaftes zurufen, aber es mißlang. Dies wieder fand er bedeutungsvoll und zukunftsträchtig: vielleicht sei schon die Metapher ein Fluchtversuch, eine Art Vision und ein Mangel an Treue.

*

Durch stille blaue Nebel, vom nahen Meer in das Land getrieben, schritt Rönne, als er am nächsten Morgen in sein Krankenhaus ging.

Das lag außerhalb der Stadt und aller Pflasterwege. Er mußte über Boden gehen, der war weich, der ließ Veilchen durch; gelöst und durchronnen schwankte er um den Fuß.

Da aus Gärten warf sich ihm der Krokus entgegen, die Kerze der Frühmett des Dichtermunds, und zwar gerade die gelbe Art, die Griechen und Römern der Inbegriff alles Lieblichen gewesen, was Wunder, daß sie ihn in das Reich der Himmlischen versetzten? In Teichen von Krokussäften badete der Gott. Ein Kranz von Blüten wehrte dem Rausch. Am Mittelmeer die Safranfelder: die dreiteilige Narbe; flache Pfannen; Roßhaarsiebe über Feuern, leicht und offen.

Er trieb sich an: arabisches Za-fara, griechisches Kroké. Es stellte sich ein Korvinius, König der Ungarn, der es verstanden hatte, beim Speisen Safranflecke zu vermeiden. Mühelos nahte sich der Färbestoff, das Gewürze, die Blütenmatte und das Alpental.

Noch hingegeben der Befriedigung, so ausgiebig zu assoziieren, stieß er auf ein Glasschild mit der Aufschrift: Cigarette Maita, beleuchtet von einem Sonnenstrahl. Und nun vollzog sich über Maita – Malta – Strände – leuchtend – Fähre – Hafen – Muschelfressen – Verkommenheiten – der helle klingende Ton einer leisen Zersplitterung, und Rönne schwankte in einem Glück. Dann aber betrat er das Hospital: ein unnachgiebiger Blick, ein unerschütterlicher Wille: die heute ihm entgegentretenden Reize und Empfindungen anzuknüpfen an den bisherigen Bestand, keine auszulassen, jede zu verbinden. Ein geheimer Aufbau schwebte ihm vor, etwas von Panzerung und Adlerflug, eine Art Napoleonischen Gelüstes, etwa die Eroberung einer Hecke, hinter der er ruhte, Werff Rönne, dreißigjährig, gefestigt, ein Arzt.

*

Ha, heute nicht einfach, Beine breit und herab vom Stuhl, mein Fräulein, die feine blaue Ader von der Hüfte in das Haar, die wollen wir uns merken! Ich kenne Schläfen mit diesen Adern, es sind schmale weiße Schläfen, müde Gebilde, aber diese will ich mir merken, geschlängelt, ein Ästchen Veilchenblut! Wie? Wenn nun das Gespräch auf Äderchen kommt – gepanzert stehe ich da, in Sonderheit auf Hautäderchen: An der Schläfe?? O meine Herren!! Ich sah sie auch an anderen Organen, fein geschlängelt, ein Ästchen Veilchenblut. Vielleicht eine Skizze gefällig? So verlief sie –, soll ich aufsteigen? Die Einmündung? Die große Hohlvene? Die Herzkammer? Die Entdeckung des Blutkreislaufes ---? Nicht wahr, eine Fülle von Eindrükken steht Ihnen gegenüber? Sie tuscheln, wer ist der Herr? Gesammelt steht er da? Rönne ist mein Name, meine Herren. Ich sammle hin und wieder so kleine Beobachtungen; nicht uninteressant, aber natürlich gänzlich belanglos, kleiner Beitrag zum großen Aufbau des Wissens und Erkennens des Wirklichen, ha! ha!

Und Sie, meine Damen, wir kennen uns doch! Gestatten Sie, daß ich Sie erschaffe, umkleide mit Ihren Wesenheiten, mit Ihren Eindrücken in mir, unzerfallen ist das Leitorgan, es wird sich erweisen, wie es sich erinnert, schon steigen Sie auf.

Sie sprechen den Teil an, den Sie lieben. In sein Auge sehen Sie, geben Seele und Hauch. – Sie haben die Narben zwischen den Schenkeln, ein Araberbey; große Wunden müssen es gewesen sein, gerissen von der lasterhaften Lippe Afrikas. – Sie aber schlafen mit der weißen ägyptischen Ratte, Ihre Augen sind rosarot; Sie schlafen auf der Seite, an der Hüfte das Tier. Seine Augen sind gläsern und klein wie zwei rote Kaviarkörner. In der Nacht befällt sie der Hunger. Über die Schlafende steigt das Tier. Auf dem Nachttisch steht ein Teller mit Mandeln. Leise steigt es zurück an die Hüfte, schnuppernd und stutzend. Oft erwachen Sie, wenn sich der Schwanz über die Oberlippe schlängelt, kühl und hager.

Einen Augenblick prüfte er in sich hinein. Aber machtvoll stand er da. Erinnerungsbild an Erinnerungsbild gereiht, dazwischen rauschten die Fäden hin und her.

Und Sie aus dem Freudenhaus in Aden, brütend an Wüste und Rotem Meer. Über die Marmorwände rinnt alle Stunde bläuliches Wasser. Aus Gittern am Boden steigen Wolken aus räucherndem Kraut. Alle Völker der Erde kennen Sie nach der Liebe. Ihre Sehnsucht ist ein bescheidenes Haus am dänischen Sund. Kommen letzte Wallungen, ein Billard, vor dem Knaben im leichten Anzug spielen. – Und Sie, in dem Bordell, durch das der Krieg gezogen, zwischen Geschirr und Leder täglich hundertfach zerborsten unter unbekannten Gliedern oder auch unter Ballen aus Blutungen und Kot.

Verklärt stand er vor sich selbst. Wie er es hervorspielte, ach, spielte! regenbogente! grünte! eine Mainacht ganz unnennbar! Er kannte sie alle. Gegenüber stand er ihnen, sauber und ursprünglich. Er war nicht schwach gewesen. Starkes Leben blutete durch sein Haupt.

Er kannte sie alle; aber er wollte mehr. An ein sehr gewagtes Gebiet wollte er heran; es gab wohl ein Bewußtseinsleben ohne Gefühle oder hatte es gegeben, aber unsere Neigungen – dieses Satzes entsann er sich deutlichst – sind unser Erbteil. In ihnen erleben wir, was uns beschieden ist: nun wollte er eine lieben.

Er sah den Gang entlang, und da stand sie. Sie hatte ein Muttermal, erdbeerfarben, vom Hals über eine Schulter bis zur Hüfte und in den Augen, blumenhaft, eine Reinheit ohne Ende und um die Lider eine Anemone, still und glücklich im Licht.

Wie sollte sie heißen? Edmée, das war hinreißend. Wie weiter? Edmée Denso, das war überirdisch; das war wie der Ruf der neuen sich vorbereitenden Frau, der kommenden, der ersehnten, die der Mann sich zu schaffen im Gange war: blond, und Lust und Skepsis aus ernüchterten Gehirnen.

Also: nun liebte er. Er spürte in sich hinein: Das Gefühl. Den Überschwang galt es zu erschaffen gegen das Nichts. Lust und Qual zu treiben in den Mittag, in ein kahles graues Licht. Aber nun mußte es auch flirren! Es waren starke Empfindungen, denen er gegenüberstand. Er konnte in diesem Land nicht bleiben. –: Südlichkeiten! Überhöhung!
Edmée, in Luxor ein flaches weißes Haus oder in Kairo den Palast? Das Leben in der Stadt ist heiter und offen, berühmt ist das Licht, klar vor Glut, und plötzlich kommt die Nacht. Du hast unzählige Fellachenfrauen zu deiner Bedienung, zu Gesang und Tänzen. Du wirst zu Isis beten, die Stirn an Säulen lehnen, deren Kapitäle an den Ecken die platten Köpfe mit den langen Ohren tragen; zwischen Stelzvögeln in Schluchten von Sykomoren stehen.
Einen Augenblick suchte er. Es war etwas wie Kopthe aufgestiegen, aber er vermochte es nicht zu fördern. Nun sang er wieder, der Weiche im Glück.
Der Winter kommt, und die Felder grünen; einige Blätter des Granatstrauchs fallen, aber das Korn schießt auf vor deinen Augen. Was willst du haben: Narzissen oder Veilchen das Jahr hindurch in dein Bad geschüttet morgens, wenn du dich spät erhebst; willst du nachts durch kleine Nildörfer streichen, wenn auf die krummen Straßen die großen klaren Schatten fallen durch den hellen südlichen Mond? Ibiskäfige oder Reiherhäuser? Orangengärten, gelbflammend und Saft und Dunst über die Stadt wölkend in der Mittagsstunde; von Ptolomäertempeln einen geschnittenen Fries?
Er hielt inne. War das Ägypten? War das Afrika um einen Frauenleib, Golf und Liane um der Schultern Flut? Er suchte hin und her. War etwas zurückgeblieben?? War Hinzufügbares vorhanden? Hatte er es erschaffen: Glut, Wehmut und Traum?
Aber was für ein eigentümliches Wehen in seiner Brust! Eine Erregung, als ströme er hin. Er verließ das Untersuchungszimmer, durchschritt die Halle in den Park. Es zog ihn nieder, auf den Rasen zog es ihn, leichthingemäht.
Wie hat es mich müde gemacht, dachte er, mit welcher Stärke! Da durchschlug ihn, daß Erblassen die Frucht sei und die Träne der Schmerz –: Erschütterungen! Klaffende Ferne!

Üppig glühte der Park. Ein Busch auf dem Rasen trug Blattwerk wie Farren, jeder Fächer groß und fleischig wie ein Reh. Um jeden Baum, der blühte, lag die Erde, geschlossen, ein Kübel, ihn tränkend und ihm völlig preisgegeben. Himmel und Blüten: weich, aus Augen, kamen Bläue und Schnee.

– Schluchzender, Edmée, dir immer näher! Eine Marmorbrüstung beschlägt das Meer. Südlich versammelt Lilien und Barken. Eine Geige eröffnet dich bis in dein Schweigendes hinein. –

Er blinzelte empor. Er zitterte: Gegen den Rasen stürmte der Glanz, feucht aus einer goldenen Hüfte; und Erde, die den Himmel bestieg. Am Ranft gegen die Schatten rang gebreitet das Licht. Hin und her war die Zunge einer Lockung: aus ihrem Gefieder Blütengüsse entwichen der Magnolie in ein Wehen, das vorüberrieb.

Edmée lachte: Rosen und helles Wasser.

Edmée ging: Durch Steige, zwischen Veilchen, in einem Licht von Inseln, aus osmiumblauen Meeren, kurz von Quader und Stern; Tauben, Feldflüchter, hackten Silber mit den Schwingen.

Edmée bräunte sich, ein bläuliches Oval. Vor Palmen spielte sie, sie hatte viel geliebt. Wie eine Schale trug sie ihre Scham kühl durch die Beugung des erwärmten Schritts, auf der Hüfte die Hand schwer, erntegelb, unter Korn und Samen.

Im Garten wurde Vermischung. Nicht mehr von Farben hallte das Beet, Bienengesumm nicht mehr bräunte die Hecke. Erloschen war Richtung und Gefälle: Eine Blüte, die trieb, hielt inne und stand im Blauen, Angel der Welt. Kronen lösten sich weich, Kelche sanken ein, der Park ging unter im Blute des Entformten. Edmée breitete sich hin. Ihre Schultern glätteten sich, zwei warme Teiche. Nun schloß sie die Hand, langsam, um einen Schaft, die Reife in ihrer Fülle, bräunlich abgemäht an den Fingern, unter großen Garben verklärter Lust – –:

Nun war ein Strömen in ihm, nun ein laues Entweichen. Und nun verwirrte sich das Gefüge, es entsank fleischlich sein Ich –:

– Es hallten Schritte über das Gefälle eines Tals durch eine flache weiße Stadt; dunkle Gärten schlossen die Gassen. Auf

Simsen und Architraven, die zerfallend Götter und Mysterien herhielten, verteilt durch ein florentinisches Land, lagen Tropfen hellen Bluts. Ein Schatten taumelte zwischen Gliedern, die stumm waren, zwischen Trauben und einer Herde; ein Brunnen rann, ein splitterndes Spiel.
Im Rasen lag ein Leib. Aus Kellern spülte ein Dunst; es war Essenszeit, Pfeifen und Grieben, der schlechte Atem eines Sterbenden.
Aufsah der Leib: Fleisch, Ordnung und Erhaltung riefen. Er lächelte und schloß sich wieder; schon vergehend sah er auf das Haus: was war geschehen? Welches war der Weg der Menschheit gewesen bis hierher? Sie hatte Ordnung herstellen wollen in etwas, das hätte Spiel bleiben sollen. Aber schließlich war es doch Spiel geblieben, denn nichts war wirklich. War er wirklich? Nein; nur alles möglich, das war er.
Tiefer bettete er den Nacken in das Maikraut, das roch nach Thyrsos und Walpurgen. Schmelzend durch den Mittag kieselte bächern das Haupt.
Er bot es hin: das Licht, die starke Sonne rann unaufhaltsam zwischen das Hirn. Da lag es: kaum ein Maulwurfshügel, mürbe, darin scharrend das Tier.

* * *

Was aber ist mit dem Morellenviertel, fragte er sich bald darauf? Hinter dem Palast, um dessen Pfeiler Lorbeer steht, brechen Gassen in die Tiefe, den Hang hinunter steht Haus bei Haus klein herab.
Einäugige lungern um Schneckenwagen. Sie legen Geld hin. Frauen kerben die Schale auf. Ein Schnitt im Kreis und das Fleisch hängt rosa aus der Muschel. Sie tauchen es in eine Tasse mit Brühe und beißen. Die Frau hustet, und sie müssen weiter.
Wahrsager mit Hilfe von Ideenübertragung klingeln unaufhörlich schrill namentlich an Damen gewandt und haben Batterien.
Zigeunerinnen vor Karren, Rochen, flacher, violett und silbern, mit abgehackten Köpfen; welche zur Hälfte gespalten, eingekerbt und zum Trocknen gehangen; dazwischen krumme, dürre Fische, kupfern und schillernd.
Es riecht nach Brand und alten Fetten. Unzählige Kinder verrichten ihre Notdurft, ihre Sprache ist fremd.

Was ist es mit dem Morellenviertel, fragte sich Rönne. Ich muß es bestehen! Auf! Hinab! Ich schwor mir, nie will ich dieses Bild vergessen: des Sommers, der eine Mauer schlug mit Büschen, flammend von Gefieder, mit Strauchgerten, beißend von dichten, blauen Fleischen, gegen eine Mauer, die nicht strömte, die feuchte, blaue Ranke!

Er jagte herunter. Um die hohe Gasse rann es zusammen: kleine Häuser, unterwühlt von langen, schmalen Höhlen, die spieen Gebein aus, Junges strotzend, Altes mürbe, hochgegürtet die Scham.

Was wurde verkauft: Holzpantoffeln für die Notdurft, grüne Klöße für das Ich, Ankerschnäpse für die Lust, Nötigstes des Leibes und der Seele, Salbenbüchsen und Madonnen.

Was ging vor sich: kleine Kinder vor Knieenden, dicht, eben ihrer Brust entsprungen; rauhe Stimmen, verkommen über verbranntes Gestein; tiefer als denkbar grub ein Herr in die Tasche; Schädel, eine Wüste, Leiber, eine Gosse, tretend Erde, kauend: Ich und du.

Auge, fernevolles, Blut, traumrauschend, rief er sich zu, deine Mittagsflüge, wehe sie! muß Rönne schon vergehen, unverschanzt?:

Große Woge ist die Frau, gute Mutter, die die Fische wendet hin und her, auf dem Rücken sind sie braun gefleckt, Bröckel Blütenstaub und Samenpulver?

Eines Rahmens wert erschien das schlichte Bild: Einbrecher, böser Mann am Kassentisch, die brave Besitzerin niedergeschlagen, letzter Blick vom Boden gilt dem Hund??:

Und du ins Gras gelümmelt, Mittagshengst – und jetzt schon Überwölkung??? Dreißigjährig – und Kahlkopf ungefiedert??

Er floh tiefer in die Gasse. Aber da: ein kleines Denkmal: dem Gründer eines Jugendstifts: die Menschenseele, das Gemeinsystem, die Lebensverlängerung und der Stadtrat strotzten Vollbart und Vermehrung. Der Aufbau tat sich auf: Proben der Tüchtigkeit wurden abgelegt und zwar dies wiederholt, Untersuchungen vorgenommen, die zu Feststellungen führten.

Wo war sein Süden hin? Der Efeufelsen? Der Eukalyptos,

wo am Meer? Ponente, Küste des Niedergangs, silberblaue die Woge her!
Er hetzte in eine Kaschemme; er schlug sich mit Getränken heißen, braunen. Er legte sich auf die Bank, damit der Kopf nach unten hinge wegen der Schwerkraft und des Bluts. Hilfe, schrie er! Überhöhung!
Stühle, Gegenstände für Herren, die bei nach vorn gebogenen Knien einen Stützpunkt unter der Hinterfläche der Beine haben wollten, trockneten dumpf und nördlich. Tische für Gespräche wie diese: Na, wie geht's, schelmisch und männlich und um die Schenkel herum liefen ehrbar durch die Zeit. Kein Tod schleuderte die triefäugige Mamsell stündlich, wenn die Uhr schlug, vor das Nichts. Krämer scharrten; keine Lava über den toten Schotter!
Und er? Was war er? Da saß er zwischen seinen Reizen, das Pack geschah mit ihm. Sein Mittag war Hohn.
Wieder quoll das Gehirn herauf, der dumpfe Ablauf des ersten Tages. Immer noch zwischen seiner Mutter Schenkel – so geschah er. Wie der Vater stieß, so rollte er ab. Die Gasse hatte ihn gebrochen, zurück: die Hure schrie.
Schon wollte er gehen, da geschah ein Ton. Eine Flöte schlug auf der grauen Gasse, zwischen den Hütten blau ein Lied. Es mußte ein Mann gehen, der sie blies. Ein Mund war tätig an dem Klang, der aufstieg und verhallte. Nun hub er wieder an.
Von Ohngefähr. Wer hieß ihn blasen? Keiner dankte ihm. Wer hätte denn gefragt, wo die Flöte bliebe? Doch wie Gewölke zog er ein: wehend seinen weißen Augenblick und schon verwehend in alle Schluchten der Bläue.
Rönne sah sich um: verklärt, doch nichts hatte sich verändert. Aber ihm: bis an die Lippen stand das Glück. Sturz auf Sturz, Donner um Donner; rauschend das Segel, lohend der Mast: Zwischen kleinen Becken dröhnte gestreckt das Dock: Groß glühte heran der Hafenkomplex:
Über die Felsen steigt das Licht, schon nimmt es Schatten an, die Villen schimmern und der Hintergrund ist bergerfüllt. Eine schwarze Rauchpinne verfinstert die Mole, indes mit der gekräuselten Welle das winzige Lokalboot kämpft. Über die Landungsbrücke, die schwankt, eilt der geschäftige Facchini; Hojo – tirra – Hoy –, klingt es; es flutet der volle Lebensstrom. Gegen tropische und suptro-

pische Striche, Salzminen und Lotosflüsse, Berberkarawanen, ja gegen den Antipoden selbst steht der Schiffsbauch gerichtet; eine Ebene, die die Mimose säumt, entleert rötliches Harz, ein Abhang zwischen Kalkmergel, den fetten Ton. Europa, Asien, Afrika: Bisse, tödliche Wirkungen, gehörnte Vipern; am Kai das Freudenhaus tritt dem Ankömmling entgegen, in der Wüste schweigend steht das Sultanhuhn. –

Noch stand es schweigend, schon geschah ihm die Olive.

Auch die Agave war schön, aber die Taggiaska kam, feinölig, die blauschwarze, schwermütig vor dem Ligurischen Meer.

Himmel, selten bewölkt; Rosen ein Gefälle; durch alle Büsche der blaue Golf, aber die endlosen lichten Wälder, welch ein schattenschwerer Hain!

Wurde um den Stamm das Tuch gebreitet, lag Arbeit vor. Gemisch von Hörnern, Klauen, Ledern und wollenen Lumpen, jedes vierte Jahr war Speisung gewesen. Jetzt aber schlugen Männer, sonst dem Kegelspiel mit spannungsvollem Eifer hingegeben, die Kronen, jäh den Früchten zugewandt.

In der Mulme der Rüsselkäfer. Eine Zygäne flackernd aus der Myrte. Kleine Presse wird gedreht, schieferner Keller still durchgangen. Ernte naht sich, Blut der Hügel, um den Hain, bacchantisch, die Stadt. –

Kam Venedig, rann er über den Tisch. Er fühlte Lagune, und ein Lösen, schluchzend. Scholl dumpf das Lied aus alten Tagen des Dogen Dandolo, stäubte er in ein warmes Wehn.

Ein Ruderschlag: Ein Eratmen; eine Barke: Stütze des Haupts.

Fünf eherne Rosse, die Asien gab, und um die Säulen sang es: manchmal eine Stunde, da bist Du; der Rest ist das Geschehen. Manchmal die beiden Fluten schlagen hoch zu einem Traum. Manchmal rauscht es: wenn Du zerbrochen bist.

Rönne lauschte. Tieferes mußte es noch geben. Aber der Abend kam schnell vom Meer.

Blute, rausche, dulde, sagte er vor sich hin. Männer sahen ihn an. Jawohl, sagte er, ihre Sommersprossen, ihr kahler Hals, über dessen Adamsapfel das Haar stachelt – unter meine Kreuzigung, ich will zur Rüste gehen.

Er bezahlte rasch und erhob sich. Aber an der Tür nahm er den Blick noch einmal zurück an das Dunkel der Taverne, an die Tische und Stühle, an denen er so gelitten hatte und immer wieder leiden würde. Aber da, aus dem gerippten Schaft des Tafelaufsatzes neben der leckäugigen Frau glühte aus großem, sagenhaftem Mohn das Schweigen unantastbaren Landes, rötlichen, toten, den Göttern geweiht. Dahin ging, das fühlte er tief, nun für immer sein Weg. Eine Hingebung trat in ihn, ein Verlust von letzten Rechten, still bot er die Stirn, laut klaffte ihr Blut.
Es war dunkel geworden. Die Straße nahm ihn auf, darüber der Himmel, grüner Nil der Nacht.
Über das Morellenviertel aber klang noch einmal der Ton der Flöte: manchmal die beiden Fluten schlagen hoch zu einem Traum.
Da enteilte ein Mann. Da schwang sich einer in seine Ernte, Schnitter banden ihn, gaben Kränze und Spruch. Da trieb einer, glühend aus seinen Feldern, unter Krone und Gefieder, unabsehbar: er, Rönne.

Die Insel

Daß dies das Leben sei, war eine Annahme, zu der Rönne, einen Arzt, das von leitender Stelle aus Geregelte seiner Tage, das staatliche Genehmigte, ja Vorgeschriebene seiner Bestimmung wohl berechtigte.

Tat es etwas, daß die Insel klein war, übersehbar von einem Hügel, ein Streifen Stein zwischen Möwen und Meer – es gab das Gefängnis da mit den Sträflingen, daran Arzt zu sein er ausersehen, und dann gab es Strand, eine große Strauchwiese voll Gezwitscher, ein Vogelhort, und weiter unten ein elendes Dorf mit Fischern, das allerdings galt es noch näher zu beleuchten.

Ein Rachen war bepinselt, einer Meineidigen das Knie massiert, da erhob sich Rönne und verließ das ummäuerte Gehöft. Davor lag weißer Strand; darauf blühte Hafer und Distel; denn der Sommer war über das Meer gekommen wie ein Gewitter: der Himmel donnerte von Bläue und es goß Wärme und Licht.

Unter Gedanken, wie die freie Zeit, die ihm nach Erledigung seiner Dienstpflichten zur Verfügung stand, zweckmäßig zu verwenden sei, welches ihr Sinn sei in Hinsicht des Staates und der Person, schritt er aus. Er atmete tief die reine Seeluft ein, die schmächtige Brust ihr entgegen spülend, dem Gesundheitlichen, das sie bekanntermaßen dem Wanderer bot, willig hingegeben. Eins fühlte er sich mit dem Geiste, der ihn hier herberufen und gestellt, der sich ohne Zaudern zur Sicherstellung der vorwärtszielenden bürgerlichen Verrichtung entschloß; der dem Schutze galt, den die Öffentlichkeit dem strebenden Bemühen schuldete, mit einem Wort: der die Ausmerzung des Schädlings anstrebte, ohne jedoch selbst hier außer acht zu lassen das allgemein Menschliche noch des Gefallenen und in einer Art stummer Anerkenntnis des großen allumschließenden Bandes des Seelischen schlechthin nicht die Vernichtung wollte, sondern den Arzt beigab.

Und nun, die karge Schindel der ersten Hütte, war sie nicht Hut gegen Sturm und Regen, der Unbill Abwehr, Traute und Behaglichkeit bedachend? Das Netz, das vom Fang kommend der Gatte ausbreitete, sorgsam über Pfahl und Stein, war es nicht umwittert vom Geruch der Diele, wo es sich vollzog, das Natürliche, das Urgesunde? Und nun wehte gar ein Windstoß an eine Ölkappe, und ein Arm griff an die Krempe –: jawohl, auf Reize antwortete hier Organisches; betrieben wurden seine Symptome: der Stoffwechsel und die Vermehrung; der Reflexbogen herrschte, hier war gut ruhn.

Vor einer Kneipe saßen Männer. Ihr Sinn? Sie saßen! Sie gingen nicht, sie schonten Kraft. Sie tranken aus Krügen! Reine Lust? Niemals! Nährwert war nicht zu leugnen. Und wenn? Erholung von Mann zu Mann?! Erfahrungsaustausch?! Bestätigungen!!!?

Und der Düstere abseits? Der Grübeler, der sich ernster nahm? Flammte nicht auch auf seiner Stirn noch durch das Dämonische, selbst gegen Götter gerichtet, der geschlossenere Akt, der stärkere Aufbau, das Lichtbringerische in eventuellen Abgrund?

Kurz und gut: lauter Wahrnehmungen, die wohl befriedigen durften. Nirgends eine Störung, überall Sonne und heller Ablauf.

Rönne setzte sich. Ich habe etwas freie Zeit, sagte er sich, jetzt will ich etwas denken. Also, eine Insel und etwas südliches Meer. Es sind nicht da, aber es könnten da sein: Zimtwälder. Jetzt ist Juni, und es begönne die Entborkung, und ein Zweiglein bräche dabei wohl ab. Ein überaus lieblicher Geruch würde sich verbreiten, auch beim Abreißen eines Blattes ein aromatisches Geschehen.

Denn alles in allem: vier bis sechs Fuß hohe Stauden, weiche grüne lorbeerähnliche Blätter, indeß der Blütenstempel gelb getönt ist. Ist der Schößling daumenstark, tritt die Einsammlung heran und es erfordert viele Hände, Bündel, krumme Messer, Rinde und Bast; mit diesen Worten ist manches schon erwiesen, aber erst in der Hütte wird das Häutchen abgeschält.

Ja, das war eine Insel, die in einem Meer vor Indien lag. Es nahte sich ein Schiff, plötzlich trat es in den Wind, der das Land umfaßt hatte und nun stand es im Atem des bräunlichen Walds. Der Zimtwald, dachte der Reisende, und der Zimtwald, dachte Rönne. Schneeweiß war der Boden, und

die Staude saftig. Und durch die Insel schritt er, zwischen Roggen und Wein, abgeschlossen und still umgrenzt. Sein Urteil ist Begehren, der Satzbau Stellung nehmend. Er grübelt, doch über die Polle einer Pflanze, denn er ist gewillt, sie einzusäen. Ferne ist die Zeit der Trauer, da er in der Bahn hierher fuhr mit den Damen: das ist sehr hübsch hier, sagte die Mutter zu den Töchtern, seht doch mal! und nun verarbeiteten sie aus den Kupeefenstern heraus die Hügelkette, matt im blauen Dunst, davor das Tal und eine Stadt, die hinter Wäldern und Klee versank; denn wenn die Mutter es nicht gesagt hätte, mußte Rönne immer denken, wäre der Aufstieg nicht erfolgt.
Hier aber herrschten keine solchen vagen Ausrufe. Hier wurde hingenommen, was ins Auge traf. Sachliche Verarbeitung trat ein in bezug auf ein Netz, im Hinblick auf eine Reuse. Und auch wenn er wie eben etwas dachte, lag Andersartiges vor, keine Bereicherung, mehr ein Traum.
Hell saß er am Strand. Er fühlte sich leicht und durchsichtig und schien sich nicht mehr unsauberer zu sein als ein bewegter Stein, als ein abgerundeter Block, gehalten von einer leichten Organisation.
Und wenn er auf die Insel aus dem Gefühl einer Aufgabe heraus gekommen war, an Gegenständen, die er möglichst isoliert unter wenig veränderlichen Bedingungen beobachten konnte, den Begriff nachzuprüfen, so spürte er jetzt schon etwas wie Erfüllung: Die Begriffe, schien ihm, sanken herab. Wie hatte zum Beispiel Meer auf ihm gelegen, ein sprachlicher Bestand, abgeschnürt von allen hellen Wässern, beweglich, aber doch höchstens als Systemwiesel, das Ergebnis eines Denkprozesses, ein allgemeinster Ausdruck. Jetzt aber, schien es ihm, wanderte er dahin zurück, wo es unabsehbare Wässer gab im Süden und im Norden brackige Flut, und Wellen eine Lippe unerwartet salzten. Leise schwand der Drang, es schärfer aufzurichten, es unantastbarer zu umreißen gegenüber Dünen und einem See. Leise fühlte er ihn vergessen, ihn zurückerstatten an seine Wesenheit, an die Möve und den Tang, den Sturmgeruch und alles Ruhelose. – – – – –

*

Rönne lebte einsam seiner Entwicklung hingegeben und arbeitete viel. Seine Studien galten der Schaffung der neuen Syntax. Die Weltanschauung, die die Arbeit des vergangenen Jahrhunderts erschaffen hatte, sie galt es zu vollenden. Den Du-Charakter des Grammatischen auszuschalten, schien ihm ehrlicherweise notwendig, denn die Anrede war mythisch geworden.
Er fühlte sich seiner Entwicklung verpflichtet und die ging auf Jahrtausende zurück.
Die Umgestaltung der Bewegung zu einer Handlung unter Vorwegnahme des Zieles lag im Unentschleierbaren, wo der Mensch begann. Das war gegeben. Auch daß er hin und her die Augen aufschlug: in helle Himmel, über Wüsten, am Nil, und an den Myrtenlagunen die Geigenvölker – – aber hier im Norden drängte es zur Entscheidung: zwischen Hunger und Liebe war der dritte Trieb getreten. Aus dem schlechten Atem der Asketen, aus ermatteten Geschlechtlichkeiten unter den verdickten Lüften der Nebelländer wuchs sie hervor, die Erkenntnis, Hekatomben röchelnd nach der Einheit des Denkens, und die Stunde der Erfüllung schien gekommen.
Hatte Kartesius noch die Zirbeldrüse für den Sitz der Seele angenommen, da ihr Äußeres dem Finger Gottes: gelblich, langgestreckt, milde und doch drohend, gleichen mochte, so hatten die Hirnphysiologen festgestellt, wann beim Einstich in die Hirnmasse Zucker im Harn, wann Indigo auftrat, ja wann korrelativ der Speichel floß. Die Psychologie hatte den Begleitcharakter des Gefühls zu den Empfindungen erkannt, den ihnen zustehenden generellen Wert der Abwehr des Schädlichen in genauen Kurven festgelegt, die Ablesbarkeit der individuellen Differenzen war vollendet. Die Erkenntnistheorie schloß ab, mit der Erneuerung Berkeleyischer Ideen einem Panpsychismus zum Durchbruch zu verhelfen, der dem Wirklichen den Rang kondensierter Begriffe in der Bedeutung geschlechtlich besonders betonter Umwelt zum Zwecke bequemer Arterhaltung zuwies.
Dies alles gilt als ausgemacht, sagte sich Rönne. Dies wird seit Jahrfünften gelehrt und hingenommen. Wo aber blieb die Auseinandersetzung innerhalb seiner selbst, wo fand die statt? Ihr Ausdruck, das Sprachliche, wo vollzog sich das?

Unter Grübeln trat er vor ein Feld mit einem Mann, den er aus der Anstalt mitgenommen hatte:
»Mohn, pralle Form des Sommers«, rief er, »Nabelhafter: Gruppierend Bauchiges, Dynamit des Dualismus: Hier steht der Farbenblinde, die Röte-Nacht. Ha, wie Du hinklirrst! Ins Feld gestürzt, Du Ausgezackter, Reiz-Felsen, ins Kraut geschwemmt, – und alle süßen Mittage, da mein Auge auf Dir schlief letzte stille Schlafe, treue Stunden – – An Deiner Narbe Blauschatten, an Deine Flatterglut gelehnt, gewärmt, getröstet, hingesunken an Deine Feuer: angeblüht!: nun dieser Mann –: auch Du! Auch Du! – – An meinen Randen spielend, in Sommersweite, all mein Gegenglück – und nun: wo bin ich nicht?«
Wo bin ich nicht, dachte er, und wandte sich in der Richtung nach der Anstalt, und wo tritt das Ereignis nicht in das Gegebene? Da unten sind Zimmer. An Tischen sitzen Männer, Direktoren und Beamte, zwischen Denkanstößen geht der Zahnstocher hin und her.
Aus Ereignissen des täglichen Daseins und Rennberichten spielt der psychische Komplex sich ab. Es tritt auf das Befremdende, das Abweichende, ja bis zum Widersprechenden stellt es sich ein. Wachgerufen wird in den Bewußtseinsabläufen das Bestreben, das Ungeklärte zu entwirren, das Zweifelhafte sicherzustellen, der Überbrükkung des Zwiespalts gilt das Wort. Es tritt die Erfahrung hervor, Beweis und Abwehr gibt sie an die Hand; und die Beobachtung, hier und da gemacht, wenn auch nicht eindeutig, soll sie völlig wertlos sein? Schon weicht das Dunkle. Schon glättet sich das Krause, und daß kein Widerspruch mehr besteht, nun blaut es herab.
Immer blaut bald etwas herab, zum Beispiel der Kalbsbraten, den doch jeder kennt. Jäh tritt er an einem Stammtisch auf, und es ranken sich um ihn die Individualitäten. Geographische Besonderheiten, Eigentümlichkeiten des Geschmacklichen werden hervortreten, der Drang zur Nuance um ihn sein. Es wird branden der Streit und das Erschlaffen, der Angriff und die Versöhnung um den Kalbsbraten, den Entfesseler des Psychischen.
Und das Morgendliche, wem begegnet es? Einer Frau, die sich außergewöhnlich in der Frühe erhebt; alle Kühle und sein Tau rinnen in das Wesen, das schreitet. Weiterleitung

tritt ein, ein Ausruf wird erfolgen, Bestände von Erzählungen über frühe Gänge werden gebildet: – Überall stehen die Verarbeitungsbehälter und was wird, ist längst geschehen.
Wann gab es Umströmte? Ich muß alles denken, ich muß alles zusammenfassen, nichts entgeht der logischen Verknüpfung. Anfang und Ende, aber ich geschehe. Ich lebe auf dieser Insel und denke Zimtwälder. In mir durchwächst sich Wirkliches und Traum. Was blüht der Mohn, wenn er sich entrötet; der Knabe spricht, aber der psychische Komplex ist vorhanden, auch ohne ihn. –
Die Konkurrenz zwischen den Associationen, das ist das letzte Ich – dachte er und schritt zurück zur Anstalt, die auf einem Hügel am Meere lag. Hängt aus meiner Tasche eine Zeitung, ein buchhändlerisches Phänomen, bietet es Anknüpfungen zu Bewegungsvorgängen an Mitmenschen, sozusagen zu einem Geschehnis zwischen Individualitäten. Sagt der Kollege, Sie gestatten das Journal, liegt ein Reiz vor, der wirkt, ein Wille, der sich auf etwas richtet, motorische Konkurrenzen, aber jedenfalls immer das Schema der Seele, die Vitalreihe ist es, die die Fallen stellt.
Wir sind am Ende, fühlte er, wir überwanden unser letztes Organ. Ich werde den Korridor entlang gehen, und mein Schritt wird hallen. Denn muß im Korridor der Schritt nicht hallen? Jawohl, das ist das Leben, und im Vorbeigehen ein Scherzwort an die Beamtin? Jawohl, auch dies! –

*

Da landete das Schiff, das alle Wochen an die Insel kam, und mit den Gästen stieg eine Frau ans Land, die eine Weile hier wohnen wollte.
Rönne lernte sie kennen, warum sollte er sie nicht kennen lernen: einen Haufen sekundärer Geschlechtsmerkmale, anthropoid gruppiert.
Aber bald fragte er sich beunruhigt, ich suche ihren Umgang, doch das Denkerische ist es nicht, was aber ist es? Sie ist mittelgroß, blond, mit Wasserstoff gebleicht und grau an den Schläfen. Ihre Augen liegen in der Ferne, unverrückbar grau von Nebel die Pupille – aber ich spüre es wie Flucht, ich muß sie beformeln:
Ihr Wesen: sie liebt weiße Blumen, Katzen und Kristalle

und sie kann des Nachts allein nicht schlafen, denn sie liebt es so, ein Herz zu hören, wo aber soll das Prinzip ansetzen und die Zusammenfassung erfolgen? Nie begehrt sie eine Zärtlichkeit, aber wenn man sich ihr nähert, tritt man unter das Dach der Liebe, und plötzlich steht sie über mir in einer Stellung, die ihr Schmerzen machen muß, unbeweglich und lange – – welch erschütternde Verwirrung!
Witternd Gefahr, hörend aus der Ferne einen Strom, der herangurgelte, ihn aufzulösen, schlug er um sich die soziologischen Bestände.
Wie, auf der Nachbarinsel war die Hirse stockig? War es gut gehandelt an dem kleinen Mann? Wo blieb Redlichkeit und Bruderkuß? Wenn die verging, was blieb? – Oder: wirklich hingegeben an die übliche Menge gemahlenen Tees, in einer Flasche geschüttelt, gefüllt, gekorkt und nochmals geschüttelt, und die übermittelt dem Bekannten, dem Nachbar oder dem Wißbegierigen redlichen Sinnes und helfender Gesinnung, was blieb dann noch der Verführung zugänglich; er, der schlichte Schamträger in seiner staatlichen Verquickung, – nun durfte wohl Friede sein, endlich, ja?
Aber schon wieder war die Lockung da, die Frau, das Strömende, und befreit atmete er der Wärterin entgegen, die kam: ein krankes Knie! Wie verdichtet es sich zur Wirklichkeit. Welch starke Formel! Amtlich verpflichtet zur Anerkennung meinerseits! Kniekrankheiten, Schwellungen, Entzündungsvorgänge. – Fester Boden – Männlichkeiten!
Dann wieder: Jede Erscheinung hat ihr oberstes Prinzip, und er schritt getröstet an den Strand; es gilt nur festzulegen, welches das ihre ist; das System ist allgütig, es enthält auch sie. Es enthält auch sie, die keine Treue und keinen Wortbruch kennt, die zur Stunde nicht kommen kann, weil die Fischerin eine Angel trug, und die Salpen glänzten – Erfahrung sammeln, Deduktionen, sein stiller Himmel auch über ihr! Aber dann: Ihre Hüfte, wenn sie neben ihm ging, rauschte wie das Sinnlose und ihre Schulter war behaart vom Chaos.
Tiefer warf er sich über seine Bücher, hämmernd seine Welt. Aber wie? In den angesehendsten naturwissenschaftlichen Journalen konnten neuerdings Raum finden, ja anerkennend besprochen werden Arbeiten dieses eigentümlichen Inhalts?

Das Werk eines unbekannten jüdischen Arztes aus Danzig, der wörtlich über die Gefühle aussagte, daß sie tiefer reichten als die geistige Funktion? Daß das Gefühl das große Geheimnis unseres Lebens sei und die Frage seiner Entstehung unbeantwortbar?? Um es vollends zu Ende zu denken: das Gefühl gehöre nicht mehr zu den Empfindungen??

Wußte er denn, was es bedeutete, wenn die Gefühle nicht mehr vom Reiz abhingen, wie er, Rönne, gelernt; wenn er sie den dunklen Strom nannte, der aus dem Leibe brach? Das Unberechenbare?

Wußte der Verfasser wohl, vor welche Fragen die Konsequenzen seiner neuen Lehre führten, wußte dieser völlig unbekannte Mann wohl die ganze Schwere seiner Behauptung, die er ohne jede Ankündigung, ohne Sichtbarmachung auf dem Titelblatt einfach in einem Buch mit farblosem grauen Deckel in die Welt schickte, wußte er vielleicht, daß er die Frage beantwortete, ob es Neues gäbe?

Rönne atmete tief. War dies etwa schon eine neue Wissenschaft, die nach ihm kam? Jede Befruchtung enthielte den Keim eines unerhört Neuen, der Zusammentritt von Einheiten war in der Generationsfolge fortgesetzt in der Gestalt der Zweigeschlechtlichkeit, und in ihr galt es, die gewaltige schöpferische Macht anzuerkennen, die das Leben zur Höhe erhoben hatte?

Rönne bebte. Er sah nochmals auf das Journal, das die Besprechung gebracht hatte, auf den Namen des Referenten, der die Kritik gezeichnet hatte: er war sein Lehrer gewesen.

Schöpferischer Mensch! Neuformung des Entwickelungsgedankens aus dem Mathematischen ins Intuitive –: was aber wurde aus ihm, dem Arzt, gebannt in das Quantitative, dem beruflichen Bejaher der Erfahrung?

Trat er vor einen Rachen, und die Schwellung war bedrohlich – war sie intuitiv coupierbar? mußte er sich nicht zusammenraffen zu analytischen Phänomenen, Empirien, zielstrebigen Gesten, dem ganzen Grauen bejahter Wirklichkeiten, zu einer Hypothese von Realität, die er erkenntnistheoretisch nicht mehr halten konnte, um des Kindes willen, das schon blau war, des Rachens halber, der erstickte, und der Geld abwarf und von Amts wegen?

Plötzlich fühlte er sich tief ermüdet und ein Gift in seinen Gliedern. Er trat an ein Fenster, das in den Garten ging. In dem stand schattenlos die Blüte weiß, und voll Spiel die Hecke; an allen Gräsern hing etwas, das zitterte; in den Abend lösten sich Düfte aus Sträuchern, die leuchteten, grenzenlos und für immer.
Einen Augenblick streifte es ihn am Haupt: eine Lockerung, ein leises Klirren der Zersprengung, und in sein Auge fuhr ein Bild: klares Land, schwingend in Bläue und Glut und zerklüftet von den Rosen, in der Ferne eine Säule, umwuchert am Fuß; darin er und die Frau, tierisch und verloren, still vergießend Säfte und Hauch.
Aber schon war es vergangen. Er fuhr sich über die Augen. Schon sprang der Reifen wieder um seine Stirn und eine Kühle an die Schläfen: was lag denn hier vor? Er hatte mit einer Frau zusammengelebt und hatte einmal gesehen, daß sie Rosenblätter, die welkten, von einer Kante zusammengelesen hatte, zusammen zu einem kleinen Haufen auf einen gesteinten bunten Tisch; dann setzte sie sich wieder, verloren an einen hellen Strauch. Das war alles, was er wirklich von ihr wußte; der Rest war, daß er sich genommen war, es rauschte und er blutete – – – aber wo führte das hin?
Hart wurde sein Blick. Gestählt drang er in den Garten, ordnend die Büsche, messend den Pfad. Und nun kam es über ihn: er stand am Ausgang eines Jahrtausends, aber die Frau war stets; er schuldete seine Entwicklung einer Epoche, die das System erschaffen hatte, und was auch kommen mochte, dies war er!
Fordernd jagte er seinen Blick in den Abend und siehe, es blaute das Hyazinthenwesen unten Duftkurven reiner Formeln, einheitliche Geschlossenheiten, in den Gartenraum; und eine versickernde Streichholzvettel rann teigig über die Stufen eines Anstaltgebäudes unter Glutwerk berechenbarer Lichtstrahlen einer untergehenden Sonne senkrecht in die Erde. –

Diesterweg
Eine Novelle

I

Drei Jahre dauerte der Krieg. Seit drei Jahren spielte sich das Dasein innerhalb eines Koordinatensystems ab, dessen Basis der Begriff des Gemeinnützigen war. Seit drei Jahren bedienten sich der Jugend, in deren Entwicklung dieser Zustand fiel, die Bedürfnisse des betont Völkischen.

In tiefer Einordnung lebte daher die ganze Zeit über, da er kriegstüchtig war, auch der in Frage stehende Arzt. Des Morgens erhob er sich in Betreff des Dienstes; die Stunde führte den Gedanken das Erforderliche zu; Blut und Leiber: Schutt und Schlacken, in der Ferne das eine Ziel; ja, völlig entleert des eigenen Lebens, hatte er seines Namens selbst vergessen: es galt den Arm, es galt das Messer, und auch die Säge war mit ihm da.
Gelegentlich jedoch in letzter Zeit, zum Beispiel, wenn ein Geruch ihn traf aus einem Garten, der verwelkte, oder von einer Frau in Flammen und Klang, lehnte sich das andere Leben wieder hinein, in der Nüance oder Grenzfall zum Verweilen lud oder das Schwingende, das eben anklang, und aus dem Haufen, in dem er lag, hob er die Blicke hin und her.
Bei Kasinoversammlungen oder Besprechungen freieren Charakters sah er sich prüfend danach um. Denn auch dessen erinnerte er sich und hatte es kürzlich wieder gelesen, es galt ja dieser große Kampf gar nicht materiellen Gütern, nein er galt dem Schutze und der Wahrung einer Kultur, deren Standardbegriff, soweit er sich hatte unterrichten können, die Persönlichkeit war, sei es, daß sie biologisch als der einzigartige und nie wiederkehrende Fall organischer Synthese definiert oder ethisch als unersetzbarer menschlicher Wert oder künstlerisch als ein freigeborener und schöner Trotz dargestellt und betrachtet wurde.

Sah er sich nun bei solchen Gelegenheiten um, so war zunächst der Chefarzt da, dem es oblag, die Versammlung zu eröffnen und der gleich anfangs mit einigen scherzhaften

Redewendungen darauf hinwies, daß hier sozusagen wenig Lorbeer zu erernten sei, da dem Vernehmen nach eine Abrechnung hinsichtlich der Ausgaben vorgelegt werden dürfte, die vielleicht hie und da eine kleine Überraschung dem einen oder dem anderen bereiten würde in bezug auf die noch zu erstattenden rückständigen Beträge.
Ein Schmunzeln machte sich bei diesen liebenswürdigen Worten des Sitzungsleiters geltend, die doch die Aufforderung eines sozusagen übergeordneten Lazarettgeistes darstellten, einer natürlich etwas ärgerlichen, aber so wie die Verhältnisse nun einmal lagen, doch eben unvermeidlichen Angelegenheit mit Ruhe und einer Portion Humor gegenüberzutreten.
Und in der Tat war dann auch ein schöner Erfolg zu verzeichnen. In einmütiger Solidarität wurde dem Antrage, die Schuldbestände durch eine einmalige Umlage zu bestreiten, als dem Zweckmäßigsten, ganz allgemeine Zustimmung erteilt, ja einige Stimmen klangen fast aus der Stimmung einer Art Aufschwungs und tieferen Gemeinsamkeit, als sie andeuteten, daß dieses alle gleichmäßig treffende gemeinsame Schicksal sie doch vielleicht nur noch enger aneinanderschließen und die Kameradschaft heben und den ganzen Ton nur noch gemütlicher machen könne.

Doch da – anscheinend ein Störenfried - erhob sich und stand. Der beobachtende Arzt fröstelte in Erwartung, denn das Antlitz drüben zuckte und war gespannt. Jetzt würde der Kampf beginnen, Stoß gegen Stoß, Rauch und Flammen und, wenn auch zerrissen und verwundet, würde donnern Profil gegen das ungefärbte Nichts.
Von der Geschäftsordung ging er aus, wahrscheinlich als Hintergrund, als der Winkel, aus dem er lockte. Daß dies erst Punkt Zwei der Tagesordnung sei, gab er von sich. Daß dies unstatthaft sei, trat er den Übrigen gegenüber. Dies wolle er bemerken, hielt er nicht zurück.
Hier erhob sich also der Einspruch gegen das Vorliegende. Der Widerspruch trat auf, auf den man stieß; die Geister hatten sich zu sondern, die Wasserscheide lag vor, natürlich fordernd.
Bewundernd sah der prüfende Arzt über die Versammlung

hin. Jawohl, hier war Krisis und Mittelpunkt von Konflikt. Die freie Meinung, hier ihre Stätte; der Ausdruck ganz individuellen Daseins, hier daheim!
Und in der Tat wurde im weiteren Verlauf noch diese oder jene Ansicht ausgesprochen und manche Überzeugung vertreten, ehe jedesmal das ausgleichende Moment hervortrat, das sich schließlich zu einem geselligen Zusammensein steigerte, das den Abend zu einer Erinnerung an schöne, unter den eigenartigen äußeren Verhältnissen ganz besonders eng verbindende Stunden machte. Da gab dann jeder rückhaltlos das ganz Persönliche, Herkunft der Braut, verschnittenen Anzug, gestundetes Geld, da öffnete sich der Mann dem Manne, da fiel Schranke, lief über Herz. Und stieg dann etwa zur mitternächtlichen Stunde Gesang empor wie: Freunde, trinkt mit vollen Zügen musenstädtschen Gerstensaft, fühlte jeder tief aufs Neue das große gemeinsame Band, das sie alle umschlang, und Ernst und Größe zeitgenössischen Geschehens.
Verglich in solchen Augenblicken der in Frage stehende Arzt den jetzigen Zustand mit dem früherer Zeiten, so konnte er sich eines leichten Unbehagens nicht erwehren und alle Wehmut war dahin.
Denn bei dem früheren Meditieren war eben doch immer ein gewisses Maß von Chaos, von Ungeklärtheit, ja Problem zurückgeblieben, das einer restlosen Unterordnung unter gemeingenössische Ideen widerstanden hatte – : hier aber herrschte geordnetes Vorstellungsleben und das Wort, das Erzeugnis gesellschaftlichen Daseins, ganz seinem Sinn zurückgegeben.
Hier konnte man sich ganz ohne Erröten jener Tatsache erinnern, die namhafte Forscher in jahrelangen mühe- und gefahrvollen Forschungen in wilden Ländern ans Licht gezogen hatten, daß nämlich, während die untergeordneten Lebearten durch ihren Lärm nur eine allen gemeinsame Empfindung hervorriefen, der Mensch durch das Gespräch eine Atmosphäre schuf, und andererseits war man hier ganz im Mittelpunkt der alten Welt, demgegenüber noch zum Beispiel in den südamerikanischen Dörfern Makakis, Indianer oder noch tiefer stehende Gruppen vor ihren Lagerfeuern bis tief in die Nacht hinein ihre Gespräche fortzusetzen beliebten, deren geistiger Inhalt und Gewinn, wie die

Forscher ausführten, sich vielleicht in einigen kurzen Sätzen hätte genügend darstellen lassen. Doch hier: – und er horchte prüfend weiter herum – wie nüancenreich die Rede, die Themen wie wendungsreich, die Stirnen wie gezeichnet vom Ausdruck des Einzelnen, Chlor, Wasserstraßen, Hypothesen klangen auf und traten ab. Dazwischen aber auch die letzten Dinge, seit der Mythus sich begab; nein, die Erscheinungen genügten nicht, es mußte etwas geben, dahinter, in den Schleiern, wo der Demiurg die Welten mischte: eine Seele, ein Letztes, eine Ordnung, einen Sinn. Und, als der Zeiger rückte, Rauch das Licht verdunkelte, und die Fenster gingen auf, – waren auch die Sterne da.

Da tiefer als jemals in früheren Zeiten fühlte der Arzt, wie das Leben hier geschah. Wie hier in einem engen Raum auf verlassenem Posten der Mensch saß, der sich öffnete, sich sättigte und schloß; das Abgegrenzte spürte er, die Sicherheiten des Geformten.

Er sah noch einmal die Tische entlang, und jeder, der ihm entgegentrat, war geballt von Gültigkeiten und Erfüllung, hatte einen Namen, und sein Vorstellungsleben spielte hin und her. Sei es, daß er Neues von seinem Nachbar entgegennehmend dem bereits vorhandenen Bestande anschloß, sei es, daß er, sozusagen versunken, aus den eigenen Gedanken den Augenblick mit Inhalt füllte, – jedenfalls sauber saßen sie auf ihren Stühlen, gesammelt und verklärt von der Sendung ihrer Form.

Da begann es: er grübelte, er suchte, er bog sich weit zurück. Und plötzlich sah er auch die Nacht, in der sie alle schliefen, und den Traum, entfesselt und verwirrt, an dem die Wirklichkeit sich maß.

Da überstürzte ihn, wie weit er abseits stand und es drängte ihn, sich auch zu schließen. Nach einem Damm rief es in ihm, nach einer Hürde, die Vollendung strebte er an, die er hier gewahrte. Er grübelte, er suchte, er bog sich weit zurück. Er, seinerseits, er wässerte, er triefte von den Erden oder Flüssen, und schließlich litt er gar zu sehr: ich will mich Diesterweg nennen, sagte er vor sich hin, ich will eintreten, ich will wieder heißen und Diesterweg soll mit geschehn. –

Womit? Zunächst im Anzug, Diesterweg, daß er die Scham verdecke und den Schritt gefällig mache und wegen des verlorenen Haarkleids hier im Nebelland! Alsdann den Bart gestutzt, Bescheidenheiten, Aufblick an die alternden Gemächte – Nationaldienst! Damit wir sollen können, ist die Welt gemacht (Fichte!).
Schnüffele! Schniefe ein wenig Flüssiges durch die Nase, regelmäßig, rhythmisch, das nimmt ein: ein bißchen unerzogen, denkt der Übergeordnete, einfache Familie, unäußerlich, doch sachlicher Mann!
Sammlersinn! Freude am Vergleichen! Organisches Seelenleben! Dies zu Anfang. –
Doch der Arzt, solide, griff alles an der Wurzel an. Nun er wieder eintrat in die Gemeinschaft, wollte er wissen, wo sie stand. Die Gegenwart, in der alles endete; der letzte Strand, an den alles schlug: Gorgonenköpfe und ephesinische Kapellen, Pentakeln, Räucherungen, die Mandelmeere, der Wirrwarr aller schon vergangenen Welt.
Die Zeit des Irdischen schien ihm gekommen. Kneter, Walzer, Werkzeug in den Händen, das Mineralische bepressend; Schlote, die rauchten, das Erdige angehend. Nichts aus dem alten Schlund war genügend, wie es war: bearbeitet wurde es.
Ganze Stände sannen über ein Metall; Dampfverhältnisse genossen der Forschung; Gase, vormals von einfachem Atem hin und her gesogen, wurden Gegenstände eines Instituts.
Uralt der Kampf des Ich um seine Welt. Doch neu dies Fieber, die Erde zu befingern: schlürfend strich der Ländler durch die Salze; Meistern wuchs der Bart grau über Mikroskope; Hartgummi wurde Lehrgegenstand, denn man konnte Funken aus ihm wischen. –
Diesterweg tritt in das Laboratorium von Mahn. Hier kann vieles differenziert werden.
Eiweiß und Zucker, auch schwierigeres: Aceton, der ganze Purinstoffwechsel – alles mittels Flüssigkeiten. Oder: überschüssige Säuren (bei Zuckerkranken) mittels Pulvern. Oder: Verweilen von Arzneimitteln in Körpersäften: Kochprobe.
Mahn hält 2 Spitzgläser in der Hand: Reaktion. Mahn machte gerade die für die wissenschaftliche Welt in der Tat

ungeheure Entdeckung, daß das Wesen der Reaktion – was bisher völlig schleierhaft war – in Zusammenhang steht mit dem Dispersitätsgrad der Globuline.
Was geht vor sich? Mahn schafft eine äußerste Fixierung. Er übersieht und faßt zusammen. Äonen; Auszitterungen. Dispersitätsgrad der Globuline. Stiernackig: eine neue Formulierung. Triefend noch von Mutterbluten, dem Chaos ausgerissen, doch nun eingemahlen ins Widerspruchslose: Mahn schafft Wirklichkeit.
Durch dies Zimmer geht der äußerste Saum des Wirklichen, fühlt Diesterweg. Abgerungen. Triumphgesänge. Menschengröße. Dispersitätsgrad der Globuline.
Ist es in ihm? Was rauscht da? Hohngelächter? Ein übles Maul: Schinder! Verscharrer! Ein süßer Untergang: Bürgerhäuser! Grüne Bohnen! Und da ein Antlitz: phrygischer Kinäde, Aufbau abgeschaumt von Tänzerknaben, verkehrtem Lustrausch, Rattenhandel – gräßliche Vision.
Diesterweg versteht nicht die Zusammenhänge. Er wendet sich wieder Mahn zu. Der demonstriert einen A p p a r a t. Mittels dieses kann man einen Gegenstand e i n d e u t i g isolieren. Klar herausstellen. Hintergrund: Gattungsbegriff; Vordergrund: Einzelwesen. Restlose Enthüllung. Kausale Wollust.
Diesterweg spürt ein Schwindelgefühl im Hinterkopf. Die Herren alle: so lauterstes Bewußtseinsleben, so sauberste Schöpfungskrone – o, denkt er, das Leben leben! Die Astern tauchen in die Herbste; man kann es gar nicht anders sagen, um das Allmähliche zu sagen. Tauchen und Blätterndes und des Namenlosen Traum.
Die Kollegen unterstehen gerade: Klärung. Betreffend: prinzipieller Standpunkt. Wie sich die Herren aufbauen, denkt Diesterweg! Sie weisen einander dies und jenes nach, sie bekämpfen grundsätzliche Anschauungen, greifen ganze Voraussetzungsreihen an – wie scharf stehen sich hier Vertreter diesbezüglicher Auffassungen gegenüber!
Er tritt auf eine Gruppe zu. Meine Herren, sagt Mahn, wer bezweifelt, daß seit Nikolaus von Cusa Fortschritt und Entwicklung die Grundpfeiler unseres Weltgebäudes sind? Nun, wenn hier der Hammer meines Apparates niederfällt, so hämmert aus seinem Gelenk der Fortschritt, und wenn es

in den Räderchen schnurrt und surrt, es treibt Entwickelung durch seine Speichen.
Früher hatte sich Diesterweg wohl hie und da gefragt, warum dieser Mahn heiße und jener Matzke. Sie behaupteten und widersprachen und ihr Erfahrungsleben war die Unterlage. Jetzt aber erstand vor ihm Matzke, durch dessen Hämmerchen der Fortschritt schlug.
Bedenken Sie doch auch jene dunklen Epochen vergangener Jahrhunderte, äußerte sich eine neue Stimme, demgegenüber wir: ungetrübt, freie Forschung, Wasserspülung bis in die Zirbeldrüse: und dies war Matzke, scharf hob sich sein Profil ab als des Verwerfers des Mittelalters. Vollends: überhaupt die ganze romanische Kultur, vernahm man ein drittes Organ, Rechtschaffenheit und Impfzwang sei doch die Hauptsache –: nun trat gar der hervor, der in die Zukunft sah.
Da: Er habe überhaupt etwas Ironisches an sich, bemerkte ein neuer Herr, und gemeint war Matzke.
Diesterweg befiel es wie ein Schlag. Matzke hatte also etwas mitbekommen oder an sich herausgearbeitet bis zu einem Grade, daß es einem Mitherrn ein Urteil darüber abzugeben Veranlassung gab. Es ging – und das war nicht zuviel gesagt – ein Eindruck von ihm aus. Er war reell beeigenschaftet. Es trat etwas entgegen – kurz, wie der Herr eben treffend bemerkt hatte – er war nicht nur jemand, nein, er hatte etwas an sich.

Diesterweg sah an sich herunter. Längst wollte er etwas an sich haben. Er überlegte. Vielleicht ginge es mit einem Tik, etwa einer bestimmten Bewegung mit der Hand, etwa ein kurzes rasches Wischen mit dem Zeigefinger an der Backe, ein nervöses Wischen – jawohl das war es: ein nervöses Wischen, unterbewußt, in Gedanken versunken, eine Art Naturzwang, höchst persönlich; niemand könnte ihm das Eigentümliche bestreiten, man könnte es vielmehr geradezu etwas bloßstellend finden, bereits schon etwas wenig beherrscht, jedenfalls stark würde es an ihm hervortreten, es würde Diesterwegisch sein, ein nervöses Wischen mit dem Zeigefinger an der Backe.

Er spann den Gedanken weiter. Schon sah er sich von hier versetzt. Er würde in einem neuen Kreis auftauchen. Er stellte sich vor, man ging zum ersten Mal zum Essen, man lachte und trank, und immer würde er diese kleine Bewegung an sich haben als einer, hinter dessen etwas nervösem Wischen eine ungewöhnliche Persönlichkeit sich bergen mochte, die reich und stark genug in sich selber ruhte, um die Aufmerksamkeit einer beobachtenden Umgebung an einer vielleicht etwas bloßstellenden, weil zwangsmäßigen Fingerbewegung unbeachtet hinzunehmen.

Er träumte weiter. Er würde hierher zurückkehren, wo er jetzt wenig galt. Gebräunt von einer Sonne ganz unbestimmbarer Glut, in Abenteuerfarben, vielleicht mit einer Narbe und lässig an Rock und Schuhen. Es würde Diesterweg sein, aber ein anderer, den ein Leben schuf, vielleicht auf Inseln oder Fahrten, aus verhängten Zeiten, wo niemand um ihn war. Von da auch dieses Wischen an der Backe. All das Unbestimmte, dessen Spuren er trug, Züge über das Meer und südliche Schlachten, eingegraben in die reifgewordene Stirn und vielleicht ein wenig sie verwirrend.

Benommen von Taten, die aus seinen Armen gingen; von der Werke Rauschen, die er schuf. Des Tages Dinge hüllten nicht mehr seinen Blick; der ging zurück an Jähigkeiten, die ihn formten, an Schauer und Erliegen, denen er sich gegenübersah.

Der neue Diesterweg, der südliche. Alle diese kärglichen Dinge seines Lebens – nur das Spiel auf einem Fächer, zart und in das Vergehen gemalt. Er war der Herr mit Tik, der Überhöhte, vor dem das Wirkliche erlag: an einem Hain, in dem ein Opfer rauchte und einer Wiese, die in Kränzen stand.

Mit tiefen Augen sah er durch den Saal: Dies war der Mensch, der Fremde, der sich nannte; doch er sah hell das Wogen des Geschehns: das Formen warf zum Abspiel seiner Schalen und auftrank, wenn die Glieder sich erfüllt.

Hier lief, hier haschte man um armes Gut. Er aber wanderte im Schaum von Blüten; aus Licht, aus Schatten, zwischen Säulen, die auf Löwen standen, über Tempelwangen – der Blüte Flug. Er schritt, gelöst. Im Zug geschmückter Masken. Vorbei an Genieen, den Fuß in einen Brunnen, deutend, wie das Glück zerrann.

Dann hielt er still vor einem Becken, über das sich, alternd, ein Quell verlief. Da war ein Mal, eine kleine Narbe vom tausendfältigen Mund der Knaben um einen Zug, im Lauf, aus Hainen, einst als die Welt, die endete, begann. – – –

II

Zurückgesunken und dunkler Tag. In Winteranfang an nördlicher Küste. Meer, Land und Wolke – eine Schlacke; ein Grau, gewälzt, Kadavernüancen – Licht, Atem, Himmel dieser Stadt.
Standort von Diesterweg. Kanonen schlagen um sein Haus. Um große Dinge muß es sich handeln, sagt er sich, daß es so laut zugeht; es muß sozusagen etwas auf dem Spiele stehn, dessen Verlust in Frage käme. Ich will vor die Tür treten. Was gibt es?
Metallisches scheint wieder sehr im Vordergrund zu stehn. Roheisen, bei bestimmter Flugbahn, schafft Verheerung; wer etwas hinhält, hat Verwundung. Ohne Frage. Was sonst noch?
Knaben und Alternde ziehn mit Gesängen in die Schlacht. Sie glänzen, daß es an ihnen läge, daß sie es trügen, Schicksal oder Fluch. Doch hinter ihnen rauschen die Maschinen, da brüllen Erze, röcheln die Zylinder, hinmäht sich die erhabene Menschheit selbst.
Angebaut in diesen Rieselbreiten, wo der Himmel tropft wie eine Greisenfresse alten kalten Speichel; in diese Kellerprovinzen, wo vor Feuchtigkeiten die Stirn auswächst in Denk- und Seelentrieben.
Nun rächt sich Chiles regenlose Küste, grobe Berge angehäufter Vogelexkremente: künstlicher Dünger; nun Metalldrehbank, nun Bohrmaschine, nun Benzol, aus Buchenteeren isoliert, nun Gauß und Weber sich durch den Kupferdraht begrüßend und nun des letzten Glücksjahrs, dieser Erde schmutzigstes Residuum, die Kohle! –
Ist es Schauer vor den einschlagenden Geschossen, ist es Erregung oder Laune, jedenfalls in dieser Weise befaßt sich Diesterweg mit den Ereignissen. Er ist gerötet, das Blut steigt ihm zu Kopfe, etwas Geblähtes liegt über ihm.
In eine Zeit geboren, keucht er, die zu Ende geht, ohne Möglichkeiten zu entweichen, abgetrieben an Genossenschaften, in die Höhe profiliert durch Schöpfungskrone –

ah, wie tief wittere ich den Gasgestank dieser Lydritgranate – zermatscht, verschmiert muß eine Menschheit werden, die in Maschinen denkt.
Zwei Herren treten aus dem Haus. Sie tragen Gläser vor den Augen und ein Hörrohr in der Jacke.
Das sind die Wirklichen, birst es in Diesterweg und ganz persönlich gehen diese Herren! Bewaffnet mit allen Erfordernissen, die Zusammenhänge zu erspähen, das ist unlogisch, rufen sie im Ton des Vorwurfs und sind säuberlich und prompt.
Durch prophylaktische Maßnahmen stellen sie Einzelwesen sicher, doch was sie retteten in ihren hundert Jahren – da sehen Sie, meine Herren, hinab, unten, wo die Tannen stehn: die Reihe, bestriemt von den Metallen – zurück, zurück, Lemurenbataillone! Schwindel, das ganze Auftrieb! Oh, unseres ersten Menschen Nymphenstirn!
Die Herren sind etwas betreten, beachten ihn jedoch nicht weiter und verarbeiten gemeinsam die anderwärts eintretenden Wahrnehmungen im Sinne des Gesprächs.
Sind die Gräber fertig und die Gestänke zugeworfen, übertreibt Diesterweg seine Gedankengänge, bleibt ein Granatsplitter als Berloque an Ihrer Uhr – Lebenserinnerungen, Enkelgeschwätz, Boudoirgeschmuse –: aber die Blinden, die Krüppel, die aus den Schlachten kommen – heran zu mir, wir wollen den Herren zerfetzen, der das Hauptwort handhabt wie ein Messer, mit dem er Fische frißt.
Die Herren treten ein Stück zurück, ihr Gespräch hat sich erweitert, sein Inhalt gehört zum Teil der Vergangenheit an, Jugendvorkommnis wird mit Scherz eingeflochten, Photographie gezeigt, dies Tal, dies Hügel.
Unbestreitbar, tritt Diesterweg an sie heran, zu unbestreitbar! Die Bilder her, meine Herren, wir wollen ein Land beschreiten, das der Kamera entgeht. Wo die Pesten, wo die Seuchen, wo die Hungersnöte rauschen, wo ein namenloses Pack an den Ufern lungert und die Flüsse übertreten. Oder wo Chinchilla. In Winterröte steht der Tag, in Reif die Halde, auf tote Meere stößt der Alke Schrei, oder wo Harpune.
Die Herren werfen sich ein Lächeln zu, halten das Gespräch in Fluß; der eine stammt aus dem Süden, der andere aus

dem Norden, daraus ergeben sich manche Differenzen; Lebensführung, Gattin, Verschiedenes erklärt Manches.

Pack, kreischt Diesterweg! Geschmeiß! Ich priestere, ich tue mein Möglichstes, ich bin Diesterweg, ein Herr in reiferen Lebensjahren, ich darf wohl einer Ansicht Ausdruck verleihen im Sinne der Überzeugung – und Sie wüsten mich derart an?! Jawohl, Wüste, roter Staub, Hyänen, um Herz und Knie – hört es: auch die Johannen sind überwunden, die Welt träuft ihre Götter, ich will schlafen gehn. –

Er ging nicht schlafen, er ging und tat den Dienst. Er tat den Dienst des Arztes Diesterweg, der im Krieg war, vormals unerinnerlich; der hintrieb und vielleicht zu Ende ging.

Jetzt trat er ins Kasino ein. Doch wenn es dann zu Ende geht, spann er seine Ideen weiter, so ist es voll und ganz gewesen. Ich sozusagen selber spielte vielleicht nur eine Rolle im Leben dieses Herrn, doch er war still vollendet, reif und trug sich selbst; er war der Herr, der jetzt den Dienst getan, nun tritt der muntere Tischmann herfür und nach dem Essen mittels Bande einem Balle beigekommen (Billard).

Er setzte sich an einen Tisch und die Unterhaltung schlug hervor. Unter Gerüchen nach Nahrung spielte die Ansicht wieder eine Rolle, schuf voraufgegangenes Erlebnis die Unterlage persönlich gefärbter Stellungnahme.

Besonders deutlich trat zutage, daß Aufenthalt in fremden Ländern Worten erhöhtes Gewicht verlieh und ein Vergleich aus tropischen Breiten Widerspruch im Keime dämpfte.

Was den Erfolg der Gespräche anging, so war oft keine Harmonie zu erzielen, oft gab es weder Sieger noch Besiegte.

Diesterweg sah durch das Fenster in das Graue, das der Abend war. Eine schwere Zerstörung lag über den Formen, unter denen er einst die Hügel wußte, auch der Himmel hatte sich begeben und die Erde rann: das war das Chaos, die Ungestalt. Nun war er wieder in dem Saal und um ihn die Wesen heiserten an seinem Saum, nein, er fühlte ihren Atem kochen und die Flanken heiß.

Aus der Ferne kam es, traumhaft trat es in ihn ein. Es ist Staub, der redet, fühlte er; die Wüste warf es hin.

Dann, immer voller trat die Stunde um das Haus; ein Schlag aus Nebel, gelöst und pressend; ein Windstoß murmelte an die Mauer prüfend, was sie hielt.
Irgendetwas ging vor sich; niemand wußte was. Die Herren waren erregt und fliegend, sie bäumten sich vor Rede und Gegenrede, wurden zackig vor Stellungnahme und von Eigenstem rauh.
Schon bogen sich die Fenster, schien es Diesterweg, ins Zimmer, und die Herren: sie traten von einem Fuß auf den andern und traten wie auf Wasser, als ob sie sich absonderten und festigten jeder Einzelne in sich hinein, und da fuhr einer mit der Handfläche an seinen Linien auf und ab, um seinen Schädel, ob er nicht zerfiele.
Vor dem Fenster aber, schien es Diesterweg, stand das Weiße eines Auges, der heiße Strich eines Pfiffes scholl ums Haus – das ist der Dämon, schrie Diesterweg, der holt alles heim, das er einst geschieden, in Wasser und in Veste – und rüstete den letzten Gang.
Da war der Saal und da waren die Tische. Da waren die Ärzte, da war der Herr. Da war der Mensch, der sich zu schaffen trachtete, der sich in Formen trieb in Ängsten vor dem All, da war die Menschheit, die das Bewußtsein trug, doch nie erlitten hatte – und da war er, dem dies geschehn. Er hatte es erlitten, er erlebt. Er war gehürnt mit seinem Drängen, seinen Aufbau trug er wie ein Fell, er schüttete es hin, er lächelte, die Schläfe ein wenig blaß vom Glück der Untergänge.
Er schob den Stuhl fort und trat hinaus.
Wer tritt hinaus, fragte er sich noch grade. Etwa Diesterweg, ein Arzt, der seinen Dienst versehen hat, trefflich und genau? Wer sinkt hinunter, wen zieht es in die Nacht, die ist doch ohne Sterne, die ist doch ohne Klang, in die stumme, die unsägliche?

III

Diesterweg galt als erkrankt und wurde nach Berlin zurückgeschickt.
Er landete an einem Tag, an dem über Dach und Straße Schnee lag, doch nahe am Zergehen. Es war erst bald nach Jahresanfang, doch gegen Abend stand im Westen schon etwas vom erneuten Licht.

Er nahm eine Wohnung, die auf einen freien belebten Platz ging. Er arbeitete tagsüber, doch abends gegen 5 Uhr stand er in einem Fenster seiner Wohnung, die er dunkel hinter sich ließ, und atmete es bis ins Blut, wie lange sich aus Schnee und Kühle hingeströmt die Helle hielt, wie es andrang aus erloschenen Scheinen.

Er nahm es hin, als ihm gewährt. In dieser Stadt, wo er nichts war, wo er kämpfte ein Nichts mit anderen Nichtsen um Brot, um Kleidung, um einen Trambahnplatz, spürte er seit so vielen Jahren zum erstenmal wieder eins: Das Wehn. Mag es mit den Maschinen sein, sagte er sich, wie es will, und mit der Menschheit und dem Wissen, eines jedenfalls ist süß: am Hals, an den Augen, die etwas vortreten, oder in den Nüstern, die sich weiten, fühlen, wie das Licht beginnt.

Über Wälder noch unter Reif, über Wälder mit ihren Füchsen, vorbei an Bahnen, die nicht ich befahre, vorbei an Menschen, gänzlich mir befremdet – o wo ist alles hin, welch ein Fest vor meinem Herzen, meine Hand ernährt mich, und das Licht beginnt.

Er strich durch die Stadt, die er lange nicht gesehn. Er trat in das Haus, wo er seinen Lauf begonnen hatte. Er schritt durch die Säle, wo die Bücher standen, treppauf, treppab Werk bei Werk. Das war sein Rausch gewesen, alle zu bezwingen; jetzt ging er durch die Säle und dachte: alle Worte aller Welt.

Er trat vor ein Regal und griff nach dem Buch, das ihm das tiefste schien und alle anderen wert, und das doch niemand kannte außer ihm: Entwicklung ist immer fertig, las er, und doch nie zu Ende – stellte es zurück und trat hinaus.

Über die Rande träuft es, dachte er, und unsäglich ist die Stunde, so alle Worte sind vergessen, ich trage sie im Traum die Welt.

Er spürte in das Licht, in die Spitze dieses Lichtes, das aus dem Park kam, der sich rundete zum Flaum. Er fühlte sie, die Tage, die begannen, die zitterten von kleinem Krokus, all ihr Schluchzen und Vergehn.

Er schritt vorbei an einer Statue: ein Gaul, der stumm Jahrhunderte zertrat, ein Panzer, vor dem Geschlechter barsten –, doch zum Beispiel die Kolonna, dachte er, und

die Burgen und Basalte, jetzt wohnen Hirten an den Bergen, die Äcker schweigen und die Fieber wehn.
Der Abend nahm ihn auf und verschlang das Diesterwegsche. Ich will tief in mich hinein, sang eine Stimme, ich mein Herz und meine Krone, ich mein Schatten und mein Glanz –.
Gemischt mit Kühle aus erwachtem Wald –: Ich sehe Stunden, eine Reihe, groß, überall und durch alle Tage, im Wein der Frühe, im Gebälk der Nacht –
Schon durch der Schatten Namenlos –: Unwiderbringlicher, die Stunde ruft zu Blicken, die sich füllen und verlieren, von Atem zu Atem und von Zug zu Zug.

Querschnitt

Ein Wald war es gewesen. Aus dem Grunde schossen weithin die Blüten zart, um aufzufliegen oder zu verwehn. Drosseln und Grün – gewiß auch dies, doch über den Fuß hatten die Anemonen geschienen, zwischen ihnen war der Gang erfolgt. Aber es war nur ein Wald geblieben, zwischen den Stämmen feines kleines Kraut; anderes würde kommen in das Unendliche hinein: Anemonenwälder und über sie hinaus Narzissenwiesen, aller Kelche Rauch und Qualm, im Ölbaum blühte der Wind, und über Marmorstufen stieg, verschlungen, in eine Weite die Erfüllung. Heute aber wußte er, dies war der Anemonenwald gewesen, um ihn gebreitet, am Saum den Hauch. –
Er lag und ruhte. Unter ihm war eine Sängerin, die sang und trieb: An fernen Meeren stand das Haus. Eine Frau, die harrte, zwischen Pinien, die vergingen, immer über das Wasser, das stumm zerschlug. Aller Wellen Schauer, aller Möwen Schrei – –
Oder sich erheben, an das Fenster etwa würde eine Wärme schlagen, nichts Strahlendes, doch etwas, in dem Blüte stand, und dann sich neigen und hinnehmen dies: der Zweige Hauch, das blasseste Entschleiern – kurz: das Unumgängliche, würde es in dem Garten sein? –
Ein schmales Bett, eine dünne Decke, aber dazwischen: wie genannt? Wenn es sich begab, wer konnte es zwingen? Sich entäußernd, wer auf ihm bestehen? Wenn in sein Auge die Woge trat, wer ihn fordern – mit andern Worten: was war es denn, das in das Horn stieß, rauh durch eine schlafende Nacht, daß das Lager sich erhob und, was lag, erstand, aus den Mulden anzuströmen?
Aber da war ein Laut: an die Tür und dröhnend: der Wärter klopfte, und es war vier Uhr. Hier war Gebot, und der Arzt erhob sich: auf der Station lag zwischen weißen Tüchern schon ein Glied und schlug.
Jod und Zange umwob der Sinn; aber vor allem wichtig war die Hohlsonde, ja auf ihr basierte das Gelingen, mehr: Entscheidendes kam ihr zu. Spannte sie die Haut nicht straff in der Mitte, konnte das kosmetische Ergebnis ein befrie-

digendes nicht sein, der Ausgang in einen wünschenswerten Heilerfolg mußte als in Frage gestellt gelten, und naturgemäß darüber hinaus das Problem des Dauerresultats als unentschieden offen gelassen werden, ja nur allzuleicht verschob gerade sie die Grenze zum Unerfreulichen vom Angestrebten.

Nun handelte es sich freilich nicht um einen bedeutenden Eingriff, eine wesentliche Höhle kam nicht in Betracht; leicht reizbare Häute, diesen und jenen schädigenden Einflüssen nur allzu offen preisgegeben, lagen außerhalb des Wundbereichs, aber immerhin: auch um die Vorhaut kreiste das All, sie galt es einzustellen in die Fülle des sich stündlich neu erschaffenden Kosmos, sie zu umkleiden mit dem Feuchten, dem Trächtigen, der ewigen unaufhörlichen Schwangerschaft, die runde Dinge warf, Blut und Sterne, doch dann sie auftrank in Sturz und Schauer.

Also, die gerade Schere! Nicht die gebogene, die oft von der gewollten Richtung wich! Hier mußte der Schnitt enden – auf nach dort!

Doch dies war keine reine Frage der Ausführung, Zielsetzung war unausweichlich, Lehrbücher, Hilfskurse, Fundamentalbegriffe: über ihn!

Hautschnitt! Er versammle sich um Hautschnitt! Rückhaltlose Umgruppierung der Gesamtnatur um Hautschnitt!

Schärfste Pupille: jahrzehntelange chirurgische Erfahrung: Quintessenz: letzte Formulierung: dorsaler Querschnitt!

Die Lokalanästhesie ist völlig ausreichend. Die Quaddel an der Wurzel des Organs einwandfrei. Die Lösung tut absolut ihre Schuldigkeit. Es handelt sich nur um: Querschnitt.

Der Patient fühlt gar nichts. Der Puls ist vollkommen. Die Desinfektion des Operationsfeldes mustergültig. Den letzten veröffentlichten Ergebnissen des Spezialfaches Rechnung getragen ...: Scherenschlag!!

Zu viel Bejahung! Der Arzt steht regungslos. Ihn schauert vor dem Fragwürdigen, das er vor sich sieht. Tod, wo ist dein Stachel, Hölle, wo ist dein Sieg, aus Höhlen und Grotten stürzt und blüht etwas, die Fackel in der Hand.

Schwester, Pinzette!: Hautfalte!! Alle Wucht auf Hautfalte! Letzte Rettung! Absturzfröste! Doch da wiederum: tief rötlich, und über die Schulter wie ein Fell: der Weidende.

Er sieht auf. Er sieht deutlich vor sich: es geht ein Herr über den Kasernenhof, er trägt eine Aktenmappe, dies ist drin: Schon die Steinaxt sich Rückschluß und Aussonderung dankend, die Baumhütte bereits sehr zweckmäßig erdacht. Der Nagel schabt schlecht, Quarz dringt tiefer. Organverstärkung mittels Stein und Gräte: anerkannt! Aber Vergleich liegt vor! Doch so scharf er auch blickt, nicht darin sind die Ausflüge tibetanischer Studenten, sie leben in Felsenzellen und kleinen Zelten, sie gehen aus mit Hacke, Stock und ledernen Beuteln, Ende des Sommers, und mit Mehlproviant. Nicht darin ist der Urin der Lamaärzte, sie schlagen ihn mit einem Spachtel, dann horcht man am Gefäß nach dem Grad des Brausens; nicht darin Oleander, nicht Wesen, die stündlich mit ihrem Absturz rechnen.
Der Herr trägt eine Brille, schärfer zu erfassen das Umweltliche. Doch da ein Schauer: Sankt Anna Blumen: Klosterhof: Beginengarten: doch dies ist Nebensache, aber: die Blüte, die rote – bunte – scharf umrissen: Blüte: gestoßen von der Farbe, unter der Peitsche des Gefleckten, unmöglich: zwischen Buchs, unmöglich: Abgestecktes –: nein: Randüber – Stürmisches –: Entfesselungen: Die Sommerblüte: da ist nichts zu eräugen. – Der Herr tost Oberingenieur. Aber da: weißer Garten: Matter Wulst, die Hecke; Licht, gekeltert in derBlüte; Strauch bei Strauch, eine Herde im Traum.
Der Arzt sieht auf die Hautfalte. Es fließt etwas Blut. Nadel, Klemme, allerhand: kurz: er sticht sich in die Fingerkuppe, jetzt hat er die Krankheit in der Hand, die sie hier alle haben, gut.
Die Vernähung der eingerissenen Hautfalte gehört nicht zu dem geplanten Eingriff. Dieser steht noch bevor. Er muß von vorne anfangen. Also endlich: Querschnitt!
Nein, das verpflichtet ihn zu folgendem:
Sonntagnachmittag: Häuser des Vertrauens bieten Haschees zur Schau. Konfirmandinnen erhalten Lakritze. Stelzfüße. Beinverlust. Sattelnase. Grammophone. Kurz: Gemütswert –
Ferner: Begängnis: Der Geistliche zerrt an der Auferstehung des Fleisches. Vertreter der weltlichen Obrigkeit ist durchaus fein empfindend, doch das Männliche obwaltet. Die

übrigen Herren: das dem Unausbleiblichen Unterstellte, doch im Vordergrund steht das Fassungwahrende –
Desgleichen: Kolonialvortrag: nein, die Botokuden!! Brotbäume! Schlingpflanzen! Kurz: Gesichtsfelderweiterung mittels Länderstrich – –.
Alles in allem: Weltbild, nirgends Neugeburt.
Ausgeschlossen.
Der Wärter räuspert sich. Er hat sich nicht zu räuspern. Aber schließlich: Seele und Leib, Körper und Geist, Sarx und Pneuma, logisch, ethisch, empirisch, griechisch, paulinisch, elektrisch: stürzt, schreit, brandet, Düne, Düne, Thalatta, Thalatta, Geliebtester, Hügel der Errettung: Einheit!
Er soll sich räuspern. Die Schwester soll ihn anstarren. Wie ist er einsam. Wie sieht er in die Ferne. Durch Gebüsch, feuchtrankig, kaum erspähbar ist die Stätte: da lehnt an Kelche sich der Tag, da rauscht die Dolde, im Park strömt über seinen Traum der Pan.
Verwunderungen. Doch hier Erblassen. Hinbruch auf Felle. Gelähmtes. Süße malmt sich das Fleisch, Widder und Adoniden.
Finale. Kasernenhof: vergangen. Aktenmappe: Überschattung. Zwischen die Stadt an des Nebels Borden rankt und bricht es: Schlangen, Rosen, funkelnde Brut – Zersprengungen.
Er wendet sich:
Röte: ein Südlicht: Marmor und Haine, großes, fernes, verlorenes Blut.
Er unendlich; hinter ihm die Wärter.
Er lacht. Ein Beet ist da, heller Kelch. Narzisse, in die der Jüngling ging, der Vermischte, sich Mann, sich Weib.
Er fühlt etwas in seinen Gliedern rinnen: es schabt. In der Hand schlägt es: die Kuppe.
Da: blaue Güsse: der Himmel funkelt in die Narbe des Kelchs.
Um seine Füße flattert der Grund: hell und matt: der Anemonenwald. –

Menschheit, wand er sich, gleich danach, auf dem Gange und allein; es eitert in der Kuppe, nichts Entscheidendes trat ein, so muß ich mich denn entscheiden.

Menschheit, in den Dünsten der Empordringlinge, auch Vermittlung ist Gewerbe –; Menschheit in der Säure des Ysop, Menschheit im Lebergeruch des Gefesselten, laß alle Geier schreien, – Ververtikalte!
Es ist Schmutz: die Schulter stemmen, es ist Schmutz: der Niobide. Schmutz: Ilioneus: aus dem Fleische an die Sterne, empor und Qual und in das Knie gestürzt –: eine Erde schon ihm hingelebt, die Blüte vorgestreut, die Polle in das Meer geschüttet, alle Ranken ihm geschleift – o, sieh den Jüngling endlich, der sich salbt, und die Alte, die den Weinkrug schwenkt!
Wohin stäubst du? Welch ein dürrer Gang? Das Lasso: um die Rose, alle Nacken, das Lasso! – Würgemale! Doch ich will über dich, dich grasen, fressen, noch einmal will ich heim, Mondhengst, Somnambule, die Schere in die Faust!
Rasch trat er ein. Es war alles noch beim alten. Der Kranke wollte Rettung, Geräte fixierten Absichten, Pinzetten legten Maßnahmen des Vorgehens fest – da: groß und unterworfen schob er die Sonde in das Fleisch.
Welch ein Opfer, fühlte er. Wie milde stimmt mich Arbeit mit der Sonde. Wie freiwillig trete ich in die Demut des Fixierten. Das Jod wie hären!
Doch: Menschen-Umgang! Doch: Bruder-Umgang! Wohin aber blicke *ich* denn immer? Immer stehe ich, ein Maure, vertrieben, das Gesicht nach Granada. Immer fühle ich den Golfstrom, einen blauen Fluß in der dunklen See; er kommt vom Kap her, er schwingt um die Küste, dann geht er den Äquator entlang, er grüßt die Insel, umarmt die Bai, er wärmt, er schattet die Frucht ins Land. – Doch was *ist* Granada?
Ich will mir einen Leuchtturm errichten. Ich will mir eine Einfahrt schaffen, einen Hafen Arzt und Operateur. Querschnitt, ich will landen! Äußerster Fels, letzter Stein des Dammes! In Gürteln und Ginsterschuhen, die das Ausgleiten verhüten, was die Rettungsgesellschaft liefert!
Und sieh! ha! schon die Quaddel ist gerötet? An der Wurzel des Organs ist Abnormes schon im Gang? Wirklich: Röte? Entzündungsröte? Auch kein Fliederschimmer aus den Gärten? Keine abendliche Reflexion des Weltgestirns?

Wirklich: die halbe Spritze, der Normalwert, nicht vertragen? Wirklich: Abart?
Letzte Fragen! Abgrund über Abgrund! Denn hat die Tulpe das? Mitnichten! Oder der Iltis? Das sei ferne! Doch hier enthüllt sich das Variable. Auf mich stürzt sich die Nuance. Hier schwankt Organ zwischen Normalwert und Idiosynkrasie; mehr: es sprüht, es schillert: mit einem Wort, und ich sage wohl nicht zu viel: hier enthüllt sich das Persönliche, ja vielleicht bereits ein Fall: schlechthin.
Wie es rankt! Fast eine Wildnis! Fast: Liane von Baum zu Baum, über Flußarm, Steig der Dolde! Fast erglüht schon Selbstbestimmung. –
Ihren Kiefer, holder Jüngling! Kaum bedarf es noch des Querschnitts! Denn es will sich schon entspitzen, sich behaaren, jetzt verbreitern. (Soldat, Sie weisen Großes vor: so Regressives!)
Eis-Zertauer! Gletscher-Sprenger! O, wir Menschenunterkiefer, an unserer Innenseite ist ein Dorn, da fraß ein Strang sich fest, der klappert uns! Hundert Neandertalmenschen: jeder nur eine kleine Unebenheit: da tastete der Klumpen sich heran, jetzt: Dorn: bereits lateinisch untergebracht, und bürgerlicher Muskel!
Doch Sie, zur Selbstbesinnung unterwegs, Ihre Quaddel glüht so still! Still über Sündenfälle, Flüche, Paradiesäpfel – alles alte Backobst, und daß wir in Hauptworten denken mußten – welch Blut, welch Grauen! Sie erst mußten es neu fordern: Strömendes und Modulation, vielleicht: Verbales, – Sie erst sehen klarer: Dinger an sich? Nein, verkommene Jahrmilliarde –: flach – blühen und erfüllt!
O, Bruder! Als wir noch auf Wurzelstrünken lange vor dem Einbaum die großen Ströme hinuntertrieben hinter dem Bären, braun und von der Traube berauscht! Als Taube da war, Spechthain, Amberbaum, als der Büffel durchschritt, hochbetagt, die Flut, mit den Hörnern an den Augen und dem grauen, schlammbedeckten Bart! Als es noch rauher Laut war, Brunst, Auer-Fleisch!
O, welch Weg! Welch ein kleiner Winkel nur –: abwärts –! Endlich: Sie! Später! Früher! Kreuze, Minaretts, Kupferkuppeln, Jenseits-Dächer und Vertikalgebäude – zwölf Jahrtausende lang, und wo man hinsieht: Gram und schweres Herz! Wenn man aber lehrte, den Reigen sehen und das

Leben formend überwinden, würde da der Tod nicht sein der Schatten, blau, in dem die Glücke stehen?
Blau: Sie: in ihrer Wiege aus Moos, zwischen den Ästen einer Palme, Blau: ich: auf meinem Lagunenriff und weidend die Koralle, blau, wir: gekeltert aus fernen Festen, und blau die Hand, die Sie jetzt schneidet: aus eines tieferen Auges Traum? – –

So etwa, mit dürren Worten, begann die Operation. Organisches und Anorganisches vereinigte sich zu einem Vorgang, der schließlich anschwoll in den Donner der Synthese, was aber – fragte sich der Arzt, die Hände in Sublimat tauchend – soll aus mir werden, wenn jede meiner Handlungen so schwer wird von allem Überwundenen?
Man kann nicht mehr denken. Das ist alt. Der Geist in jener Form, die den Menschen hoch gebracht hat, ist erschöpft. Selbst der Stein der Weisen ist gefunden, das kleine Elixier, die weiße Tinktur: der Übergang der Elemente ist erwiesen, die Atome werden abgelöst durch Gase oder Elektronen. Dies ist der wahre Stein. Später kommt der unumstößliche. Das wäre belächelnswert.
Auch die Sprache wäre einschränkbar. Hier vielleicht ein Dutzend Instrumente, im Kasino die drei männlichen Grundbegriffe und des Nachts manchmal etwas Unartikuliertes. Aber meine Bewegungen werden so morsch. Es gälte eine Pädagogik zu propagieren, die nur in der dritten Form erzieht, und zwar als: man. Denn das Leben ist nicht unseres, sondern das Laster eines Gottes, der verborgen bleibt.
Nach Einführen der Sonde –, sprach er dem protokollführenden Wärter zu: – aber: könnte ich den Verlauf dieser Operation nicht Sternheimsch diktieren: mit Worten pflastern, einen fabelhaften Zement? Oder Schickele: etwas Blühendes und einen tiefen Schwung? Wie aber müßte ich es beschreiben als i.., ich meine als der Arzt, der operiert hat, über den sich doch nicht viel aussagen läßt, ja eigentlich sozusagen gar nichts, es fehlt ihm, um mich so auszudrücken, jedes Spezifische, denn was ist es, das mit ihm geboren ist?
Kaum erwähnenswert ist, daß Worte Gemeingut sind. Der Hafenarbeiter verfügt über hundertachtzig, Shakespeare besaß fünftausend; das ist nachgeprüft. Verbreitet ist das

Wandbrett mit dem Lexikon. Selbst das Grimmsche Wörterbuch ist erreichbar gegen Leihgebühr. Kurz, wie ist es eigentlich erklärbar, daß ich nicht bekannt bin als der vermögendste Stilist?

Zum Beispiel das Rhododendronbeet, an das eben die Flut der Blüte pocht, oder das Haus, um das die Trauben der Glyzinie klingen – –

Wo wäre etwas, das sich nicht zersplittern ließe in Regenbogen und Fontänen und in den Rausch der Zusammenhangsentfernung.

Weil alles stirbt, weil alles kürzer ist als das Wort und die Lippe, die es will sagen, weil alles über seinen Rand zerbricht, zu tief geschwellt von der Vermischung. Weil ich kein Ich mehr bin, sind meine Arme schwer geworden. –

Da hüpfte Herr Stabsarzt Mahn herein, der immer und überall das Gefühl für das Rechte sich bewahrt hatte. Gewiß, ging man des Sonntags mit dem Chefarzt und dessen Frau durch die eindrucksvolle, sozusagen lebendurchwogte Stadt und machte aufmerksam auf dies und das, so kam es natürlich auch wohl vor, daß man gegen etwas auftrat, denn schließlich war man Mensch und Mann und hatte sich gewissermaßen eine eigene Meinung über diese oder jene Frage gebildet. Aber immer erwies sich doch, daß sich das scheinbar Verschiedenartige auf ein größeres Allgemeines zurückbezog, und nie war jener biologische Wert ernstlich in Frage gestellt, der als harmonische Lösung und Beruhigung letzten Endes das Ziel jedes sprachlichen Gegenübertretens darstellte. Denn natürlich darüber ließ sich ganz verschiedener Meinung sein, ob an den Schluß eines kräftigen, also geradezu vielleicht eines etwas robusten Essens ein Abschluß vielleicht in Gestalt eines Plätzchens oder wenn man will auch Muses zu setzen als der Verdaulichkeit am zukömmlichsten im allgemeinen bezeichnet werden müsse, oder ob nicht vielmehr gerade der Nachgeschmack dieser gleichsam etwas hausmännischen Kost das Wünschenswertere sei, aber wem käme es denn gleich bei, darüber die vielen verbindenden Fäden, das Gemeinsame, um es nochmals zu betonen, aus einem immerhin doch unbedeutenden Anlaß heraus aus dem Auge zu verlieren?

Ganz abgesehen davon, daß es sich hierbei doch um ein Gebiet handelt, an dem von vornherein die persönliche Besonderheit, die kleinen, kaum analysierbaren Momente des Gefühlslebens ganz hervorragend beteiligt waren, ein Gebiet, dessen sich doch bereits das Sprichwort, also doch der Volksmund sozusagen, in dem Sinne bemächtigt hatte, daß er ein Gegenstand des Streites nicht sein könne?

Ja, aber und ganz im Gegenteil war nicht vielleicht gerade diese Art – selbstverständlich in bescheidenster Form hervorgebrachter – persönlicher Heraushebung, also beispielsweise des Plätzchens gegenüber der Hausmannskost, geeignet, die Teilnahme an dem Antwortstehenden wachzurufen, das Verständnis für den Mitmenschen und Mitlebenden zu vertiefen, mit einem Wort die Achtung vor dem Nächsten zu erwecken, die doch die Grundlage aller menschlichen Kultur wenigstens bis zum heutigen Tage gebildet hatte? Und nun vollends – denn zu welcher Vielseitigkeit erwuchs nicht jegliches Problem unter den nachdenklichen Blicken des forschenden Geistes – enthüllte nicht vielleicht gerade dieser Vorgang in hohem Maße jenes reizvolle Spiel der Spaltung der Persönlichkeit gegenüber der Umwelt, und kam damit nicht auch noch ein sozusagen ästhetisches Moment zu allem übrigen hinzu?

Erwuchs nicht vielleicht in der nur auf Besuch hier weilenden Frau des Chefarztes die Vorstellung, daß es hier auch Menschen gab, Vollpersönlichkeiten, auf der Höhe ihrer Zeitströme – –, nahm sie nicht vielleicht mit nach Osterode den Eindruck von etwas Abgeschlossenem und doch Lebendigem, etwas Nachgiebigem und doch voll über den Wert seines Wesens Wachendem? Nicht umsonst hatte der griechische Weise jene dunklen Worte geraunt, nicht vergeblich war das schlichte Kreuz von einer bestimmten Kuppel gestürzt und der Halbmond aufgepflanzt; voller Triumph ihr, der sauberen, geordneten Denkungsart, die die Vollendung gebracht hatte – alles dies würde es nicht mit nach Osterode gehen, verschlungen in ihm, sozusagen einem Repräsentanten, einer Art Abschluß, der nun dahin schritt frisch und doch besinnlich?

In dieser Gestalt trat er ein, parallel konstruiert, Logik und

Gefühl reziprok und jedem das Seine, lobte den prächtigen Schnitt, die Methodik und verbreitete um sich jenen Samengeruch, daß alles dies von jeher schön gewesen sei.
Da erkannte der Operateur zu seinem Erstaunen, daß dies der Herr gewesen war, den er über den Kasernenhof hatte schreiten sehen. Zum erstenmal in jener Stunde, als die schlichte Zellteilung der Amöbe verblieb und aus dem Organischen das Muttertier hervorgetreten war. Dann etwas rastlos und erhitzt, auch die Mauer streifend, aber alles in allem befangen von Glück.
Versunken nähte er weiter. Fragend aber hob er dann den Blick, vorbei an dem Stabsarzt, durch das Fenster in das Freie, suchend sah er sich um: in alle Runde, über alle Horizonte, vom Eis durch die Wüste bis ans Meer: nirgends trat ein anderer auf.
Einmal hatte einer gelebt, der war lange tot. Jetzt, fühlte er, war er das beziehungsloseste Gebilde und von überall, wo irgendwo zusammengeballt tellurischer Staub eine Erde täuschte, die geschlechtsentfernteste Synthese.
Da teilte ihm Stabsarzt Mahn mit, daß er nur gekommen sei, den Chefarzt anzumelden, der sogleich folgen würde, die Instrumente zu revidieren. Und kaum hatte der Arzt Zeit, die Wunde zuzudecken, da trat der Vorgesetzte auch schon ein.
Zentraleuropäisch durchschritt er den Saal, hell meckerte sein kleiner Spitzbart in den Raum, gebräunt war das unentstellte Antlitz von dem Ausgang unzähliger Jahrhunderte.
Denn längst war das seine Rundungen umschwebende Luftmeer durch das Barometer entlarvt als ein in stetig wechselndem Auf und Ab Begriffenes, von dem im wesentlichen das Wetter abhing. In regelrechter Männeratmung hob und senkte sich seine Brust, völlig im Gegensatz zur Frau, die mit dem Leibe sog. Ein assyrischer Streitwagen – gewiß, sozusagen ein Räderfuhrwerk, ein Vehikel für Bogenschützen, alles in Stein gehauen – aber heutzutage Queenstown – Sandy Hook in vier Tagen zwanzig Stunden.
Also, nun der Gummischlauch zum Beispiel! Fürwahr! Welch Gebilde! Achtlos geht man im allgemeinen vorbei an Gummischläuchen, aber dies Zweckmäßige in der Gestal-

tung derselben: zum Stauen, Dehnen, Stillen, Saugen – kurz: welche Fülle von Eindrücken und Maßnahmen, von Menschenschweiß, Polarzonen und Wissenschaftserweiterungen sozusagen schlicht verkörperlicht in diesem einfachen Riemen mit Kautschukgeruch!
Noch stand die Umgebung tief unter dem Eindruck des Gummis und Fürwahrs, als der rastlos um das Wohl seines Krankenhauses besorgte Chefarzt bereits eine Spritze ergriff und der nimmer ruhende Menschengeist sich voll in ihm auswirkte.
Denn abgesehen von dem Gummistempel, der ihm auch hier wieder entgegentrat – die gesamte Glasindustrie Böhmens drängte sich ihm sozusagen doch in verantwortlicher Stellung auf. Das wunderbare Walten der Zeit, das neue Leben, das immer wieder aus den Ruinen aufblüht, des Tages Arbeit und des Abends Gäste zogen gebieterisch an ihm vorüber.
Denn ohne uns zu überheben – führte Stabsarzt Mahn den Gedanken aus – wie stehen wir heutzutage da? Allein zum Beispiel der Regenschirm Ihrer Frau Gemahlin, den ich kürzlich zu tragen den Vorzug hatte: der Stock in der bekannten Stockfabrik von Meyer und Schulze in Osterode angefertigt, aber aus einem Holz, das in Venezuela gewachsen und sogar mit einem Lack aus Japan bezogen worden war. Der Elfenbeingriff, denn um einen solchen handelte es sich, aus dem Zahn eines Elefanten, eingebettet in das Eis des fernen Sibiriens, angelegt, von einer Stiftfabrik Südschwedens der Vollendung zugeführt. Ich will gar nicht erst von den Anilinfarben anfangen, von den Steinkohlenteeren, vom Saargebiet, vom Meßbildverfahren. – Denn werfen Sie doch nur einen Blick – strömte der Chefarzt unterbrechend hin – in die führenden Journale: zarten, taufrischen Teint, jugendliche Schönheit und eine samtweiche Haut gewährleistet das Toilettenwasser in den Preislagen des Mittelstands; Holzzement, sofort lieferbar, Korkspunde, beschlagnahmefrei – ein Leben und Weben, ein reges Hin und Her! Doch auf zu Geistigem, empor den Blick an den Firnenschnee, in die erhebende Rundschau über das großartigste Hochgebirgspanorama, früher nur äußerst rüstigen Bergsteigern nach den Anstrengungen mühevollen Emporklimmens zugänglich, jetzt eine Stunde Fahrt für Mutter

und Kind und selbst der Greisin mittels Zahnrad zuführbar. – –
Und über dem allen wir: die Instrumententräger, schlicht und sauber, hütend die Flamme des Lebens, die heilige Glut sozusagen des Urstroms, die hehrsten Güter des einzelnen wie der Gesamtheit – Mahn! Umschlungen! Dithyrambe! Albrecht der Bär – Ulrich von Hutten – Caspar Hauser –: lauter Gipfel –: hier stehe ich und kann nicht anders: es ist eine Lust zu leben in dieser vorgeschrittenen Zeit!
Der operierthabende Arzt wollte grade dem Vorgesetzten die Spritze, die in Gefahr geriet, abnehmen, da spürte er einen starken Schmerz in seinem Arm und eine Glut, die ihn durchzog. Er ließ die Spritze nicht fallen, doch einen Augenblick schwankte er unter dem ersten Schlag. Jäh sah er die Szene hell erweitert: an einem schmalen Rand der Lippe Murmeln, doch dahinter die Woge stumm und weiß. Wer hatte sich denn nun errichtet, wer getrotzt und wer den Fuß gefelst? Um den es spülte, um den es rann: Der!
Doch dies war schon vorbei. Denn gerade schritt der Chefarzt mit einer unzweifelhaft großen Gebärde an das Gasgebläse und entzündete mittels eines Feuerzeugs den Bunsenbrenner. Und so umständlich und oft langwierig das früher gewesen war mit den Glasstäbchen, an dessen Ende Schwefel haftete und das es in einen Behälter mit Vitriol zu stoßen galt, ganz abgesehen von dem noch mit der Lichtputzschere geschnäuzten Talglicht oder der Rüböllampe, von Prometheus ganz zu schweigen – so leicht ließ sich jetzt das stolze Schöpfungswort: Es werde Licht! in ausgiebiger und auch wohlfeiler Weise erfüllen.
Und während der Chefarzt den Raum verließ, strahlte aus dem Glanz mehrstelliger Kerzenstärken ein eigentümlicher Schimmer hinter ihm her. Das große Leuchten über der Stirn des Weltensiegers – das war es nicht. Vielmehr schien es ein schieferiger Glanz und eine Art Dunst, in dem es sich bewegte. Zunächst war es nur Gliederbleiches, Greifklaue, Sprungsehne und eine Gesäßschwiele, doch dann entwirrte sich ein stummer Tanz: aber nicht mehr zwischen Ast und Ast und hinter einer Nuß in heißen Wäldern –: zwischen Phantomen hin und her, die verteilt auf rauhen Leuten ruhten: da sprang der alte Affe, nur den Geruch verändert und enthaart.

Und so wenig natürlich der Chefarzt persönlich daran Schuld oder Anteil hatte und so sehr er mit Mahn zusammen zwei mehr liebenswürdige Profile bot, so war er doch der Anlaß einer Erscheinung, die jäh enthüllte das Krankhaft-Abschlußmäßige, das Irrweg-Erfüllerige einer vieltausendjährigen Verstrickung: wie der mit dem Wollhemd bedeckte Zentraleuropäer, blind und lüstern, auf dem fabelhaften Raubzug der Begriffserfassung die letzte übergeordnete Einheit zu erzwingen trachtete und wie ihm alle Sicheln und Morgensterne, die er erhob, nur die eigene Stirne zerrissen.

Sicher aber lag der Operateur im Schlagen seines entzündeten Bluts. Er wandte sich wieder dem Kranken zu, und über seine Hände strömte es, Schnitt für Schnitt. Nahm er die Schere, griff er das Glied, es war ein Mischen und Sichtrennen, es war ein Stellen von Gebärden und ein Spiel im Schatten, wo die Glücke stehn.

Die letzten Nähte: unter einem Bruch von Rosen, unausblühbar und sommerrot. Und nun die Fäden: abgeschoren: blätternd über des Querschnitts Drang; Jod achtlos bräunend.

Dann war die Operation zu Ende, der Arzt nahm Abschied von den Gegenständen und wandte sich wieder seiner Wohnung zu.

Da würde die Sängerin noch sein, die sang und trieb, und der Garten vor dem Fenster; doch das Unumgängliche war abgetan. Denn es würde zu Ende gehen vielleicht im nächsten Monat, vielleicht nach einem Jahr. Jedenfalls darauf konnte er sich jetzt verlassen: der Rest war nur vorübergehend, und es war alles schon entflammt. Ob er vor einer kleinen Kneipe saß auf einem Boulevard, über den der Abend strich und die Frauen gingen, den Nacken still beschlafen von warmem Haar, und Händler hielten die Wanderer mit Sträußen an eines hellen goldenen Mohnes – nein: sie beueten ihn dar, etwas Altbiblisches mußte man anwenden, um der Fülle willen, Kanaanitisches, in dem Milch und Honig floß, aus dem ersehnten Land. Oder ob er einfach ging und es in den Schultern fühlte: das Augenblickliche, das sich begeben hatte eines langen Glanzes und im Verwehen sich erschloß. Oder ob in Gärten die Rosen standen rot und der Sommer pochte – von überall schritt er hernieder und tief der Woge zu und hell ans Meer.

Der Garten von Arles

In seiner Wohnung in Berlin saß ein Privatdozent der Philosophie und schrieb: man kann die ganze Menschheit einteilen in deskriptiv oder metaphysisch Gerichtete, Homer oder Simmel, uralte Wirbel – jetzt auf welcher Flut?
Drei Vasen voll Herz des Gartens schleiernd den Herbst vor seine Stirn: man kann die ganze Menschheit einteilen in jene mit dem Zug zur Singularität und jene mit dem Zug zur Universalität, ist, was ich sehe, jetzt die Synopsie?
Es war Nachmittag, er sah auf. Auf der Straße gingen die Menschen, darunter ein Rechtsanwalt, den er kannte, der war klein, flink, grau und gut angezogen und stäubte sich den Rock ab.
Es stäuben sich in diesem Augenblick viele Herren den Rock ab, erhob sich der am Schreibtisch, es ist kein nur dem Rechtsanwalt zugehöriges Geschehn. Schon wieder betreibt er Simultanes, man braucht nur aufzusehen, sofort ist der eine Stützpunkt da dieser ungeheuren Spannung von der Stabilisation zu dem fraglos Weiten, grauenvoll immer diese tötliche Antinomie des Drangs zum Ansatz und des Rücklaufs zum Absoluten.
Zurückgelehnt im Sessel, dachte er an Ephesos. Plötzlich war dies Tal des Kaystros da, durch das die Königstraße der Perser ging, – nun war das Meer gewichen aus der Bucht, das einst das Artemision bespülte, nur war zwischen Trümmern die Zypresse und in den Lagunen in Binsengeflechten eine Herde von Fischern, die nach Muscheln ging.
Hier war es gewesen, daß das Ich begann, in dessen letzte Flammen jetzt die Blumen um ihn trieben. Hier war der Rauch entstiegen, zwischen diesen Quadern, vielleicht, wo jetzt die Pferdeköpfe langsam sich verwuschen, die aus dem matten Marmor, die aus der kleinen Rasse, die auf dem Parthenon unsterblich standen.
Oder war es in Tyrrha gewesen, das in Oliven ganz versank? Vielleicht hier, entwichen aus der Stadt, wo jeder gleich war und ein Mitmensch herrschte, ein Demokrat, ein völkischer Tribun, vielleicht hier zwischen Rosen und schweigendem Wein schrieb er, daß es dieselben Flüsse

nicht mehr sind, auch wenn wir in dieselben Flüsse steigen: *ἐσμὲν καὶ οὐκ ἐσμεν.*
Merkwürdiges chaotisches Jahrhundert, dem ähnlich es nur noch zwei gegeben hatte bis in diese Zeit. Ein Schwung von Schlachten über Asien und dem Ägäischen Meer, ein Schauern in den Hirnen und Gebärden zwischen Ionien und der mütterlichen Stadt, ein Flammen aus Zahlen und aus Kurven an Vasen und Triangeln zu Erstgeburten jenes anderen Reichs.
Aber nun entwickeln, was in ihm selber nur Schatten war, nun darstellen in der einzigen Stunde, die ihm morgen blieb, die Geschichte dieses abendländischen Ich in einer Weise, daß seine Hörer es sahen, wie unausweichlich, wie bedingungslos, wie von völliger Giltigkeit sich heute diese Wendung vollzog, die er zur Stunde nicht anders bezeichnen konnte, als zur synthetischen Metaphysik.
Meine Herren, würde er sagen, wenn Sie morgen früh erwachen, ist, der vor Ihnen spricht, auf dem Wege nach Batavia. Er verläßt Europa, er umsegelt Ihren Kontinent, er streift entlang noch einmal die Maschen des weit auseinandergeschlagenen Schleiers seiner Sensationen und Produkte, ihn rührt noch einmal der Saum seiner fächerhaft weit entfalteten Zivilisation, deren Spangen zeitlich rückwärts sich schneiden auf einer Insel südlich des ionischen Meers.
Durchfährt er die Levantische See, streift er die Syrthen, sieht er ein flaches ausdrucksloses Land. Da ist Sandbank voll Melone, da ist Palme, die die Menschenhand bestäubt, da bäckt vor Hütte aus Flußschlamm nebst zerhacktem Schilf Fellachenfrau das Durrabrot, doch das ist kein Flußschlamm, das ist Nilschlamm, das ist Eierstockschlamm von Ur-Europa, da fuhren sie an die ersten Occidentalen mit Bäumen des Libanon für die Pharaonenhäfen und brachten die Zeichen des Opferkruges, der Bienen und des Palastes aus dem Niltal mit nach Hause.
Er hielt inne, vor diesem Minoischen Reich: um riesige Binnenhöfe Kriegspaläste labyrinthisch getürmt, im Fächern warmer Winde Fresken, Feste und Fayencen, aus Spielen, Aufzügen, Wettkämpfen ein jagender Traum, – verweht, zertreten von den thracischen Kohorten, – auf geschnittenen Steinen und Sarkophagen noch eine letzte

feierliche Lithurgie, – ja er entsann sich einer bemalten Vase oder einer Art Oelbehälter aus jener Zeit, weißgelb auf einem rötlichen Grund, eine Gauklerin, die auf den Armen ging, ihre Brüste trug sie in den Händen, mit den Füßen schoß sie vom Bogen einen Pfeil – und nun erschien es ihm merkwürdig, daß dieses sich gerettet hatte, durch so viel Jahrtausende, gewissermaßen das Sinnlose, die Pflanzenranke und die Gauklerin.

Drang zum Sinn oder Drang zum Ding, wiederholte er, uralte Wirbel, jetzt auf welcher Flut? Auf dieser, sah er auf und erblickte seine Zuhörer vor sich, die morgen vor ihm sitzen würden, in alten Uniformstücken die meisten, dürftig, hungrig, unelegant, Söhne von Bauern, Söhne von kleinen Beamten, Söhne dieses mühseligen Volks, das der große abendländische Rausch des 19. Jahrhunderts verführt hatte zu jenem Traum von Macht, zu jenem Traum eines Glückes, das Mill, der Engländer, verkündet hatte »Dasein soweit als möglich frei von Leid und so reich als möglich an Genüssen, nach Quantität und Qualität zugleich –« verführte und nun geschlagene Söhne, Treber essend, in totem Land.

Aber er wollte sie erwecken, er wollte sie verachten lehren dies Jahrhundert der abgestandenen Kategorien, er wollte die Woge sein, die sie trug an die fernen tragischen Gestade mit den schweigenden Altären und der Tempel fallendem Fries.

»Fühlen Sie nicht, meine Herren, wie die Stunde glüht, spüren Sie sich nicht wie in der Flamme eines Mittags, durch den die Pollen treiben und das Südmeer zieht, spüren Sie nicht in Ihrem Hirn, in Ihrem Blut oder in dem Schwanken Ihrer Vertikalen es wie den Anrausch eines großen Traums?

Könnte ich ihn über Sie legen, könnte ich Sie bannen in die Vision des einzigen, durch die ganze Geschichte der Menschheit immer wieder nur einzig kosmisch-repräsentativen Ich, könnte ich Sie bannen in die Vision seiner großen schmerzlichen und tiefen Glücke wie in eine Rosenstunde, wie in eine Blüte des Narciss, es naht sich wieder aus den Reichen, wo das Schicksal gilt.«

War es die Fülle des Stoffes, die ihn erregte, oder der Sommerausgang, das Tief-Herbstliche der Blumen, das ihn

trieb, ganz von ihm gewichen war jener mörderische Drang, sein Denken zu begrifflicher Fixierung zu resultieren, die Materie zu annullieren zu Gunsten der einheitleitenden Idee, mitten um ihn war der Strom der Stunde, das Unabsehbare der Zeit, von der jeder wußte, daß sie zu Ende war und keiner, wohin sie sich wandte, mitten um ihn das Chaos seiner eigenen Disciplin, die Erfolglosigkeit ihrer Geschichte, die Sinnlosigkeit dieses Schlachtfelds um den Sinn.
Wer zum Beispiel im Hinblick auf die heutige Situation und sich erinnernd der Ausführungen Macaulays, daß es schwer gewesen sein würde, Seneca davon zu überzeugen, daß die Erfindung einer Sicherheitslampe keine eines Philosophen unwürdige Beschäftigung sei, gedächte nicht der merkwürdigen Tatsache, daß Nernst heute diese Lampe konstruiert hatte und als Ordinarius über Atomistik las, ein kosmologisches Kolleg? Noch war die Zeit pragmatisch, Erkenntnis galt motorisch subfluiert, noch war Comte der Brave, der sich repräsentativ erinnerte in Bezug auf seine wichtigsten Erkenntnisse nacheinander ein Gläubiger als Kind, ein Metaphysiker als Jüngling, ein naturwissenschaftlich Forschender als Mann gewesen zu sein, noch arbeitete der Drang nach dem äußersten Begriff, denkökonomisch orientiert, mit maschinellen Analysen, mit atomisierten Empirieen, aber die Syzygiologie tritt auf als neues Wort, die Zusammenhangslehre, und zwar dies in der Medizin, als personale Synopsie.
Noch herrschten die voluntaristischen Systeme, noch hieß es, das phrasenhafte Phantom eines irgend ein hedonistisches Sollen verwirklichenden Geistes an die Stelle zu setzen, die das Erkenntnis fordernde und Erkenntnis setzende Ich gegen solche Art »Phalanx gottesstaatlich gewillter« Männer bisher im Lauf seiner Geschichte allerdings noch nicht zu verteidigen die Notwendigkeit gesehen hatte, noch durften die Utilitarier davon schmarotzend, daß das Milieu médiocre wurde, sich selbst für Philosophen erklären und eine Verkomfortabelung der Menschheit ausrufen, um ihre Plattheit in Pentateuche zu verstauen – aber wer sollte ihnen auch entgegentreten, da die Erkenntnistheorie nichts war als eine Philologie der Antinomieen und in der Geschichte des Ich die Erstarkung des Gefühls der Selbständigkeit des individuellen Subjekts nach des Physikers Rela-

tivierung von Raum und Zeit, des Positivisten reiner Erfahrung, des Expressionisten glühenden und tragischen Farben um des Philosophen längst erlittenes »als ob« historisch, erledigte Manifestation des supremen menschlichen Ingeniums.

Heraklit, schrieb er, erster einsamer Schöpfer, es ziehen Wolken aus deiner Wüste, aus deinem trümmervollen Land. Dunkler, wie war dein Tal begrünt und voll Lärm der Quelle: das Absolute ist der Traum.

Es schabt, es fegt, es rüsselt wie ein Maulwurf durch die Erde, Haufen werfend aus irgend einem verletzten Trieb; es schnaubt, es spreizt, es schminkt sich die Lefzen im Reiz eines Gegners, im Sturz auf ein zu packendes Geblüt.

Neunzehntes Jahrhundert, schrieb er, Beutezug durch die Singularitäten, Konkretismus, triumphal, gebrochen nun wie keines unter das Gesetz der Stilisierung und der synthetischen Funktion – Gesetz, Giltigkeit, Wahrheit, Geschrei aus tausend Pilatusschnauzen, doch es schweift, es schweifert, es wichst, es weibert, es ist flach und steil und beides zugleich, das Ich ist außerhalb des Logos und die Krankheit über der Welt.

Unverlöschbar durch System, nicht abregbar durch Material beherrschendes Gesetz, ja ja die Ober-, nein nein die Unterlippe: das Wort, ungesund, T. f., travaux forcés auf dem Arm, aus dem Bagno von Toul, lebenslänglich, mit der grünen Mütze, unentrinnbar, bis zur Katakombe – Durchbruch aus der Zone des Gedankens in die des Seins, letzte Dränge des Zeitlich-Giltigen in das Unendlich-Zeitlose, fiebernde Jaktationen des Individuums in das Unbedingte – jawohl, zwei Sonnen waren auf dem Bild, gewirbelt zwischen die Zypressen, und ein Kornfeld, auf das der Himmel schrie –: eine flache Stirn, eine fliehende Stirn, eine Verbrecherstirn: kotz – kotz – kotz auf alle Um- und Abwelt: der Idiot von Arles.

Wenn er bloß durch Marseille ging und Marseille ist eine sonderbare Stadt. Da will jeder seine Bastide haben, ein kleines Landhaus, weiß, besonders gegen das Wüstenfahl der Crau. Französische Sahara genannt, dem gegenüber er sich immer dunkel trug, dunkler Kittel, das war Mittelpunkt, das war abheberisch, das war Konzentrationsmittelpunkt, Rotation um den vom Drentischen Bach.

Wenn er bloß durch Marseille ging, Kalades die kleinen Stufenstraßen; lauter, ja zahllose flache weiße Häuser, ohne Stadtmauer, ohne Maximaldosis, in unbegrenzter Zahl – eine ganz ausschweifende Stadt.
Und Sonnenblumen, natürlich immer Sonnenblumen, das kann jeden reizen, erstens steht es immer an der Bahn und dann schlürft es, schlurft es, ölt es, bebaumölt es direkt mit Hellgelb. –
Er wußte es, stand er auf, er wußte es, der in der Provence malte unter jenem Himmel, einem Himmel über Oliven und Wein. Er malte, er war besessen von der Unerinnerlichkeit, er war purpurn von der Blindheit, er schlug es hin und er vergaß und schuf so das Erträgliche.
Und auch der in Algier wußte davon. Aus dem vollkommenen Vergessen des Gestern schaffe ich die Neuheit jener Stunde – »ach, Michel, das Glück gleicht dem Wasser der Quelle Ameles, das sich, wie Plato erzählt, in keinem Gefäß bewahren ließ,« – – zwischen Granat und Oleander, im Glanz der Wüste, auf einem Kabylenfels schrieb er es an Daniel und Dionysos – doch aus dem Norden mußte er kommen, der dies zerbrach.
Kant, dachte er, Kreuzspinne, Unzüchtiger des Geltungswerts, Sklavenmarkt, martiniquisch, schematisierbarer Verdinglichungen, Drahtsträhniger, Vernetzer aller Fisch- und Fluchtwerte in die Schädelreusen – Kreuzzug gegen die Kreuzspinne.
Kant, dachte er, Manufakturist in goldenen Schnitten, großer Einkurver der Materie, Beziehungsbalanceur, Drängler – auf Systemwegen – zu Kosmos triumphal – auf, Diadochen, zu des Mazedoniers Dionysie.
Kant, dachte er, logischer Verkünder des Rechtsanwalts, des Faktum, des Stabil-bourgeoisen, da Begriff verdankt sich Majorität – Kant, Marburger Schule, Stürmer nicht empirischer Transzendenzen, Wogenvoller, Symbol des blütenfeuchten Fieri.
Kant, dachte er, behagliche Affäre, Gelehrtenstübchen, Schattenriß des 18. Jahrhunderts, gestirnter Himmel über dem Jabot – versackender Kontinent, Brühe aus Rattenschwänzen, die das Wrack verpeilen, koppheister – flüchtig – transatlantisch.
Die Wüste wächst, dachte er, weh dem, der Wüsten birgt.

Gazelle hellgelb, Kameel, Halbbruder Strauß; Sandwelle ockergelb, ganz allgemeiner Herbst – nun spannt das Renntier in die Flechtenwälder, Skorpion, Orion, helles Südgestirn – Asche und Nebel: Felsenfarben.
Aegyptisch abgesprungen, Nil-ich, mehrtausendjährige Klabusterbeere, satt der Einerseits- und Andrerseitsbalance, mit Europens Imperien vereint emporgeschwindelt, gemeinsam in die Brüche – verdufte dein Gesetzaroma, verblute deine Giltigkeitszypresse.
Hoch der Palmwein, an dem die Palme stirbt! Hoch das Beduinen-Ich in der Gegend etwa des Wendekreises, betrachten wir diese einfachen Mahlzeiten aus Sorghummehl, aus Mais im Delta, ich meine das Frontal-Ich, das gegenübersteht und sich nichts bei denkt.
Betrachten wir das Fellachen-Ich: Saubohnen spielen da eine Hauptrolle, ich meine das Lattich-, Rettich-, Huflattich-Ich, bei Ortsvorsteher kommt Fleischkost-Ich dazu.
Meine Herren, muß ich sagen, Sie sind einem ganz subtilen Schwindel zum Opfer gefallen, einem Gesetzschwindel, einem Konklusionsschwindel, einem Abrundungsschwindel – hoch paraboloid!
Er stand am Fenster und sah die Straße entlang, die stand so sauber da, mit Häuserfront, mit Gaslaternen, mit Abzugsrohr, mit Lüftungsklappe, geschniegelt, gefettet, geklebt, gescheitelt auf den Kahlkopf des Substantivlers – – was dulden Sie nur, was dulden Sie nur, meine Herren: zwei Greise im Café, die sich annuffeln und Pfefferkuch verzehren. Bitte bedenken Sie: verzehren: abknabbern, abknuspern; klein, kleiner, krümelich, minimalerich – Befassung mit Fixationsmethoden, orientiert zur hypothetischen Idee –: ich danke, sagt das Absolut!
Aber dahinter fühlte er dumpf das Land, die ganze Brotfrucht, das Bebaueriche, die reine Sonntagsschürze, die sanfte Stuhlgangskurve – dies Weltbild bestimmt durch Gruppenbildung und Veränderungsfolge, diesen viertausendjährigen Schwindel des angeblich kontinuierlichen Ich – Eisenklammer rief er aus, Eisenklammer, nördlich angesiedelt, Kantkrone, wer schlägt den Reif aus deiner Stirn –, zwei Sonnen waren auf dem Bild gewirbelt zwischen die Zypressen und ein Kornfeld, auf das der Himmel schrie – es ist ein Garten in der Ferne, Sprunggarten und Lemuren-Ich.

Olive sanfte, Agave ranfte, die Grüne und das Felsenfahl; aus Trümmer-Glücken, aus Herzens-Stücken, dein Trunk, dein Mahl. Olive glühe, Agave sprühe, doch hin das Licht des anderen Raums, schon rundet sich's am Giebel meiner Augen und ist mit Tauben an der Lider Klang, am frühen Tag schon und mit Schilf in Blüte, – baumlose Insel meines Traums.
Antinomieen, bräunlich hingesprenkelt, einst vorgestreckt ins Nördlich-Diskursive, hier weiden sie sich matt in fallend Blut. An Laub entlang, an dem versiechten, aus Schwaden, Gräbern allem Glück, aus Himmeln, tötlich hingestürmten, gehn Lachen Herbst, gehn Weiher des Vergangs.
Aus Antithesen-spalt, aus Hirn-riß, aus Monistisch-aufgesprungenem: Lemuren-Ich, gesalbt vom Rauch der Herden, Brotbaumtitanen, Affentranszendenzen, ein violetter Zion.
Der Himmel ist die Flut, das Land die Flamme, wo seine Golfe brennend niedergehn; es ist Gemisch, es ist auf einem Kamme, rechts Ygdrasil und links die Pinien stehen, – es ist Ort, wo das Auge schuf.
Frei-auge. Algier-auge. Süße Unerinnerlichkeitsbraue. Vogel-Schau.
Polyphemblick zwischen all den Hirtenschläfen, taub dem Taumel, zischend in das Ich – über Tyrrha, durch die Eleaten, durch Hegels Identität und Troeltschs Dynamik angetreten zur Querschnittskurve, Dynamo schräg gestellt zum Wind der Dinge – zum Diagonalmotiv in den Garten von Arles:
Da kann sich matt schöpfen an den Wiesen, an der Barre von Iris, die die Stadt bespangt. Schon soll Gemäh werden, gegen Löwenzahn, gegen Taraxakum, als Tee als Kaffeesurrogate, nun muß sich eilen, Sommer wird zu Laub, bald kann Vergehen kommen, was Verschleierung bringt.
Irrsinnig diese Doldensteppe, ganz irrsinnig diese Hälse oder auch Keulen, dieser Wasserkopf von Gelb, diese Sultanszeltbahn einheitlicher Farbengebung, dieses Elephantendickhäutrige – kurz das ist reines Gelb.
Das löst wie Zuckerei. Da kann Gott nicht weit sein. Was heutzutage Gott ist: überall wo Tablette ist oder die Originalstaude mit Pottasche für den Coquero.
Mein Bethelgott, mein bittres Brennchen am Gaumen,

mein kleiner Durststiller, welch ein Garten! Gegärte vielmehr, ein ganz nüffiges Geständer, Geträcht der Erde, Wirrwarr mit Rohrtendenz, Farbe Zick-Zack.
Nun Weide da, die soll es speilen; nein, Zypresse, von Tränen wund. Nein Baum, Baumiges, das Allgemeinste, das Allumfassendste, das Giergierigste: von Lappenföhre bis zur Arokarie, das Zersprengerichste, der Inbegriff.
Was soll Haus da? Störte Haus. Trautes Haus, Tisch- und Betthaus, Heim-Haus, rauschloses Begriffs-Haus – doch die weiße, weiße Wand: Samum des Lichts, zerspellt in Sprühweiß, in Orinokobreitweiß, Entgegenwurf von Materiellem zwecks Racketisierung von Funkweiß, geplatztes chromatisches System mit Weißgeyser.
Oh, Briefträger zwischen Hebephrenie-Valeurs! Noch achtbare Tasche an Bauchgurt, Inhalt: sachlicher Postwert und in den Vollbart gerollt: Gummizelle; noch Blick, starr aus Tiergesicht, an den Rand des Seins: von Ephesos bis Einstein diese schwere Antinomie, der Jochbogen ganz Spinoza: determinatio est negatio – Doch Motiv der Sonnenblume, das ist Uebergang, da ist sanftes Lied, ionische Tragödie, am Ranft des Abgrunds Falterschlag: Olive sanfte, Agave ranfte, die Grüne und das Felsenfahl, aus Trümmer-glücken aus Herzens-stücken, dein Trunk dein Mahl. Olive glühe, Agave sprühe, doch hin das Licht des anderen Raums, Arlesergarten, Lemurenfahrten, baumlose Insel meines Traums.

Die Stadt zerfiel in Blöcke des Untergangs, ein Donner schlug auf den Markt, das nackte Blut. Da stand der Wilderer, der im Anschlag, der des Nachts, der Verströmte der Verderbnis.
Die Völker paarten sich, die Loden krachten; die Rudel gingen hock mit Fellbiß, das Fleisch trieb blind und gäulich, wie rosenpurpurn um den Schlaf. Mich schauert der Vergängnis, mich bohrt dies Himmelhoch des Abfalls, des Verrats des Schurzbedeckten – wo ist die Egge Gottes für die Saat des Treu?
Ueberall wohin ich sehe ist Peru: mit den Dschungeln, die dampfen, und dem größten Gummiwald der Welt; da sind Wüsten, in die es alle neun Jahr einmal regnet, da ist Völkerschaft, Inka oder aus Tahiti, verschollen, fortge-

wischt, vertrocknet oder ersoffen, in Tiahianuko am Titikakasee; da ist der Tempel überlebensgroß, trümmernd, fladenhaft aus einem Menschheitsteil verkrümelter Gehänge, mit Sinnbildern unenträtselbar an einem Tempeltor –: da ist kein Laut, keine Sage, kein Klang, kein Zeichen – das ist der Tempel einzig und verworren.
Das ist Arles. Ueberall ist Möve des Meers, der Flucht. Ueberall wogt es wie um Stätten, die erlöschen.
Da ist eine Insel dem Mond geweiht, doch Laub der Trauer an den Strömen – Ende, Ende – – in Rosenkränzen, als Adonai mit Thyrsosstab, in Fichtengrün, in Hügel und Halden: – nevermore, nevermore.
Wo ist der Schädel von Hadrian, sein Fang war Städte, Könige und Länder, wo ist der süße Hadriansschädel, über den die Lust floß aus Eutern, wo ist der feiste weiche Badeschädel – fort wie Ramsch, mit einem Schluck Fenchel unter der Zunge.
Oder wo ist die Schlange –, nach dem Meer hin, auf das die Fenster gingen, soll eine Spur von ihrem Gang gewesen sein – wo ist sonst die Schlange, die die Aegypterin zerstach, die Enkelin sovieler Könige, die Venus von Asien, die zu Bacchus kam?
Das ist Arles; Arles aus der Dorer Jauchzen, Quader der Erde, Aue des Zeus – Wandel der Worte, Streuung der Werte – Schatten und Asche – *ποταμοί* – ποταμοί.

Das letzte Ich

Jetzt wird die Insel blühn, dachte er, nun liegt ein Glück im Meer, ein Rauch über einem Riff von Flammen. Sie steigt gesäugt von der erstandenen Flut in Rosenfalken, sie stößt ins Blau, sie hat Blüten wie Frucht und Blüten wie Stein, geädert oder marmorweiße.
Ich sehe es, sie liegt am Ende der Welt. Da ist Demetrios, der Spieler über der Erde, der Entfesselte von höchstem Rang; stürmisch und üppig, zwischen Reichen hin und her und Schlachten, nun ekelt ihn das Lager und die Gesichte der Asiaten, nun will er den Kopf der Pallas sehn.
Wo er vom Wagen steigt, einen Altar dem niederblitzenden Dionysos und alle eleusinischen Weihen an einem Tag; eine Lampe der Kypris für Lamas Nacht, eine Chlamis, bestickt mit allen Welten und Sternenwelten, – eh' der Saum gesäumt, ein verworfener Gott, kehrt, fett, versoffen zwischen Roßzüchtern und Elefantenwärtern.
Da ist die Tulpe, gestürzt aus den heftigen Sommern Turkestans, die Lieblingsblume des Propheten, es ist ein heißes ewiges Licht auf der Heide, wo sie waltet, uralte ahnenhafte Tulpe.
So sank jeden Abend, wenn die Weite sich schloß und die Welt sich selber überhängte, wenn aus der sinnlosen Folge kausal subordinierter Konnexe der Spiegel trat, der sammelte und brach: vielleicht der Wasserspiegel, der die hohe Bläue tief trug zwischen Schilfrohr und Libellen, vielleicht die Lache, darin trauerte der Baum, so sank an seinen Holztisch er, der über den Schnee kam, hell, wie aus den Häuptern der Narzissen.
Nichts Brütenderes, nichts Einäugig-Triefenderes, nichts Feucht-Gesäugteres als der Mitternachtssonne brandiges Mal: hier ist sie bei den Horden im Renntierfell, den Raidenpilgern, wenn das Gras verwelkt, den Wandernden zwischen Tau und Flechten.
In allen Erdteilen wirken Papuas, Indianer, Mongolenhorden, nur über Europas scharf gewordenen Breiten brennt der Aposterioristik tödliches Fanal. Hier ist er bei seines

Kontinents letzten Nomaden, den Ruhelosen zwischen Meer und Tau.
Da ist die Lappenföhre, sie hält Gerüche über den Schnee, eine Nadel verläßt sie in die stille Weite, sie ist umgangen vor überall; letztes Land, geläutertes Organisch, fern der Völker Samenlied zum Gemurmel der Geschlechter, hier ist tote Halluzination, hier ist Problematik statt Synthese, Verlust von allem Drängen zu Profil, hier ist einheitliche Farbengebung unter Eis und Schweigen, Hyperboräerbaum unter Schöpfungsschnee; am Fuß das Stürmende-Erstarrte, am Ast das wellig-ungeflossene Meer; Fjällenkuppen, Fjällenrücken: im Sturz und traumbetäubt.
Da ist der Gipfelkranz, die Weinhecke, gekeltert unter Nacht und Brand, mit Flut der neuen Lippe, voll Flut der letzten Götter, des Einsamen, der mit seinem Schatten sprach: o ewiges Überall, o ewiges Nirgendwo, o ewiges Umsonst; des Juden, der sich selbst sich übergab, das Weltall schweigt zu tief, und am Gipfel der weißen Treppe, umschwankt von Rosenketten, Mnais, den windigen Morgen auf ihren spiegelnden Hüften, hoch und allein.
Hier ist die letzte Rose, die Eis- und Edenrose, bereifte Röte und zerbrannter Stern. Alle Kultur bisher eingestellt, bezogen, aufgestellt von dem Individual-Ich, in Kunst, Gesetz, Erkenntnis Geltung geschaffen der ersten Person, psychologisch typisiert; hier schwankte vor eine neue Form, ein Linsen-Ich, das sammelte und brach, aprioristische Ekthesen, Vulkanisch-Funktionelles, flatternd, eine Vorgeburt, wie am Ende tiefer Fluchten oder im Nebel über jenen Wassern, eh Jahve in den Garten ging.
Immer an der Wand lang, ruft nachts Europens Fenster, nachts fahren alle Schlitten heftiger, die Hunde jagen vor Frost und Wolf und Qualm der eigenen Brust – nun jage dich, das Rauchholz ab, die Stangen; gordone dich, du Knote sychophys!
Die Schaufeln runter, hoch den ganzen Möff: begreifendes Erkennen, Dahlem-Institute, – wer erinnerte sich nicht in diesem Zusammenhange des Prinzessinnenkopfes aus der Zeit Amenophis IV., der Nil trat über, zehntausend Fellachen gingen an Mangel von Kiemen zu Grunde, die Skythen feisterten sich in Arabien voll, die Sonne furchte sich durch die Wüste und brannte Karnak aus: erledigt,

schnuppe, total passé, aber dieser kleine Pharaonenstengel, überlebt, müde, zart, behaart, dieses rotbraune Sykomorenfellchen: intensiv rotiert?
Letzten Endes, was ist es denn mit diesem sogenannten Menschheitsgut, das in Gesetzen kondensiert? Der Aufstieg war schwer, sie bluteten, das Feuer fraß sie, auch gaben sie der Masse ein Gerüst, Syntax, Glauben, Gesangbücher, aber was für eine überlebte Attitüde. Hin und her, zerebrale Semele, mentale Mondsucht und Wrackigkeit der antithetischen Struktur – abgeblendet, Stall und Krippe her, einen Morgenstern den Hirten auf dem Felde: – die Menschenlehre Europas, als Fiktion individuell existenter Subjekte hat nur noch einen kommerziellen Hintergrund. Der als Persönlichkeit bezeichneten räumlich betonten Stelle im wesentlich östlich von Greenwich wird als Waffenträger und Arbeitnehmer die Vorstellung der Einkörperung des Universalgeistes in ihre somatische Gegebenheit mit den handlungsbestimmenden Hauptworten der Verantwortlichkeit und Eigengesetzlichkeit durch eine über das ganze Land verteilte Macht der Erziehung, Einrichtungen und öffentlichen Meinung inflatiert unter besonderer Betonung des unersetzlichen Wertes der einzelnen Leiblichkeit für den Fall politischer Malencontres. Das Eigenleben, bezogen aus den schofelsten Pressephrasen, verklebt mit Zitaten aus den Oeuvres von Villenbesitzern, deren Innerlichkeit nach Ausdruck ringt in den Kategorien der Popularität und der Tantieme, stellt sich dar als Parthenogenesis innerhalb des industriellen Unternehmens, das die moderne Nation bedeutet, mit Dividenden nach Rentabilität der Frucht, als der Mutterkuchen, bei dem beide Kontrahenten partizipieren nach Maßgabe des Kurses der geltenden Idole, zur Zeit ist es die charitative Wabe, deren Seim sich kapitalisiert. An zweiter Stelle ist notiert Morgenland, Hegelsche Renaissance und Damenalmanache und in immer gleichbleibender kräftiger Grundstimmung der Entwicklungsgedanke, die proletigste Idee des Abendlands.
Ran die Photographen, rechts rüber, die Herren Abendblattsalbader bitte links die Galerie, der neueste Start betreffend Geistesgut, physikalisches Geschwöge, Formelfick mit Kosmikappretur: Relativitätstheorie:
Der Bürger will seinen großen Mann haben – Blende auf,

eine Seite Großoktav; – Newton glänzend, wenn er bis ins Mittelalter herabreicht – substantieller Lichtäther – enorm, das brennt wohl?, jedenfalls Beruhigung hinsichtlich geistiger Entwicklung »in guten Händen«, er kann pennen gehn, Schmunzel heißt das Vieh, gekalbt von Mutter Behaglichkeit, geborenen Bildungsgut.

Ist in dieser Weise der Begriff des Individuum politisch eine gesunde und konkrete Größe, verhält es sich anders hinsichtlich seiner philosophischen Struktur. Als zähe unaufhörliche Masse, als fadenziehende Nachgeburt aus Nilschlamm und Pendschabgrütze ringt seit vier Jahrtausenden die Menschheit um das sogenannte erkenntnistheoretische Problem. Erscheinung und Ding an sich, Brahman und Maja, höchste Realität und Blendwerk der Gesichte, Substanz und Individuation, überall die psychophysische Struktur, überall das Röcheln nach dem absoluten Wort, und doch in allen Epochen auf allen breiten Blutbächen der geistigen Existenz schaluppend, dreimasternd, über Topp geflaggt das todsichere Wissen, daß die Welt systematisch einheitlich nicht gedacht, daß sie begrifflich, diskursiv nur dualistisch oder pluralistisch ergriffen werden kann.

Abendlanduntergänge, Kulturherbste, kommunistische Regenerationen, – es ist kein Untergang und kein Auferstehen, es ist kein Marmor und es ist kein Meißel, es ist nur das Bewußtsein und das Nichts. Schwefel statt Weihrauch in die Jahve-Türme, – dieser Gartengänger, dieser Lehmpriester, dieser Odembläser, und das Geblaste trabte über Feld und Au, trabte um Baale und schabte um Sphinx, schwanger mit Spreu und stäubend mit Stoppel – Geistesschätze und Menschheitsgut – Schnee und Brache, die lösche Weite.

O Ich, kaudinisch einsam unter der Verneinung, blutäugige Nacht der wesenlosen Flucht, nördlicher Zapfenstreich der Inselträume, die Föhre bellt hyperboräer-tannig aus allen Ästen hunde - hunde - nichts –

Dich öffnet nun nichts mehr, dir gibt nichts mehr die Dinge heim so weichen Fells, kaninchensüß; die Straßen enden weit von dir, Hütte Landlos, Zelt Finisterre –

O Rosen – Letztes und Levkoien-Welle, und Holz und Erde, alles ist vertilgt, es schweigt um dich, wie nie es

schwieg: die Menschen, Götter und die Sterne, du bist dahin und von dir abgetan wie hier der Hirten Hütte – ich will dir eine Losung sagen, laß alle Nächte dämmern, aus dunklen Schluchten laugt die letzte Nacht, da bersten Früchte aus Lavinias Körben, in Hesperidenblüten ruht dein Haar, ich sehe es, das Bergfest, die Synthese, das Siegel auf dem dämmernden Altar –
In Dschungelluft, mephitisch stummer Nacht der Tigerinseln, Ganges-Holofernen, magischen Mahlen und sakralem Akt, schwülend Kalkuttas Phallen Süd-Monsune, die Globen glühn wie Erz die Steppe Flammen, asiatische Sunde, pulvriges Astral –
Auf Pfauenthronen, auf Smaragdgeflügel, lichtweißem Marmor, fjordigem Geblau, aus kleinem Vogel Salangane baut Nest aus Gallert hochbewährt für Suppe, aus Mammuth reinem Fleisch aus Eis getaut von weißem Bär und Hunde stumm verschlungen, aus Straßen, indischen, wie Tulpenbeete: Schwertschlucker, Schlangenzaubrer, Haibeschwörer, – Verwirrten, Grüblern, Irren, Katatonen –: gibt es ein Paradies auf Erden, so ist es hier –, so ist es hier – Es treten Blumen auf, armgroßes Grauen, jäh über Nacht stiellos aus Baum gehockt, es gibt ein Institut in Gowindpure, wo arme Leut von Floh, Gelaus, Gewanze sich quälen läßt vor Geld von die Matros' –
Aspasien, Phrynen, tabische Hetären und die aus Glut aus Golf gefällte Nacht – aus Onyxbrunnen, aus Sakijekrügen, aus süßen Wassern die Verworfenheit –
Auf Taubentürme sinkt der Palmenfittich, Schatten erbrausend vom Antillenmeer, die Baie blauen aus, die Gräber wanken, Ustrinen stürzen und die Schlacken spein – die Ströme höckern sich zu Gangesgondeln, zu Prunkfelukken der verblaßte Nil: Austreibungsstunde, zuckendes Geschleuder zu großem Sturz und Schlund und Endigkeit –
Der Herr der Welt, verwurmten Sarkophags, um dessen Wände nicht der Lorbeer steht, geschminkter Krone, blecherner Insignie, Räude vom Krebs zum letzten Föhrenflor – verbrannt zu Kalk, Ton, Wüste, Feuerländer, Weide für Strauße, wo sein Brunnen stand, – das letzte Sinnklistier, der Abschlußodem aus Lungenkatafalken angebohrt –
Hauswirte, Schieber, Buchverleger, Kausalgesindel, Norm-Geschmeiß: Mitropa-Neophyten-Schwemme, Ak-

tivitäts-Minette banale –: verkehrten Lustrausch, Rattenhandel, Wurm, Fosenschlack auf den Velours! – »der neue Mensch«, das letzte Lügenfieber aus dem vom Abgang schon geschwollenen Maul –: mein ist die Rache, stößt es von den Sternen, der Lude naht, der Gobicrack, der Saul: Mäßigste Zone, bäuchlings abgefertigt Olivenländer und Oasenflucht, die Steppe klirrt, die Dromedare heulen apokalyptisch: du bist abgebucht –: Baumeister, Harnarzt, schofle Geodäten, Hebammen zu dem powersten Alraun, dem tätig-frei kausalen Alphabeten: in Wasserstiebeln, Faust, und Buhnen baun –
Zurück zum Karawanenschritt, zum Lorbeerbusch des hagren Hesychasten, zu trocknem Fisch, gebrühter Pisangknolle und dünnem Wachs im alten Psalmenwehr, man spricht von Fächern wie Limonenwäldern, Zypressenstürzen, Oleanderdämmen bis an das dunkle Amarantenmeer –:
Im Purpurbusch verlorener Athoniten, Oszillativem des spinalen Mark, Abgängern, Mastixräuschen, Brüchigkeiten, Blutspalten, Schluchzen, hüpfendem Gehirn –:
Das letzte Ich, Galopp final, malaiig, die Sirifrucht am abgeschliffenen Zahn –: Osiris – Typhon, Gott der Staubgefilde und Gott der Frucht; Adonis, Schattenhaar –: und Doppelblut, schon färbst du ja die Erde, schon malmst du dich in Schatten und in Glanz –: Schlange am Haupt der großen Pharaonen: Fichte in der Mänaden stäubend Heer –: und Lotos Speichernes und Traube Nabe: Sansaras Rad und Schatten-Wiederkehr.

Alexanderzüge mittels Wallungen

Es ist Winter, starker Frost, morgens geradezu ein wenig dunstig vor Kälte. Ein zartes blasses Licht begleitet die Sonne in dritter Distanz, – spricht sich der Geographieleitfaden aus –, das sich auf große Entfernung hin in die Bahnen der nächsten Planeten erstreckt: es ist das Tierkreis- oder Zodiakallicht, wie ein Schimmer der Milchstraße erscheint es in pyramidaler Gestalt – von diesem zarten und blassen Dunst erscheint des Morgens etwas in der Weite, besonders in den Vormittagsstunden, wenn die Sonne brandrot und langsam über die Gneisenaustraße sich erhebt.
Es ist die Zeit der Tag- und Nachtgleiche, etwas mit den Wendekreisen geht vor. Man mag zu dem Entwicklungsproblem stehen, wie man will, ein gregorianisches Jahr steht jedenfalls vor seinem Ende, man altert, die Schläfen werden grau. Nichts Abnormes, kein spezifisches Phänomen, anatomisch tritt Luft in die Haarschäfte, in manchen Familien schon in den zwanziger Jahren, im vorliegenden Falle im 37. Jahre.
Es ist Weihnachtsabend; der Fall, um den es sich handelt, ist allein, aber nicht ganz unbeschenkt. Ganz unerwartet überbrachte ihm ein Bote ein kleines Paket, es schlug darin wie Wasser, es ergab sich ein kleiner dreieckiger Karton, ein phantastisches Glas, ein Name aus einem Märchen, will sagen ein Parfüm wie aus dem Pendschab, asiatisches Raffinement, Ortsbezeichnungen wie Champs Elysées enthielten Näheres, und Mouchoir de Monsieur beeinflußte vollends aufs stärkste das gesamte Milieu: durfte es nicht einen Augenblick die Vorstellung erwecken, durfte sich nicht der Empfänger einen Moment in die Illusion verlieren, als sei er der gedanklich bedachte Monsieur, ein Herr, eine Art Mitglied aus der Sphäre der Gemeinschaft, das Batisttuch im Jacket, das er diskret, fein abgestimmt und mit vollkommener Ruhe zu verwenden sich erzogen hatte, nicht übertrieben: ein sonores Etwas, dessen Nahen und besonnenem Auftreten man entgegensah, ein nicht unbeträchtlicher Mittelpunkt, um den sich dies und das gruppierte, um es zu vollenden, eine gesellschaftliche Erschei-

nung, der der gesamte modern-zivilisatorische Komplex ohne viel Aufhebens entströmte, ein Niederschlag der Zeit und Reflex ihrer mannigfachen Phosphoreszenz –: wie eine Blähung lag es über ihm, gerötete Gesichts- und Halsorgane, und er tastete sich weiter durch dies und das.
Das ist Rönne, Arzt, mittelgroß, von gesunder Konstitution, linkes Augenlid hängt leicht herunter, meistens mißvergnügt, Dyspepsie im Gehirn, Neigung zu Fettansatz und Transpiration; in seiner Jugend hatte er wohl mancherlei Eindrücke aus sich gewonnen, auch verbunden mit Eröffnungsstimmungen, Aufschwüngen, Verflüchtigungen, jetzt stellte sich das seltener ein, woher Eindruck, wohin Öffnung, alles hatte den Wurm im Bauch, war eine seiner Äußerungen, wohin man blickte, alles ein öffentlicher Mißstand, Faust wurde Nebbich, Don Juan Condomfabrikant, Ahasver lernte Rhönflüge, die Mythe des Menschen schrie nach Exekution.
Früher hatte man wohl auch gelegentlich gewissermaßen gedacht, aber man stieß dabei immer so schnell auf ein gewisses Etwas. Begann man, wo man wollte, begann man mit dem Geschäftsführer der Weltvernunft nach Hegel oder dem Sichtbarwerden der kleinsten Veränderungen bei dem Reifwerden der Umschichtung, war es die synoptische oder die kausalgenetische Methode, galt es dem Individuellen oder dem Kollektiven, dem Einheitlichen oder dem Katastrophalen – schon über diese Vorfragen gab es nur unentschiedenes Gelalle, doch seinetwegen Schwamm drüber, kein Vorwurf, alles zugegeben, aber was so dicht dahinter stand: diese Penetranz zur Amalgamisierung, diese Tendenz zum Resultat, die so fatal einen Drang nach Sicherung bedeutete, die war es, die er nicht mehr teilen konnte.
Rönne hatte das letzte Jahr ziemlich eindruckslos verbracht. Nach einem Frühling, der keiner war, nach einem Sommer voll Exzessen war er allerdings im Spätjahr manchmal benommen gewesen, auch schwankend in der Struktur. Da stand dann wohl ein Herbsttag über Berlin, eine Weihe aus Blau, eine Klärung von Verdecktem, in die Blicke schlug sich, in die Nähe Fernher; man schlürfte sich durch das Licht, es war etwas hinten im Nacken, eine Art Vermischung, eine Nähe aus Fernher; auch war Geruchliches da,

das ihn löste, und Geruchliches, das ihn schwächte: nach Süden hin, von Fruchtmärkten, schwer und doldentiefen.
Er hatte aber das letzte Jahr nicht nur eindruckslos, sondern auch völlig zurückgezogen verbracht. Die öffentlichen Menschen betrachtete er als den Abschaum von Lächerlichkeit und Gemeinheit, einem Ruhm nachjagend, den sie selber bezahlten, auf die Idiotie der Enkel spekulierend. Fuhr ein Tenor nach Riga, erschien ihm das ein weitverzweigter Skandal. Der Blätterwald rauschte, die Büros machten Dampf, Lichtbildhersteller hatten gute Tage, Träger nobler und distinkter Haltung, Einwohner, wurden in Angelegenheiten verwoben, die völlig unsolide waren: Aufstieg in Tönen, Schöpfung und die Welt noch einmal – ah! – die Welt noch einmal, das war es, mit dem der Naive und Haltungwahrende auf die Knie gezwungen werden sollte, das Schöpferische, dieser Mangel an Skepsis, dieses Surrogat für eine mürbe tödliche Erkenntnis, der letzte große Fetisch in den Klauen von Aasgeiern den leichenblauen Kontinenten vorgewedelt – er, Rönne, hatte einen Patienten in der Stadt, einen Ingenieur, wahrscheinlich Angestellten in einem Unternehmen, den er einmal behandelt hatte, seinem Eindruck nach ein ruhiger, mittelständiger, nobler Mann, das waren *seine* Beziehungen zu Riga und das erschien ihm weit billiger, weit eindeutiger als das Gewölke dieser gefirnißten Buffowanzen.
Oder fuhr ein Politiker auf die Dörfer, gab es soviel Schamlosigkeiten sonst noch irgendwo unter einer Haut? Ewig diese entscheidenden Augenblicke und welthistorischen Momente, vormittags schon und wenn sie ein Pissoir einweihten, diese kommunale Prophetie, diese Latrinendämonie – daß ein Schädeldach eine solche Unsumme zerebralen Unrats zielgetrieben gegen Witterungseinflüsse abdeckte – ein Naturwunder, wahrhaftig ein Naturwunder bei der sonst so kühlen Reserve des Anorganischen gegen das organische Juchu; ja nach Säuberung schrie es geradezu in ihm und er bewegte sich etwas voluminös zum Fenster: da war Schnee, süßer Schlaf der Farben, tiefe Unbesambarkeit der Weiße, Schnee und Sterne, Leere des All.
Oder wenn das Leben verlangte sich mit einem Ingenieur zu unterhalten, wo die Fortschritte der Ölfeuerung oder irgend etwas mit Umdrehung und Nabe im Vordergrund

stand, gewiß, zugegeben, allerlei – aber was drängte denn schließlich so, großes Schlafmotiv der Verbesserung, großes Beischlafsmotiv von der Profilierung der Kultur – aber womit befaßte er sich denn überhaupt, das waren ja schon mehr Gedankengänge und dabei fröstelte ihn, geradezu zusammengezogen fühlte er sich, keine halluzinatorische Wärme, keine Hyperämie, dunkel war das Zimmer, kühl die Nacht um das Haus im Schnee, einen dieser Blicke, die sich nicht rührten, führte er stumm in die Weite, an das Auge voll Tränen, an das Antlitz des Lebens, dunkel und wundenvoll.

War denn überhaupt, seit die Welt stand, irgend etwas geschehen? Er war in der Stimmung, es zu bezweifeln, zum Beispiel der Alexanderzug, war der denn geschehen? Tausend Wurfgeschosse und die Tragödie mit den Sturmböcken, gewiß allerlei, aber hier stand er, kleiner Mann, mittelständig, ohne viel Anhang und von geringer Wirkung, existierte denn irgend etwas aus diesen Zusammenhängen für ihn, trug es ihn, belebte es seine Flächen oder selbst die Patienten, die Kunden von gestern, was war damit, wo waren sie, erhoben sie sich irgendwo – keine Ahnung, leer abgefallen, absolut fortgewischt, wie sollte da auch ein Austausch stattfinden, Rönne, der in die Nacht sah und völlig ohne Wallungen und diese Spurlosigkeiten, sogenannte Persönlichkeiten, Spasmen der Leere, Keuchhusten des Nichts –: das Leben war eine Angelegenheit von Stunden, von leeren und von angefüllten, das war die ganze Psychologie. Der institutionell strukturierten, vom Gedächtnis accouchierten, der sozialen Personalität, dem empirischen Phänotyp mit der ausgeglichenen Blutfülle stand der andere gegenüber: Stakkatotyp, Manometer auf Bruch, akute Hyperämie, Schwelltyp mit der Simultan-Vision, der Halluzinatorische mit dem schiefen Blick –: Kain und Abel, Klante und Zoroaster, lächerliche Nüancen der gleichen Clownerie, aber einmal muß es sich entscheiden, rief Rönne, umfassende Ideen, Perspektiven von Dimensionen treten mir nahe, auf, wir wollen die Welt erobern, Alexanderzüge mittels Wallungen, da ist Balerm, die Sarazenenstadt, die Flocke auf dem weißen Felsen mit Arabesken sinnlos und gedrängt, da ist das Berberblut, die Gobimöve, im Sturz und traumbetäubt.

Urgesicht

Eine Klarheit ohnegleichen kam über mich, als ich die Höhe des Lebens überschritten sah. Ich blickte in den Tag, der ohne Besonderheiten einer der Tage in der Wiederkehr der Zeiten war, Novemberanfang, leicht kühl, Insignien des Herbstes auf der Straße, lau und wahllos spielte die Erde ihn hin.

Eine Leichtigkeit fiel mir auf, die mich bewegte. So waren wohl die Dinge, ich unter ihnen, wir alle durchsichtig im Gefälle der Welt. Ein Kommen und Gehn, ein Drang und ein Versagen, und dazwischen nicht berührbar der Weg des Seins. Der Anfang unausdenkbar, das Ende eine Sage, eine Lache, die verdunstete, das Heute und Hier. Fern und gelöst die Jahre der Jugend, die Züge des Stürmens, die Krankheit des großen Flugs. Fern und gelöst jenes Dickicht und Gelände, »wir gehen nicht mehr in den Wald, die Lorbeerbüsche sind geschnitten.«

Man liest aus dem Jahrhundert der Alterung der Antike einen sonderbaren Bericht. Es kam den Leuten im römischen Reich vor, als begönnen die Flüsse seichter zu werden und die Berge niedriger; auf dem Meer sah man den Ätna nicht mehr aus so weiter Ferne wie früher, und vom Parnaß und Olymp verlautete dasselbe. Der Kosmos, meinten die Naturbeobachter, sei als Ganzes im Niedergang begriffen. Dies Nieder, räumlich, empfand ich so sehr. Überall sah man durch die Stämme, und wo man früher lauschte, heute überhörte man Ruf und Schrei. Topographisch weit durchblickte ich das Gelände, und merkwürdig plastisch überzog mich der Raum mit einer Nähe aus fernher.

So war es auf dem Lande, wenn ich Sonntags dahin einen Ausflug unternahm, so auch in der Stadt, wo meine Wohnung über allem schwebte. Über dem Jahrzehnt, heute, nach Beendigung des Kriegs. Den vierzig Jahren seit Nietzsche, als dem Ausgang der Triebpsychologie. Den hundert Jahren, seit in der Stadt die erste Gaslaterne brannte, jenem berühmten Jahr, in dem Europa erhielt: ein festländisches Eisenbahnnetz, überseeische Dampferfahrten, den Telegraphen, die Photographie, verbesserte Mikroskope und die Mittel zur Erzielung des künstlichens Schlafs.

Ja diese Stadt, doch wahrhaftig nicht aus Tau und Vogelsang, vielmehr voll Gegenstandsgedränge, wie lautlos und leicht in meinem Raum! Draußen, wenn man sie bemerkte, welch Leben und Weben, welch Chaos, welche Paradoxie: Antikes und Experimentelles, Stadien und Neurosen, Atavismen und Ambivalenz. Bizarre Epik des Augenblicks: Kollektivismus, aber selbst die Obstkähne organisieren sich, und die Bretterbuden machen Dividende; fünf Proletarier in einem Bett, aber die Griffons, paarweise, müssen dem Gesicht der Dame ähneln, die Parfüms aus Trüffeln und die Gerichte aus Palmenmark. Dichten und Denken: der fünfte Teil der Volksschüler geht aus Armut morgens ohne Nahrung in die Klasse, aber die Dahleminstitute bauen für mehrere Millionen ein Boardinghouse für den ausländischen wissenschaftlichen Besuch. Der gestirnte Himmel: Raketenautos an den Mond, Projektilaviatik an die Sterne, und die letzte Droschke fährt von Wannsee nach Fontainebleau, die Familie mit Kind und Kegel im Hundewagen hinterher; zwei Kellner gehen zu Fuß in Frack und weißer Binde von Brandenburg nach Genf, um einen Kranz am Vereinsgedenkstein niederzulegen; drei Hindus nähern sich, sie radeln um die Welt – alles wahrhaftig doch erwähnenswerte und wirklichkeitserfüllte Dinge, aber in meinen Räumen wurden sie lautlos und gestillt.

Von diesen Räumen gingen drei auf die Straße, einer in den Hof. In den Hof ergoß sich ein Musikcafé, das belauschte ich oft, entführende Weisen. Manchmal, wenn ich nachts in mein Schlafzimmer trat, ertönte die Musik. Ich öffnete das Fenster, ich löschte das Licht. Ich stand und atmete den Laut. Lange stand ich. Ich sah in die Nacht, die nichts mehr für mich barg, nichts mehr als den Dämmer meines Herzens, eines Herzens, das altert: vage Luft, Ergrauen der Affekte, wem man gibt, dem verfällt man, aber Geben und Verfallen, das war sehr weit.

In die anderen Räume fiel die Röte der Stadt. Da ich Ninive nicht sah mit seinem Grund aus Jaspis und Rubin, da ich Rom nicht sah im Arm der Antonine, betrachtete ich diese, sie trug die Mythe, die in Babylon begann. Eine Mutterstadt, ein Schoß ferner Zeiten, neuer Schauer mittels Stepp und Injektion. Was in den Epochen der Mönche durch Stundenbücher und Korrelarien, in den Jahrhunderten der Rationalisten durch Spekulationen und Kosmogonien, ging heute durch die Beugen ihrer Tänzerinnen, im Murmeln ihrer Kniegelenke eröffneten sie den Daseinsausdruck ganzer Völkerzüge. Und Jenes, das wir nicht kennen, sah ich treiben durch ihr Fleisch und Stein. Es riß Findlinge aus den Feldern und trieb Kommunalblöcke aus ihren Weichen, es schmierte Asphalt durch ihre Wälder für eine Menschheit, die Vermehrung treibt. Eine menschliche Masse, die im letzten Jahrhundert ihr Lebendgewicht mehr als verdoppelt hat, jährlich um zwölf Millionen Individuen weiterwuchs und in weniger als hundert Jahren nochmals mit hundert Prozent im Dacapo steht. Also Riesenzentren, Übervölkerung. Brot teurer als Kinderfleisch. Melonen in die Ausgüsse, Kartoffeln in das Blumenbeet – das würde die Welt werden weit über mich hinaus, weit über meine Zeit, weit über meine Räume, weit über diese Stunde, in der ich stand, diese Novembernacht, dort ihre Röte und hier ihr Schweigen.

Nach Jahren des Kämpfens um Erkenntnis und die letzten Dinge hatte ich begriffen, daß es diese letzten Dinge wohl nicht gibt. Nicht unbeteiligt an diesem Begreifen war die Bekanntschaft mit einem älteren Herrn gewesen, der sich eines Abends in geselliger Weise als Landsmann von mir vorstellte, ein Ohrenarzt, Inhaber einer Klinik, bayerischer Oberstabsarzt, wie er in den ersten Sätzen bemerkte, und der von gemeinsamen Bekannten sprach. Einigen jungen Leuten, die viel in seinem Elternhaus verkehrten, Taugenichtse, Faulenzer, Tagesschreiber, Trunkenbolde – längst verschollen. Den einen habe er vor Jahren noch einmal getroffen und ihm behilflich sein wollen, bei einer Zeitung eine Stellung zu erhalten, aber der Betreffende sei zu der verabredeten Stunde gar nicht erst gekommen, einige Tage später sei er bei ihm in der Wohnung erschienen, völlig unnüchtern, er habe ihn, wie er sich ausdrückte, »hinausweisen lassen«, wenige Wochen darauf sei er dann im Delirium zugrunde gegangen.
So rief er die Vergangenheit wach und war in der Tat an Lebenshaltung, Bekleidung, Umfang des Wirkens dem

Toten über, er übertraf ihn an Widerhall, Klinikbesitz und militärischem Rang ganz erheblich, ja er stellte eigentlich alles an ihm in Schatten, aber war deswegen der Jugendfreund völlig unvollendet gestorben, ohne Symbol, nutzlos, ohne daß das Ungeheuerliche des Lebens durch seinen Lauf hindurchschien, sein Unermeßliches an Rausch und Trieb, seine Indifferenz gegen Individuelles, sein fleischlicher Zerfall, in diesem Rhythmus sank doch auch er nach sicherlich anfangs engelreinen Jahren in die Tiefe, beschrieb denn dieser hier einen größeren Kreis, trug ihn durch die Ohrenklinik ein geheimnisvolleres Erleben? Ich war unschlüssig, ich konnte mich nicht entscheiden, es zu bejahen. Da das Leben doch bei dem Verstorbenen in vollem Maße am Werke gewesen war, mußte es seine Zeichen auch in dieser, an dem Oberstabsarzt gemessen, niederen Form zur Geltung gebracht haben. Allerdings konnte ich im Augenblick nicht sagen, welcher Art dieses Zeichen eigentlich war.

Die Unität des Lebens, so bildete sich in mir die Idee, war es, die ich hier gegen einen Angriff zu verteidigen sah. Das Leben will sich erhalten, aber das Leben will auch untergehen, immer klarer begriff ich diese chthonische Macht. Richtete ich meine Gedankengänge auf das Tierreich, die Gattung, das Kommen und Sterben der Typen, so hatten natürlich hereinbrechende Meere in geologisch kurzer Zeit ganze Rassenteile abgeschwemmt und die ungeheuren Aschenregen vulkanischer Ausbrüche große Tiergemeinschaften erstickt; aber gerade das Aussterben von Typen, das Vergehen von Einheiten hatten diese geologischen Ereignisse nie bewirkt. Das Aussterben von Typen und nicht weniger das gleichzeitige spontane Erscheinen von neuen stellte sich immer mehr als ein erdgeschichtliches Faktum dar, das den Eindruck einer einheitlichen inneren Ursache machte. So traten in der Erdgeschichte gleichzeitig mit den Blütenpflanzen die Schmetterlinge und honigsaugenden Formen auf, mit bestimmten riffbauenden Korallen die an ihren Riffen hausenden und mit ihnen in Lebensgemeinschaft wohnenden Stachelhäuter und Krebse, um mit ihnen gemeinsam zu verschwinden. Ohne Bezug auf elementare Ereignisse, ohne ersichtlichen Zusammenhang mit Milieuveränderungen, keiner Erklärung zugängig, nur als Phänomen von innen her zu deuten. Eine erlöschende Formspannung, ein Altern, eine Abnahme an Zahl und Lebensraum auf der einen, ein Quellen und Dasein auf der andern Seite schien sich auszusprechen; eine Polarität des Gestaltungsdrangs, eine innere Spannung zwischen den Formenzügen vorzuliegen; in Schalen, von Göttern gehalten, schien das Dasein zu ruhn, einmal war dort mehr Wasser und einmal dort mehr Land, hier eine Koralle und dort ein Muscheltier, ruhend am Fuß, steigend und fallend um die Gestalt des Menschen, der Tiere ausströmte und Pflanzen abspaltete, er, unentrinnbar in Gewalten eines weiteren Geschehens, der Schalenträger und ihrer Ferne –: denen also wäre auch der Verstorbene erlegen, und in großen Zusammenhängen senkte sich seine Formenreihe in ein früh erschlossenes Grab.

Geringfügige Veranlassung, rein persönlich motivierbare Gedankengänge; aber mich brachte das Ereignis dahin, diesen Mann schärfer ins Auge zu fassen, diesen Herrn auf der Höhe seiner Zeit, den Führer weiter Schichten, den Träger der positiven Idee, den kausalgenetischen Denker. Ich sah ihn vor mir mit seinen Instrumenten, dem Ohrentrichter, der Pinzette, keimfrei und vernickelt, weit hinter ihm die maurische Epoche, das Zeitalter der Bruch- und Steinschneider, das galenische Dunkel, die Mystik der Alraune. Ich erblickte seine Klinik, gewichst und gebürstet, ganz etwas anderes wie die Kräutergärten und Destillierherde der mittelalterlichen Harnbeschauer. Plastisch umfing mich sein sonores und voluminöses Organ mit seinem suggestiven und hypnotischen Reiz und verdrängte völlig die Erinnerung an jene Besprechungen und Lieder der Walen, von denen ich gelesen hatte, der kimbrischen Priesterinnen, die in weißen leinenen Gewändern, umschlungen mit einem ehernen Gürtel, ihrer sogenannten Heilkunst oblagen. Nur wenn ich darüber nachdachte, daß sich die Menschheit doch so lange erhalten hatte, obschon man die Geburtshilfe bis vor kurzem unter den Kleidern und im geheimnisvollen Dunkel betrieb, sich so lange erhalten hatte trotz allen Aussatzes und Pesten, Seuchen, Würmern und Bakterien, die doch erst unser Repräsentant seit verhältnismäßig kurzer Zeit wirkungsvoll zu bekämpfen sich darstellte, streiften wohl meine Gedanken in die

Richtung jener auffallenden Hypothese der jüngsten amerikanischen Rasseforscher, die darauf hinauslief, daß für die Mehrzahl der Menschen der Zeitpunkt des Todes als durch Erblichkeit bestimmt anzusehen sei, ja für achtzig Prozent der Menschheit berechneten sie, daß die Krankheit keine ausschlaggebende Bedeutung für die Lebensdauer besitze, die Erbbestimmung vielmehr enthalte den Faktor auch für diesen Teil des individuellen Geschicks. Und wenn ich weiter eine Bestätigung dieser Hypothese in gewissen statistischen Sonderbarkeiten fand: daß die von der modernen Wissenschaft errechnete ideale Lebensdauer, gleich normaler Sterblichkeitszahl, diese Standardzahl, kontrolliert über Zeiträume von Fünfjahrperioden während eines Jahrhunderts und einer räumlichen Ausdehnung von 276 Distrikten, beispielsweise Englands, das ich studierte, schon für das erste Drittel des neunzehnten Jahrhunderts sich ergeben hatte, also für einen Zeitpunkt lange vor dem sogenannten Siegeszug der modernen Biologie, so konnte es geschehen, daß, wenn ich in solchen Augenblicken des Ohrenarztes und seiner Pinzette, allgemeiner der Beziehung zwischen Krankheit und Menschheit gedachte, ich die mit Runen bedeckten Stäbe der Zauberer und die an heiligen Stätten dargebrachten Opfer unserer Ahnen nicht hindern konnte, sich in mein Begreifen vorzudrängen.
Jedenfalls, da stand er also vor mir: der Biologe, der Keimblattmarxist, der Anilinexporteur, der Villenzusammenforscher, der als Lamm entstieg und als Drache sprach. Das Zeitalter Bacons, das Mannesalter des Denkens, das gußeiserne Säkulum, das nicht Götter mit dem Beil machte, aber Teufel mit den Erzen: vierhundert Millionen Individuen auf einen winzigen Kontinent zusammengepfercht, 25 Völkerschaften, 30 Sprachen, 75 Dialekte, inter- und intranationale Spannungen von Ausrottungsvehemenz, hier Kampf um Stundenlohnerhöhung von 2 Pfennigen, dort Golfmatch des Carltonklub im blütendurchfluteten Cannes, Fürsten im Rinnstein, Landstreicher als Diktatoren, Orgie der Vertikaltrusts, Fieber der Profite: die begrenzten Reichtümer des Erdteils ökonomisch, d. h. mit Aufschlag zu verwerten.
Auflösung der klassischen Systeme vom Ural bis Gibraltar. Hochkapitalismus: Erdbeben in Südeuropa, große Zeit

für Baufirmen und Innenarchitekten; Eisen- und Stahlvertreter erst den Segen vom Berg Athos, dann rüstig ins Marizatal! Vorne beweinen wir die Opfer und hinten die Trauerrandprofite; im Leitartikel die Gebrechlichkeit der Welt und fürs Geschäftliche die geologischen Bruchfalten und die wirtschaftlich gesunde Erdbewegung! Sozialismus: geregelte Nahrungszufuhr, körperliche Unsterblichkeit, gesundheitliches Überdauern –: Hesperidentraum der Innungskrankenkasse.

Und drüben stand das große Land mit der Mythe aus Philadelphia, dem Mann, dem mit einem Stück Bleirohr der Schädel eingeschlagen wurde, weil er am 14. Mai einen Strohhut trug. Der heilige Aloysius vom Delaware, der jungfräuliche Märtyrer, der außerhalb der Saison einen Strohhut tragen wollte. – Wer hatte mit dreißig Jahren mehr auf der Bank: Dempsey oder Hölderlin? – »Wo sind die prominenten Bürger von New Salem?« fragte Lincoln, als er die Stadt betrat. Antwort: »New Salem hat keine prominenten Bürger, hier ist jeder ein prominenter Bürger«, und da standen sie: ehrliches Bekenntnis zur Volksgleichheit vom Eiscreme bis zum Hosenschnitt.
Einheitsidole, Schemen im Drilltanz, Stapelware. Kult unter Scheinwerfern, Abendmahl mit Jazz, Gethsemane als Rekordekstase. Christus der erfolgreiche Unternehmer, Gesellschaftslöwe, Reklamegenie und Begründer des modernen Geschäftslebens, der auf der Hochzeit von Kana auch mit einem mäßigen Jordankrätzer die Situation zu retten verstand, der geborene Manager, der selbst in einer Zeit, wo neue Religion nicht gefragt war, den reichen Nikodemus zum Diner laden konnte. Denn Dollar war gottgewollt, Bodenbesitz an sich sittlich positiv; darum Bibelstunden gegen Abflauen der Konjunktur, den Pentateuch gegen die Bodenfixer. Der Keepsmilingprophet der Neuen Welt und der Anilinmetaphysiker der Alten mit Shakehands über dem Atlantik gleich Codekabeln betreffend Oilshares und die Petroleumexegese. Knockout Mitropa, – der neue Typ: mit seinen Malen fleckt er die Erde: die Schwebebrücke von Manhattan zum Fort Lee, die 1932 fertig sein wird, 1067 m lang, getragen von vier Kabeln von je 914 mm Durchmesser, einer noch bei keiner Kabelbrücke

erreichten Dicke; bei der 1888 erbauten Brooklynbrücke erreichte die Kabeldicke nur 400 mm – Differenz 514! – Durchmesser. Mit Flug und Feuer komprimiert er die Zenite, er überwindet Raum und Zeit, sonderbaren Raum, sonderbare Zeit, Treibriemenkategorien, Akkordbegriffe, er verbessert Raum und Zeit, die Urgesichte.
Dies mein Jahrhundert! Wäre es mein Jahrhundert – ach, es war die Äone; es war die Geschichte, die Horde, Aurignac, der Wuchs im Dunkel, die Zügellosigkeit der Schöpfernacht. Einmal das grüne Gewächs des Steinkohlenwaldes, einmal die Eroberungszüge der Wirbeltiere in die Meere der Vorzeit, einmal diese Rasse, von den Gletscherrändern Asiens, mit dem nach rückwärts verschleierten Gedächtnis, ruhelos und selbst die Erdperioden kürzend.
Irgendeine Masse lag im Verdeckten, und irgend etwas trieb sie zu Realisationen eines Zwangs. Uralte Dränge! Die Hochburgen der diluvialen Industrie in Frankreich und Österreich, sehr nahe den modernen: Creuzot und den Skodawerken – glänzendes Können! Die Lorbeerblattspitze der Solutréenkultur – das Höchstmaß technischer Steinbearbeitung! In der warmen Mitte der Zwischeneiszeit die Schönheit von Willendorf, primärer Stiltrieb, konstruktivistisch Autochthones. In den Lößfundstätten Mitteleuropas neben 900 Mammutresten 25 000 Artefakte! Als das Magdalénien von der Steinbehauung zur Knochenbearbeitung überging, begrüßte man die Morgenröte einer neuen Zeit, der Silberstreif war der quartäre Jäger mit der Hornharpune.
Reiz und Verdrängung. Technisches Heute, maschinelles Gestern. Der erste Einbaum soziologisch folgenreicher als U-Boot und Fokker; der erste Pfeil tödlicher als Phosgen. Gelegenheiten mit Wasserspülung waren der Antike geläufig, nicht weniger Lifts, Flaschenzüge, Uhren, Flugmaschinen, Automaten; Monomanie in Tunnels, Gängen, Leitungen, Aquädukten –: Termiten mit Raumneurose, Zwänge zu Griffen.
Masse in Trieben. Hirnblasen in die Ausgüsse, Keimblätter ins Blumenbeet, Dottersäcke im Stoß von Fernen. Erbe in Übersteigerung und Räuschen, astral der Brand, meerüber das Verfallen. Krisen, Mischungen, drittes Jahrhundert: Baal mit Blitz und Geißel des römischen Gotts, phrygische

Kappen am Tiber, Aphrodite auf dem Libanon – Wirklichkeiten im Ausgleich, Fluten im Verwandeln.
Uralte Dränge altersloser Masse im Klang der Meere und im Sturz des Lichts. Das Leben will sich erhalten, aber das Leben will auch untergehn, Trieb und Versagen – Spiele der Nacht. Verloren das Individuum, das Ich hinab. Durch eine Indifferenz von schweren Graden, durch eine Müdigkeit aus Charakter, ein Schlafverfall aus Überzeugung, ach, Werk: Phantom für Reduzierte; Größe: Spektakel für Gaffer, Geröchel für Goldgebisse; über Wissenschaft, banale Methode, die Tatsachen zu verschleiern, Religion, die invektive, – Dithyrambie der Jugend, hinab, hinab!
Ich sah das Ich, den Blick aus seinen Augen, ich erweiterte ihm die Pupille, sah tief in sie hinein, sah tief aus ihr heraus, den Blick aus solchen Augen: fast ausdrucksschwach, mehr witternd, Gefahr witternd, eine uralte Gefahr. Aus Katastrophen, die latent waren, Katastrophen, die vor dem Worte lagen, grauenvolle Erinnerungen des Geschlechts, Zwitterhaftes, Tiergestaltiges, Sphinxgebeuteltes des Urgesichts. Ich erinnerte mich der Aussprüche gewisser Tieferfahrener, daß es vom Übel wäre, wenn sie alles sagten, was in ihrem Wissen läge. Ich gedachte der sonderbaren Sätze, daß man es aufgeben solle, nach jenen letzten Worten zu suchen, deren Schall, wenn sie nur ausgesprochen würden, Himmel und Erde ins Wanken brächten. Ich witterte in Masken, ich röchelte in Runen, ich drängte in Dämonen, schlafsüchtig und roh, mit Instinkten der Mythe, in anteverbaler Triebdrohung prähistorischer Neurone; ich begann zu begreifen, ich erhielt das Gesicht: Monismus in Rhythmen, Masse in Räuschen, Zwang und Verdrängung, Ananke des Ich.
Eine Klarheit ohnegleichen kam über mich, als ich das Leben in gewisser Weise überwunden sah. Deshalb die Flotte der tausend Schiffe, fragte ich mit den Totengesprächen des späten Roms, in der Unterwelt vor dem Betrachter bleichten die Gebeine berühmter Schatten, der Kiefer des Narziß und das Becken der Helena, deswegen die Flotte der tausend Schiffe, der Tod so Unzähliger, die Zerstörungen der Städte. Deswegen die Heroen, die Gründer, die Göttersöhne, Tuisko und Mannus, und die Lieder, die man ihnen sang. Von keinem blieb mehr als ein Umriß und ein

Hauch. Das Leben war ein tödliches Gesetz und ein unbekanntes; der Mann, heute wie einst, vermochte nicht mehr, als das Seine ohne Tränen hinzunehmen. Einmal das grüne Gewächs des Steinkohlenwaldes, einmal die Eroberungszüge der Wirbeltiere in die Meere der Vorzeit – Wiederkehr war alles.

Wiederkehr und diese Stunde der Nacht. Ich stand und lauschte. Lange stand ich und atmete den Laut. Das Leben wollte sich erhalten, aber das Leben wollte auch untergehn – lange Rhythmen, langer Laut. Lange Atemzüge hatte die Nacht, spielend konnte sie sammeln wie zerstreun. Sie gab, sie strömte und zauderte sich zurück; auch die Götter schwiegen nur, im Lorbeer zitterte Daphne, am Meer Amphitrites schlummerten die Hermen.

Und über allem Ohnmacht und Traum. Jenes, das wir nicht kannten, rückte die Scheite: Feuer des Herdes, frühe Särge, Stühle der Greise hin und her. Uralter Wandel, Dämmer und Mohn, der Stiege abwärts zu, dem Murmel verfernter Wässer.

Saison

Spätherbst, Saisonbeginn, Premierenflimmer, l'heure bleue aus Spreenebel und Gaskoks, dämmernd, wenn der Autorun beginnt. Glänzender Start der mondainen Neurose: high life Pleiten und Pooldebacles, Trattenprestissimo und Kredit-kollapse, septisches Terrain, subfebrile Krisen.
Es ist abends, die Unterhaltungen setzen ein, die moralischen Anstalten eröffnen ihre Pforten, die Kunsttempel rücken ihre Bundeslade, acht Uhr, Packards neben Chrysler, Chauffeur in Blau, Page in Wiesengrün, die vom Staat wie der Öffentlichkeit mit gleicher Aufmerksamkeit bedachten Foyers füllen sich mit Prominenten, mit Berufenen, der Oberschicht, sowie den mittleren Bodenerhebungen der Kultur. Die führenden Regierungs- und Finanzleiter, die hohen Herrn, eben haben sie einen vollen Industriezweig für 500 Millionen zu 6% auf 50 Jahre außer Landes abgegeben; die Generaldirektoren des größten und modernsten Messingwerks, die Konferenz schloß gerade rechtzeitig, in der sie verschuldet mit 25% des Aktienbestandes die Majorität an die Chemikalindustrie Lt. in London den Besitz überfremdend, aber persönlich günstig, übergaben; der Volksminister außer Diensten, dessen hochwertige Beziehungen sowohl zu den Zentralstellen wie zu den Fraktionen die Großbanken bei Vertragsabschlüssen vertrauensvoll zu Rate ziehn; die große Koryphäe, der Arzt, von dem es im Jesus Sirach ausdrücklich heißt, der Herr habe ihn geschaffen, und dem es nachmittags vergönnt war, seinen Namen an eine Seidenfabrik für Korsettagen, Haus der starken Dame, zum Aufdruck zu verhökern; der Inhaber der größten westdeutschen Mehlgroßhandlung, die mit 13 Millionen Wechselschulden schief liegt, – sie alle drängt es zur Kunst, zum Chorgesang, zum hohen Kothurn. Nicht weniger den Vertreter des Rechtsgedankens, der nach Veruntreuungen von 8 Millionen Pfandgeldern die ungesunde Asphaltluft flieht, dem ehrenamtlichen Nachlaßpfleger, der mit 3 Millionen Mündelgeldern gerade das Notdürftigste an sich wendete; einige der 40 Magistratsbeamten, die unter Hundert-Mark-Händedrücken die

Bauaufträge vergaben; der Verteidiger, der seinem Klienten den Füllfederhalter mit präparierter Tinte in die Zelle schmuggelte, damit er – laß uns noch einmal – neue Falschwechsel zwecks Honorarausgleich ausfüllt, – sie alle suchen Ruhe und Trost im Wort, das von den Brettern schallt, in der reinigenden Atmosphäre hoher Sentenzen, in der Erhabenheit des sittlichen Kampfs.
Im Parterre wird es nun still. Vorne auf den Sesseln die Kritiker, entstellt von Eitelkeit, ob der Provinztenor bei der Fliederarie seine Körperfülle auf den rechten oder linken Fußballen verlagert, ob der Schrei von Fräulein Parsunke aus der Tiefe der Leidenschaft oder der Höhe der Hasenscharte kommt, ist für sie wichtig wegen ihrer Stellung in der Redaktion und der Unentbehrlichkeit ihrer Posten. Neben ihnen einige der großen Romanciers, immer gleich achthundert Seiten, welche Produktivität, welcher Andrang von Gesichten, man sollte ihnen Kiepen umhängen, Kabeljau reinschmeißen, dann könnten sie zu den Fischweibern gehn. Nun wird es aber dunkel. Die geistigen Vorwände für die Kulissenverschiebung sowie den Toilettenwechsel der Diva nehmen ihren Anfang. Der Mann hat eine Geliebte, aber die Frau, modern und heutig, wird ihn sich wiederfangen. Es tritt auf ein junger Mann, Badebekanntschaft aus Biarritz; »Wissen Sie noch, Germaine, jenen Abend, da ich Sie so sehr begehrte, aber Sie verweigerten sich mir und vertrösteten mich auf einen späteren Termin«. Günstig, nun wird er eingesetzt, er ist die Hilfstruppe, manches Licht fällt auf ihn selber, physiologisch, auf sein Mittelstück, aber in erster Linie ist er da, um den dramatischen Riß klaffen zu lassen, ferner für die Frau, um ihn auf die Nebenbuhlerin zu hetzen, schließlich für das Schicksal, das durch ihn die Gattin an den Abgrund (»es ist so heiß bei Ihnen, Aristide, nehmen Sie mir doch bitte die Jacke ab«) führt, von dem Sie jedoch im letzten Augenblick hauptsächlich infolge Übermüdung des Partners zurücktaumelt. Der Kampf ist aus, die Krise löst sich, die Gatten halten sich umfangen, sie machen Pflugschar statt Schwerter, es flüstert die Nacht. Die Clique, die klatscht, ist das gleiche Kaliber wie die Clique, die pfeift, die einen sind von rechts dumm, die andern sind von links dumm, morgen klatschen sie einem Tomatenpropheten, übermorgen einem Bauch-

redner, schad't ja auch nichts, warum denn nicht, Gehirnmüll Zinnober, Tank Gottes.

Ja, die Kunst ist wahrhaft die Blüte eines Volkes, vernimmt man die hinausströmenden Kreise, welche hochgeistige Leistung, aber nun wendet man sich wieder dem Lebendigen zu. Die Herren China: da reift was heran, die Zigaretten hat der Yankee abgelöffelt, aber die Linsen und Photoapparate gehen nach Germany, 400 Millionen Einwohner, wenn 40 Millionen anfangen zu photographieren: – Daumen drauf, Schluck aus der Pulle! Die Damen ihren Graphologen: »Ihrer, das ist ja Telepathie, meiner braucht nur die Hand in die Hosentasche zu stecken, dann hat er Fernsicht« – sie funkeln, sie greifen an die Hutnadeln. Die Herren Abgeordneten, die die Logenbrüstungen gratis überhingen, hochsinnig, die Volksboten, die Freifahrer, die Abstimmungscharaktere, jede Stimmsenkung eine Kontoregulierung, jede Atempause ein Kassenmotiv. Die Presse – nun wer sind wir schon: Ungeziefer, Söhne der Niedrigkeit, homosexuell erzeugte Schildkrötenbastarde, große Borste, deren Mütter sich mit den hochgestellten Herren Chefredakteuren, Feuilletonleitern, Zellstoffverwertvollern vielfach in niedrigster Weise vergangen haben – wo es sich nicht um Aufsichtsratposten handelt, handelt es sich um Waldbestände: das Schloß des Fürsten Collalto in Wien mit seinem mehr als 30 000 Quadratmeter großen Park ist gerade in den Besitz eines ihrer Prominentesten übergegangen.

Und neben den Musentempeln stehen die Fronten der Minerva, denn Kunst und Wissenschaft sind die Stützen eines Volkes, das Schöne und das Wahre, im Vorraum jeder Akademie, in jedem Sitzungssaal sieht man sie an die Wand gemalt. Die eine hat den Blick nach oben, ins Freie, Ideale, gelöst das Haar, die andere sieht abwärts, einen Griffel oder einen Zirkel in der Hand, dazu einen harten Gegenstand, meistens etwas Rundes, einen Erdball oder einen Schädel. Auch fehlt die Plastik nicht, der obligate Titan, das Lichtbringerische in eventuellen Abgrund, alle die Umwege der Natur von Babylon bis Timbuktu, alle die Fehlgriffe, aber nun diese Stunde, alle die Privatdozenten: welch ruhig Glück im Stehn und Spähn und Warten, – treten wir ein.

Augenblicklich hat es Minerva mit dem Aurignac, Darwin verkehrt, wir sind alle nur symbolisch. Sie hat es ferner mit der Haarschlinge: sie teilt durch Haarschlingen das befruchtete Ei, isoliert die Abschnürungen, studiert das Schicksal der getrennten Rudimente. Frösche werden erzeugt, das Vorderteil Waldfrosch das Hinterteil Sumpffrosch, im frühen embryonalen Leben zur Verwachsung gebracht. Individuen, freilebende animisierte Wesen, stellt man aus Teilstücken her. Die Chimären Lykiens verblassen vor diesen Prachtbeispielen von Mißbildungen, der Comble ist die Verbindung von Unke und Frosch. Ferner kann man Augen hervorzaubern, Augen liefern, Augäpfel herstellen – ja aber geht das vielleicht aus irgendeiner Kraft hervor, einem Antrieb außerhalb des Brutschranks, einem supra-induktiven, transempirischen, extraexperimentellen Hintergrund – ? – Gotteswillen! – beißen Sie sich die Zunge ab, man trägt zwar im Moment wieder die lockere Linie vom Nisus formativus Kaspar Friedrich Wolfs über Driesch's Entelechie zu Spemanns synergetischem Prinzip – aber hier geht es um mehr als um Wissenschaft und Erkenntnis, hier geht es um Lehrstühle und Fortkommen – diese Flederwische der Haarschlinge, diese Avantageure des Augenscheins!
Neben dem Radstand, der, laut Prospekt, viel länger ist, als Sie bei diesem Preis erwarten durften, weit über den internationalen Frauenkongreß hinaus, der auf der eben abgeschlossenen Tagung als Wichtigstes einen Ausschuß bildete, um die Möglichkeit weiterer Tagungen und Kongresse zu studieren, bringt die Wissenschaft diesen Winter die akausale Auffassung des Weltgeschehns. Nur noch ein statistischer Charakter steht dem physikalischen Gesetze zu. Physiker wie Philosophen halten die absolute Determiniertheit des Atomvorgangs für unwahrscheinlich, einer der allgemeinsten Erfahrungssätze, der sogenannte zweite Hauptsatz der Thermodynamik oder Entropiesatz, der überhaupt schlechterdings bei jedem wirklich physikalischen Vorgang eine Rolle spielt, hat sich als das Prototyp eines statistischen Gesetzes herausgestellt. Brüche im Bau, Risse im Hymen, Spuk im Parthenon, der Wurm in den konsolidierten Immobilien; die Wahrheit ist Lorche geworden, helles Bier; das Waschwasser des Pilatus ist zum

reißenden Strom geworden –: aber hoch der neue Flottenverein, Ersatz-Galilei, Vorschuß-Newton, Attrappen-Copernikus – das Gehirnmaché des Bürgerkleins!
Steht er da der enge Menschen- und Tierkopf, sinniert, schnüffelt, tüftelt – keiner denkt daran, daß die mittelalterlichen Titelträger keine gelehrten Herren waren, keine rangierten Ordinarien, keine Lieferanten von Fabrikgeheimnissen, überhaupt keine Wissenschaftler, sondern unhonorierte Dämone: »lieber auf Ochsenhäuten schlafen als auf Würden und Achtbarkeiten«, während dies hier, hundert Jahre entfernt vom letzten echten intellektuellen Putsch, von hundert Jahren nivelliert, in einer aufgelösten liberalen Ära, mit Instrumenten, Formeln, Lehrbüchern, die es erbt oder abkauft, eingeschliffene Methoden weiter- und wiederkäut, seine Kasuistik, höchstens für Examenskandidaten lebenswichtig, zu etwas Weltanschaulichem aufzublähen, mit Hilfe von Presse und Photographen in alle Magazine zu spülen und in soignierten Abendkursen die Gemeinschaft mit dem Publikum (»morgen einem Bauchredner, übermorgen einem Tomatenpropheten«) herzustellen sucht, ein in Gehaltsklassen eingeteilter Forschermagistrat, eine pensionsberechtigte internationale Zivilisationsgilde, die insgesamt durch eine gleiche Anzahl Studierter mit der gleichen Vorbildung und von dem gleichen Hämorrhoidalkranz abgelöst und ersetzt werden könnte.
Geistig und gesellschaftlich der Prototyp der Zeit: erlebnislos und nicht existent; beauftragt mit der Auffindung der Wahrheit, Wahrheit ist, was bewiesen werden kann, eine bestätigte Berechnung, nachprüfbar, mit Verwertungsspekulation. Zu Hause sammeln sie dann vielleicht Briefmarken, streichen die Geige und füllen Busch und Tal; da haben sie vielleicht die Tolle, als Schöpfer, Demiurgen, kosmische Schauer in der Hühnerbrust. Abends 8 Uhr betreten sie dann die moralischen Anstalten, die Kunsttempel und die vom Staat wie der Öffentlichkeit mit gleicher Aufmerksamkeit bedachten Foyers. Um 10 ist es aus, die Theater entleeren sich, die soignierten Abendkurse entlassen ihre Leute. Noch einen Zug Leben, die Nacht ist lau. Da treiben sie zwischen dieser Menschheit, deren Oberschicht sie sind, der sie alles so plausibel machen und die Industrie so billig. Da ist dann solche Nacht über diesem Strich im Westen,

diesem Brunftschacht, diesem Drüsenpalmyra –: Lustrudel vom Schlagschatten bis ins Blaulicht, Kriminelle und Travertierte, Psychoten und Bankerotteure, Barschleicher, Stummelraucher, frigide Sumpfpflanzen – Triebkonglomerat vom Dom bis zur Rotunde.

Gehirne, diffundiert mit Toxinen aller Floren und Faunen, summiert die Letalfaktoren einer übertrainierten Rasse, sukkulent von Lusthormonen – vor Malaienkoctails, über den Atlantik gemixt, faul, wollüstig und verarmt der Midshipman der Mitropadschunke. Vor ihm das Leben. Die Nigger jazzen. Die Soyabohne, bis 1909 auf dem europäischen Markte völlig unbekannt, wird heute mit 900 000 Tonnen Mehl in sein Brot gebacken; 8000 verschiedene Medikamente stellt die chemische Industrie des Landes her, alle dringen in seine Lymphe ein. Der Zuckerkonsum nimmt in auffälligem Umfang zu, die Fleischernährung verschiebt sich in volkswirtschaftlich sehr bemerkenswerter Weise vom schwarzen, schwer verdaulichen Fleisch zu Fischen und Geflügel. Die Forschung entbittert die Lupine, verdickt die Weizenkörner, verwohlfeilt den Streußelkuchen, alles übrige besorgt die Berufsgenossenschaft: Ammentitten, Lutscher, Leichenwäsche – alles kommunal.

An den Genitalien wird nichts mehr ernst genommen, abgesehen von den Geschlechtskrankheiten, von der Überzeugung ausschließlich ihre Dividende. 400 Millionen Mäuse wiegen so viel wie ein ausgewachsenes Flußpferd, aber sie fressen so viel wie eine hundertköpfige Rhinozerosherde, also wäre Mäusefutter günstig. Gehängte Jungchens, ran an Mäusefutter, die Laboratoriumschefs dokumentieren eine kleine Analyse, Notiz zur Presse usw. – Lehr- und Nährstand, richtige Vertreter alles, Gotteskinder, Wald geschaut und Luft gesogen, und wenn sie plötzlich absakken, liegen drei geplättete Oberhemden in der Kommode. O Aufklärung, o Fortschritt, o Induktion – eine Menschheit formten sie in die Metropolen, 30 Bedürfnisanstalten und 890 Forschungsinstitute. Gehirn, Gehirn im Rindentaumel, eine Formel fürs Geschäft und eine Plattfußeinlage zum Schrammeln, aber nach dem Kuß gurgeln – o Aurignac, der 4 Eiszeiten überwand und seine Höhlen mit irrealen Elefantenherzen übermalte, in dem Schwung eines gestürzten

Büffels lebte 50000 Jahre dein großes Troglodytenherz – vor deinen Senkern, – unter Abtreibungsmotetten, überspezialisiert, daß die Schädel quellen und die Flöten die Becken demolieren – stept der Negroide seinen Bungalow in ihre Breiten und die Jazzband einer Neandertalkapelle dröhnt aus Afrika Himmel und Erde und vom Red River Zeugung und Verfall über deine Pinsel und Pipetten.

Weinhaus Wolf

Eine bestimmte Zeit meines Lebens verbrachte ich in einer mittelgroßen Stadt, fast Großstadt. Schlechtes Klima, keine Landschaft, flach alles, riesig öde. Mein Beruf hatte mich innerlich nie beschäftigt, hier gar nicht. Gerade an der Stelle, wo die feingeistigen angesehenen Männer ihren Beruf ins Öffentliche, sei es des Politischen, sei es des Weltanschaulichen übergehen fühlten und sich und ihre Arbeit aufgenommen sahen von allgemeinen und weitverbreitet denkbaren Begriffen, brach bei mir das Berufsinteresse ab. Der größte Teil meines Lebens war den Jahren nach zu Ende, und ich war mir klar darüber, daß eine große Gutwilligkeit dazu gehörte, es als fruchtbar zu erklären. Der Ausfall der meisten Leben verursachte keine Störung, auch des Meinen nicht, höchstens eine Verkehrsstörung, gegebenenfalls, gegebenenunfalls, doch alle ordnenden Kräfte waren eingesetzt, eine solche abzuwenden. Reibungslos vollzog sich das Überschreiten der Zu- und Abfahrtsstraßen des Kommenden und des Verströmens.

Eine Wohnung hatte ich mir genommen, die nach hinten lag, zum Hof sah, alle Zimmer. Absicht! Einmal vertrage ich kein Licht, keine Beleuchtung durch die starken natürlichen Strahlen, dann aber auch, um verborgen zu bleiben sowohl im Hinblick auf die Männer wie auf die Frauen. Sehr höflich, war immer meine Devise, aber möglichst selten, und nie unvorbereitet. Darum hielt ich mir auch kein Telefon, um jede Verabredung unmöglich zu machen. Zu den Gesellschaftsabenden ging ich regelmäßig, erhob das Glas auf das Wohl der Herren, besprach mit den Damen die zur Diskussion stehenden Themen und ließ das Blumenmädchen nicht vorbei, ohne den Strauß der Jahreszeit für meine Nachbarin zu entnehmen. Ich glaube nicht, daß jemand darauf gekommen wäre, mich als unkorrekt zu empfinden. Natürlich war sehr viel Berechnung und Überbau dabei, aber das betraf mich ganz alleine.

Ich stammte aus der Kolonial- und Konsulatssphäre. Ich hatte den Hauptteil meines Lebens in den großen Städten der Erde verbracht, nun erschien mir ein Ort dieser Art mit seinen hunderttausend Bewohnern, drei Straßen, auf denen sich alles traf, dem halben Dutzend Restaurants, wo sich alles wiedersah, einigen Grünflächen, im März mit Krokus, im Herbst mit Geranium stimmungsvoll aufgeheitert, ganz besonders bemerkenswert. So nahe an den bürgerlichen und menschlichen Kern einer Gemeinschaft hatten mich meine Tage nie geführt, so nahe an den geschichtlichen Kern, um diesen Ausdruck einzuführen, auf den ich damals besonderes Gewicht legte. Ich ließ daher alle diese Eindrücke aufs nachhaltigste auf mich wirken, bereit, meine Grenzen zu öffnen, mich zu erneuern, noch einmal die Grundfrage der menschlichen Existenz zu überprüfen, die angesichts der geistigen Lage der weißen Völker, auf die ich während meiner Wanderjahre so gleichmäßig gestoßen war, allerdings eine ganz bestimmte Antwort in mir vorbereitet hatte.

Was berechtigte diese Völker, die Übrigen zu leiten? Das war es, was ich mich fragte, was in dieser Richtung wiesen sie vor? Welches innere Bild des Menschen hatten sie entwickelt, bis in welche Tiefe des Seins und bis in welchen Umriß des Äußeren hatten sie seine Gestalt geführt? Wo standen ihre überirdischen und reinsten Geister, bis zu welcher Kälte des Urteils, bis zu welcher Härte sittlicher Entscheidungen hatten sich ihre Massen unter ihren imperialen Führern bewegt? Sie verwiesen neuerdings viel auf ihre Geschichte. Aber es gab Größe, die hatte keine Geschichte. Asien hatte keine Geschichte. Die Griechen gingen in dem Jahrhundert zu Grunde, als Herodot erschien. Sie verwiesen weiter auf ihr Herrentum, – Herrenrasse, – gut, also wer waren diese Herren?

In dieser Richtung zu beobachten, wurde ich nicht müde. Ich darf deutlicher werden und mich in Einzelheiten verlieren. Mein Gang des Abends führte mich häufig in eine kleine Weinstube, alles Stammpublikum, die Wirtin kannte ihre Leute, richtete gelegentlich an sie das Wort, eine angenehme Frau. Da saß ich oft, hinter der Maske Bilder und Erinnerungen, Erinnerungen an vergangene Jahre, Erinnerungen an Tahitis schmalen Strand, die Hütten in den Brotfruchtbäumen, an die so süße und kühle Frucht der Nüsse und an die nie schweigende Dünung vor den Riffen –; Bilder vom Broadway, noch immer im Feuer der

Prärie, brandige Sonnenuntergänge am Horizont der Gassen, Erinnerungen und Bilder an alte und neue Welten, Rothäute, braune Perlentaucher, gelbe Schatten.
Es waren keineswegs Romantik, Rousseau'sche Rückstände, ästhetische Lamentos, die hinter diesen Bildern standen, nein, es war im Gegenteil die Vision der hellen Rasse, deren Tragödie ich in mir trug, deren Abgründe ich gefühlt hatte, als deren Vertreter ich überall erschienen war, nun hatte meine Rückkehr zu ihr und der inzwischen von ihr so betonte Begriff der Geschichte dazu geführt, sie selber entwicklungsmäßig zu betrachten, ihren Verlauf zu chiffrieren, ihrer Vergangenheit nachzufühlen, und eine Art Revue stieg manchen Abend um mich auf, eine Kulturrevue von mäßig langer Dauer, der erste Akt trug den Falken auf der Faust, der letzte hielt den Sperling in der Hand und pries ihn den Spatzen auf den Dächern.
Ein Kreis weißer Menschen, zeitlich nachantik, gehirnlich geprägt von den Erfahrungen der gräco-latinischen Humanität, Mischblut aus dem zersprengten römischen Imperium, verwilderten Merowingern, entfesselten Christen, erotisierten Päpsten, triebunterlegenen Mönchen, glühenden Mauren, rosenölimportierenden reiherjagderregenden, luxusausströmenden Persern beschreitet den unbetretenen Weg.
Nichts in der Gesinnung anzuerkennen, das nicht durch den Gedanken gerechtfertigt ist, – so nannte es später die Rasse. Nichts in der Gesinnung, nichts in der Kunst, nichts in der Religion, nichts in der Wissenschaft. Alles unterliegt den Maßstäben klarer Folgerichtigkeit von Voraussetzung, Behauptung, dann Beweis; wird emotionell geprüft am logischen Satz vom Widerspruch, wird gültig erklärt nur durch die Einsicht von der Unaufhebbarkeit der Übereinstimmung des Ganzen und der Teile. Transzendenz einer das Detail verlassenden, Verwirrung und Überladung abstreifenden, asketischen, einer sich reinigenden, einsiedlerischen Harmonie. Transzendenz aber auch mit Hilfe von Einengend-Überheblichem, Fortschrittlich-Dürrem, Sichabschnürend-Menschlichem; doch transzendent und zwar selbst da, wo diese Lebensform ihre letzte Höhe nicht erreicht, auch in den Vorstufen und Ablegern, überall stellenweise Schwung, Selbsterregendes, Ent-Leibendes:

Transzendenz, Spezialtranszendenz, Sektorenaufbruch; – Sektoren aus dem Rad Sansaras im Rausch des unendlich Möglichen mit den Deutungen in alle Richtungen der nie erkennbaren Schöpfung und der Träume. Abendländischer Sektorenaufschwung, westlerisch-nordische Spezialkombination, gehalten an das sanfte Strandleben der Südsee kompliziert und vorstellungsverfächert, an das Niealternde und Wogenhafte Chinas unaristokratisch und ruhelos. Um diese weiße Rasse handelte es sich, ihr Weitermüssen auf einem nicht zur Rückkehr mehr geeigneten, verlorenen, eisig und glühend verwitterten, von keinem Thalatta mehr umarmten Abstieg und Weg.

Es trieb mich immer näher an die Dinge heran, ihre Atmosphäre, ihre Verwurzelung, ihre Kausalität, ihr Sein. Manchen Abend saß ich da, sah um mich, es war die Weinstube, doch etwas Schräges und Versinkendes lag, schien mir, über dem Raum, er hatte die Form und Täfelung eines Schiffsinnern: Ein Torpedo, das in die Tiefe schoß, – ja, dieser Eindruck drängte sich mir auf, etwas Abgleitendes, eine Gemeinschaft, die versinkt, mit Bildern wie Ölflecke, Nachzügler über den Abgründen, schlicht um schlicht.

An einem Nebentisch saßen drei Herren, aßen Ragout aus Muscheln, erzählten, scherzten mit der Wirtin, ein heiterer Kreis. »Lieber gut, aber dafür ein Jahr länger,« äußerten sie, handhabten das Eßgerät, Gabeln, zwischen Brötchenabbiß, dazu Pokal, dann wieder bogen sie die Schenkel aufwärts und traten aus. An der Schulter gelöste Gliedmaßen, unten Gamaschen. Ein Hund Krause, der gewaschen werden müsse, zum bevorstehenden Fest sei die Säuberung angezeigt, kehrte immer wieder. Aschenzuwachs am Glimmstengel, Saugen, Bemerkungen hin und her – so verging ihnen der Abend, verteilte sich das Ungewisse, gliederte sich die Zeit.

Dies also waren drei Gegenwartserwählte, Genossen, Geschichtsträger, Leidenschaftsfanale, mit ihren Zügen war ihnen aufgegeben, alles auszudrücken, was die Existenz ihnen entgegenwarf: Genuß, wippiges Lachen, Niederkämpfen der Konkurrenz, wirtschaftliche Triumphe und wiederum vor den Witwen von Geschäftsfreunden Beileid.

Individualitäten! Orgasmus zu seiner Stunde, später Weihwasser, auch Teilnahme an Festen. Berufsgruppen! Besteigen nachmittags einen Zug, Geschäftsreise, Geschmack von Rauch, etwas Kühle im Coupée, Landschaft streicht vorüber, Dämmerung –, Tage und Existenzen! Parallele: Schuldlos geschiedene Blondine, Mann Syndikus, jetzt Broterwerb, ausgenossene Gattin.
Gespenster! Leere! Gliedloses Gewoge! Cäsarisch am Schlips: rotkariert, nicht Punkte; Eigenblust im Römer: Obstsaft, keinen Federweißen! Reize, Gewohnheiten, Verstimmungen der Höchstfall von Besonderheiten! Fruchtwerdendes, anlagemäßiges Müssen nie!
Daß ein Volk oder eine Rasse degeneriert, schien mir von jeher zu bedeuten, daß in ihnen die Zahl derjenigen Anlageträger zurückging, die mit den Möglichkeiten und in der festgelegten inneren Grundlage geboren waren, das Wesen dieser letzten und späten Art gesetzlich auszudrücken und durch alle Widerstände zu einem unbestimmten Ziel zu tragen. Welcher Art dieses Wesen war, darüber konnten Zweifel füglich nicht bestehen, doch ich will sie hier noch einmal mit meinen damaligen Formeln sagen. Das Wesen des Menschen ist die Gestaltungssphäre. Nur in der Gestaltungssphäre wird der Mensch erkenntlich, nur in ihr werden die Gründe und Hintergründe seiner Erschaffung klar, nur aus ihr seine Tierreihenstellung deutlich. Fläche in Tiefe überführen, Worte durch Beziehung und anordnendes Verwenden zu einer geistigen Welt eröffnen, Laute aneinander ketten, bis sie sich halten und Unzerstörbares besingen, dies ist ihre Tat. Völker, die den Geist in dem hausfraulichen Sinne eines durch zentrale Belieferung stillbaren Wohn-, Siedlungs- und Heimtriebs lehren, sind degeneriert. Völker, die ihn ertragen als angreifende, spaltende, lebenszersetzende Sondermacht, stehen rassisch hoch. Völker, die den Geist nur in den Siegen der Geschichte und im Gelingen von Grenzüberschreitungen erblicken, sind niedere Rasse. Völker, die ihn in alle Formen zur Gestaltungssphäre dringen lassen, sind züchterisch groß. Also die Gestaltungssphäre! Soweit hier irdische Äußerungsformen vorlagen, demnach: Individualismus, Formrausch, Differenzierungsstürme. In allen Kulturstufen bisher nur angedeutet, sporadisch in jenen großen Einzeltypen, daher noch eine völlig

und tief verhüllte Macht. Spät, nämlich im Menschen erst, erschienen, war ihre Zusammenfassung zur Weltumschaffung erst in Ansätzen kaum im Gange. Hier das Leben mit seinen Manipulationen, sogenannten Handlungen, und dort das Prinzip der neuen Realität. Diesem diente die Einheit der großen, körperlich oft schwachen Rasse, jener außerhalb aller Zeiten und aller Völker. Starb sie in einem Volke aus, schoß das Torpedo in die Tiefe. Vor dem Aufschlagen aber eröffnete sich erst noch mit Festreden die Epoche der Ganzheitstriebe, der Umzüge, der Gemeinschaftskulte, die Epoche der Renaissancen, der Rückwärtsdrehungen, die Epoche der Geschichte. Rohde in »Psyche« hatte den Ausgang des Griechentums auf seinen letzten Seiten so beschrieben. Mitten in einer solchen Epoche schienen sich mir die weißen Völker von neuem zu befinden. Der Entscheidung zu einer neuen Seinsform, nämlich zu dieser Auffassung vom Geist, waren sie alle ausgewichen. Für sie diente er dem Leben und sie verfaßten Tragödien darüber, daß es an einigen Stellen nicht so schien. Eigentlich war er eine verdorbene Wirklichkeit. Hinunter also mit ihm, und vor der Geschichte, das heißt im nächsten Krieg, da würden sie schon siegen.
Vom Tisch der Geschäftsfreunde erhob sich die Wirtin und trat zu mir. »Was zu lesen?« »Danke, nichts zu lesen.« Ich lag wie immer mit dem einen Arm auf der Lehne der Bank. »Immer so schweigsam?« »Gewohnheit!« Ich entspannte eine Muskelgruppe am Schultergürtel. »Immer so untätig?« Ich füllte tagsüber meinen Beruf aus, soll ich abends noch eine besondere Tätigkeit für das Weltall entfalten? »Die Herren meinten das in ganz bestimmtem Sinne.« Ich behauptete mich in der Umwelt, was sollte denn das heißen, ich muß sagen, das war ein starkes Stück. Wenn die Herren dort nach Verlassen ihrer Häuslichkeit betrachtungsmäßig ins Allgemeine strebten, bitte sehr, aber ohne Bezug auf mich, offengestanden, ich war verblüfft. Ich ging in der Tat nicht gern zu Fuß und suchte überall die Arme aufzulegen. Oft unterließ ich einen Einkauf, da ich meinen Umriß unter einer Hutkrempe im Augenblick als zu absonderlich empfand. Vielleicht hatte ich also tatsächlich morbide Züge. Von Haus aus wollte ich ja auch Schriftsteller werden, doch um Schriftsteller zu werden, muß man vor

allem seine eigene Handschrift lesen können und daran mangelte es bei mir von je. Hinsichtlich eines Romans mußte man außerdem die Zeit anerkennen, doch das Wort enthielt keine Zeit, und ich liebte es, in Worten zu formulieren. Daher wurde ich Konsularbeamter, Auslandsposten, und Tahiti und die Azoren glitten an mir vorüber. Sollten sie dies von meiner Stirne lesen?

Ich erschrak. Wenn sie noch Tieferes erblickten? Untätigkeit bei günstigen äußeren Lebensbedingungen, das war, wenn ich es so ausdrücken darf, in der Tat mein Ideal. Untätigkeit im allgemeinen Sinn: Kein Büro, kein pünktlicher Dienstbeginn, kein Bezugszeichen links oben auf den Akten. Keineswegs durch die Natur schweifen, ich war kein Rutengänger und Steppenwolf, mehr ein Sichauslegen mit Wurm und Angel, etwas anbeißen lassen, Eindrücke, Träume, – die große Vergeudung der Stunden. Daß Goethe und Hamsun die körperliche Arbeit an der Erde als letzte Weisheit priesen, schien mir nicht besonders verbindlich in Anbetracht dessen, daß sie persönlich ihre siebzig Jahre lang sämtliche irdischen und überirdischen Dämonen an allen ihnen zur Verfügung stehenden Drüsenfeldern und Ausführungsgängen mit Hexenmilch gelabt hatten, nun wollten sie zum Schluß ihren Zwieback noch einmal in der Laube vespern, – das schien mir weniger eine Weisheit als Ermüdung und ein Gähnen. Es entsprach dem Stil der »Novelle«, dem berühmten Alterswerk: eine Menagerie fängt Feuer, die Buden brennen ab, die Tiger brechen aus, die Löwen sind los – und alles verläuft harmonisch. Nein, diese Epoche war vorbei, diese Erde abgebrannt, von Blitzen enthäutet, wund, heute bissen die Tiger. Die Wirtin schickte sich an, mir gegenüber Platz zu nehmen, aber ich zögerte, darüber sichtbare Freude zu bekunden. Ich war aufgestört, – tätig? – untätig? –: alle diese Tische und Gesichter schienen mir plötzlich eine bestimmte Frage aufzuwerfen, diese Gespräche, Gesten, Ausströmungen, – lief denn das alles nebenher? Das Zeitalter nach Goethe, das meines war, Manfred, nicht Faust –: »Ich hab' mich selbst zerstört und werde selbst auch künftig mich zerstören,« – Kunst: kein Mittel gegen Räude, sondern die Erklärung des Menschen, die Existenz täglich auf einem Giftpfeil balanciert, sein Fond ist Krankheit, Unheilbarkeit sein

Wesen –; »der Schaden der Guten ist der schädlichste Schaden;« – »Leid ist die einzige Ursache von Bewußtsein«; – Nihilismus – und: »Nihilismus ist ein Glücksgefühl« –; was durch die Gehirne meiner Generation an Auflösung von Substanzen und Inhalten durchgespült war und täglich weiter durchspülte, dies Delta, diese Zerklüftungen, und wenn man dann diese Köpfe ansah: tadellos gefüllte Gewebe; Jochbögen, Kauflächen, nichts Regelwidriges; Haltung, Mienen, Grimassen, alles Aufwärtsbewegungen –: auf welchem dicken Fell saßen eigentlich alle diese Zusammenbrüche? Offenbar lief das alles nebenher.

Die Wirtin bemerkte mein Zögern, witterte, richtete ihre Aufmerksamkeit auf andere Personen und nun suchten unsere Blicke gemeinsam, doch aus verschiedenen Stimmungen, die einzelnen Gruppen und Tische im Saal. Dort der hervorragende Graukopf, ein alter Oberst, war der unmittelbare Nachkomme jenes Regimentskommandeurs bei Malplaquet, der mit seiner Truppe nach der Passage von drei wasserreichen Kanälen und mit völlig durchnäßter Munition Villars in die hohe empfindliche Flanke stieß, Marlborough belohnte ihn mit einer Tabatière; – der Nachfahr schwenkte gerade wie zum Angriff die geballte Hand. Der Stille vor dem Hochburgunder versicherte tagsüber Leben, nachweislich erfolggekrönt, äußerst abschlußreich, Zögernden gegenüber besonders durch das Goethewort wirkend, das im Prospekt seiner Firma einen Ehrenplatz hatte, »was heute nicht gehandelt, ist morgen nicht getan.« Den Lehnsessel vollends füllte eine Persönlichkeit des wissenschaftlichen Gedankenkreises, dem es, wie bekannt, auf Ableitungen ankam: die Schmetterlinge aus den Würmern, die Säulentempel aus den indonesischen Pfahlbauten, – eine besondere Äußerungsform höherer Lebenssphäre. Alle diese waren echte Gegenwartserwählte, Erscheinungen, denen eine spätere Zeit nicht vorzuwerfen haben würde, sie seien blind vorbeigegangen beispielsweise an dem neuartigen, wundersamen und großen Geschehen, das die moderne Stoffverwandlung mit sich brachte (aus Luft und Holz glasklare Scheiben, Blöcke, Spinnfasern), lauter fertige Persönlichkeiten, in denen Lebenswendung, Berufung, innerer Wandel immer in gradliniger, einfach zu beschreibender Form vorgegangen war und vor sich gehen

würde. Was war demgegenüber die Sphäre, in der ein Leben nach meinen Maßstäben verlaufen wäre?
Nichts gegen die Ordnung der Erde, – doch wer Leben sagt, ist schon gerichtet, – aus diesem Zwiespalt wird man nicht herauskommen –, sagte sich offenbar die Wirtin und ging in die andere Hälfte des Lokals. Doch wenn ich nun weiter dachte und klar und ohne Umschweife auf mein Ziel losging: was diese hier handeln nannten, Tätigkeit, in die ich mich gemäß der Wirtin einflechten sollte, womöglich kilometerlang in die Soziologie, wenn man hiervon das abzog, was Geschäft war, blieben nur Reflexe oder was bei den Muscheln nachwächst, um die Gallerte umweltmäßig zu sichern. Notwendigkeit kann ich darin nicht erblicken. Notwendigkeit kann ich in dem erblicken, was ein Zeitalter denkt und wie es sein Denken an die vergangene Epoche anknüpft. Notwendigkeit gibt es offenbar überhaupt nicht in der Natur, sondern nur in der Auflösung der Natur, nämlich im Geist, der ist Zwängen unterworfen, aber handeln – das ist Vagabondage, Freiluftstil.
Wer auf dem Tiger reitet, kann nicht herab. Chinesisches Wort. Auf Handeln angewendet: es führt zu Geschichte. Handeln ist Kapitalismus, Rüstungsindustrie. Malplaquet – Borodino – Port Arthur –: 150000 Tote, 200000 Tote, 250000 Tote, – niemand kann die Geschichte mehr anders sehen denn als die Begründung von Massenmorden: Raub und Verklärung –: der Mechanismus der Macht. Und was sie aufzeichnet, ist keineswegs das volkhafte Gedächtnis der Nationen, sondern ihre Witzblätter. Schlägt man sie 20 Jahre nachher auf, erinnert man sich an die Moden der Kriegswitwen, doch an den Sinn der Schlachten längst nicht mehr. Ein Granatsplitter als Berlocque am Bauch der Accapareurs, der Haifische, der Kriegsgewinnler, wenn sie beim Tanztee eine Nutte ködern, das bleibt, das ist aere perennius, das überdauert die Generalstäbe, das ist der Fahnennagel der Geschichte. Ah, eine Steingeburt diese Geschichte, Sage, Traum! Was lebt nicht alles schon seinem Bartwuchs in irgendeinem Kyffhäuser: die Mandschu und die Hohenstaufen, die Tennos und Schoguns und die Wollfritzen aus Lancashire, das wächst durch alle Tischplatten ohne Bartwichse, und die Raben haben sich heiser geschrien und haben den Rachen voll und brausen ab hinter

die Gebirge –: Geschichte, viel zu klassisch für diese Abstiegvölker, Talmititaniden, mehr Heroin als Heroismus, Schaum vorm Mund vom Medaillenstanzen, – Ladenschwengel der Geschichte!

Wer der Gegenwart gar nichts zu bieten vermag, der sagt Geschichte! Alles Rom, alles Rubikon! Die Fresse von Cäsaren und das Gehirn von Troglodythen, das ist ihr Typ! Kriege, Knuten, Tyrannen, Seuchen, um die Massen in Schach zu halten, darin könnte man vielleicht einen gewissen Wurf erblicken, aber Geschichte, das ist nichts für – Helden! A propos –, Siege und Unsiege, Wille und Macht –, was für Aufdrucke für diese Bouillonwürfel! Auf dem Tisch gratis Kolonialwaren und unter dem Tisch angeeignete Perserteppiche: das ist das Tatsächliche der Geschichte. Was sie zerstört, sind meistens Tempel, und was sie raubt, ist immer Kunst. Es geht die Reihe herum bei den Firmen und Pharaonen; die Saphire aus den Augenhöhlen der Amphitrite auf den Mantel der Madonna aus getriebenem Gold, dann zurück auf den Schwertknauf eines imperialen Colleoni. Malplaquet – Borodino – Port Arthur – kulturphilosophisch besänftigt: Schwebezustände. Doch dahinter stehen in aller Ruhe die Beauftragten der Formvernunft, die langsamen Sammler und Herbeiführer von Entscheidungen.

Wenn ich die Reihe dieser Abende überblicke, die sich durch einen bestimmten Frühling hinzog, so war es damals, daß eine eigentümlich zusammenfassende Empfindung in mir aufstieg, ich eine Erscheinung näher sah, die seit Jahrhunderten als Vorgang dalag, doch kaum ins sprachliche Bewußtsein gehoben war: Es gab innerhalb der weißen Völker zwei Klassen von Menschen, die handelnden und die tiefen, und Kunst war nichts anderes, als sich eine Methode schaffen, um die Erfahrungen des tiefen Menschen zur Sprache zu bringen, in ihr nur fand er Stillung und Laut. Es gab, mußte man fortfahren, innerhalb der weißen Rasse zwei Klassen von Vokalträgern, und beide Klassen bedienten sich infolge eines seltsamen biologischen Unterlassens vielfach gleicher Worte und Begriffe, füllten sie aber mit gegenseitig unvorstellbar fremdem, nie vermischbarem feindlichen Blut. Wie die männlichen und weiblichen Individuen dem gleichen Zeugungsakt abwechselnd ent-

stiegen, entstieg dem Keim, der Schöpfung, der unsäglichen Ferne einmal der Geschichtliche und einmal der Zentrale, einmal der Handelnde und einmal der Tiefe, einmal das Leben und einmal der Geist. Manchmal bemüßigte ich mich, diesen Gedanken morphologisch zu variieren und ihm eine Spitze zu geben. Die Überbauung der niederen durch die höheren Zentren war der Weg der organischen Formung, das bedeutete äußerlich das Herausarbeiten der Längsachse, die immer stärkere Aufrichtung der Wirbelsäule, das bedeutete die Wanderung des Wesens nach dem Haupt. Das bedeutete innerlich die aufsteigende Hierarchie des Nervösen, bedeutete geistig das Bewußtsein und bedeutete hinsichtlich Wertfolge und Perspektive in die Zukunft eine feststehende, außer durch Mutation nicht mehr angreifbare Gliederung. Erlebnis und methodisch erarbeitetes Material wiesen gemeinsam auf das Gleiche: den Geist und seine antinaturalistische Funktion. Variationen und Fuge über ein Frühlingsthema! – Nicht als ob sie mich beruhigte, mich beruhigte gar nichts mehr, wie mich auch ein unvollständiger Abschluß von Gedankenreihen nicht mehr beunruhigte. Es hätte vielleicht beim nächsten Schluck Spätlese an mir gezerrt, aber es wäre hinuntergespült, versunken, und ich wäre heimgegangen, bereit der Stunde. Zuviel hatte ich abgeschlossen und wieder eröffnet gesehen, bei offenen Türen schlief ich längst, vielmehr lag und dämmerte und zählte die Schläge und die Stunden.
Seltsamer Frühling. Ich erinnere mich mancher Züge. Schwerweichender Winter. Alles immer tief belastet. Fast durch einen Dunst fuhr ich einmal vor die Stadt, ehe ich ins Weinhaus ging. Dunkle beginnende Wärme. Ungewöhnlich verhangener Nachmittag. Alles unendlich schwermütig auf die Erde herabsehend, schwer sich von ihr lösend, kaum zu trennen Laub und feuchtes Land. In der Nähe meines Ganges mußte eine Anstalt sein, deren Inhalt alles noch vertiefte. Viele Krüppel auf der Straße, Bucklige, Mißratene, auch Blinde. Überall ihr Kriechen, scheuer Schritt, Stottern und Suchen mit der Krücke. Beginn der Kastanienblüte. Eine tropische Luft, wie gesagt, stand lautlos zwischen allen Formen, eine unauflösliche Stille verband die Gestalten, alles sank, was sich erhoben hatte, alles bannte sich dem Niederen zu, – Vermischung, rief es

auch in mir, sengte es in meinen Augen mit Salz und Feuer, abgeben Brot, – verringern Qualen, – opfern fleischlich gegen Tränen und Fluch, – doch wer sich beugt, was kann der noch tragen, wer sich d i e s e m beugt –: es zählen nur die höchsten Sphären und das Menschliche zählt nicht dazu. Eine erbarmungslose Höhe, unablenkbar fliegen da die Pfeile, es ist kalt, tiefblau, da gelten nur Strahlen, – da gilt nur eins: erkenne die Lage, bediene Dich Deiner Mittel, Du bist verpflichtet zu Deiner Methode, wo Du erschufst, kannst Du nicht weichen, –: Du stehst für Reiche, nicht zu deuten und in denen es keine Siege gibt.
Abends wieder im Weinhaus. Ich sitze und lausche. Lausche auf das seltsame Sein und Wesen, das aus den Stimmen der Menschen dringt. In Tibet war es der Wind, im Urwald die Insekten, hier die Vokale. Einer wollte an den Rhein, haha machte die Runde, hat viel vor, scheint sehr vergnügungssüchtig zu sein. Dem anderen war im Oktober jemand aus Amerika gekommen, – aus U . S . A . ! erschallte es aus dem Kreis, offenbar hielten sie das für eine Ergänzung. Unbegreiflich, warum sie so gespannt dasaßen, der Inhalt ihrer Reden war doch völlig ausweglos.
Die Bänke mit Tuch bezogen, immer je zwei traulich zu einer Kabine gruppiert, standen sich fremdkörperartig gegenüber. Belastet, umfaßten sie scharnierartig die Gäste, Jugend bei Körperschwäche, Zweifel bei Abschlüssen, Geschäft bei Liebe, – Zusammentritte der Notdurft, Zufälligkeiten im Vorbeistreichen.
Seltsam das Ganze! Sie halten ihre Städte von Moskitos frei, jedenfalls habe ich weder in Irkutsk noch in Biarritz einen getroffen. Erfinderisch weisen sie sich bei bestimmten Gelegenheiten mittels Luftdruck freimütig ihre Einfälle zu: Der Osten das Maschinengewehr, der Westen den Tank, und die Neue Welt den Tau des Todes, das Gas, das nach Geranium riecht. Der Geist dient dem Leben. Das Ganze nennen sie züchten. Später besuchen sie sich dann wieder. Im Anfang war die Wollust, später zu erscheinen, hatte sie kaum Grund. Frauen, angeschmiegt ans Jackett des Männchens, ins Titanische stilisiert: fordernd und gewährend, gegenständlich gesehen: Möpse im Arm. Die Jacketträger: Knorrig, keine Konzessionen an die Form, – »leerer Formelkram« –, Wirklichkeiten – ! – Pfiff –: Manege frei!

Das hatte mich durch alle Länder der Rasse gejagt, durch alle Lebensschichten und Berufe. Ich betrachtete ihre Geltung habenden Kultwerte, sogenannte Theater, und die Foyers allein richteten die ganze Epoche. Ein Publikum, das, um sich von den Schrecken der Tragödie zu erholen, zwischendurch 20 Minuten an Ständen mit Schinkenbroten und Weinbrandflaschen vorbeipromenieren muß und dann weitermacht, ist guillotinereif. An ihren Metaphern sollt Ihr sie erkennen! Ich belauschte sie in ihren kleinen Zügen, in dem, was sie geistig schon befriedigt: ein Pilot, das ist ein Marschall Vorwärts der Lüfte; ein pommersches Kossäthendorf, das hinter einem Stall einen Entenpfuhl nicht zuschüttet, ein nordisches Venedig. Dann hörte ich auch ihre Lieder, – ja die Linde ist ihr Baum: süß, innig und man kann Tee daraus kochen.
Aus mir spricht die Zersetzung, wurde mir öfter erwidert. Nein, antwortete ich, solange ich noch antwortete, aus mir spricht der abendländische Geist, der ist allerdings die Zersetzung des Lebens und der Natur, ihre Zersetzung und ihre Neusetzung aus menschlichem Gesetz, jenem anthropologischen Prinzip, das die Wasser von der Feste schied und die Propheten von den Narren. Wie denn, sagten meine Gegenüber, also doch. Sie wollen die Natur zersetzen, das ist die Höhe! Unser aller Blut und Boden? Ihre Natur, mußte ich erwidern, ist sie denn natürlich? Kann man von ihr ausgehen? Ich kann beweisen, daß sie unnatürlich ist, äußerst sprunghaft, ja, daß sie der Schulfall des Widernatürlichen ist. Sie setzt an und läßt liegen, macht Aufwand und vergißt. Sie ist zügellos und übertreibt mit massierten Fischzügen bei den Lofoten, mit Heuschreckenschwärmen, die sie vorwälzt, und mit Zikaden. Oder es ist Friede auf der Erde, alles hat die Temperatur der Steine, man kann sich wahrhaft mit dem Klima befassen, plötzlich taucht der Aaronstab auf mit 40° C in seiner Blütenhülle, alles ist aufgestört und die Götter wollen Warmblüter –: geht das von der Natur aus oder von wem? Oder Fältelung, Verdichtung, unausdenkbare Konzentration ist eine ihrer Methoden, ist das eine einfache und natürliche Methode? Oder Transport immenser Spannungen auf mikroskopisch kleinstem Raum ist eine ihrer Anwandlungen –, ist nun diese gang und gäbe? Das Leben als Erscheinung war doch

überhaupt in der Pflanze gut untergebracht, warum es in Bewegung setzen und auf Nahrungssuche schicken – ist das nicht vielleicht ein Vorbild von Entwurzelung? Die menschliche Kreatur vollends wälzt sich doch geradezu in die Unnatur, schleudert Bakterien heraus, um sie zu vernichten, verringert ihr den Geruch, mindert ihr das Gehör, das Auge muß sich durch Gläser denaturieren, der Mensch der Zukunft ist reine Abstraktion, – wo wirkt sie, die natürliche Natur? Nein, es drängt sich überall ein anderes Gesicht hervor, in den Steinen schlafend, in den Blumen blühend, in der Spätart fordernd, – andere Züge und ich gelange zu einem fremden Resultat.

Wenn ich eine Theorie entwickeln wollte, würde ich darauf hinweisen, wie die moderne Lebenslehre gerade bei ihrem augenblicklichen Stand dabei ist, das Anorganische und das Organische als zwei rückverbundene Ausdrucksformen einer höheren Einheit darzustellen, zwischen denen es keine Übergänge und Ableitungen, keine »Entstehung« des Lebens »aus« dem Anorganischen gibt oder gab, es sind zwei Kreise, zwei Ausdrucksformen. Das darf heute wissenschaftlich ausgesprochen werden, d. h. man behält seinen Lehrstuhl dabei und die mit ihm verbundenen Güter, und die Fachzeitschriften nehmen Darstellungen dieses Inhalts auf. Es ist noch nicht Allgemeingut, aber es deutet sich an. Bis vor kurzem verlor man seinen Lehrstuhl dabei. Niemand aber darf sagen, daß ein drittes Reich die gleichen Rechte der Anschauung fordert. Das dritte Reich »dient« dem zweiten und hat sich von selbst aus ihm heraufmanipuliert. Auf dieser Theorie beruhen Jahrtausende. Es ist keine Theorie, vielmehr eine für Machthandlungen verwendungsfähige Prozeßordnung. Graphisch dargestellt ergibt sie für das Weinhaus: Stahlstühle, Reich 1, sind belastet mit Reich 2; Belaster genießen Ragout aus Muscheln und reden als Vokalträger Gruppe Leben; wenn sie nach Natron aufstoßen, geschieht es wissenschaftlich, damit eröffnet sich ihnen Reich 3. Unterschrift: geschichtliche Welt, Ausgangslage. Ausgangslage keineswegs im tragischen Sinne, sondern im Gegenteil: der Geschichtliche soll handeln und der Handelnde ist gut für die Geschichte, sie sollen handeln und schichten, bis ihnen die Beutel aus den Bruchpforten treten, – sie sollen sich erfüllen, sie sollen sich enthüllen, –

noch eine Stunde, dann ist Nacht, – daglüah, gleia, glülala!
Wirft man nun noch einen Blick auf die Führung der Völker, aller und in allen Regierungsformen, so muß man sich vorstellen, sie stünden zeitlich vor dem Auftreten einer der großen Menschheitsbewegungen und hätten machtmäßig die Möglichkeit, sie zu unterdrücken. Wie verhielten sie sich? Hinsichtlich des Christentums würden sie fragen, ob es steuerpolitisch tragbar sei. Vor dem Buddhismus, wie die Schallplatten- und Fahnenindustrie dabei bestünde. Bei Mohammed, ob die Bananenernte nicht litte. Vor der Kunst, ob sie auch die Siedlungsfreudigkeit nicht untergrübe. Vor jeder Religion, ob sie nicht den Kartoffelexport verzögere. Vor der Abstraktion, dem zusammenfassenden Denken, ob es auch dem Kleinbürger die Gießkanne nicht verböge. Protoplasmaanreicherung und Rohstoffe sind ihre Maßstäbe, alles andere ist Aufreizung und erfordert Unterdrückung, – übrigens schon bei Plato. Aber immer und zu allen Zeiten hat jeder von ihnen behauptet, er sei die schöpferische Erfüllung der Weltvernunft. Offenbar liegen hier Gegensätze vor, – daglüah, gleia, glülala!
Wenn nun die Tische sich gegenseitig einreden wollen, es tröste und erhebe den Einzelnen, es vertiefe seine Bedeutung, ja, es verleihe ihm erst Bedeutung, daß andere in der Zukunft ebenso leben und immer neue Gestalten in dieselbe Geographie hineingeboren würden und an den gleichen Tischen herumkriechen werden, und noch jahrhundertelang in den gleichen Etagen siedeln, sogenannte Nachkommenschaft, die doch nur wieder Rezidive desselben Nichts sein und werden können –: dies öffentlich einander einzureden, dies als Lehre zu verkünden, erscheint mir eine geistige Perversität, der gegenüber die verzerrtesten Ausgeburten versengter Landstriche, Fakirkünste, religiöse Bauchrhythmik, indische Eingeweide- und Leberübungen das reine Atmen von Dolden ist.
Ich sah im Weinhaus einen Traum. Ein sehr ruhiger Tierwärter führte menschliche Lebewesen weißer Hautfarbe im Kreise herum, bis sie sich verfärbten. Dann sperrte er ihnen das Gebiß auf und schrie: Geist oder Leben, – Verwirklichung von Geist im Leben ist nicht mehr. – Wer ist Geist, röchelte einer? Dieser, der hier spricht, war die

Antwort! – Nein, soweit möchten wir nicht gehen, es ist was Wahres dran, aber das fordert berechtigten Widerspruch heraus! – Gebiß zu, – also wieder natürliches Weltbild! Da rief einer zwischen schon wieder abgesperrten Zähnen: hast Du denn keine Gnade, keine Menschlichkeit, die Menschen wollen doch alle besser und schöner sein? – Die Antwort lautete: die Gnade ist nicht bei mir. Fordert Gnade bei denen, die Euch hierher geführt haben, fordert Gnade bei Euch selber, die Ihr Euch führen ließet, fordert sie von Eurer eigenen Niedrigkeit und Gier. Immer wieder sind Euch Worte gesagt worden, die Euch vor dem Leben warnten. Immer wieder kam das Andere und errichtete vor Euch seine Bilder – in menschlicher Gestalt, selbst in menschlicher Gestalt! Errichtete vor Euch die Bilder jener Kraft, von der es zu wenig wäre zu sagen, daß sie religiöser oder moralischer Natur sei, es ist die allgemeine formenwollende fordernde aufrichtende Kraft, von der man allerdings gestehen muß, daß sie in ihrem unendlichen Aspekt den Himmel wie die Hölle umfaßt und die doch auf alle dämmenden und ordnenden Züge des Menschen so sichtbar blickt und die allmählich ansteigenden und immer so schwer erkämpften Errungenschaften des Himmels so besonders beleuchtet. – Habt Ihr sie angebetet? Habt Ihr sie gehütet? Leben wolltet Ihr, Euer weißes, erfülltes, sich verwirklichendes Leben im Prunk der Derbys und im Schnee der Regatten, – jetzt kommt keine Gnade mehr, jetzt kommt die Nacht.

Jeder sieht, daß die Wahrheit, die hier im Weinhaus zwischen den Fässern auftaucht, eine außermenschliche Wahrheit ist. Sie ist dazu noch in der besonderen Lage, daß sie ihre Verallgemeinerung selbst aufs Leidenschaftlichste bekämpfen, ihre Projektion in die Zeit, ihre Überprüfung auf Verwirklichung als entschiedensten Fehlgriff bezeichnen müßte. Verwirklichung ist ein Begriff, den sie ausschließt, dem sie sich wissentlich entzieht, wo sie ihn auftauchen sieht, senkt sie den Blick. Ist es also überhaupt eine Wahrheit? Ist sie nicht vielleicht eine Unwahrheit für alle, nämlich eine verfrühte Nachricht und eine Chiffre nur für ganz Bestimmte?

Für ganz Bestimmte? Demnach für Esoterische, Zersetzte, Klüngel, Destruktive, Abgespaltene, Asoziale, Einzelgänger, Intellektualisten, Gezeichnete? Betrachten wir die Frage im Zwielicht der Wahrheit zwischen unseren Fässern. Wenn man die weißen Völker im Verlauf ihrer letzten fünfhundert Jahre überblickt und einen Maßstab sucht für den Rang ihrer großen Geister, läßt sich nichts anderes dafür erkennen als der Grad von Nihilismus, den sie unaufhebbar in sich trugen und durch die Bruchstücke ihrer Werke anfallsweise überdeckten. Alle großen Geister der weißen Völker haben, das ist ganz offenbar, nur die eine innere Aufgabe empfunden, ihren Nihilismus schöpferisch zu überdecken. Dieses Grundgefühl, das sich mit den verschiedensten zeitgebundenen Strömungen durchflocht – mit dem religiösen bei Dürer, dem moralischen bei Tolstoi, dem erkenntnismäßigen bei Kant, dem anthropologischen bei Goethe, dem kapitalistischen bei Balzac – war das Grundelement aller ihrer Arbeiten. Ungeheuer vorsichtig wird es immer wieder vorgebracht. Mit Fragen zweideutiger Art, mit Wendungen höchst abtastenden, doppelsinnigen Charakters nähern sie sich ihm auf jeder Seite, in jedem Kapitel, innerhalb jeden Strichs. Keinen Augenblick sind sie sich im Unklaren über das Wesen ihrer inneren schöpferischen Substanz. Das Abgründige ist es, die Leere, das Resultatlose, das Kalte, das Unmenschliche. Nietzsche wirkt in dieser Reihe lange als idealistischer Antinous. Noch Zarathustra – was für ein Naturbursche, was für ein Züchtungsoptimismus, was für eine flache Utopie vom Geist und seiner Verwirklichung! Erst im letzten Stadium des Ecce homo und der lyrischen Bruchstücke läßt er den anderen Tatbestand in seinem Bewußtsein hoch und das, darf man annehmen, war dann der Zusammenbruch, daß er von der Brücke in jener braunen Nacht in den Abgrund sah, den Abgrund sah, spät, – für seinen Organismus und sein Prophetentum zu spät. Auf dieser Brücke und in dieser Nacht erhob sich auf Fledermausflügeln eine Abendgestalt, spaltete sich die Erde, entwand ein Zeitalter dem anderen seine Zeichen und jene Antithese von Leben und Geist erhob sich, die wir so lange in uns trugen, die wir aber heute schon wieder jenseits der Erde sehen.

Was ist es, das wir jenseits der Erde sehen? Betrachten wir dazu noch einen Augenblick die letzten hundert Jahre, das Jahrhundert um Nietzsche, die Laboratorien und die Kerker zwischen Sibirien und Marokko, so steht doch von

Dostojewsky bis Céline der Geist in einer reinen Verzweiflungsstellung da, seine Schreie sind furchtbarer, gequälter, böser, als je die Schreie von Todgeweihten. Sie sind moralischer Art, inhaltsbestimmt und substantiell, immer Schrei »gegen«, im Kampf »mit«, im Ringen »um«, sie wollen einbeziehen »alles« und ehrlich bleiben, bessern, vollenden, reinigen, ja göttlich machen. Es sind lutherische Schreie in einem faustischen Getümmel. Bis in sie hinein reicht Mythenpubertät, Promethidenbiologie. Erst heute dämmert vor so viel Widersinn und Qual die Ahnung davon auf, daß das Leben gar nicht in den Besitz von Erkenntnis gelangen, der Mensch, jedenfalls die höhere Rasse, gar nicht um inhaltliche Stofferklärungen ringen sollte. Es sieht vielmehr alles nach einem versuchsweisen Schritt der Ferne aus, die die Formel für ein ungeheuerliches Alkaloid preisgab, aber die Substanz selber völlig rein bewahrte. Auch heute unverändert völlig rein bewahrt, einen Kampf dieser Art gar nicht vorsah, eine weitere Preisgabe innerhalb der Zeit gänzlich außer Betracht ließ. Auf Abgrenzung sollte der Versuch weisen, abstraktive Ausscheidung, Formel gegen die Natur. Nicht das Leben durch Erkenntnisreize biologisch steigern und züchterisch vollenden, sondern gegen das Leben ansetzen den formenden und formelhaften Geist. Es ist demnach nicht die faustisch-physiologische, sondern die antinaturalistische Funktion des Geistes, seine Expressive, die wir heute über der Erde sehen.
Es ist die Ausgangslage. Wir müssen die Geschichte und die Zeit für diese Feststellung bemühen. Es handelt sich nicht um Züchtung in eine nicht mehr erwartbare und auch nicht mehr verwertbare Zukunft, sondern um Haltung in einer nur noch abstraktiv erlebbaren, finalen Gegenwart. So lautet die Chiffre. Hier halten die Bestimmten: vor den fernen Zeichen, den sich nähernden, als die unsichtbaren Träger der Verwandlung.
Dies sagt ein lebenslänglicher Sachbearbeiter von Wirklichkeiten, Kenner des Körpers, des Krieges und des Todes, Vertreter mehrerer Berufe, alle aus dem Bauchfett des Kapitalismus herausgeschnitten, und jeden durchgearbeitet bis in die letzte handwerkliche Finesse infolge der persönlichen Notwendigkeit, Existenzmittel aus ihnen herauszu-

holen. Einer, der immer lebte, die Rippen eng angepreßt an bestimmte Aufgaben, Lieferungen, Verträge, konjunkturgegebene Lagen, ohne Raum für Schwärmerei und als Verächter jeder Illusion. Einer, der im gesellschaftlichen Stil seines Jahrhunderts lebte, er hatte Zeiten im Frack und Zeiten in großer Uniform, der im Train bleu reiste und in Karawanen neben ihm ein Rurik und ein Rochefoucauld, (kürzlich auf einer Fähre saß neben ihm die letzte Romanow). Der eine Österreicherin liebte, eine Tschechin, Rumänin, Belgierin, Dänin, eine Frau aus Kapstadt, ein Mischblut aus der Südsee, Russinnen an Küsten, Sunden, Salzseen, in vielen Landschaften und aus vielen Stämmen, in Ritzappartements und in Zelten. Also, sagen wir, ein Durchschnittsleben, Arbeit und Mühe und ein zeitgebundenes Erkennen, – dieses sagt: keine Propaganda kann Exkremente in Maiglöckchen verwandeln. Die weißen Völker sind im Ausgangsstadium, ganz gleich, ob die Theorien über ihren Untergang heute Geltung haben oder nicht. Die Auflösung ist greifbar, eine Rückführung auf frühere Zustände unmöglich, die Substanz ist abgegeben, hier gilt das zweite Wärmegesetz. Die neue Macht steht da, die Zündschnur am Feuerzeug. Ob Mondsturz oder Atomzertrümmerung, Vereisung oder roter Hahn – welche Methode immer sie beliebt, die Verwandlung, das Ewige, der Geist, der Gegenspieler der platten Vernünftigkeit und des reinen Konsums, zusammengefaßt: des Natürlichen Weltbilds.

Also laßt sie regenerieren vom Volkswirtschaftlichen aus und vom Biologischen aus und von der Rohkost aus, das sind ja alles Schemen der Vernichtung. Die Rasse fühlt weiter, sie paßt sich dem nicht mehr an, sie ist unbeweglich geworden, sie bleibt um ihren Kern herum liegen, und dieser Kern ist der Geist, das heißt der Nihilismus.

Wer diesen Gedanken nicht erträgt, steht unter den Würmern, die nisten im Sand und im Feuchten, das die Erde ihnen auferlegt. Wer sich noch einer Hoffnung rühmt, indem er seinen Kindern ins Auge blickt, deckt den Blitz mit seinen Händen und kann sich doch der Nacht nicht entziehn, die die Völker wegnimmt von ihren Stätten. Dies ist das Gesetz: Nichts ist, wenn je etwas war, nichts wird sein. Der schönste und der tiefste Gott geht vorüber, der

einzige, der das Geheimnis des Menschen trug: je größer die Erkenntnis, umso unendlicher das Leid.
Es gibt keine Verwirklichung. Der Geist liegt schweigend über den Wassern. Ein Weg ist ausgegangen, ein Urtag sinkt, vielleicht barg er andere Möglichkeiten als diese Abendstunde, aber nun ist sie da – ecce homo, – so endet der Mensch.
Das waren meine Gedanken in jenem Frühling. Ich wußte, es würden neue Frühlinge kommen, vielleicht würde ich selber noch einen sehen, volle Schönheit auf Wochen hinaus, in großer Vielfalt das Aufblättern und Erschließen, es würden Rosen für diesen und jenen blühen, aber diese Erkenntnis war nicht mehr zu verdrängen: die Geschichte war machtlos geworden gegenüber dem Menschen, sein Kern war noch einmal auferglüht, der hatte ein Wort geschrieben auf sein Kleid und einen Namen auf seine Hüfte.
Sie werden anrücken, aber er schmilzt sie ein. Sie nahen mit Nägeln und Rückenmessern und er hebt nur einen Ysop und einen Schierlingsbecher. Weites tausendjähriges Schlachtfeld und er siegt. Nur nicht handeln! Wisse das und schweige. Asien ist tiefer, aber verbirg es! Stelle Dich geistig den Dingen, es wird weitergetragen, es prägt mit am Sein. Öffne Deine Blicke nur der Nacht, des Tags erhebe das Glas auf das Wohl der Herren, besprich mit den Damen die zur Diskussion stehenden Themen und laß das Blumenmädchen nicht vorbei, entnimm ihm Sträuße. Lebe und beobachte es zu Ende. Denke immer: die Verwandlung! Auch wir haben Zeichen! Man muß sehr viel sein, um nichts mehr auszudrücken. Schweige und gehe dahin.

Roman des Phänotyp
Landsberger Fragment, 1944

Der Stundengott

Es ist kein Zweifel, daß es einen nach Form und Inhalt beschreibbaren Umkreis gibt, innerhalb dessen der Zugehörige einer bestimmten Generation echt und repräsentativ wirkt und außerhalb dessen er verfallen und abgelebt erscheint. Wo dieser Zugehörige Ausdrucksmittel findet, spricht aus ihm der Schnittpunkt von deszendentem Prozeß und schweigendem, aber immer gegenwärtigem Keim oder, um mit den Begriffen der modernen Erblehre zu operieren: spricht aus ihm der Phänotyp, d.h. der aktuelle Ausschnitt des Genotyps, des Arttyps, – der Phänotyp, der in Bezug auf Veränderungen und Defekte die jeweilige Keimexistenz durchführt.

Was den heutigen Phänotyp betrifft, so ist das *Moralische* weitgehend von ihm abgeglitten und durch Legislative, Hygiene ersetzt, als echtes Gefühl, wie es offenbar bei Kant noch vorlag, ist es nicht mehr zu finden. Auch die *Natur* hat für ihn nicht mehr die Lyrik und Spannung, mit denen sie den Zeugnissen nach die Persönlichkeiten des 18. und 19. Jahrhunderts erfüllte, sie ist sportlich-therapeutisch aufgelöst –: Abhärtung, Skigelände, Hochgebirgsstrahlung –, wo sie gelegentlich schauerartig in das wehrlose Ich eindringt, wirkt sie ausgesprochen kurzfristig, erscheinungslos und tragisch.

Ebenso ist alles, was nach *Stimmung* aussieht, ganz zu Ende. Rauchsäulen steigen auf, verlieren sich in die grundlose Bläue, braune Tauben fliegen hoch, letzte Sonnenstrahlen gleiten über Vergitterungen, – »auf den sonnenbeschienenen Zweigen blitzen Millionen von hellen Tropfen«: – das ist zufällig, ist herangeholt. Die *Existenz* ist die Stimmung, die ihn bewegt und die er fordert, hart und unaufhörlich.

Die Zerstörung des Raums, durch Flugapparate, Radiowellen, seine Auflösung in die Stratosphäre, die Möglichkeit, Afrika, Europa, Asien an einem Vormittag mit Auge und Fußsohle zu berühren, hat Begriffe wie Nation, Volksgemeinschaft, Landesgrenze ins Bizarre verzogen, ihr steuerpolitischer Charakter ist zu greifbar, um noch innerlich zu wirken. Jedem ist gegenwärtig, daß *Politik*, Umstürze, Kriege, mögen sie auch in den unaufhörlichsten Folgen eine Generation treffen – und seine Generation ist sehr hart von ihnen getroffen – nach kurzer Zeit eine halbe Seite eines Geschichtsbuches ausmachen oder auch nur eine Fußnote zum Text –: die Flüge der Schwalben und die Züge der Robben sind die gleiche Politik und die gleiche Geschichte, nämlich die der Fauna einzelner Arten.

Die *Liebe* ist die Produktivität jener, die sich nicht innerhalb des genannten Umkreises befinden, sie täuscht Inhalte vor und schafft Surrogate für eine Individualität, die nicht mehr vorhanden ist, der Phänotyp wird an ihr wenig Intimes entdecken. Auf die Frage, ob man seine Triebe bekämpfen solle, wird er antworten: nicht ohne weiteres, das Bekämpfen schafft Neurosen, setzt Spannungen, die sich nicht lohnen, Krisen, die voraussichtlich unproduktiv enden –, man soll erleben und etwas Artifizielles daraus machen; wenn Bekämpfen dazu gehört, wenn es existentiell ist, wende man es an. Das Ziel ist die Herrichtung des Ich zu einer durchlebten, geistig überprüften Form, zu einer Haltung, aus der interessiertes Entgegenkommen gegenüber fremdem Wesen und keine Furcht vor dem Ende spricht.

Existentiell – das neue Wort, das seit einigen Jahren da ist und entschieden der bemerkenswerteste Ausdruck einer inneren Verwandlung ist. Er zieht das Schwergewicht des Ich vom Psychologisch-Kasuistischen ins Arthafte, Dunkle, Geschlossene, in den Stamm. Er verringert das Individuum um sein Peripheres, und gewinnt ihm Gewicht, Schwere, Eindringlichkeit hinzu. Existentiell – das ist der Todesstoß für den Roman. Warum Gedanken in jemanden hineinkneten, in eine Figur, in Gestalten, wenn es Gestalten nicht mehr gibt? Personen, Namen, Beziehungen erfinden, wenn sie gerade unerheblich werden? Existentiell –: das zielt rückwärts, verschleiert das Individuum nach rückwärts, bindet es, bringt Forderungen vor, denen die vergangenen Jahrhunderte und die deszendenten Generationen nachzukommen nicht ausgestattet waren. Handschriften, Kranzschleifen, Photographien – alles das ist schon zu viel. Existentiell – dies Wort wirkt im Phänotyp.

Er sieht ein Bild aus der Schule Rjepin, wunderbar dicke

schöne Frau, Patronin, schlemmt am Frühstückstisch – das ist ausgezeichnet! Alles gleich zur Hand durch malerische Anordnung, kein Lebenszusammenhang, keine Zeitfolge, nichts von Ursache und Wirkung –, drastisch, massiv die Sachverhalte, aber optisch summiert. Auf Trauben, Haarnetz, Zweifarbenkatze, hinten Zwiebelturmkuppel, vorne Samowar, das Kolorit verteilt. Die wunderbare dicke Frau – ein wahrer Quirl von Biskuit, Waranja, Tee, Rum, Melone, eingemachte Früchte, – etwas schwermütig, wie gesagt: sehr voll, Schwere eines weiten östlichen Landes, – sehr sinnlich, Überfülle –, »am schwarzen Meer blühen die Rosen dreimal«. –
Oder er tastet sich mittags räumlich vor, verläßt das Haus. Eine Stadt, die man zum Aufenthalt angewiesen erhalten hat, in der man wohnt, ist eine Gegebenheit, man darf ihre Zeichen deuten. Ein modernes Schulgebäude, imposant, rosa getönt. Das Finanzamt an sanftem Hang. Stadtteich, in den Weiden hängen, und mit Schwänen. Ein Feuerwerker kommt des Weges mit Helm und Maske, ein Nothelfer, wirkende Größe. Kraftwagenlager mit Werkstatt von Karl Karczewski. Das Eichamt. Ein Vereinslokal, verfallen, genannt: »Adlerhöhe« – (»so stell' ich mir die Liebe vor«). Was soll das alles? Entweder es gibt kein Existentielles, dann müßte das alles noch viel majestätischer ausfallen, oder es gibt es, dann ist es Abfall und Verdammnis! Diese östlichen Städte, an Märztagen so grau, so staubverhangen – auf diese Weise sind sie nicht zu deuten!
Dann sieht er sich anderweit: er gibt sich durchaus eifrig: Treppenabsatz, mehrere Herren stehen dort nach Tisch, er tritt in die Unterhaltungsbasis ein, ernst, aber gefestigt, vollzieht den Zusammenschluß in sprachlicher Gemeinschaft, unterstellt sich dem dienstlich-umgangsmäßigen Jargon: »hatte schon um drei angefangen, dachte erst um fünf, schöner Schlamassel« –, dabei sieht er sich: schon gealtert, nicht sehr eindrucksvoll, körperlich nicht ganz einwandfrei, auf baldiges Entkommen hinzielend, durchaus zweideutig, ein tiefes Durchlässigkeitsgefühl im Kreuz oder eine Art Mittelhirnsschwäche, er sieht das alles als Schattenspiel –, sich, ihn, den Phänotyp, den Existentiellen –, die Silhouette des Stundengotts.

Gestützt auf Pascal

»Alle Leiden des Menschen kommen daher, daß er nicht ruhig in seinem Zimmer bleiben kann« –, ein Wort von Pascal (1623–1662), phänotypisch zeitgemäß. Schon der Wechsel von Zimmer und Garten ist einschneidend. Die Kombination bei Besuchen auf dem Lande, von Teetrinken innerhalb der Räume und dann Haus und Garten besichtigen, über Beete etwas sagen, das jenseitige Ufer beurteilen, Kenntnis nehmen von Gewohnheiten, die sich für den Inhaber aus der Lage von Schaukeln und Lauben ergeben, die häufigsten Gepflogenheiten der vorbeisegelnden Boote vernehmen –: diese widerspruchsvollen körperlich-seelischen Anforderungen bei unterhaltenden Erörterungen im Sitzen und dann dem Sichbewegen über Kieswege, staubige Rasenränder, höhere langhalmige Graspartien ist kaum verwindlich. Außerdem herrscht auf dem Lande meist ein Licht, das ungebrochen und in Gegenwart Fernstehender auf den nur schwer tragbar wirkt, in dem die Lichtscheu primitiver Organismen lebendig geblieben ist. Selten fähig und bereit, für längere Zeit geistig mitzugehen, lebt für diesen Pascal'schen Menschen überall die kritische Frage nach den Erscheinungen überhaupt auf im Zwange jener immer gegenwärtigen Spannung, die dem Wechsel der Abläufe, den Vorfällen der Dinge eine Art verdichtete Erkenntnis, eine anderweitige innere Erfahrung entgegenstellt.

Ambivalenz

Der Phänotyp des 12. und 13. Jahrhunderts zelebrierte die Minne, der des 17. vergeistigte den Prunk, der des 18. säkularisierte die Erkenntnis, der heutige integriert die Ambivalenz, die Verschmelzung eines jeglichen mit den Gegenbegriffen.

Einerseits dem Geist und seinen Maßstäben verpflichtet bis in die letzte Faser des Gebeins, – *andererseits* diesem Geist als regionaler, geographisch-historischer Ausgeburt der Rasse skeptisch gegenüber. Einerseits um Ausdruck kämpfend bis zu qualgezeichneten Sonderbarkeiten, Formzerstörungen bis zum bizarren Spiel mit Worten, – andererseits diesen

Ausdruck schon bei der Prägung mit seinen Zügen des Zufalls und des Übergangs bitter belächelnd. Einerseits gelegentlich in fühlbarer Bedingtheit von Mächten, die ferne walten, ihm nach zugemessenem Teil (Moira) die Fäden spinnen, und andererseits darauf angewiesen und dringend von sich fordernd, dies zu leugnen, so als ob er geböte, am Himmel stände und beim Gähnen und Kauen die Spindel unten mit der Ferse träte. Einerseits in Angst vor Toten, ihrem ewig weiter prüfend fühlbaren Blick, in einer gewissen Überzeugtheit von der Macht und der Furchtbarkeit der Psyche, auch der gewesenen, auch der Schatten, – andererseits dem Beifall der Presse, weißen Gamaschen, den großen Preisen, den Gemsjagden erfüllend zugewandt. Einerseits Tradition, – andererseits kongenitale Willkür. Einerseits in Rührung vor dem Sanften und sich Neigenden, – andererseits voll Haß gegen den Nächsten an seiner Seite. Einerseits vor dem All als dem pompösen Überwältiger der geprägten Formen, – andererseits vor Auge und Nase, Stirn und Braue, Mund und Kinn als dem einzigen von Gestalt und dem alleinigen, von dem wir wissen. Einerseits kasuistisch und subtil, – andererseits die endgültige Verknüpfung aller Ursachen in ganz anderen Bereichen ahnend. Einerseits vom inhaltlichen Wissen der vergangenen viertausend Jahre als einem seiner Generation vorbehaltenen neuen historischen Gefühl tief geprägt, von einem hierdurch genährten sublimen Zeitsensualismus, Zeitvergänglichkeits-, Zeitzerbrochenheitsempfinden unausgesetzt durchflutet, – andererseits mit einer öffentlichen und geheimen Schwäche für Imperialistisches, Cäsaristisches, im bürgerlichen Sinne Gigantisches, »Globales«; bei Empfindungsverlust für Raum: Triftigkeitssehnsucht in Bezug auf Zeit und Dauer. Einerseits gläsern, – andererseits blutig. Einerseits müde, – andererseits Sprungschanzen. Einerseits archaisch, – andererseits aktuell mit dem Hut aus der Bondstreet und der Kravattenperle aus der Rue de la Paix. Einerseits ohne Ursache hell am Abend, – andererseits ohne Grund zerstört am nächsten Morgen – –: so, halb gespielt und halb gelitten, – 40% Adam und Eva, 30% Antike, 20% Palästina, 10% Hochasien – schreitet, im Ganzen euphorisch, der Phänotyp durch die erdteilzerstörende Stunde der großen Schlachten.

Viel Asiatisches, – punktuelle Perspektiven –: mit solchen Andeutungen müßte man das Wesen des Existentiellen umschreiben, – Abschlüsse, tendenziöse Ergebnisse liegen außerhalb seiner Natur. Diese Natur ist ausgesprochen zyklisch, läßt alles offen, alles Hervorgebrachte wird wieder zurückgenommen. Alles kommt immer wieder, sie beginnt an keiner Stelle und endet an keinem Punkt. Auch verwandelt sie nichts, es sei denn, daß Ausdrücken schon verwandeln bedeutet, – aber bis dahin wäre sie schon wieder zurückgekommen, außerhalb des Verwandelten und der Verwandlung.

Man hört sagen, man kann das Leben nicht umgehn, man muß hindurch, – aber das ist schließlich jedermanns eigene Sache. Man hört ferner, das Leben hält es mit den guten Sprossen, die anderen läßt es verfallen, wenn das seine Methode ist: wohlan! Es hat freie Hand, doch beobachte ich, seine Durchströmungen verhalten vor dem Bewußtsein, seine Regenerationen greifen zu an Baumrinden und Lazertenschwänzen, dem Phänotyp auferlegt es die Existenz und ihre Abstraktion.

Wo immer das Innere des Phänotyps sich einen ästhetischen Ausdruck sucht, wird ihn die Umwelt als fragwürdig empfinden. Dies sein Suchen umschließt viele Probleme, vor allem das der Peripherie. Wo verwandelt sich der Mensch, wann, aus welchen Ursprüngen und mit welchen Methoden? Um 500 trat bei den Griechen die perspektivische Zeichnung auf, während die Ägypter den Körper in gerader Draufsicht sahen. Bei Giotto war eine ähnliche Verwandlung des Blicks, dann bei Cézanne. Man kann kaum bezweifeln, daß die Zeitgenossen diesen Vorgang als Entartung empfanden. Ebenso, als sich der etwas sture dorische Klotz in die korinthische Säule veränderte, sagte man sicher etwas von Degeneration. Oder bei der Auflösung des früheren antiken Gesamtblattes in das byzanthinische Akanthus: immer werden die Zeitgenossen urteilen, das trifft nicht zu, das geht zu weit.

Hiermit treten wir vor das Thema von der peripheren Verwandlung, vom Nagen und Lecken der Wellen an dem Strand, wobei es im Dunkel bleibt, was Welle und Strand bedeuten, aber sie bilden gemeinsam die Konturen der Kontinente. Aber dabei gibt es Ausgleiche und Ablenkungen, nicht jedes Nagen hinterläßt eine Spur. Selbst bei Goethe gibt es viele Sätze und Verse, die auch heute noch dunkel und keineswegs eingängig sind, ihr Inhalt bleibt selbst dem Fortgeschrittenen nicht erlebbar, man ist also über sie hinausgeschritten, ohne sie zu assimilieren, zu integrieren, aber sind sie deswegen sinnlos, überflüssig, Marotte, keineswegs, sie gehören in das Thema der Peripherie, sie gehören in das Gebiet der Verwandlungszone, die nicht immer in einer eindeutigen Richtung verläuft, nicht immer in eine Entfaltung von allgemein werdenden Formen und Ausdrucksverfahren mündet. Übrigens wird auch hinsichtlich der Natur ihr Experimentiercharakter, ihr Hervorbringen von Formen, die dann wieder fallen gelassen werden, von den beschreibenden Wissenschaften wenig beachtet.

Der menschliche Körper beharrt erstaunlich konsequent innerhalb dieses quartären Erdzeitalters, aber der Geist differenziert sich in immer neuen Ausdrücken, Ausbrüchen, neuen Auswegen seiner selbst, man hat den Eindruck, die ganze Mutationsfähigkeit und Variabilität der Art ist in ihm allein tätig geblieben. Der Grundriß des Lebens bleibt: Jagd und Feuermachen und am Feuer das mit den Frauen, aber darüber erhob sich der Ausdruck, der Gedanke und gab allem seine artifizielle Beleuchtung, er wob seine Nebel, er schwälte seine Dämpfe, ließ einige höhere Strahlen hindurch, um sie aber gleich wieder zu verschleiern und ließ bis heute die Grundfrage unentschieden: ist der Mensch ein moralisches Wesen oder ein denkerisches, beides zusammen kann er kaum sein, und augenblicklich spricht alles dafür, daß er das letztere sei.

Ist er aber ein denkerisches Wesen, erhebt sich sofort die weitere schwerwiegende Kontroverse: hat er eine handelnde oder eine kontemplative Bestimmung, eine politische oder eine introvertierte, eine weitergehende oder eine verhaltende, gilt er als Geno- oder als Phänotyp? Ausweglose Dilemma! Durchdacht, durchhandelt, durchlitten seit vier Jahrtausenden und kein Resultat! Die Wissenschaften erörtern es weiter mit den ihnen zugänglichen Begriffen der Aprioristik und des Empirismus, die Geschichtsphilosophie als grauer Müllkutscher des biographischen Abfalls karrt die überalterte Kausalität weiter durch ihre Enzyklopädien als Schuld und Sühne, die Biologie handhabt den Geist als eine reine Methodik zum Auffädeln von Erfahrungsergebnissen zwecks Herstellung einer begrifflichen Totalität – und alles dies mag notwendig und artgebunden sein. Aber abseits davon steht jener Typ, der alles verläßt und sich selbst umschreitet, der die Dinge beendet in sich allein.

Will dieser Typ vielleicht etwas künden? Will er vielleicht dem Zukünftigen dienen? Aber Zukunft ist nichts anderes als gewendete Gegenwart, man stelle sich die entsprechende Vergangenheit vor, die der damaligen Zukunft, uns, ihre Magd- und Mörteldienste leistete, vermutlich genau so angestrengt, verbittert und sich selber sinnlos wie wir – will er das fortführen? Nein, er will nichts künden. Er ist leer, leer, Triebe füllen; ihr Schwellungscharakter ist im Phallus so wunderbar klargestellt, so sonnig, alle Fleischmarken für einen Pferdetrieb – er ist leer, leer. Er weiß, daß es nichts zu künden gibt, was sich nicht im Einzelnen, in einzelnen Einzelnen, selbst verkündet. Es gibt die Kette dieser Einzelnen – eine Kette.

Will er in Denkabläufe eintreten, etwaige Koryphäe werden und von Lehrkörpern beachtet? Es gab Zeiten, da war kausales Denken exzellent, Zeichen einer klugen kleinen Clique, heute ist es Abspülwasser, jeder Zeitungsleser begründet seine Weltanschauung und seinen Rheumatismus, heute ist, das Nebeneinander der Dinge zu ertragen und es zum Ausdruck zu bringen, auftragsgemäßer und seinserfüllter.

Will er Kunst machen? Wo gedacht wird, fühlt sich das Deutschtum bereits verraten; wo aber vollends Kunst endemisch auftritt, schickt es die Apotheker an die Front. Ein feiner Instinkt übrigens! Es hat sich allmählich herumgesprochen, daß der Gegensatz von Kunst nicht Natur ist, sondern gut gemeint; Stil ist eine bösartige Neubildung, eine letale. Trotzdem will er wohl dies, – vielleicht auch muß er das nur. Ausschweifen und es beobachten, leiden und es übersteigern; ein Phallus im Stammhirn; eine Orgie, eisig und glühend, bitter und süß, in Dunkelheiten und Nächten in ihm allein. Fröste des Isoliertseins, blutleerer

Taumel, Brüchigkeiten, – und fortschreiten, fortklimmen, fortschleichen von Wort zu Wort, Silbe zu Silbe, – Tauziehen mit Gedanken, Volten der Überspannung, alles dies unter körperlichen Gefahren –: *Ausdruck schaffen*, ja ihn verlangt nach dem allein.
Dabei fällt ihm auf, daß frühere Epochen und auch heute noch ganze Länder Bücher schreiben und Sonaten verfassen, während unheimlich gezeichnet, tief umschlossen ein neuer Begriff aufgetaucht ist: Kunst. Dieser Begriff! Ein neues Verhalten, eine neue Station! Schon liegt – existentiell – der psychologische Roman außerhalb des anfangs erwähnten Umkreises, der das heutige Phänomen bestimmt. Wenn jemand im Badischen Schwarzwald stirbt, während er in Königsberg geboren ward und nachdem ihm in mehreren Lebensstellungen Ereignisse begegneten und ihm zwei Enkel gestorben waren, so mag das den einen oder den anderen, namentlich Angehörige, nachdenklich machen, aber es enthält noch nicht die Elemente jenes Traumes. Wenn jemand den Erfinder des Fahrstuhls verarbeitet als Kulturfortschritt und im Rahmen eines mittelgroßen Zeitgemäldes, so lassen sich, geschickt gemacht, allgemeine wie besondere Betrachtungen anbringen, aber nichts deutet auf den primär gebauten Satz. Wenn jemand von Ruth über Nigge zu Gisela gelangt, so mag er mit jeder eine gewisse Zeit verbracht haben, aber die Zerlösung der Dinge ist nicht betrieben. Oder für wen es ein Eindruck ist, daß eine Frau aus einem Postamt kommt oder daß ein Mixer erschöpft aussieht, mit einem Wort, wen Einzelheiten bedrängen, der greife ungestört zur Feder, – doch für sich bleibt die Kunst, nämlich etwas Reines, ein Adagio, nur aus Klarinette und Klavier, und unter dem Gebetsspruch auf dem schwarzen Stein der Kaaba: »Nimm uns im Schatten Deines Thrones auf an dem Tag, an dem kein anderer Schatten mehr sein wird als Dein Schatten.«

Die Verneinung

als Denkfunktion ist von höchstem Rang, vom Denken erzeugt und im Denken gegründet. In ihr erreicht es seine höchste Entwicklung. Sie umschließt das metaphysische

Wesen des Denkens, sie ermöglicht seine allgemeine Bedeutung. Sie dient dem, was Kunst wird, wenn sie vollendet, und Erkenntnis, wenn sie tief ist: der Wirklichkeitsherstellung, der Produktion und Ordnung von Realität. Wohin das Auge schweift: Möglichkeiten, Motive, Anspielungen, Perspektiven, – in ihr äußert sich die Konsolidierung, der Zuwachs an Fond. Wohin das Auge reicht: Natur, d. h. Anbietungen und Überlaufen, hier ist Kontur, Selbstbegrenzung, Form. In ihr bekundet sich Detailbekämpfung, Antiemotionismus, Eindrucksfeindlichkeit –: Stil, kurz: anthropologischer Charakter.

»– Bekennen Sie sich als Träger des primären aprioristischen akausalen geheimnisvollen Nihilismus, der die Tugend der weißen Rasse ist, jenes Nihilismus, der ein ›rückerinnerndes Wissen‹ darstellt, die Anamnesis Plato's, wunderbar, angeboren und schweigend hinzunehmen? Erinnern Sie sich des Wortes von Napoleon in St. Helena: ›der Krieg ist eine seltsame Kunst, ich habe sechzig große Schlachten geliefert und nichts gelernt, was ich nicht schon vorher gewußt hätte‹? Das ist das rückerinnernde Wissen, dort für den Krieg und hier für den Nihilismus, und auch ein anderes Wort gilt für sie beide, für die zu beidem erforderliche Tapferkeit: ›Sie läßt sich nicht fälschen, diese Tugend entzieht sich der Heuchelei‹. Jegliches Spiel ist nutzlos, aber auch der Ruhm und die Schönheit, alle Spiele der Götter sind es und je nutzloser umso göttlicher –: glauben Sie das?« –

Aller Glanz, den wir in unserer Seele tragen, kommt von Dingen, die wir erschaffen haben –, Erinnerungen an Bilder, Erlebnisse mit Büchern, Eindrücke aus Kreisen, die wir analytisch durchschritten, erarbeitete Dinge, geistig emporgehobene und meistens ohne Gesellschaft langsam erwachsen. Man kann sie durch Isolation erschaffen wie jene Asiaten: »sie malen nur eine Sache auf einmal und nie im Verhältnis zu anderen Dingen« –, oder man kann sie in Verflechtungen vielfältig sich färben und verdunkeln lassen. Welche Erhabenheit in jener Methode: die chinesischen Maler fahren, um ihre Tuschezeichnungen zu vollbringen, tagelang weit hinaus aufs Meer: ein einziges Staubkorn stört die Prägung und gefährdet die tausendjährige Verwirrung, die hier endet. Natürlich, die Natur! Die *Natur*! Die

Himmel, die wechselnden, die rubinfarbenen und die erblauten, die strömenden unermeßlichen Gleichen, die ihre Rosen streuen in das Stundenspiel! Aber die *Beschwörungen* sind unsere: die Kronen, die Kränze und die Götter, alle Hauche des All –, »niemals und immer«: »die Mänade taumelt, die Nymphe lacht und ein Widerschein ihres ewigen Prangens fällt auf die vergängliche Hand.«

Blicke

Die jenseitigen Dinge sind einem viel näher als die nahen, ja, die gegenwärtigen sind das Fremde schlechthin. »Ich studiere vielleicht Einzelheiten, aber ich bin kein Beobachter,« – gilt für jedes Genie. Dafür hat es jene Blicke, jene Anfälle von Blicken auf Himmel und Sommertage ferner Zeiten, kommender Geschlechter, anderer Daseinsempfinder –, Anfälle schleierloser Blicke z. B. auf Sommerliches, Hohes, etwas Üppiges: heiße Städte, alles sehr ähnlich, derselbe As-Dur-Walzer von Chopin und doch sehr anders. Etwas Unstillbares ist dabei, etwas, das das Herz zerreißt. Neue ferne Wogen, kaum erkennbare Verwandlungen, Spätheiten – und unerfüllbar alles.

Dialektik

Ist Denken ernsthaft oder ist es mit den Ohren wackeln, einer kann es und wird hochgeehrt? Jedenfalls gibt es regionales Denken, aus dem zwar ganze Generationen von einheimischen Berufsständen ihre Platten laufen lassen, das aber für Bewohner anderer Erdteile genau so irreal ist wie Schnee oder der Hosenbandorden, z. B. Dialektik. Experimentell ist sie nicht zu prüfen, man kann die Weltgeschichte nicht so einstellen, daß Dialektik entsteht. Andererseits ist ihre Geschichte in Europa alt. »Les institutions périssent par leur victoire«, sagte Montesquieu. Das ist eine Gleichrichtung zu der in der Biologie gemachten Beobachtung, daß Überspezialisierung eines Organs den Bestand der Art gefährdet, bezw. meist vor ihrem Aussterben auftritt. Hinter beiden steht die Hypothese von der Freiheit am

Bande der Notwendigkeit (Schiller), nämlich erst die Freiheit mit ihren Spielen und Späßen und dann drängt sie selbst den Zwang herbei. Auch die Kleist'sche Briefstelle vom »gewaltsamen Fortziehen der Verhältnisse zu einer Handlung, mit der man sich bloß zu spielen erlaubt hatte«, zeigt die Bruchstelle zwischen psychologischem Keim und evolutionärem Verhängnis. Für das Allgemeine dieser Verhältnisse kam dann Hegel zu seinem berühmten Denkresultat.

Der Existentielle will nicht den Satz übernehmen, den er kürzlich las: Ein Weißer versteht in der Tat nichts vom Wesen der Dinge. Aber ihm scheint, daß z. B. das Basrelief des Khmertempels in Angkor Vat, auf dem der Mensch aus den geometrisch gearbeiteten Reihen der Elefanten, der Possenreißer, der Schlangen, der Götter, der Diebe und der Gurken überhaupt nicht hervortritt, wo alles von Verwandlung wimmelt, der Milchozean gebuttert wird, die asiatischen Michelangelos und kambodjanischen Berninis das Leben ohne Tod in einem Kanon der Verschlingung, in einer Architektur von geordneten Wucherungen, höchstens als pflanzliche Katastrophe zum Ausdruck bringen, daß dies ebenso aus dem Keim der Seele stammt, ebenso adamitisch existentiell ist wie die Empfindung einer dialektischen Bewegung der Welt. »Jedermann ist an seinem Platz«, – die Fledermäuse und die Flammentulpen und die Bajaderen, die Vermählten der Musik. Hier ist völlige Freiheit von Ananke; Unkenntnis oder Verachtung von Gesetzen, Ordnungen, individuellen Kategorien, von Normen, dabei ist Sicherheit und Vergessen; Geburt und Auflösung ist die der Pflanze. Die Großartigkeit und Gültigkeit dieser hinterindischen Seele ist ganz evident –, jenseits von Sieg und Niederlage. Ist sie weniger empfindlich und kostbar als die des gequälten europäischen Gehirnes, das die Götter und die Tiere von der Erde vertrieb, aus inneren und äußeren Zerstörungen gedankliche Hilfskonstruktionen, Bonmots, Arien, Verzehrungen erschuf –, weniger tief und verbindlich als Kants Kritik, oder Tristans Klage oder Paulus' »unaufhörlicher Schmerz des Herzens«? Wo und in wem weilte der Gott?

Bedenken gegen Nietzsche

Es ist zu vermuten, daß in jedem bedeutenden Werk Stellen sind, die dem Autor selber unklar bleiben. Daneben gibt es die Rätsel und die Widersprüche. Gemeint ist Ziffer 109 im Dritten Buch der Fröhlichen Wissenschaft. Wovon Nietzsche dort spricht, ist »das All« oder »die Welt«. Hüten wir uns, sagt er, zu denken, daß die Welt ein lebendiges Wesen sei. Wohin soll sie sich ausdehnen? Wovon sollte sie sich nähren? Wie könnte sie wachsen und sich vermehren? Hüten wir uns, etwas so Formvolles wie die zyklischen Bewegungen unserer Nachbarsterne überhaupt und überall vorauszusetzen, schon ein Blick in die Milchstraße läßt Zweifel auftauchen, ob es dort nicht viel rohere und widersprechendere Bewegungen gibt, ebenfalls Sterne mit gradlinigen Fallbahnen und dergleichen. Die astrale Ordnung, in der wir leben, ist eine Ausnahme. Der Gesamtcharakter der Welt ist dagegen in alle Ewigkeit Chaos. Von unserer Vernunft aus geurteilt sind die verunglückten Würfe weitaus die Regel. Es, das All, hat auch keinen Selbsterhaltungstrieb und überhaupt keinen Trieb, es kennt auch keine Gesetze; da ist keiner, der befiehlt oder gehorcht, keiner, der übertritt. Hüten wir uns zu sagen, daß Tod dem Leben entgegengesetzt sei. Das Lebende ist nur eine Art des Toten und eine sehr seltene Art. Hüten wir uns zu denken, die Welt schaffe ewig Neues. Es gibt keine dauerhaften Substanzen, die Materie ist ein ebensolcher Irrtum wie der Gott der Eleaten.

Also, wenn wir uns im großen Stil hüten, – denkt der Phänotyp dies weiter –: bleibt nichts übrig als ein Zickzack aus Wüsten und Wahn, ein Gewebe aus Unsinnigkeiten und, wenn wir uns an einer seiner Maschen fangen oder stoßen oder auch nur einen Rand zu berühren wähnen, so sagen wir Gesetz und Ordnung und Form und Ziel, diese begrifflichen Kondensationen des Irrsinns, und soweit wir überhaupt etwas beschreiben oder erkennen können, ist es der Abgrund, aber auch der enthält ja noch die Vorstellung des Grundes, also ist es das Bodenlose.

Dies etwa ist die Stimmung der ersten 52 Reihen des Aphorismus. Aber die letzten 2½ Reihen bringen dann die Wendung und diese ist äußerst überraschend. Sie lautet:

»Wann werden wir anfangen dürfen, uns Menschen mit der reinen, neu gefundenen, neu erlösten Natur zu vernatürlichen?«

Nietzsche setzt also plötzlich die Natur in Gegensatz zu dem chaotischen All und der chaotischen Erde und diese Natur soll neu erlöst werden und dann sollen wir uns mit ihr vernatürlichen. Geschieht das, dann ist offenbar das Vorhergehende gar nicht so schlimm und das Chaotische für uns geordnet. Diese Wendung ist seltsam bei einem Autor, dem es bestimmt nicht entgangen sein kann, daß die Natur der Schulfall des Unnatürlichen ist, nämlich der Gegensatz dessen, was wir natürlich nennen. Das Verfahren der Natur ist, um nur einiges zu nennen: Übertreibung, Ausschweifung, Sprünge, Verdichtung, unausdenkbare Konzentration immenser Spannungen auf kleinstem Raum, Vernichten, Liegenlassen, Vergessen - kurz alles andere als das, was wir als natürlich betrachten.

Diese Wendung ist aber auch schwer zu verstehen bei einem Mann, der so viel von den Bedürfnissen wußte und schrieb, die wir nicht aus der Wirklichkeit befriedigen können (also aus der Unwirklichkeit befriedigen müssen) und zu dessen - uns alle tief bestimmenden - Erkenntnissen es gehörte, daß die Kunst eine Abweichung von der Natur sei, Kunst, die er liebte »als Ausdruck einer hohen heldenhaften Unnatürlichkeit«. Diese 2½ Reihen können also doch wohl keinesfalls ein Bekenntnis zu einem Naturalismus oder Biologismus in irgendeiner Form sein und keine Aufhebung seines großen, die ganze Epoche zusammenfassenden Gedankens, daß die Welt nur als ästhetisches Phänomen zu deuten und zu ertragen sei. Zu oft hat er die Kunst, nicht die Natur, als die letzte metaphysische Aufgabe der europäischen Rasse dargestellt, - die monologische Kunst, sie ruht auf dem Vergessenen, sie ist die Musik des Vergessens –. Oder sollte er gemeint haben, die ästhetische Deutung sei bereits unsere jetzige Natur geworden und das sei die neue Erlösung? Aber, würde er nicht hinzufügen - hüten wir uns vor Erlösung?

Eine Lage des Verfalls bei geordneter Körperlichkeit. Keiner würde vermuten, daß hinter der Haut, gepflegt und märzgebräunt, ein Zusammenbruch besteht, unter Schnüren und Ordensabzeichen ein Monolog anläuft: »Aus wessen Leben blickt man, in wessen Schlaf sinkt man, nach wessen rätselerfüllten Tagen und der schon verschleierten, von Dämmerung und Unerinnerlichkeit gestaltlos gewordenen Flucht der Jahre? Geprägte Formen, die nichts zerstückelt –, ein euphemistisches Wort! Meine Zeit reicht nur von den Monaten der Sommer in Sils Maria (›Vorrede zu den früheren Schriften‹) und des Vorgebirges von Antibes, als es Monet malte, bis in diese Winter der Verdammnis und der Feuernächte, – aber selbst davon vergaß ich und der Ablauf ist zerstückelt. Ein Riese von Gehirn, ein Goliath von Gedächtnis, eine Penelope von Eindruckstiefe würde gewiß mehr davon bewahren, mehr Treue halten, – aber ich vergesse.
Mit welcher Wehmut denke ich oft der Seemänner, die ihr Garn spinnen in Grogstuben, wo die tabakgebräunten Kuttermodelle von der Decke hängen, aus der Welt der Segelschiffahrt und des Bordlebens, – Schnurren und Späße, ›Splissen und Knoten‹, frei erzählt, große Fahrten, weit zurückliegend und doch mit harten Konturen als hirnlicher Gegenstand vorhanden – lauter Perlen der Erinnerungen! Ich, von der Einfahrt in New York und dem Anlegen in Hoboken, erinnere mich nur noch der Mädchenhändlerin, wegen der die Polizei an Bord kam, sie allein leuchtet, wenn ich zurückblicke, aus dem Hafengewirr zu mir herüber. Über wieviel Auswahl leuchtet diese Dame, wieviel Verlust, wieviel Erlöschen wieder schweigsam gewordener Welten! Entweder ist das Erinnerungsvermögen nicht so bedeutungsvoll, wie es immer dargestellt wird, oder es hat Krankheiten, gewissermaßen Zahnlücken und Haarausfall, jedenfalls schafft es nicht in jedem eine Basis, einen Fond, der so wichtig wäre, um in Schifferkreisen zu verkehren. Es drängt etwas an, aber flüchtig. Ein totenstiller Sonntag, wir lagen in Hoboken. Es war so heiß, als ob ein Feuer über Deck fegte. Es fehlte uns an money, um es den Astors gleich zu tun und die City zu genießen.

Wir lagen in den Korbstühlen, die endlich einmal für uns da waren, die widerlichen Passagiere waren ausgeschifft und tummelten sich wohl schon in ihren Kreisen. Eine unbekannte Stadt, ein Land, dessen Gebräuche mir fremd waren, im Grunde waren es nur tief gestaffelte Mauern, die man sah, mit Flecken drauf – wohl die Fenster. Also, dieser Sonntag voller Öde, unser fremder Steamer auf dem Hudson, keine Dollars, um Anschluß zu bekommen, menschliche Wärme, Sinnlichkeit, – nur diese Korbstühle, Besitzer unbekannt, Aktiengesellschaft oder wie schon der Begriff sagt: Société anonyme, – auf der lagen unsere Glieder, dazwischen mußte man seine Stunden behaupten, die sich nie sammelten, nie eine eigentliche Blüte hervorbrachten und darum den echten Schiffererzählungen nie das Wasser reichen.
Etwas Grundsätzliches –, es blieb bis heute: heute lebe ich innerhalb räumlich hart bestimmter Grenzen, gewissermaßen in einem Fesselballon, über den Korb sehe ich einen Platz, eigentlich nur drei Gebäude und in der Ferne eine Flußniederung, ansteigend Wälder –, aber einprägsam ist das auch nicht. Man hört öfter von Entfernungen, die abgeschritten werden, und von Gebäudewinkeln, die eine Rolle spielen, diese Anordnungsverhältnisse bleiben mir fremd. Eine Lücke! Ich halte mit meinen Beständen durch und laufe Gefahren! Eine Verschärfung der Sinne hat die Natur hier versäumt, ein Zusammenballungsmoment und Blütentreiben, denn obschon ich diese Dinge beachte und, wie gesagt, nur wenig Beobachtungsgegenstände vorliegen, ist in Bezug auf die Lücke nichts Rückläufiges zu bemerken, – eine Lücke in völligem Gegensatz zu allen Schifferkreisen.«

Summarisches Überblicken

Schon summarisches Überblicken, Überblättern schafft manchmal einen leichten Rausch. Venusse, Ariadnen, Galatheen erheben sich von ihren Pfühlen, unter Bögen, sammeln Früchte, verschleiern ihre Trauer, lassen Veilchen fallen, senden einen Traum. Venus mit Mars; Venus mit Amor, hingelagert, ein weißes Kaninchen an der Hüfte,

zwei Tauben, eine helle und eine dunkle, zu Füßen vor einer Landschaft, die sich weit verliert. Procris stürzt aus dem Gebüsch, schlägt flach zu Boden, über ihr Cephalus mit einem langen geschlitzten Ohr, der Jäger, er glaubte, das Rauschen von verstecktem Wild zu hören, er ist der Gatte und nun durch den geworfenen Jagdspieß der Mörder; ihre Sandalen sind bretzelartig verschnürt und ausgestanzt, an ihnen trauert der dunkle schöne Hund.
So erheben sich die Welten. Andromeden, Atalanten, schlafend oder erwartend, nackt oder unter Fellen, behängt mit Perlen, Blumen und vor Spiegeln. Weiße Üppige mit aufgestützten Schenkeln, oft dicht an ihren Rettern, deren Brünnen glänzen. Aber die meisten sind sehr einsam, sehr in sich verborgen, gehn aus dem blassen gewölbten Fleisch nicht über; sie erwarten, aber sie zögern vor jeder Röte und vor jeder Lust. Sehr Verhaltene: Ceres mit dem Weizenkranz, schweigsam wie die Samenkörner; und bäuerlich eine Herbstin mit Hacke, Trauben, Weinzweigen, keineswegs trunken, sehr gesenkten Blickes, eines Blickes bitter und unerfüllt.
Galatheen landen mit Delphinen, verlassen die große Muschel, teils betreten sie allein das Ufer, teils mit Wasserjungfrauen und Centauren. Und immer wieder die Tauben, auch die Schlangen, auch die Muscheln und dort der Pfau und dort die Barke, an allen Stränden, an allen Hängen – säumen und vergehn.
Das unmittelbare Erleben tritt zurück. Es brennen die Bilder, ihr unerschöpflicher beschirmter Traum. Sie entführen. Der körperliche Blick reicht nur über den Platz bis an die Burgen – aber die Trauer reicht weiter, tief in die Ebene hinein, über die Wälder, die leeren Hügel, in den Abend, das Imaginäre, sie wird nicht mehr heimkehren, dort verweilt sie, sie sucht etwas, doch es ist zerfallen und dann muß sie Abschied nehmen unter dem Licht zerbrochener Himmel – –, diese aber entführen, führen weit und führen heim.

Vergleiche, Studien, geographische Details! Wie still das alles in mir ruht: *Canal du Midi* – kein Segel, das Wasser ist unbewegt, von brauner Farbe, Schilf wächst am Rand, er ist nur sechs bis zehn Meter breit, zu beiden Seiten ein Leitweg, überragt mit Pappeln besetzt, auf dem die ziehenden Pferde gehn, – welch ein Gegensatz zum *Belomorskikanal* zwischen Newa und Weißem Meer, der Bau kostete drei Millionen Menschen das Leben, seine Fluten sind unaufhörlich gepeitscht von Stürmen und motorisierten Kutterkarawanen, die zur Onegabucht jagen –, dort im Midi sind auch die großen weißen Stiere vor den Pflügen, die langsam gehn.

So bereit zur Auferstehung! Sich vergeben über weite Räume! Pontinische Sümpfe, giftige Moräste, Trümmer von Gräbern, Hügeln mit Ruinen, – Reich des Fiebers und des Todes, aus den dorischen Säulen bröckelt der Kalk. Tief dunkle Buschwälder, Macchia, phönikischer Wacholder von der Via Appia bis zum Circekap, verschlafene Büffel, Horste von Purpurhühnern vor dem clematisblauen Meer, auf dem die Barbareskensegel kamen, *Fondi* überfielen und wieder verschwanden!

Von hohen Schneefeldern stürzt ein Bach, er verschwindet in Schuttkegeln – es ist der Styx. Die rotblauen Felsen von Delphi, die Glanzfelsen, ein Wald von grauen Ölbäumen schmilzt herauf aus der Tiefe des großen Tales. Wie aber auch anderes seine Ausbreitung erwartet! Sarmatisches Land! Es erfüllt die Stunden! Steppenwinter, furchtbare Schneegestöber, die Luft gänzlich undurchsichtig, eine Windhexe kündigt sie an: Klumpen von verdorrten Pflanzenstengeln, eine Art Kollerdistel, ballen sich zusammen, wachsen riesengroß, rollen und springen, alles flieht, kein Wolf denkt an Beute! Hernach die Frühlinge, Wasserüberfülle, ganz das unruhige Element, widerliche schmutzige Morastgärungen, dann zwar Krokus und Tulpen, aber alle Kräuter grob, groß, strunkig, bei genauerem Hinsehn weit auseinanderstehend, kein Vergleich mit Surrey und Argolis.

Eine weiche weiße Luft fällt um dich wie warmer Schnee, die Rinden und die Vorblüten treiben im Geheimen, dann ist alles da und dann die endenden Sommer mit dem Violett der Distel und der schwefelgelben, der heißen süßen Rose Diane vaincue –, so verkünden sich und so vergehn die Jahre. Wo du auch hinhörst, es ist letzter Klang, immer Ende, finale Lust, von hohen Schneefeldern stürzt ein Bach, ein Wald von grauen Ölbäumen schmilzt herauf aus der Tiefe, Trauer und Licht, wie still das alles in dir ruht, und dann die endenden Sommer mit dem Violett der Distel und der schwefelgelben, der heißen süßen Rose Diane vaincue.

Der Stadtpark

Auf anderer Ebene der Stadtpark. Er tritt ohne weiteres in den Blick (ohne weiteres?), sei es von der bogenförmigen Brücke, sei es von der Bank aus, mit der der Verschönerungsverein bestimmte Ausblickspunkte gartenkundlich bedachte. Ein Himmel ist auch über ihm, nicht der blanke blaßblaue Texashimmel und nicht der wolkenlose des Midi, der die Pinien überwölbt, aber doch eine Art Höhenabschluß für Versuchsblicke. Verschiedenartige Pfade führen heran, das ist herkömmlich, – doch ungeheuer auffallend das *Schwanenmotiv*. Schwäne –, das ist stilisiert! Widersinnig, den Schwimmvogelkopf so hoch über den Wasserspiegel zu legen auf einen Hals wie glasgeblasen! Keine Kausalität darin, reines Ausdrucksarrangement. Ebenso die Weiden, in die Fluten hangend, Unstillbares, Schwermut, Bionegatives in die Ackerbürgerstadt verlagernd, – unmittelbar, wie jeder nachfühlt, auf Ausdruck gearbeitet.

Eine Welt der Widersprüche, aber die Welt hat doch schon so manches gesehen: Lustknaben krönen lassen, einen Schimmel als Gott verehren, den Manen eines Bechers ein Mausoleum errichten, einen schönen Baum mit Geschmeide zieren – und nun diese Zerstückelung! Doch unsere Lage ist nicht günstig. Alles, was man über das Leben hört, über den Geist, über die Kunst von Plato zu Lionardo bis Nietzsche ist nicht kristallklar, enthält Winkelzüge, – wird doch schon ganz öffentlich von einem Verlust des Gegenstandes gesprochen! Ja, in der

Tat, wir bezweifeln die Substanz, aus der diese Worte kamen, wir bezweifeln ihre Erfahrungen und ihre Glücke, wir bezweifeln ihre Methode sich darzustellen, wir bezweifeln ihre Bilder. Wir haben kaum ein paar Schritte Erde vor den Füßen, wenig Irdisches überhaupt, alles ist sehr schmal, alles muß sehr vorsichtig erwogen werden, wir blicken nachdenklich auf die geäderten Kelche großer Blumen, in die die Nachtfalter so berauscht versinken. Das Reich ist immer nur eine Seite groß oder einen gemalten Federhut oder eine Fuge – und drüben das Gewoge. Es ist März, der Park hat etwas Unsauberes, selbst in dieser Ebene, in dieser Niederung, die Liliaceen tragen sich gespannt, sie öffnen sich in einer jähen Entsprossung, gestern noch geschlossen, bersten sie in einer Art Selbstdeflorierung, in einem blauen Aufsprung entgegen dem Licht, sie erscheinen jung und hart wie Waffen, – daneben sind andere Waffen: Glocken, Kätzchen, ausgefüllt bis ins Äußerste, formensicher bis in den violetten, in den bienenbraunen Saum –, Waffen einer feindlichen Macht, Übermacht, an der alles zerschellt – der Natur. Demgegenüber muß man alle Kräfte sammeln.
Unsere Lage ist nicht günstig. Die Sinne sind im Rückzug. Hat schon jemand einmal darüber nachgedacht, daß Nietzsche 14 Dioptrien trug, meistens zwei Gläser, Knaben leiteten ihn über Stege und hinunter. Auch hören wir nicht mehr weit, die großen Firnenjäger hörten weiter. Also in sich selber seine Springbrunnen hochwerfen, seine Echowände errichten! Die Schlange Kassandras hat uns nicht die Ohren beleckt, die die Stimmen der Luft und die Melodien der Erde eröffnete, wir schliefen nicht auf dem Marmor, über den dies Reptil sich wand. Aber Jahrtausende leben in unseren Seelen, Verlorenes, Schweigendes, Staub; Kain, Zenobia, die Atriden schwingen ihre Thyrsosruten her. Und dort der Teich! Wasser! Wasser ist dunkler als Erde, stundenlang könnte man es betrachten, an seinen Ufern weilen –: Wasser werden –, sich verändern, Veränderungen und Tiefe unter Wellen –, ach, eine Stunde auf *einer* Ebene, auf *einem* Glück –!

Die Geschichte

Die Geschichte in ihrer wunderbar ausgleichenden Gerechtigkeit: sie verschlägt den Mithridates zu Tigranes und den Alarich in ein rosenumsäumtes Landhaus bei Bordeaux. Cicero kann zunächst die Verschwörungen enthüllen, erst später wird er auf 400 römische Meilen von Rom verbannt. Im Pelzwarentausch ist sie tätig und auf Salzstraßen; sie arbeitet mit einem Staubkorn, an dem ein Auge erblindet und belädt mit Trümmern eines gestürzten Kolosses 500 Kamele. Unten gestaltet sie noch ein Schlurfen um die Reste weißer Statuen in einem zufällig verschont gebliebenen Hain: Sol, Hekate, Zeus, die für sechzig Generationen das Leben trugen, – oben gestaltet sie schon das byzantinische Mosaik –, Mosaiken wollen nicht erzählen, nicht erziehen, sie weben ihr monologes koloristisches Ritual.
Die Geschichte in ihrer wunderbaren Gleichförmigkeit, in ihrem regelmäßigen und fruchtbaren Rhythmus: nach unten werden die Abgaben erhöht, das Korn auf dem Halm und die Forsten verschoben, ein oder einige Stände ausgebeutet und oben tragen die Herren Lorgnetten und die Damen Pompadours mit kandierten Fondants. Die Damen gehn in olivfarbenem Samt mit Spitzen und Federn; die jungen Wiener Komtessen sind weiß gekleidet, haben blonde Zöpfe über der Stirn, frische Rosen an der Brust und lächeln den Besuchern entgegen. Das Neueste ist das Radeln: die Begutachtungsgrafen aus dem Ministerium am Ballhausplatz treten die Pedale, die Älteren legen sich Kegelbahnen an, im Garten gibt es Italienische Nächte, man schenkt Bonbonnieren, in die Salons werden Orangerien eingebaut mit kleinen Fontänen, die leise plätschern. Es ist die Zeit der Bazare: in den Buden werden Hampelmänner, Wiener Couplets, Champagner von Prinzessinnen, als Columbinen verkleidet, dargeboten, in einer Laube aus Stephanotis und Gardenien gibt Madame Recamier Autogramme berühmter Künstler in Körbchen voll Parmaveilchen, eine Tausendguldennote läßt Baron Bernsteiner achtlos in die goldene Schale fallen, die nur große Summen aufnimmt. Eine Teufelin in Schwarz und Rot hält Eis und Waffeln feil; die ganze Coterie beteiligt sich an lebenden

Bildern, für die Haute Gomme eine Trouvaille für Sottisen und Herzensspekulation. Und von unten durch die Sinne, durch die Gehirne, durch erworbene Laster, ererbte Schwächen, schwarze Börsentage, Todesfälle mal à propos höhlt die Geschichte an den Schichten, die sie tragen, wie sie immer höhlt in ihrer wunderbaren Wiederkehr des Gleichen so vorsorglich bis in die Staatsfabriken und Galeeren. Staatsfabriken für die öffentliche Brotverteilung, daran angeschlossen zum Verdienen Wirtschaften und Bordelle und von da aus geradeaus auf die Ruderbänke mit den Fußeisen. Unten barbarische Kriminalstrafen und oben Ehrenstatuen gegen Trinkgelder; unten Gruben, oben kolossale Porphyrsärge. Unten die Schwielen von Fesseln, die man auf irgend einer Insel des ägäischen Meeres getragen, oben Kränze und Pfauenfedern. Unten Ziegelplatten, die vom Tiber überschwemmten Quartiere, Tuffhöhlen, – oben Bögen aus Jaspis und Achat und Villen im kühlen Tibur.

Die Geschichte! Werbesklaven, Feldsklaven, Troßsklaven unten, darüber Fanatismus für Zirkuspferde, für Wasserorgeln, eintönig, aber laut, groß wie Stadtkutschen. Dann einige verlorene Schlachten oder die zahllose Klasse erschlägt einige Tyrannen und alles ist zu Ende für eine Weile. Nur für eine Weile, – die Geschichte in ihrem regelmäßigen und fruchtbaren Rhythmus mauert die Epochen in einander, aus dem Perserschutt erbaut sie das Parthenon, die antiken Tempel macht sie zu Steinbrüchen des Quattrocento, unter ihren Fittichen leben die Foren weiter als Ziegenberge und die Kapitole als Kuhweiden, die Wölfin legt sich in die Schafställe und säugt Lämmer – –, also man muß stehn und sich halten wo die Herren Lorgnetten tragen und in die kolossalen Porphyrsärge sinken, man muß stehn und schauen, dann wird der Rhythmus kapital, man muß schauen, zurücktreten, sich erheitern, dann knospen die Galeeren, Wunden heilen durch Maden und die Universalgeschichte wird wunderbar.

Libellen

Weder Käfer noch Schmetterlinge – hohe Töne, Schwirren!
Von einer Gemeinschaft ist nirgends die Rede. Alles kommt aus dem Mittelpunkt, gilt nur für ihn, fällt sofort in ihn zurück, der Mittelpunkt ist die Gemeinschaft.
Körperliche Bewegung ist eine Nutzlosigkeit vom Standpunkt des Geistes gesehn; ebenso wird die Sprache nur völlig empfinden und beherrschen, der kaum spricht, nämlich nur zu sich selber, er selber wird sein feinstes Ohr.
Wer Dauer wünscht, stilisiere nicht auf Ewig, sondern auf à Propos; ein Schatten, der über das Manuskript fällt, kann schwerwiegender sein als das Ur. Ferner: es ist immer nur eine kurze Strecke, die eine Generation weiter zu denken vermag als die vorangegangene, es scheint bestimmt und abgesteckt zu sein, was ihr an erweiterten Wendungen gelingen kann, – dem aber kommt sie vom Kurfürstendamm aus näher als vom Ur.
Auch verachte man den Bürger nicht, er selber lebt gern im Bunten und Vollen, aber wenn der Geist sich durchsetzt trotz Armut und Dunkel, hat er daran seine ehrliche Freude. Und die Cäsaren! Alexander verschonte bei der Zerstörung Thebens das Haus des Pindar und wollte Persien nur erobern, um es nach Athen schreiben zu können! Napoleon kommt immer wieder auf Rousseau und Werther zurück – also der Geist ist doch in allem tätig! Andererseits sprengte eine venetianische Bombe 1687 das Parthenon –, das Mittelmeer unter sich!
»Wer den Kalifen in der Versenkung stört, wird enthauptet –, und wenn der Feind derweilen die Stadt erstürmt. Nach der Auffüllung der Kräfte wird der Fürst des Feindes schon Herr werden« –, also wer nach innen lebt, sieht eine große Vereinigung, ein allgemeines tat twam asi, runde Schultern hat jedes Ding, selber der große See ist stillen Wassers, nichts mahnt an Flucht und Fließendes...

Wenn man das Ganze überblickt, ist es von großer Unverständlichkeit, aber wahrlich der Wunder voll. Es gibt Fliegen, die nisten im Maule des Nilpferdes; Lurche, die sich tagelang begatten; Millionen von Faltern verlassen die Wälder, bilden eine azurblaue Wolke und stürzen ins Meer. Die höheren Wesen schneiden einander in die Gurgeln wegen eines Sacks Pfeffer, überfallen sich um Purpurschnecken, für einen Liter Gummisaft starben Tausende, ertranken auf allen Meeren, ihre Gebeine bleichen an fernen Küsten. Sklavinnen werden Kaiserinnen; Benny Gogh, ein Hund, liegt vor einem Gouverneurspalast, begraben in einer der schönsten Parkanlagen der Welt, sein Name steht mit dem einer Araberin und eines Deutschen auf einem Obelisken, der trägt in großen Goldbuchstaben die Inschrift: Never fades their Glory – niemals wird ihr Ruhm verblassen.

Ein Mann fragt: »wer hat dich so geschlagen?« Die Frau: »ein Derwisch in einer Bar.« »Warum bist du hingegangen?« »Weil du fortfuhrst, ohne mich zu binden«, – solche Seltsamkeiten hört man alle Tage. Wer allgemein fühlt, kann sich überall vermischen, wer sehr individuell ist, dem wird auch Sodomiterei nichts tun; wenn es einen großen Zynismus gibt, so ist er Gottes.

Indien. Die Manghat's (Leichenverbrennungsplätze) an heiligen Flüssen, Geier darüber, die Harmonien der »Rosen aus dem Süden« schlagen vom Eden Garten herüber an unser Ohr. Offiziersdamen in Phaetons; niedrige Hackerys mit Hindufrauen. Kamelschellen, die geweihtes Wasser verkünden; das Schlagen der Gongs, um der Hausgötter zu gedenken. Schleier von östlichen Gangesarmen, Shawls aus der Wolle der Ladakhschafe –, und das Faulen der Muscheln in Trögen von hohlen Bäumen, bis die Perlen sich am Boden sammeln. Pilger, Bettler, Affenscharen; Klippen aus weißen Korallen, Inseln, die entstehen und vergehen. Madonnenlilien in Balcic am Schwarzen Meer, weiße Blüten von Maltas Mockorange. Die augengroßen Saphire in der Tiara des Zaren, Perlen vom Hals bis zur Taille, große Kerne. Und dort knien sie auf ihren Flößen vor den Stromschnellen und beten. Durch alles dies muß man

hindurch, es auf sich wirken lassen, es durchdenken. Dies wird dir auferlegt für deine Jahre, die ein unerrechenbarer Tod begrenzt. Für etwas das jenseits deiner liegt, bist du erschaffen. Basare, um Tschibuk zu rauchen, und Karioleis, die Sklavenmärkte; Balmorals Gärten – Geräusch der Brunnen und Geräusch der Rechen – alles dies!
Weizen, aus Mumiensärgen, tausendjährige, werden ausgesät und tragen Ähren, Keime leben lange, du bist die Mumie, zerfällst –, diese kreisen und blühen. Die Fremdheit zwischen Ich und Erde steigt mit Flammenwerfern zum Himmel, aus der Tiefe der Getreidefelder und den abgründigen Lauten des purpurströmigen Mohn. Dein Zerfallen! Keine Mumiensärge dir, um zu schlummern, keine Körner, um wiederaufzuerstehen! Aufnehmen: dies alles, – aufnehmen und dann verlieren und dann gehn.

Bordeaux

Ein Roman im Sitzen. Ein Held, der sich wenig bewegt, seine Aktionen sind Perspektiven, Gedankengänge sein Element. Das erste Wort schafft die Situation, substantivistische Verbindungen die Stimmung, Fortsetzung folgt aus Satzenden, die Handlung besteht in gedanklichen Antithesen.
Selbstentzündung, autarkische Monologie. Radio ist der Natur weit überlegen, es ist umfassender, kann variiert werden, die Natur ist egozentrisch, regional gebunden, auch überspannt sie immer wieder ihr panisches Prinzip. Schreibtisch oder Fensterplatz entwickelt mehr Substanz als Landschaft, sie schaffen ihr Ausdruck, überdauern ihre Nebensächlichkeiten, ihren unklaren Saisoncharakter. Außerdem – wo in ihr wäre jene Trauer, die dem menschlichen Gedanken seine lange Bestimmung und seine weiten Räume gibt, wo das Gefühl der fremden Herkunft, das unser eigentliches Wesen ist?
Alles, was zurückbleibt, sind Dinge, die in Bewegungslosigkeit geschaffen wurden oder in langsamem Herumgehen um einen Steinblock oder unter jenen Platanen. Scharfe Ritte und schwere Schilde führen den Mann vielleicht zu Besitztümern und zu Liebesnächten, doch muß er zwischen

Sonne und Schatten hin und her und in einer Ruhelosigkeit streifen, die ohne Frucht ist. Wenn Wind weht und die Bäume ihre Formen nicht durchführen können, bleiben selbst von jenen Platanen nur ihre Wurzeln dem Geiste nah.

Handlungen sind gelegentlich romantisch, enthalten die Möglichkeit zu Impressionen. Ich denke an Bordeaux. Natürlich war ich nicht völlig bewegungslos dorthin gelangt, vielmehr auf vier Rädern, ein großer Horchwagen. Eine sehr heiße Stadt. In der Ferne der Atlantik mit seinem durch nichts gestörten Blau, einer Färbung, von der man den Eindruck hatte, daß sie sich noch im Ausströmen vertiefte. Ein Café aus Marmor und Gold, – ein Café für Dogen, riesige Räume, prunkvolle, hier sprangen die Ratten um die Tischfüße, große Tiere, der Kellner, den ich darauf aufmerksam machte, sagte beiläufig, was wollen Sie, die Stadt liegt nahe am Meer. Dann war gerade ein Kapellmeister am Ort, der dirigierte ohne Taktstock nur durch die Bewegungen des Rumpfes, die Serenade von Toselli gelang ganz wunderbar.

Eine ungeheuerliche Hitze, sehr übersteigert, dumpf wie aus den Pelzen von Hummeln. Wir sahen die Leute vorbeipromenieren, es war Sonntagabend, kleine Leute, Provinz, von diesen *handelte* niemand, – sie schufteten: in Kellereien, Fabriken, Büros, Krankenanstalten –, aber das war kein Handeln. Feuer aus Stein schlug keiner. Pfeile für Jagdzüge spitzten sie nicht. Sie schufteten und dachten. Handeln taten vielleicht ihre sogenannten Führer, also Narren und Sträflinge, für die floß allerdings diese Gegend auch über von patriotischen Beständen. Château Lafitte und im Chapeau rouge die bekannten Rebhühner mit Trüffeln. Dafür trieben sie die Einwohnerschaft erst zu Volksvermehrung an, dann mußte für alle überflüssig Geborenen Arbeit beschafft werden, dann Märkte erobert, um die unnützerweise hervorgebrachten Waren wieder abzusetzen, und so verflocht sich ihre Lebensaufgabe von selbst in die große Harmonie. In dieser Weise bewegten sich die Jahre, dieser Eindruck entstand, in der heißen, weinbergumdufteten Stadt, dem alten römischen Burdigala und, in dieser Richtung gesehen, jedenfalls an diesem Abend, konnte ich darin keine Fruchtbarkeit, keine unerschöpfliche Gabe der Natur erblicken, sondern nur eine mangelhaft angewendete Vernunft, die sich weit von ihrem Sinn entfernte.

Wir waren von Les Sables d'Olonne gekommen, wo man Austern, über Rohan, dem eleganten Bad an der Gironde, wo man Sardellen fischt, an dem Hafen vorbei, in dem sich einer dieser berühmten Handelnden flüchtig auf den Bellerophon begeben mußte, um für immer zu verschwinden. Freundliche Dörfer hatten wir kaum gesehen, aber jene kleinen Flecken, die Bourgs, mit den aus Stein roh ausgeführten Wohnungen, fast ohne Fenster und ohne jeden ansprechenden Schmuck, umgeben von Obstbäumen, die aber der Üppigkeit und Überfülle ganz entbehrten, wie sie in gleicher Breite an der Rhône und Saône den Süden verkündeten. Dagegen sahen wir auf jenen isolierten Felsen die beherrschenden Schlösser mit den massenhaften, mit Ringmauern umgebenen, vom Donjon, dem dicken Feudalturm, überragten Gebäuden, sowie den von niedrigen Pfeilern flankierten Toren und wir begriffen vollkommen, wie diese Schlösser, welche den Namen Fels (la Roche) erhielten, wie La Roche Chalais, La Roche Mareuil, La Roche Foucauld, La Roche Chouart, La Roche Beaucourt, La Roche sur Yon, La Roche du Main, La Roche Posay, La Rochefort, auf einer Strecke sich drängten, wie andere mit dem bescheidenen Namen Hügel (la Motte) sich begnügten, wie es endlich der la Tour auch nicht wenige auf derselben Strecke gab. So hatten wir die Vendée durchzogen, um im Lande Médoc den großen Seehandelsplatz zu gewinnen.

Hier wogte, wie gesagt, die Menschheit nicht widersinniger als anderswo, nur waren der Marmor unverbindlicher und die Ratten sichtbarer. Wen die Vergangenheit anzog, der fand Reste der Römerzeit, wer sich der Gegenwart zuwenden wollte, dem trat in einigen Stadtteilen moderne Eleganz entgegen. Einer, den die bildenden Künste beschäftigten, konnte abseits vor das Haus hintreten, in dem Goya die letzten Jahrzehnte lebte und starb, konnte im Geist nochmals seine Hexen reiten, seine Mißgestalten über Krieg und Frieden feixen, seine Galgen salbungsvoll über Handelnde und Gehenkte ihr graues Gebiß zusammenschlagen, kurz die unstillbare und vertrunkene Menschheit durch einen Rauchfang in eine üble zerfetzte Hölle halluzinatorisch geblasen sehn. Wir unsererseits schweiften noch nach Cahors, der alten Hauptstadt von Quercy, vom Lot umflossen, und mit schönen roten Weinen, um in Hendaye im Hotel Funterarabia zu landen, schon nahe an der internationalen Brücke von Bissadoa, über den der hölzerne Grenzsteg in jenes Land führt, in dem Wanderschafe zu halten nur gewissen Bevorrechtigten zustand und in dem der höchste Orden, der des Goldenen Vließes, auf die Argonauten und das Widderfell von Kolchis, also weit in das Altertum, zurückverwies.

Demnach Anfang und Ende, Felsen und Meer. Eine Reise, – im wesentlichen ließen wir uns automatisch bewegen. Ein Roman im Sitzen. Auch kühle Frauen waren da, blasse Südfranzösinnen, die Angelegenheiten ihres Gatten gewandt vertretend, eine empfing uns in einer Laube, unter anderen machte sie die seltsame Bemerkung: wenn der Tod uns nicht mehr schmerzte, würde er seinen Sinn verlieren und wahrscheinlich verschwinden, an seine Stelle träten dann *Tränen aus anderen Gründen*, grauengeborene und süße, nach den jeweiligen Strömungsverhältnissen unseres menschlichen Blutes.

Blöcke

Welches ist nun der Standpunkt des Ich? Es hat keinen. Darf alles auf es einstürmen? Es darf. Ist eine Kirchenfahne oder ein Kinderdrache ein Gaurisankar gegen ihn? Das kann man sagen. Vorüberstreichen als ein Abenteuer der Seele, dem Nichts entstiegen, dem wir enteilen, im Nichts sich lösend, das über uns sich schließt, – entstehen wie ein Blues und vergehen wie ein Strahl oder eine Magnolie – so eintägig, *ephemer:* dies tiefe Zeichen seiner Seele! Ein Sirihpriem unter der Zunge, ein Stückchen Quittenmus auf einem Pisangblatt ist bei den Javanesen alles – so leicht, so unbegrenzt, – und unbehilflich nichts –: dies ist seine Lehre!

»Komm mit aufs Meer! Zerbrich, zerbrich! Noch steht die Veste, – du hast den Blick, –: sie flutet an zu brüchigem Verweilen, zu Stunden, panischen, im Schilf ein Flötenton, der fragend bricht. Komm mit aufs Meer, vom Meer aus ruht das Land und ruhn die Herzen« –: ein Vers aus seinem Lied. Erdteile im Projektionsverfahren, Jahrhunderte als Wolkenverschiebung, Schicksale auf Ausdruck gebracht, Blöcke als Selbstverpfleger –: eine Architektur von eigener Balance.

Städte erstehen. Am Fuß eines Riesenobelisken, an irgendein altes ägyptisches Monument erinnernd, schwirrt ein schwarzes Insekt wie ein Floh auf den Hinterbeinen umher, – ein Mensch, da geht noch einer und da noch einer. Sie stürzen durch Öffnungen unten in den Wänden, werden in senkrechten Röhren im Innern der Häuser nach oben geschossen, werden ausgeladen, sausen durch die Luft, werden ins Dunkle der Erde geschleudert, vermählt mit Kranen, eins mit Dynamos zwischen Gebäuden wie Pilaster, zart wie nackte Statuen, grau oder rosig und in Scheinwerferlicht. Glocken stürmen, Hörner schallen, Pfiffe gellen – die Städte schwellen rot an, füllen sich, tragen Purpur, gehn in Seide, zittern von Beleuchtung und Liebesakten. Von hohen Häusern sieht man die Bay, die Wellen um Long Island mit all den Segeln ihrer Lustboote, die Landhäuser liegen im Sonnenlicht, die Frauen sind die Flüge weißer Vögel zu Polofeldern und langgestreckten goldenen Küsten, abends klirren die Gläser –: Sommertage, bestickt mit Flips und den großen Beautyrosen.

Broadwaystars: von einer Negerwaschfrau in Haarlem erzogen, jetzt 50 000 Dollars im Jahre. Beim Erwachen Orangensaft und schwarzer Café, dazu der neueste Slowfox, die Jungfer sammelt die verstreuten Chiffonfetzen; 15 Jahre Training, um sich leicht zu drehn, Purzelbäume drei Stunden täglich, damit die Knochen gehorchen, Kopfstehn, um klettern zu können wie ein Affe, und abends mit einer Baßstimme und dann mit einer ganz hohen Nachtigallenstimme durch Lieder von Ukulele Babies und Piccaninis die Herzen zerreißend, erschauern machend unter dem ganz persönlichen Stil, sich hinten überzulehnen und mit den Knien zu wackeln. Es erschauert, es wird gepeitscht: die Seeküste, die Hudson- und Champlainspalte, East-River, Sandy-Hook, Nachkommen Sem's, Nachkommen Ham's, Weiße, Mischlinge, Halfcast, Lip-Laps, die Chefs des Federal Reserve Building, die das Gold horten. Nach dem Song das

Eissoufflée und die Suppe aus dem Nestschleim der seltenen javanischen Salangane.

Oder dort: Die großen Braunen, an der Außenseite des Stirnbandes eine Veilchenrosette, stehn korrekt vor dem Palais, alle Viere möglichst weit gestreckt, vier Hufe vorne, vier Hufe hinten in einer Reihe, sauber poliert, der Groom steht vor der Deichsel unter den Pferdenasen. Dina Grayville steigt in den Brougham, lehnt sich in das wattierte Tuch, sie fährt Kleider und Kinderwäsche für ein Waisenhaus zu kaufen, sie nimmt die Route über die Longchamps-Promenade, den Weg, über den einst in der Karwoche die wunderschönen Stimmen aus der Abtei erklangen, – danach zu Potin, die Erdbeeren aus Hyères sind da.

Hotels im Rauschen der Kaskaden, Palais in der Peking-Road (mehr Fort als Bungalow), der Präsident – Export: Moschus, Galläpfel, Tungtschouwolle – sitzt in dem Lehnstuhl, in dem Essex starb. Blöcke –: Jahrhunderte als Wolkenverschiebung, Erdteile im Projektionsverfahren, – komm mit aufs Meer, im Schilf ein Flötenton, der fragend bricht.

Zusammenfassung

Das Vorstehende sind die Eindrücke, Erinnerungen und Taten des Phänotyps während eines Vierteljahres, vom 20.3.1944 – 20.6.1944, – ein Zeitraum, der genügt, um sein Verhalten zu beschreiben. Er wohnte in einer östlichen Kaserne, bekam Truppenverpflegung, wöchentlich zwei Kommißbrote, hinlänglich Aufstrich, zweimal täglich eine Schüssel voll Suppe oder Kohlgericht, er war also wohl versorgt, sein Zimmer ging auf einen Exerzierplatz, auf dem die Allgemeinheit ihre Ideen betrieb.

Das Alter nahte ihm, die Tage des Überblickens, die Stunde der Gewißheit, daß niemand mehr kommen würde, zu deuten und zu raten, nichts mehr, etwas aufzuklären, das man nicht selbst erklärte. Alles trat in eine helle Beleuchtung, in feststehende Verhältnisse, in Beziehungen, die im Rahmen ihrer Lage gültig waren, – nur im Rahmen ihrer Lage: denn im Hintergrund stand die große Disharmonie als Gesetz des Alls. –

In diese reine Projektion eines abstrakten Intellekts, fremd und als eine jener Mutationen anmutend, in denen sich das Hintergründige, das »Absolut Reale«, wie es die moderne Physik nennt, gelegentlich weiterbewegt, in diese Spannungen, Spaltungen der Verwandlungszone trat geographisch etwas von den weiten, nach Asien hinüberflutenden Ebenen über, in denen er damals lebte, von ihren Wäldern und öden Flüssen, die ersteren, die am Rande so weißblau summen, die letzteren, an denen die Binsen tief und eintönig starren, – die Krume verriet ihm von ihren Wiederholungen, die so alt sind und die nie ermüden. Etwas Stillstehendes trat in ihn ein, trat hervor, da es wahrscheinlich immer da war, ein unsichtbarer, mit Namen nicht zu nennender Gott, der zu den Ländlichen gehörte, denn er blieb im Acker, die Ernte fiel, ohne daß er sich rührte, auf seine Schultern, seine Höhlen lagen nahe, nicht unerreichbar waren die Eingänge zu Nestern und Schlucht. Auch das mythische Verschwinden in Wasserläufen, die Entrückungen durch eine Flußnymphe, Najade, – Schaumgeburten, Wogengräber hatte er Muße, hatte er Maße zu bedenken. Da hielt er: die Angel nicht mehr ausgelegt, die Wasser zogen, ja ganze Tage wässerten in entrücktem Schweigen, ohne Ungeduld, mit jenem Honig in den Stunden, der nach der Blüte kommt, nach vielen Blüten, aus Schnee- und Purpurfeldern.

Und in der Normandie begann die große Schlacht, die ihm die Freiheit wiedergeben sollte, nicht die einzig wahre, die absolute Freiheit, aber die, in der er groß geworden war und ebenso die Genossen, mit denen er das Leben begonnen hatte. Gleichwohl erblickte er keinen Ararat und Regenbogen, wenn er aus der Arche sah. Hinsichtlich der Zukunft erschien ihm nur das eine sicher, 1948 würde man die 50-Jahresfeier des Maschinengewehrs begehen, der Sudan würde aufsteigen, die Derwische stürmten, wunderbar buntes Ziel für die Maxim-Nordfeld-Geschütze, das schwarze Banner sank, das hellgrüne, das dunkelgrüne – und nun war der Augenblick da für die berühmte Attacke der 21. Lanzer, die Major Kitchener befehligte – Frühjahr 1898 –, und nun würden alle die Löwen und Adler aller der großen Kriege, Sieger und Besiegte, zusammenströmen, feiern und sich feiern lassen, alle diese erlebnisreichen Experten der Raketenentwicklung und der Flammstrahl-

bomben, scharf auf Einbruchstellen und Frontlücken, und der Vivats und Evvivas würde kein Ende sein. Noch einmal trat er in die Ambivalenz der Dinge ein, die sich ihm so bestimmend erschlossen hatte. Auf der einen Seite die Entbindung des Geistes durch die Schlachten und andererseits die Einreihung aller derartigen Vorgänge durch den Geist unter die animalischen Bewegungen, unter die Geologie, – diese Antinomie war ohne Ende. Diese Verzahnung der Geschichte und der geistigen Welt war eine der Fragen, die sein Zeitalter nicht beantworten konnte, auch in Nietzsches Bemerkung von der geheimnisvollen Hieroglyphe zwischen dem Staat und dem Genius war es unterblieben, diese Hieroglyphe näher zu umschreiben; es war eine Frage, die offen blieb, die offen bleiben würde, bis sie sich selber beantwortete und dann versank.
Aber einmal würde sie sich selber beantworten im Kreisen jener Bewegung, die nie enden konnte und die immer nur sich selbst berührte. Diesen fernen Begegnungen rechnete er sie zu. Und noch einmal trat es in seinen Blick: von hohen Schneefeldern stürzte ein Bach, ein Wald von grauen Ölbäumen schmolz herauf aus der Tiefe –, Trauer und Licht und beides angebetet, wie still das alles in ihm ruhte, und dann die endenden Sommer mit dem Violett der Distel und der schwefelgelben, der heißen süßen Rose Diane vaincue.

Kreise, die sein Schicksal mitbestimmten, von sich reden machten, die Spalten füllten. Die Queen, kaum 150 cm groß, mit kleinen Mausezähnen, bevorzugt zum Café eine bestimmte braune Biskuitsorte, die aus Deutschland kommt, sommers in Frogmore zieht sie ein isabellenfarbener Pony durch den Park. Wilhelm, im Küraß, sitzt zu Griegs Füßen, komponiert den Sang an Aegir, sein Freund die Rosenlieder. Der alte große Habsburger läßt sich jeden Herbst in das vornehme Benediktinerstift einschließen, um in andächtiger Zurückgezogenheit einige Tage zu verbringen.

Cotroceni. Frühstück im Garten. Es ist Frühlingsende oder Sommerbeginn. Primeln, Narzissen, Rosen auf dem Rasen und andere Lichtkinder. Es ist nicht der klingend grüne Rasen von Sandringham, der triefend grüne Rasen der Heimatschlösser, den man küssen würde, nach dem man Tränen weint, aber Bienen und Schmetterlinge auch hier und ferne Übungstöne der Regimentstrompeter, sprühend, Marschmusik, und dazwischen der Mädchenchor des Elena-Doamna-Hortes und das unermüdliche Bellen der Hunde. Und schon scharren die Pferde im Kies, – noch ein Wort zu dem Dompfaff Bully, dem Aufheller grauer Stunden, er antwortet mit seinem Walzer »Freut Euch des Lebens«, und nun zu dem Kosakenpferd »Tscherkeß« mit den Stahlsehnen, von Vetter Boris geschenkt, für die Königin, sie reitet im Herrensattel, im felsigen Gelände ist das sicherer und bequemer. Archangelskyer Gardepferd: langer Schweif, wallende Mähne, sie in zwetschenblauem Kaftan mit Silberborten und einem scharlachroten Unterkleid, Ehrenkommandant des vierten Rosiorenregiments, oft reitet sie allein, ohne Groom, durch die Wälder oder über den von Wellen gescheuerten Sand. »Wie im Flug«; die Lebenslust, erzählt sie später den Ehrendamen, strömte wie Wein durch meine Adern; mein Volk, setzte sie hinzu, wird geführt von einer Amazone. Abends beugt sie sich über die Randverzierungen zu einem Evangelium, die Königinmutter bemalt die Mittelfläche mit Texten und Figuren, die Türen zur Terrasse stehn auf, gelegentlich legen die Damen die Hände aufs Haar, wenn Fledermäuse kommen.

Weekendhütten, in Bäume gebaut; Lusthäuser, Barken, Taue, Ruderschläge, Silbermöven, Schiffsärzte mit schwarzem Bart. Strand, Weidengehölz, zahllose Vogelnester, der Boden unter den Bäumen ist grau von ihrem Kot. Oder auf Reisen zu den Höfen. Das blau-silberne Souper (»The Blue Boy« hängt noch im Festsaal, ist noch nicht nach U.S.A. verkauft) bei Daisy Pless, sagenhafte Brillanten im honigfarbenen Haar. Teints durch Generationen herausgezüchteter Rassen. Halsorden mit Emblemen und Namen romanischer Legenden. Schreiten und Halten aus einem lustgesicherten Sein. Vollendung!

Altes Land! Völkerüberstömte, durch Jahrtausende schöpferisch durchfurchte Erde, – Heimat, vom Illyssus bis zum Firth of Forth, umklungen noch vom Hall und der Weihe des Mittelalters, fern vergoldet die Säulen, die Minaretts, die Kuppeln von Hellas, Bagdad und Byzanz! Unbekannt noch die Berufe und Stände neuer Erdteile: Maisaushülser im westlichen Kansas, Assistent in einer Vertilgungsfirma, Pfeifenfüller in einem Opiumdrugstore. Fremd noch die herandrängenden Ausdruckswogen: Tonformung mit dem Daumen, Plastik mit Silben, Transformation von Objekten in Wortzauber. Immer noch Roter Sarafan, Dort draußen vor dem Tore und Sweet Home.

Cisleithanisch. »Komm mit mir ins Chambre separée« –, Wien, Konkordiaball, Strauß, der fesche Edi, dirigiert, grüßt vom Podium die Ilka Palmay, Schloß Gönör, promeniert mit Graf Cziraki, – vorigen Sommer in Siofok, nicht ganz unbekannt die Affär'! An den Tisch des Hofrat Pollini von der Burg tritt Dr. Wiederhofen, Arzt des Kaisers, die Stella Hohenfels muß unbedingt zur Mizzi Sacher nach Helenental, Kaltwasserkur machen –, Malheur d'être Poète, aber erst: Malheur, d'être adorée –, unsere Sterne, schon morgens beim Frühstück, fast aus der Badewanne geholt, Fernanrufe der Zeitungsmenschen, ob die Stimme verloren, ob der Vertrag gelöst – das sind Keulenschläge!

Oder nach dem letzten Akt von Kameliendame muß man zum Zug, im Abteil erst kann man sich umziehn, nichts als ein Crêpe-de-Chine-Hemd über, weißen Schlafrock, ein Spitzentuch, leichter Mantel, alles andere liegt im Coupée (22 Koffer und 18 Stück Handgepäck) – –, aber zuviel Hervorrufe, der Ausgang versperrt, kein Durchkommen,

die Tschaperl rasen – kurz der Zug ist fort: also im Hemd auf dem Perron und Stanislawsky wartet schon in Petersburg, – in goldgestickten Pantoffeln und der Fiaker natürlich längst weg, gottseidank die Mama an der Seite! Oder eine Pelzjacke, die man beim Auftritt absolut braucht, ist vorausgeschickt!
Im »Eisvogel«, Prater, Spezialität Solokrebse, echte Damenkapell'n! Volkssänger Guschelbauer mit Gstanzeln und Schnadahüpfeln: »dö, dö von de Damenkapell'n, dö, dö mit der großen Tschinell'n, dö, dö pumpert im Herz mir herum, macht mir den Schädel ganz dumm. Bumm, bumm!« Paar, Khevenhüller, Esterhazy von Galantha nachtmahlen: Alix Kinsky wird von Klimt gemalt, vor weißen Wänden, blaue Hortensien zwischen den großen Fenstern – 50 Blätter, träumerische Konvolute als Vorstudien – raffinierter Kompositeur das, aber schaut aus wie ein südtiroler Weinbauer; Sheila Czernin ist mit ihrem Airship durch einen augenerfreuenden weißen Schlamm geritten, war aber Kalk, hat ihm die Fesseln verbrannt.
Sehr ein charmantes Kulturzentrum rund um den Stephansturm und die anliegenden Tarockcafés! Frau Berta Galan, einer unbefriedigten Provinzwitwe, werden für ihre Liebesnacht mit einem Tenor 200 Seiten wehmütiger Novellenprosa gewidmet; Gustl für die Stunden vor seinem Duell Konfrontationen mit Garderobieren, Trafikbesitzern, Fiakerfahrern zwecks Analyse seiner Leutnantsseele. Die Nibelungen, die der Norddeutsche zusammenwerkte, halten sich nicht, zuviel Norne, zuviel Ygdrasil, aber Feodora, Fall, Clémenceau, Bunbury und die S. als Hamlet – eine Passion das: erst hat sie die Blumen verschenkt, dann die Handschuh zerrissen und den Bürschl die Finger zugeworfen – nach der 25. Reprise!
Wien: Neben Paris zwischen 1900 und 1914 der höchst erreichbare Charme, die morbideste Genußverfeinerung der herrschenden Rasse und zwar vielseitig bis in die weitesten Schichten der Bevölkerung hinein, – Wiederkehr der Messen von Ypern und der Jeux floraux in Toulouse, Rückstrahlung aus Kleopatras Alexandrien: dem »Club der unnachahmlich Lebenden« und dem Brügge der Burgunder oder Yoshiwara. Das bezauberndste Deutsch, doch das Panslawische wird immer vernehmlicher; Fêtes galantes

und das fabelhafteste Gebäck, aber das zentralistische Prinzip wird etwas schwierig; »Der Abenteurer und die Sängerin«, – aber keine Kolonien. Germany hatte 1884 Daressalam und Pangani erworben und in der Südsee Neuguinea; bis 1913 4776 km. Eisenbahnschwellen ausgelegt, um Grundstoffe zu fassen und die Rinderpest zu bekämpfen; selbst das kleine Belgien verschaffte sich 20 Millionen Nigger; im Viktoriatheater in London lief »Stanley in Afrika« in zehn sehr spannenden Bildern und vor stets gefülltem Haus; Livingstone kam in die Westminsterabtei –; es entwickelte sich die Epoche der globalen Reisen wie seit Vasco da Gama nicht, der Besteigungen des Daches der Welt, der Polarexpeditionen, der großen Distanzritte – Major Fukoshima ritt von Berlin durch Sibirien bis Tokio – nur der alte Türkenbesieger verhielt vor der Herzegowina – und der Dreibund war seit 1891 im Sinken. Die Armee mit ihrer polyglotten siebenfachen Kommandosprache fühlte wohl am frühesten die Auflösung, witterte das Ende.

In einem der südwestlichen Villenvororte, der bekannt ist durch seine großen Beete von Levkoien, steht Loris in seinem Haus. Er sieht in den neuangelegten Steingarten, der erinnert ihn an die Gärten der Julia. Ihm fehlt der Schluß des letzten Aktes, eben schrieb er: »die Kunst zu enden –, wer das kann, kann alles.« Der Abenteurer ist fort, der Blitz ist nicht niedergegangen, der Sohn hat diesen Vater nicht erkannt, Vittoria ist gerettet, sich selber wiedergegeben. Einer großen Gefahr entronnen, neu breiten sich die Geschenke des Lebens vor ihr aus, des zweiten Lebens, das hält und immer halten wird, was Lippen, Städte und Ringe nicht halten können, sie singt –; aber erst geht sie mit leichten Schritten nach rechts hinüber, öffnet eine kleine Tür, erscheint auf der Galerie, blickt noch einmal auf den Kanal: war es Theseus, der sie verließ, ist es ein Gott, der mit den Geschenken die Gondel auf sie richtet – und nun singt sie in die Nacht Venedigs, der anderen sinkenden gesunkenen Stadt:

»sie singt das große Lied der Ariadne,
das sie solange nicht hat singen wollen,
die große Arie, wie sie in dem Wagen
des Bacchus steht – –, o komm, Lorenzo, komm!«

Aspasiatisch. Diese alte intellektualisierte Rasse mit ihren relativierten Raumvorstellungen und ihren elektromagnetischen Feldhypothesen steht immer noch vor der so lange beobachteten Zweigeschlechtlichkeit als persönlichem Problem. Die Ideale sind die alten geblieben: Eva und Aspasia. Aspasia, Kolonialblut, Hetäre aus Milet, dann Gattin des Perikles, Griechenlands größte Frau, die Kunst des fünften Jahrhunderts unlöslich mit ihr verbunden. Freundin des Anaxagoras und des Sokrates, Plato hat sie verherrlicht, Phidias sie gemeißelt, Zeuxis malte ihre Züge, Sophokles gehörte zu den Intimen ihres Cercles. Vermutlich war sie nicht blond, hatte nicht die Germaninschönheit eines breiten, bequem sich erweiternden Beckens; vermutlich trug sie die koischen oder tarentinischen Seidengewänder, deren Gewicht samt Schuhen und Schmuck nicht mehr als hundert Gramm war; auch hing sie sehr an Perlen, daß diese Menschen seien, behauptete sie nicht, aber für leblose Dinge wollte sie sie nicht halten.
Aspasiatische Züge des Jahrhunderts, sich erhoffend, das Ewig-Weibliche zöge es noch einmal hinan. An den Anfang setzte es Lucinde, an den Ausgang Anna Karenina, in die Mitte Bachofen's Mutterrecht. Mimi und die Kameliendame sterben über alle Erdteile, die Bühnen und Schallplatten leben vom Schluchzen Butterfly's. Kunst und Liebe im Öffentlichen sich bekannt gebend als Krise und Erfüllung: Chopin mit George Sand in Mallorca; Liszt mit Marie d'Agoult in Paris und Como, mit der Fürstin Sayn in Schloß Woronince; Schumann mit seiner Clara; Wagner mit Mathilde, am Schluß eine Prinzessin mit Toselli; und Ellen Key apostolisch; d'Annuncio und die Duse, Graf Vigny mit Marie Dorval, Stauffer-Bern mit Lydia Escher – sich erfassen, sich verlassen, Chloral und Gas – alles dokumentarisch, Bild geworden und Inhalt der Zeit.
Auf der einen Seite die progressive Zerebralisation, der Vorstoß eines Gestalt werdenden Gehirnwesens in die Richtung formelhafter Überwelten, auf der anderen Seite Strindberg, Wedekind, Ibsen, Weininger – bei Amöben oder innerhalb vollendeter Rindenkosmen unmöglich, ¾ immer noch Pathetiker der Zwischenwelt. Aber die seelischen Belastungen verschieben sich: Erkenntnis als Affekt, Ausdruck als Wahnsinn und Leidenschaft, Kunst als Grup-

penphänomen, – die Großen stehen schon außerhalb der Liebe und des Ruhms, innerhalb des Ausgleichs von Sachen.

Zunächst auffallend viel mischrassige und östliche Frauen, die auftauchen in Musikzentren, Botschaften oder in Baden-Baden, – steigern und verwandeln die Arbeitsmethoden der Produktiven. Woronince liegt zwischen Kiew und Odessa, die Fürstin, geborene d'Iwanowska, die Amazone der Steppe, ruht auf Bärenfellen, um Tschibuk zu rauchen, die russischen Öfen werden mit riesigen Strohbündeln geheizt. (Später, alt geworden, in Rom verfaßt sie 24 Bände über die inneren Ursachen der äußeren Ohnmacht der Kirche). Baronin Meyendorff, geborene Prinzessin Gortschakoff, die »schwarze Katze«, Freundin der letzten Jahre, gibt dem Greis Liszt – »meine alte Venus«, nennt sie Borodin – die Frische, »die erstaunliche Folge von Dur-Dreiklängen zu schaffen, deren Grundtöne jeweils im Abstande einer kleinen Terz (verminderter Septimakkord) auseinander liegen, was für die wagnerische und moderne Harmonik von entscheidender Bedeutung wurde«. Janina Olga aus Kosakenblut, immer mit Giftfläschchen und Revolver auf dem Tisch, wenn sie aus Amerika angestürzt kommt, um in Weimar wegen eines Briefes, der ihr zu kühl klang, zu verhandeln. Marie Kalergis, später von Moukhanoff, geborene Gräfin Nesselrode, halb Polin halb Russin, die »weiße Fee« Theophil Gautiers, der »Schwan« Heinrich Heines, die Lieblingsschülerin Chopin's, die »Göttin des leuchtenden Weiß«, wie sie Liszt nannte, der ihr die Elegie widmete. Alle sehr in Reichtum, in Schlössern, in Prunk, aber, schreibt Marie Kalergis, »beim heiligen Thomas heißt ein Kapitel ›Über die Prachtliebe‹, das uns recht gibt.« Cosima ist ungarisch-tourrainisch und in der Ferne bethmännisch aus Frankfurt a. M., Lou Andreas-Salome, unsterblich durch einen Antrag Nietzsche's, den sie ablehnte, war finnisch-jüdisch. Mit einer Mulattin lebte Baudelaire, bei Maori-Frauen Gauguin. Klinger's Gefährtin war Russin, Balzac's letzte Eroberung und schließlich nach 15 Jahren sehr widerwillig Gattin: Polin.

Unterzieht man die weiße Rasse einer Betrachtung, wird man als ihre größten Männer Plato, Michelangelo, Shakespeare, Goethe nennen müssen, von diesen waren zwei einseitig homoerotisch, einer zweideutig, der Vierte – statistisch also 25% – einwandfrei nicht homosexuell. Die Doppelgeschlechtlichkeit ist kein Kardinalsymptom innerhalb des Systems der Art, ein alter Besitz, ein bewährter Bestand, populäres Bindemittel an das Durchschnittliche, – aber Variationen zugängig. Die Rasse fortzupflanzen, ist eine brüchig gewordene Begierde. Die neue Begierde heißt: schöpferische Lust, – sie zählt nur die Erregungen gewisser Stunden. Ausdruck! Ein treffender Ausdruck vereinfacht die Verhältnisse! Kunst: das ist eine Wahrheit, die es noch nicht gibt! Daher in den bedeutendsten Romanen um und seit 1900 werden Frauen nur noch arrangiert: innerhalb des Ethnisch-Geographischen (Conrad), des Artistischen (Die Göttinnen), des Ästhetischen (Dorian Gray); zum Teil werden sie nur noch herangezogen, deutlich aphoristisch, mehr Ovation und Reminiszenz als aufbaubestimmend, daher auch fremdsprachig: im »Zauberberg«. Liebe ist im ernstesten Fall eine Prüfung gegenüber einem neu sich prägenden typologischen Prinzip.

Blickt man von diesem aus zurück auf die früheren Romane des Jahrhunderts, diese Frauen mit ihren Schwierigkeiten, Wandlungen, Wählungen, Kreuzungen, Süchten, ihrem sogenannten Geheimnis, ist man verblüfft über soviel Höflichkeit, Biederkeit, Konvenienz der Männer, denen heute plötzlich deutlich wird, daß sie seit langem im Grunde an ganz anderes denken. So gemütlich ist das Leben des Mannes nicht, daß ihn eine Frigide oder eine Bacchantische zerreißt. Er ist längst aus auf eine andere Welt, in der eine andere Empfängnis gilt und in der andere Samenkörner fallen. Bezeichnend ist Nietzsche; das meiste, was er über die Frauen sagt, ist unbeholfen, aber die Häupter seiner eigenen Lieben zählt er mit dem treffenden Satz: der Mann ist das unfruchtbare Tier. Demgegenüber wirkt Ortega y Gasset in seinem neuen Werk »Vom Einfluß der Frau auf die Geschichte« etwas blumig, wenn er äußert: »Zur Garbe gebunden, bringt der Mann die Blüte seines Könnens der schönen Richterin dar.« Und wenn er fortfährt: »Ohne irgend etwas getan zu haben, ruhig wie am Rosenstock die Rose, höchstens vermittels der unfaßbaren Ausstrahlung flüchtiger Gebärden, die fallen wie die Schläge eines irrealen Meißels, hat das Weib aus unserem Urstoff eine neue

Statue von Mann geschlagen.« Dieser irreale Meißel und der Urstoff und der Rosenstock sind das bekannte Decor der »Mütter«, – ohne irgend etwas getan zu haben, träumt auf der Iberischen Halbinsel das von uns verlassene Jahrhundert weiter.

Borussisch. Im Anfang des Jahrhunderts schenkte man Tassen mit Kornblumen bemalt, die Untertasse so groß, daß die Butterwecken darauf Platz hatten (Prinzessin Augusta von Preußen bekam von Goethe eine als Präsent), am Schluß schenkte man Rackets und Schiffskarten für die Korfufahrten der Hapag (Ballin lud Stuck und Harnack dazu ein). Am Anfang hält Napoleon auf seinem Schimmel: »das ist kein Mensch, das ist der Schlachtengott«, sagten seine Leute, am Ende geht die alte Majestät zu Fuß ins Hotel de Rome, wo Roon stirbt: »Roon, ich danke Ihnen, – machen Sie Quartier für mich und grüßen Sie die Kameraden«. Viel Pathetik in diesem Jahrhundert, merkwürdig viel weinen die Helden. Bismarck weint im Vorzimmer von Versailles, als Graf Perponcher zuerst empfangen wird; Zar Alexander weint, als die Gardekosaken so herrlich vorbeigaloppieren; bei der Daily-Telegraph-Affaire im Reichstag hat Herr von Kröcher Tränen in den Augen, der Januschauer wird von Weinkrämpfen geschüttelt; der alte Kaiser weint mit 80 Jahren, wenn er an Elise Radziwill denkt, immer benutzt er das von ihr gestickte Lesezeichen: Veilchen an einem Kreuz.

Der Höhepunkt des Säkulum: Königgrätz, als die österreichischen Geschütze nach rückwärts feuern, die Armee des Kronprinzen ist da, Moltke sitzt gelassen auf seinem Pferd, ein rotseidenes Taschentuch in der Hand, – und Germany hat sich entbunden.

Zwar 1878 beim Berliner Kongreß steht der bayrische Gesandte noch unter den ausländischen Diplomaten, doch als Caprivi, der »Mann ohne Ar und Halm«, die Agrarier bedrängte und der Acker nur noch mit 2% rentierte, trat auch Süddeutschland dem Bund der Landwirte bei. Im Anfang trank der Genuß Mokka mit Muskat oder Pomeranzenblüte, am Schluß offerierte die Hygiene den Kaffee Hag. Brummel säuberte sich mit bestimmten roten Wurzelstückchen die Zähne, seit 1897 geschah es mit Odol. Am Anfang singt Rubini »Anna Boleyn« bei Hofe, am Schluß

schmuggelt Artot de Padilla zu Kaisers Geburtstag Carmen nach Deutschland ein.
Die Zeit der großen Entdeckungsreisen, der Polarexpeditionen: Nordenskiöld fährt mit seiner »Vega«, Nansen mit der »Fram«, Payer-Weyprecht mit der »Tegethoff«, vielfach retten sie sich auf Eisschollen, treiben auf dem Polarstrom bis Grönland oder Nowaja Semlja, der Strom macht etwa 10 km am Tag, sie treiben 8, auch 10 Monate, bis sie auf russische Fischer stoßen. In Deutschland wird die »Gesellschaft für Erdkunde« ins Leben gerufen, die »Deutsch-Asiatische Gesellschaft«, die »Deutsche Kolonialgesellschaft«, in London die »Royal Geographical Society«, in Rom die »Sozieta Geographica Italiana«; bei Perthes (1785 gegründet) erscheinen die Kartenblätter (Maßstab 1:1 000 000) über das mittlere und östliche Karenlun, Tibet, Tsaidam, Kukunor, Kansu, Alaschan, Ordos; dort erscheinen auch »Petermann's Mitteilungen« über die gesamte historische Entwicklung der Erdforschung, die kontinentale Parallele zum »Geographical Journal« in London; Brockhaus (gegründet 1805) ist bereits selbst historisch für alle Werke über Fahrten und Entdeckungen in wilden Ländern. Die Reisenden in Person werden gefeiert wie Attackensieger oder Tenöre: Empfänge bei Königen, Lorbeerkränze, Kronenorden, Extrazüge; selbst Audienz im großen Saal des Kaiserlichen Schlosses in Berlin: die drei schwarzen Adler an der Decke breiten ihre Schwingen über Diplomaten und Gardegeneräle, der Souverän gibt Ratschläge, ohne weiteres in Lhasa einzureiten, das Land der Mitte gehöre Deutschland, die drei Adler oben an der Decke seien Stilisierungen des Chinesischen Drachens.
Bei solchen Gelegenheiten wird das Preußentum amüsant, während es sonst in corpore nur von Verantwortung vor Gott und der Königin Luise redet, eine bestimmte Fürstin bekämpft, weil sie aus Weimar kommt und sich mit Goethe schreibt. Zum ersten Weihnachtstag erhalten die neuen Prinzen Soldatenmantel und Säbel. Friedrich Wilhelm I. erhält an jedem 25. Februar einen Kranz aus Palmenkätzchen auf den Sarg, weil er an diesem Datum befohlen hatte, im Schloß wie in der Hütte auf hölzernen Schemeln zu sitzen und morgens Mehlsuppe zu essen. Der Küster, der Napoleon an den Sarg Friedrichs des Großen geführt hatte,

erhält Stockschläge, er hatte ihn entweiht. Während namens der Queen Kitchener of Karthoum, härter als ein Tiger und funkelnder als ein Maharadscha, in Simla residiert, der Suez- und Panama-Kanal als Ausbruch überschäumender Ausbeutungsinitiative Gestalt gewinnt, die Kaiserin von China über dem zerstörten Sommerpalast von Peking noch einmal die Ansprüche der Mandschu auf das ganze Erdenrund zusammenfaßt und verteidigt, bittet in Deutschland die höchste Frau den Hofprediger Frommel dringend zu sich, um ihn darüber zu befragen, warum wohl Abraham einen so großen Wert auf den Besitz einer eigenen Grabstätte gelegt habe, auch seine Majestät sei an der Frage interessiert. »Wir setzten uns in den traulichen Hermelinfußsack«, schreibt sie, und der Hofprediger beginnt. Es ist etwa das Jahr, in dem Nietzsche untersagt wird, an der Leipziger Universität freie Vorlesungen zu halten, während Leberecht Hühnchen mit seiner Schrebergartenidyllik Begeisterung und Auflagen, ja deutsche Identität mit dem Lesepublikum gewinnt. Dürftig, gedrückt und frömmelnd gelingt es dem Preußentum, das Kieferne, das Märkische aus dem deutschen Wesen herauszumendeln und, was als moralische Beimischung und Strömung vielleicht nicht ohne Wert sein könnte, als reine Sendung zu vertreten. An diesem Phänotyp sollte dann die barocke und die orthodoxe, die insulare, die romanische und die Mittelmeerwelt genesen.

Das Preußentum schickt seine Schriftsteller vor, die völkischen und die militärischen, sie weben Legenden um jeden Heiducken, Kurruzzen, Sioux und Pandur, schaffen Mythos um unzugängliche Wälder, Nimbus um Silhouetten, die mit Lanzen stechen; dann zitieren sie Hebbel: »wer Schmutz nach den Sternen wirft, dem fällt er ins Gesicht zurück« – und diese Sterne sind sie. Zugegeben, daß sie innerhalb des optischen Systems, das ihnen Lichtquellen liefert, Strahlenkörper sein mögen, zugegeben, daß sie innerhalb der militärisch-darwinistischen, der europäisch-geschichtlichen Welt nicht ungestaltig wirken, so treten doch Erfahrungen und Tatsachen genügend hervor, um das Vorhandensein auch anderer Welten zu erweisen. Diese sind unzweideutig ins Bewußtsein getreten. Beide Welten haben Richtungen eingeschlagen, die sich kaum streifen, sie werfen Blicke auf einander, schildern sich, soweit sie es vermögen, und gehn. Sie trennen sich schon in der Gene, ihre Zurücknahme in eine Einheit liegt hinter den Zeiten in Vorgängen, die die Gene nicht bewahrt hat oder verschweigt, hinter den Zeichen, mit denen wir rechnen können und die wir mit inneren oder äußeren Augen sehen: die Geschichte und der Geist.

Vom Preußentum und seinen ethischen Aufdringlichkeiten führt endlich ein Weg auch zu jenem idealen Begriff, hinter dem die Deutschen gern verschwimmen, – ihre Sepia, ihre Tinte, mit der sie ihren mangelhaften Umriß decken: Tiefe, die Schicht des Innigen, die Sache der Not. Hören wir: Dem Deutschen eignet – sagt ein Universitätsprofessor in einer Sonntagsbetrachtung – »die sinnlich sittliche Dimension der Tiefe«. Nur dem Genius des Nordens sei sie eigen. »Der Begriff der Tiefe hat seinen Ort an der Nahtstelle zwischen dem ästhetischen und ethischen Geschehen.« Er ermöglicht »den Tiefgang der Kunst«. Er ist »ein Charakteristikum großer germanischer Werke«. Es ist »die Zusammenfassung unserer künstlerischen Hochziele«. »Er flattert dem stolzen Zug nordischer Künstler voran.« »Der Deutsche läßt sich sinken in die dunklen Tiefen« und nun ist er – der Professor – endlich bei den Müttern: »Bei den Müttern sind sie zu Hause, die Deutschen.«

Bei den Müttern, hinter der Schürze! Gesummt, gedämmert und pyknisch gedacht! Aber über dem Preußentum und seinen tiefen Nahtstellen erhebt sich eine europäische Oberfläche, die ferne leuchtet. Die andere Welt, der Olymp des Scheins. Asen, Schwanenjungfrauen, Hojotohodamen – hinter ihnen tritt nackt der Ausdruck hervor, umfangsarm, nur den eigenen Schatten als Tiefe. Die Perlenschnüre müssen ihm genügen, die er dreimal um einen Hals legt und dann läßt er sie verrinnen; Löwe und Kind bei einander, die die Muhmen immer trennen; der Genius ohne Schlaf, auf bloßem Stein, mit Geduld gekrönt, die nichts erwartet, die Ellenbogen aufs Knie gestützt, die Wange an die Faust gelehnt, schweigend dabei, seine offenkundigen und seine geheimen Werke zu erfüllen, bis der Schmerz erklungen ist, das Maß vollbracht und die Bilder vor ihm treten in der Blässe der Vollendung.

Der Ptolemäer
Berliner Novelle, 1947

Lotosland

Ein bösartiger Winter geht zu Ende, ein fortwährend rückfälliger mit immer neuen Hochs, die regelmäßig eine sogenannte Aufheiterung brachten (offenbar eine ganz besondere Form innerhalb der Heiterkeitsskala), ein wahrhaft maligner Winter, dem alle Opfer an Möbelrudimenten, Kinderwiegen, Trümmerresten vergeblich fielen, der die Felle, die das Lebendige schützen sollten, mit 20° vier Monate lang blutig riß.
Wölfe an der Oder, Adler in den Müggelbergen! Ein Winter in der Besatzungszeit. Der Magistrat verschanzte sich hinter die Besatzungsmächte, diese hinter die Elemente, diese vermutlich hinter das Hochland von Tibet, dies hinter irgendeinen Dalai Lama und so fort –, und darüber ging alles zu Grunde, die Geschäfte schliefen ein, das Geld verschwand, Steuern wurden nicht mehr gezahlt, das Leben stockte. Mein Geschäftsbetrieb, Schönheitsinstitut einschließlich Krampfadern, war längst zum Erliegen gekommen. Im Behandlungsraum war wochenlang nicht geheizt, einen Arm aus dem Pelz oder einen Fuß aus den Lumpen zu nehmen, hätte für den Kunden eine neue Pathologie bedeutet. Ich war froh. Schluß mit den erfrorenen Pedalen und den geschwollenen Fingern, dem Bauchjucken und den Aderknoten hinten und vorn! Endlich allein! Schließlich wurde mir auch das Geklingel und Geklopfe an der Tür noch lästig, ich richtete ein Maschinengewehr, das ich mir allen Nachforschungen zum Trotz aus dem großen Völkerringen gerettet hatte, verborgen auf die Annäherungsstraße und schoß alle Verdächtigen ab. Die Leichen sahen nicht viel anders aus als die der Erfrorenen und derer, die sich selbst erledigt hatten, sie lagen auf den Trottoirs und die Vorübergehenden fanden das natürlich, – Zahnschmerzen, eine entzündete Pulpa hätte sie vielleicht noch in Bewegung gebracht, aber Buckel im Schnee –, das konnten auch Ratten oder Keilkissen sein.
Raskolnikow hatte eine alte Pfandleiherin ermordet und litt

darunter, es verlangte ihn sogar nach Sühne und Vergeben, – eines der tiefsten Bücher der weißen Rasse hatte das vor einem Dreivierteljahrhundert unvergleichlich dargestellt –, heute war die moralische Bewertung von Todesfällen, sogenannten normalen, aber auch herbeigeführten, gänzlich abwegig, so fernliegend wie Pleureusen oder Vatermörder; nur in der sogenannten Rechtsprechung, in besonders hergerichteten Monstreprozessen wurde auf das Vorliegen verschiedenartiger juridischer Voraussetzungen bei letztem Blick und Augenbrechen hingewiesen. – Wenn es einmal ein spezifisch moralisches Fluidum im Menschen gegeben hatte – und die Lektüre alter Schriften ließ das als wahrscheinlich vermuten – heute war es völlig zur Ruhe gekommen. In einer Welt, in der so Ungeheuerliches geschah, die auf so ungeheuerlichen Prinzipien beruhte, wie es die neuere Forschung als erwiesen darstellte, war es wirklich gleichgültig, ob einige Menschen einige Tage länger lebten oder einige Nächte mehr schliefen, man beende endlich dies konfuse Gerede von Leben und Glück. Das stand bestimmt nicht zur Frage. Die Materie war Strahlung und die Gottheit Schweigen, was dazwischen lag, war Bagatelle. Stroherne Hunde die Geschöpfe für die jenseitige Welt, und der Raum zwischen Himmel und Erde leer wie eine Flöte, aber die Große Mauer stand und der Löß war ewiger als die Ming's: – das, schien mir, verwies auf den Vorrang des Amorphen.

Um das Moralische weiterzuführen: ich litt in keiner Form. Der Winter war viel zu hart, er jagte uns, er erforderte Verbrechen. Wenn ich schlief und nachts mein Atem über mir gefror und wie ein Moskitonetz über meinem Schädel lag und wenn ich mich im Schlaf bewegte und die Gesichtshaut wund scheuerte an diesem Eisgitter, bis ich erwachte, erwachte ich aus klaren Träumen. Der Unendliche sprach zu mir und er sprach so:

»Meinst du, daß Keppler oder Galilei großes Meerleuchten war –, das waren doch lauter alte Tanten. Es war ihr Strickstrumpf, daß sich die Erde um die Sonne dreht. Sicher ganz unruhige extrovertierte Typen. Und nun beachte den Schrumpfungsprozeß dieser Hypothese! Heute dreht sich alles um alles und wenn sich alles um alles dreht, dreht sich nichts mehr außer um sich selber. Natürlich könnte man die

Öffentlichkeit darauf hinweisen, die »Richtigstellung der Namen« ist zum Beispiel ein chinesischer Grundbegriff, er hat gewissermaßen recht, die Menschheit entsteht durch Propaganda –, aber du bist noch nicht weit genug, das zu verfolgen.«

Hyperboräische Nächte! Ein ander Mal hörte ich ihn sich folgendermaßen äußern:

»Zum Beispiel das klassische, das heißt fundierende Zeitalter der Mathematik! Die Linie Descartes, Pascal, Leibniz – also 1630 bis 1750 – anknüpfend an den großartigen Euklidkommentar des Proklus Diadochus, – herreichend zu uns in der symbolischen Logik der Boole und Peirce, der Russell und Hilbert – –: Auswüchse, Betrieb, Seltsamkeiten! Kleiner Kreis! Größere Kreise flanierten in den gleichen Jahren nachmittags ungestört am Nil oder an der Newa –, dort Troddelschärpen der Äthiopier, hier Sakko; – der Mokka breitete sich aus: Tinto in Brasilien, Chico in Mexico im Reich der Maya auf den Trümmerstätten der alten Azteken, – Plauderstündchen unter Urwaldriesen. Aber noch viel weiter geht das: Hausbauten, Klimawechsel, Sturmschäden, sogar Theaterbrände, Völkervernichtung, Usurpatoren –: wo in aller Welt machen sich denn Reduktionen, Extremalprinzipien, Feldtheorien zwanghaft und identisch geltend? Man erblickt nichts weiter als den genannten zärtlichen kleinen Kreis.«

Wie Inseln aus dem Schlamm stiegen diese sonderbaren Bemerkungen des Nächtlichen in mir auf und durchschienen meine eisigen Tage. Ich war kein Menschenfeind, wenngleich ich zugeben muß, daß ich am Telefon beim Ankündigen von Besuchen öfter sagte, aber bitte kommen Sie pünktlich und bleiben Sie nicht zu lange. Doch das war mehr eine Aufmerksamkeit gegen gewisse Formen, die ich mir selber schuldig glaubte. Zu oft auch stieß ich auf ausgeblasene Eier, Hülsen: etwas europäischen Scharfsinn, etwas genitale Erotik und einige rührende Staatsgedanken –, abgetragene Wendungen, ausgefranste Gegenäußerungen und man saß dabei und hatte von nichts –, und nun diese Satzfolgen des Abwegigen, jedenfalls durchaus des Nachdenkens wert.

Sie kamen allerdings meiner eigenen Betrachtungsrichtung entgegen. Das Intellektuelle war hoffnungslos, die Humanität ohne Gehäuse, vielleicht noch im Bienenstock vorhanden, die Substanzen relativiert –, das griff man ja mit Händen, das war schon populär. Die Vorzeitenforschung hatte nicht umsonst seit 1900 so redlich gegrübelt. Auch der Primitive hatte seinen Energiebegriff, er sah Zusammenhänge, er hatte eine Welt. Er hatte Erkenntnis, er fühlte die magischen Wirkungen der Gegenstände, er sah die Einheit und erhielt sie im Schauer der Identität. In den primitiven Kulturen wirkte der Raum bedingend: was in der Nähe von einander stand, war begründet; im Spätbewußtsein tat es die Zeit; was nach einander geschah, war begriffen. Die Kausalität und die Taschenuhr – ich glaube mit dem Namen Hume war das verbunden, aber die Glas- und Uhrenindustrie und das moderne wissenschaftliche Weltbild – das war ein neues Thema und zwar ein abgründiges! Das wissenschaftliche Weltbild stellte die Behauptungen auf, das wissenschaftliche Weltbild prüfte dann die Behauptungen nach und das wissenschaftliche Weltbild bestätigte sie (sich) dann und übergab sie der Presse. Etwas Gleißnerisches schien mir dabei gar nicht zu verkennen. Aber, sagte man, der Komet erscheint doch und die Sonnenfinsternis tritt doch ein, ganze Expeditionen fuhrwerken doch nach Brasilien und ähnlichen Kaffeeländern –, nun, was da unten eintrat, wußte ich nicht, meiner Meinung nach traten die Fernrohre ein und Linsen und Brechungsindex manipulierten sich dabei herum, und wer wußte außerdem, was die unter Komet und Sonnenfinsternis verstanden –, eine berußte Glasscheibe vor das Auge halten und den Mond vor das Tagesgestirn treten sehn, wie wir es als Kinder machten, erschien mir eine völlig genügende Astronomie. Auch störten mich als reellen Geschäftsmann seit langem diese bombastischen Zahlen und Räume. Das Weltall (Professor U. von der Universität K.) fließt in rasender Geschwindigkeit auseinander, in jeder einzigen Sekunde fließt es um das Dreiunddreißigfache des Erddurchmessers auseinander –: wenn in meinem Institut etwas auseinanderfließt, aus einer Parfümflasche oder einem Toilettenwasserflacon, übersehe ich mit einem Blick den Gesamtschaden. Das Weltall (Professor K. von der Universität U.) hat ein Alter von zehn Milliarden Jahren, es ist nicht anzunehmen, daß es wesentlich älter ist –: mein Haus hat selbst während der

Saison nur acht Stunden offen, da ist meine Lage gegenüber diesen zehn Milliarden von vornherein nichtssagend. Das Weltall (Professor x für u) bezieht seine Gesamtenergie »bereits« aus der Atomverwandlung von Wasserstoff zu Helium –: nun kenne ich als Fachmann natürlich Wasserstoff vom Blondieren, aber dies »bereits« lebt von einem Zwiespalt. Die eine Wissenschaft, der Kritizismus, sagt, Zeit und Raum sind Formen unserer Anschauung, die Welt hat keine Zeit, und das halte ich für äußerst wahrscheinlich; aber nun kommt die andere Wissenschaft, setzt diese fragmentarische Zeit als historisch vorhanden und ernährt sich aus ihr mit Hilfe dieser grotesken Zahlen. Da stimmt was nicht –, entweder – oder; natürlich verlangt der heutige Mensch von seiner Zeitung in regelmäßigen Abständen das Schöpfungswunder, aber was die hier zeigen, ist Treppenschneiden –: wenn ich meinen Kunden solchen Haarschnitt machte, könnte keiner mehr auf Freite gehn.
Laieneinstellung – gewiß. Wenngleich ich sagen muß, ich hatte seit je eine Schwäche für spekulative Abfassungen, Fiktionen, Kombinationen, deduktive Ausschweifungen, studierte dies und das, fand den Existentialismus unterhaltend und las die Kategorienlehre wie einen Wallace –, Spezialbegabung von mir wie bei anderen Schach oder Sprachen. Oft auch bildete ich mich durch Unterhaltungen mit Kunden, Höherstehenden, selbständig Urteilenden –, Bauräten, Vertretern, Sachbearbeitern –, andere Sphären taten sich auf, ein Schriftsteller zum Beispiel, der öfter kam und sich mit einem bestimmten Blauwasser das Haar waschen ließ, das verlieh seinem weißen Schopf einen silbernen Glanz, äußerte auf meine Bemerkung, sein letzter Artikel sei interessant gehalten, er habe ein Grauen vor der furchtbaren Brutalität der Ausdrucksfindung, der Formgeburt, niemand werde ihm weis machen, die höchste Macht sei sanft und bei Liedern drehe sie die Spindel –: »ich bin sicher, sie beugt das Haupt und hört entsetzt die Felsen stürzen«.
So trat ich ferneren Fragen näher und blickte in mich hinein, doch was ich da sah, war staunenerregend, es waren zwei Erscheinungen, es war die Soziologie und das Leere. Zog ich von mir meine geschäftlichen Obliegenheiten ab wie Lohnauszahlung, Seifenbeschaffung, Steuerbetrug, Schwarz-

handel, so blieb nichts übrig, das ich als individuell hätte bezeichnen können. Die Soziologie und das Leere! Was Trieb war, bekämpfte der Staat, das Gedankliche spurte die Wissenschaft, die Affekte beanspruchte die öffentliche Wohlfahrt, das Amüsement bestimmten die Plakate und die Reisebüros, das Interieur die Mode, Krankheiten die Universitätskliniken –, analysiert, aber frei waren wohl nur noch die Träume. Aber das alles war doch nur möglich, weil das Innenleben dem so entgegenkam, glückselig ich entronnen dem zufiel, und ich war immer wieder erschüttert zu sehen wie die größten Geister – wirklich große – zur Soziologie ablenkten, weil sie sich nicht mehr zu sich selber zu bekennen wagten, nicht zu ihrer Fülle, vor allem aber nicht zu ihrer Leere – –, es muß alles voll und dick sein, massenhaft, unerschöpflich, breit –, alle diese Stigmata der Natur und des Körperlichen übernahm das Jahrhundert wie selbstverständlich für das Geistige und Produktive, es könnte in seiner Plumpheit gar nicht eine Metaphysik der Leere, eine Konfession des Lethargischen und Katatonen ertragen (was doch die Voraussetzung einer identischen Deskription, einer identifizierenden Bestimmung des heutigen Phänotyps wäre –), also, die Soziologie und das Leere –, höchstens noch das Reißen, es muß weh tun, mal da mal dort, man fühlt in sich hinein, rechtes Schultergelenk, die Beine wollen auch nicht mehr so –, Gedanken, Gewäsch, aber man hat Inhalt, die Zeit vergeht – –: so endet das mediterrane Becken, Athene Tritogeneia, mit der schuppigen Ägis bedeckt, von der Akropolis über das Meer blickend, seine Einsamkeit, seine Leere. –

In diese Richtung hatte ich auch meine berufliche Seite gelenkt. Mein Haus hieß »Lotos« – Appell an den Schönheitssinn, gleichzeitig mythologisch anklingend – Lothophagen, Lotosesser, wer von den Früchten aß, brauchte kein anderes Brot, er konnte hoffen und vergessen. Aber darüber hinaus bedeutete mein Institut schon an sich eine selektive Haltung, eine ideeliche Beschränkung: Körperpflege einschließlich Krampfadern – gut, soweit ging es, das war auch noch kein Handeln, aber Gesamtschau, Totalitätsbetreuung, Lebenseinheit, Harmonie – das lehnte ich ab. Wir alle leben etwas anderes, als wir sind. Dort wie hier Bruchstücke, Reflexe; wer Synthese sagt, ist schon gebrochen. *Gelegenheiten* – das war es! Im Rhythmus des vierzehntägigen Haarschnitts oder im Zyklus des vierwöchigen Kopfwaschens –: Auftauchen, nur im Akt vorhanden sein und wieder versinken –: das war der ideologische Inhalt meines Instituts.

Dies mein Institut gehörte zu einer Polis, lag in einem Ort, früher Musterlager für Nordeuropa, jetzt Vorbild von Schutt, zerstörtem Karthago und den sich auflösenden Riesenmetropolen aus den Urwäldern von Saigon. Geologie der Völker, Geschichtsgewalten! Von hängenden Gärten und Löwentoren zu grauer Grenzstadt, durch die die östlichen und die westlichen Karawanen zogen. Staubstürme im Sommer, mannshohe Brennessel auf den Trottoirs und, wo einst die schnittigen Verkehrsmittel fuhren, mähten sie nachts heimlich Gras für das in den Stuben verborgen gehaltene Vieh. Eine Million menschenähnlicher Lebewesen noch in den Trümmern, doch alle ohne Beruf, hinter vernagelten Fenstern, Ratten in den Lauben. Ein Gemeinwesen! Jetzt im Winter schritt ich abends manchmal durch den Schnee aufmerksam in der Mitte der Straßen, vor Frost und Windstärken barsten die Ruinen.

Schritt vorbei an den Wärmehallen, Flüchtlingskonzernen, Konglomeratbaracken, vorbei an den sie bewachenden Polizeirevieren, Bezirksbüros, Magistratsretiraden, Verwaltungsauswüchsen, Organisationsexzessen, sah dahinter den Staat, völlig wesenlos, kachektisch, mit seinen transzendenten Leistungen: er spürte Kaninchen auf und ließ die Zahnplomben registrieren, Hühneraugen durften erst nach einem Kurs von vier Wochen beschnitten werden. Mit Steuerspitzeln und Politagenten nahm er den ehrbaren Kaufmann wie mich in die Zange und gefährdete Schwarz- und Weißhändler mit Methoden, denen gegenüber Scylla und Charybdis Walderdbeeren waren. In Konzertsälen, Vortragszyklen, Tag- und Nachtvorstellungen in drei Schichten bearbeitete er das Schöne, richtete es aus: den Bogen des Philoktet und das Parzenlied hinter den Weißen Flieder und die Caprifischer. Hin zur Wirklichkeit, zu Wahlplakaten und schlichten Figuren, schon die Toilettenfrau war esoterisch, das 20. Jahrhundert verrichtete in Anbetracht der eingefrorenen Wasserleitungen seine Notdurft aus den Fenstern. Ein Volk von Brüdern, Jacke wie Hose

dieser Staat! Ferner beschickte er Konferenzen, bildete Kommissionen, diese ihrerseits veranstalteten Tagungen, auf diesen wiederum äußerten Vertreter Einerseits-Andererseits und letzten Endes und voll und ganz. Wie schon gesagt, die Soziologie und das Leere, und dazu kam nun noch ein weiteres, doch dazu muß ich etwas ausholen.
Ein langjähriger Kunde von mir, dessen Nagelpflege durch eine neue Angestellte ich beobachtete und überwachte, erzählte, seine Tochter – verheiratet, zwei Kinder – habe ihn nach langer Zeit wieder besucht. Charmante Person, – ein Einverständnis, als wären wir gestern auseinander gegangen (aber wegen der Kriegswirren waren es sieben Jahre gewesen) –, eine Übereinstimmung und Kenntnis von einander und mit einander von magischem Charakter –, aber sie habe ihn ordentlich hochgenommen, ausgeräubert, reizend in der Form, aber gründlich in der Sache, und nun sagte er wörtlich: »aber Frauen, die Kinder haben, können wohl gar nicht anständig sein, sie plündern und füllen ihre Kiepen auf allen Landstraßen; ihre Gedanken befassen sich mit Konfirmationsgeschenken und, wenn sie Töchter haben, mit Kuppelei. Der Löwe reißt, das Reh äst und dies hier ist die Mutterliebe, wir betreten den heiligsten bürgerlichen Bezirk.«
Ungewöhnliche Bemerkungen! Für mich, der ich keine Nachkommenschaft besaß, geradezu etwas befremdend! Aber schon führte mein Kunde seine Gedankengänge zum Versöhnlichen zurück –, was wollen Sie, meinte er, es ist die Zukunft, und der dienen wir ja wohl alle, es ist das Leben, das den Einzelnen ausschaltet und seinen ewigen Zwecken unterwirft.
Das Leben und seine ewigen Zwecke – aha! – jetzt waren wir an dem springenden Punkt! Kunden gegenüber ist man mit Privatmeinungen zurückhaltend, dem einen stimmt man zu und dem nächsten stimmt man wieder ab, ich beschränkte mich daher auf ein beifälliges Gemurmel, aber innerlich war ich so erregt, daß ich einen Geschäftsgang vorschützte und mein Institut verließ. Das Leben, – dies Speibecken, in das alles spuckte, die Kühe und die Würmer und die Huren –, das Leben, das sie alle fraßen mit Haut und Haar, seine letzte Blödheit, seine niedrigste physiologische Fassung als Verdauung, als Sperma, als Reflexe – und das

nun noch mit ewigen Zwecken serviert, – aber der Kunde hatte recht, hier lag in der Tat der Kern der allgemein hingenommenen Konzeption des Seinsgrundes, die in dieser Rasse galt, jener Konzeption, die, philosophisch gesprochen, die Realitätsentscheidung im Sinne der empirischen Wissenschaften gebracht und die psycho-physische Tragödie heraufbeschworen hatte und die nun das definitive Hindernis für die Konstituierung eines neuen Kulturbewußtseins war, das nach allen diesen Zusammenbrüchen einer Vereinigung der Sphären jenseits des Lebens Rechnung tragen wollte.

Das Leben – hier standen wir an dem Grundbegriff, vor dem alles Halt machte, der Abgrund, in den sich alles in seiner Wertverwahrlosung blindlings hinabwarf, sich bei einander fand und ergriffen schwieg. Aber anzunehmen, daß der Schöpfer sich auf das Leben spezialisierte, es hervorhob, betonte und etwas anderes, als seine übliche Spielerei mit ihm betrieb, erschien mir absurd. Diese Größe hatte doch bestimmt noch andere Betätigungsfelder und warf das Auge auf dies und jenes, das weit ablag von einem so unklaren Sonderfall. Das Leben, wenn man sich einen Überblick über seine Forderungen und Leistungen verschaffen wollte, zeigte als den Mittelpunkt seiner Gunst die Fortpflanzung und die war ja erfahrungsgemäß einfach und ohne Hinzusehn zu bewerkstelligen. Die ersten Atemzüge des Lebens werden ja wahrscheinlich auch nicht ohne einen Schimmer von Tiefe gewesen sein, und der alte Ballonfabrikant war wahrscheinlich ganz benommen von dem gelungenen Eiweiß und seinen neuen Indianern und allen den möglichen Luftsprüngen, die er sie nun wieder beginnen lassen konnte, – aber für einen so pflanzenentfernten Kulturkreis von rein spirituellem Erlebnismaterial war dieser Lebensbegriff doch reichlich primitiv. Nietzsche hatte zwar gesagt, die Griechen seien ein so großes Volk geworden, weil sie sich in allen ihren Krisen immer wieder an ihren physiologischen Bedürfnissen regenerierten, aber diesen Bedürfnissen schwebte noch etwas anderes vor, lag noch etwas anderes ob: die Bildung des Gedankens und die Verschmelzung der Götter –, das Abendland bewegte sich seinen ersten Monat in ihrem Bauch, dieser Bastard und die Anlage alles dessen, was aus ihm wurde.

Das Leben als Mulattenstadt: Zuckerrohr kauen, Rumfässer wälzen, mit zehn Jahren defloriert werden und Cancan, bis die Hintern wackeln. Aber Europa fehlte das tierische dumme Auge und die Hibiskusblüte hinter dem Ohr. Und jemand anders trat ihm entgegen, ein Gegen-Mulatte, griff ihm an die Gurgel, den Adamsapfel, spaltete ihm den engen Schädel, sang atonal: ein neuer Ballon, eine alte Sphinx: der Geist. Gegen den rottete sich das moderne Lebenseuropa zusammen, suchte ihn zu zähmen, brachte ihn in Disziplinen und Methoden, desinfizierte ihn, machte ihn wissenschaftlich, das heißt unverdächtig und verdeckte seine letalen bionegativen Züge. »Was fruchtbar ist, allein ist wahr« –, das legten sie sich so aus, die Eierstöcke sind die größten Philosophen, und nun zogen sie alle in ein Einfamilienhaus und pflegten das Abendland, ihr Blick fiel im Frühling auf Salat und im Herbst auf Malven, sonntags wanderten sie nach Greenwich, östlich und westlich, da schlurften ihre Pedale. Aber hinter ihnen, im Grau der Dinge, stand jene Welt, die sich mit Raum und Zeit nur flüchtig verschleiert.

Das Abendland! Aus dem westlichen Mittelmeer geboren, dann terrestrisch angereichert, – ein Bug in Amalfi, ein Kohlenmeiler in den Ardennen, – amphibisch: Schuppen, aber gleichzeitig Füße –: ein Drachen! Festländische Schwere und Dränge zum Meer. Uralte Tempeltraditionen, Welteimotive –, Überschneidungen von Symbolreihen, Überklirren von Themenketten; syrische Apokalypsen, indopazifische Sagen, Samoa und Persien, Olymp und Golgatha, Leda und Maria –: große Kulturretorte, die letzte der acht großen solaren.

Tief und gleißnerisch, Faune und Sphinxe. Über altlunare Brücken kommen die Ortsgötter, aber dies gezeitenlose schmale Meer bringt den Monotheismus, den Universalismus, aber damit auch die Vorstufen zu dem verheerenden Begriff der Synthese, der Gesetze, der Abstraktion –, die terrestrische Vielfältigkeit und Begrenztheit hätte die kosmologische Einheitsvorstellung nie bewerkstelligt. Poseidonisch –! Wasser, alles fließt, – so widerspruchsvoll begann das All-Eine, das in den irrealen transzendentalen Systemen dann in uns, in unserer Leere, in unseren inneren Schatten endet. Am Ende ist das Wort, wie es am Anfang

war – war es am Anfang? War am Anfang das Erleben »unwirklicher« Dinge?
Ja, die Bemerkungen des Kunden hatten mich weit geführt – Malven und Mulatten, wirkliche und unwirkliche Dinge, empirische und transzendente hinüberreichende Sachverhalte –, hinüberreichend, aber von wem und vor allem wohin –, – das Wirkliche als Reales, das Wirkliche als Geist, das Wirkliche als körperlicher Mythos – unentrinnbar sich verlierende Gedankengänge, die auch schon etwas Konventionelles an sich hatten, etwas Berufsständiges, – erstarrte Gedankengänge, denen man doch immer von Neuem verfiel. Das Wasser und die Worte und die Götter –, Tritogeneia, die über das Meer sah, seine Leere, seine Antwortlosigkeit –, alles Treppenschneiden –: und plötzlich geschah etwas, das ich mir selber nicht erklären konnte, plötzlich begann ich diesen Winter zu lieben, zu halten, mich an ihn zu ketten, Glut strömte er in mich hinein, – bliebe, dachte ich, der Schnee doch ewig liegen, der Frost nähme kein Ende, denn der Frühling stand vor mir wie eine Last, der war nicht Glas- und Uhrenindustrie, er rauschte, hatte etwas Zerreißendes, er rührte an jene autistische Realität, die ich noch ahnte, die sich uns aber für immer entzogen hatte. Niemand wird auf den Gedanken kommen, hinter dieser Gefühlsparadoxie stünde Sorge hinsichtlich des Tauwetters, der mit ihm verbundenen Schneeschmelze und der etwa vor meinem Haus zu findenden toten Gestalten –, ach, das wären ja ephemere Dinge! In einer Epoche, die nur die Masse gelten ließ, war die Vorstellung einer Individualleiche Romantik. Vor einer Zeit, von der jedes persönliche Leben, jede Verfeinerung, jedes produktive Oszillieren als Ästhetizismus und reaktionär gebrandmarkt wurde, brauchte ich mich wegen einiger fehlender Roboter, Lebensläufe, Leerläufe nicht zu scheuen, ich blieb durchaus im Sinne dieser Zeit, sollte sie zusehn, wie sie zu ihren juridischen Verhandlungsinhalten gelangte. Auch war ich seit langem völlig gefestigt in dem Gefühl, daß es bei dem Zustand, in dem sich die weißen Völker befanden, weit ehrenhafter war, in ihren Gefängnissen verpflegt zu werden als in ihren Clubs. Nein, – mit dem Frühling verhielt es sich anders: ich würde das seit Monaten nicht vernommene Geräusch des Regens hören, dies süße Geräusch, ich würde

am Fenster stehn, ihn auf die Gartenerde fallen sehn, diese monotone ruhige Erde, für die man, auch wenn man sie lange anstarrte, keine Organe hatte und die man nicht begriff –, eine neue Zerstörung würde beginnen.

Ein Morgen erhob sich, der Hahn krähte, er krähte dreimal, er schrie geradezu nach Verrat –, aber niemand war mehr da, der verraten werden konnte oder der verriet. Alles schlief, der Prophet und die Prophezeiten; auf dem Ölberg lag Tau, die Palmen rauschten in einem unfühlbaren Wind –, da flog eine Taube empor, spiritus sanctus, ihre Flügel schwirrten und die Wolken nahmen sie auf, sie kehrte nicht mehr zurück – das Dogma war zu Ende.

Etwas Ähnliches sah ich vor mir. Wieder war eine solche Stunde da, eine Stunde, in der sich etwas abzog von der Erde: der Geist oder die Götter oder das, was menschliches Wesen gewesen war –, es handelte sich nicht mehr um den Verfall des einzelnen Menschen, auch nicht einmal den einer Rasse, eines Kontinents oder einer sozialen Ordnung, eines geschichtlichen Systems, sondern etwas weit Ausholenderes geschah: die Zukunftslosigkeit eines ganzen Schöpfungswurfes trat in das allgemeine Gefühl, eine Mutation – an ein Erdzeitalter gebunden, an das hominine –, mit einem Wort: das Quartär ging hintenüber. Nicht dramatisch, nicht wie das Ende einer Schlacht, mehr atrophisch durch Abspannung der der Art bestimmt gewesenen Formen. Hier würden noch einige ideologische Draperien aus dem historisch-politischen Fond in der blendenden Helle des Tiefstrahlers einige Generationen benebeln, in Asien würden sie noch einige Opfer für die Hexen und einige Gebete für die Wasserratten vor die Tempel tragen, aber dort wie hier alles abgespielt und ohne tiefen Glauben, sehr durchsichtig, sehr aufgelockert, abhebbar und ohne jede Hoffnung auf Erfüllung. Was sonst noch da war, würden ein paar Reste einsamer Seelen sein, etwas sehr bewußter, tief melancholischer, schweigend sich erlebender Geist –: aber das Dogma, das vom Homo sapiens, war zu Ende.

Natürlich würde es hier noch Epochen geben, sogenannte historische, so sang- und klanglos trat dies Reptil »Geschichte« nicht ab –, und auch hierüber drängten sich ohne weiteres Vorstellungen auf. Das nächste Weltbild, das man sich vorstellen konnte, würde ein Zusammenhangsversuch

sein zwischen Mythenrealität, Paläontologie und Hirnstammanalyse, aber auch dies wird sehr einheitsentfernt und tragisch sein, keine Erkenntnis, kein Stil blühte an seinem Wege. Überschattet von dem Wissen, daß sich ihm als Ausschnitt nur, als geographischer und meteorologischer Sektor, als abendländischer Spezialfall eine Bestimmung und Definition der Menschheit völlig versagt. Es wird stärker auf die Unendlichkeitserfahrung hindrängen, als auf die heutige empirisch-kasuistische, aber die Urzeit bleibt für uns zu Ende. Die psychophysische Situation wird etwas verändert sein: die provozierten Lebensphänomene werden einen Teil der naiven unbearbeiteten ersetzen, einige primitive Reduktionen werden konkretisiert, einige Ausfälle mit archaischen Rudimenten sich auffüllen, es wird ein allgemeines Gefühl für den historischen Charakter des heutigen Kulturbewußtseins, die Relativität seiner Thesen, seiner Größen, seiner Ränge weit verbreitet zur Diskussion gelangen, aber eine Änderung des ethnisch-biologischen Tuns ist nicht mehr möglich, Versuche zu einem Übergang von Maßnahmen der Realitätsumformung enden in Stimmungen, Drängen, Exaltationen und vermutlich in einer immer klareren theoretischen Begriffsfindung für alles dieses Situationäre.
Und innerhalb dieses Weltbildes werden die Luxushotels vor Überfüllung bersten, vielgabelige Lifts befördern vor jede Tür. Das Zeitalter des Kapitalismus und des synthetischen Lebens hat erst begonnen. Weißen, krokuslila und braunbemalten Lippen werden die Erwägungen der Lady's und Signora's gelten, »blasse Koralle« zu goldenem Haar, lila zu silberblondem, doch nur in den Tropen. Lebensverlängerung über alle Maßen: Drüsen werden gehandelt, die Leber operativ durch Filter ersetzt, das antireticuläre zytotoxische Serum (A. C. S.) strömt als Porenwasser über gepflegtes Fleisch. Vom Menahaus, dem Ziel vieler Hochzeitsreisender, geht der Blick über die stolzen Zeichen uralter Kultur; in den Schwimmbädern, gefilterte Nilflut, hebt der vollkommenste Jazztrompeter beider Welten, Bix Beiderbecke, das Saxophon an den Schlund und endet den Ragtime mit einem Tutti von den kühnsten Überschneidungen, das im Augenblick seiner höchsten Entfaltung einen Wimperschlag lang bewegungslos steht und dann

erlischt. Und im Galle Face Hotel in Colombo und auf den Poloplätzen in Kandy ebenso: die alte Orchideengentry und die neue Uranclique: innen Pokerface der letzten Runden, außen mohnrot. Die Welt wird von den Reichen gemacht und sie wird schön gemacht. Der Name des Stückes ist Aprèslude.

Sollten diese Zeilen, die nur für meinen Freund O. bestimmt sind, der ihr Geheimnis bewahren wird, in unrechte Hände fallen und etwa ein posthumer Leser sie als den gang und gäben Pessimismus bezeichnen, so war dieser Pessimismus mein Gewicht und meine Erdverbundenheit. Oder ein anderer sie als Zynismus charakterisieren, so gibt es einige Resultate des Ich, die sich nur in dieser Färbung zur Geltung bringen lassen, sie gehört zur Suite der Erkenntnis und diese muß kalt sein, sonst wird sie familiär, jeder weiß ja, sie läßt einen Gedanken lieber fallen, als ihn nicht völlig klar zum Ausdruck zu bringen. Doch auch andere Färbungen waren mir nicht fremd –: songdurchklungene Stunden, Kantilenen, Schwebezustände –: manchmal hörte ich die Tropen: Bienensummen über Päonien und Taubengurren über der Blüte der Bougainville, und auch hier im Norden waren zu Zeiten starke Stimmungen –, wenn Tränen Geruch ausströmten, würde es, dachte ich, immer der von Phlox sein, der von Gartenphlox, auf den die Wolkenbrüche niedergingen bei des Sommers Ende. Aber eines gebe ich zu, alles in allem sind in diesen Zeilen mehr Spannungen als Glück.

Spannungen –, doch kein Finale mit Posaune und Fagott. Im Gegenteil, aus der modernen Physik war eine Hypothese in mich eingedrungen, der selbst bei dieser Herkunft etwas Stimmungsvolles eignete. Es war die Konstruktion des »Lotoslandes«, in dem nichts geschieht und alles stillsteht –, der Raum, mit der geraden Dimensionszahl, in dessen Weiten das Licht nach Auslöschen der Lichtquellen bestehen bleibt. Die Schilderung stammt von de Sitter. Sie ist eine streng mathematisch-physikalische Imagination, aber sie erinnert auffallend an Gedankengänge aus anderen Bereichen, – an die »stille Wüste der Gottheit«, in die Eckehart die Welten münden sieht, und an die indischen Innewerdungen, in die Gewißheit des eigenen Selbst gegründet, »ganz golden Buch bin ich, ohne Hand und Fuß bin ich, – ohne Wesen bin ich –«, und auch bei einem

Intellektualverbrecher wie Descartes finden sich anklingende Sätze, wenn er auf eine Gottheit verweist, die keine Veränderung kennt und die immer in gleicher Weise handelt. Mit den Gottheiten zwar war es für uns vorbei, es hingen zu viel Imponderabilien an ihnen von Feigheit, Blinzeln nach Ananke, glückhafter Notwendigkeit und zu wenig Hinweis auf Versuch, Entwurf und auf Zurücknahme und Spiel. Aber vor allem berührte mich an dieser neuen Bezeichnung die Beziehung auf mein Haus: Lotos, Lotophagen –, wer von ihren Früchten aß, bedurfte keines anderen Brotes, er brauchte den Schein nicht zu wahren, er konnte hoffen und vergessen.

Die Lage barg noch viele Möglichkeiten und Deutungen, doch eines erschien mir evident. Das kommende Jahrhundert würde die Männerwelt in einen Zwang nehmen, vor eine Entscheidung stellen, vor der es kein Ausweichen mehr gab mit keiner Konzession, mit keinem Blinzeln, mit keinem Schwarzhandel, mit keiner Emigration –, sie mußten sich entscheiden. Das kommende Jahrhundert würde nur noch zwei Typen zulassen, zwei Konstitutionen, zwei Reaktionsformen: diejenigen, die handelten und hoch wollten und diejenigen, die schweigend die Verwandlung erwarteten –: Verbrecher und Mönche, etwas anderes würde es nicht mehr geben. Die Orden, die Brüder werden vor dem Erlöschen noch einmal auferstehen. Ich sehe an Wassern und auf Bergen neue Athos und neue Monte Cassinos wachsen, – schwarze Kutten wandeln in stillem, in sich gekehrten Gang. Jenseits der Gegensätze von Erkennen und Erkanntem, außerhalb der Kette von Geburt und Wiedergeburt. Durch Einsamkeit, Riten und Verzicht auf das Gewohnte wird die autistische Realität die Weltausweitung löschen und in einem stummen gefaßten tat twam asi, auch das bist Du, wird sich die Vereinigung mit der verlorenen Dingwelt vollziehn. Schwarze Kutten! Die Seele wird sich wieder schließen, wird wieder ihren Lotos schmecken und kann hoffen und vergessen. Vielleicht – vielleicht auch nicht. Wenn nicht mehr für mich, vielleicht für Dich. Und wenn auch nicht für Dich, vielleicht als Wolke oder Taube vor dem Unendlichen, der in diesen Winterstunden zu mir sprach, vor jenem Spieler, dem Nächtigen, der diese Handvoll Erde hinstreute aus seinem Traum.

Glühender Sommer und eine verdurstende Stadt. Versengte Rasen, stauberstickte Bäume. In den Trümmern lechzende Gestalten, das Salz aus den Poren schwitzend ohne Ergänzung durch Nahrungszufuhr, hinfällig, schattensüchtig, – zwischen Ohnmachten, Durchblutungsstörungen, Kreislaufschwäche.
Auf den Boulevards Steppenleben, – lebhafte Bordelle und Uniformen. Das achte amurische Regiment, – Friedensgarnison Lo-scha-go –, macht Platzmusik, die langen Posaunen dröhnen. Die Bars füllen sich: Hawaiabfall und sibirisches Fleckblut. Weißer Wodka, grauer Whisky, Ayala und Witwe Cliquot aus ungespülten Römern. Gentlemans und Gospodins steppen auf rotem Glasparkett, Lichteffekte vom Boden, im Arm Nasen-Helene, Räuber-Sonja, Augen-Alexandra (sie trägt ein Glasauge). Die Bevölkerung sieht durch die Fenster gierig zu: die Kultur ist wieder im Vormarsch, wenig Mord, mehr Song und Klänge. Auch innerlich wird den Geschlagenen viel geboten: ein transatlantischer Bischof kommt angereist und murmelt: meine Brüder; – ein Humanist zeigt sich und flötet: das Abendland; – ein Tenor knödelt: oh holde Kunst – –, der Wiederaufbau Europas ist im Gange.
Europa wird vom Gehirn gehalten, vom Denken, aber der Erdteil zittert, das Denken hat seine Sprünge. Ein berühmter Schriftsteller aus einem der Mittelmeerländer schreibt an seine ägyptischen Anbeter: »die wenigen werden die Welt erretten« – die wenigen – woraus und wohin? Kein Zweifel, das, was die Welt schuf, muß ersten Ranges gewesen sein, prima, hundertprozentig, wälzt sich sicher weiter in seiner unsäglichen Sphäre, gelassen, abgedichtet, tränkt sich, scheidet sich aus, hält unvorstellbare Balance, aber in uns ist etwas, das das nicht mit macht, das sich irritieren läßt, sich von Außen nach Innen wendet, Fragen stellt, mit ähnlich Gearteten Aussprachen herbeiführt, kurz, jene Gelassenheit vermissen läßt, die die in sich ruhenden Dinge, die gläsernen Dinge zeigen.
Ein Drang nach Vollkommenheit, der zu Leiden führt; Ahnungen, nie Gewißheit. Wenn man sich damit abfände, daß man nicht satt wird, durstet, daß die Hände nicht

keimfrei werden, wenn man sie wäscht, die Stimmungen nicht harmonisch enden, die Träume ohne Verwirklichung versinken, die Liebe sich verwandelt und die Verwandlung endlos ist bis zum Vergessen –, wenn man dies lehrte, dies zweite Wärmegesetz des Existentiellen, diese Apologie des Verfalls, diese Universalien der Seele, – wenn wir die Häupter beugten, die sinnlos erhobenen –, würde diese Lehre aus der Zerrüttung führen, – meinte das der obengenannte Schriftsteller, mit dem die wenigen die Welt erretten könnten?

Dies waren die Eindrücke und Gedanken, mit denen ich eines Julimorgens mein Institut betrat. Die Kunden warteten schon, die Herren wollten gepflegter werden, keine Haarbüschel, die hinten über den Kragen standen –, die Damen schöner: graue Strähne über der Stirn, keine Pigmentierungen in der Haut (gehört in das Kapitel der mir unverständlichen Abneigung gegen Sommersprossen) – kurz, ich mußte nach dem Rechten sehen, eingreifen, doch innerlich folgte ich meinen Gedanken weiter.

Anordnungen geben über Bähungen mit heißen Tüchern, Ratschläge erteilen hinsichtlich eines abgesprungenen Fingernagels, Kämme beurteilen, Birkenbalsam anpreisen und innerlich zerstörte und zerstörende Dinge denken, diese Paradoxie hatte ich zu Virtuosentum entwickelt. Heute, während ich mit Brillantine – aus Benzoe, gereinigtem Schweinefett und Gardenien zusammengerieben – einen Langschopf modellierte, betrieb ich meine geistigen Versionen. Riesige verfaulte Fangzähne hatte Li-Hung-Tschang, die er bei seinem unheimlichen Lachen sehen ließ, ein hochgewachsener Mann mit ausgelassenen jovialen Manieren, – das war ein Angelpunkt, einer im fernen Osten. Iswolski soll klein gewesen sein, seine Füße staken immer in Lackschuhen, die Anzüge aus Savile Row stammend hatten einen weißen Streifen an der Weste, er schüttelt die Hand und blickt dabei fort, ein leichter Duft von Violet de Parme strömte immer von ihm aus. Dann Caruso: der erste Akt ist vorüber, Gatti Casazza, der Geschäftsführer der Metropolitan besucht ihn, küßt ihn ernst und würdevoll auf beide Wangen, jeden Abend. Caruso greift nach der Phiole mit Salzwasser, die er in jeder Tasche trägt, Garderobiere und Diener stehen zu seinen beiden Seiten, der eine reicht ihm ein winziges Glas Whisky, gleich danach der andere ein kleines Glas perlendes Wasser, worauf ein Viertel eines Apfels gegessen wird. Immer Lampenfieber! Der Coldcream zum Abschminken wird von einem eigens von ihm ausgebildeten Apotheker für ihn allein hergestellt und darf kein Glyzerin enthalten. Das etwa war das Zeitalter, und das führt mich vor die europäische Frage: ist Denken Zwang? Ein Tenor ist eine Industrie: Gutsverwalter, Küchenchefs, Halsspezialisten, Agenturen –; bei einem denkerischen Genie findet man morgens ein paar Wurstpellen auf dem Teller und das Zimmer ist ungelüftet –, kann man glauben, daß das jemand freiwillig auf sich nimmt?

Zugegeben: Panoptikum, Bilder, – Fragmente, von meinen Fragen koloriert! Aber das Zusammenhang suchende Denken scheint mir noch viel unvollkommener. Wenn man Europa überblickt, sieht man Massen, die denken, hinten und vorn, oben und unten, es wird gedacht zu Lande und zu Wasser und auf den Schiffen, die auf der Fahrt sind, es wird gedacht aus Primitivität wie die Affen die Bäume hochklettern und es wird gedacht aus Kunst wie die Artisten die Bälle balancieren, es wird gedacht in den vier Weltsprachen und in den 22 Balkandialekten mit dem Resultat, daß keiner weiß, was für eine Art von Tätigkeit das eigentlich ist und wofür sie da ist. Sieht man wie ich seitlich in die Dinge hinein, sieht man jedenfalls Buntes; beispielsweise im Augenblick die zahlreichen Schaluppen vor Yukatan, mit deren Hilfe die spanische elementare Hypertension so ausgiebig verblutete, daß sie einige europäische Juwelen, darunter mein Vaterland, aus ihrem Kronreif fallen lassen mußte, – also etwas verlorenes Palmenrauschen am Karibischen Meer, das Schwirren einiger Pfeilsehnen und verschiedene anderweitige Kulikasten bestehen in meinem System. Auch der Kaiman, von Guano triefend, weil der weiße Reiher von seinen Schuppen aus nach Fischen spähte, und rote Papageien. Lava und fröhlich leuchtende Flüsse. Ferner Flora und Fauna lukullisch und prophylaktisch: wenn die Riesenheuschrecke die Zuckerrohrfelder verheert und die Reblaus den Mosel gefährdet, wenn der Paragummi wasserundurchlässig ist und der Waterproof entsteht –: alles Bildner meiner Stunden. Mehr Haare auf dem

Kopf wünschte sich der Herr, den ich mit Benzoe traktierte. Ich rieb heftiger, pries das Mittel doppelt an, glaubte schon hie und da Nachwuchs zu bemerken, leichten Flaum, Bereitwilligkeit der Epidermis, freudig geöffnete Poren. Hierüber diskutierten wir, er als Wunschidealist, ich als Fachmann. »War die Zukunft schon gewesen?« –, fiel uns dabei ein, Überschrift eines Artikels aus dem gestrigen Blatt, an einem ausgegrabenen Negerschädel hatte man die Zeichen des heutigen hypermodernen Mannes gefunden: verkümmertes Gebiß, zerbrechlicher als heute, ohne hinteren Backenzahn, hohe Stirn (mit Haarschwund verbunden) –, »weniger affenähnlich als jeder Schädel der Neuzeit«, 15 000 Jahre alt, verstreut längs der Küste Südafrikas, »Frühgeburt des Europäers«, »ging in der rauhen Umwelt unter«, »welche Überraschung für die Archäologen«, »Überentwicklung des kaukasischen Typs«, – auch vergrößertes Gehirnvolumen, – also vermutlich Gedankenleben, verarbeitete Umweltseindrücke, Lyrik, – statt Rosen Farren, statt Radio Muschelkadenzen –, die Rätsel wuchsen.
Ich darf in diesem Zusammenhang einen Herrn erwähnen, der mein Haus regelmäßig beehrte. Eine wahrhaft distinguierte Erscheinung, sein Beruf blieb mir unklar, Diplomat vielleicht gewesen, oder Künstler, der sich heute zurückhielt. Eine gesellschaftliche Bemerkung: die Zeit war so, daß auch zwischen getrennten Ständen und Berufsgruppen Annäherungen in der Unterhaltung stattfanden, die Not nivellierte alle, die Zukunft beschäftigte uns gleichmäßig, neue Sorgen standen bevor und neue Kriege drohten. Also, ein eleganter Mann, immer tiré à quatre épingles, viel herumgekommen, grandseigneuraler Globetrotter, er war regelmäßig am 1. August von Deauville nach Biarritz geeilt und er hatte in London im hellgrauen langen Schlußrock mit dem gleichfarbenen schwarzbebänderten Hut die berühmten Coaches mit den silbernen Tuben sieben Jahre lang nach Ascot gefahren und war auch auf den Grounds und hinter den Hunden sehr aktiv gewesen. Eine unserer Unterhaltungen führe ich an:
»Wenn ich durch das, was früher Straßen waren, jetzt zu Ihnen komme und unterwegs die bösartigen verkniffenen und dabei leeren Gesichter, diese häßlichen Gesichter sehe, denke ich immer: verwandtschaftlich gesehen traurig, aber

innerhalb der geschichtlichen Welt wie folgerichtig und wahr! Ein Volk will Weltpolitik machen, aber kann keinen Vertrag halten, kolonisieren, aber beherrscht keine Sprachen, Mittlerrollen übernehmen, aber faustisch suchend, – jeder glaubt, er habe etwas zu sagen, aber keiner kann reden, – keine Distanz, keine Rhetorik, – elegante Erscheinungen nennen sie einen Fatzke, – überall setzen sie sich massiv ein, ihre Ansichten kommen mit dicken Hintern, – in keiner Society können sie sich einpassen, in jedem Club fielen sie auf, – drei Dezennien hatten sie wohl mal Geld, aber das genügt nicht für wirklich gepflegte Rasenflächen, – lasen Sie, was Bülow über die Interieurs von Friedrichsruh verzeichnete: kein schönes Bild, keine größere Bibliothek, von Plafonds, Gobelins, orientalischen Teppichen keine Rede, die Sonne Homers hatte diesem Haus nicht gelächelt, und der Glanz der italienischen Renaissance, der wenigstens einige Schlösser Norddeutschlands, wie Tegel oder das Goethe-Haus, angestrahlt hatte, war hier verloren. Ich füge hinzu, alles kahl und notdürftig wie die Pedenfelder von Fehrbellin. Individualisten im provinziellen Sinne, mit nichts finden sie sich ab, schlechte Verlierer, – wenn man jetzt hier durch die Straßen geht, fliegt zwar auch überall Staub, aber es ist nicht der weiße leichte Staub der Mittelmeerländer, der ihren Chrysler mit Schnee bedeckt, es ist nicht die helle glückliche Asche aus zerbröckelnden Hermen und ermüdeten Aphroditen, der sich noch einmal atmend über Rosen und Oleander streut.«

»Eine Welt aus Zwang, diese ganze politische Welt, heute eine Welt im Zwang der Wünschelrute von der Antarktis bis zum Erzgebirge: Uran, Pechblende, Isotop 235! Weithinabreichende Neurose! Zoon politikon – ein griechischer Mißgriff, eine Balkanidee! Wer für die politische Welt plädiert, kann das nur aus Caprice tun. Wenn Sie sich vergegenwärtigten, wie viel Einzelschicksale davon betroffen waren und darüber zu Grunde gingen, daß eine Uniform für einen Großkönig nicht rechtzeitig zur Stelle war und ein Besuch unterblieb, – oder daß eine Barkasse einen Defekt erlitt, eine Stunde zu spät eintraf und dadurch die Stimmung des Empereur schon bei Beginn der Unterhaltung unter dem Nullpunkt stand, würden Sie diese Caprice überprüfen. Wenn Sie ahnten, wie viel Zufallsserien dazu gehören, daß ein Reich auch nur drei Generationen lang seine Politik hält, seine vielleicht vernunftgeborene Weitsicht durch alle die Botschaftspalais, Entreprisen, Regatten, Revuen, Abstimmungen einigermaßen stabil erhalten kann, welche Serie von Glückszufällen unausdenkbarer Varianten zu dieser Bewerkstelligung nötig sind, würden Sie weiter nachdenklich werden. Wenn Sie sich anschließend darein vertiefen würden, was nun der Inhalt dieser politischen Welt eigentlich ist, nämlich der Fortschritt, beispielsweise vom Rad zur Guillotine, dieser humane Fortschritt, der den ersten europäischen Typenmord, in der französischen Revolution, erst so reibungslos ermöglichte –; oder die Einführung der afrikanischen Sklaven in das tropische Amerika durch einen Jesuitenpater, um die eingeborenen Indios zu retten –, wie aber dann dieser Sklavenhandel die ganze abendländische Zivilisation aus der Taufe hob, nämlich durch die sogenannten Assientorechte, die Madrid für je dreißig Jahre an Genuesen, Franzosen, Engländer verkaufte, – aus diesen dunklen Schiffsbäuchen strömte Gold, strömten die Schätze, strömte Piccadilly und die Ville lumière, – strömte die Kartoffel; – und dann die bombastische Abschaffung dieser Sklaverei, das Gebarme um die Nigger, und heute speit die North-Borneo-Company Kontraktkulis und Kanaken aus ebensolchen Schiffsbäuchen in die Bleiminen und Gummiplantagen von Insulinde und schafft die Grundlagen für Konzerte in der Alberthall und für den glücklichen Prunk der Sommersitze – –: ein Mißgriff! Und wenn ich retrospektiv hinzufüge, daß innerhalb der politischen Welt das Blasrohr dem Colt überlegen ist, da es den Mörder nicht verrät, und der Einbaum U-Booten nicht ausgesetzt ist, höchstens Krokodilschnauzen – –; und schließlich ich prognostisch Sie bitte, das Wesen, das innere Gesicht der weißen Kolonisation vor Ihr geistiges Auge treten zu lassen: erst die Peitsche über das scheckige Blut und Petroleum auf die Mückenpfützen, dann Teer und Walzen für die Autostraße von Balboa nach Colon, und in der dritten Generation spielt der coloured gentleman seinen Baseball im Washington-Club, teilt die Welt in remarquable und shocking und stellt sich fishing, swimming, shooting, hunting ein in die Mayonnaisenunität von Palmbeach bis Habana – – folgen Sie mir?«

Ich folgte ihm und zwar gebannt. Auch den kleinen Pfordte, Atlantik-Hotel Hamburg, früher Kellner, hatten gelegentlich die Höchsten seiner Gäste an ihren Unterhaltungen beteiligt, und der alte Pinnow hatte nicht nur in guten und bösen Tagen Rotspon und Lacrimä Christi heraufgeschafft, er war dem alten großen Solisten im Sachsenwald auch menschlich verbunden. So dieser Herr; ich nahm seine Bemerkungen als Zeichen seiner Anerkenntnis für meine ihm zu seiner Zufriedenheit gewidmeten Dienste. Er fuhr fort.

»Denken Sie nicht, lieber Herr, daß ich die großen Stunden der Geschichte nicht empfände. Es ist halb zwölf am 2. September 1899, mit einer ruhigen Bewegung steckt Kitchener den Feldstecher ins Futteral, die Schlacht von Omdurman ist gewonnen, 30000 Derwische tot oder verwundet, der Mahdi geschlagen: vierzehn Jahre hat der Sirdar diese Stunde vorbereitet, England mit ihm, Gordon ist gerächt, gut, ich verstehe das. Ähnlich Königgrätz, als Moltke das seidene Taschentuch schwenkt und das Reich ist entbunden – gut, es lebte nicht lange, aber von mir aus: gut! Doch inzwischen hat die moderne Physik und die alte Religion, der Existentialismus und die Paläontologie unseren Blick in transmundane Perspektiven gerichtet, eine Sprache für unendliche Räume, Fernen, Ewigkeiten, auch Verhängnisse gefunden und da sollten wir an diesen einen oder zwei Kontinenten haften, an diesen schnell übereilten flüchtigen Fußboden der Erde unser ganzes Dasein heften, die wenigen Stunden unserer Existenz einem Regierungsapparat zur Verfügung halten, von einem Staat uns befehlen lassen, tüchtig zu sein – wie widerspruchsvoll ist das alles!«

»Meinen Sie nicht, lieber Herr, daß Sie mir meine Ansichten bestätigen oder bestreiten könnten, seien Sie überzeugt, daß für mich der Consensus omnium kaum ein Kohlweißling ist, wie er über allen Bauerngärten fliegt. Falls Sie die Maximen meines Lebens hören wollen, so wären sie folgende: 1.) Erkenne die Lage. 2.) Rechne mit deinen Defekten, gehe von deinen Beständen aus, nicht von deinen Parolen. 3.) Vollende nicht deine Persönlichkeit, sondern die einzelnen deiner Werke. Blase die Welt als Glas, als Hauch aus einem Pfeifenrohr: der Schlag, mit dem du alles löst: die Vasen, die Urnen, die Lekythen, – dieser Schlag ist deiner und er entscheidet. 4.) Nur bei Mittelmäßigkeiten greift das Schicksal ein, was darüber ist, führt seine Existenz alleine. 5.) Wenn dir jemand Ästhetizismus und Formalismus zuruft, betrachte ihn mit Interesse: es ist der Höhlenmensch, aus ihm spricht der Schönheitssinn seiner Keulen und Schürze. 6.) Nimm gelegentlich Brom, es dämpft den Hirnstamm und die Unregelmäßigkeiten der Affekte. 7.) Nochmals: erkenne die Lage.«

Er schloß:

»Zu dieser Lage gehört, wenn Sie sie auf sich wirken lassen, daß Sie einen Menschen um sich sehen, der seinen Ausdruck nicht gefunden hat und garnicht finden kann – wegen der staatlich geregelten Ausrottung alles Wesens. Wenn ein Dramatiker sein Stück aufgeführt sehen will, muß er Konflikte schaffen, es gibt aber nur einen modernen Konflikt: den zwischen dem Staat und der Freiheit, also bleibt dem Autor nichts anderes übrig, als mit Hilfe von Kaninchenställen oder gestohlenen Milchkannen oder Hotelappartements sein Handwerk auf die Beine zu bringen. Lesen Sie in einem modernen Roman Vatersnamen, Burckhardt oder Hallström, so wird jedem übel, es sind ja doch alles nur Müllers und Schulzes, und was ihnen passiert, ist allgemein. Der interindividuelle Konflikt ist ausgestorben, ebenso der zentrifugale Ausdruck. Der Schauspieler verleiht sich zwar durch angeklebte Bärte noch die Gunst, seine existentielle Monotonie in sogenannte Figuren zu überlagern, dann hebt er den rechten Arm und dann den linken, das gibt sich als Ausdruck, fuchtelt er mit beiden Extremitäten, so ist das schon Schrei und kreatürliches Sichwinden, aber es ist Leichenfleddern und Angeberei. Der Mensch von heute hat einen Zug: er ist zentripetal, – wohl eine Art Kernschutz, er hält die Hand vor die Kerze, er lebt bei verschleiertem Licht.«

»Der Mensch steht ganz wo anders als seine Syntax, er ist ihr weit voraus. Der Mensch von heute rechnet weder mit Vergangenheit noch Zukunft. Der Satz, den er gerade schreibt, muß alles enthalten, vielleicht der Absatz, beim Maler vielleicht das Bild; aber alles, was darüber hinauslangt, ist Unvermögen und rechnet mit dem Wohlwollen der anderen. Der Künstler ist der einzige, der mit den

Dingen fertig wird, der über sie entscheidet. Alle anderen Typen nässen die Probleme weiter, nässen sie durch Generationen, durch Jahrhunderte, bis sie stagnieren und faulen, bis – evolutionistisch gesprochen – die Gehirne sich verwandeln und die Natur eingreift – also ein menschenunwürdiges Unterfangen. Daher sagte ich: der Schlag auf das Rohr, der Schlag der alles löst, – daher sagte ich: der Glasbläser.«

Soweit der Herr von Ascot. Vielleicht etwas weitschweifig von mir vorgebracht. Aber wenn zwei Bände über die Geschichte des anfänglich dornenlosen Ölbaums erscheinen können, herausgegeben von der Heidelberger Akademie der Wissenschaften, und mehrere Werke über das dunkelbraune Augenpigment der Mehlmotte Ephestia sowie eine Enzyklopädie betreffend die Extrakte aus Schmeißfliegenpuppen, darf man so ruhig vorgebrachte Eindrücke wohl still bei sich notieren. Ich hatte seit je so gelebt, daß ich mir ein großes Gehirn machte durch Lektüre, Notizen und mittels Gedächtnisstützen, dahinein trug ich nun auch diesen geschilderten Herrn. Wie glühend die Tage waren! Aber ich hatte auch anderes erlebt, sanfte Sommer, die Beete trugen Blumen von undenkbaren Farben, man schwieg und die Ewigkeiten zogen vorüber, alles sammelte sich zu Schweigen und Traum und man erblickte das Getrennte. So auch jetzt, wenn ich manches von den vorstehenden Bemerkungen mit ihren vielleicht einzelnen Widersprüchen überdachte.

Denn man konnte in der Tat schon in manche Ferne sehen. Es lag alles schon sehr nahe zusammen, manchmal lagen schon alle Segel nebeneinander: die von Salamis und die der Mayflower und die aus den Regatten von Cannes. Die Rose zog ihren süßen Weg und nur einen Blick füllte sie mit allen ihren Dolden: aus Asien durch die Gärten des Midas, ellenhoch auf den Marmorböden in die Feste der Cleopatra und weiter zog sie, verlor Duft und Süße, wurde in Finnland die Schwarze Rose und dort die Totenrose und dort die Ölrose – und nun füllte der ganze Weg nur einen Blick.

Den Blick zurück! Doch der Blick nach vorn wußte auch, was für ihn die Uhr geschlagen hatte, er sah die Rätsel des Weges, aber entschleiern wollte sich ihm nichts. Selbst aus

der Einöde dieser zerstörten Stadt, der Glut ohne Wasser, den Gedanken ohne Gefährten, den Monologen, die nicht einmal neu waren, – selbst dies alles auf ihm, das ihn doch zu differenzierten Resultaten gewissermaßen hätte nötigen sollen – gewahrte er immer nur eines: entweder war alles nichts oder alles etwas, – zu diesem letzteren aber konnte er sich seiner Anlage, seiner Stimmung, seinem optischen Registrierapparat nach nicht entschließen, abgesehen davon, daß auch dies letztere auf eine völlige Wertverwahrlosung innerhalb des individuellen Systems hinaus lief, auf eine Promiskuität, eine Formnivellierung, die mit dem Nichts ursprünglich und teleologisch identisch war.
Das denkerische Fluidum hatte etwas Katastrophales angenommen, es gehörte zu den Wesenheiten, die man, innerhalb der letzten Jahrhunderte, »innerlich« genannt hatte, die aber jetzt verbraucht waren, leer, zusammengesackt, – ein paar abgezogene Katzenfelle zersetzten sich noch in irgend einer Ecke. Und das »Äußere«, das gewisse Zeichen vorausschickte und vielleicht einmal näher kam, hatte noch keine Tiefe, wahrscheinlich besaß es gar keine, es besaß andere Dimensionen, zu denen noch niemand vorgedrungen war.
Dies Fluidum, das den Erdteil denkerisch durchtränkte, war in seiner Ausweglosigkeit längst erkannt, trotzdem liefen die Länder auf vollen Touren, es von neuem auf den Damm zu bringen. In diesem Sinne fragte ich vorhin: ist Denken Zwang? Nun frage ich weiter: haben die Dinge irgend einen Ernst? Tragen sie eingegrabene Züge, Befehlsbestimmungen, Kaperorders –, nein, sie sind eine fremde Welt, verschlossen, indifferent, sogar mit kalten Schultern. Von wo legt sich nun ein Sinn darein, mit ihnen durch Denkmanipulationen zu Struktureinheit zu gelangen, Komplementierung, Zuordnung, begriffliches Jonglieren mit ihnen zu betreiben, wozu muß man denn übereinstimmen, sich bestätigen, oder wer glaubt im Ernst, mit dieser Methode irgend eine Identität erleben zu können, welches sind die Züge dessen, der behauptet, hierin seine Notwendigkeit zu finden?
Es sind die Züge einer Lokalgröße, von der vor allem eines klar ist, daß sie nämlich einer Identität garnicht bedarf, daß sie vielmehr jeder Antwort von Gewicht grundsätzlich

ausweicht. Sie nach einer Antwort fragen, heißt für sie, ihren Rang degradieren. Dieses Denken will garnicht darauf antworten, was das Leben oder die Vererbung oder das Wesen der Materie sei, es betreibt sich als Selbstzweck, es spiegelt die Fragen, aber als Auge ist es blind. Es befriedigt sich selbst und läßt alle dabei zusehen, und jeder, der zusieht, weiß genau, daß hier etwas ganz Abnormes geschieht, aber nirgends ist mehr eine Kraft es aufzuhalten, die Voraussetzung dafür wäre der Wille, eine neue körperliche Wirklichkeit erstehen zu lassen mit sublimeren denkerischen Bedürfnissen und einem echten Identifizierungsritual, aber dazu ist die Rasse zu erschöpft.
Ich hatte daher oft erwogen zu emigrieren und einen Erdteil aufzusuchen, in dem eine andere Art zu denken vorherrschend war. Meine Notizen verwiesen mich auf Lhasa –, nebenbei seine Eroberung durch die Engländer 1904 eine ihrer weitsichtigsten politischen Touren. Auf sieben seidenen gelben Polstern sitzt der Tobden-Lama, der König des Worts, der Ozean der Weisheit. Gebetsmühlen mit und ohne Glocken, Gebetszylinder mit Stangenachse, Gebetsräder bis zu 5 Meter Länge in eigens dazu erbauten Häusern, Gebetsmaschinen durch Wasser und Wind getrieben beherrschen den Erdteil. Muscheltrompeten, meterlange Posaunen, die vier Mann tragen müssen, Pauken, Klarinetten, über einem Viertel der Welt. Chinesen, Mongolen, Burjäten, Inder, Turkmenen, vom Baikalsee, vom Kaukasus, von der Wolga, aus Sibirien, streben dorthin. Alle Karawanenstraßen laufen hier zusammen. Om mani padme hum: O, du Kleinod im Lotos, Amen –, alles wirft sich in den Staub. Hier stehen die Dinge außerhalb, sie lasten nicht so, niemand bezieht sie ein in sogenannte Zusammenhänge, gesammelt werden Pferdemist oder Jakdünger, auch Fallobst, aber nicht wegen Struktureinheit, sondern um zu heizen. Aber: erkenne die Lage! Aber, sagte ich mir sofort, die Orchester der Lamas machen eine äußerst schrille Musik, – selbst für jemanden, der aus einem so musikgeduldigen Lande stammt wie ich, wäre das unerträglich; Tag und Nacht Trommelwirbel und Mönchsgesänge bei der Arbeit, beim Marsch, auf der Weide, in den Basaren, Paukensymphonien, Religionsstiftersynkopen, es soll unberechenbares Heil einbringen, aber mir wäre es zu viel. Auch ihrer

Kosmetik, nämlich sich niemals mit Wasser waschen, immer nur mit Butter das Gesicht einfetten, könnte ich bei der Art meines Instituts, das der modernen Hygiene dient und dem Gesundheitsamt untersteht, nie beitreten. »Kleinod im Lotos« –: Reklamebalsam für mein Haus, aber sachliche Beziehungen zum Karakorum unmöglich! Ich befand mich also zwei entgegengesetzten Vegetationsformen des Denkens gegenüber und zu keiner war ich mehr bereit und fähig.

Bei diesem Suchen über die Kontinente hatte ich auch noch einen Blick auf die Religionen geworfen, an denen doch Nietzsche noch so gelitten hatte. Wie vorbei war das alles! Flora und Fauna wechselten auch hier. Es gab Religionen ohne den Gottesbegriff, ohne jede Gottesvorstellung, an denen sich Europa kontroversisch so emporgerankt, um die es so eigenwillig gerungen hatte, und unter ihnen war es die größte, die Buddhistische, die weder Gott noch Unsterblichkeit noch Einzelseele kannte – jene Erlebnisse, auf denen bei uns die früheren Innenleben fußten, also auch das war eine regionale Stimmung gewesen mit Monologen, Dialogen, Opfern, Benefizien und als Ganzes heute wehmütig wie der Rückblick auf ein Bühnenleben. Wenn das nun also das Allerheiligste gewesen war, das der Menschheit beschieden wurde, warum war auch dies so wechselnd, widerspruchsvoll, der Thesen und Antithesen bedürftig, einmal aus Stein entstanden, einmal aus Jungfrauengeburt, wie war demgegenüber Bezweifelung überhaupt möglich geworden, aus welchem Hintergrund war der hervorgetreten –, es war bei dieser Lage doch nur allzu verständlich, wenn man das einst dem Glauben Verhaftete heute nicht mehr als gewichtig empfand. Und schließlich entzauberte sich auch jene Vorstellung, die immer so ergriffen überall zitiert wurde und die heute mit angeblich ganz primären geschichtlichen Aufgaben bei uns ausstaffiert werden sollte, die *Humanität*: es hatte hohe Kulturen, die uns nahestanden, gegeben ohne jede Humanität: die ägyptische, die hellenische, die der Mayas, die von Yukatan und die letztere mit einer Musik von erhabenster Trauer, Musik eines gereiften, überreifen, des Unterganges bewußten Volkes, Musik aus purem Gold, kurz, ob mein Blick auf Spiegeldenken oder Jakdünger oder scholastische Kontro-

versen und geschichtliche Aufgaben fiel, er sah überall nur Katzenfelle, und wenn ich eingangs euphemistisch gesagt hatte, der Erdteil zittere, so war es doch wohl schon mehr ein tektonisches Beben, dessen echte Symbole diese Ruinen um uns waren, – die Royal Air Force hatte vermutlich gar nicht abgeworfen.
Ich bin sicher, daß die vorstehenden Tatsachen reiferen Menschen der gebildeten Kreise längst bekannt waren, sie werden sie banal finden, aber ich mußte meine Überblicke erst langsam erleben. Das kostete mich körperliche Zusätze, ich will sie erwähnen. Ich erinnere mich eines Vorfalles aus meinen jungen Jahren. Ich stand am Hafen von Santos. Links das Guaruja-Hotel, dessen Spielsäle seit einigen Monaten geschlossen waren, das Jeu fand jetzt in einer der nahe gelegenen Villen statt. Der Badestrand lag leer, Ebbe, einige Autos jagten auf dem sofort getrockneten Sand, so hart war er, und rechts löste sich ein deutscher Dampfer vom Kai, eine Weile war er noch im Strom, dann auf der offenen See und drüben lag Europa, ich erschauerte.
Der Dampfer hatte Polopferde an Bord, die würden nun in Surrey oder neuerdings auch in Frohnau jagen und traben, und ich sah die Plätze vor mir, die exquisiten Gremien auf den Ponys und den Rasen, der eine war schön wie Adonis, der zweite übermenschlich wie Holofernes, der dritte gleichgültig wie Diogenes, Nabobs aus Städten, die um Brunnen lagen und solche aus Hochstädten von Beton, und dann die Frauen, durchaus mein Gebiet, ich richte sie her, Duft von Nelkenwasser, Wolken von Weihrauchextraits, Sommerhüte: Stroh und eine Rose aus schwarzem Tüll, – diese lässigen Etwas, an deren Zutraulichkeit uns so viel liegt. Sonnenschirme bunt wie Papageien, Sakkos aus wunderbarer vanilleeisfarbener Ballonseide – im Flugzeug kamen sie angeflogen. Aber hinter diesen Plätzen erhoben sich für meinen Blick ähnliche Szenerien, ein Abend am Nil, wo der Club der »unnachahmlich Lebenden« ein Festival gab, die Ägypterin warf gerade die Perle in den Wein und sieben Dromedare wurden niedergelegt, voll beladen mit Melonen. Dann die Provence, die Höfe mit den Troubadours, die Partys mit den Veilchenwürfen; – dann Griechisches: schöne nackte Silene, Kufen mit rotem Wein, Hände mit Früchten, Lippen voll Trauben, alles in Bewe-

gung, Venus legte die Meermuschel aus der Hand und eine Hirtin greift eine Flöte – –, und während die Bilder vorüberzogen, wechselten, sah ich über meinem Erdteil einen Schwung von Taumelnden, einen Erdteil ganz durchtränkt von Fallen und Beugen, von Niedersinkenden, die Einzelerscheinungen entformten sich in mir, wohl eine Regressionstendenz, die unbewußte Wiederherstellung früherer Existenzzustände: Wasser werden, den niedrigsten Ort aufsuchen, den alle meiden, – eine ganz antieuropäische Tendenz, nahe dem Tao.

Eine starke panische Gewalt war in mir tätig, die unmittelbare Vereinigung mit der Dingwelt zu vollziehen, die Stigmata der Jahrhunderte versinken zu lassen, die verschüttete kindsmörderisch ertränkte Einheit des Seins zum Aufbruch zu erwecken und die abendländischen Phantome von Raum und Zeit in die Vergessenheit zu rücken. Hier am Strand von Santos, bei einem Europäer! Ich hatte gelesen, von Plato stamme die Idee der sogenannten Anamnesis, nämlich die Idee, daß alles in uns Erinnerung sei, daß unser Leben nicht das war, was wir sahen und trieben, sondern das, was in uns lag und dem wir bestimmt waren, es in Bildern und Gedanken aufsteigen zu lassen und ihm einen Ausdruck zu verleihen. Auch eine griechische Idee, aber völlig gegensätzlich zu der oben erwähnten Balkanidee! Eine Lehre vom Urerlebnis, diese Lehre unter den Platanen, vor denen er mit Phaidon lag, diesen weißen Bäumen, den Verkündern der Quelle, an der man losbinden und die Tiere tränken konnte und zum Chor der Zikaden die eigene Lippe netzen. Solche Zustände von Anamnesis erlebte ich öfter, auch nachdem ich Santos und die umliegenden Fieberlöcher längst verlassen hatte, ja, ich konnte sie gelegentlich in mir herbeiführen und sie wurden der Beleuchtungseffekt meiner Existenz und ihrer inneren Überblicke.

Sie haben wohl nichts zu tun, sagten regelmäßig Kunden oder Bekannte, mit denen ich vorsichtig über diese Dinge sprach, – natürlich hatte ich nichts zu tun, was sollte ich denn zu tun haben, das Geschäft für Wohngelegenheit und Schwarzhandel –, aber was zu tun, an dieser übermächtigen Menschheit, innerhalb derer meine Idee zu ihrer geschichtlichen wie 1 : 20 Millionen stand, – was zu tun, – aber wenn ich plötzlich über allen Meeren und Fluten die Segel sehe, weiße, braune, vielfarbige, die von Salamis, die der Mayflower und womöglich einige vom Titicacasee, von den Urzeiten bis zu den Meetings von Cowes: war das nichts, – das, fühlte ich deutlich, hatte ich zu tun.

Man muß ehrlich sein auf jede Gefahr, à propos welche Gefahren haben diese Erdteile denn zu bieten, bürgerliche Gefahren, der Tod ist etwas zu Außermenschliches, um ihn als Gefahr zu degradieren –, also man muß ehrlich sein und darum gestand ich mir ein, daß die einzigen Bruchstücke des Seelischen, deren ich ganz gewiß war, dieser Zerfall war, der die Stunde aufhob und alles auf eine Karte setzte und diese Karte nüchtern beginnend, dann glühend ausspielte ohne Rechnung auf Einsatz und Gewinn. Und von hier aus fand ich eine neue Beziehung zu Herrn von A., seinem Glasbläser und einem noch nicht von mir erwähnten Zusatz, den er öfter machte, den ich öfter auffing und dessen schmerzlicher Sinn mir erst allmählich nahe kam. Er lautete: – »Dies alles gilt nur innerhalb meiner Worte« –, nur für seine wenigen Worte galt ihr Sinn! Die Lage war nicht so, daß man noch für andere sprechen konnte, zu anderen sprach, kaum durch ein Zimmer drangen die Sentenzen, für sich allein trieb man die Gebilde vor.

Dort die Welt in ihrem denkerischen Zerfall und hier das Ich mit seinem geschichtlichen Versagen. Und dann die Platanenlehre und die hohe Ästhetik des Glasbläsers: der glühende Fluß und dann der Schlag auf das Rohr, ein Atem – und dann die zerbrechlichen Wände, von nichts besponnen als Schatten und Licht. »Ist nicht alles nur Ton, in dem wir spielend nach Göttern suchen« – die Stimme eines anderen rief herüber, eines der gegenwärtigen Großen, auf die es sich lohnte zurückzublicken und deren Werk den Glauben in uns zuließ, daß nicht alle Geschicke enden. Du trittst zurück in die Schatten, aber etwas von dir wird noch verweilen. Und wenn es sich bei dir auch nur um Vasen und Gläser handelt, die dein Hauch ablöst, nicht um die tiefen Reliefs und die Fluchten von Gestalten, wenn es sich bei dir auch nur um geringere Stücke handelt, halte auch du dich in dem Land, in das dich deine Träume ziehen und in dem du da bist, die dir auferlegten Dinge schweigend zu vollenden.

Es wird wieder Winter werden, die Farbe und die Ruhe der Bronze liegt über der Stadt und die Spinnen treten hervor. Das Licht zieht fort auf den Federn der Schwalben, wer etwas Erde hat, der erntet seine Gärten, die Straßenzüge riechen nach Knollen und der Tabak hängt über die Balkone. Die Stürme werden einsetzen, der Frost beginnt, Hunger und Seuchen werden uns unter die Hufe nehmen, schon verstärkt der Magistrat weitsichtig die Totengräber und die Blumenläden hoffen auf großes Kranzgeschäft. »Ein Storch unter dem Himmel weiß seine Zeit« –, ich will nicht weniger wissen als dieser Flüchtling; »eine Turteltaube und ein Kranich merken ihre Zeit« –, ich will nicht undeutlicher merken als dies Geflügel. Darum sage ich, das einzige, das uns hochhält, ist der Schwarzhandel, er ist vorzüglich organisiert und die Preise sind nahezu stabil, er ist die Währungsreform spekulativ und moralisch: bemerkt man das Pfund Zucker oder die Büchse Café, weiß man wofür man arbeitet, ora et labora. Unter meinen Kunden ist nicht einer, der sich nicht etwas beschafft und ebenso darüber denkt, aber auch die Angestellten ziehen ziemlich regelmäßig Zusätzliches aus den Taschen. Die einzigen, die von den Zuteilungsrationen leben, sind offenbar die öffentlichen Organe, die Bezirksräte und die Preisprüfungsämter.
Die materiellen Unterlagen unserer Existenz sind jungen Datums. Die Chesterfield trat erst zwischen den Weltkriegen auf, Firma Ligget and Myers; 1913 hatte überhaupt die erste gemischte (blended) Zigarette in Gestalt der Camel Erscheinung gewonnen, – der Duke-Trust. Das gleiche Jahr, in dem die sensationelle neue Theorie der Atome von Bohr der Öffentlichkeit bekannt gegeben wurde. Am 20.7.1920 Eröffnung des Panamakanals, 60 Kilometer lang, 100 Meter breit, der Atlantik liegt 20 Meter höher als der Pazifik und die Flut steigt in Colon 58 Meter, nur 6 in Balboa, daher die Schwierigkeiten, – täglich müssen etwa 50 Schiffe passieren, damit er rentiert, dafür kommen aber jetzt die Ananas aus Honolulu und die Perlen aus Makassar zwei Monate eher an die Seine. 1922 Insulin, 1935 die Sulfonamide. 1925 Auswanderung zahlreicher Negerkapellen aus New-Orleans: Alexanderzug des Jazz bis vor

unsere Tore. Alles künstliche Blau Europas seit Cäsars Bellum gallicum stammte aus dem Waidkraut, Thüringen war der Hauptsitz seines Anbaus, erst das Indigo brachte es vom Markt, der erste Küpenfarbstoff aus Teer, es war 1900. Mein Vater erzählte, wenn sie sich auf dem Lande besuchten, gab es als letzte Finesse Reis vorgesetzt, das war die neueste Gourmandise, es war die Zeit, als die Post in der Woche einmal auf die Dörfer kam, – heute ist es ähnlich, also eine gewisse Einheitlichkeit der Welt liegt über der Erde und Soziologie und Kulturphilosophie entschlafen wie zu früh geborene Kinder. 1947: während die Zigeunerstämme beider Hemisphären in Sainte Marie de la mer am Schrein der Heiligen Sarah eine neue Führerfamilie küren, die alten Königshäuser der Kviek und Sarana hatten sich ausgerottet, beobachtet man in Chikago die vier Ziegen, die Bikini überlebten. Als ich aus dem Nichts trat, herrschten in China noch die Mandschu's und in Berlin hatten die Geschäfte noch keine Sonntagsruhe; zwischen Europa und USA liefen drei Dutzend Kabel, aber ein aus dem Russisch-Japanischen Krieg Zurückgekehrter erwähnte, die Kirgisen und Tartaren sängen noch Lieder auf Tamerlan. Was ich damit sagen will, ist, wir befinden uns in Fluß und er hat ein langsam strömendes, vielfach undurchsichtiges Gewässer, heute nimmt er eine seelische Krümmung: keine Kausalität, keine Psychologie und keine Pensionen, selbst die Tiere empfinden konträr: die Katzen haben die Ratten satt und die Ammern schütteln sich vor den Würmern. Dagegen besteht eine gewisse Einhelligkeit in Bezug auf Töne aus Zimt, Ingwer und Bernstein für Shawls und Taschen in dieser Nachsaison, die Ohrläppchen werden groß bestückt und Rouge baiser und After Shave Lotion blühn schon wieder in genügender Menge aus den Ruinen.

In diesen kritischen Herbstwochen war es, daß ich, beeinflußt von gewissen Schwebezuständen und einem großen Cinnienbeet im Botanischen Garten, daran gedacht hatte, mein Institut zu veräußern, mein Leben zu verändern und an einen See zu ziehn, eine Fläche dunkler Wogen, groß genug, meinen Blick zu tragen, zu ertragen, bis er an fernen Ufern landet. Der Mensch will alles zusammen sehn, zum Teufel mit den bezeichnungssüchtigen Zersplitterungen der Städte, den ewigen Objektofferten aus Schaufenstern,

Kramläden, eindrucksfrechen Kiosken, dem lästigen Eckennehmen, den dauernden motorischen Ausweichszwängen vor diesen fischgesichtigen, bullaugigen, haischwänzigen Limousinen, – der Mensch will die Einheitlichkeit des Bewußtseins fühlen, in ihr leben, sich ihrer erfreuen, sie allein bestätigt ihm seine Herkunft und seine Stunde, und alles dies versprach das Land, tagelang sah ich den See vor mir, seine Unverderblichkeit, seine Einfalt, seine Ruhe, seine Farben. Dies war das Stimmungsmäßige, doch auch syntaktisch-sprachliche Motive kamen hinzu. Wenn ich unter den Worten meines Volkes Umschau hielt, hatte ich seit je viele gefunden, die ich nie hätte erschaffen können: heilig, Firne, gestirnt, alles Vertikale hätte mir nicht gelegen, – für Ebene, Wasser, horizontale Situationen hätte ich manches beibringen können, für das Unterbewußte, das Schläfrige, das Panische, für Waben, Gärten, die Mittagsstunde. Worte aus den Steppen hatten mich immer sehr berührt: der Himmel ist ein Bogen und das Schicksal ein Pfeil und Allah der Schütze, wie es im Islam hieß, – überhaupt Asiatisches durchkreuzte sehr häufig meine individuelle Penetranz, als deren Echtestes ich immer das Amorphe empfand, das Ambivalente.

Das Asiatische, das Östliche, seine Grausamkeit, sein unsäglicher Prunk, seine Herrschsucht und seine Ergebenheit, sein Staub, der durch Wüsten groß wie Meere zog und der weiße Stein, aus dem die Mogulpaläste sich einst erbauten, erbauten und dann zerrannen, – ja, überall Ruinen, Versinken, ein Übersichgebeugtsein, das vergessene Weisheiten pflog, aus meinem Gebiet: Yogatechnik, chinesische Akupunktur, die die uralte Therapie des Solarplexus kannte, die Beeinflussung jener geheimen Zentren und Punkte, die den Tonus unseres Lebens bestimmten, vitalistisch weiter als die moderne europäische Reflextherapie, zentral auf Arbeitsfähigkeit gerichtet und allein aus der industriellen Leistungssteigerung ihre Weihen beziehend, – dort strömte der Jordan, aus dem andere Taufen stiegen und dort der Ganges, an dem andere Pilger knieten, – an alle diese Wasser grenzte mein See, er streifte hinüber in die mongolische Weite, selten erregt, nur im Herbst schlug er Schaum in das Schilf und die Pächter fuhren hinaus und fischten langsam mit ihren Reusen.

Verlockungen, und überall Wasserrosen, schon halbe Fische –, der Titan versunken in seinen Traum! Was mich bestimmte, dennoch in der Stadt zu bleiben, kann ich nur umschreiben. Ausgangspunkt waren die zoologischen Gärten, die Großstädte wetteifern ja direkt mit einander in Bezug auf Tierparks, Aquarien, Insektarien, jeder kann unbeeinflußt beobachten, was dem Organischen die Tage bringen. Aber innerhalb des Bewußtseins, hatte ich erfahren, lagen die Dinge anders, – warum war es nur selber darauf angelegt, das zu verschleiern und zu leugnen? Ich hatte die bedeutendsten der modernen Romane studiert in denen Europa sich suchte und erkannte, »Segen der Erde«, »Der große Regen«, aber der Schluß war immer der von Faust II: einfache Arbeit und Dienst an der Gemeinschaft, dort in Norwegen, hier in Randschipur. Wunderbar, wer so innig empfindet und das Heutige nicht zu durchleiden braucht, hinter dieser Linie steckte Idealismus, Glauben an die Zukunft, Glauben an das Leben, dies war der Grenzbegriff, das Wasser, das Palmenprofil in der Wüste. Aber es waren Kreise aufgetaucht, für die hatte das Leben kein zentrales, kein existentielles Gewicht mehr, es war nicht die Erfüllung als die schönste Tochter des größten Vaters, es hatte keine Flügel mehr weder hinauf noch hinunter, diese Kreise trugen sich allein, sie mußten es, das war ihr Gewicht und das letzte und einzige, das sie noch als tief empfanden, und mir war klar, daß dies das moderne Europa war und in dem wollte ich bleiben.
Dies sollte mein Opfer sein für vieles, wo ich nicht mehr opfern konnte. Alles, was Anstand hat, legt auf den Altar seine eigene Stunde, Entlehnungen aus fremden nehmen die Götter nicht an. Hierin folgte ich dem Herrn von Ascot: die Gabe ist, einen Inhalt haben, die Moral ist, diesem Inhalt Ausdruck zu verleihen, das Talent ist, diesen Ausdruck in interessanter Weise auch zu finden, – andere kosmische Bedingungen waren mir nicht bekannt. Diese Beschränkung war natürlich äußerst zeitgebunden, vielleicht gibt es einmal andere Zeiten oder wo anders Zeiten mit weit geöffneteren Gesichtern, Ein- und Ausstrahlungen immenser Art, weiten Fugen und Gewölben, aber heute und hier nicht. Smyrna war die Wiege Homers und das Grab des Tantalos, aber zu verschiedenen Ge-

schlechtern –, das Zweite war später, und den letzten beißen die Hunde.

Das Geschäft, das Hochhaus, die see- und wälderzerblokkende Metropole: hier hatte ich mein Leben gegründet, hier wollte ich seinen Abschluß bestimmen mit der genauen Verfügung, die Hälfte meiner Asche in den Septemberwind zu streuen und die andere Hälfte in eine leere Büchse von Nescafé zu bergen! Gesteigertes, provoziertes Leben, – Spannungen, Extraits! An den Dingen bleiben, sie genau erkennen, und dann zersprengen – und in gewissen Stunden erschien es mir sehr leicht. Das war eine Fontaine von notierten Sachen, studierten Einzelheiten und dann schleuderte ich sie hin. Das war Leben! Und hier an Ort und Stelle, in der Härte des Raums, inmitten von Angestellten und Kunden entwickelten sich die Dinge! Innerhalb der sozialen Welt, – mein Gott, diese soziale Welt, – wer jonglieren konnte und Maske machen, schlüpfte ihr noch immer durch die Maschen! Ich salbte und knetete, aber ich blickte um mich, ich füllte meine Blicke, ich sättigte meine Stunden, immer bildete ich mich um. Eine Dame in Schwarz, sie will ihre Schritte ins Ausland lenken, verlangt die gekräuselte, amerikanische Coiffüre, schon sinkt die Haube, – tel est mon plaisir –, die Hände an Pflege und Hochzeitsflug, aber der Geist zertritt die biologische Schwemme, er verwüstet das Erstarrte, es entsteht die Glut. Was sind die Lehren, was ist die Geschichte – Bonmots, Arabesken, kleine Strudel im Panta Rhei! Kleine Wendungen. Kublai verlegt die Hauptstadt von Karakorum nach Peking, Chinesierung der Mongolen, Sieg der Observatorien und Raupenzüchtereien über die Jagdzelte aus Pantherfellen, Großvater Tschingis-Khan dreht sich im Grab herum, in seinem Grab im dürren Gras der Tartarei! Kleine Wendungen: die Schatten der Schlacht von Plassey, die Clive 1757 schlug und in der er die Gallier endgültig aus Bengalen verjagte, diese Schatten, die vom Khaiberpaß über die Heimat des Schnees bis in die Tigerdschungeln des Südens reichten, lösen sich auf ins Ungewisse, und der große Rubin aus der letzten Kaiserkrone kehrt zurück nach Rangoon, von wo er kam. Hier ein gelungenes Abenteuer und dort ein mißverstandener Befehl, – Patrouillen, Schwadronen, Geisterdivisionen, Generäle, Gouverneure, Bathordensträger, Vließvergoldete, Malteserkommodore verbeugen sich, salutieren, fallen à toutes les gloires, und zum Schluß gehen zwei Zivilisten langsam eine Treppe hinunter, die große Treppe aus einem großen Schloß, betreten den Park, stehn vor den Heliotropbeeten und den Forellenbecken, stehn, schweigen, – es sind zwei Engländer, für sich und müde.

Nein, nicht an den See, – hier heben sich die Schleier, hier hebt sich der Vorhang von Rätseln und Nacht. Die Völker wandern und mit ihnen die Götter: aus den Regenwäldern des Sudan von seinem afrikanischen Olymp steigt Wodu nach Haiti und die Madonna aus Rom als Maitresse Etilée nach Port au Prince. Über die Kaschmirpässe vermischen sich die Inder mit den Hellenen, durch das Défilé der Isère überwältigen die Punier die sieben Hügel, die Berge hinauf und die Hänge hinunter Schwung und Strahlen, dann Schädelbrüche und Knochen, stabil sind eigentlich nur die Geier! Die römischen Kaiser flitzen direkt aus dem Leben, die Yüandynasten werden weich gekocht mit Gift und Dolch, die Merowinger tätowieren sich gegenseitig mit Umbringungen und Rache, die Romanows suchen geradezu Kontakt mit Equipagenbomben und Logenschüssen – –: nur die Geier!

Doch es war durchaus kein Tummelplatz für macabre Stimmungen, die ich in mir großzog, auch sportliche und kaufmännische Betrachtungen kamen in ruhigem Fluß, die ganze Wirklichkeit hob und senkte und spielte ihre Runden. Indien, bisher nur im Landhockey zu einer Weltmeisterschaft vorgestoßen, wurde durch die Teilung sehr geschwächt. Der Salzsee von Utah, auf dem irgendwas mit 3 Liter Hubraum, aber 550 P.S. allen nationalen und internationalen Bestleistungen das Lebenslicht ausgeblasen hatte, war durch den neuen dreiétagigen Car, genannt Astradome, des Yankee Clipper schnell erreichbar. Die neue Golftasche mit Behälter für den Caddy führte sich ein. Im Kentucky-Derby, dem berühmten Rennen um die Rosen, weil der Sieger mit einem großen Kranz roter Rosen geschmückt wird, wurde die Karriere von Assault, dem kleinen Wunder aus Texas, jäh unterbrochen – und wem gehörte dieser Crack auf der Bahn von Churchill Downs im Lande der »Blue Grass« –: Elisabeth Arden-Graham, der

Kosmetikkönigin aus New-York, deren Produkte ich viel vertrieb.
Es ist neun Uhr morgens, meine Glastüren beginnen sich zu drehen, die Herrschaften kommen, ich geleite sie auf ihre Stühle, sie fragen, ob ihre Lieblinge, Mann oder Fräulein, da sind, die sie immer bedienen. Ich vermittle. Das ist handwerkliche und manuelle Tätigkeit, aber selbst wenn man Hans Sachs auf sich beruhen läßt, Spinoza jedenfalls schliff Linsen, arbeitete mit Gebläsen und schuf doch eine Lehre, die den Olympier bewegte. Meine Branche ist uralt, die dritte Tochter von Hiob hieß Keren hapuch, das heißt Schminktöpfchen, es verherrlicht die Kosmetik, und Poppäa, die Gattin Neros, führte immer auf Reisen hundert Eselinnen mit, in deren Milch, versetzt mit Myrrhe und Korn – also dem Lait virginal des 18. Jahrhunderts – sie täglich badete, man kannte noch keinen Alkohol, man belud Milch und Weine mit Aromen. Auch hier herrschte meine ausgeglichene Welt: der Kohl der heutigen Ägypterin ist das Mestem der alten, der schwarze Schwefelantimon, der mit Farbe beladene Stiel wurde in die offene Lidspalte gelegt und das Auge sanft geschlossen. Also Wiederkehr des Gleichen! Im Material herrscht Anknüpfung, Rückkehr von Motiven, im Kommerziellen herrscht das ewige Geschäft, und das Soziale herrscht als rückwärtsgerichtete Mythe: die Masse bildet ja bereits längst überall den dritten Stand, soweit sie nicht bereits längst überall die Regierung bildet, – kurz, weit und breit war Raum und Recht für die expressivarchaische Sphäre, ihre Autolyse, ihre Mazeration im Nichts, um dann erglänzend nach den Bildern aus dem Platanengedächtnis zu greifen.
In einer Stadt, wo nichts vorhanden ist als Ausziehen und Blößen, wo die Verbrechen einleuchtend werden und die Gefängniszellen knapp, treten andere Gedankenbedürfnisse ans Licht als in jenen Ländern, wo auf einem roten Samtsessel zwischen Salbeipflanzen in seinem Garten der Schah einen Nektarinenpfirsich schlürft oder wo ein Sir die Arme im Frackhemd über den Kopf hebt und hinter dem Nacken die Haken und Ösen unter dem blauen und scharlachroten Band des C. M. G.-Ordens befestigt oder auf einer Plage an einem scabiosenfarbenen Meer, wo sich die grünen Parasols entfalten und Glamorgirls, unbekleidet bis auf ein cachesex,

aus Sonnenbrillen, mit Steinen besetzt, den Wasserskieurs nachsehn, die hinter den Jachten flitzen –, dort das Zwitschern der Purpurati und hier das Röhren der Verdammten. In einem Land, dessen Gedanken behütet werden durch Bleibergwerke und Kasematten und dessen Gedanken eröffnet werden durch subkutane Einspritzungen, treten andere ideeliche Ablaufmechanismen auf als in jenen Gebieten, in denen die Psychologen in Badeorten tagen und die Philosophen sich zu so dekorativen Festessen vereinen, daß die Blumenzüchter lachen. Eine Art entwicklungsloses Bewußtsein wird sich hier abspielen, steil und tatenlos, in sich gekehrt unter Böen aus Nirvana.

In einem Gehirn, das diesen Zustand weder als peinigend empfindet noch als krank, können dann Regungen entstehen, die es zu jenen Sphären tragen, jenen Ring- und Federsphären, in denen ein leichtes Netz die Bälle bestimmt, – zu dem Badmintonspiel der Dinge. Flattern von zitronenfarbener Seide, von apfelfarbener Seide, von gurkenfarbener Seide oder die rehbraune Decke, die in dem laubreichen Juni das Knie des Staatssekretärs im Wagen einhüllt in den nordischen und in den Ländern mit Brisen, oder weiße Hyacinthen mit Maiglöckchenblüten bergen nicht allein die Möglichkeiten von Gefühlen. Auch aus den erreichbaren Dingen, selbst den handwerklichen, tropft einem solchen Gehirn mancher Honig in den Löffel.

Unbestimmbar sich verhalten und Eindrücke der ruhenden Erde gewinnen, die Bestandteile auseinandernehmen und wieder zusammenschließen – das Prinzip der Tätigen im Olymp und der Mahadöhe und auch der Nornen – dazu Verwandlungsgefühle alter, aber mit uns vermischter Völker, – die Ideenmethodik des Tat-twam-asi: die Erniedrigung in die Dinge und dann die Erneuerung nach der Qual des unproportionierten Durcheinander in einen Griff, in einen Blick – dazu bedarf es nur eines Schritts in das ptolemäische Gelände. Dazu bedarf es dieser hinreißenden, ja reichen Stunden, denn nicht die Arbeit, die Last der Schultern oder die Riemen der Galeeren verbrauchen uns und machen uns so müde, das Leben an sich, dieser Schicksalszustand schwer und undurchsichtig, ist es, der uns dem Unerträglichen so nahe bringt und dem wir nur aus ihm als Ganzem stundenweis entgegnen können. Doch ich kehre nun aus diesem Allgemeinen in den Fluß meiner persönlichen Niederschrift zurück, mit der ich noch zu einem ganz bestimmten Thema strebe.

Denn mit einem allerdings muß man rechnen, es gibt kein Halten auf diesem Weg, er ist das Alles oder Nichts – das All im Nichts. Auch das Menschliche kann man nur artistisch zur Betrachtung bringen, denn diese ist ja der Weg zur ästhetischen Welt. Dafür eignet diesem Weg die Unmöglichkeit der Lüge: er beruht auf der Sicherheit des Körperlichen und der Schemenhaftigkeit des Geistes, der sich variabel materialisiert. Er hat Realität, das heißt, ihm fehlt die Appretur, der Schwindel mit auswattierten Substanzersätzen, ich spreche von unserem Kontinent und seinen Renovatoren, die überall schreiben, das Geheimnis seines Wiederaufbaus beruhe auf »einer tiefen, innerlichen Änderung des Prinzips der menschlichen Persönlichkeit« – kein Morgen ohne dieses Druckgewinsel! –, aber wo sich Ansätze für diese Änderung zeigen wollen, setzt ihre Ausrottungsmethodik ein: Schnüffeln im Privat- und Vorleben, Denunziation wegen Staatsgefährlichkeit, Abendlandsbedrohung, Humanitätssabotage, – Denunziation als Form von Revolution, diese ganze bereits klassische Systematik der Bonzen-, Trottel- und Lizenzträgerideologie, der gegenüber die Scholastik hypermodern und die Hexenprozesse universalhistorisch wirken. Nun, lassen wir das, nicht mehr mein Feld, ich werfe mich der Zukunft in die Arme, auch die berührt mich garnicht mehr, frei betrachte ich die künstlichen Regenfälle mittels Wolkenreizen – Squire-Kraus-Verfahren – 150 Pfund Trockeneis auf Kumulusmassen; – das 200 zöllige Teleskop vom Pakoma-Peak, möge es weitere zwölf extragalaktale Nebel numerieren; – Greenwich zieht um nach Tahiti und die arktischen Flugzeugstützpunkte besprechen sich mittels Lippenstiftsender, – und sie haben Recht, nicht nur weil Napoleon sagte, die letzten haben immer Recht, sondern sie haben es in ihrem Kreis tatsächlich.

Nein, es bleibt nur der Blick, der Stil, zu sehen. Optimismus-Pessimismus –: das setzte die Tatsache von Gegensätzen voraus oder den Wunsch, daß man jemand Bestimmtes wäre. Weit entfernt! Dort rinnt etwas navy cut aus einem Juchtenbeutel und dort rollt ein Limonenkügelchen mit Betelblatt aus einer Jadebüchse. Zugegeben, es gibt Standpunkte und Blicke, vor denen die ganze Welt zerfällt, paralytische Blicke, dies sind meine Blicke nicht. Ich bin kein Optimist, abgesehen vom Optimismus des Geschäftsmannes, daß täglich etwas in die Kasse klingt, – keiner, denn ich bin in den Jahren, und, wenn man alt wird, beginnt die große Vereisung, der Rückzug über die Beresina, die Armee geschlagen, die Fahne versenkt, einige zerfetzte Bärenmützen gelangen bis nach Polen, nach Paris nur der Empereur und der bin ich in meiner Lage nicht. Natürlich gibt es auch einige erfreuliche Punkte, zum Beispiel die Geburt der Begriffe, zum Beispiel *Rhizosphäre*, ich bekam sie gerade heute zugeschickt, das ist die oberste Bodenschicht des Humus, darin die Fauna wird eingeteilt in Edaphon, Hemiedaphon, Euedaphon u.s.w., je nach ihrer Lage in der Tiefe, zu letzteren gehören hauptsächlich die Springschwänze und Zuckmäuse, das erschließt nun schrittweise »Die Tierwelt feuchter Böden«. Und wo stammt das alles her? Nicht aus dem feuchten Boden, nicht aus Humuseindrücken, nein, aus dem Griff ins Freie, aus Vorherbestimmung, und das ist ja meine Lehre: die Unzugänglichkeit des Menschen für die Erfahrung. Man muß nur seine Starre lösen, den Fuß etwas vorstellen, locker dastehen und schon bringt man andere Gewichte an die Büste. Mich jedenfalls blickt da manches an, zum Beispiel: minus mal minus ist plus –, wieso ist minus mal minus gleich plus, was heißt das, wer ist darauf gekommen, wem stieg dieser Irrsinn plötzlich in die Nase, das ist keine Logik und Psychologie, keine Kausalität und keine Errechnung, das ist zwar ein unlöslicher Bestandteil der Mathematik, aber doch reine Phantasmagorie, jenseitiges Spiel und nur als isolierter Ausdruck seiner selbst zu fassen. Also auch hier Züge meines Typs, der sich nie verläßt, immer in sich gekehrt, atmend diese Böen aus Nirvana.

Pessimismus, das ist eine verschlungene Sache –, aber was heißt Pessimismus, wenn alles so klar zu Tage liegt? Untergang, – ein untergehendes Volk, Sparta in der Vergangenheit, die Sioux als Zukunft, die nächsten hundert Jahre werden sie zubringen mit Beschwörungen und Schlangestehn, dazu etwas Feuerwasser von den aufsteigenden Siegern. Untergang – da darf man seine Spielart wohl betreiben, seine Wolken ziehen lassen, seine Fenster kränzen und aus den Fenstern noch einmal das ganze Abendland begrüßen, imposant in seiner Vielfältigkeit und seinem Tiefsinn, für alles haben sie Spezialisten, für Milchstraßen und für Suahelidialekte und für Haifische –, ich erfuhr, man fängt Haifische, indem man sie am Schwanz zieht, dann strömt das Wasser verkehrt in die Kiemen und sie müssen hochkommen.

Pessimismus – das ist der Strandkorb des Unproduktiven, der rückt ihn an den See, ich bin Artist, mich interessieren die Gegenströmungen, ich bin Prismatiker, ich arbeite mit Gläsern. Was zum Beispiel die Methode meines Niederschreibens angeht, sie ist, wie leicht festzustellen, prismatischer Infantilismus. Sie ruft wohl in jedem die Erinnerung an Kinderspiele wach, wir liefen mit kleinen Taschenspiegeln und fingen die Sonne ein, die reflektierten wir dann auf Besitzer, die vor ihren uns gegenüberliegenden Läden standen, das erregte Unwillen und böses Blut, wir aber hielten uns im Schatten. Was wir ins Helle bekamen, war natürlich nur Haut, Stuck, Flecke, Leberflecke des Äußeren, Warzen am Olymp des Scheins, nichts Wesenhaftes –, – darum will ich aber auch vor jedem, der lieber historische Romane liest und ganze Kulturepochen vor sich ausgebreitet sieht, gerne die Hände zusammenlegen und ihm wünschen, daß ihm viele Söhne das Räucherrohr anzünden, ihm Vogelnestersuppen mit Beche de mer und Schildkröteneiern vorsetzen und sie gemeinsam ihr Fan-Tan oder Mah-Jong in Frieden bis ans Ende ihrer Tage spielen.

Doch dann gibt es Standpunkte und Blicke, in denen die Welten sich vereinen: das Delirium mit der Trockenlegung, der Fels mit dem Splitter, der Dschungel mit dem Steingarten –, Gretchen tritt zu Lachesis, der Dreikönigstag spricht mit der letzten Sommerstunde und das Mausoleum Bonapartes sinkt schweigend an ein Massengrab. Ptolemäische Erde und langsam drehende Himmel, Ruhe und Farbe der Bronce unter lautlosem Blau. Je und je bei nevermore, Augenblick und Dauer in einem –, der Glasbläserspruch, das Lotoslied, es spielt sein Hoffen und Vergessen. Nein, ich bin kein Pessimist –, woher ich stamme, wohin ich falle, das ist alles überwunden. Ich drehe eine Scheibe und werde gedreht, ich bin Ptolemäer. Ich stöhne nicht wie Jeremias,

ich stöhne nicht wie Paulus: »was ich liebe, das tue ich nicht, nur was ich hasse, das tue ich«, – ich bin, der ich sein werde, ich tue, was mir erscheint. Ich trage auch kein Wissen um meine »Geworfenheit«, wie die modernen Philosophen, ich bin nicht geworfen, meine Geburt hat mich bestimmt. Ich bestehe nicht aus »Lebensangst«, allerdings behänge ich mich auch nicht mit Weib und Kind und Sommerhäusern und weißen Kravatten, ich trage unauffällige Binder, Anzug jedoch von tadellosem Schnitt, das Äußere ein Earl, das Innere ein Paria, niedrig, zäh, gefeit und sie dürfen jedes Fleisch essen.
Sich abfinden und gelegentlich auf Wasser sehn. Handgriffe, Lotion, Kundendienst für das psychophysische Ideal, – ganz auf der Höhe: ein vielgewanderter, selbständig gewordener Coiffeur. Die Erfahrungen des Lebens und dann in gewissen Stunden dieses Erdteils letzter Traum. Die Geier und die Wasserrosen, das Geschäft und die Halluzinationen, Kreuzungen und dann der Untergang – so trete ich vor die aufsteigenden Länder.
Das Brüchige und Gespannte von Nofretete bringe ich mit, dazu Erinnerungsherde aus wunderbar geschlossenen Gewölben: la Romanité und die Christenheit, aus Summen, Universalien, von diesem Erdteil gesammelt und von ihm zerstreut. Traditionen aus Cordoba und Montpellier, Gaben von Aposteln, Trouvers und Mönchen, Keime von Leiden und Gedanken, Verhaftungen mit Mechanismen und Idolen, mit Experimenten, Keilinschriftentzifferungen, Thesen und Statistik – innerhalb der menschlichen mengenbestimmten Skala ein gewichtiges Gehirn, eine beladene Pathetique.
»Lotos« – wer mein Geschäft erbt, nicht meine Sorgen, ob man mir nachblickt, nicht mehr mein Raum. Aus ausländischen Blättern ersehe ich, schon wieder 67 Marken von verschiedenen Haar- und kosmetischen Wässern bietet eine einzige Maison, das also stirbt nicht aus, aber wenn damit Schluß ist, werden sie etwas anderes finden, Öl für Roboter oder Salbe für Leichen, – alles ist, wie es sein wird, und das Ende ist gut.

Der Radardenker

Herbst, – die Epoche der Astern und der großen Spinnen. Jeden Morgen sitzt einer dieser Riesen an der Wand oder in einem der Waschbecken, durch die Türen können sie nicht gelangen, aus den Wasserleitungen nicht steigen, also wo kommen sie her, das frage ich mich jeden September, nun ich will nachschlagen, die Zoologen werden es wissen.
Auf einem bestimmten Holzstuhl sitze ich vielfach vormittags an meinem Fenster, das eine Straße übersieht. Das kann ich mir für Augenblicke leisten. Reisen kann ich nicht, einmal wegen der Kosten und der Schwierigkeiten, die eine solche Angelegenheit jetzt mit sich bringt, zum anderen erhalte ich keinen Paß aus der Stadt, ich stehe auf allen schwarzen Listen, schwarzes Schaf – Grund: Ich denke über vieles anders als die meisten. Dabei ziehen vor meinem geistigen Auge oft die Abgeordneten der Parlamente vorüber, die dürfen alles reden und schreiben, sind immun, im Verhandlungsgebäude sowohl wie auf der Straße, keiner darf ihnen Schwierigkeiten machen, jeder muß sie unterstützen, nur wenn sie auf frischer Tat ertappt werden bei Ausübung eines Verbrechens dürfen sie angesprochen werden. Dabei redet doch mancher von ihnen recht extreme Dinge, staatsbedrohende, öffentlichkeitsunfreundliche, also entweder hält man das, was sie reden, für Unfug und niemand nimmt sie ernst oder es liegt hier eine Ungerechtigkeit vor entgegen dem Psalmistenwort: Gerechtigkeit erhöhet ein Volk.
Dies Sitzen ist angenehm – nicht als ob ich bewegungsunsicher wäre. Der gelähmte Restaurateur mir vis à vis, Alkoholmißbrauch, alte Lues, das rechte Augenlid geht nicht mehr hoch, auch sonst beschädigt, der ist gehbehindert, aber er sinnt doch freundlich im Vorgarten seines Etablissements vor sich hin und spinnt gedanklich. Was sinnt er, was spinnt er, das frage ich mich, das frage ich mich immer wieder.
Hier liegt eine Kardinalfrage vor. Oder folgendes: Ein Mann wird zum Staatsoberhaupt gewählt, sogenannter Präsident, ein äußerst sympathischer, tadelloser Mann,

seine Wahl war nicht zu erwarten, aber 48 Stunden später erscheint bereits eine Abordnung mit in Trachten gekleideter Mädchen aus seinem sehr entfernt gelegenen Heimatsort und überreicht ihm ein Blumengewinde und einen Weinkorb. Man muß das einmal durchdenken: Die Nachricht trifft zu Hause ein, sofort muß sich also ein Komitee bilden, faßt diesen Gedanken, die Mädchen werden ausgesucht, ausstaffiert, mit Mitteln versehen, sie müssen in den Zug gebracht werden, dirigiert, ankommen, empfangen werden – alles innerhalb 48 Stunden! Welch wunderbarer menschlicher Unternehmungsgeist, welche Aktivität, Sprudeln, Vorwärtsdrängen in Zeitelemente und Öffentlichkeit – wer da mitkönnte! Hier spielt sich eins dem anderen zu und Entschluß und Ausführung vervollkommnen sich sofort ins Allgemeine.
Unsereins sucht überall Zusammenhänge, aber findet keine, auf der Jagd nach Einzelheiten verbringt man sein Leben. Aber es gibt Zusammenhänge, naive, erlebte. Ein Sommertag, Sonntag, Sie gehen die Kaufladenstraße, schlendern in ein Café, sehr voll, finden einen Stuhl an der Wand, Zweimännertisch, ein anderer sitzt schon da, eine Erscheinung! Sagt sofort: Seit 6 Monaten hat sich die Stadt stark verändert. Beginnt also ein Gespräch. Unbekannter alter Jude, total schwerhörig, Apparate in den Gehörgängen, ungemein sympathisch! Dann führt er die Kinder ein, Schwiegertochter – Sie erheben sich nach einer halben Stunde und wissen folgendes: Er ist den größten Teil seines Lebens in Süddeutschland gereist, Hauptbüro Stuttgart, Sohn Verleger, wohnt billig, drei Zimmer im Vorort, Zentralheizung, Blick vom Hügel – Schwiegersohn SS-Arzt gewesen, dummer Junge, mit 22 Jahren, verzeihlich, noch nicht entnazifiziert, Sommerheim am Wasser, dort heute (Sonntag), Chirurg, Knochenarbeit, Donnerstags nachmittag frei, aber zu müde – er, der Redner, schwerleidend, Leistenbruch, Hodenbruch, hängt ganz tief herunter, geht nicht mehr zurück, muß Bruchband abends und morgens im Bett ab- und anlegen, da sonst Gefahr, dazu Herzmuskelschwäche, starke Aderverhärtung, darf eigentlich nicht rauchen, aber heute am Sonntag, hier sieht es ja keiner –, total schwerhörig. Sie können gar nicht antworten, er redet alleine, aber äußerst sympathisch, menschlich

weit geöffnet (Goy würde stur dasitzen, pampig, selbstbehaupterisch) – hier bei diesem ist Zusammenhang, Verströmung, Jugend und Alter in einem, verflochten die Räume: Benzin kostet in Stuttgart 60 Pfennig, in Frankfurt 90, in Marienborn noch 100 Liter dazu gekauft für 1,20, blöderweise, hier im Osten 50 Pfennig – – kurz ein Strauß von Tatsachenblüten, keine Lücke, kein Gram, erfülltes Leben!
Ein ander Mal sitzen Sie auf einem Dachgarten, Sie gehen selten aus, alles wirkt stark auf Sie, die weißen Gedecke, saubere Kellner, gepflegte Paare – aber warum tanzen die Leute ruckartig, zackweise, sie schwitzen, daß es an ihnen herunterläuft, und die Haare am Kopf kleben – bewegen sich, wohl rhythmisch, laufen hin und her, genußsüchtig, wippend, kreiselnd, bei großer Glut, kleine Tanzfläche vor der Kapelle – Erotik oder Sichanschmiegen oder Abmagerung, jedenfalls sie sind dabei und irgendetwas Drangvolles hält sie zusammen. Auch hier tritt etwas Allgemeines, etwas Gutes in Erscheinung.
Doch die Tage des Sommers sind, wie gesagt, vorüber. Die Stunden funkeln, Herbst, dies Zögern, das so rührt! Zögern, warum Zögern und Verschleiern, was bald offenkundig sein wird: Die kalten Himmel und die Nacht, das Scheiden, nachdem die Jahre und die Tage unser Herz zerstückten mit Irren und Vergessen und fernen klaren Glocken, die plötzlich klangen. Der Mann am Fenster! Die Gedankengänge im Heim! Der Radardenker auf seinem Sessel! Aber die Kausalität war nur in den letzten Jahrhunderten nach außen verlagert; Ursache und Wirkung und davon die Reaktionen, aber im Grunde ist sie das nicht. Die Kausalität liegt in Ihnen, Sie beherrschen die Materie: Stockholm ist eine bunte Stadt, Parks und Häuserwände feurig von Explosionen, und in anderen Erdteilen stoßen Sie auf Gebiete, die nach Zirrhus duften und solche nach Violen. Die äußere Kausalität schafft nichts heran, Sie müssen immer ausgehen und was suchen, die innere bereichert Sie in Ihrem Stuhl – Siam, das in Lotosblüten versunkene Land, in dem ein ewiger Sonnabendnachmittag herrscht, das Reich, das immer Fische in seinen Gewässern hat und Reis auf seinen Feldern! Oder aus der Philologie: Seelenlagen, zweitausend Jahre alt. Demütigkeitsfloskeln, Selbstverkleinerungsformeln (»mein schwaches Talent«,

»nur mit Zittern und Zagen«, »meine ungepflegte Sprache«) sogenannte Topoi, literarische Konstanten, rethorisierende Widmungsmotive bis zurück zu den Alten – Cicero! – da sehen Sie tief, tief hinein über Kulturzertrümmerungen, schweigend gewordene Seinserscheinungen werden in Ihnen wieder überschwenglich – – Sie kennen die Prozessionsstraße von Babylon? Rechts und links die Löwen aus goldener Emaille, in der Ferne das Ischtartor – eine Flucht aus Glasur und bunten Ziegeln – 120 Löwen! – die sehen Sie entlang –: Das sind Perspektiven!
Ernstlich, betrachten Sie die Lage! Sie sitzen hier in Ihrem Stuhl und draußen beginnt der Angriff auf die Tropen. Westafrika im Vordergrund, aber auch Nigeria. Wo bisher 800 000 Menschen lebten, können nun 10 Milliarden ernährt werden – ein Hinströmen! Aber wer strömt hin – etwa Sie? Ereignisreiche Umwelt! Neu-Südwales hat seinen kältesten Tag seit 79 Jahren – Schnee in Cambarra; kurzlebige Armeerevolten in Honduras! Und Sie? Sie kennen die Wendung von der Tagesordnung, die ohne weiteres über was hinweggeht! Dem indischen Zoo wird ein Riesensalamander als Zeichen der Freundschaft von Nippon angeboten, in der Wissenschaft besteht Hoffnung, ein vom Blasenwurm befallenes Auge sicherer erhalten zu können – und Sie? Sagen wir es ruhig: Nur spurweise vorhanden!
Also was soll das alles, wo ist der Kern? Was wissen wir vom Menschen? Das Terzett aus dem Rosenkavalier – woher nimmt es seinen Zauber, die Ouvertüre zu Violetta oder die Spirituels, die Sklavenlieder – warum rühren sie uns zu Tränen? Alles unklar! Dabei ist das Wesen des Menschen viel erörtert, eigentlich unaufhörlich seit zweitausend Jahren. Krisen gab es auch sehr viele, die einen halten die zur Zeit der Auflösung des römischen Reiches für die einschneidenste, andere die von heute. Mir ist Krise ein zu nonchalantes Wort. Du glaubst zu jagen und du wirst verjagt – Dämonen, Schuppenechsen, Eiszeiten, Schwankungen der Erdachse, Organumbildungen – eine lange Reihe von Sonderbarkeiten, unbegreiflich für domestizierte Etagen- und Laubenproblematiker, doch wer mit Radarmethoden trainiert, bekommt eine leichte Achsel, stellt eine Tafel auf seinen Schreibtisch, groß beschriftet: Das ist nicht anders.

Zwiespalte bleiben natürlich nicht aus. Sie sind schlaff und wundhäutig, daß Sie nicht ans Telefon gehen und den Postboten fürchten – und dann kommt eine Frau zu Ihnen, die konnte gestern Abend wegen ihr verordneter Pillen nicht genügend essen. Ihr Sohn hatte Jubiläum, 25 Jahre Orthopädie, vier Freunde waren auch da, darunter zwei Ärzte, die spielen immer zusammen, ihr Sohn spielt alles, namentlich Geige, wunderbares Essen, aber sie konnte nicht recht mit. Dann kommt sie auf die Tochter zu sprechen, auch Jubiläum, die singt und spielt Harmonium auf Friedhöfen bei Feierlichkeiten – noch ein Jubiläum – so einfach kann das Leben sein: Tabletten, Appetitlosigkeit und Jubiläum – nichts von wundhäutig!
Nichts von Dialektik – gradlinig verlaufen die Konturen. Verlaufen auf die Bürgersteige: Der weibliche Teil, Frauen, keine Damen, Geld besitzen sie auch nicht, aber sie heben den Kopf, halten sich gerade, die Männer sehen ihnen nach, sie fühlen das an ihren Hüften, und diese Männer, alle irgendwie belastet, politisch notdürftig arrondiert, stellungslos, aber irgendetwas betreibend, nachts schlafen sie, erheben sich dann am Morgen im wesentlichen beschwingt – immer dies Sicherheben, mitmachen, weitermachen zur Osterzeit wie jetzt im Spätherbst – ja und, Moment mal, da kommt eine Dame mit Hut, Donnerwetter, wenn sie still stünde, würde sich sofort ein Auflauf bilden: Alle Farben der Nelken straff gezogen und oben auf ein Wedel mit Eigenleben unter Verwendung aller Besonderheiten des Wippens – das ist Stille vor dem Sturm: Wenn dieser Stil sich durchsetzt, wogt Melanesien und Timbuktu durch meine Straße!
Natürlich kommen auch Stunden mit Unsicherheit, da möchte man ein Denkmal haben wie Storm, mittelhoher Granitblock, eine Büste mit schwarzem Rock und Bart, Erikakränze am Sockel – dies schöne Immensee, weich gespielt, aber immer noch hörbar – Heide ringsum – alle diese Elisabethgedichte von vielen Autoren – aber man muß es tragen.
Wenn nun einer sagt, was der Mann da am Fenster macht, ist etwas für Fischkutter zum Heringsfangen, Horchlot-Orter, Schwingungserreger, aber nur für Untiefen, so kann ich darauf hinweisen, auch in Zeitschriften und dergleichen

finden sich sonderbare Sachen. Ein Diplomat aus dem gesichertsten Land der Erde, kein Deutscher, durch hohe Posten international bekannt, schreibt gutachtlich folgendes: »Bereits war das deutlichste Anzeichen für die völlige und katastrophale Umwandlung der Epoche in jenes letzte Stadium getreten, in welchem plötzlich alle Namen, alle Worte ihren Sinn verloren, die Zeichen, die der Geist errichtet hat in Architektur wie in den Werken der Musik, nicht mehr wahr sind, alles lügt, alles verblaßt, um dann plötzlich ausgelöscht zu werden und völlig zu verschwinden.«

Ungeheuerliche Worte! Hier lotet ein Diplomat! Einer aus berühmter Familie alten Stils, bestes Europa in der Strenge des Hierarchen und der Weiträumigkeit der Golfsitten, spricht sich mit Einzelheiten über das letzte Stadium der Epoche gutachtlich aus! Also die Epoche kräuselt sich, irgendwo flammt etwas auf und irgendwo erlischt etwas und sinkt hinab in die Asche der Welten; irgendwo eine Nova und irgendwo ein Schatten und irgendwo ein Wasserglas, in dem das Serum sich bewegt. Erst die fünf Bücher der Genesis und dann der Augenblick, wo Sie das Leben nur noch im Gehirn empfinden, die inneren Organe wurden bewußtlos, aber das Bewußtsein wurde bewußter. Erst die Genesis und dann der Engel mit der fünften Posaune; in diesen Tagen werden die Menschen den Tod suchen und werden ihn nicht finden, denn den Heuschrecken, die aus diesem Rauch herniederfallen, war gesagt worden, sie sollen nicht töten, sondern sie sollen quälen.

Es gelingt ihnen dies Quälen! Qual durch Gedanken, Qual durch Ablegen von Gedanken –: Haben Sie sich schon einmal klargemacht, daß nahezu alles, was die Menschheit heutigen Tages noch denkt, denken nennt, bereits von Maschinen gedacht werden kann, hergestellt von der Cybernetik, der neuen Schöpfungswissenschaft? Und diese Maschinen übertrumpfen gleich den Menschen, die Ventile sind präziser, die Sicherungen stabiler als in unseren zerklafterten Wracks, sie arbeiten Buchstaben in Töne um und liefern Gedächtnisse für 8 Stunden, kranke Teile werden herausgeschnitten und durch neue ersetzt. Also das Gedankliche geht in die Roboter, der deckt den Bedarf, was übrig bleibt, sind Rudimente eines vulkanisch Früheren

und wo sie sich zeigen, wirken sie bereits unmenschlich und verkracht. Also wo stehen Sie, an welchem Punkt der Fauna, durch welche Flora stochert noch Ihr Schritt – Sie schürfen durch den Herbstraum, die Rosen neigen ihr Glas – leer, ein letztes Rinnsal noch an der beschlagenen Wand, die Gärten wispern braun und lila, durchgesichtig in flachesFerngelände.
Das ist nicht äußerlich, was ich hier rede, auch der Blick nach innen geht still und tief. Erstens: Nimmt man an, daß der Schöpfer im Menschen etwas in der Richtung von Güte und Verzeihen hätte darstellen und entwickeln wollen, müßte man auch annehmen, daß er im Tiger und Leoparden etwas Mörderisches und Blutgier hätte entwickeln wollen und man muß gleich hinzufügen, daß ihm das auch in vollem Umfang gelungen ist. Also so einfach sind die Substanzen nicht, die die zur Erhabenheit verpflichtenden Seiten des Menschen beweisen sollen, besonders nicht, da diese dem Schöpfer doch nur schwach und stellenweise gelungen sind. Zusammenfassend: Kann man denn überhaupt vermuten, daß die Schöpfung der Vermenschlichung zustrebt, nein, das kann man doch wohl nicht. Zweitens: Sie lernen oder vielmehr Sie bekommen überliefert aus dem Brauchtum, Sprichwörterschatz, Urväterhausrat: Hilf dir selbst, dann hilft dir Gott, oder Goethe, den sie doch so schön gefeiert haben: Allen Gewalten zum Trotz sich erhalten, rufet die Hilfe der Götter herbei – oder Dehmel: »Greif zu und iß, dann dulde«, – oder Hebbel: »An die Jünglinge« – oder wie die Tiefenpsychologie sagt: »Nur in der Beherzigung seiner Möglichkeiten kann sich der Mensch zu seiner Eigentlichkeit erheben« – kurz eine Fülle volkhafter, wissenschaftlicher, ästhetischer Ansichten, Verse, Sinngespräche alle in der Richtung, daß Sie sich selbst in Ordnung halten müssen, sich ausprägen, durchgestalten, – in Schulen gelehrt, von der Allgemeinheit hingenommen, die Sie nun als jungen, bildungsfähigen Menschen in diese Wahrheiten hineinstellt – sollen Sie, dürfen Sie das alles ablehnen, dürfen, sollen Sie das Religiöse gegen das natürlich Gewachsene, das Volkhafte in die Schranken führen? Drittens: Ich habe mich sehr genau beobachtet, ich bin mir so nebensächlich, daß ich das kann. Ich habe in mittleren Jahren jemandem Bestimmtes keine Liebe erwi-

dert, nichts Erotisches, etwas Familiäres, habe ihn gequält, von mir abgehalten, zurückgewiesen, er war schwach, er litt, schließlich starb er. Ich habe daraufhin genaue Beobachtungen an mir, in mir angestellt, ob ein Schaden daraus für mich erwüchse. Ich habe diese Beobachtungen durchgeführt bis heute, schonungslos, es gab dunkle Gedanken, aber mehr Trauer als Niederschläge, jedenfalls einen sichtbaren Schaden habe ich innerhalb meines Lebens nicht feststellen können. Auch habe ich Briefe, Anzeigen, Bitten nicht beantwortet, also menschliche Aufgeschlossenheit einfach übersehen, die Sachen langweilten mich, war kein Reiz dabei – also nach dem Moralischen hat sich das alles nicht entwickelt, so daß ich schon manchmal glaube, das Leben hat keine andere Bedeutung, als daß man alle vierundzwanzig Stunden einen Tag älter wird, nachts schläft man und vormittags zwischen 10 und 11 verlängert sich der Bart – ach, manchmal glaube ich, selbst die tapferen Zeugen und guten Bewahrer fühlen, daß sie längst auf verlorenem Posten stehen.

Und das Bewußtsein wird bewußter, beginnt die zweite Schöpfungswoche, aber wenn es abends durch den Garten geht, siehe, es ist nicht gut. Kälte und Trauer! Wenn man schon sagt, die Natur trage dschungelhafte Züge, wie viel dunkler ist es noch, den Geist zu beobachten und seine Bewegungen zu verfolgen. Was die Öffentlichkeit darunter versteht, das ist er nicht, wo er wirklich in Erscheinung tritt, erzählt er nichts, macht kein Palaver, da reißt er beispielsweise dem Menschen direkt die Gehirnwindungen heraus, Stücke, graue Substanz und ergänzt das keineswegs, sondern vollendet die Zerstörung. Undurchsichtiges Verfahren: Er spielt mit Richtigem und es fällt falsch zurück, er füllt eine Richtung auf und dabei wird sie kahler, bis sie sich nach vorn legt und dann sackt sie ab. Sie fühlen die Einwände gegen ihn, gegen sich, aber er jagt sie weiter, er brennt sein Feuer, aber auch seine Asche verstreut er ganz allein. *Heutzutage* realisiert er sich üblicherweise als Gedanke. Ein Gedanke beißt an, ein Zittern durchläuft seinen Körper, die Zähne knirschen, er schüttelt den Stoff, zerreißt ihn – Fetzen und Staub! Die Gedanken laufen durcheinander wie Eidechsen in der Sonne – nun soll es große Gedanken geben, Krokodile, festliegende, aber ich vermisse die Schrift über den häuslichen Charakter der Axiome und die Geographie der Apriori, die klimatische Entschuldigung für soviel Staub. Heutzutage wird er aufgefaßt als Unterhaltung, Wissenschaft, Propädeutik – ach du lieber Gott – *heutzutage! Heutzutage* können Sie in die Lage kommen, gefragt zu werden, wovon Sie leben, von Radardenken können Sie nicht leben. Früher gab es schöne Stellungen – Syndikus: Listige Verträge, Neuemissionen, – oder Facharzt für Hals, Nasen, Ohren: Bißchen Rachenpinseln und nachts werden Sie nicht gerufen, – Vertreter für Suchard-Chokolade, sehr gefragt, Sie brauchen nur den Hörer abnehmen und die Aufträge notieren – überhaupt wenn Sie den Begriff Arbeit analysieren, kommen Sie zu sonderbaren Resultaten, aber es waren schöne Zeiten und ich halte sie hoch. *Heutzutage* geht eine Stimmung durch die Welt, es soll alles warm gehalten werden: Fußsohlen, Wahrheiten, Kunsttöne – Pulswärmer an die Beine, – Pulswärmer das ist der Hintergrund – ein Pulswärmer als Wimpel an die Kamikaze, den Götterwind, die Todesflieger – Pulswärmer an die Lanzen der apokalyptischen Reiter – sie wollen »wieder« Boden unter den Füßen (als ob sie seit 500 Jahren irgendwo solchen gehabt hätten), »Zurück zu den Klassikern, so kommen wir nicht weiter« (weiter, aber wohin denn, und was heißt »so«?) – »Humus« – also sie wollen ruhig Dreck an den Stiefeln, aber warmen Dreck – – ich persönlich glaube nicht an Restauration, die geistigen Dinge sind irreversibel, sie gehen weiter bis ans Ende, bis ans Ende der Nacht. *Heutzutage, heutzutage* – aber öffentlich trage ich dem Rechnung, ich sage immer, heutzutage sind wir in Ägypten, also machen Sie ruhig Ihre Bewegungen weiter in Richtung von Lehrstätten und Kontoren, nur halten Sie sich den Kopf frei, darin muß immer ein Hohlraum sein für die Gebilde. Hier konzentriert sich das Reale, modelliert sich, so entstehen die Formen. Sie brauchen auch gar nicht nach der Uhr zu sehen, was wird schon sein – 3/4 Sechs oder 3/4 Sieben – alles Phantome! Aber wir wollen auch nicht zu streng sein, denken Sie das Menschenleben, es zwängt sich durch die Tage, wird magerer, wird dicker, trägt Gamsbartl, trägt Pleureusen, vernäht Dammrisse, sticht Ohrlöcher und nur allzuschnell kommt dann die Stunde, wo sie das Gesicht ins Dunkel halten müssen, in den großen schwarzen Schwamm, und schließlich sind sie doch alle gepilgert und kennen die Blicke auf Antlitze, die sie bestimmt sehr bald verlassen müssen, und das Stimmengewirr von Bahnhöfen, wo ihnen niemand etwas nützt. Durch viele Millionenstädte fluten die Straßen, tags links ein See, ein Blau aus erster Hand, und nachts das Neonlicht. Riverbridge, Ponte vecchio, Münsterbrücken – darüber die Fremde, die Ferne, nicht von Ihnen errichtet, nicht für Sie erbaut. Die Peripherie der Metropolen: Rieselanlagen oder Père Lachaise oder Ananasplantagen, – aber Unbekannte, die durch die Felder gehen. Lippen der Kinder, Alter der Erde, aber umarmen können Sie das nicht. 1821 ertrank Shelley zwischen Livorno und Lerici – lange vorüber, in einem Gutshaus wohnte Voltaire – lange vorbei. Trauer aus allen Weiten, seelisch belastet aus Epochen, Melancholie aus langer Sicht. Darum lehre ich die kleinen Gebilde – schaffen Sie kleine Gebilde still an Ihrem Fenster: Fliehen Sie die Ferne, fliehen Sie die Dauer, sehen Sie nicht so weit, wenn Sie nämlich in die Ferne sehen, kommt immer wieder die Frage: Wenn es nicht dazu gekommen wäre: Atomzerspaltung, Dynamit, Insulin, entbitterte Lupine, – was dann, wie sähe die Sache dann aus, aber erstens wäre dann vermutlich etwas anderes dazu gekommen oder es wäre zweitens nichts anderes dazu gekommen, doch änderte das etwas an den Grundsätzen der Welt? Nein, fliehen Sie die Ferne, verflechten Sie sich mit Ihren inneren Beständen, nehmen Sie Ihre Bilder von der Wand, seien Sie Alkibiades oder Helena oder Ephialtes, verraten Sie, sonst werden Sie verraten oder allerdings beides – –, das Herzzerreißende, immer dies Herzzerreißende, darin stehen Sie und das müssen Sie tragen. Ebenso der Blick zurück: Drei Jahre, welche unermeßliche Zeit, drei Jahre ohne Inhaftierung oder Prostatakarzinom, welches äonenlange Geschenk der höheren Gewalten, glauben Sie mir, mehr gibt es nicht, kann es gar nicht geben, das ist schon ein Verhalten des Abstiegs und des Endes von unerklärlicher Bedeutung, das könnten die Götter schnell bestrafen! Stehen Sie, bekränzen Sie Ihr Auge mit jedem Abend, schließen Sie jeden Tag ab wie der Chef, der aus dem Büro geht: »Ist noch was?« Bescheiden Sie sich, es ist genug gedacht, keine weiteren Spitzenleistungen – betrachten Sie die Heiratsannoncen, da

ist auch alles feingeistig und elegant. Die Tiere äußern sich nach allen Richtungen, aber der Mensch ist das verschlossene Wesen, in dem, was er sagt, ist meistens wenig von ihm drin. Wir sind stumm, wir sind ungeeignet, wir sind keine Favoriten, Sie zittern schon vor Ihrer Schreibmaschine, Sie schlagen die Tasten, leere, hohle Röhren, ganz was Trockenes und dann stellt sich etwas zusammen – ein Wort, feucht von Träumen und Dünsten, aus einem Augenblick für eine Weile, tragend wie getragen, etwas Jenseits nahe und etwas Diesseits deutlich - Mischwelt, Kreuzungen – wer weist Ihnen da den Weg? Der Mann im Eigenheim! Vom Schatten aus auf die leuchtenden Bäume und Blumen sehen – dies japanische Gartenprinzip – das bietet Ihnen sein Fenster. Sich im Schatten halten, sich ver-halten – es ver-hält sich die Welt!
Nun kommen die Tüchtigen und sagen, Ihre Schatten sind stumm, wir wollen aber mähren und zwitschern, *natürlich* sein, Ihre Schatten sind leer – aber das ist es ja gerade: Es gibt keine Leere und es gibt keine Fülle, es gibt nur die Möglichkeit, die Leere zu füllen hier, sofort, am Fenster mittels Lotung und Transformation. Dann kommt die Jugend und spricht, so können wir nicht leben, wir wollen Stoff, wir wollen Handgriffe, wir wollen Ideale – wir wollen, wir wollen, wir wollen –: also sie wollen Anschluß und Unsterblichkeit, aber wie sieht die aus? Eine Unsterblichkeit von 50 Jahren, noch nicht einmal ein Schildkrötenalter, mit Hilfe von Auktionen, Erinnerungsblättern, neuem Gemähre, neuem Gezwitscher – 50 Jahre, welche metaphysische Genügsamkeit, welch bescheidener Lebenswille – nein, ich begnüge mich nicht, ich will tot sein, völlig, Asche, Wurm, Lehm, Unkrauterde, ich neige das Haupt und nehme mich mit – einmal und nicht wieder, anders ertrüge ich es nicht, anders kann es auch nicht sein – Einmal im Sturz der Träume und der Bilder.
Diese These des Menschen erträgt die Äonen. Spannungen gewachsen sein, Spannungen binden – ausgleichen, das Geheimnis des Stils! Was Sie Krise nennen, hindert Sie nicht an Gewichtszunahme, blicken Sie doch um sich, Krise – das ist doch noch alles gute, alte Tradition, hin und her, charmantes Spiel der Gegensätze: Unter Tyrannen festigt sich die Freiheit und unter frommen Kaisern entwickelt

sich das Vergnügungsleben – ich höre einen anderen Ton aus der großen Posaune, ein Wort, hart aber tröstlich: *Verhängnis!* Geist und Leben – wie war das doch? Darum, meine Freunde, gedenken wir des 2. 12. 1942, als die Zeiger der Meßinstrumente sich zitternd zu bewegen begannen, kleine Klötze von Uran mit angereichertem Uran 235 waren wie Briketts übereinander geschichtet in der Halle des Sportpalastes der Universität Chicago, die Spaziergänger gingen ahnungslos darüber hin, – also es war so weit, die Meßinstrumente brummten, aber Fermi, der Unerschütterliche, Leiter und Inaugurator des Neutronenbeschusses, der neue Gestalter mit der Erkenntnis von der Feste und dem Licht und dem Unterschied zwischen dem Wasser, Blockwart der zweiten Genesis, sagte die bekannten Worte: »Erst laßt uns essen gehen«.

II.

Die vorstehenden Emanationen sollten einen Seelenzustand darstellen, für den es keine sachliche Erklärung und keine individuelle Begründung gibt. Das Gehirn ist rund, weich, dehnungsfähig – seine Funktion ist Realisieren. Der Radardenker sollte sich realisieren, er brachte sprachlich vor, was seine Wirklichkeit in jenen Herbsttagen war. Nun müssen wir ihn aber von Außen betrachten und da ergibt sich folgendes:
Ich denke mir einen Dialog. Wie hieß deine Freundin damals, vor 20 Jahren? Ellen Lohmeyer. Wie sah sie aus? Wie Frauen aussehen, mittelgroß, Haarschopf oben. Was triebt ihr zusammen? Was man treibt, halb Lust, halb Langeweile. Wie war der Abschied? Wir gingen auseinander – *Beachten Sie*: So verlaufen die Dinge, auch die mit Wirklichkeit beladenen, auch die echten. Mehr ist natürlich auch der Radardenker nicht – Ellen Lohmeyer – etwas allgemeine Gültigkeit mit Zeichen von Situationärem.
Gegen eine Stelle seines Monologs wird man ernstlich Einwände vorbringen müssen. Das Finalistische, das über seinem Wesen liegt, das ist reine Stimmung, persönliches Gewoge. Sie schürfen durch den Herbstraum – ich will ganz tot sein – das ist Blickbeschränkung, Überbetonung, Apathie. Dagegen ist sein Versuch, in jedem Satz alles zu

sagen, ihn ganz solitär zu machen, ihn tragend auszubauen, da es für den inneren Menschen Raum und Zeit und Übergänge nicht gibt, sowie die einzelnen Sätze und Absätze ohne Motivbeziehung hintereinander zu stellen (da es nebeneinander drucktechnisch nicht möglich ist), also blockartig zu verfahren, das ist modern. Aber einem Gedanken hat er nicht genügend Rechnung getragen und dem wollen wir nachgehen, er ist grundsätzlich und hebt ihn nahezu auf.

Die Sache ist kurz folgende. Der Gedanke, dem er nicht genügend Rechnung getragen hat, ist der, der Mensch ist nicht ein Ende, nicht die Krone der Schöpfung, sondern ein Beginn. Was er leidet, was ihn bedrückt, was ihn verfinstert, sind Kinderkrankheiten, Zahnungsmißhelligkeiten, Entwicklungszuckungen – er ist noch nicht eingerenkt in die neue Konstruktion. Es zieht sich nämlich eine systematische Grenze allererster Ordnung zwischen die beiden Gattungen des Anthropoiden und des Sapiens einerseits und der ganzen vorherigen Welt andererseits. Affen, Säuger, Wirbeltiere, überhaupt das Tierreich ist überschritten, hinter sich gelassen, die Emanzipation des Geistigen tastet sich in einen neu sich eröffnenden Raum. Denken wir an den Beginn des Diluviums. Jene Vertreter in China! Die Feuerbeherrschung, die Umweltgestaltung, die Erweiterung des Umweltradius mittels steinzeitlicher Technik. Nicht von ungefähr! Das meiste zum Aufbau des Leibes war beendet. Im Präkambrium Nervengefäße; im Silur das Innenskelett; im Oberdevon der Schritt aufs Festland, Gehfuß; im Perm Jochbogen; im Jura Geburtsakt; im Mesozoikum warmes Blut usw. – nun beginnt die »Erst-Bindung« den II. Akt.

Ein Blatt, das vom Baum fällt, ein Hirschgeweih leben zwar auch in einem Rhythmus, aber ihr Abgeworfenwerden ist auch ihr Lebensende. Jetzt verzweigen sich die immateriellen Dinge, werden übertragbar, werden weitergegeben und erhalten sich. Stare, Spötter, Papageien ahmen Vogelgesang anderer Arten nach, aber nun beginnt die objektiv bestehende Sprache. Jahrmillionen dahinter – und nun erst diese kurze Zeit! Die Plastizität des Werdens wendet sich in neue Dimensionen, beschränkt offenbar alle ihre Mächte auf dieses Thema, variiert sich in Entfaltungen

– von Ermüdung keine Spur. Das Weitere ist unübersehbar, aber der Mensch wird wahrscheinlich nicht enden. Wenn es die Eiszeiten, die Gürtelfluten, die Mondeinstürze nicht brachten, auch die Atombombe kann ihn nicht bedrohen. Lamentationen! Die Arten erhalten sich und enden aus anderen Gründen, offenbar nach Gesetzen, die über den Neutronen stehen. Wir werden sein, wir sind: Alte animistische Rudimente und die neue technische Realität. Jeder ist einbegriffen – aber niemand kann mehr sein als etwas allgemeine Gültigkeit mit Zeichen von Situationärem. Also Ellen Lohmeyer ganz groß – zu Tisch geführt von Genetik und Paläontologie, die Ouvertüre setzt ein, komponiert in Ultraschall, vorgetragen von Muschelbläsern!

Autobiographie

Epilog

Geboren 1886 als Sohn eines evangelischen Pfarrers und einer Französin aus der Gegend von Yverdon in einem Dorf von dreihundert Einwohnern etwa in der Mitte zwischen Berlin und Hamburg, aufgewachsen in einem Dorf derselben Größe in der Mark. Kam aufs Gymnasium, dann auf die Universität, studierte zwei Jahre Philologie und Theologie, dann Medizin auf der Kaiser-Wilhelm-Akademie, war aktiver Militärarzt in Provinzregimentern, bekam bald den Abschied, da nach einem sechsstündigen Galopp bei einer Übung eine Niere sich lockerte, bildete mich ärztlich weiter aus, fuhr nach Amerika, impfte das Zwischendeck, zog in den Krieg, erstürmte Antwerpen, lebte in der Etappe einen guten Tag, war lange in Brüssel, wo Sternheim, Flake, Einstein, Hausenstein ihre Tage verbrachten, wohne jetzt in Berlin als Spezialarzt für Geschlechtskrankheiten; Sprechstunde abends Fünf bis Sieben.
Ich approbierte, promovierte, doktorierte, schrieb über Zuckerkrankheit im Heer, Impfungen bei Tripper, Bauchfellücken, Krebsstatistiken, erhielt die Goldene Medaille der Universität Berlin für eine Arbeit über Epilepsie; was ich an Literatur verfaßte, schrieb ich, mit Ausnahme der »Morgue«, die 1912 bei A. R. Meyer erschien, im Frühjahr 1916 in Brüssel. Ich war Arzt an einem Prostituiertenkrankenhaus, ein ganz isolierter Posten, lebte in einem konfiszierten Haus, elf Zimmer, allein mit meinem Burschen, hatte wenig Dienst, durfte in Zivil gehen, war mit nichts behaftet, hing an keinem, verstand die Sprache kaum; strich durch die Straßen, fremdes Volk; eigentümlicher Frühling, drei Monate ganz ohne Vergleich, was war die Kanonade von der Yser, ohne die kein Tag verging, das Leben schwang in einer Sphäre von Schweigen und Verlorenheit, ich lebte am Rande, wo das Dasein fällt und das Ich beginnt. Ich denke oft an diese Wochen zurück; sie waren das Leben, sie werden nicht wiederkommen, alles andere war Bruch.
Soweit ich die viertausend Jahre Menschheit übersehe, gibt es zwei Typen neurologischer Reaktion. Gespalten an der

Empfindlichkeit gegen das Verhältnis des Ganzen und der Teile, repräsentiert durch die Irritabilität gegen den Begriff der Totalität. Primat des Ganzen, τὸ ἕν χαὶ πᾶν, zufälliges Spiel der Formen, schmerzlich und zentripetal: Inder, Spekulative, Introvertierte: Expressionisten, und rühriges Absolut des Individuellen mit dem Begriff als Registratur: Kasuistiker, Aktivisten, ethisch und muskelbepackt; ich halte zu der Reihe der Totalen, der Chaoisten in einem Maße, daß ich Darwin für eine Hebamme halte und den Affen für Kunstgewerbe: wir erfanden den Raum, um die Zeit totzuschlagen, und die Zeit für unsere Langeweile; es wird nichts und es entwickelt sich nichts, die Kategorie, in der der Kosmos offenbar wird, ist die Kategorie der Stagnation.

Ich stamme aus dem naturwissenschaftlichen Jahrhundert; ich kenne meinen Zustand ganz genau. Bacchanal durch die Singularitäten, Konkretismus triumphal, gebrochen dann wie keines unter das Gesetz der Stilisierung und der synthetischen Funktion, abgewandelt in meinen Zentren, eine groteske Persiflage; und ich muß bei dieser Gelegenheit anführen, daß ich nicht immer mein jetziges Gewerbe, die Hautleiden, betrieb. Ich war ursprünglich Psychiater gewesen, bis sich das merkwürdige Phänomen einstellte, das immer kritischer wurde und darauf hinauslief, daß ich mich nicht mehr für einen Einzelfall interessieren konnte.

Es war mir körperlich nicht mehr möglich, meine Aufmerksamkeit, mein Interesse auf einen neueingelieferten Fall zu sammeln oder die alten Kranken fortlaufend individualisierend zu beobachten. Die Fragen nach der Vorgeschichte ihres Leidens, die Feststellungen über ihre Herkunft und Lebensweise, die Prüfungen, die sich auf des einzelnen Intelligenz und moralisches Quivive bezogen, schufen mir Qualen, die nicht beschreiblich sind. Mein Mund trocknete aus, meine Lider entzündeten sich, ich wäre zu Gewaltakten geschritten, wenn mich nicht vorher schon mein Chef zu sich gerufen, über vollkommen unzureichende Führung der Krankengeschichten zur Rede gestellt und entlassen hätte.

Ich versuchte, mir darüber klar zu werden, woran ich litt. Von psychiatrischen Lehrbüchern aus, in denen ich suchte, kam ich zu modernen psychologischen Arbeiten, zum Teil sehr merkwürdigen, namentlich der französischen Schule; ich vertiefte mich in die Schilderungen des Zustandes, der als Depersonalisation oder als Entfremdung der Wahrnehmungswelt bezeichnet wird, ich begann, das Ich zu erkennen als ein Gebilde, das mit einer Gewalt, gegen die die Schwerkraft der Hauch einer Schneeflocke war, zu einem Zustande strebte, in dem nichts mehr von dem, was die moderne Kultur als Geistesgabe bezeichnete, eine Rolle spielte, sondern in dem alles, was die Zivilisation unter Führung der Schulmedizin anrüchig gemacht hatte als Nervenschwäche, Ermüdbarkeit, Psychasthenie, die tiefe, schrankenlose, mythenalte Fremdheit zugab zwischen dem Menschen und der Welt.

Unmöglich, noch in einer Gemeinschaft zu existieren, unmöglich, sich auf sie zu beziehen in Leben oder Beruf; zu durchsichtig die Wrackigkeit ihrer antithetischen Struktur, zu verächtlich dieser ewig koitale Kompromiß embonpointaler Antinomien... Ich hatte bei Montesquieu gelesen, Caligula, da er ebenso von Antonius wie Augustus abstammte, sagte, er würde die Konsuln strafen, wenn sie den zum Andenken an den Sieg bei Actium eingesetzten Freudentag feierten, würde sie aber auch strafen, wenn sie nicht feierten; und als Drusilla, der er göttliche Ehren zuteil werden ließ, gestorben war, galt es als Verbrechen, sie zu beweinen, weil sie eine Göttin war, und sie nicht zu beweinen, weil sie seine Schwester war. Dies schwebte mir vor. Hieran mußte ich denken, wenn der Zeitgenosse mir entgegentrat. In dieser Form sah ich ihn, wo immer er sich mir stellte; in dieser Linie offenbarte sich mir seine Figur; es war die »Einerseits«- und »Andererseits«-Struktur, in der er sich bewegte, das Professionell-Diagonale zur Prophylaxe des Geschlechts. Einerseits und andererseits die verbissenste Individualität bis in den Dreck der Fingernägel und zu sozialen Kompromissen gezwungen vom Fressen bis zum Koitus, ewig diese mediokre Balance und diese generell ewig positive Latenz. Lemuren, Schemen, kreischende Mahre, um die Galoschen schlickernd das Nichts: Worte, Horatio, Blähungen der Lippe, Samen blasend ins Geschwätzige, immer wieder machte ich die Tore eng und die Türen des Geschäftes zu und ging auf Reisen, immer wieder mußte ich zurück, da ich in Europa keine Wüste fand. Ein Herr sitzt vor mir in meinem Sprechzimmer, er wendet mir seine Rede zu, die Summe von Erfahrungen eines achtbaren Lebens spielt um seine Lippe, er will bei mir Genesungssubstantive kaufen; nur Mut, mein Freund, es geht schon aufwärts, Beruhigung, Bekömmlichkeit. Ich blicke über die Straße, ein Herr stäubt sich den Rock ab, es stäuben sich aber in diesem Augenblick viele Herren den Rock ab, wohin man blickt, immer dies Simultane, hin und her zwischen der Stabilisation und dem Fraglos-Weiten, zwischen Begriff und Absolutem hin und her...

Wie soll man da leben? Man soll ja auch nicht. Vasomotorisch labil, neurotisch inkontinent, ecce am Kadaver und ecce an der Apokalypse, Schizothymien statt Affekte, statt Fruchtbarkeit Aborte in alle Himmelsstriche, autopsychisch solitär, faulig monokol, polyphemhaft an den Hammelstücken, die ihre Beute unten tragen: am Bauch, nicht an den absoluten Graten; fünfunddreißig Jahre und total erledigt, ich schreibe nichts mehr – man müßte mit Spulwürmern schreiben und Koprolalien; ich lese nichts mehr – wen denn? die alten ehrlichen Titaniden mit dem Ikaridenflügel im Stullenpapier? Ich denke keinen Gedanken mehr zu Ende, rührend das Bild des Abendländers, der immer noch und immer wieder, und bis der Okzident in Schatten sinkt, dem Chaos gegenübertritt mit seiner einzigen Waffe, dem Begriff, der Schleuder, davidisch, mit der er um sein Leben kämpft, – aber Dämmerung über die formalen Methoden, ich streife die Vorstellung einer Funktion außerhalb der Psychologie ewig latenter Antithesen syndikalistisch-metaphys.

Nun erscheinen diese gesammelten Werke, ein Band, zweihundert Seiten, sehr dürftig, man müßte sich schämen, wenn man noch am Leben wäre. Kein nennenswertes Dokument; ich wäre erstaunt, wenn sie jemand läse; mir selber stehen sie schon sehr fern, ich werfe sie hinter mich wie Deukalion die Steine; vielleicht daß aus den Fratzen Menschen werden, aber wie sie auch werden mögen: ich liebe sie nicht.

Summa summarum

Es wird wieder so viel für die Kunst getan, kein Bierabend ohne ihre Vertreter, schriftstellernde Herren werden ins Ministerium berufen, es lebt und webt, man zitiert die Ufer des Arno. Da möchte ich mit einem numerischen Beitrag erscheinen, einem Kalkül, einer verstandesmäßigen Betrachtung darüber, wieviel ich durch mein Dicht- und Schriftstellertum summa summarum während meines Lebens verdient habe. Bei meiner ersten Publikation war ich 25 Jahre alt, in diesem Monat wurde ich 40, es handelt sich also um 15 Jahre, und ich zählte vollkommen genau Alles zusammen, was ich je an Honoraren für Bücher, einschließlich Gesammelte Schriften, Feuilletons, Nachdruck, Übernahme in Anthologien, mit einem Wort infolge der Papier- und Verlagsindustrie vereinnahmt habe: es sind 975 Mark.

Was speziell die Gedichte angeht, so verdiente ich 1913 für ein lyrisches Flugblatt bei meinem Freund Alfred Richard Meyer 40 Mark, während des Krieges für Gedichte in den Weißen Blättern von Schickele 20 Mark, nach dem Krieg im Querschnitt für zwei Gedichte 30 Mark, das macht zusammen für Lyrik 90 Mark. Ich will nun keineswegs aufräumen, wie es Else Lasker-Schüler tat, meine fachärztliche Tätigkeit hat mich bis heute ernährt. Und obschon die Geschlechtskrankheiten vom Erdboden zu verschwinden scheinen und der internationale Syphilidologenkongreß in Paris 1925 den Rückgang der Lues für Europa für die letzten fünf Jahre auf 50% schätzt, will ich im Interesse des Allgemeinen Ehrlich-Hata nicht verklagen. Es ist wie gesagt nur ein Kalkül über Dichten und Denken, ein Gedankengang hinsichtlich Kunst und Leben und den kastalischen Quell.

Zu den weitern Betrachtungen muß ich eine Vorbemerkung machen. Es spielt für die Frage gar keine Rolle, ob ich als schriftstellerische Persönlichkeit geschätzt, über- oder unterschätzt werde. Es handelt sich hier ausschließlich um Statistik, nämlich um Folgendes:

Mit diesen 975 Mark bin ich übersetzt ins Französische,

Englische, Russische, Polnische und in lyrische Anthologien Amerikas, Frankreichs und Belgiens übergegangen. Im letzten Jahr sind in Paris Aufsätze oder Bemerkungen über mich erschienen in Nouvelles littéraires, Volonté, L'opinion républicaine, soweit mir bekannt. In einem Aufsatz des Franzosen Reber las ich eine Kritik über ein französisches Buch, das sich mit deutscher Literatur befaßte, und das er abfällig beurteilte, weil es sich beispielsweise mit Figuren wie mir nicht beschäftigte. In einem Vortrag in der Sorbonne rechnete mich Herr Soupault zu den fünf größten Lyrikern nicht nur Deutschlands, sondern Europas. In Einer Woche dieses März erhielt ich ein Essay aus Paris über mich zugeschickt, erhielt den Besuch einer Warschauer Journalistin wegen eines Interviews und wurde von Moskau aus aufgefordert, ein Bild mit Biographie für eine internationale Kunstausstellung einzusenden. Soll ich mich vielleicht genieren, das aufzuzählen? Wo wäre die Öffentlichkeit, der man den Vortritt lassen müßte? Pas de quoi! In Deutschland gelte ich den Literaturgeschichten als einer der prominenten Lyriker des Expressionismus, der Rundfunk widmete mir eine Stunde der Lebenden mit und im Gegensatz zu – sit venia comparationi – Stefan George, eine Zeitung bemerkte über mich bei dieser Gelegenheit: »einer der Größten unsrer Zeit«.
Nun vergleiche ich diese 975 Mark mit den Verdiensten andrer Kunst- und Geistestätiger. Eine gute Solotänzerin erhält in der Staatsoper 300 Mark pro Abend ihres Auftretens, eine mittlere Prominenz beim Film verdient am Tag 400 Mark, der erste Geiger einer Sommerkapelle von einigem Niveau wird mit 1500 Mark im Monat bezahlt, der Dirigent der Kinokapelle im Marmorhaus mit 4000 Mark. Ohne mich mit einigen fest engagierten Schauspielerinnen von großem Namen, aber begrenzten Talentes vergleichen zu wollen, die 2000 Mark im Monat garantiert erhalten, ohne an das Geld der Chefredakteure, Intendanten, Bankpräsidenten, die Aufsichtsratstantiemen der Abgeordneten zu denken, wenn ich nur den lyrischen Tenor aus Königsberg und den Wotansänger aus Karlsruhe mit ihren 2–3000 Mark Monatsgagen heranziehe, so steht einer der Größten dieser Zeit mit 4,50 Mark im Monat entschieden ungünstig da.

Aber, wie gesagt, ich beklage diesen Zustand nicht. Ihn beklagen hieße die Gesellschaftsordnung beschuldigen, aber die Gesellschaftsordnung ist gut. Man bedenke doch diese Rasse, die aus dem Dunkel ins Helle strebt ganz ohne Revanchefurcht vorm Licht. Diese Politiker und Minister, was verjauchen sie nicht alles rhetorisch vom Pfingstwunder bis zur Apokalypse, und wenn sie gestorben sind, welche wunderbaren und tiefgeschlagenen Firmen inserieren ihnen einen Nachruf. Diese literarischen Heros, jeden Tag ein Interview, glaubt irgend Jemand, daß sie, nach Kukirol oder Haemorrhoidalblutungen befragt, etwa weniger wichtigtuerisch sich aussprechen würden? Diese künstlerischen Journale: »Woran arbeiten Sie?«, und dann antworten diese Biedermänner über ihre Gestaltungsideale, daß demgegenüber die Antwort eines anständigen Schusters, nach seinem Leisten befragt, ein menschlich tiefes Gebilde wäre. Diese feingeistigen Rundfragen: »In welchem Kapitel lassen Sie ihn im Allgemeinen ihr das Du anbieten?«, und keiner der Befragten sendet dem Rundfrager eine Streichholzschachtel mit Bronchialabsonderung zu – nein, ich will weiter meine Tripper spritzen, zwanzig Mark in der Tasche, keine Zahnschmerzen, keine Hühneraugen, der Rest ist schon Gemeinschaft, und der weiche ich aus.

Oder was spricht für Gemeinschaft? Etwa Kleist, als er sich bei Machnow der Repetierpistole bediente, oder Onkel Fritz an seinem Lebensabend, Willkommen aus Sils Maria, als er sich bei seiner Schwester den Vollbart stehen ließ, oder Weininger oder die Morituren auf der Schädelstätte, Essig auf den Mandeln und die Füße von zwei alten Weibern beweint –: auf die Bierabende mit den Herren! Machnow, Golgatha, alles für 4,50 Mark pro Monat, aber ich zu meinen Trippern und jeden Monat ein Gedicht! Gedicht ist die unbesoldete Arbeit des Geistes, der fond perdu, eine Art Aktion am Sandsack: einseitig, ergebnislos und ohne Partner –: evoë!

Neben dem Schriftstellerberuf

Die Herren Ponten, Musil, Levin schildern ihre außerhalb der Literatur liegende Tätigkeit als Jugenderinnerung, Vorspiel, Zufälligkeiten, sie widmen sich seit langem allein ihrem schriftstellerischen Beruf. Nicht jeder kann das. Was mich angeht, so lebe ich ausschließlich von einem gewerblich erworbenen Einkommen, meine künstlerischen Arbeiten haben mir, wie ich voriges Jahr in der »Weltbühne« ausführte, im Monat durchschnittlich 4,50 M., während eines Zeitraumes von fünfzehn Jahren, eingebracht. Einen Versuch, mich wirtschaftlich zu verbessern, will ich im folgenden schildern und daran einige Fragen allgemeiner Natur knüpfen.

Ich habe seit zehn Jahren eine Praxis für Haut- und Geschlechtskrankheiten in Berlin. Die Geschlechtskrankheiten gehen, wie allgemein bekannt, auffallend zurück. Die Syphilis verschwindet infolge des Salvarsans aus Europa, wie die großen Seuchen des Mittelalters daraus verschwunden sind. Die Gonorrhöe hängt eng zusammen mit allgemeinen Weltanschauungsstimmungen, sozialen und erotischen, sie ist, kann man sagen, eine Folge von Idealismus, d.h. unterlassener Desinfektion, auch sie hat ihren Höhepunkt überschritten. Außerdem ist es der Zug der Zeit, den frei praktizierenden Arzt zu antiquieren: das kommunale Forum ist es, das die Behandlung übernimmt, das Gesundheitswesen, sogenannte Prophylaxe, dringt mit Fürsorge- und Beratungsstellen vor gegen ein Jahrhundert der Sprechzimmerintimitäten; es ist die Epoche der internationalen Vertrustungen unter Staatsaufsicht, die die Pferdestärkenversicherung des Individuums als sozialisierten Keimträgers und Kalorienstapels aufzieht bis zu einem Grade von Fließsanierung der taylorisierten Muskelplastik vom Anlegen an die indexberechnete Mutterbrust bis zum drei Tage nach der Beisetzung an die Kommune rücklieferbaren Einheitssarg.

Dies vor Augen, unternahm ich Schritte, meinem Untergang entgegenzuarbeiten. Ich sagte mir, in der Metropole gibt es authentisch, und wird es mit jedem Jahr mehr geben, städtische Arztstellen: Schularzt, Polizeiarzt, Fürsorgearzt usw., wo man vormittags arbeitet, festes Gehalt bekommt, eine Grundlage seiner Existenz hat, günstige Stellen mit Zeit für eigene Belange, man muß nur hingelangen, dann fällt dieser Drei- und Fünfmarkverdienst fort, diese Kassenbons, dies Aus-der-Hand-in-den-Mund-Leben, man ist nicht untüchtiger als andre, man muß es versuchen, und ich wandte mich an eine Persönlichkeit, die Stellen zu besetzen hat.

Ich sagte ungefähr Folgendes: Herr Professor, Sie kennen mich von früher, Sie wissen, daß ich arbeiten kann. Wenn ich Gehalt beziehe, arbeite ich mehr, als es wert ist, ich schnorre nicht. Meine Ausbildung ist ersten Ranges, nur an Universitätskliniken erfolgt, ich nehme es in meinem Fach mit jedem auf. Ich habe keinen Ehrgeiz, ich will nicht Karriere machen, ich will niemanden verdrängen. Ich möchte eine Stellung mit festem Einkommen, damit ich etwas mehr für mich arbeiten kann. Ich bin über Vierzig, und habe nie in meinem Leben länger als vierzehn Tage Ferien machen können, ich möchte auch einmal vier Wochen verreisen und doch am Ersten meine Miete zu bezahlen wissen.

Der Professor antwortete etwa Folgendes: Ich habe mich nach Ihnen erkundigt, und der Schriftsteller B. hat sich günstig über Sie und Ihre Verwandten ausgesprochen. Ich persönlich habe nicht viel Veranlassung, Ihnen eine Stelle zu verschaffen, aber – und nun seine Worte: *»Wenn Sie anständig und pflichttreu arbeiten wollen, können Sie in Betracht gezogen werden.«*

Das klang nicht nach Florenz, auch hatte ich dem Staat in Krieg und Frieden gedient, auch war ich nicht vorbestraft, aber ich wartete nun auf den Betracht, in den ich gezogen werden sollte. Der Betracht war folgender: eine Tätigkeit außerhalb meines Spezialfachs, fünfviertel Stunde Bahnfahrt von Berlin, dann in sechsstündiger Arbeitszeit zweitausend Kinder ärztlich zu versorgen, nachmittags wieder fünfviertel Stunde Vorortbahn zurück, täglich um Sieben aufstehen und allnächtlich in Bereitschaft, die Tour nochmals machen zu müssen, und das alles für ein Gehalt, von dem ich nicht leben konnte. Aber während ich noch über Einzelheiten verhandelte, wurde ich ohne Angabe von

Gründen fallen gelassen, die Amtsstelle verstummte, der Professor schwieg. So endete mein Vorstoß in die Kommune, so endete meine Hoffnung auf die Metropole, das Kulturzentrum meines Vaterlandes, von der ich keine Wohltat erbat, sondern Arbeit im Rahmen dessen, was ich gelernt hatte und konnte.

Wenn also die öffentlichen Einrichtungen nicht einmal den Schriftstellern oder Dichtern zu helfen geneigt sind, die sie um Anstellung bitten im Umfang eines von ihnen erlernten Handwerks, wird es mit den Ungelernten noch schlechter stehen. Doch ich will nicht fortfahren, von mir zu reden, das wäre wirkungslos, da ich keinen öffentlichen Namen besitze. Aber in Berlin ist noch ein Arzt, der von Kassenpraxis lebt und, wie ich annehme, nicht aus Leidenschaft: *Döblin*, ruhmreicher Epiker, selbst vor Bonzen ein gestarteter Mann. Ihn, den ich persönlich weder leiblich noch telephonisch, noch schriftlich kenne, will ich einsetzen und mir die Frage erlauben, wie steht es mit der Kunstpflege des Staates und der Kommunen, wie mit ihrem Zartsinn für die Dichtung, wie mit der Soziologie der Kunst überhaupt?

Wenn man die sprachlichen Absonderungen von öffentlichen Persönlichkeiten sowie Badeprospekten liest, kommt man auf die Idee, Staat, Kommune, Gesellschaft, Zivilisation, Geschmack, Kultur und Kunst das sei alles eins, ein internationales Glück. Eröffnung einer Industrieausstellung: die Leonoren-Ouvertüre und der Bläserchor; Grundsteinlegung und: »Die Himmel rühmen«. Deauville, der Blumenrausch am Meeresstrand: im September die große künstlerische Ovation. Lido, der sonnige Lido, alles im Pyjama – und flott die mit staatlichen Titeln versehenen Favoriten der Kulisse: Festspiele, Mirakel für diese Pyjamalazarusse. Eine Theaterausstellung – und ein Extrazug fährt schleunigst achtzig Abgeordnete heran. Ein Regencezimmer für die Sammlungen erworben –: reicher Segen über das schöne Verhältnis von Museen und Kunsthandel. In der vornehmen Ruhe des Gasteiner Badelebens eine dämonische Ballettsuite –: Höhenstunden für den zur Kur weilenden Reichswirtschaftsminister und die Fraktionsgewaltigen – – –: sublimierter Kapitalismus ist die Kategorie, in der der Staat und die von ihm vertretene Öffentlichkeit die Kunst empfindet und gelten läßt.

Hohenzollern oder Republik, das ist Jacke wie Hose. Günther, Hölderlin, Heine, Nietzsche, Kleist, Rilke oder die Lasker-Schüler – der Staat hat nie etwas für die Kunst getan. Kein Staat. Phidias starb im Kerker an Gift, sein Denunziant erhielt vom Volk Steuerfreiheit. Vergil, Dante, Petrarca, die Verbannten, unter Cäsaren oder Demokratien. Der Staat, immer bereit zu dem Geschwätz, daß die Nation sich aus inneren Kräften erneuere, hat der Kunst gegenüber keine andere Geste als die, die vom Fehlgriff lebt. Er beruft eine Akademie: zwei oder drei Konzessionslose, die unübersehbar sind, aber dann die Masse der Schieber, die flüssigen Epiker, die Rülpser des Anekdotenschleims, die psychologischen Stauer von Mittelstandsvorfällen, Schund und Schmutz, nicht harmlos erotisch, aber produktiv verderbt. Der Staat, der das Wild durch Jagdgesetze schützt und den Nachwuchs der Wälder durch Gatter und Forstakademien, der Irre und Psychopathen hochzieht, Eheberatungsstellen und Geschlechtskrankheitsfürsorgen gratis serviert, immer hoch die Düngerprobleme, die Beamtenbezüge und die Bullenauktionen –: der Staat und die Kommune immer nur auf den Knien vor einer – theoretisch wie in bezug auf ihre Verwirklichung gleich fragwürdigen – vegetativ-agrarischen Züchtungsideologie.

Wer sagt, es sei kein Geld da, der irrt. Ich las kürzlich im Handelsteil einer bürgerlichen Zeitung, der preußische Staat hat im Jahr 1925 35 Millionen ausgeworfen zur Belebung der Stettiner Werftindustrie. Die Werften wurden nicht belebt, keine Planke wurde gebaut, aber die 35 Millionen gingen gewiß ihren Weg und belebten mancherlei. Wann aber hätte er einen Dichter mit tausend Mark belebt? Oder wie ist es z. B. mit den Zahlungen für die Staatstheater? Wie sieht der Etat, wie die Kunstleistung eines Staatstheaters aus? Zweiundzwanzig Schöne mit Dauerverträgen und noch mehr männliche Bretterbetreter, damit »Charleys Tante« und das »Weiße Rößl« monatelang dem preußischen Volke nahegebracht wird; an der Spitze Intendanten und Regisseure, die nebenberuflich Filme in ihre Tasche drehen; Kapellmeister mit ihren langjährigen enormen Verträgen, fortwährend auf Gastspielen zu ihrem eigenen Ruhm und für ihr eigenes Bankkonto; Stars, fünftausend Mark Fixum monatlich in Berlin und die

Hälfte des Jahres auf privaten Tournéen –: Intendanten, Regisseure, Tenöre, Kapellmeister, also Bearbeiter, Vermittler, geistig-wirtschaftlich betrachtet: Ausbeuter, Produktive dritter, vierter Hand – die erhält der Staat mit großem Train. Oder wie steht es mit der Wissenschaft, insonderheit dieser smarten Biologie? Für jeden Spaltpilz ein Forschungsinstitut, für jede Rattenkreuzung eine Domäne. Dahinein diese Forscher, die ewig die Epoche in Atem halten und dauernd Marksteine errichten und nach einem Quinquennium ist alles Kaff. Hundertundfünfzig Jahre bebten sie und ihre Welt in einem Gesetzmäßigkeitsparoxysmus, und nun kommt ein anderer, dänischer Physiker, Nobelpreisträger und sagt, daß der molekulare Einzelvorgang wahrscheinlich überhaupt nicht durch Gesetze kausal bestimmt werden kann. Das ist das Versagen des Gedankens der Naturgesetze überhaupt. Das ist das Fiasko. Aber die Forscher beziehen ihre Gehälter weiter, als ob man von vornherein angenommen hätte, daß sie nur Unfug produzieren, und wer sie attackierte, dem würden sie Lessing zitieren, daß es sich nicht um Erkenntnis handle, sondern um den Kampf um die Erkenntnis – ach, wie sie alle kämpfen auf ihren Lehrstühlen, bei ihren Witwenpensionen, auf ihren bankettdurchwürzten Kongressen und die Ministerialräte mit Festreden immer oben an! Mögen sie es tun, aber wenn der § 142 der deutschen Reichsverfassung lautet: »Die Kunst und die Wissenschaft und ihre Lehre ist frei. Der Staat gewährt ihnen Schutz und nimmt an ihrer Pflege teil« – so sollte der zweite Satz lieber heißen: er gewährt nicht ihnen Schutz, sondern ihren Surrogaten, da sie der Industrie Anregungen und den Ministern ihre Redensarten liefern.

Es ist schwierig, in die Problematik der Kunst und ihrer Stellung einzudringen, da sie die Problematik der geschichtlichen Bewegung an sich umschließt, ihrer Regungen, ihres Charakters und ihres Unterganges. Es ist schwierig, in diese Problematik einzudringen, da es, wie bekannt, eine grundlegende Soziologie der geschichtlichen Bewegung nicht gibt. Immer wird die kollektivistische Hypothese der individualistischen gegenüberstehen, immer die Theorie vom Sichtbarwerden allmählicher Veränderungen beim Reifwerden der Umschichtung der des

Führers, des großen säkularen Typs, in dem das Besondere und das Allgemeine magisch koinzidiert. Aber von wo immer man sich dem Phänomen des historischen Prozesses nähert, ob mit der synoptischen oder mit der kausalgenetischen Methode, ob man das Einheitliche betont oder das Katastrophale, eines wird sich wohl beschreiben lassen, wenn man die Beziehungen überdenkt: erhielte sich ein Staat durch Straßenbeleuchtung und Kanalanlagen, wäre Rom nie untergegangen –: immanente geistige Kraft wird es wohl sein, die den Staat erhält, produktive Substanz aus dem Dunkel des Irrationalen. Und hier könnte die Stelle sein, wo es politisch wird: das an sich nihilistische Problem der Kunst.

Es scheint mir eine Tatsache zu sein, die wenig anerkannt ist, daß es sehr viel weniger produktive Substanz in einem Zeitabschnitt gibt, als im allgemeinen angenommen wird. Ferner, daß Kunst viel seltener ist, als es scheint. Dieser Schein hängt mit dem verbreiteten Irrtum zusammen, daß Kultur, Zivilisation, Bildung und Kunst im Grunde identisch seien. Kunst aber ist ein isoliertes Phänomen, individuell unfruchtbar und monoman. Das bestimmt ihren Rang. Darum, wo immer man sie vermutet, sollte man sie schützen. Als seelische Tatsache psychologisch nicht weiter zurückführbar, substantiell aus Vorzeiten im Menschen liegengeblieben, Mammutmasse und Schöpfer des Gehirns. Es erschiene mir daher keineswegs utopisch, vielmehr historisch konfessionell oder, wenn nicht aus einer Philosophie der Geschichte, dann aus einem sehr tiefen historischen Affekt hergeleitet, wenn der Oberbürgermeister der Metropole in die Frankfurter Allee ginge und folgendermaßen spräche:

»Herr Döblin, Arzt in der großen Stadt, die ich regiere, Träger der produktiven Hyperämie und des dialektischen Affekts, treten Sie bei uns ein, nehmen Sie uns mit in Ihre Kurven, glühen Sie uns an! Viel können wir Ihnen nicht bieten, Gehaltsklasse XII mit Zulagen, aber am Ersten pünktlich Ihr Geld. Sie mögen kommen und gehen, wann Sie wollen, Subalterne könnten sagen: ›wenn Sie anständig und pflichttreu arbeiten wollen, können Sie in Betracht gezogen werden‹ – kleine Geister, Subalterne, Haymarketkreaturen, die das Roß verschacherten, das der Äther trug –

nein, umgekehrt, vielmehr Sie werden die Arbeit lehren, was ihr steht und welches ihre Pflicht ist, was mehr als Pflicht ist: Richtung und Berufung.
Kommen Sie, der Wurm nagt mir am Fuß. Auf Crepehakken, Gummisohlen, Lodensocken feuchtet dieser Verwaltungsapparat um mich herum. Paragraphenurologen, Frühstücksverpauser und die abgefeimten Mittler des Geschäfts. Das große Ganze, aber erst Privatprofite; Gesinnungen, aber nach Honorar. Die Arena der Kommune: Punchingball und Irrigatoren, Deckengemälde und Stethoskope – immer flott hinauf und hinan! Immer dies Hinauf und Hinan – ah, manchmal sehe ich geradezu ein Bild: Fleisch, das wuchert, eine schaurig rote und rohe Pyramide, Zeugung und Muskulatur, Phallen und Därme, Zuckungen, bewegt auf eine Gestalt mit einem Loch im Schädel, die Vögel lassen es hineinfallen, der Regen spült es heraus und spült es über ihre Züge, aber niemand sieht es, niemand sieht hin, barbarische Dränge, schaffenstolle Horden, Leitungsdrähte in die Nike, in eine Nike, die blutet, schmachtend und totgeweiht.
Manchmal des Nachts überfallen mich Visionen von Städten, die vergangen sind, ich sehe Ruinen, dort von Säulen, dort von Lehm. Vom Tigris bis zur Spree ist nur ein Schritt, dort ist der Kollege aus Babylon, der die Ziegelöfen inspiziert und dort der Patriarch von Kanobin, der Steine mit Erde mischt, um neuen Boden zu gewinnen, ich bin der Dritte, ich halte einen Leitungsdraht.
Ich weihe Funktürme ein und empfange Ozeanflieger, meine Rechte ist lahm vom Handdruck der Rekordbrecher, aber in der Ferne ist ein Licht: der Leuchtturm von Coruna, Spanien, antik, zweitausend Jahre alt, Qualität, noch heute in Betrieb! Technik – ach uralt! Wollte Nero in Rom baden, öffnete er den Hahn und die Wogen des Thyrrhenermeers, 20 Meilen ab, ergossen sich in seine Marmorwanne – Rekord und Technik, uralt und leer!
Es ist immer nur ein Schritt. Dort ist der Präfekt und hier der Liktor mit dem Rutenbündel, dort eine Sänfte und hier ein Baldachin. Noch ist die Stunde der Antonine, sie spielen auf dem Lande wie auf einer Harfe, die Welt ist wie ein Garten des Mäzen – dann eine Stunde – von dort zu ihm –: der letzte Kaiser baut einen Palast am Meer, der große

Jovius kehrt heim, wo sein Vater Fischer war, sie müssen beide sterben, er und der dreitausendjährige Gott. Was nützt es nun dem, daß er die Riesen schlug und die Phalangen der Titanen, und diesem, daß er das weiße Diadem von Perlen trug und den purpurnen Talar, in die Marmorkolonaden, wo er ruht, schlägt das illyrische Meer die Wucht des Ozeans und das Unaufhörliche. Nur eine Stunde von dort zu uns, von ihrem Rutenbündel zu meinem Leitungsdraht.
Der Tigris ist eine Pfütze geworden, auch die Spree wird sich verlaufen; das Rathaus wird fallen wie Bab Ilani, die Pforte der Götter, fiel. Es ist immer nur ein Schritt und wir mangeln der Erfüllung, wir wohnen, um mit Jeremias zu reden, in den Felsen und tun wie die Tauben, die da nisten in den hohlen Löchern – –: nur *Sie* nisten in den Reichen, wo das Unverlöschliche brennt, das nicht erhellt und nicht erwärmt, das sinnlos ist wie der Raum und die Zeit und das Gedachte und das Ungedachte und doch allein von jenem Reflex der Immortalität, der über versunkenen Metropolen und zerfallenden Imperien von einer Vase oder einem geretteten Vers aus der *Form* sich hebt unantastbar und vollendet – –: treten Sie ein in die Verwaltung, Gehaltsklasse XII mit Zulagen, kommen Sie, großer Don! –«
Und Döblin würde antworten:
»Worte, die auf Taubenflügeln kommen, regieren die Welt. Die großen Götter, von drei Parzen gelenkt, Gesang am Rocken: dünne Fäden sind es, an denen alles hängt, Schleier, Gespinste, Gebrechlichkeiten.
Ihrem Verwaltungsapparat, Herr Oberbürgermeister, gegenüber sehe ich einen anderen Zug: Kruziferen, Flüchtlinge, Nervenbrüchige, Verlust von Rechten, Schweigendes, das keine Früchte kennt. In der City leben Sie mit Ihrem Organischen und Anorganischen und Ihrem festgefügten Eiweißstoff, aber an der Peripherie da schälen sich die Hirne in der schöpferischen Wandlung des Begriffs. Denken Sie doch nie, daß das, was Sie aus Ihren fraßsüchtigen Schädeln hervorstochern, damit zu vergleichen wäre.
Sie rufen mich – gut ich werde Ihnen folgen. Sie bezahlen Ihre Marmelade, Ihre Schuhsohlen, Ihre Gummiartikel, aber Ihre Redensarten, Ihre Flötentöne, Ihre Volksweisen, mit denen Sie sich hochschieben, die bezahlen Sie nicht. Sie

leben von Dingen, die Sie liehen. Die Impressionen Ihres Lebens entwendeten Sie denen, die da sterben mit Schmach. Aus einem Mammutrest, individuell unfruchtbar und monoman, leihen Sie sich einen Schimmer für Ihr vergängliches Gewese, – vergessen Sie nie: was bleibt – um einen billig erworbenen Nationalbesitz, vierzig Jahre Irrsinn zu Lasten seiner Mutter, Hölderlin, zu zitieren –: ›was aber bleibet, stiften die Dichter‹.«

Epilog und Lyrisches Ich

»Das Leben währet 24 Stunden und, wenn es hochkommt, war es eine Kongestion.«

Geboren 1886 als Sohn eines evangelischen Pfarrers und einer Französin aus der Gegend von Yverdon in einem Dorf von dreihundert Einwohnern etwa in der Mitte zwischen Berlin und Hamburg, aufgewachsen in einem Dorf derselben Größe in der Mark. Kam aufs Gymnasium, dann auf die Universität, studierte zwei Jahre Philologie und Theologie, dann Medizin auf der Kaiser-Wilhelm-Akademie, war aktiver Militärarzt in Provinzregimentern, bekam bald den Abschied, da nach einem sechsstündigen Galopp bei einer Übung eine Niere sich lockerte, bildete mich ärztlich weiter aus, fuhr nach Amerika, impfte das Zwischendeck, zog in den Krieg, erstürmte Antwerpen, lebte in der Etappe einen guten Tag, war lange in Brüssel, wo Sternheim, Flake, Einstein, Hausenstein ihre Tage verbrachten, wohne jetzt in Berlin als Spezialarzt, Sprechstunde abends fünf bis sieben.

Ich approbierte, promovierte, doktorierte, schrieb über Zuckerkrankheit im Heer, Impfungen bei Tripper, Bauchfellücken, Krebsstatistiken, erhielt die Goldene Medaille der Universität Berlin für eine Arbeit über Epilepsie; was ich an Literatur verfaßte, schrieb ich, mit Ausnahme der »Morgue«, die 1912 bei A. R. Meyer erschien, im Frühjahr 1916 in Brüssel. Ich war Arzt an einem Prostituiertenkrankenhaus, ein ganz isolierter Posten, lebte in einem konfiszierten Haus, elf Zimmer, allein mit meinem Burschen, hatte wenig Dienst, durfte in Zivil gehen, war mit nichts behaftet, hing an keinem, verstand die Sprache kaum; strich durch die Straßen, fremdes Volk; eigentümlicher Frühling, drei Monate ganz ohne Vergleich, was war die Kanonade von der Yser, ohne die kein Tag verging, das Leben schwang in einer Sphäre von Schweigen und Verlorenheit, ich lebte am Rande, wo das Dasein fällt und das Ich beginnt. Ich denke oft an diese Wochen zurück; sie waren das Leben, sie werden nicht wiederkommen, alles andere war Bruch.

Soweit ich die viertausend Jahre Menschheit übersehe, gibt es zwei Typen neurologischer Reaktion. Gespalten an der Empfindlichkeit gegen das Verhältnis des Ganzen und der Teile, repräsentiert durch die Irritabilität gegen den Begriff der Totalität. Primat des Ganzen, τὸ ἑν χαὶ πᾶν, zufälliges Spiel der Formen, schmerzlich und zentripetal: Inder, Spekulative, Introvertierte, Expressionisten, und rühriges Absolut des Individuellen mit dem Begriff als Registratur: Kasuistiker, Aktivisten, ethisch und muskelbepackt; ich halte zu der Reihe der Totalen, der Chaoisten in einem Maße, daß ich Darwin für eine Hebamme halte und den Affen für Kunstgewerbe: wir erfanden den Raum, um die Zeit totzuschlagen, und die Zeit, um unsere Lebensdauer zu motivieren; es wird nichts und es entwickelt sich nichts, die Kategorie, in der der Kosmos offenbar wird, ist die Kategorie der Halluzination.

Ich stamme aus dem naturwissenschaftlichen Jahrhundert; ich kenne meinen Zustand ganz genau. Bacchanal durch die Singularitäten, Konkretismus triumphal, gebrochen dann wie keines unter das Gesetz der Stilisierung und der synthetischen Funktion, abgewandelt in meinen Zentren, eine groteske Persiflage; und ich muß bei dieser Gelegenheit anführen, daß ich nicht immer mein jetziges Gewerbe, die Hautleiden, betrieb. Ich war ursprünglich Psychiater gewesen, bis sich das merkwürdige Phänomen einstellte, das immer kritischer wurde und darauf hinauslief, daß ich mich nicht mehr für einen Einzelfall interessieren konnte.

Es war mir körperlich nicht mehr möglich, meine Aufmerksamkeit, mein Interesse auf einen neu eingelieferten Fall zu sammeln oder die alten Kranken fortlaufend individualisierend zu beobachten. Die Fragen nach der Vorgeschichte ihres Leidens, die Feststellungen über ihre Herkunft und Lebensweise, die Prüfungen, die sich auf des einzelnen Intelligenz und moralisches Quivive bezogen, schufen mir Qualen, die nicht beschreiblich sind. Mein Mund trocknete aus, meine Lider entzündeten sich, ich wäre zu Gewaltakten geschritten, wenn mich nicht vorher schon mein Chef zu sich gerufen, über vollkommen unzureichende Führung der Krankengeschichten zur Rede gestellt und entlassen hätte.

Ich versuchte, mir darüber klar zu werden, woran ich litt. Von psychiatrischen Lehrbüchern aus, in denen ich suchte, kam ich zu modernen psychologischen Arbeiten, zum Teil sehr merkwürdigen, namentlich der französischen Schule; ich vertiefte mich in die Schilderungen des Zustandes, der als Depersonalisation oder als Entfremdung der Wahrnehmungswelt bezeichnet wird, ich begann, das Ich zu erkennen als ein Gebilde, das mit einer Gewalt, gegen die die Schwerkraft der Hauch einer Schneeflocke war, zu einem Zustande strebte, in dem nichts mehr von dem, was die moderne Kultur als Geistesgabe bezeichnete, eine Rolle spielte, sondern in dem alles, was die Zivilisation unter Führung der Schulmedizin anrüchig gemacht hatte als Nervenschwäche, Ermüdbarkeit, Psychasthenie, die tiefe, schrankenlose, mythenalte Fremdheit zugab zwischen dem Menschen und der Welt.

Unmöglich, noch in einer Gemeinschaft zu existieren, unmöglich, sich auf sie zu beziehen in Leben oder Beruf; zu durchsichtig die Wrackigkeit ihrer antithetischen Struktur, zu verächtlich dieser ewig koitale Kompromiß embonpointaler Antinomien ... Ich hatte bei Montesquieu gelesen, Caligula, da er ebenso von Antonius wie Augustus abstammte, sagte, er würde die Konsuln strafen, wenn sie den zum Andenken an den Sieg bei Actium eingesetzten Freudentag feierten, würde sie aber auch strafen, wenn sie nicht feierten; und als Drusilla, der er göttliche Ehren zuteil werden ließ, gestorben war, galt es als Verbrechen, sie zu beweinen, weil sie eine Göttin war, und sie nicht zu beweinen, weil sie seine Schwester war. Dies schwebte mir vor. Hieran mußte ich denken, wenn der Zeitgenosse mir entgegentrat. In dieser Form sah ich ihn, wo immer er sich mir stellte; in dieser Linie offenbarte sich mir seine Figur. Es war die »Einerseits«- und »Andererseits«-Struktur, in der er sich bewegte, das Professionell-Diagonale zur Prophylaxe des Geschlechts. Einerseits und andererseits die verbissenste Individualität bis in den Dreck der Fingernägel und zu sozialen Kompromissen gezwungen vom Fressen bis zum Koitus, ewig diese mediokre Balance und diese generell ewig positive Latenz. Lemuren, Schemen, kreischende Mahre, um die Galoschen schlickernd das Nichts: Worte, Horatio, Blähungen der Lippe, Samen blasend ins Ge-

schwätzige, immer wieder machte ich die Tore eng und die Türen des Geschäftes zu und ging auf Reisen, immer wieder mußte ich zurück, da ich in Europa keine Wüste fand. Ein Herr sitzt vor mir in meinem Sprechzimmer, er wendet mir seine Rede zu, die Summe von Erfahrungen eines achtbaren Lebens spielt um seine Lippe, er will bei mir Genesungssubstantive kaufen; nur Mut, mein Freund, es geht schon aufwärts, Beruhigung, Bekömmlichkeit. Ich blicke über die Straße, ein Herr stäubt sich den Rock ab, es stäuben sich aber in diesem Augenblick viele Herren den Rock ab, wohin man blickt, immer dies Simultane, hin und her zwischen der Stabilisation und dem Fraglos-Weiten, zwischen Begriff und Absolutem hin und her ...
Wie soll man da leben? Man soll ja auch nicht. Vasomotorisch labil, neurotisch inkontinent, ecce am Kadaver und ecce an der Apokalypse, Schizothymien statt Affekte, statt Fruchtbarkeit Aborte in alle Himmelsstriche, autopsychisch solitär, faulig monokol, polyphemhaft an den Hammelstücken, die ihre Beute unten tragen: am Bauch, nicht an den absoluten Graten; siebenunddreißig Jahre und total erledigt, ich schreibe nichts mehr – man müßte mit Spulwürmern schreiben und Koprolalien; ich lese nichts mehr - wen denn? die alten ehrlichen Titaniden mit dem Ikaridenflügel im Stullenpapier? Ich denke keinen Gedanken mehr zu Ende, rührend das Bild des Abendländers, der immer noch und immer wieder, und bis der Okzident in Schatten sinkt, dem Chaos gegenübertritt mit seiner einzigen Waffe, dem Begriff, der Schleuder, davidisch, mit der er um sein Leben kämpft, - aber Dämmerung über die formalen Methoden, ich streife die Vorstellung einer Funktion außerhalb der Psychologie ewig latenter Antithesen syndikalistisch-metaphys.

*

Einige Jahre später. Neue Arbeiten, neue Versuche des lyrischen Ich. Digestive Prozesse, heuristische Kongestionen, transitorische monistische Hypertonieen zur Entstehung des Gedichts. Ein Ich, mythenmonoman, religiös faszinär: Gott ein ungünstiges Stilprinzip, aber Götter im zweiten Vers etwas anderes wie Götter im letzten Vers – ein neues ICH, das die Götter erlebt: substantivistisch suggestiv.

Es gibt im Meer lebend Organismen des unteren zoologischen Systems bedeckt mit Flimmerhaaren. Flimmerhaar ist das animale Sinnesorgan vor der Differenzierung in gesonderte sensuelle Energien, das allgemeine Tastorgan, die Beziehung an sich zur Umwelt des Meers. Von solchen Flimmerhaaren bedeckt stelle man sich einen Menschen vor nicht nur am Gehirn, sondern über den Organismus ganz total. Ihre Funktion ist eine spezifische, ihre Reizbemerkung scharf isoliert: sie gilt dem Wort, ganz besonders dem Substantivum, weniger dem Adjektiv, kaum der verbalen Figur. Sie gilt der Chiffre, ihrem gedruckten Bild, der schwarzen Letter, ihr allein.

Man lebt vor sich hin sein Leben, das Leben der Banalitäten und Ermüdbarkeiten, in einem Land reich an kühlen und schattenvollen Stunden, chronologisch in einer Denkepoche, die ihr flaches mythenentleertes Milieu induktiv peripheriert, in einem Beruf kapitalistisch-opportunistischen Kalibers, man lebt zwischen Antennen, Chloriden, Dieselmotoren, man lebt in Berlin.

Die Jahre der Jugend sind vorbei, der illusionären Hyperbolik, erloschen das Fieber der individuellen Dithyrambie. Im Wachen, im Schlafen, in den horizontalen wie vertikalen Lagen, bei den Vorgängen der Ernährung wie den Tastvorstellungen der Fingerbeere unablässig die Ermattung vor der personellen Psychologie. Was sind Beziehungen – ach alles ist möglich; Kummer und Tränen – ja sowas gibt's. Aufbau des Ich – für welche Ordnung; über mir Ziele – in wessen Raum? Man lebt vor sich hin, schon im Alter des Entgleitens mit dem prämorbiden Auge für die Züge des Vergehns.

Nun ist solche Stunde, manchmal ist es dann nicht weit. Bei der Lektüre eines, nein zahlloser Bücher durcheinander, Verwirrungen von Ären, Pêlemêle von Stoffen und Aspekten, Eröffnung weiter typologischer Schichten: entrückter strömender Beginn. Nun eine Müdigkeit aus schweren Nächten, Nachgiebigkeit des Strukturellen oft von Nutzen, für die große Stunde unbedingt. Nun nähern sich vielleicht schon Worte, Worte durcheinander, dem Klaren noch nicht bemerkbar, aber die Flimmerhaare tasten es heran. Da wäre vielleicht eine Befreundung für Blau, welch Glück, welch reines Erlebnis! Man denke alle die leeren entkräfteten

Bespielungen, die suggestionslosen Präambeln für dies einzige Kolorit, nun kann man ja den Himmel von Sansibar über den Blüten der Bougainville und das Meer der Syrten in sein Herz beschwören, man denke dies ewige und schöne Wort! Nicht umsonst sage ich Blau. Es ist das Südwort schlechthin, der Exponent des »ligurischen Komplexes«, von enormem »Wallungswert«, das Hauptmittel zur »Zusammenhangsdurchstoßung«, nach der die Selbstentzündung beginnt, das »tödliche Fanal«, auf das sie zuströmen die fernen Reiche, um sich einzufügen in die Ordnung jener »fahlen Hyperämie«. Phäaken, Megalithen, lernäische Gebiete – allerdings Namen, allerdings zum Teil von mir sogar gebildet, aber wenn sie sich nahen, werden sie mehr. Astarte, Geta, Heraklid – allerdings Notizen aus meinen Büchern, aber wenn ihre Stunde naht, ist sie die Stunde der Auleten durch die Wälder, ihre Flügel, ihre Boote, ihre Kronen, die sie tragen, legen sie nieder als Anathemen und als Elemente des Gedichts.
Worte, Worte – Substantive! Sie brauchen nur die Schwingen zu öffnen und Jahrtausende entfallen ihrem Flug. Nehmen Sie Anemonenwald, also zwischen Stämmen feines, kleines Kraut, ja über sie hinaus Narzissenwiesen, aller Kelche Rauch und Qualm, im Ölbaum blüht der Wind und über Marmorstufen steigt, verschlungen, in eine Weite die Erfüllung – oder nehmen Sie Olive oder Theogonieen: Jahrtausende entfallen ihrem Flug. Botanisches und Geographisches, Völker und Länder, alle die historisch und systematisch so verlorenen Welten hier ihre Blüte, hier ihr Traum – aller Leichtsinn, alle Wehmut, alle Hoffnungslosigkeit des Geistes werden fühlbar aus den Schichten eines Querschnitts von Begriff.
Ach, nie genug dieses einen Erlebnisses: das Leben währet vierundzwanzig Stunden und, wenn es hoch kommt, war es eine Kongestion! Ach immer wieder in diese Glut, in die Grade der plazentaren Räume, in die Vorstufe der Meere des Urgesichts: Regressionstendenzen, Zerlösung des Ich! Regressionstendenzen mit Hilfe des Worts, heuristische Schwächezustände durch Substantive – das ist der Grundvorgang, der alles interpretiert: Jedes ES das ist der Untergang, die Verwehbarkeit des Ich; jedes DU ist der Untergang, die Vermischlichkeit der Formen. »Komm alle

Skalen tosen Spuk, Entformungsgefühl« – das ist der Blick in die Stunde und die Glücke, wo die »Götter fallen wie Rosen« – Götter und Götterspiel.
Schwer erklärbare Macht des Wortes, das löst und fügt. Fremdartige Macht der Stunde, aus der Gebilde drängen unter der formfordernden Gewalt des Nichts. Transzendente Realität der Strophe voll von Untergang und voll von Wiederkehr: die Hinfälligkeit des Individuellen und das kosmologische Sein, in ihr verklärt sich ihre Antithese, sie trägt die Meere und die Höhe der Nacht und macht die Schöpfung zum stygischen Traum: »Niemals und immer.«

Sehr geehrter Herr Gerhart Pohl, wie ich aus dem Septemberheft der »Neuen Bücherschau« ersehe, haben Sie indirekt durch mich zwei Ihrer alten Redaktionsmitglieder verloren. Herr Kisch und Herr Becher traten aus Ihrem Redaktionskomitee aus, weil Sie im Juli einen Aufsatz von Max Herrmann über mich veröffentlichten. Beider Opposition, die sie in Briefen an Sie darlegen, richtet sich nach zwei Seiten: erstens gegen gewisse Formulierungen von Max Herrmann, zweitens gegen mich persönlich, meine literarische Erscheinung, meine geistige Position. Über dies letztere erlauben Sie mir, einige Bemerkungen zu machen, auch wenn sie Ihren persönlichen Ansichten nicht entsprechen sollten.
Ich beginne damit, Herrn Kisch vorzuhalten, daß er mich fahrlässig zitiert. Er wirft mir »widerliche Aristokratie« vor, die aus jeder meiner Zeilen »stinkt« und fährt begründend fort: »er (Benn) zitiert sogar zustimmend die Wehklagen, ›daß Fürsten im Rinnstein und Landstreicher Diktatoren sind‹ (Wo liegen Fürsten im Rinnstein, und wenn schon!) und daß sich die Zeit mit der Lächerlichkeit eines Kampfes um eine Stundenlohnerhöhung von zwei Pfennigen‹ abgibt.« Richtiger Unsinn! Nicht um mich zu verteidigen, sondern um festzustellen, wie unzuverlässig und unreell ein solcher literarischer Angriff basiert ist, führe ich die fragliche Stelle an. Sie steht in einem Aufsatz »Urgesicht«, der im Märzheft der »Neuen Rundschau« stand, und lautet folgendermaßen:
»Jedenfalls, da stand er also vor mir: der Biologe, der Keimblattmarxist, der Anilinexporteur, der Villenzusammenforscher, der als Lamm entstieg und als Drache sprach. Das Zeitalter Bacons, das Mannesalter des Denkens, das gußeiserne Säkulum, das nicht Götter mit dem Beil machte, aber Teufel mit den Erzen: vierhundert Millionen Individuen auf einen winzigen Kontinent zusammengepfercht, 25 Völkerschaften, 30 Sprachen, 75 Dialekte, inter- und intranationale Spannungen von Ausrottungsvehemenz, hier Kampf um Stundenlohnerhöhung von 2 Pfennigen,

dort Golfmatch des Carltonklub im blütendurchfluteten Cannes, Fürsten im Rinnstein, Landstreicher als Diktatoren, Orgie der Vertikaltrusts, Fieber der Profite: die begrenzten Reichtümer des Erdteils ökonomisch, d. h. mit Aufschlag zu verwerten.«
Es kann kein Zweifel darüber sein, daß hier im Einzelnen überhaupt keine Stellungnahme vorliegt, vielmehr im Ganzen eine Schilderung. Eine Schilderung nämlich der Widersinnigkeit, der Monstrosität, des Kaos unserer Zeit. Das Mittel der Schilderung ist das der Kontrastierung. Ich stimme keinen Wehklagen zu hinsichtlich der Fürsten, noch viel weniger erlaube ich es mir lächerlich zu finden, daß Kämpfe um Stundenlohnerhöhungen stattfinden, vielmehr wird jeder den Tenor heraushören, es sei unfaßlich, es sei nahezu erschütternd, es bedürfe dringend einer Feststellung, daß Arbeiter für eine Erhöhung ihres Stundenlohns um zwei Pfennige kämpfen müssen im gleichen Augenblick, wo ein Golf-Match im Carlton-Club des blütendurchfluteten Cannes die kapitalistische Welt in Atem hält. Ist also der Abschnitt aggressiv, dann ist er antizivilisatorisch, antikapitalistisch. Jeder hört Das, sonderbar, daß ein so populärer Schriftsteller wie Herr Kisch, der die bürgerlichen Zeitungen beliefert, es nicht wahrgenommen haben sollte.
Im übrigen aber nehme ich die Aristokratie meiner schriftstellerischen Art durchaus für mich in Anspruch und, wenn sie einem Journalisten von, wie er sich uns eben darstellte, so oberflächlichem Hinsehn des Herrn Kisch widerlich erscheint, nehme ich sie um so freudiger an mein Herz. Denn wenn meine geringe Art zu schriftstellern überhaupt eine bestimmte Tendenz vertritt, so allerdings ganz ausgesprochener Maßen die, den Typ des unfundierten Rum- und Mitläufers, des wichtigtuerischen Meinungsäußerers, des feuilletonistischen Stoffbesprengers, des Verschleuderers des Worts, des Schmocks und Schwätzers, dessen Persönlichkeit ihren Talenten und Energien nach garnicht danach ist, irgend einen Gedanken historischen oder erkenntnismäßigen Karakters zu Ende denken zu können, in seiner ganzen Nebensächlichkeit empfinden zu lassen – zu Gunsten eines reservierteren Typs, der mit eigenem geistigen Besitz, durch ältere Herkunft legitimiert, in längerer Arbeit an sich selbst gezüchtet, in einem immer wieder

zu sich selber zurücklaufenden Rytmus stilisiert, aus der unheimlichen Gebundenheit des Ich immer von Neuem produktive Vorstöße versucht in ein Weites und Allgemeines, das wahrscheinlich der einzige wirklich kollektivistische Besitz des menschlichen Geschlechts ist; eines Typs, der zögert, weil er von Unübersehbarem weiß; eines Typs, der Grenzen sucht, und dessen Äußerungen daher nicht im Schnalzen und Schnaufen des rasenden Reporters vor sich gehen, sondern im Tempo jener »zärtlichen Langsamkeit«, hinsichtlich derer es Keinem frei steht, Ohren zu haben, sondern hinsichtlich derer es ein Vorrecht ohnegleichen ist, Hörer zu sein.

Und in ähnlicher Richtung gehen meine Gedanken betreffend die »schöne Seele«, mit der Herr Becher mich herabzusetzen meint. Es ist doch wohl kein Zweifel, Schönheit ist ein menschliches Faktum, genau wie Stundenlohnerhöhung oder Klassenkampf, auch nicht weniger real, und man kann sich schon entschließen, ihr ergeben zu sein. Ich meine mit Schönheit allerdings nicht jene wolkige, mulmige, ölige Irisierung, die über politischen Frasen, kindischen Utopien, kosmischen Morgenröten, Menschheitsdämmerungen und den Wunschträumen hinsichtlich einer allgemein zugänglichen, international garantierten Behäbigkeit und Behaglichkeit der menschlichen Gemeinschaft liegt – ich denke an eine härtere Schönheit, an eine Schönheit aus anderen Kategorien, an »jene Augenblicke und Wunder, wo eine große Kraft freiwillig vor dem Maßlosen und Unbegrenzten stehen blieb, wo ein Überfluß an feiner Lust in der plötzlichen Bändigung und Versteinerung, im Feststehen und sich Fest-stellen auf einem noch zitternden Boden genossen wurde«. Ich meine jenes Goldene und Kalte, welches alle Dinge zeigen, die sich vollendet haben. Ich meine eine Schönheit, die sich mischt aus einem Gehirn, das sich selbst erlebte, und einem Gefühl, das sich selbst erlitt – vor eine solche schöne Seele trete ich hin.

Aber verlassen wir die Personen, betrachten wir die Sache. Becher und Kisch gehen davon aus, daß Jeder, der heute denkt und schreibt, es im Sinne der Arbeiterbewegung tun müsse, Kommunist sein müsse, dem Aufstieg des Proletariats seine Kräfte leihen. Warum eigentlich? Soziale Bewegungen gab es doch von je her. Die Armen wollten immer hoch und die Reichen nicht herunter. Schaurige Welt, kapitalistische Welt, seit Ägypten den Weihrauchhandel monopolisierte und babylonische Bankiers die Geldgeschäfte begannen, sie nahmen 20% Debetzinsen. Hochkapitalismus der alten Völker, der in Asien, der am Mittelmeer. Trust der Purpurhändler, Trust der Reedereien, Import – Export, Getreidespekulation, Versicherungskonzerne und Versicherungsbetrug. Fabriken mit Arbeitstaylorismus: der schneidet das Leder, der näht die Röcke, Mietswucher, Wohnungsschiebungen, Kriegslieferanten mit Befreiung der Aktionäre vom Heeresdienst – schaurige Welt, kapitalistische Welt und immer die Gegenbewegungen: mal die Helotenhorden in den kyrenischen Gerbereien, mal die Sklavenkriege in der römischen Zeit, die Armen wollen hoch und die Reichen nicht herunter, schaurige Welt, aber nach drei Jahrtausenden Vorgang darf man sich wohl dem Gedanken nähern, dies sei Alles weder gut noch böse, sondern rein fänomenal.

Es fragt sich also, ist es überhaupt vernünftig, ist es heroisch, ist es radikal, dem armen Teil der Menschheit vorzuspiegeln, daß sie es als Ganzes besser haben kann? Das »brillante Narrenspiel der Hoffnung«, von dem Burckhardt einmal spricht, das man den Völkern vorgaukelt, spielt es nicht hier? Das Leben eine Orange, die im Baum hängt, und wer eine Leiter hat, die hoch genug reicht, Der kann sie pflücken rund und golden und abgeschlossen in seine Hand, ist das noch Erkenntnis? Ich las kürzlich – und ich spreche im Folgenden nicht von der Armut, der ungerechten Verteilung der Güter, sondern von einem Propagandakomplex der politischen Bewegung – ich las bei einem englischen Nationalökonomen, daß der Arbeiter in England heute komfortabler und mondäner lebt als in früheren Jahrhunderten die Großgrundbesitzer und die Herren der Schlösser. Er führt Das im Einzelnen aus an den Wohnungen, die früher dunkel und eng waren und nicht zu heizen; an der Nahrung, man mußte alles Vieh zu Martini schlachten, da man es die Wintermonate nicht ernähren konnte; an den Krankheiten, denen man ohne Wehr gegenüberstand. Also heute leben die Arbeiter wie die Reichen vor drei Jahrhunderten, und heute und in drei Jahrhunderten wird wieder das gleiche Verhältnis sein und immer so fort und immer geht es weiter hinan und empor und mit sursum corda und per aspera ad astra und mit Menschheitsdämmerungen und Morgenröten, – das Alles ist doch schon garnicht mehr individuell erlebbar, das ist doch ein funktioneller Prozeß der Tatsache der menschlichen Gesellschaft, das ist extrahuman, wie kann ich denn verpflichtet sein, mich einem Prozeß zuzuwenden, dessen ideologische Aufmachung ich als erkenntniswidrig empfinde und dessen menschlicher Ursprung weit vor mir und weit fort von mir aus eigenen Kräften seinen Lauf begann und seine Richtung nahm?

Nein, mir kommt der Gedanke, ob es nicht weit radikaler, weit revolutionärer und weit mehr die Kraft eines harten und fiten Mannes erfordernder ist, der Menschheit zu lehren: so bist Du und Du wirst nie anders sein, so lebst Du, so hast Du gelebt und so wirst Du immer leben. Wer Geld hat, wird gesund, wer Macht hat, schwört richtig, wer Gewalt hat, schafft das Recht. Die Geschichte ist ohne Sinn, keine Aufwärtsbewegung, keine Menschheitsdämmerungen; keine Illusionen mehr darüber, kein Bluff. Die Geschichte ist der Schulfall des Fragmentarischen, ein Motiv Orient, eine Myte Mittelmeer; sie übersteht den Niagara, um in der Badewanne zu ertrinken; die Notwendigkeit ruft und der Zufall antwortet. Ecce historia! Hier ist das Heute, nimm seinen Leib und iß und stirb. Diese Lehre scheint mir weit radikaler, weit erkenntnistiefer und seelisch folgenreicher zu sein als die Glücksverheißungen der politischen Parteien. Ja, es erscheint mir geradezu angebracht, nach den 10 Jahren, die wir hinter uns haben, und nach Allem, was man aus Rußland hört, dem einmal ins Gesicht zu sehen: dem Typischen des proletarischen Prozesses, der Immanenz des revolutionären Schoks, dem reinen Umschichtungskarakter der neuen Machtlage bei gleichgebliebener imperialistischer und kapitalistischer Tendenz. Aber dazu gehört natürlich mehr Mut, als den Nachklängen der französischen Revolution zu lauschen, sich mit den Spätfarben des Darwinismus zu drapieren, die Zukunft zu belasten und Träume zu beschwören, die doch Andere verwirklichen sollen. Denn die Herren, von denen wir ausgingen, die schreiben doch höchstens Gedichte und Feuilletons, die Visage hinhalten wenn es los ginge, das müßten doch die Trimmer, die Kumpels, die

Proleten, während Jene die Anfeuerung besorgten aus ihren Etagenwohnungen oder ihrem Luftkurort.
Die Völker und ihre politischen Führer! Die Völker, die jeden kreuzigen und bespeien, auch wenn sie ihn später als ihren Retter rufen, sei es Kristus, sei es Clemenceau. Die Führer, die Nichts um des Volkes willen tun, Alles nur aus Eitelkeit, aus Machtgier, im idealsten Fall aus Fanatismus zu einer fixen Idee. Erblicken Sie irgend einen Sinn darin, zu ihnen überzugehen? Ich erblicke keinen Sinn, ich höre keine Stimme, ich sehe keine Figur. Ich halte die Tiefe für unerforscht, aus der sie beide stammen und zu der sie beide treiben, aber schon daß Sie die Tiefe fühlen, trennt Sie von beiden gleich. Natürlich höre ich die große Frage der Zeit: Ich oder Gemeinschaft, Hingabe an den sozialen Verband oder Selbstgestaltung, Politisierung oder Sublimierung, wie weit ist es erlaubt sich abzusondern, sich zurückzuziehen, seiner Aristokratie zu leben, sich auf die Spitze zu treiben – aber ich habe keine andere Antwort darauf als die, die das Dasein mich lehrte: es ist Alles erlaubt, was zum Erlebnis führt. Einziges Kriterium der Wahrheit und des Sinns! Ob es allgemeingültig ist, steht nicht bei mir. Das Leben geht keinen Schritt, ohne andere zu schlagen. Das Leben der Andern nicht, ohne mich zu schlagen; mein Leben nicht, ohne Andere zu schlagen: vulnerant omnes, ultima necat (alle verwunden, die letzte tötet) – las ich auf den Stunden einer Sonnenuhr.
Wenn also Herr Kisch in dem Brief an Sie schreibt, daß für ihn der literarische Lieferant politischen Propagandamaterials turmhoch über dem überlegenen Weltdichter steht, so fühlen wohl Einige, daß dies keine Erfassung des Weltprozesses bedeutet, sondern die Formulierung einer niedrigen Funktion. Aber es ist die Stimme der Zeit. Es würde Nichts nützen, ihr die Erinnerung an die großen Kulturfilosofen des vorigen Jahrhunderts wachzurufen, die in der Arbeit eines Lebens gefunden zu haben glaubten, daß die historischen Wendepunkte aus dem Nichts hervorträten, die großen schöpferischen Akte geschähen jäh. Sie bedürfen keiner literarischen Lieferanten und keines politischen Propagandamaterials, auf dem Wege des Fortschritts und mit der Länge der Zeit geschähen sie nicht. Soziale Kämpfe, Klassenbewegungen, Machtverschiebungen, Typenwer-

tungen seien ihre Begleiterscheinungen, ihre Ursachen nie. Ihre Ursache läge im Irrationalen, das kein Dogma erreicht, das nur das Ich erschließt. Es würde Nichts nützen. Auch gibt es Dinge, die es verdienen, daß man Niemanden von ihnen überzeugt.

Sie werden also allein stehen. Gut, kein Schade. Sie müssen es hinnehmen, Sie können mit Nichts rechnen. Zwischenreich, stumme Gefährten; Abart, Introversion. Zitternder Boden, über den manchmal ein Schatten fällt, eine zarte Gestalt, Traum eines Meisters, den Sie wie ich verehren, eine Hirtin, die herniedersteigt, Mnais, »den windigen Morgen auf ihren spiegelnden Hüften, hoch und allein«.

GOTTFRIED BENN

Eine Geburtstagsrede und die Folgen

Über den Aufsatz als Ganzes kann ich mich kaum äußern, er erschien mir bei einmaliger Lektüre reichlich ziellos und verworren. Seine Quintessenz sollte wohl sein: Architekt Hegemann als Denker und Goethe als Vorkämpfer des Versicherungswesens: das sei das wahre intellektuelle Pathos, das sei der zeitgemäße deutsche Gewinn –, nun, ich habe nichts dagegen, wessen Bedingungen so sind, der mag die Dinge so sehen.

Drei Sachen blieben mir im Gedächtnis. Erstens der Versuch des Verfassers, Heinrich Mann und den Schutzverband zu veranlassen, von mir und meiner Rede öffentlich abzurücken, da sie Heinrich Mann nicht als Politiker, sondern, unzeitgemäß und nebensächlich, als Künstler gefeiert hätte. Ich vermöchte das nicht zu verhindern, aber die Voraussetzungen waren so, daß ich vom Schutzverband, dessen Mitglied ich nicht bin, gebeten war, die Rede zu halten und zwar, wie Dr. Eloesser, der Präsident des Bundes, es bei unserer Unterhaltung darüber bei mir als selbstverständlich voraussetzte, ohne standespolitische Gesichtspunkte, seine Worte waren: »als Dichter über einen Dichter«. Das habe ich versucht nach Maßgabe meiner Kräfte zu tun, das habe ich so getan, wie jeder, der mich kennt, wußte, daß ich es tun würde. Und wenn man das in Deutschland und auf einem Fest der schriftstellerischen Welt nicht mehr tun kann, ohne von den Kollektivliteraten in dieser ungemein dreisten Weise öffentlich angerempelt zu werden, so stehen wir allerdings in einer neuen Metternichperiode, aber in diesem Fall nicht von seiten der Reaktion, sondern von einer anderen Seite her.

Das Zweite ist die Kritik an meiner prinzipiellen Stellung zu der Frage Kunst und Sozialismus, Kunst und Politik. Da kann ich mich kurzfassen, ich habe mich oft genug dazu geäußert. Wer meine Arbeiten zu lesen geneigt war, wird in ihnen die Zustimmung finden für jede menschliche Güte, jeden Sozialismus der Tat, jede Hilfe des Erbarmens der öffentlichen wie der individuellen Hand. Aber daneben lasse ich allerdings dem Gedanken sein eigenes Recht und sein eigenes Reich nicht nehmen, und gestehe zu, lieber in seinen, vielleicht einsamen und schwer zugänglichen Regionen zu atmen, als zwischen Wendekreisen des aufklärerischen Dilettantismus und des politischen Gewäschs. Ich darf ganz besonders im Augenblick dazu schweigen, als in dem »Tagebuch«, das heute diese Angriffe gegen mich verstattet, vor wenigen Wochen Ludwig Marcuse in einem Essay: »Der Reaktionär in Anführungsstrichen« meine Gedankengänge untersucht hat mit dem Resultat, daß er es als unstatthaft erklärt, jemanden nur deswegen einen Reaktionär zu nennen, weil er gewisse, im Schwang befindliche soziale Theorien und Schlagworte nicht anerkennt oder nicht für so ausschlaggebend wichtig ansieht. Ich könnte höchstens heute hinzufügen, daß ich die Kunst für viel radikaler halte als die Politik: in einer Gestalt führt sie eine Gesellschaftsschicht zu Ende, mit einem Satz übergibt sie ein Jahrhundert seinem nächsten Ziel, sie allein, nicht die Politik, ist ohne Kompromiß, sie allein, nicht die Politik, reicht bis in jene seelischen Schichten hinein, in denen die wirklichen Verwandlungen der menschlichen Gesellschaft sich vollziehen, die Verwandlungen des Stils und der Gesinnung.

Das Dritte ist etwas Neues und das Interessanteste. Wessen geistiges Fundament man nicht erfassen kann, den denunziert man politisch. Einer steht nicht in der Reihe –, das ist verdächtig; einer hört den aktivistischen Phrasen schweigend zu –, das wird ein Spitzel sein! Also denunziert Hegemann mich und meine Gedankengänge als faschistisch und bringt Redensarten von Hitler an, die er als vom gleichen Geist neben die meinen stellt. Hegemann arbeitet hier nicht allein, er hat, wie ich vernommen habe, geistige Hilfe erhalten. Aber sie alle zusammen fördern keine einzige Tatsache für ihre Behauptung herbei, sie weben, sie murmeln, schaffen heran, irgend etwas wird schon hängen bleiben, ja: Läuse aufs Kapitol, Stiefelwichse auf Sonnenschirme zu manipulieren, ist die besondere synthetische Produktivität des Pamphletisten. Um ihnen kurz und bündig entgegenzutreten, verweise ich auf das faschistische Organ »Der Angriff« vom 30. März, in dem ich wegen derselben Rede, wegen der mich diese braven Biedermänner des Common sense antölpeln, als zugehörig zum portugiesischen Mischvolk angesprochen werde, als Kurfürstendammjournaille, als Defaitist, als Zugehöriger zu der Liga für Menschenrechte. Es hat sich also entweder noch nicht bis in die höheren Stellen herumgesprochen, daß ich Faschist bin, oder die Begriffswelt meiner Denunzianten ist ungeklärt und Hegemann ist nicht der Kopf, sie zu entwirren. Armselige Gehirne, die jeden, der seinen Blick einmal rückwärts richtet, als Reaktionär verschrein, jeden, der nach der Herkunft oder dem Hintergrund auch geschichtlicher Bewegungen fragt, als feudalistischen Marodeur bezeichnen, jeden, der einmal vom plumpesten Materialismus fort seine Gedanken ins Dialektische oder Metaphysische wendet, als abgetakelte Epoche begeifern. Armselige, stumpfe, unerfahrene Gehirne, die schon die Diskussion des Irrationalen nicht mehr scheiden können von den geistigen Schwammigkeiten des parteimäßig organisierten Somnambulismus. Nicht Führer der Stunde scheinen mir diese zu sein, sondern nur Führer gegen die Stunde, in der doch alles darauf ankäme, die politisch verrotteten Begriffe wieder durch geistige zu klären und an geistige zu binden, statt die noch ein wenig bewahrten Dinge der Zeit ins Politische zu zerren und sie denunziativ bei der Roheit zu verdächtigen.

Das Ganze scheint mir eine Frage des inneren Niveaus und der bildnerischen Kräfte zu sein. Jeder kann nur mit den Kräften arbeiten, mit denen die Natur ihn bemittelt hat. Der eine arbeitet tatkräftig am Versicherungswesen, und der andere wird es sich nicht nehmen lassen, bei der nächsten Festrede wieder davon auszugehen, daß alles zu Versichernde nur ein Gleichnis ist, und daß in einem Zeitalter, in dem die Religionen der Götter zunichte gehen, während der Sozialismus längst nicht alle Tränen trocknet, die Kunst die besondere Aufgabe des Lebens ist, die Transcendenz, die metaphysische Tätigkeit, zu der es uns verpflichtet.

Da meine Väter über hundert Jahre zurück evangelische Geistliche waren, durchdrang das Religiöse meine Jugend ganz ausschließlich. Mein Vater, jetzt emeritiert, war ein ungewöhnlicher Mann: orthodox, vielleicht nicht im Sinne der Kirche, aber als Persönlichkeit; heroisch in der Lehre, heroisch wie ein Prophet des alten Testaments, von großer individueller Macht wie Pfarrer Sang aus dem Drama von Björnson, das man in meiner Jugend spielte: Über die Kraft.

So gewiß ich mich früh von den Problemen des Dogmas, der Lehre der Glaubensgemeinschaft entfernte, da mich nur die Probleme der Gestaltung, des Wortes, des Dichterischen bewegten, so gewiß habe ich die Atmosphäre meines Vaterhauses bis heute nicht verloren: in dem Fanatismus zur Transcendenz, in der Unbeirrbarkeit, jeden Materialismus historischer oder psychologischer Art als unzulänglich für die Erfassung und Darstellung des Lebens abzulehnen. Aber ich sehe diese Transcendenz ins Artistische gewendet, als Philosophie, als Metaphysik der Kunst. Ich sehe die Kunst die Religion dem Range nach verdrängen. Innerhalb des allgemeinen europäischen Nihilismus, innerhalb des Nihilismus aller Werte, erblicke ich keine andere Transcendenz als die Transcendenz der schöpferischen Lust.

Ob die evangelische Kirche noch einmal die Macht gewinnt, das menschliche Sein, statt es zu verengen, es streng und unduldsam zu machen, zu einer großen geistigen Entfaltung zu bewegen, übersehe ich nicht. Ich sehe eigentlich mehr, daß die Religionen der Götter zu nichte gehn, während der Sozialismus längst nicht alle Tränen trocknet, und daß nur die Kunst bestehen bleibt als die eigentliche Aufgabe des Lebens, seine Idealität, seine metaphysische Tätigkeit, zu der es uns verpflichtet.

Auf Ihre Rundfrage antworte ich Ihnen, daß ich nirgends anders wohnen möchte als in der Belle-Alliance-Straße, alles andere ist für meine Jahre Utopie. Auch ein anderes Zeitalter mir auszusuchen, erfordert mehr Teilnahme, Phantasie und Selbstgefälligkeit, als ich diesem Gegenstand gegenüber aufbringen kann. Lassen wir es also bei diesem April und dem Südwesten von Berlin.

Die Abteilung für Dichtung an der Preussischen Akademie der Künste hält es für ihre Gewissenspflicht, ihre warnende Stimme zu erheben gegen die ansteigende Woge von Versuchen, den schöpferischen Geist der deutschen Nation in die Richtung ganz bestimmt festgelegter Normen, Inhalte und Gesinnungen drängen zu wollen, die für allein wünschenswert und allein zukunftsfähig zu halten vielleicht einer politischen Partei anstehn mag, die aber, der Nation aufgezwungen, sie fortdrängte aus dem Raum reiner geistiger Entfaltung und sie ausschaltete aus der Achtung der freien mündigen Völker. –
Die Abteilung für Dichtung an der Preussischen Akademie der Künste, die Angehörige der verschiedensten politischen Gesinnung und der entgegengesetztesten weltanschaulichen Empfindung in sich vereint, stellt sich ausnahmslos hinter die Erklärung, dass keine Partei, keine Clique, keine wie immer mit Programmen und Maximen ausgestattete Gruppe den Anspruch auf Allgemeingiltigkeit ihrer Gesinnung erheben darf, keine das Recht hat, die übrigen als ketzerisch zu brandmarken, keine, die Arbeiten der anderen aus dem niedrigen Standpunkt von Parteiformeln heraus verleumderisch herabzuwürdigen. Je freier, je ritterlicher, je weitherziger die Gegensätze der Gesinnung mit einander um Ausgleich ringen, umso grösser wird der Ruhm des Volkes sein, in dessen Namen und um dessen Geltung sie doch alle mit den Mitteln ihrer Gaben arbeiten und kämpfen. – Wer es also unternimmt, den denkenden, den forschenden, den gestaltenden Geist von irgendeinem machtpolitisch beschränkenden Gesichtswinkel aus einzuengen, in dem werden wir unseren Gegner sehen. Wer es gar wagen sollte, sich offen zu solcher Gegnerschaft zu bekennen und Geisteswerte wie etwas Nebensächliches oder gar Unnützes abzutun, oder sie als reine Tendenzwerte den aufgebauschten und nebelhaften Begriffen der Nationalität, allerdings nicht weniger der Internationalität, unterzuordnen, dem werden wir geschlossen *unsere* Vorstellung von vaterländischer Gesinnung entgegensetzen, die davon aus-

geht, dass ein Volk sich nicht durch Aufbringung von Macht und Waffen, nicht durch Klassendiktatur, auch nicht durch züchterische Rassenmassnahmen entwickelt und trägt, sondern ausschliesslich durch die immanente geistige Kraft, durch die produktive seelische Substanz, deren durch Freiheit wie Notwendigkeit gleichermassen geprägte Werke noch lange nach dem Verfall und Untergang des Politisch-Nationalen die Arbeit und den Besitz, die Fülle und die Zucht eines Volkes in die weiten Räume der menschlichen Geschichte tragen. Dieser weite Raum der menschlichen Geschichte, an deren Aufgang und Erschliessung für die deutsche Dichtung die Namen Herder und Schiller stehn – –: das ist *unser* drittes Reich.

gez. Gottfried Benn.

Antwort an die literarischen Emigranten

Sie schreiben mir einen Brief aus der Nähe von Marseille. In den kleinen Badeorten am Golf de Lyon, in den Hotels von Zürich, Prag und Paris, schreiben Sie, säßen jetzt als Flüchtlinge die jungen Deutschen, die mich und meine Bücher einst so sehr verehrten. Durch Zeitungsnotizen müßten Sie erfahren, daß ich mich dem neuen Staat zur Verfügung hielte, öffentlich für ihn eintrete, mich als Akademiemitglied seinen kulturellen Plänen nicht entzöge. Sie stellen mich zur Rede, freundschaftlich, aber doch sehr scharf. Sie schreiben: was konnte Sie dahin bringen, Ihren Namen, der uns der Inbegriff des höchsten Niveaus und einer geradezu fanatischen Reinheit gewesen ist, denen zur Verfügung zu stellen, denen das ganze übrige Europa gerade diesen Rang bestreitet? Was für Freunde tauschen Sie für die alten, die Sie verlieren werden, ein? Wer wird Sie dort verstehen? Sie werden doch immer der Intellektuelle, das heißt der Verdächtige, bleiben, und niemand nimmt Sie dort auf. Sie stellen mich zur Rede, Sie warnen mich, Sie fordern von mir eine unzweideutige Antwort – »Wer sich in dieser Stunde nicht zu uns bekennt, wird von heute an und für immer nicht mehr zu uns gehören –«. Also hören Sie bitte meine Antwort, und die muß natürlich unzweideutig sein.

Ich muß Ihnen zunächst sagen, daß ich auf Grund vieler Erfahrungen in den letzten Wochen die Überzeugung gewonnen habe, daß man über die deutschen Vorgänge nur mit denen sprechen kann, die sie auch innerhalb Deutschlands selbst erlebten. Nur die, die durch die Spannungen der letzten Monate hindurchgegangen sind, die von Stunde zu Stunde, von Zeitung zu Zeitung, von Umzug zu Umzug, von Rundfunkübertragung zu Rundfunkübertragung alles dies fortlaufend aus unmittelbarer Nähe miterlebten, Tag und Nacht mit ihm rangen, selbst die, die das alles nicht jubelnd begrüßten, sondern es mehr erlitten, mit diesen allen kann man reden, aber mit den Flüchtlingen, die ins Ausland reisten, kann man es nicht. Diese haben nämlich die Gelegenheit versäumt, den ihnen so fremden

Begriff des Volkes nicht gedanklich, sondern erlebnismäßig, nicht abstrakt, sondern in gedrungener Natur in sich wachsen zu fühlen, haben es versäumt, den auch in Ihrem Brief wieder so herabsetzend und hochmütig gebrauchten Begriff »das Nationale« in seiner realen Bewegung, in seinen echten überzeugenden Ausdrücken als Erscheinung wahrzunehmen, haben es versäumt, die Geschichte form- und bilderbeladen bei ihrer vielleicht tragischen, aber jedenfalls schicksalbestimmten Arbeit zu sehen. Und mit diesem Allen meine ich nicht das Schauspielhafte des Vorgangs, das impressionistisch Fesselnde von Fackeln und Musik, sondern den inneren Prozeß, die schöpferische Wucht, die in der Richtung wirkte, daß sie auch einen anfangs widerstrebenden Betrachter zu einer weitertreibenden menschlichen Umgestaltung führte.
Schon aus diesem Grunde werden wir uns kaum verstehen. Aber die Verständigung scheitert auch noch an einem anderen Problem, das seit Jahren als theoretischer Streit zwischen Ihrer Gruppe und mir stand, das sich nun aber plötzlich von so schroffer Aktualität erweist, daß es jeden vor eine direkte ausgesprochene Lebensentscheidung führt. Wir nähern uns diesem Problem am besten, wenn wir das Wort Barbarei betrachten, das in Ihrem Brief wiederholt auftaucht und auch in anderen Äußerungen, die an mich gelangten. Sie stellen es so dar, als ob das, was sich heute in Deutschland abspielt, die Kultur bedrohe, die Zivilisation bedrohe, als ob eine Horde Wilder die Ideale schlechthin der Menschheit bedrohe, aber, und so lautet meine Gegenfrage, wie stellen Sie sich denn nun eigentlich vor, daß die Geschichte sich bewegt? Meinen Sie, sie sei in französischen Badeorten besonders tätig? Wie stellen Sie sich zum Beispiel das 12. Jahrhundert vor, den Übergang vom romanischen zum gotischen Gefühl, meinen Sie, man hätte sich das besprochen? Meinen Sie, im Norden des Landes, aus dessen Süden Sie mir jetzt schreiben, hätte sich jemand einen neuen Baustil erdacht? Man hätte abgestimmt: Rundbogen oder Spitzbogen; man hätte debattiert über die Apsiden: rund oder polygon? Ich glaube, Sie kämen weiter, wenn Sie endlich diese novellistische Auffassung der Geschichte hinter sich ließen, um sie mehr als das elementare, das stoßartige, das unausweichliche Phänomen

zu sehen; ich glaube, Sie kämen den Ereignissen in Deutschland näher, wenn Sie die Geschichte nicht weiter als den Kontoauszug betrachteten, den Ihr bürgerliches Neunzehntes-Jahrhundert-Gehirn der Schöpfung präsentierte, – ach, sie schuldet Ihnen ja nichts, aber Sie ihr alles, sie kennt ja Ihre Demokratie nicht, auch nicht Ihren vielleicht mühsam hochgehaltenen Rationalismus, sie hat ja keine andere Methode, sie hat ja keinen anderen Stil, als an ihren Wendepunkten einen neuen menschlichen Typ aus dem unerschöpflichen Schoß der Rasse zu schicken, der sich durchkämpfen muß, der die Idee seiner Generation und seiner Art in den Stoff der Zeit bauen muß, nicht weichend, handelnd und leidend, wie das Gesetz des Lebens es befiehlt. Natürlich ist diese Auffassung der Geschichte nicht aufklärerisch und nicht humanistisch, sondern metaphysisch, und meine Auffassung vom Menschen ist es noch mehr. Und damit stehen wir vor dem Kern unseres alten Streites: Ihr Vorwurf, ich kämpfte für das Irrationale.

In Ihrem Brief lautet die Stelle so: »Erst kommt das Bekenntnis zum Irrationalen, dann zur Barbarei, und schon ist man bei Adolf Hitler.« Das schreiben Sie in dem Augenblick, wo doch vor aller Augen Ihre opportunistische Fortschrittsauffassung vom Menschen für weiteste Strekken der Erde Bankerott gemacht hat, wo es sich herausstellt, daß es eine flache, leichtsinnige, genußsüchtige Auffassung war, daß nie je in einer der wahrhaft großen Epochen der menschlichen Geschichte das Wesen des Menschen anders gedeutet wurde als irrational, irrational heißt schöpfungsnah und schöpfungsfähig. Verstehen Sie doch endlich dort an Ihrem lateinischen Meer, daß es sich bei den Vorgängen in Deutschland gar nicht um politische Kniffe handelt, die man in der bekannten dialektischen Manier verdrehen und zerreden könnte, sondern es handelt sich um das Hervortreten eines neuen biologischen Typs, die Geschichte mutiert und ein Volk will sich züchten. Allerdings ist die Auffassung vom Wesen des Menschen, die dieser Züchtungsidee zugrunde liegt, dahingehend, daß er zwar vernünftig sei, aber vor allem ist er mythisch und tief. Allerdings denkt man hinsichtlich seiner Zukunft so, daß man ihn unten am Stamm okulieren muß, denn er ist älter als die Französische Revolution, schichtenreicher als die

Aufklärung dachte. Allerdings empfindet man sehr weitgehend ihn als Natur, ihn als Schöpfungsnähe, man erlebt ja, er ist weit weniger gelöst, viel wundenvoller an das Sein gebunden, als es aus der höchstens zweitausendjährigen Antithese zwischen Idee und Realität erklingt. Eigentlich ist er ewiges Quartär, schon die letzten Eiszeiten feuilletonistisch überladener Hordenzauber, diluviales Stimmungsweben, tertiäres *Bric à Brac;* eigentlich ist er ewiges Urgesicht: Wachheit, Tagleben, Wirklichkeit: locker konsolidierte Rhythmen verdeckter Schöpfungsräusche. Wollen Sie, Amateure der Zivilisation und Troubadoure des westlichen Fortschritts, endlich doch verstehen, es handelt sich hier gar nicht um Regierungsformen, sondern um eine neue Vision von der Geburt des Menschen, vielleicht um eine alte, vielleicht um die letzte großartige Konzeption der weißen Rasse, wahrscheinlich um eine der großartigsten Realisationen des Weltgeistes überhaupt, präludiert in jenem Hymnus Goethes »An die Natur« –, und wollen Sie auch das noch in sich aufnehmen: über diese Vision entscheidet kein Erfolg, kein militärisches oder industrielles Resultat, wenn zehn Kriege aus dem Osten und aus dem Westen hereinbrächen, um diesen deutschen Menschen zu vernichten, und wenn zu Wasser und zu Lande die Apokalypse nahte, um seine Siegel zu zerbrechen, der Besitz dieser Menschheitsvision bliebe vorhanden, und wer sie verwirklichen will, der muß sie züchten, und Ihre philologische Frage nach Zivilisation und Barbarei wird absurd vor soviel Legitimation als geschichtliches Sein.

Aber verlassen wir die Philosophie und gehen wir zur Politik über, wenden wir uns von der Vision ab und stellen uns vor die Tatsachen der Erfahrung. Da sitzen sie also in ihren Badeorten und stellen uns zur Rede, weil wir mitarbeiten am Neubau eines Staates, dessen Glaube einzig, dessen Ernst erschütternd, dessen innere und äußere Lage so schwer ist, daß es Iliaden und Äneiden bedürfte, um sein Schicksal zu erzählen. Diesem Staat und seinem Volk wünschen Sie vor dem ganzen Ausland Krieg, um ihn zu vernichten, Zusammenbruch, Untergang. Es ist die Nation, deren Staatsangehörigkeit Sie besitzen, deren Sprache Sie sprechen, deren Schulen Sie besuchten, deren Wissenschafts- und Kunstpflege Sie Ihren ganzen geistigen Besitz verdanken, deren Industrie Ihre Bücher druckte, deren Theater Ihre Stücke spielte, der Sie Namen und Ruhm verdanken, von der Sie möglichst viel Angehörige zu Ihren Lesern wünschten und die Ihnen auch jetzt nicht viel getan hätte, wenn Sie hier geblieben wären. Da werfen Sie nun also einen Blick auf das nach Afrika sich hinziehende Meer, vielleicht tummelt sich gerade ein Schlachtschiff darauf mit Negertruppen aus jenen 600000 Kolonialsoldaten der gegen Deutschland einzusetzenden berüchtigten französischen *Forces d'outremer*, vielleicht auch auf den *Arc de triomphe* oder den Hradschin, und schwören diesem Land, das politisch nichts will als seine Zukunft sichern, und von dem die meisten unter ihnen geistig nur genommen haben, Rache.

Sie schreiben in Ihrem Brief, jetzt erst, nun aber vollends seien Sie zum »wahren Marxisten« geworden, kein Vorwurf von »Vulgärmarxismus« oder »Materialismus« könne Sie abhalten, unsere »hysterische Brutalität« zu bekämpfen, Sie ständen auf seiten »des Geistes« und zögen mit in den Krieg gegen »die politische Reaktion«. Ich weiß zwar gar nicht, was Sie mit diesen Ausdrücken eigentlich sagen wollen, es klingt mir alles wie aus einem anderen Erdzeitalter, ich könnte Sie auch fragen, ob Sie auch von hysterischer Brutalität gesprochen haben, als der Staat, in dem Ihr Marxismus siegte, die zwei Millionen bürgerlicher Intelligenz erschlug. Aber ich will annehmen, Sie meinen Sozialismus, und die bedeutendsten der jetzt im Ausland lebenden deutschen Intellektuellen sind ja in den letzten Jahren oft für die Rechte des deutschen Arbeiters eingetreten, am aufrichtigsten und in der sichtbarsten Form und zu wiederholten Malen jedenfalls Thomas Mann. Denen also würde ich mitteilen, daß es dem deutschen Arbeiter heute besser geht als zuvor. Sie wissen, daß ich als Arzt mit vielen Kreisen, als Kassenarzt mit vielen Arbeitern in Berührung komme, auch mit früheren Kommunisten und Angehörigen der SPD, es kann gar nicht zweifelhaft sein, ich höre es von allen, daß es ihnen besser geht als zuvor. Sie werden in ihren Betrieben besser behandelt, die Aufsichtsbeamten sind vorsichtiger, die Personalchefs höflicher, die Arbeiter haben mehr Macht, sie sind besser geachtet, sie arbeiten in besserer Stimmung, in Staatsbürgerstimmung, und was die

sozialistische Partei ihnen nicht erkämpfen konnte, gab ihnen diese neue nationale Form des Sozialismus: ein sie bewegendes Lebensgefühl. Seien Sie auch fest überzeugt, daß die Eroberung der Arbeiterschaft durch die neue Macht weiterschreiten wird, denn die Volksgemeinschaft in Deutschland ist kein leerer Wahn, und der erste Mai war kein getarnter kapitalistischer Trick, er war höchst eindrucksvoll, er war echt: die Arbeit trug plötzlich nicht mehr ihren Makel als Joch, ihren Strafcharakter als proletarisches Leid, den sie die letzten Jahrzehnte trug, sondern sie stand da als Grundlage einer neu sich bildenden, die Stände auflösenden Gemeinschaft, es ist kein Zweifel, für keinen, der es sah, dies Jahr 1933 hat vielem, das seit Jahrzehnten an Sozialismen in der europäischen Luft lag, ein neues festes Gesicht gegeben und einen Teil der Menschenrechte neu proklamiert. Falls Sie also mit Ihrem Ausdruck politische Reaktion um Arbeiterrechte kämpfen wollten, müßten Sie dem neuen Staat beitreten, nicht ihn diffamieren.
Schließlich richtet sich aber Ihr Brief auch unmittelbar an meine Person. An diese richten Sie Fragen, Warnungs- und Prüfungsfragen hinsichtlich der Besonderheit ihres radikalen Sprachgefühls, das mir auf der anderen Seite nur Hohn und Spott eintragen würde, schließlich nach ihrer Verehrung bestimmter literarischer Köpfe, die jetzt auf Ihrer Seite sich befinden. Ich antworte Ihnen: ich werde weiter verehren, was ich für die deutsche Literatur vorbildlich und erzieherisch fand, ich werde es verehren bis nach Lugano und an das ligurische Meer, aber ich erkläre mich ganz persönlich für den neuen Staat, weil es mein Volk ist, das sich hier seinen Weg bahnt. Wer wäre ich, mich auszuschließen, weiß ich denn etwas Besseres – nein! Ich kann versuchen, es nach Maßgabe meiner Kräfte dahin zu leiten, wo ich es sehen möchte, aber wenn es mir nicht gelänge, es bliebe mein Volk. Volk ist viel! Meine geistige und wirtschaftliche Existenz, meine Sprache, mein Leben, meine menschlichen Beziehungen, die ganze Summe meines Gehirns danke ich doch in erster Linie diesem Volke. Aus ihm stammen die Ahnen, zu ihm kehren die Kinder zurück. Und da ich auf dem Land und bei den Herden groß wurde, weiß ich auch noch, was Heimat ist. Großstadt, Industrialismus, Intellektualismus, alle Schatten, die das Zeitalter

über meine Gedanken warf, alle Mächte des Jahrhunderts, denen ich mich in meiner Produktion stellte, es gibt Augenblicke, wo dies ganze gequälte Leben versinkt, und nichts ist da als die Ebene, die weite, Jahreszeiten, Erde, einfache Worte –: Volk. So kommt es, daß ich mich denen zur Verfügung stelle, denen Europa, wie Sie schreiben, jeden Rang abspricht. Dies Europa! Das hat wohl Werte, – wo es nicht bestechen und schießen kann, da steht es wohl recht kläglich da! Jetzt flüstert es Ihnen ins Ohr, es sei nicht das Volk, das sich hinter Hitler stellte, nur seine »Schafe«, wie es Lady Oxford in »News Chronicle« eben schrieb. Eine große Täuschung! Es ist das Volk! Vergleichen Sie einmal die beiden Geister Hitler und Napoleon. Napoleon war wohl sicher das große individuelle Genie. Nichts trieb Frankreich als Volk, die Pyramiden zu erobern und Europa mit seinen Heeren zu überziehen, dahin trieb es allein dies riesige militärische Genie. Heute und hier aber können Sie immer wieder die Frage hören: schuf Hitler die Bewegung oder die Bewegung ihn? Diese Frage ist bezeichnend, man kann sie beide nämlich nicht unterscheiden, da sie beide identisch sind. Es liegt hier wirklich jene magische Koinzidenz des Individuellen und des Allgemeinen vor, von der Burckhardt in seinen weltgeschichtlichen Betrachtungen spricht, wenn er die großen Männer der historischen Weltbewegung schildert. Die großen Männer – alles ist da: die Gefahren des Anfangs, ihr Auftreten fast immer nur in schrecklichen Zeiten, die ungeheure Ausdauer, die abnorme Leichtigkeit in allem, namentlich auch den organischen Funktionen, dann aber auch die Ahnung aller Denkenden, daß er es sei, um Dinge zu vollbringen, die nur ihm möglich und dabei notwendig sind. Beachten Sie wohl, ich sagte: aller Denkenden, und Sie wissen, wie über alles ich den Gedanken stelle. Es ist ein großer Eigensinn, der Eigensinn, der dem Menschen Ehre macht, nichts in der Gesinnung anerkennen zu wollen, was nicht durch den Gedanken gerechtfertigt ist, mit diesem Hegelwort überprüfte ich von je mein politisches Gefühl. Wollen Sie mir also glauben, wollen Sie sich also nicht täuschen, was auch immer Europa Ihnen zuflüstert, hinter dieser Bewegung steht friedliebend und arbeitswillig, aber, wenn es sein muß, auch untergangsbereit, das ganze Volk.

Schließlich noch etwas, über das Sie im Ausland, wenn Sie das Vorstehende lesen, sicher Bescheid wissen wollen: ich gehöre nicht zu der Partei, habe auch keine Beziehung zu ihren Führern, ich rechne nicht mit neuen Freunden. Es ist meine fanatische Reinheit, von der Sie in Ihrem Brief so ehrenvoll für mich schreiben, meine Reinheit des Gedankens und des Gefühls, das mich zu dieser Darstellung treibt. Ihre Grundlagen sind dieselben, die Sie bei allen Denkern der Geschichte finden. Der eine sagte: die Weltgeschichte ist nicht der Boden des Glücks (Fichte); der andere: Völker haben bestimmte große Lebenszüge an den Tag zu bringen, und zwar völlig ohne Rücksicht auf die Beglückung des einzelnen, auf eine möglichst große Summe von Lebensglück (Burckhardt); der dritte: die zunehmende Verkleinerung des Menschen ist gerade die treibende Kraft, an die Züchtung einer stärkeren Rasse zu denken. Dazu: eine herrschaftliche Rasse kann nur aus furchtbaren und gewaltsamen Anfängen emporwachsen. Problem: wo sind die Barbaren des 20. Jahrhunderts (Nietzsche). Das alles hatte die liberale und individualistische Ära ganz vergessen, sie war auch geistig gar nicht in der Lage, es als Forderung in sich aufzunehmen und es in seinen politischen Folgen zu übersehen. Plötzlich aber öffnen sich Gefahren, plötzlich verdichtet sich die Gemeinschaft, und jeder muß einzeln hervortreten, auch der Literat, und sich entscheiden: Privatliebhaberei oder Richtung auf den Staat. Ich entscheide mich für das letztere und muß es für diesen Staat hinnehmen, wenn Sie mir von Ihrer Küste aus zurufen: Leben Sie wohl.

Die liebe Fremde

Mein Vater war evangelischer Pfarrer, sein Vater auch. Ich habe kürzlich in einem Aufsatz in der »Woche« das eigentümliche Erbmilieu des evangelischen Pfarrhauses geschildert. Eigentümlich nicht nur weil es statistisch in den vergangenen drei Jahrhunderten Deutschland weitaus die meisten seiner großen Söhne geschenkt hat, nämlich, wie von Schulte nachwies, weit über 50 Prozent, sondern weil es eine ganz bestimmte Art von Begabung war, die das Pfarrhaus erbmäßig produziert hat und die in seinen Söhnen zutage trat. Es war diese Kombination von denkerischer und dichterischer Begabung, die so spezifisch für das deutsche Geistesleben ist, und in dieser Prägung bei keinem anderen Volk vorkommt. Will man sich Namen vergegenwärtigen, denke man an Nietzsche, Schelling, Lessing, Wieland, die Gebrüder Schlegel, Jean Paul. Nach den Untersuchungen von Kretschmer, dem grundlegenden Forscher über die deutsche Erbmasse, wurde in den alten Pastoren- und Gelehrtenfamilien eine bestimmte, beständige Begabungsrichtung und Auslese gezüchtet, die Jahrhunderte lang fast lediglich unter humanistischem Gesichtspunkt erfolgte und die die sprachlichen und logisch abstraktiven Fähigkeiten selektiv entwickelte.

In dieses Erbmilieu brachte meine Mutter hundertprozentiges, unverfälschtes, noch nie durchkreuztes romanisches Blut. Sie stammte aus einem kleinen Ort der französischen Schweiz, dicht an Frankreichs Grenze, mit Namen Fleurier, in den Bergen des Jura. Dort war sie geboren und aufgewachsen, aus einer alten welschen einheimischen Familie, sie kam erst mit zwanzig Jahren nach Deutschland. Sie sprach infolgedessen die deutsche Sprache immer mit Akzent, gewisse deutsche Worte wollten ihr ihr Leben lang nicht gelingen, und sie sang ihre vielen Kinder mit französischen Liedern ein. Ein Lied begann, ich erinnere mich deutlich: *»les cloches sonnent, l'air en rayonne«* – ein Volkslied, ich weiß leider nicht mehr, wie es weiterging, aber ich wüßte gern, ob es heute noch in der Welt irgendjemand wo singt.

Meine Mutter erzählte uns viel von ihrer Heimat, uns Norddeutschen von ihren Bergen. Ungeheuer licht, gefüllt mit nie endenden Strahlen, sah ich immer ihre Landschaft, wenn sie von ihr sprach. Eine Erzählung aus ihrer Kindheit, allerdings eine düstere, hat mich immer besonders erregt. Sie handelte vom Januar 1871, die Bourbakische Armee war geschlagen und trat auf das Schweizer Gebiet über. Der Übertritt erfolgte in der Nähe von Fleurier. Die Scharen wurden entwaffnet und zogen nun, geschlagen, frierend und verhungert durch die Grenzorte und wurden auf den Straßen ernährt. Meine Mutter stand mit ihren Schwestern vor ihrem Haus neben großen Kesseln dampfender Erbssuppe und kellte den Vorüberziehenden Essen in ihr Kochgeschirr. Tagelang zogen die Scharen vom Morgengrauen bis in die Nacht. Bei Anbruch der Dunkelheit näherten sie sich den Häusern, suchten dort Schutz und schliefen auf den Treppen. Morgens kehrten meine Mutter und ihre Schwestern den Schmutz, die Lumpen, das Ungeziefer von den Stufen herab. Ungeheuerer Eindruck für uns Kinder dieser unheimliche Zug der verhungerten und verwundeten Scharen! Fern vom Krieg und fern von jenen Bergen hörten wir uns diese Geschichte immer wieder an.
Meine Mutter sah dann nach ihrer Heirat ihre Heimat nicht wieder, wir wurden viele Geschwister, und die Verhältnisse waren nicht so. Sie schenkte ihrem neuen Vaterland sechs Söhne, von denen fünf in den Krieg zogen, in den anderen, den zweiten, nicht den bourbakischen Krieg. Aber schon vorher hatten wir von ihr scheiden und sie in der Erde Norddeutschlands begraben müssen, doch die Erinnerung an sie, die über alles zärtliche und treue Mutter, lebt in ihren Kindern weiter, die Erinnerung an sie, ihre Heimat, ihre Berge, ihre Lieder.

Lebensweg eines Intellektualisten
Autobiographisches Fragment

I. Die Erbmasse

Wir sind in das Zeitalter der Genealogie eingetreten. Seit anderthalb Jahren umfängt es uns politisch und gesetzgeberisch, und während es zunächst eine Frage von Urkunden und das Resultat von anthropometrischen Messungen zu sein schien, ist es eine seelische Welt geworden, tief erregend und das Innere gestaltend. Man sieht das Bild eines nahen Ahnen, und es trägt die Züge des Urjägers, den Schnitt des langschädeligen Jägerindividualisten, einst belebend den Raum südlich des Eises, des flackernden Streifers und Felsbezwingers, des Hochgezüchteten der Megalithkultur – und man verfolgt den Stamm des anderen zu dem Urtyp des Ackerbauern, dem Säer und Züchter, Pfahlbauern, Pfahlbürger, Spelzsäer, Flachsbauern, Urbrot backend, die nie das Meer gesehen, ewig zur Binnenlandschaft strebend. Uralte Rhythmen, Wandel der Wasser und der Erden, Züge der Ähren, Feld-Züge, Wandern der Früchte, Kämpfe des Korns, Tragödien von Klima und Gestein im Blut des Vaters; nordische Siegschaft, urturanisches Tao kurz verglichen im Blick der Mutter –: unbegreiflich ferne Wogen von Bildern und Erlebnis plötzlich in dem eigenen Erbe ungestillter Antithesen.

Wir sind in das Zeitalter der Genealogie eingetreten, aber auch in das der genealogischen Verdächte. Der Gegner dort, ist der nicht gemischt, ist der deutsch? Was für ein Sproß ist das? Ist das mein Stamm (-tisch), mein Blatt- und Mundwerk, mein Grundwasser (oder auch mein Bier), seltsam strenge Konturen dort, seltsam schillern seine Säume – Abwegiges an der Baum- und Hirnrinde –: an ihn! – Gestehe, träumerischer Mischling, öffnen Sie einem treuen Freund ihr Blutmysterium, er ist ein Freier, er will Ihnen über Ihre schwere Stunde helfen!

Ein solcher – aber keineswegs dem neuen Staat angehörig und ergeben – nutzte die Lage und machte sich kürzlich an mich, besser hinter mich. Er schrieb im Glauben, daß ich es nicht fände, an eine Gesellschaft, daß er in sie nicht einträte, da ich, der reinblütige Jude, ihr angehörte. Ich schrieb ihm, daß ich reinblütiger Arier sei und meine Familie bis 1704 in den Kirchenbüchern stände, seit 100 Jahren gar als evangelische Pfarrer. Interessant, erwiderte er gewandt, äußerst interessant, daß Sie sich für einen Arier halten, aber täuschen Sie sich nicht? Sie täuschen sich, mein genealogischer Instinkt ist untrüglich, triebhaft empfinde ich Ihr Judentum! Ihr Name, das ist gar kein Name, sondern eine jüdische Verwandtschaftsbezeichnung, Ihre tragische Grundeinstellung ist die typische Grundeinstellung des jüdischen Mischlings, Ihre Gedichte sind typische jüdische Meisterwerke. Aber Sie verstehen mich doch richtig? Ich liebe die Juden! Das klingt doch auch in meinen Worten auf? Sie verstehen mich doch nicht falsch, nichts gegen das Kulturelement der Hebräer! Ich bin so groß und weit, und die Allmacht ist so vielgestaltig, da kann man aus Gott weiß was stammen, sogar aus unmittelbarer Nähe von Kollektenbeuteln und Talarnähten und ist doch Jude, da könnte ja jeder Kreuz-wortenträtsler kommen und sich als Christ ausgeben, die Wissenschaft nennt das, wenn ich aus meiner unendlichen Weite Sie aufklären darf, Mendelismus –, so äußerte sich dieser Freie.

Und andere dächten das gleiche, fügte er hinzu, und eine Literaturgeschichte äußerte es ebenfalls, und ein Nachschlagewerk äußerte es nochmals –, und da ich nun aber reiner Arier bin, möchte ich dem Deutschtum gewisse Züge nicht nehmen lassen, die ich vielleicht aus Anlage und Liebhaberei – Freiheit und Notwendigkeit – besonders entwickelt habe und heute als besonderen Angriffspunkt offenbar darbiete, und stelle meine Herkunft hiermit unter Beweis. Zu solchen Zügen rechne ich vor allem den, eine besondere geistige Problematik eingeboren erhalten zu haben und sie nach eigenen Formen und selbstverantwortlich das Leben hindurch zur Darstellung bringen zu müssen, also diese sowohl protestantischen wie kunstbedingenden Züge, sie gehören nach meiner Meinung zur Tradition des Deutschtums, dieser spannungsreichsten Welt, dieser äußersten Vielfalt, diesem geniereichsten Element des Nordens, der einzigen dämonisch-metaphysischen Ergänzung der Mittelmeerwelt.

Lebensweg eines Intellektualisten oder das schicksalhafte

Anwachsen der Begriffswelt oder das Verhältnis des Nordens zur Form – das sind meine Themen, und ich will gleich aussprechen, daß ich auch die Mittelmeerwelt in mir trage, sogar zu 50 Prozent, meine Mutter war reine Romanin. Aber ich beginne meine genealogische Rechtfertigung auf des Vaters Seite, nämlich mit der Feststellung, daß ich 1886 in dem Dorf Mansfeldt (Westpriegnitz) im Pfarrhaus als Sohn des damaligen Pfarrers geboren bin, in den gleichen Zimmern, in denen 1857 mein Vater, Gustav Benn, ebenfalls als Sohn eines Pfarrers dort geboren war. Hinter diesem, meinem Großvater, kommt eine Reihe von Vorfahren, die Hofbesitzer und Vollbauern waren und deren Stamm sich im Kirchenbuch ihres Heimatdorfes Rambow bei Perleberg bis zum Jahre 1704 zurückverfolgen läßt. Die Benns wohnen noch jetzt in den Dörfern jener Gegend, der alten Wendengegend zwischen Putlitz, Perleberg und Lenzen, es ist die Gegend der Wendenschlachten, 929 Sieg der Deutschen unter Heinrich I. bei Lenzen über die Redarier, 1066 Ermordung des christlichen Wendenfürsten Gottschalk an den Stufen des Altares in Lunkini, Lenzen. Diese Herkunft aus dem Wendengebiet erwähne ich, weil der anstößige Name Benn vielleicht wendischen Ursprungs ist. Nach einer Familientradition soll er früher Wenn geheißen haben; von Wenn wäre es dann nicht weit bis zu dem spezifisch wendischen Wort Fenn, die Wenden brachten ja das Urfennentum d.h. Urfischertum in die deutschen Breiten und stellten den Typ des Urfischers neben die beiden vorhandenen, den Urbauern und Urjäger. Ich entnehme dies aus Merkenschlagers Buch: Rassenordnung, Rassenmischung, Rassenwandlung. Jedenfalls hat der Name Benn mit der hebräischen Silbe *ben* (Sohn) überhaupt nichts zu tun, die oben erwähnte Instinktphilologie ist reiner Dilettantismus. Ich habe hierüber den Ordinarius für orientalische Sprachwissenschaften an der Berliner Universität um seine Meinung gebeten, und seine gutachtliche Äußerung geht dahin, daß Benn vom hebräischen *ben* abzuleiten nicht etwa schwierig, sondern absolut ausgeschlossen sei. Es gibt auf der ganzen Welt keine Juden, die Benn heißen, und das hebräische *ben* stand niemals und in keiner Literatur irgendeines orientalischen Volkes jemals, ohne daß ein Name darauf folgte. Sich vorzustellen, daß man einen Juden nur *ben* nennte, wäre genau so, als wenn man bei uns jemanden Herrn »von« nennte ohne nachfolgenden Hauptnamen. Dieser Sprachforscher hält den Namen Benn für keltischen Ursprungs. Diese Meinung findet eine Unterstützung in folgendem. Auf der Weinkarte des Weinhauses Kempinski in Berlin steht ein Wein verzeichnet, der heißt »Dürkheimer Benn«. Ich habe mit Hilfe dieser Firma, dann der Deutschen Weinzeitung in Mainz und schließlich des Bürgermeisteramts von Dürkheim festgestellt, daß Benn dort eine bestimmte Höhenlage bezeichnet; es gibt dort auch noch die Bezeichnung »Hochbenn«. Nun geht der Weinbau von Gallien bis an den Rhein auf die Iberer und Kelten zurück, und der keltische Sprachstamm ist in vielen Weinausdrükken nachweisbar. Diese Kelten wiederum, einst weitverbreitetes Volk, indogermanischer Abkunft, kamen von den britischen Inseln, und dort wohnen ihre Reste noch heute. Ben: Gipfel, Spitze, in den schottischen Bergnamen (Ben Clough, Ben Lormond, Ben Nevis) ist keltisch-gälisch. Ferner gibt es nun auch heute noch in England zahlreiche, darunter sehr namhafte Benns, in der Preußischen Staatsbibliothek in Berlin sind von drei englischen Benns Werke vorhanden, nämlich von Alfred William –; Geo –; und Sir Ernest John Pickstone –; letzterer ist derjenige, mit dem mich mein Zeitungsausschnittbüro öfters in tragischer Weise verwechselt; er schrieb ein Buch: »Bekenntnisse eines Kapitalisten«, das auch in Deutsch erschienen ist. Ich habe durch Bekannte in England feststellen lassen, daß auch die englischen Benns Arier sind.

Was also das Genealogische angeht, stamme ich von seiten meines Vaters aus einem rein arischen, und was das Geistig-Züchterische angeht aus einem Milieu, in dem seit über hundert Jahren die protestantische Theologie ihre Stätte hatte. Ich habe in verschiedenen Aufsätzen der letzten Jahre auf das eigentümliche Erbmilieu dieses protestantischen Pfarrhauses hingewiesen, eigentümlich nicht nur, weil es statistisch in den vergangenen drei Jahrhunderten Deutschland weitaus die meisten seiner großen Söhne geschenkt hat, nämlich, wie von Schulte nachwies, weit über 50 Prozent, sondern weil es eine ganz bestimmte Art von Begabung war, die das Pfarrhaus erbmäßig produziert hat und die in seinen Söhnen zutage trat. Es war die Kombination von denkerischer und dichterischer Begabung, die so spezifisch für das deutsche Geistesleben ist und in dieser Prägung bei keinem anderen Volk vorkommt. Will man sich die Resultate dieser moralischen und intellektuellen Erbprägung vorstellen, die vier Jahrhunderte lang das deutsche Geistesleben befruchtete, ja tragend repräsentierte, denke man an die letzte Jahrhundertwende, bei der mit Burckhardt, Nietzsche, van Gogh, Hermann Bang, Björnson, Selma Lagerlöf, die alle zu unserem Milieu gehören, das evangelische Pfarrhaus Deutschlands und der protestantischen Nordstaaten einen großen Teil des genialen Europas um 1900 stellte. Und fügt man für unser Land noch die Namen Dilthey, Harnack, Mommsen, Wilhelm Wundt, Kuno Fischer, Wilhelm Ostwald, Albert Schweitzer, Friedrich Naumann hinzu, so kann man sagen, daß aus dem Erbmilieu des evangelischen Pfarrhauses tatsächlich ein enormer Teil der gesamten geistig produktiven, kulturschaffenden Macht des deutschen Volkes hervorgegangen ist.

In dieses Erbmilieu nun brachte meine Mutter hundertprozentiges, unverfälschtes, noch nie durchkreuztes romanisches Blut. Sie stammte aus einem kleinen Ort der französischen Schweiz, dicht an Frankreichs Grenze, mit Namen Fleurier, in den Bergen des Jura. Dort war sie geboren und aufgewachsen, aus einer alten welschen, einheimischen Familie, sie kam erst mit zwanzig Jahren nach Deutschland. Sie sprach infolgedessen die deutsche Sprache immer mit Akzent, gewisse deutsche Worte wollten ihr ihr Leben lang nicht gelingen, und sie sang ihre vielen Kinder mit französischen Liedern ein. Sie schenkte ihrem neuen Vaterland sechs Söhne, von denen fünf in den Krieg zogen; ich war der älteste, aber sie starb früh. Genealogisch war sie reine romanische Rasse, Jurarasse, Rasse der jodarmen Landschaft mit den nahen Beziehungen zur Schilddrüse, und in der Tat litt sie an Basedow und hatte die Wuchsform und Konstitution der alpinen Rasse. Von Stand stammte sie aus der Schweizer Uhrmacherindustrie, dem gleichen Gewerbe und der gleichen Landschaft, der Rousseaus Vater zugehörte. Aber um das Wichtigste und den Ausgangspunkt meines Aufsatzes nicht zu vergessen: ich verfüge über alle Dokumente und Papiere ihrer Heimatbehörde, dahin lautend: *que tous les ressortissants de la famille Jequier de Fleurier sont d'origine Suisse et de religion protestante-calviniste.*

In der Ehe meiner Eltern vereinigte sich also das Germanische und das Romanische, diese beiden maßgeblich gewordenen Komponenten der europäischen Bevölkerung; man kann auch sagen, das Deutsche und das Französische. Es entstand also eine Mischung, aber es entstanden keine Mischlinge, eine Kreuzung, aber keine Bastarde, auf jeden Fall entstand eine arische Mischung, eine in Deutschland vielfach legitimierte, es ist die Mischung der Refugiés: Fontane, Chamisso, Du Bois-Reymond haben sie ausgewiesen, es gab eine Zeit, wo die Bevölkerung Berlins zu einem Fünftel aus Refugiésfamilien bestand. Ich las in den Rassestudien von Kretschmer, daß auch Friedrich der Große französisches Blut gehabt habe durch die Mesalliance eines welfischen Vorfahren mit einem französischen Fräulein Eleonore d'Olbreuse. Es kreuzten sich in dieser Ehe aber auch die beiden tiefen typologischen Gegensätze der Kretschmerschen Konstitutionslehre: mein Vater körperlich leptosom: streng, hager; meine Mutter pyknisch, alpin untersetzt. Ergänzt und nochmals aufgenommen in den Merkenschlagerschen beiden Grundtypen der europäischen Bevölkerung: mein Vater geistig durchaus der Felsbezwinger, transzendent und tierfremd, Züge des Urjägers der eiszeitlichen Megalithkultur; meine Mutter irdisch, allem Lebendigen nah, die Gärten, die Felder säend und gießend: Ackerbautyp, Pfahlbürgertyp, mit dem realen Sein voll Lächeln und Tränen. Aus solcher Mischung in diesem Fall entstand der Beitrag zur dritten Generation des 19. Jahrhunderts, der in den 80er Jahren ins Leben trat.

Um kurz meine weiteren Rassen- und Milieubeziehungen klarzustellen: als ich ein halbes Jahr alt war, zogen meine Eltern nach Sellin in der Neumark; dort wuchs ich auf. Ein Dorf mit 700 Einwohnern in der norddeutschen Ebene, großes Pfarrhaus, großer Garten, drei Stunden östlich der Oder. Das ist auch heute noch meine Heimat, obgleich ich niemanden mehr dort kenne, Kindheitserde, unendlich geliebtes Land. Dort wuchs ich mit den Dorfjungen auf, sprach platt, lief bis zum November barfuß, lernte in der Dorfschule, wurde mit den Arbeiterjungen zusammen eingesegnet, fuhr auf den Erntewagen in die Felder, auf die Wiesen zum Heuen, hütete die Kühe, pflückte auf den Bäumen die Kirschen und Nüsse, klopfte Flöten aus Weidenruten im Frühjahr, nahm Nester aus. Ein Pfarrer bekam damals von seinem Gehalt noch einen Teil in Naturalien, zu Ostern mußte ihm jede Familie aus der Gemeinde zwei bis drei frische Eier abliefern, ganze Waschkörbe voll standen in unseren Stuben, im Herbst jeder Konfirmierte eine fette Gans. Eine riesige Linde stand vorm Haus, steht noch heute da, eine kleine Birke wuchs auf dem Haustor, wächst noch heute dort, ein uralter gemauerter Backofen lag abseits im Garten. Unendlich blühte der Flieder, die Akazien, der Faulbaum. Am zweiten Ostermorgen schlugen wir uns mit frischen Reisern wach, Ostaras Wecken, alter heidnischer Brauch; Pfingsten stellten wir Maien vor die Haustür und Kalmus in die Stuben. Dort wuchs ich auf, und wenn es nicht die Arbeiterjungen waren, waren es die Söhne des ostelbischen Adels, mit denen ich umging. Diese alten preußischen Familien, nach denen in Berlin die Straßen und Alleen heißen, ganze Viertel, die berühmten friderizianischen und dann die bismarckischen Namen, hier besaßen sie ihre Güter, und mein Vater hatte einen ungewöhnlichen seelsorgerischen Einfluß gerade in ihren Kreisen. Alle diese Geschlechter der Schwedter Dragoner und der Fürstenwalder Ulanen, die Traditionshäuser der Bonner Preußen und der Heidelberger Sachsenpreußen, ihre Söhne war der zweite Schlag, mit dem ich groß wurde, später zum Teil in gemeinsamer Erziehung, und mit dem mich noch heute eine vielfältige Freundschaft verbindet.

Brandenburg blieb auch weiter meine Heimat. Das Gymnasium absolvierte ich in Frankfurt a. d. O., zum Glück ein humanistisches, studierte dann auf Wunsch meines Vaters Theologie und Philologie, zwei Jahre lang entgegen meiner Neigung; endlich konnte ich meinem Wunsch folgen und Medizin studieren. Es war das dadurch möglich, daß es mir gelang, auf die Kaiser-Wilhelm-Akademie für das militärärztliche Bildungswesen in Berlin aufgenommen zu werden, auf der namentlich Söhne von Offizieren und Beamten zu Sanitätsoffizieren herangebildet wurden. Eine vorzügliche Hochschule, alles verdanke ich ihr! Virchow, Helmholtz, Leyden, Behring waren aus ihr hervorgegangen, ihr

Geist herrschte dort mehr als der militärische, und die Führung der Anstalt war mustergültig. Ohne den Vater stark zu belasten, wurden für uns alle die sehr teuren Kollegs und Kliniken belegt, die die Zivilstudenten hören mußten, dazu bekamen wir die besten Plätze, nämlich vorn, und das ist wichtig bei den naturwissenschaftlichen Fächern, bei denen man sein Wissen mit Hilfe von Experimenten, Demonstrationen, Krankenvorstellungen in sich aufnehmen muß. Dazu hatten wir aber noch eine Fülle von besonderen Kursen, Repetitorien, hatten Sammlungen zur Verfügung, Modelle, Bibliothek, bekamen Bücher und Instrumente vom Staat geliefert. Dazu bekamen wir eine Reihe von Vorträgen und Vorlesungen über Philosophie und Kunst und allgemeine Fragen und die gesellschaftliche Bildung des alten Offizierkorps. Für jedes Semester, das man dort studierte, mußte man ein Jahr aktiver Militärarzt sein. Im übrigen war das Leben dort das vollkommen freier Studenten, wir hatten keine Uniform.

Rückblickend scheint mir meine Existenz ohne diese Wendung zu Medizin und Biologie völlig undenkbar. Es sammelte sich noch einmal in diesen Jahren die ganze Summe der induktiven Epoche, ihre Methoden, Gesinnungen, ihr Jargon, alles stand in vollster Blüte, es waren die Jahre ihres höchsten Triumphes, ihrer folgenreichsten Resultate, ihrer wahrhaft olympischen Größe. Und eines lehrte sie die Jugend, da sie noch ganz unbestritten herrschte: Kälte des Denkens, Nüchternheit, letzte Schärfe des Begriffs, Bereithalten von Belegen für jedes Urteil, unerbittliche Kritik, Selbstkritik, mit einem Wort die schöpferische Seite des Objektiven. Die kommenden Jahrzehnte konnte man ohne sie nicht verstehen, wer nicht durch die naturwissenschaftliche Epoche hindurchgegangen war, konnte nie zu einem bedeutenden Urteil gelangen, konnte gar nicht mitreifen mit dem Jahrhundert –: Härte des Gedankens, Verantwortung im Urteil, Sicherheit im Unterscheiden von Zufälligem und Gesetzlichem, vor allem aber die tiefe Skepsis, die Stil schafft, das wuchs hier.

Um zu Ende zu kommen: nachdem ich approbiert und promoviert hatte, kam ich als Militärarzt erst zum Infanterieregiment 64 nach Prenzlau, dem Regiment von Mars-la-Tour, dann zum 3. Pionierbataillon nach Spandau, dem

Bataillon vom Übergang nach Alsen. Mit der Waffe hatte ich beim 2. Garderegiment zu Fuß gedient. Ich mußte jedoch schon im ersten Jahr meiner Dienstzeit wieder ausscheiden, da sich bei einer Korpsübung, bei der ich den ganzen Tag im Sattel sitzen mußte, ein angeborener Schaden herausstellte, der mich sowohl feld- wie garnisondienstunfähig machte. Ich nahm den Abschied. In diesem Jahr meiner aktiven Offizierszeit erschien mein erster Gedichtband: *Morgue*, bei Alfred Richard Meyer in Wilmersdorf, der im gleichen Jahr, 1912, Marinetti, Carossa, Lautensack mit ihren ersten Veröffentlichungen herausbrachte. Schon diese erste Gedichtsammlung brachte mir von seiten der Öffentlichkeit den Ruf eines brüchigen Roués ein, eines infernalischen Snobs und des typischen – heute des typischen jüdischen Mischlings, damals des typischen – Kaffeehausliteraten, während ich auf den Kartoffelfeldern der Uckermark die Regimentsübungen mitmarschierte und in Döberitz beim Stab des Divisionskommandeurs im englischen Trab über die Kiefernhügel setzte. Ich nahm den Abschied und dachte, es sei für immer; ich sah nicht voraus, wie bald ich den Waffenrock mit den Äskulapstäben wieder würde anziehen und vier Jahre lang ununterbrochen würde tragen müssen: am 1. August 1914.

a) Rönne

In Krieg und Frieden, in der Front und in der Etappe, als Offizier wie als Arzt, zwischen Schiebern und Exzellenzen, vor Gummi- und Gefängniszellen, an Betten und an Särgen, im Triumph und im Verfall verließ mich die Trance nie, daß es diese Wirklichkeit nicht gäbe. Eine Art innerer Konzentration setzte ich in Gang, ein Anregen geheimer Sphären, und das Individuelle versank, und eine Urschicht stieg herauf, berauscht, an Bildern reich und panisch. Periodisch verstärkt, das Jahr 1915/16 in Brüssel war enorm, da entstand Rönne, der Arzt, der Flagellant der Einzeldinge, das nackte Vakuum der Sachverhalte, der keine Wirklichkeit ertragen konnte, aber auch keine mehr erfassen, der nur das rhythmische Sichöffnen und Sichverschließen des Ich und der Persönlichkeit kannte, das fortwährend Gebrochene des inneren Seins und der, vor das Erlebnis von der tiefen, schrankenlosen mythenalten Fremdheit zwischen dem Menschen und der Welt gestellt, unbedingt der Mythe und ihren Bildern glaubte.

Ich wollte die Stadt erobern, nun streicht ein Palmenblatt über mich hin – so faßt Rönne die Summe seiner Erfahrungen zusammen, die Stadt konnte er nicht erobern, seine Lage ließ es nicht mehr zu, vielmehr: *Er wühlte sich in das Moos: am Schaft, wasserernährt, meine Stirn, handbreit, und dann beginnt es. Bald darauf ertönte eine Glocke. Die Gärtner gingen an ihre Arbeit; da schritt auch er an eine Kanne und streute Wasser über die Farren, die aus einer Sonne kamen, wo viel verdunstete.*

Also nach der zentralen Zerstörung das Vegetabilische.

Rönne wollte nach Antwerpen fahren, aber wie ohne Zerrüttung? Er konnte nicht zu Mittag kommen. Er mußte angeben, er könne heute nicht zu Mittag kommen, er fahre nach Antwerpen. Nach Antwerpen, hätte der Zuhörer gedacht? Betrachtung? Aufnahme? Sich ergehen? Das erschien ihm ausgeschlossen. Es zielte auf Bereicherung und den Aufbau des Seelischen.

Bereicherung und Aufbau des Seelischen – das betrieb um ihn die alte Welt, unberührt noch von dem weit ausholenden Zusammenbruch der Epoche, der ihn schon schwächte, sie saß noch im Kasino, aß, wie wir gleich sehen werden, von einer Tropenfrucht, führte Kriege, aber an ihr teilzuhaben vermochte Rönne nicht mehr. In einem Zeitalter, wo die Flugraketen beiläufig an den Sternen tanken und Cook für seine Korsofahrten den Urwald asphaltiert, die Polentfernung auf Teilstreckentarif zusammenschrumpft und Himalajatouren zu den Matronenwettspielen gehörten, setzt Rönne seinen Reisetendenzen inneren Widerstand entgegen.

Ich muß nun im folgenden eine längere Stelle aus den Rönne-Novellen anführen, obschon sie in der heutigen Stunde etwas Kompromittierendes und Bizarres bedeuten, ich muß es tun aus Wahrhaftigkeit und weil ich bestimmte geschichtliche und erkenntnismäßige Bemerkungen an den Rönne-Typ knüpfen will.

Rönne also will nach Antwerpen fahren, und *nun stellte er sich vor, er säße im Zug und müßte sich plötzlich erinnern, wie jetzt bei Tisch davon gesprochen wurde, daß er fort sei; wenn auch nur nebenbei, als Antwort auf eine kurz hingeworfene Frage, jedenfalls aber doch so viel, er seinerseits suche Beziehungen zu der Stadt, dem Mittelalter und den Scheldekais.*

Erschlagen fühlte er sich, Schweißausbrüche. Eine Krümmung befiel ihn, als er seine unbestimmten und noch gar nicht absehbaren, jedenfalls aber doch so geringen und armseligen Vorgänge zusammengefaßt erblickte in Begriffen aus dem Lebensweg eines Herrn.

Ein Wolkenbruch von Hemmungen und Schwäche brach auf ihn nieder. Denn wo waren Garantien, daß er überhaupt etwas von der Reise erzählen könnte, mitbringen, verlebendigen, daß etwas in ihn träte im Sinne des Erlebnisses?

Große Rauheiten, wie die Eisenbahn, sich einem Herrn gegenüber gesetzt fühlen, das Heraustreten vor den Ankunftsbahnhof mit der zielstrebigen Bewegung zu dem Orte der Verrichtung, das alles waren Dinge, die konnten nur im geheimen vor sich gehen, in sich selber erlitten, trostlos und tief.

Wie war er denn überhaupt auf den Gedanken gekommen, zu verlassen, darin er seinen Tag erfüllte? War er tollkühn, herauszutreten aus der Form, die ihn trug? Glaubte er an Erweiterung, trotzte er dem Zusammenbruch?

Nein, sagte er sich, nein. Ich kann es beschwören: nein. Nur als ich vorhin aus dem Geschäft ging, nach Veilchen roch man wieder, gepudert war man auch, ein Mädchen kam heran mit weißer Brust, es erschien nicht ausgeschlossen, daß man sie eröffnet. Es erschien nicht ausgeschlossen, daß man prangen würde und strömen. Ein Strand rückte in den Bereich der Möglichkeiten, an den die blaue Brust des Meeres schlug. Aber nun zur Versöhnung will ich essen gehen.

Das Problem, das Rönne diese Qualen bereitet, heißt also: wie entsteht, was bedeutet eigentlich das Ich? Bedarf es einer Reise nach Antwerpen, des Studiums des Mittelalters und der Betrachtung des Scheldekais, ist es auf solche Eindrücke angewiesen, ist es auf die eventuellen Eindrücke von dem Matsys-Brunnen und dem Plantin-Moretus-Haus als Baustücke angewiesen, liegen für solche Reisen also innere konstitutive Gründe vor oder ist es eine mehr konventionelle Wendung oder ist es gar noch ein Drittes: Hybris, Ausschweifung, Übersteigerung? Ist das Ich schicksalhaft festgelegt, dann darf es nie seine Form verlassen, seinen Pflichtenkreis nie überschreiten, seine Prägung nie gefährden, sein Antlitz auch nie enthüllen, dann ist eine Reise Auflösung, Gefahr, Unglaube innerhalb der strengen Frage nach Freiheit und Notwendigkeit, und dann kann sie überhaupt nur zur Bestätigung tiefster Zerrüttung führen. B e d a r f e s d e n n d e s E i n z e l f a l l e s ? An das Primäre können diese Dinge mit Zeitcharakter doch nicht anknüpfen, und wiederum die Voraussetzungen für Historisches besaß er nach Erfahrung und Anlage nicht. Alles schwebte also aneinander vorbei und ermüdete nur mit seinen Gewalten. Es mußte etwas Drittes eintreten, eine Vermischung, und der strebte er unaufhörlich zu, etwas, was gleichzeitig eine Aufhebung war und eine Verschmelzung, aber das gab es nur für Momente, in Fallkrisen, von Durchbruchscharakter, und das war immer der Vernichtung nahe. Aber nicht immer war man dazu fähig, und so sehen wir ihn nach diesem tastenden Vorstoß in das Vage zu einer ungünstigen Stunde, vormittags, zurückschrecken, sich selbst entfliehen und zunächst noch einmal sich der Norm versichern. Er geht also in das Kasino essen und:

Durch Verbeugung in der Türe anerkannte er die Individualitäten. Wer wäre er gewesen? Still nahm er Platz. Groß wuchteten die Herren.

Nun erzählte Herr Friedhoff von den Eigentümlichkeiten einer tropischen Frucht, die einen Kern enthalte von Eigröße. Das Weiche äße man mit einem Löffel, es habe gallertartige Kon-

sistenz. Einige meinten, es schmecke nach Nuß. Er demgegenüber habe immer gefunden, es schmecke nach Ei. Man äße es mit Pfeffer und Salz. Es handelte sich um eine schmackhafte Frucht. Er habe davon des Tages 3 bis 4 gegessen und einen ernstlichen Schaden nie bemerkt.

Hierin trat Herrn Körner das Außerordentliche entgegen. Mit Pfeffer und Salz eine Frucht? Das erschien ihm ungewöhnlich, und er nahm dazu Stellung.

Wenn es ihm aber doch nach Ei schmeckt, wies Herr Mau auf das Subjektive des Urteils hin, gleichzeitig etwas wegwerfend, als ob er seinerseits nichts Unüberbrückbares sähe. Außerdem so ungewöhnlich sei es doch nun nicht, führte Herr Offenberg zur Norm zurück, denn zum Beispiel die Tomate? Wie nun vollends, wenn Herr Kritzler einen Oheim aufzuweisen hatte, der noch mit 70 Jahren Melone mit Senf gegessen hatte, und zwar in den Abendstunden, wo Derartiges bekanntlich am wenigsten bekömmlich sei?

Alles in allem: Lag denn in der Tat eine Erscheinung von so ungewöhnlicher Art vor, ein Vorkommnis sozusagen, das die Aufmerksamkeit weiterer Kreise auf sich zu lenken geeignet war, sei es, weil es in seinen Verallgemeinerungen bedenkliche Folgeerscheinungen hätte zeitigen können, sei es, weil es als Erlebnis aus der besonderen Atmosphäre des Tropischen zum Nachdenken anzuregen geeignet war?

Soweit war es gediehen, als Rönne zitterte, Erstickung auf seinem Teller fand und nur mit Mühe das Fleisch aß. Ob er aber nicht doch vielleicht eine Banane gemeint habe, bestand Herr Körner, diese weiche, etwas mürbe und längliche Frucht?

Eine Banane, wuchs Herr Friedhoff auf? Er, der Kongokenner? Der langjährige Befahrer des Moabangi? Nein, das nötigte ihm geradezu ein Lächeln ab! Weit entschwand er über diesen Kreis. Was hatten sie denn für Vergleiche? Eine Erdbeere oder Nuß, vielleicht hie und da eine Marone, etwas südlicher. Er aber, der beamtete Vertreter in Hulemakong, der aus den Dschungeln des Jambo kam?

Jetzt oder nie, Aufstieg oder Vernichtung, fühlte Rönne, und: ›Wirklich nie einen ernstlichen Schaden bemerkt?‹ tastete er sich beherrschten Lautes in das Gewoge, Erstaunen malend und den Zweifel des Fachmannes: Vor dem Nichts stand er; ob Antwort käme?

Aber saß denn nicht schließlich auf dem Stuhl aus Holz er, schlicht umrauscht von dem Wissen um das Gefahrvolle der Tropenfrucht, wie in Sinnen und Vergleichen mit Angaben und Erzählungen ähnlicher Erlebnisse, der schweigsame Forscher, der durch Beruf und Anlage wortkarge Arzt? Dünn sah er durch die Lider, vom Fleisch auf, die Reihe entlang, langsam erglänzend. Hoffnung war es noch nicht, aber ein Wehen ohne Not. Und nun eine Festigung: mehreren Herren schien in der Tat die nochmalige Bestätigung dieser Tatsache zur Behebung von etwa aufgestiegenen Bedenken von Wert zu sein. Und nun war kein Zweifel mehr: einige nickten kauend.

Jubel in ihm, Triumphgesänge. Nun hallte Antwort mit Aufrechterhaltung gegenüber Zweiflern, und das galt ihm. Einreihung geschah, Bewertung trat ein; Fleisch aß er, ein wohlbekanntes Gericht; Äußerungen knüpften an ihn an, zu Ansammlungen trat er, unter ein Gewölbe von großem Glück; selbst Verabredung für den Nachmittag zuckte einen Augenblick lang ohne Erbeben durch sein Herz.

Aus Erz saßen die Männer. Voll kostete Rönne seinen Triumph. Er erlebte tief, wie aus jedem der Mitesser ihm der Titel eines Herrn zustieg, der nach der Mahlzeit einen kleinen Schnaps nicht verschmähte und ihn mit einem bescheidenen Witzwort zu sich nimmt, in dem Ermunterung für die anderen, aber auch die entschiedene Abwehr jeglichen übermäßigen Alkoholgenusses eine gewisse Atmosphäre der Behaglichkeit verbreitete. Der Eindruck der Redlichkeit war er und des schlichten Eintretens für die eigene Überzeugung; aber auch einer anderweitigen Auffassung gegenüber würde er gern zugeben: da ist was Wahres dran. Geordnet fühlte er seine Züge; kühler Gelassenheit, ja Unerschütterlichkeit auf seinem Gesicht zum Siege verholfen, und das trug er bis an die Tür, die er hinter sich schloß.

Wir erblicken also hier einen Mann, der eine kontinuierliche Psychologie nicht mehr in sich trägt. Seine Existenz innerhalb und außerhalb des Kasinos ist zwar eine einzige Wunde von Verlangen nach dieser kontinuierlichen Psychologie, der Psychologie des *Herrn*, der, *nach der Mahlzeit einen kleinen Schnaps nicht verschmähte und ihn mit einem bescheidenen Witzwort zu sich nimmt*, aber er findet aus konstitutionellen Gründen nicht mehr zurück. Höchstens stoßweise und aus Abgründen, heraufbeschworen und in Vernichtung erkämpft. Die naive Vitalität, die auch den psychischen Prozeß bis zu einer in unserem Jahrhundert ziemlich genau angebbaren Stunde und bis zu einem an Thematik ziemlich genau zu beschreibenden Umfang umschloß, trug, durchblutete, durchpulste, reicht für die weiteren Grade der psychischen Sublimierung in Europa nicht mehr aus. In Rönne hat die Auflösung der naturhaften Vitalität Formen angenommen, die nach Verfall aussehen. Aber ist es wirklich Verfall? Was verfällt denn? Nicht vielleicht doch nur eine historisch überlagernde, jahrhundertlang unkritisch hingenommene Oberschicht, und das andere ist das Primäre? Das Rauschhafte, das Ermüdbare, das schwer Bewegbare, ist das nicht vielleicht die Realität? Wo endet der Eindruck und wo beginnt das Unerkennbare, das Sein? Wir sehen, die Frage nach der anthropologischen Substanz liegt unmittelbar hier vor, und sie ist identisch mit der Frage nach der Wirklichkeit. Das ungeheure Problem der Wirklichkeit und ihrer Kriterien eröffnet sich hier vor uns. *Manchmal eine Stunde, da bist du, der Rest ist das Geschehen, manchmal die beiden Welten schlagen hoch zu einem Traum*, sagt Rönne. Welche beiden Welten also? Das Ich und die Natur. Was ergeben sie? Im Höchstfall einen Traum. Das ist natürlich ein Irrealitätsprinzip, dies Rönnesche Prinzip, und wann ist es in Wirkung, wann *rauscht* es? *Wenn du zerbrochen bist.* Ein andermal erkennt er: *Welches war der Weg der Menschheit gewesen bis hierher? Sie hatte Ordnung herstellen wollen in etwas, das hätte Spiel bleiben sollen. Aber schließlich war es doch Spiel geblieben, denn nichts war wirklich. War er wirklich? Nein; nur alles möglich, das war er.*

Erkenntnis ist ein schönes Mittel zum Untergang, und in der Tat geht es von hier aus wieder zur Vermischung: *Tiefer bettete er den Nacken in das Maikraut, das roch nach Thyrsos und Walpurgen. Schmelzend durch den Mittag kieselte bächern das Haupt. Er bot es hin: das Licht, die starke Sonne rann unaufhaltsam zwischen das Hirn. Da lag es: kaum ein Maulwurfshügel, mürbe, darin scharrend das Tier.*

Das Tierische und der immer nackter sich sublimierende Gedanke: gibt es noch für beides ein gemeinsames Prinzip? Für das Leben und die Erkenntnis, die Geschichte und den Gedanken, gibt es in der abendländischen Welt noch ein solches monistisches Prinzip? Für die Bewegung und den Geist, für die Reize und die Tiefe – gibt es noch einen Zusammenschluß, eine Betastung, ein Glück? Ja, antwortet

Rönne, aber weither, nichts Allgemeines, fremde, schwer zu ertragende, einsam zu erlebende Bezirke: *In sich rauschte ein Strom oder, wenn es kein Strom war, ein Wurf von Formen, ein Spiel in Fiebern, sinnlos und das Ende um jeden Saum* –: er erblickt die Kunst. –

b) Pameelen

Neben Rönne tritt Pameelen, ebenfalls Brüssel 1916, in zwei Stücken, *Der Vermessungsdirigent*, erkenntnistheoretisches Drama, und *Karandasch*, ein rapides Drama. In Pameelen tritt die Frage nach der Wirklichkeit noch direkter auf, noch grausamer, noch bodenloser. Hier ist tatsächlich Zersetzung der Epoche. In diesem Hirn zerfällt etwas, was seit 400 Jahren als Ich galt und wahrhaft legitim für diesen Zeitraum den menschlichen Kosmos in vererbbaren Formen durch die Geschlechter trug. Nun ist dies Erbe zu Ende. Pameelen hofft anfangs durchaus, sich noch Welt in diese morschen Formen holen, Einzeldinge bis zur Weiterführung und Bearbeitung zu: Erfahrung, innerem Aufbau, gemütvollem Erleben: eben *Persönlichkeit* im alten Sinne, *Innerlichkeit* fassen zu können. Er überprüft dazu das Unwahrscheinlichste, mißt alles ab, daher: Vermessungsdirigent, aber es zerrinnt. Er bekämpft den Zerfall, er will Positives, er will *Ansammlung*, aber nur sporadisch und künstlich gerufen tritt sie auf. Die Linie, die so großartig im cogito ergo sum als souveränes Leben, das seiner Existenz nur im Gedanken sicher war, begann, in dieser Figur geht sie schauerlich zu Ende. Erotik, Physiologie, Vater-Sohn-Verhältnis, alles wird nur auf seine logische Unantastbarkeit geprüft, in die zähneknirschende Tollwut des Begrifflichen verwoben und dabei in seiner funktionellen Austauschbarkeit unausdrückbar nihilistisch erlebt. Ja, Tollwut des Begrifflichen: schon der Anblick von Wasser macht bei dieser Art Krankheit Schlundkrämpfe, die jedem Tropfen den Eintritt in die ausgedörrten Zellen verwehren: Sterben, unausweichliches, qualvolles, langdauerndes, bewußtes –, alles wird Krampf, Zusammenziehung, Verdichtung, verwehrte Passage, versagter Trank – ja, Tollwut des Begrifflichen! Ungeheurer Verrat der Zeit! Denn das Begriffliche, das Logische, das Homosapienshafte war es ja doch, das

durch so viele Jahrhunderte von der Religion, von dem philosophischen Idealismus, von der Aufklärung, vom Humanismus als das große Menschliche, Göttliche, Europäische in Tausenden von Dokumenten hochgetrieben und gepriesen war, und nun war also auch das Irrtum, Qual, Krampf, Röcheln, Delirium, wohin nun also der Mann als der Träger der objektiven Welten, ausgeschlossen von den Zucht- und Euteraufgaben körperlich andersgebauter Menschheitsschichten (Frauen)? Eine außerordentlich tief reichende und spezielle Fragestellung! Das Drama beginnt mit einem Auftritt, in dem sofort die ganze überraschende Lage in Erscheinung tritt, denn während in der übrigen Weltliteratur zwischen körperlichen Elementen überall Szenen stattfinden können, wo der Autor sie installiert, muß hier die Szene selbst, die Aktion, die Figuren, ja sogar der Autor in fortwährendem Anbau erschaffen, nämlich kausal legitimiert und erkenntniskritisch jeden Moment neu begründet werden.
Die Szene ist die Einleitungsszene, ein Gespräch zwischen Pameelen und einer imaginären Stimme.

Vorspiel

Pameelen betritt den Flur eines Prostituierten-Krankenhauses

Pameelen: Ich habe hier absolut nichts zu suchen. Ich komme von ganz woanders her. Aber ich will euch einbeziehen in mein Dasein. Hinzutreten sollt ihr zu meiner Gesamtkonstitution. O Grauen vor Erlebnisunfähigkeit! O Erweiterung des Ichs! Also: ein kahler Gang mit einer Uhr. Nun gut, wo sind die Huren?

Eine Stimme: Ein kahler Gang mit einer Uhr? Tiefer! Hinbreitung! Erweichung! Die Pförtnerwohnung? Haarnadeln am Boden? Rechts der Garten? Nun?

Pameelen (markiert): Ich kenne ein ganz ähnliches Haus wie das eben von Ihnen beschriebene, Herr Doktor! Ich trat ein an einem warmen Frühlingsmorgen, es kam zunächst ein kahler Gang mit einer Uhr, rechts die Pförtnerwohnung, Haarnadeln lagen am Boden, höchst spaßig, und rechts war ein kleiner Garten, ein Rosenbeet in der Mitte, zwei Hämmel weideten angepflockt im Gras, wahrscheinlich die Wassermannhämmel.

Die Stimme: Das mit den Hämmeln ist sehr gut, eine fern-

liegende Assoziation, dabei sich auf den Sinn des Krankenhauses beziehend und mit einer leicht humoristischen Nuance. Den Frühlingsmorgen können Sie sich schenken. Weiter!

Pameelen: *Müde! (Peitschenknall.)*

Pameelen: *Sie haben gut reden! Zunächst muß man doch einen Gesichtspunkt haben, einen Erlebniswinkel.*

Die Stimme: *Quatsch. Die natürliche Heiterkeit der Sinne, die allgemeine Aufnahmefähigkeit des Geistes – meinetwegen reduzieren Sie auf Gemütswert.*

Pameelen *(zerknirscht): Steige auf, Erde, erbarme dich, kahler Gang, rausche, Pförtnerwohnung! Kleine Dinge, kleine, kleine Dinge sammelt euch in meinem Auge! Oh, es nähert sich, liebe Alte, Großmütterchen mit dem Stecken! Jawohl, also (markiert): Die Mutter des Pförtners, um noch dies zu sagen, war eine erstaunliche Person. Total blind, aber total, sage ich Ihnen, sah Ihnen die Hand vor Augen nicht und schlich mit einem Stecken den kahlen Gang entlang, jämmerlich.*

Die Stimme: *Gut, die Blindheit hätten Sie noch etwas lebhafter ausmalen können: Mit erloschenem Blick, ausdruckslosen Augenhöhlen und ähnlichem, aber es war leidlich. Bitte weiter!*

Pameelen: *Aber es kommt doch auch darauf an, zu wem man sich zu äußern hat!*

Die Stimme: *Es kommt nur darauf an, daß Sie sich ansammeln. Also die Haarnadeln!*

Pameelen: *Haarnadeln! O lieber Gott, was läßt sich von einer Haarnadel ansammeln. Am Boden lagen sie – jawohl, am Boden – am Fußboden – im Staub des kahlen Gangs – kann ich die Haarnadeln nicht fortlassen?*

Die Stimme: *Ausgeschlossen! Weltumspannung!*

Pameelen *(markierend): Da lagen Haarnadeln am Boden, nicht eine einzelne etwa, das hätte ja Zufall sein mögen, nein, mehrere und von verschiedener Größe. Ein Kampf? Waren zwei Nebenbuhlerinnen unter den Buhlerinnen zusammengeraten? Hatte die Liebe sie entzweit? Oder deuteten sie auf die Gründlichkeit der untersuchenden Ärzte, die auch das Haar lösten zur Sicherstellung der Diagnose, oder – darf man vielleicht noch tiefer gehen? –*

weil der Mitteleuropäer zum Kausaltrieb neigt? Jedenfalls, eins schien mir sicher, in diesen Haarnadeln sahen mich die ganz großen Dinge des Daseins an: die Leidenschaften und der Kampf, der Hunger und die Liebe; der Wahrheitsdrang, der in uns schwachen Menschen ruht und uns höher und höher treibt bis in das Firnenlicht, bis in das große Leuchten.

Die Stimme: Meisterhaft! Der Anfang mit der Zahl ist primitiv, aber der Aufstieg in sechs Zeilen zum großen Leuchten unter Herausarbeitung des Kausaltriebs – alle Achtung! Nun zu den Damen!

Pameelen (legt die Hand auf die Türklinke, läßt sie wieder sinken): Oh, dies Verwelken der Welt in meinem Hirn! Schon diese peripheren Ermüdungen, vor allem aber dies kortikale Verblühen . . .

(Peitschenknall; Pameelen öffnet die Tür. Er sieht in ein Untersuchungszimmer.)

Kortex = Hirnrinde: das kortikale Verblühen der Welten, der bürgerlichen Welten, der kapitalistischen Welten, der opportunistischen, prophylaktischen, antiseptischen Welten, erschlagen von den Wolkenbrüchen des Politischen und der Umschichtung der Macht, im Grunde aber aus der substantiellen Krise des abendländischen Seins heraus entstanden. Zerfetzt der innere Mensch, zerfetzter als je der äußere von Würmern und Granaten: faulig, sauer, vergast, im Gepäcknetz noch einige oxydierte Stichworte. Die Götter tot, die Kreuz- und die Weingötter, mehr als tot: schlechtes Stilprinzip, wenn man religiös wird, erweicht der Ausdruck. Was aber gehalten und erkämpft werden muß, das ist: der Ausdruck, denn ein neuer Mensch schiebt sich herein, nicht mehr der Mensch als affektives Wesen, als Religiosität, Humanität, kosmische Paraphrase, sondern der Mensch als nackte formale Trächtigkeit. Eine neue Welt hebt an, es ist die Ausdruckswelt. Das ist eine Welt klar verzahnter Beziehungen, des Ineinandergreifens von abgeschliffenen Außenkräften, gestählter und gestillter Oberflächen –; Nichts, aber darüber Glasur; Hades, aber statt der Fähre Pontons; Unerinnerlichkeit an das letzte Europäische: Primitivität, das sind die kalten Reserven.

Keine Welten mehr zu leben, keine Wirklichkeiten mehr zu fühlen, keine Erkenntnisse mehr zum Glauben, dabei ewig

gereizt der in diesen Breiten nächst dem Hunger brutalste Trieb, die Einheit des Denkens herzustellen, dieser Trieb nach Definition, qualvoller als der Hunger und erschütternder als die Liebe, kehrend sich gegen das sogenannte eigene Ich.
Mit der allgemeinen logischen Funktion des Urteils und Vergleichens, mit der ganzen foudroyanten Methodik naturwissenschaftlicher Betrachtung, mit kausaler Analyse, mit Transplantationen, mit allen derniers cris aller Psychologien versucht er sich daran, dies Ich experimentell zu revidieren.
Seine Grenzen sucht er abzutasten, seinen Umfang zu bestimmen. Wo ist der große Staatsanwalt, ruft er einmal aus, der ihm die Schranken weise, wo trete der Kreuzzug auf, der ihn erreiche, ein andermal.
Aber das Uferlose ist es, an dem er altert und zugrunde geht. Daß ihn irgend etwas einmal begrenze, ist seine Qual, für die er sich blendet; in einer Hütte lebt er, der Don Juan nach einer Niederlage, doch ewig bleibt er unbefruchtet.
Alles also mißt er ab, alles zerstört er. Immer sucht er das Notwendige, das neue Notwendige, die Schwerkraft wird erweichen, die Fallgesetze sich verwirren, die Wärmelehre sich verkehren, das Sternall wanken, wenn nicht bald das Notwendige gefunden wird, das neue Notwendige – was ist dies Notwendige?
Erst sterbend – *(Totengräber später! Aber erwarten Sie keine Zitate. Es liegt nicht vor, daß ein achtbarer Herr das Zeitliche segnet. Ein armes Luder ohne Formel und Sichumfassung ist bald von stillen Dingen zugedeckt, dreimasternd im Taifun des Unbewußten)* sterbend, sein erblindetes, schmutziges, entleertes Antlitz dem Mann am Fenster zuwendend, schwer röchelnd, letzten Atems erblickt er die neue Welt:

Pameelen: Und die Ausmessung?? Picasso, letzter Bruder, alle Stunden der Verzweiflung rufe ich auf, da Sie mit mir rangen nach der Reinigung – daß wir endlich weiß würden (zeigt) wie diese Marmorstufe hier: so hingebreitet, so wirklich, so erkenntlich ––

(Flehend) Picasso!

(Langsam, sakramental) Mar-mor-stufe – Sehen Sie nicht, Picasso, wie klar, herbstlich und gestillt sie daliegt nach diesem ungeheuren Ausbruch in die Wirklichkeit, spüren Sie selber nicht die Versöhnung, weil Sie sie logisch so tief erschöpfen konnten?

Picasso (ist mit der Frau aus dem Fenster gestiegen): Alter Vermessungsdirigent!

Weil Sie sie logisch so tief erschöpfen konnten –: das ist Reinigung, das ist Aufbruch in eine neue Wirklichkeit! Genug dieses gewalttätigen Nachinnenziehens, Tollwut des Begrifflichen, epileptischer Logik, verkappten Monotheismus, kurzschlüssig Wackeren, biedermännisch Engen –, genug der Sicherungen –, genug der Wahrheit –, Formales möge kommen, Flüchtiges, Tragschwingen mögen kommen, flach und leicht gehämmert, Schwebendes unter Azur, Aluminiumflächen, Oberflächen –: Stil –! – kurz, die neue, nach außen gelagerte Welt.
In diesem grundlegenden Gefühl für die anthropologische Erlösung im Formalen, für die Reinigung des Irdischen im Begriff beginnt die neue Epoche, das neue Notwendige, beginnt in Pameelen über der faustischen die Form- und Beziehungs-, beginnt die Ausdruckswelt.

c) Das lyrische Ich

Manchmal die beiden Fluten schlagen hoch zu einem Traum, ist der Traum vollkommen und spricht er sich aus, panisch sowohl wie abgemessen, entsteht das Gedicht. In ihm sammelt sich die Rasse, in ihm ruht und atmet für Augenblicke die gestillte menschliche Natur. Nicht in jedem Jahrzehnt und erst, wenn ein Volk reif ist, entsteht dies Gedicht. Im Jahrhundert sind das nicht viele, betrachtet man sie, sind sie olympisch oder lethisch, alles Mittelmaß ist hier gemein. Viele sind bruchstückartig, manche Generation liefert nur eine Strophe, fast alles scheint von Gefesselten zu stammen, von Angeschmiedeten, nur von Felsen die Schreie klingen tief, durchdringend, und ihr Echo hallt.
Meine Generation war lyrisch, über ganz Europa hing dieser Code expressiver Typen, was von ihnen bleiben wird, steht dahin. Ich spreche im folgenden mehr vom Methodischen, von der Entstehungsart des Gedichts. Wahrscheinlich wird das lyrische Ich immer in zwei Formen erlebt, einer zersprengenden und einer sammelnden, einer brutalen und einer stillen, die Rauschmethode kennen

beide, man sinkt ins Bodenlose, ins Blutlose, und dann kommen die Andränge mit der Erprobung der Vision. Vorstudien liegen vielfach vor, aber die hätten auch anders verwertet werden können, nun aber kommt die Stunde und belädt sich mit den Bildern. Als ich die *Morgue* schrieb, mit der ich begann und die später in so viele Sprachen übersetzt wurde, war es abends, ich wohnte im Nordwesten von Berlin und hatte im Moabiter Krankenhaus einen Sektionskurs gehabt. Es war ein Zyklus von sechs Gedichten, die alle in der gleichen Stunde aufstiegen, sich heraufwarfen, da waren, vorher war nichts von ihnen da; als der Dämmerzustand endete, war ich leer, hungernd, taumelnd und stieg schwierig hervor aus dem großen Verfall. An ein anderes Vorkommnis erinnere ich mich aus Brüssel. Ein Septembertag, ich war Oberarzt am Gouvernement und mit einem Auftrag zu einer anderen Behörde geschickt. Die Straße zu gehen war kurz, doch von den Horizonten brach das Dionysische, die Stunde war zerstückt und bronzen, Verbranntes überall, auf ihrer Kuppe hatte ein Feuer gewütet, Jahr und Leben hinüber, das Vorspiel war aus, das Ende nahte, das Opfer, aber man mußte sich fassen –: nur einen Blick noch aus diesem Licht, einen Atem noch aus dieser Stunde – und:

Sieh dieses Sommers letzten blauen Hauch
auf Astermeeren an die fernen
baumbraunen Ufer treiben; tagen
sieh diese letzte Glück-Lügenstunde
unserer Südlichkeit
hochgewölbt – (Karyatide)

Also auch hier ein durchbrochenes Ich, unter Stundengöttern, fluchterfahren, trauergeweiht. Immer wieder stoßen wir auf eine Form des Ich, das für einige Augenblicke sich erwärmt und atmet und dann in kaltes, amorphes Leben sinkt. In den folgenden Darlegungen (1927) stoßen wir geradezu systematisch auf gewisse fremdartige Begriffe, Komplexe, *ligurische Komplexe*, geprüft auf ihren *Wallungswert*, eben Rauschwert, durch die die *Zusammenhangsdurchstoßung* d. h. die Wirklichkeitszertrümmerung vollzogen werden kann, um Freiheit zu schaffen für das Gedicht. Keine kranke, eine primitive Form des Ich, krank kann nicht sein, was so der Methode des Allgemeinsten ähnelt: der Schwellungscharakter der Schöpfung ist evident, in den Fluten, in den Phallen, in der Ekstase, im Produktiven wird es aufgenommen vom lyrischen Ich:

Es gibt im Meer lebend Organismen des unteren zoologischen Systems, bedeckt mit Flimmerhaaren. Flimmerhaar ist das animale Sinnesorgan vor der Differenzierung in gesonderte sensuelle Energien, das allgemeine Tastorgan, die Beziehung an sich zur Umwelt des Meers. Von solchen Flimmerhaaren bedeckt stelle man sich einen Menschen vor, nicht nur am Gehirn, sondern über den Organismus ganz total. Ihre Funktion ist eine spezifische, ihre Reizbemerkung scharf isoliert: sie gilt dem Wort, ganz besonders dem Substantivum, weniger dem Adjektiv, kaum der verbalen Figur. Sie gilt der Chiffre, ihrem gedruckten Bild, der schwarzen Letter, ihr allein.

– Der Chiffre, der schwarzen Letter –: also einem Kunstprodukt! Wir sehen also eine Zwischenschicht zwischen Natur und Geist, wir sehen etwas selber erst vom Geist Geprägtes, technisch Hingebotenes hier mit im Spiele. Verwandelte Welt gegenüber dem Mond, der Busch und Tal füllte und in einer anderen Generation vor 200 Jahren das Naturgefühl entdecken ließ! Heute: Stundengötter, Stunden-Ichs unter einer ganz neuen Schöpfungserkenntnis: *die formfordernde Gewalt des Nichts:*

Nun ist solche Stunde, manchmal ist es dann nicht weit. Bei der Lektüre eines, nein zahlloser Bücher durcheinander, Verwirrungen von Ären, Mischung von Stoffen und Aspekten, Eröffnung weiter typologischer Schichten: entrückter, strömender Beginn. Nun eine Müdigkeit aus schweren Nächten, Nachgiebigkeit des Strukturellen oft von Nutzen, für die große Stunde unbedingt. Nun nähern sich vielleicht schon Worte, Worte durcheinander, dem Klaren noch nicht bemerkbar, aber die Flimmerhaare tasten es heran. Da wäre vielleicht eine Befreundung für Blau, welch Glück, welch reines Erlebnis! Man denke alle die leeren, entkräfteten Bespielungen, die suggestionslosen Präambeln für dies einzige Kolorit, nun kann man ja den Himmel von Sansibar über den Blüten der Bougainville und das Meer der Syrten in sein Herz beschwören, man denke dies ewige und schöne Wort! Nicht umsonst sage ich Blau. Es ist das Südwort schlechthin, der Exponent des »ligurischen Komplexes«, von enormem »Wallungswert«, das Hauptmittel zur »Zusammenhangsdurchsto-

ßung«, nach der die Selbstentzündung beginnt, das »tödliche Fanal«, auf das sie zuströmen die fernen Reiche, um sich einzufügen in die Ordnung jener »fahlen Hyperämie«. Phäaken, Megalithen, lernäische Gebiete – allerdings Namen, allerdings zum Teil von mir sogar gebildet, aber wenn sie sich nahen, werden sie mehr. Astarte, Geta, Heraklid – allerdings Notizen aus meinen Büchern, aber wenn ihre Stunde naht, ist sie die Stunde der Auleten durch die Wälder, ihre Flügel, ihre Boote, ihre Kronen, die sie tragen, legen sie nieder als Anathemen und als Elemente des Gedichts.

Worte, Worte – Substantive! Sie brauchen nur die Schwingen zu öffnen und Jahrtausende entfallen ihrem Flug. Nehmen Sie Anemonenwald, also zwischen Stämmen feines, kleines Kraut, ja über sie hinaus Narzissenwiesen, aller Kelche Rauch und Qualm, im Ölbaum blüht der Wind und über Marmorstufen steigt, verschlungen, in eine Weite die Erfüllung - oder nehmen Sie Olive oder Theogonien. Jahrtausende entfallen ihrem Flug. Botanisches und Geographisches, Völker und Länder, alle die historisch und systematisch so verlorenen Welten hier ihre Blüte, hier ihr Traum –, aller Leichtsinn, alle Wehmut, alle Hoffnungslosigkeit des Geistes werden fühlbar aus den Schichten eines Querschnitts von Begriff.

Ach, nie genug dieses einen Erlebnisses: das Leben währet vierundzwanzig Stunden und, wenn es hoch kommt, war es eine Kongestion! Ach immer wieder in diese Glut, in die Grade der plazentaren Räume, in die Vorstufe der Meere des Urgesichts: Regressionstendenzen, Zerlösung des Ich! Regressionstendenzen mit Hilfe des Worts, heuristische Schwächezustände durch Substantive – das ist der Grundvorgang, der alles interpretiert: Jedes ES das ist der Untergang, die Verwehbarkeit des Ich; jedes DU ist der Untergang, die Vermischlichkeit der Formen. »Komm alle Skalen tosen Spuk, Entformungsgefühl« – das ist der Blick in die Stunde und die Glücke, wo die »Götter fallen wie Rosen« – Götter und Götterspiel.

Schwer erklärbare Macht des Wortes, das löst und fügt. Fremdartige Macht der Stunde, aus der Gebilde drängen unter der formfordernden Gewalt des Nichts. Transzendente Realität der Strophe voll von Untergang und voll von Wiederkehr: die Hinfälligkeit des Individuellen und das kosmologische Sein, in ihr verklärt sich ihre Antithese, sie trägt die Meere und die Höhe der Nacht und macht die Schöpfung zum stygischen Traum: »Niemals und immer.«

III. Die Probleme

a) Die Kunst

Ich behaupte nun, daß in diesen Bruchstücken, so absurd, so unvollkommen sie als Maßstab für Talent, Begabung, gedankliche Weite, sprachliches Können sein mögen, die Problematik des ersten Drittels des 20. Jahrhunderts enthalten ist. Es gibt drei Themen, die das Jahrhundert bis heute durchziehen: die Wirklichkeit, die Form und der Geist, es ist alles die gleiche Frage, aus ihr spricht die Stimme unserer Epoche, sie ist in allen europäischen Ländern vernehmlich da, unser arischer, biologischer Kern hat sie entkeimt und aufgeworfen – hier sind sie: die deutsche bürgerliche Literatur aber nennt das Intellektualismus.

Ich behaupte weiter, daß diese Bruchstücke nicht sind, aber hinweisen auf einen ganz bestimmten Begriff, dem klar ins Auge zu sehen diese selbe bürgerliche Welt immer wieder ausweicht: Kunst. In diesen beiden Begriffen liegen die Entscheidungen der Zeit, und ich will mich ihnen aus der Lage meiner Generation, meinen eigenen Arbeitserfahrungen und mit einigen psychologischen und historischen Daten nähern.

Ich bin zunächst der Meinung, daß man einmal scharf zwischen zwei Erscheinungen unterscheiden muß, nämlich der des Kunstträgers und der des Kulturträgers. Ich bin der Meinung, daß in der Stunde, in der der objektive Geist so unmittelbar sein Wassertreten, sein Treten auf der Stelle, aufgibt, um ganz klar aus einer neuen geschichtlichen Form zu wirken, es notwendig ist, diesen Tatsachenbestand zu klären. Kunst ist nicht Kultur, Kunst hat eine Seite nach der Bildung, der Erziehung, der Kultur, aber nur, weil sie eben das alles nicht ist, sondern das andere, eben Kunst. Die Prägungsvehemenz unserer Zeit sollte man wahrnehmen, um diese bürgerlichen Schlammbestände zu lichten und diese beiden Begriffe einmal typologisch zu erhellen. Der Kulturträger: seine Welt besteht aus Humus, Gartenerde, er verarbeitet, pflegt, baut aus, wird hinweisen auf Kunst, sie anbringen, einlaufen lassen, aber prinzipiell verarbeitet er, verbreitert, lockert, sät, weitet aus, er ist horizontal gerichtet, Dauerwellen sind seine Bewegung, er ist für Kurse, Lehrgänge, glaubt an die Geschichte, ist Positivist. Der Kunstträger ist statistisch asozial, weiß kaum etwas von vor ihm und nach ihm, lebt nur mit seinem inneren Material, für das sammelt er Eindrücke in sich hinein, d. h. zieht sie nach innen, so tief nach innen, bis es sein Material berührt, unruhig macht, zu Entladungen treibt. Er ist ganz uninteressiert an Verbreiterung, Flächenwirkung, Aufnahmesteigerung, an Kultur. Er ist kalt, das Material muß kaltgehalten werden, er muß ja die Idee, die Räusche, denen die anderen sich menschlich überlassen dürfen, formen, d. h. härten, kalt machen, dem Weichen Stabilität verleihen. Er ist zynisch, und behauptet auch, gar nichts anderes zu sein, während die Idealisten unter den Kulturträgern und Erwerbsständen sitzen. Nahe stehen sich von den Kunstträgern die Romanschriftsteller mit den Kulturträgern, beiden eignet das Pflegliche und das In-die-Breite-Gehen, auch das Einträgliche, während der Lyriker ein ausgesprochener Kunstträger ist. Unendlich klar ist daher die Linie der Ablehnung, die von Plato bis ins 20. Jahrhundert in der Öffentlichkeit gegen den Kunstträger besteht; in einen geordneten Staat, in einen Staat, der auf eine untadelige Verfassung hält, gehört er nicht hinein, in die Religion gehört er auch nicht, mit dem hochdotierten Wissenschaftler steht er in dem Verhältnis, daß sie sich beide für Vorstufen und Kuriositäten halten, es ergibt sich, der Kunstträger ist aus seinem natürlichen Wesen heraus eine gesonderte Erscheinung.

Geht man von der Kunst selber aus, ergibt sich mit der gleichen Deutlichkeit das Größte an Fragwürdigkeit und Rätsel. Kunst wächst auf paradoxem Boden, und das Logische und Biologische versagt vor ihr. Rousseau, der das berühmteste und überdauerndste Werk der europäischen Literatur über Erziehung schrieb, in dem er seitenlang von der Kost der Ammen handelt: ohne Fleisch, das wird ihre Milch nicht erhitzen, und über die Konsistenz der Unterbetten, wie den Zeitpunkt des Weckens, damit ihnen das Erlebnis des Sonnenaufgangs am Johannistag nicht entgeht, ließ die fünf unehelichen Kinder, die ihm Thérèse Levasseur geboren hatte, sämtlich ins Findelhaus bringen, ohne sich auch nur eine Stunde je um sie zu kümmern. Schuberts Winterreise, heute die lichte Zugabe ondulierter

Kehlkopffavoriten, entsprang unsagbaren Qualen und einer tiefen, ausgesprochen klinischen Depression. Die Reihe der Paralytiker unter den Genies ist enorm, die der Schizophrenen trägt die größten Namen, und das alles nicht beiläufig, supplementarisch, hinzukommend, sondern als Geschick, Wesen, Blut und Boden des Schöpferischen, Tränke des Geistes, Prägung und Verflechtung in die gezeichnete Gestalt. Unter den 150 Genies des Abendlandes finden wir allein 50 Homoeroten und Triebvarianten, Rauschsüchtige in Scharen, Ehelose und Kinderlose als Regel, Krüppel und Entartete zu hohen Prozenten, das Produktive, wo immer man es berührt, ist durchsetzt von Anomalien, Stigmatisierungen, Paroxysmen. Natürlich sind Goethe und Rubens da, reich, stabil, nahezu rausch- und giftfrei, wenn man sich Götter vorstellen wollte, hier sind sie, aber sie sind die Ausnahme, es ist nachweislich klar, statistisch klar, der größte Teil der Kunst des vergangenen Halbjahrtausends ist Steigerungskunst von Psychopathen, von Alkoholikern, Abnormen, Vagabunden, Armenhäuslern, Neurotikern, Degenerierten, Henkelohren, Hustern –: das war ihr Leben, und in der Westminsterabtei und im Pantheon stehen ihre Büsten und über beidem stehen ihre Werke: makellos, ewig, Blüte und Schimmer der Welt. Das war die Kunst, und das bedeutet keinen Freibrief für Schweine und Schnorrer; nur den Rüssel vorzeigen, das ist kein Ausweis, er ist keine Schwinge, und wir sprechen von Flug. Es ist noch weniger eine Belehrung für irgendwen, es ist nur ein Gedanke an das Schmerzliche und Zarte, das um diese Welten liegt, das öffentlich Zweideutige und menschlich Vergebliche, das sie umlagert. Es ist eine Erkenntnis, und es ergibt sich aus ihr, daß der Kunstträger in Person irgendwo hervortreten oder mitreden nicht solle, *unter Menschen war er als Mensch unmöglich* – seltsames Wort von Nietzsche über Heraklit –, das gilt für ihn.

Das war die Kunst – und in diesen Vorstellungen wuchs meine Generation auf: die Kunst höchsten Ranges und isolierten Wesens, was gab es denn noch außer ihr? Der Mensch, der dicke, hochgekämpfte Affe der Darwinschen Ära, als Preis bezahlte er eine gestörte innere Sekretion. Von Moral war er ein Wesen, das einem mehr und lieber schadete als ein Löwe, reif wurde er erst bei langen Mähnen und Klauen: nicht aus dem Samenunflat der Zwanzigjährigen, aus fettwerdenden Leibern kam Erkenntnis. Von der Weltgeschichte lagen ganz bestimmte Eindrücke nicht vor, definitive Resultate waren gerade aus Kriegen nicht zu erhalten, und so entstanden diese ein bis zwei Generationen, die, dem ganzen sinnwidrigen Umfluß der Historie ausweichend, den ganzen femininen Apparat des Schlüsseziehens aus ihr und der Perspektivenabtastung den Fachleuten überlassend, nur ihr eigenes Leben ordneten, abgrenzten, ausarbeiteten, um das kurze, einsame, schmerzliche zu steigern. So entstanden diese Generationen, die alles tranken, was an Stoffen die Zersetzung bot, und die durchaus nicht immer zu dem gestirnten Himmel den strahlenden Menschenblick erhoben, sondern in deren Innern sich drachengesät die Chimären und die Dämonen befetteten und säugten, und die bei ihren Formaufstürzen und dann wieder Lethargien allen zerebralen Räuschen der Zeit erlagen: Destruktion war auch Erlebnis, Abbau unter Morgenröten, *Nihilismus ist ein Glücksgefühl*, und das strömte alles in die Arbeiten unverhohlen ein, daraus entstanden sie, das verwandte man methodisch zu ihrer Herstellung, denn daß die Kunst alles rechtfertige, das war das Gesetz, das unantastbare ihres Lebens.

Um es zu wiederholen: was gab es denn außer ihr? *Die Kunst als die letzte metaphysische Tätigkeit innerhalb des europäischen Nihilismus*, der Satz aus dem *Willen zur Macht* stand allem zuvor. Und dann die Wendung des Abendlandes zur Triebpsychologie. Die Philosophie, nicht mehr was sie ausdrückt, sondern was sie verbirgt: den Menschen, die Bestie, die Eingeweide, die Triebe, alles, was man aus Scham verdeckt und daher mit seinen Verdrängungssystemen überzieht. Die Kunst nicht mehr das moralische Problem des Helden, nicht mehr die Ideale, die er zum Schluß verkündet, sondern die Maßnahmen des Künstlers selbst, sich auszudrücken, also sein Konstruktives, seine Genialität in den Mitteln des Mitreißens, der Spannung, der Ich-Auflösung, seine bewußte Anwendung von Prinzipien des Baus und des Ausdrucks, die Bewußtmachung alles dessen, was nach Akt aussieht, schöpferischem Akt und dessen Steigerung. Das wurde tatsächlich die Identität der Zeit, es wurde wahrhaftig, großartig und grauenvoll, und

es war nicht im geringsten das, was das bürgerliche Deutschland vom ersten Augenblick an bis heute verächtlich »Artistik« nennt und nannte, sondern es war tief, religiös und sakramental. Man bedenke noch einmal diese Welt in der seltsamen Begegnung, die Dauthendey mit George schildert, über die die Literaturgeschichten berichten.
Dauthendey hatte dem Herausgeber der »Blätter für die Kunst« ein Gedicht als Beitrag eingesandt, er erhielt einige Tage danach eine briefliche Einladung, sich zu einer Besprechung über einige Fragen, die sich auf seine Gedichteinsendung bezögen, im Café Bauer einzufinden, wohin der Herausgeber und George kommen wollten; es war im Februar 1893. Als sich Dauthendey um halb zehn Uhr abends im oberen Saal des Café Bauer einfand, begrüßte ihn dort ein Herr, er war im Zylinder und englischen Gehrock erschienen, und er sagte ihm: Herr Stefan George wünsche ihn wegen einiger Punkte und Kommas, die in dem Gedicht vermieden werden sollten, zu sprechen. Dann kam nach einer Weile ein schlanker, gleichfalls mit Gehrock und Zylinder bekleideter Herr an den Tisch: George. Wir sprachen dann, fährt Dauthendey fort, über einige, wie es mir schien, ganz belanglose Dinge, über Satzzeichen, und schließlich stellte sich heraus, George wünschte in dem fraglichen Gedicht die Fragezeichen, wie es in der spanischen Literatur üblich sei, an den Anfang der Sätze gestellt zu sehen.
Fragezeichen an den Anfang der Sätze gestellt und dazu eine feierliche Zusammenkunft von drei Herren wie zu einem Duell oder einem Staatsakt, das war in gar keiner Weise Manier, auch in gar keiner Weise überspannt, es war der tiefste Ernst Europas beim Ausgang des Jahrhunderts, es war männlich, ja mönchisch, es war Schicksal. Es war Gesetz aus jenem Evangelium der Kunst, das im *Willen zur Macht* verkündet war, dem Artistenevangelium von der Kunst als der letzten europäischen Metaphysik.
Das Halten der Ordnung, das Erkämpfen der Form gegen den europäischen Verfall! Der europäische Nihilismus: der animalische Entwicklungsgedanke ohne die Ergänzung durch eine anthropologische Herrschaftsidee, letztes Stadium der geschichtlichen Bewegung, deren erstes das Abschiednehmen vom Fühlen und Sehen der Welt in Klassen, Arten und Ordnungen war, von den sieben Tagen,

an denen das Einzelne geschaffen wurde, immer wieder: *Ein Jegliches nach seiner Art.* Jetzt die Auflösung von Arten, Rängen, Graden unter populärem Gestammel von den Müttern, rauschloser Flucht zu den Sumpfsymbolen, Keltern aller Samen und Säfte in einen Urbottich, kurz: Verwischung des hochrangigen Prinzips der Form, Unterdrückung des Willens zu Züchtung und Stil, Übermacht niederer, nutzbringender Aufstiegs- und Ausbauformationen –, nach der imperialen Militärtranszendenz der Antike, dem religiösen Realismus des Mittelalters, jetzt das Plausible, Flache, die Wissenschaft als die theoretische Interpretation der Welt – die Nietzschelage.

Innerhalb dieser Lage begann meine Generation. Sie sah Rilke weich werden und sich treiben lassen von jeder Schwermut zu jedem Reim und zum lieben Gott, aber George lagerte und baute, übte Herrschaft aus, forderte geistiges Gesetz. Zu diesem Gesetz gehören die spanischen Fragezeichen. Sie gehören in die Entscheidung Europas gegen die Natur und für den Geist. Diese neue Entscheidung, die jetzt erst auf breiten Fronten gefallen ist: das Leben ist ergebnislos, hinfällig, untragbar ohne Ergänzung, es muß ein großes Gesetz hinzutreten, das über dem Leben steht, es auslöscht, richtet, in seine Schranken weist. Es gibt heute zwei Gesetze, die sich in Europa gegen das Leben erhoben haben: die Rasse und die Kunst. Beide sind Forderungen, beide unerbittlich strenge Gesichte, beide liegen im Geist. Geist = anthropologischer Geist, arthaftes Prinzip, Entelechie, Ursein, Bewußtsein, bewußt formender Geist. An dieser Entscheidung Europas für den Geist hat meine Generation mitgearbeitet durch ihre Loslösung von den individuellen Inhalten und Substanzen und durch ihren jeder Verachtung trotzenden Einsatz für den formalen Geist. Dies macht die Kunst zu einer ganz neuen Erscheinung und gibt ihr ein völlig neues Gesicht. Natürlich bekämpft die bürgerliche Literatur diesen Prozeß, weil sie an ihm keinen Anteil hat.

b) Intellektualismus

Intellektualismus ist die kalte Betrachtung der Erde, warm ist sie lange genug betrachtet worden, mit Idyllen und

Naivitäten und ergebnislos. Intellektualismus ist der kriegerische Angriff auf die zersetzte menschliche Substanz, ihre Dränage und die Abwehr von Leichenfledderern. Intellektualismus ist innerhalb unseres Themas die kaltschnäuzige Behauptung, daß Balladen und historische Romane allein nicht das gesamte Gebiet der deutschen Schicksalhaftigkeit umgreifen. Intellektualismus ist, historisch gesehen, Hegel, wenn er sagt: ... *nichts in der Gesinnung anerkennen zu wollen, das nicht durch den Gedanken gerechtfertigt ist.* Kant, der von der Erlebniswelt die Begriffswelt schied. Nietzsche, der ganze, vor allem jener, der das bewußte und willentliche Element, das konstruktive Element, das formsetzende, abbrechende, bändigende und bildende Element des Schöpferischen schildert. Intellektualismus heißt einfach: denken, und es gibt nichts, vor dem es haltzumachen hätte, mit der einen Einschränkung, die das Denken selber setzt und die sich auf schwache Denker bezieht. Intellektualismus also heißt, keinen anderen Ausweg aus der Welt finden, als sie in Begriffe zu bringen, sie und sich in Begriffen zu reinigen, und das gehört nicht zu einem bestimmten politischen oder moralischen System, sondern ist anthropologischer Grundtrieb, Rassenweisung. Historisch ergänzt, wir befinden uns als Zugehörige der europäischen Menschheitsgemeinschaft mitten in einer Epoche ungeheuer intensiver Formulierungszwänge, einer extravaganten Begriffsepoche, die mit Hilfe von Formeln sich verteidigt und zum Funktionellen, zur gedanklich abgekürzten Beziehung rassengesetzlich, schicksalhaft greift. Es ist ein neues Erdzeitalter, und Typen, die dieser Mutation nicht gewachsen sind, werden ausscheiden. Ein Erlebnis der Welt »natürlich«, wie es beispielsweise den echten Primitiven beschieden war: rauschhaft und getränkeartig, oder wie es den heutigen Talmiprimitiven vorschwebt: ohne Fremdwort und mit Vergißmeinnicht und Obstkuchen, wird es innerhalb des Abendlandes für niemanden mehr geben. Aber der neue, der mutierte Typ wird das zu erwartende gesteigerte Denken als vital empfinden, menschlich und ereignisreich.

Vorgerückte Zivilisationen sind gleichbedeutend mit harten Problemen, schreibt Ortega. Das trifft die Sache; von vorgerückter Zivilisation kann man im 20. Jahrhundert wohl reden; daher sind es überall harte, komplizierte, vielfach ventilierte, hochgetriebene, eben intellektualistische Probleme, die einem entgegentreten. Es sind psycho-physisch verknotete, komplexe Probleme, und es müssen hochgezüchtete Gehirne sein, die sie bearbeiten. Die Botaniker beleuchten unsere Lage mit einer sehr merkwürdigen Feststellung ganz neu: gezüchtete Pflanzen sind härter, vitaler, widerstandsfähiger gegen Schäden, kurz erbfähiger als natürliche; Züchtung, Zwischenschichtung des Bewußtseins, Einschaltung des Geistes in den Naturprozeß festigt also die Erbmasse, stärkt die Art, schafft Biopositives, keine Rede von Abstieg, Verweichlichung, Degeneration, allen diesen moralischen Vorstellungen, die der Bürger mit dem Wort Züchtung verbindet, sondern im Gegenteil Unterbrechung von Degeneration, Weiterführung von sonst dem Untergang Geweihtem. Dies ist offenbar der Ausdruck eines allgemeinen Gesetzes, das sich nähert, und dies Zeitalter, das Blut und Boden sagt, wird ein Zeitalter der Züchtung, der Form und des gesteigerten Geistes werden, ein intellektualistisches, d. h. ein spezifisch europäisches, wahrscheinlich ein anthropologisch bedeutendes unter Gesetzen des Bewußten. Verdichtung der Vitalität, Aufgang des Abendlandes stünde bevor, und das Volk wird die Führung übernehmen, das diesem Gesetz am klarsten Rechnung trägt.

Wer Intellektualismus weiter in dem kleinbürgerlichen Sinn ansieht, wird sowohl lächerlich, wie geschichtlich ausgeschaltet werden. Es ist hauptsächlich die bürgerliche Literatur, die hieran versteckt oder offen mitarbeitet, diese prima Epiker, Anekdotenschnurrer, Balladenbarden, notorische Nachspieler, stigmatisierte zweite Besetzung, Chargenkomiker für Gartenlokale, getarnter neuer Staat, in Wirklichkeit die stupiden alten Herrn –: Mittelstand als Vampirismus. Am liebsten möchten sie alles, was überhaupt noch seine Anschauungen in prägnante Formen bringt, Formeln, die das Gemeinte unverwechselbar und schonungslos ausdrücken, was gleichbedeutend ist mit: es nachprüfbar, diskussionsfähig, geschichtsfähig machen, als fremdstämmig, unrassisch, undeutsch denunzieren; schon der Drang zur Form das ist mediterran; Klarheit widernatürlich; Begriffsleben unreligiös; am liebsten würden sie

eine Notverordnung für Deutschland sehen: Denken ist zynisch, es findet hauptsächlich in Berlin statt, an seiner Stelle wird das Weserlied empfohlen.
Man muß sich das einmal vorstellen: da sitzt also jemand und kann sich etwas abdestillieren, geistig, bei bürgerlicher Lebenshaltung und hinter verschlossenen Türen, Obstbäume vorm Fenster und Filz um die Telephonglocke, daß es nicht schrillt. Mehrere Jahrzehnte, die Holz- und Faserindustrie nimmt es ab, bei Geburtstagen wird dann dem Volk eingeredet, das sei sein Fleisch und Blut, unter geistigen Drohungen und Unverstandenheitserklärungen. Hauptsache, es ist in Kapitel eingeteilt; bleibt einiges dunkel: Schriftsteller, die ihrem Weltbild sprachlich nicht gewachsen sind, nennt man in Deutschland Seher –, das ist dann kein Markenartikel mehr, sondern weit über den Einzelfall hinaus und fällt schon unter farbenglühend. Das ist die Kunst der bürgerlichen Ära, und wenn man das abgestanden findet, dann ist man ein Intellektualist.
Es muß eine merkwürdige Vorstellung vom Menschen sein, die dahintersteht, von seiner Art und wie er hochgekommen ist, unter Marienliedern offenbar, und sein Schöpfungsakt vollzog sich milde im Schutz von Milchglasscheiben. Ein ziemlich ungeschütztes Wesen aber, dieser Vorfahr, die Haare fielen ihm auch noch aus, als er aus dem Quartär trat und rings um ihn die riesigen Echsen, er aber hatte nichts als die Waffe des Bewußtseins: den Gedanken, die sich sammelnde Erfahrung: den Begriff. Dessen Lautwerdung im Wort deutete bestimmt nicht auf historische Romane und farbenglühende Gemälde des Mittelalters, sondern vertrat Gewalt, und er selbst, der Begriff, war nie ein pazifistisches Gleitmittel, Kaffeeklatsch, kapitalistische Zwischensubstanz, um zwei faule Geschäfte aneinander zu kleben, sondern er schied Welt von Chaos, trieb die Natur in die Enge, schlug die Tiere, sammelte und rettete die Art. Schlägt bis heute: Drillbohrer gegen naturalistisches Gewäsch und ideologischen Dilettantismus, Aufbrecher der Wahrheit, Einbrecher in die andere, die allgemeine, die unsichtbare Welt, zwingend deren Dauer in die Nichtigkeit des Seins. Der große Mensch nimmt *die Anstrengung des Begriffs* auf sich, sagt Hegel, in der Tat: eine Anstrengung, zu seiner Herstellung bedarf es einer ungeheuer tragenden

Verantwortung vor Vergangenem, eines außerordentlichen Wissens um Beziehungen und Sachverhalte und einer ungeheuren Intuition für Annäherung und Morgenröten, denn er prägt sowohl als er auch deutet, er ist gesetzlich, und alles Kriminelle bekämpft ihn von Natur. Alles Feminine flieht sein Licht, denn er zerstört schonungslos das Weiche, das Subjektive, und über gewisse Eitelkeiten wirft er leicht einen Donner von Gelächter. Er ist der objektive Geist, und es ist klar, daß alle Stimmungsprofiteure gegen ihn nässen, seine Proportionen gefährden ihre Maße, ihre Seitenzahlen, darum muß er von jeher und zu allen Zeiten seine Schritte immer wieder aus ihrem Geifer und aus ihrem Fusel ziehen.

Aber sein Haupt bleibt oben, einsam und verwittert, – die kleinen Hirnblasen schmelzen sich ihre Assoziationen zu, nicht jeder darf denken. Für viele ist der Filz um die Telephonglocke und der Obstbaum vorm Fenster gut. Nur der darf zugelassen werden zum Denken, der diese ungeheuerliche Kraft einer einzigen späten, massenmäßig geringen Art auch durch die äußerst erreichbare Formulierung, die gespannteste Wendung bändigt und stählern begrenzt, der das Gefühl hat für diese Grenze und die Ergebenheit vor dieser Grenze. Es ist wie in der Kunst. Der äußerst erreichbare Ausdruck muß erkämpft und gehalten werden mit einer Schärfe, die aufs rücksichtsloseste alles teilt und scheidet, aber man muß wissen, ob man zu weiteren Formulierungen noch berufen ist. Verliert man den Instinkt hierfür, wird man titanisch, statt formverfallen und ausdrucksverschworen; man wird rückfällig in die vorpameelensche, in die infantile faustische Welt.

Dies ist vielleicht eine Art historischer Zusammenfassung, die meine Generation der neuen Jugend hinterläßt, und vielleicht ist mancher nicht damit einverstanden, mich bei dieser Tätigkeit zu sehen. Aber jeder darf wohl ein Vermächtnis hinterlassen, wenn er es ohne Erwartung einer Antwort tut, und wenn er seine Bestände rein erworben hat, ohne Bestechung. Das habe ich nachweislich getan, schwer habe ich um jeden Satz gekämpft, jeden Vers, jedes Urteil, langsam ist alles geworden, immer wieder im Werden von mir abgehalten, kritisch entfernt, organisch überprüft, ja wörtlich: mit den Organen überprüft. Langsames, lautloses Hervortretenlassen und dann Sichschichten, lautloses Hervortretenlassen aus dem Eingeborenen, dem Vitalbestand, der Gene, langsames Sichschichtenlassen um eine Strophe oder einen Gedanken, um dies sich herausbildende geistige wortwerdende Ich. Auch im Äußeren verlief es nicht hell, niemand hat es mir erleichtert, keine Hand, konnte es nicht, von früh an nicht. Ich habe mein Studium mit Schulden beenden müssen und meinen Koffer nicht bezahlen können, mit dem ich zum Regiment abfuhr, ich habe sie später abgezahlt. Ich habe dem Staat in Krieg und Frieden nur gedient, ihm keine Lasten bereitet. Ich habe nie einen Preis bekommen, keine Zuwendungen aus irgendwelchen Stiftungen, keine Hilfe von Verlagen, kaum Vorschuß, und wenn, dann geringen, und ich habe ihn durch Arbeit unverzüglich zurückgezahlt. Ich veröffentlichte zu meinem vierzigsten Geburtstag eine Berechnung darüber, daß ich bis dahin aus meiner Literatur – *aus der gesamten Holz- und Faserindustrie* – insgesamt im Durchschnitt monatlich 4,50 Mark verdient hätte, und damit war ich in mehrere europäische Sprachen übersetzt, heute wäre der Durchschnitt etwas höher, aber zum Leben auch unter den einfachsten Bedingungen zu gering. Ich habe nie ein Gehalt bekommen, außer im Krieg, nie Pension, ich habe immer aus meiner ärztlichen Praxis gelebt, schwer, aber es ging, oft in naher Beziehung zu Vollstreckungsbeamten, aber sie waren menschlich. Daß ich mir dies Leben überhaupt schaffen konnte, daß ich studieren konnte, das verdanke ich meinem Vater, der es sich bei seinen acht Kindern bitter hat

werden lassen müssen, das danke ich ihm täglich neu. Ich habe noch nie in meinem Leben länger als zwei bis drei Wochen im Jahr mich freimachen können für Ferien oder Arbeit, die meisten Jahre aber gar nicht. Das klingt alles zusammen äußerst moralisch und puritanisch, ist aber natürlich das Äußerste an Luxus und Freiheit, das es heute in Europa gibt. Ich habe für mich gelebt, außerhalb von kapitalistischen Betrieben, Behörden, Presse, Literatur, Vortragssälen, ich habe allein gelebt. Früh streifte der Tod alles von mir ab, woran sich meine Jugend gebunden hatte, es kostete Blut und Tränen, aber dann war ich allein. Allein mit einer Tochter, die in einem anderen Land lebt. Allein –: wahrscheinlich gibt es kein Wort darüber, allein und unverbittert in die Stunden des Dunkelwerdens sehen, dem will ich die Krone des Lebens geben.
Die neue Jugend, die unter Hitlers Stern angetreten ist, wird diese persönlichen Sätze nicht mehr begreifen. Es sind die Sätze einer ausklingenden Zeit, die auf inneres Spüren und Sammeln im einzelnen angelegt war, in der Vertiefung galt und Reifen, Behutsamkeiten des Gefühls, alles Farben und Klänge der alten europäischen Welt, die die germanisch-romanischen Völker trotz aller Kriege gemeinsam geschaffen hatten. Nun ist sie zu Ende, kein Zweifel, die Stunde ist da, man nehme Frankreich die Neger, und es bricht zusammen, man nehme aus Deutschland den Individualismus, und aus einem ungeheuren Felssturz muß sich erst ein neuer Boden kämpfen.
Ich, der ich nach Herkunft und Lebensdauer durchaus der alten Epoche verpflichtet bin, muß das Bekenntnis ablegen, daß mich die Geschichte weder berauscht noch ängstigt, die weiße Rasse ist so groß gewesen, müßte sie zugrunde gehen, es käme unmittelbar aus ihr. Ich bin von der Generation, die infolge ihrer Stellung und ihrer Erlebnisse vielleicht besonders befähigt ist, das eine ganz klar zu sehen: müßte die weiße Rasse zugrunde gehen, würde sie an Frankreich sterben. Ich bin von der Generation, die Frankreich noch ganz besonders empfunden hat, seinen Reiz, seine Größe, durch Nietzsche wirkte es mit Stendhal und Flaubert auf uns, durch George mit Baudelaire und Verlaine, in den letzten Jahrzehnten kam der Impressionismus dazu und die Architektur, kurz vor dem Krieg lasen wir

Claudel und Gide, Bergson und Suarez, und es war ein großer Geist, der aus Frankreich kam, und jetzt kommt aus ihm Europas Ende. Denn Frankreich hätte nach dem Sieg noch einmal führen können, und alle hätten seine Führung anerkannt, auch Deutschland, die wirkliche Führung eines Volkes, das so großartig und legitimiert das Abendland miterschaffen hatte. Aber Frankreich schloß sich in Beton und Wälle ein, pfahlbürgerte hinter der großen Mauer, federfuchste an seinen Klauseln und Verträgen und bewachte, als ein kleinliches Provinzvolk aus Notaren, seinen wunderbaren Antiquitätentrödel; unfähig, rassenmäßig zu denken, biologisch geradezu defekt, dysgenisch und geistig tankneurotisch vertritt es heute Afrika statt Europa. Die weiße Rasse, das ist Deutschland, Jugend, vergiß es nie, ihre letzte Züchtung, ihr letzter Glanz bist du.

Meine Generation und die Jugend: noch einmal tritt der Gedanke vor uns, der das ganze Buch durchzieht: Kunst und Macht. Wenn man unter diesen beiden den ganzen Züchtungs- und Zukunftskomplex betrachtet, so brauchte man eine germanische und nordische Kunst nicht erst zu züchten, in Dürer und Bach, in Goethe und Kleist war sie in Deutschland da, in Rubens, Shakespeare, Hamsun in den anderen nordischen Ländern. Sie hat sich ausgesprochen, reifte und ging von der nordischen Erde zu den Sternen, oder was man so nennt, ich meine die wahrscheinlich ewigen Räume, zu denen die Unsterblichkeit der kurzen menschlichen Geschichte zieht. Ich habe in dem Aufsatz über den Expressionismus davon gesprochen, daß meine Generation die letzte sein würde, die von dieser Art Kunst herkommt, von ihr spricht, wahrscheinlich für immer. Die neue Jugend gehört der Macht. Der Sicherung der Rasse –, nichts kann man ihr zeigen, nichts ihr preisen als das: die geschichtliche Fügung und Einzäunung des abendländischen Entgleitens. Das ist ihre Setzung, ihr positiver Pol, chinesisch gesprochen: ihr Eintritt in die Erscheinung. Die Kunst kommt nach dem Sieg, kommt immer erst am Abend des Sieges, und wenn diesmal die zwei sich treffen werden –: *Wenn ich vom Schlachtfeld nochmals wiederkehre, den Mund zu küssen, komm' ich ganz in Blut.*

Der Sohn ist älter als der Vater, sagt Tao. Die Jugend umfaßt das Vorhergehende, sie ist die erweiterte Fassung des Gattungswesens, sie wird auch dies Vermächtnis umfassen, meine Generation, die im Krieg gekämpft hat an den Rohren mit Schrapnells und im Frieden am Gehirn mit Messern, die gehungert hat wie das ganze Volk: eines der großen europäischen Völker hat gehungert, keine Eßware gehabt, zwei Jahre kaum was zwischen den Zähnen, Milch aus Kalk, Faserbrot, Ersatzfisch, – und das noch einmal hungern wird, weil wir Deutsche sind, auch dessen möge die neue Jugend sich erinnern. Und dann möge der Strom der Rasse sie durch ihre Jahre tragen, durch ihre Häuser, ihre Äcker, ihre Thingplätze, ihre Gräber, bis die eine Gestalt kommt, die zu den alten unauslöschlichen deutschen Gestalten hinzutritt und die das Neue sein wird, das heute erst in uns dämmert und erst verwirrt aus unseren inneren Forderungen spricht. In deren Werk wird von Angesicht zu Angesicht davon sein, was wir heute nur in einem dunklen Wort erblicken, in dem Nietzsche-Wort von der Rechtfertigung der Welt allein als ästhetisches Phänomen.

V. Die Lehre

Wenn man nun das, was meine Generation und ich in ihr erlebte, in ihren Arbeiten ausdrückte und zur These erhob, weiter Formalismus nennen will, mag man es tun. Die zentrale Bedeutung des Formproblems für Europa und besonders für Deutschland wird in diesem Buch immer wieder dargestellt, besonders in der Marinetti- und George-Rede. Man kann es aber auch als genau das Gegenteil bezeichnen, nämlich als die erkämpfte Erkenntnis von der Möglichkeit einer neuen Ritualität. Es ist der fast religiöse Versuch, die Kunst aus dem Ästhetischen zum Anthropologischen zu überführen, ihre Ausrufung zum anthropologischen Prinzip. Es hieße ins Soziologische gewendet: in den Mittelpunkt des Kultischen und der Riten das anthropologische Prinzip des Formalen zu rücken, dies nordische Prinzip, denn nordisch, nicht mittelmeerisch, ist das Prinzip des Stils, des Ornaments, der reinen Form, des Formzwangs, nordisch die Unwirklichmachung des Gegenstandes, seine Auslöschung, nichts gilt die Erscheinung, nichts der Einzelfall, nichts der sinnliche Gegenstand, alles gilt der Ausdruck, alles die gesetzgeberische Umlagerung zu Stil.
Wenn man aber lehrte, den Reigen sehen und das Leben formend überwinden, würde da der Tod nicht sein der Schatten blau, in dem die Glücke stehen – diese frühe Rönne-Lehre, die wäre das Prinzip, das nie den Stoff verläßt (Stein, Ton, Wort), und doch nur der Schöpfung folgt und ihrem transzendenten Ruf, ein Prinzip, das die allein den höchsten Völkern der menschlichen Art eingeborene Macht zum Kanon erhöbe, konstruierte und formal erarbeitete Dinge aus sich herauszustellen, sich in ihnen zu lösen, Qual und Dränge in ihnen zu erlösen, sie dann persönlich zu verlassen, sie dann sich selber zu überlassen, aber so geladen mit arthafter Spannung und so weittragendem und unzerstörbarem Sinn, daß andere Geschlechter dieser Menschenart noch nach Jahrtausenden an ihnen die Epochen messen und in ihnen sich, ihre Rätsel, ihr ewig verschleiertes Wesen, ihr ganzes katastrophenunterlagertes Sein bindend erkennen. Schauer und Geheimnis noch einmal hier vor dem letzten Verfall!
Denn nach meiner Meinung fängt die Geschichte des

Menschen heute erst an, seine Gefährdung, seine Tragödie. Bisher standen noch die Altäre der Heiligen und die Flügel der Erzengel hinter ihm, und aus Kelchen und Taufbecken rann es über seine Schwächen und Wunden. Jetzt beginnt die Serie der großen unlöslichen Verhängnisse seiner selbst, Nietzsche wird nur das Vorspiel davon gewesen sein, Vorspiel der neuen Symbole, der neuen Imperien, *weiße Erde von Thule bis Avalun*, aber auch das Vorspiel der letzten nihilistischen Zerstörungen.
Hinan, hinab, weiter, weiter, aber wohin? Amor fati – aber aus welchem Seinsgrund stammt dieser letzte Ruf, auf was deutet er, auf welches Vergessen? *Das Leben ist ein tödliches Gesetz und ein unbekanntes, der Mann heute wie einst vermag nicht mehr, als das Seine ohne Tränen hinzunehmen* – ein Wort aus dem *Urgesicht*, aber wie lange wird er es tränenlos ertragen? Weiter, weiter, aber wohin? Der Mensch hat einen getrübten Blick rückwärts, vorwärts gar keinen. Er ist ja nur ein halbgelungenes Wesen, ein Entwurf, das Werfen nach einem Adler, schon riß man die Federn, die Flügel nieder, aber die ganze Gestalt schlug noch nicht um – wird sie einmal ganz umschlagen, so, daß ihr Herz unmittelbar am Herzen der Dinge ruht? Also weiter, weiter –: Völker, Rassen, Erdzeitalter – Stein-, Farren- und Tiergeruch: aus Dämmer steigend, arthaft fest und doch in einer unausdenkbaren Verwandlung: in ihr wird auch dieser menschliche Quartärtyp wieder vergehen, aber solange er da ist, ist er gezeichnet, stark gezeichnet, ja imperialistisch stark gezeichnet, was für ein Zeichen –: es ist das irreale Zeichen Rönnes, das konstruktive Zeichen Pameelens, seine Lehre lautet: es gibt keine Wirklichkeit, es gibt das menschliche Bewußtsein, das unaufhörlich aus seinem Schöpfungsbesitz Welten bildet, umbildet, erarbeitet, erleidet, geistig prägt. In dieser Fähigkeit gibt es Grade und Stufen, vor allem Vorstufen. Die oberste aber lautet: es gibt nur den Gedanken, den großen, objektiven Gedanken, er ist die Ewigkeit, er ist die Ordnung der Welt, er lebt von Abstraktion, er ist die Formel der Kunst. Durch ihn geht die Kette der Rassen und Völker, er ist die Kette, er richtet den Lauf –, er wird sich auch ihm entgegenwerfen, dem Abgrund, über den Abgrund. Wenn das Intellektualismus ist, dann will ich ihm dienen als Versuch und Aufgabe, wo

er aber vollkommen ist, macht er allein die menschliche Rasse groß. Alle Zerrüttung, die er dem einzelnen bringt, alle Opfer, die er verlangt, alles Leben, das er fordert, ihm sei es in dieser zeitgebundenen Klarheit, also blind, gebracht –: wem anders sollte man es denn sonst noch bringen? Ihm mit des Hyperboreers Qual: *Traum ist die Welt und Rauch vor den Augen eines ewig Unzufriedenen* –, ihm mit des Tao Schweigen, das Abwartende zu pflegen und das Auswirkenlassen des Seins –, ihm das tiefste Westöstliche der großen Völker: gib dich hin.

Gottfried Benn, seit 1932 ordentliches Mitglied der Preussischen Akademie der Künste, der sogenannten Dichterakademie, 1933 in seinem bekanntgewordenen »Offenen Brief an die literarischen Emigranten« die politische Lage allzu idealistisch beurteilend, 1936 im »Schwarzen Korps« literarisch bloßgestellt und vor der Öffentlichkeit denunziert, 1938 aus der Reichsschrifttumskammer ausgeschlossen, hat nach 1936 nichts mehr veröffentlichen können. Die folgenden Gedichte sind in diesen Jahren geschrieben, einige von ihnen, darunter der »Monolog« illegal gedruckt und vertrieben.

Dr. Gottfried Benn Berlin-Schöneberg, Bozener Str. 20
den 18. 7. 1948

Sehr verehrter Herr Paeschke,
vielen Dank für Ihr Schreiben vom 1.7., das am 10. bei mir einging. Es ist sehr freundlich von Ihnen, mich in den Kreis Ihrer Mitarbeiter berufen zu wollen. Der Merkur ist mir natürlich bekannt, allerdings war es in den letzten Monaten schwer, ihn hier zu bekommen. Aber ein Heft seines ersten Jahrgangs liegt in meinem Wartezimmer aus und wird, wie ich beobachte, von den Patienten viel gelesen. Vor einiger Zeit schickte mir ein Freund aus dem Westen von der Nummer 7/48 jene Marginalien, in denen einer Ihrer Autoren Jünger's und meine Prosa in so interessanter Weise gegenüberstellte. Auch dafür meinen Dank.
Zu Ihrem Anheimstellen eines Beitrages von mir für den Merkur erlaube ich mir Folgendes zu bemerken: Ich bin in der besonderen Lage, seit 1936 verboten und aus der Literatur ausgeschlossen zu sein und auch heute weiter unverändert auf der Liste der unerwünschten Autoren zu stehen. Ich kann mich daher nicht entschließen, mit einem beliebigen Beitrag nach so langer Zeit wieder in der Öffentlichkeit zu erscheinen, der vielleicht in den Rahmen einer festgefügten Zeitschrift und in den Geschmack eines innerhalb bestimmter geistiger Grenzen lizenziierten Herausgebers passen könnte. Ich selber müßte den Beitrag nach Art und Umfang genau bestimmen können und darauf sehen, daß er meine neuen Ideen vertritt. Darüber aber würden sich Schwierigkeiten ergeben, die ich dem Redakteur und auch mir ersparen möchte.
Denn ich habe in den zurückliegenden Jahren einige neue Bücher geschrieben, die mich selbst zu erweiterten Erfahrungen gebracht haben, die aber im deutschen Literatur- und Kulturbetrieb nicht gefällig wirken würden. Es trifft sich daher gut, daß ein Gedichtband von mir noch in diesem Sommer in einem Schweizer Verlag erscheint und die – wahrscheinlich eindrucksvolleren – Prosaarbeiten viel-

leicht auch, also an einem neutralen Ort, entrückt den momentanen deutschen Verwirrungen. Damit Sie nicht auf falsche Gedanken kommen, füge ich hinzu, daß mein Fragebogen, den Sie in großzügiger Weise erwähnen, in Ordnung ist, wie zahllose Recherchen und Nachprüfungen innerhalb meiner ärztlichen Sparte ergeben haben, ich gehörte weder der Partei an noch einer ihrer Gliederungen, ich falle nicht unter das Gesetz –, um so schwerwiegender wird dadurch die Argumentation der Kreise, die mich nicht wieder in der Literatur zulassen wollen.

Ich weiß nicht, wer zu diesen Kreisen gehört und ich habe keinen Schritt unternommen, um mit ihnen in Berührung zu kommen. Der Ruhm hat keine weißen Flügel, sagt Balzac; aber wenn man wie ich die letzten 15 Jahre lang von den Nazis als Schwein, von den Kommunisten als Trottel, von den Demokraten als geistig Prostituierter, von den Emigranten als Renegat, von den Religiösen als pathologischer Nihilist öffentlich bezeichnet wird, ist man nicht so scharf darauf, wieder in diese Öffentlichkeit einzudringen. Dies um so weniger, wenn man sich dieser Öffentlichkeit innerlich nicht verbunden fühlt. Ich meinerseits habe es nämlich nicht unterlassen, die literarische Produktion der vergangenen drei Jahre auf mich wirken zu lassen und mein Eindruck ist folgender: Innerhalb des Abendlandes diskutiert seit vier Jahrzehnten dieselbe Gruppe von Köpfen über dieselbe Gruppe von Problemen mit derselben Gruppe von Argumenten unter Zuhilfenahme von derselben Gruppe von Kausal- und Konditionalsätzen und kommt zu derselben Gruppe von sei es Ergebnissen, die sie Synthese, sei es von Nicht-Ergebnissen, die sie dann Krise nennt – das Ganze wirkt schon etwas abgespielt, wie ein bewährtes Libretto, es wirkt erstarrt und scholastisch, es wirkt wie eine Typik aus Kulisse und Staub. Ein Volk oder das Abendland, das sich erneuern möchte, und manches läßt darauf schließen, daß es sich auch noch erneuern könnte, ist mit dieser Methode nicht zu regenerieren.

Ein Volk regeneriert sich durch Emanation von spontanen Elementen, nicht durch Pflege und Hochbinden von historisierenden und descriptiven. Diese letzteren aber füllen bei uns den öffentlichen Raum. Und als Hintergrund dieses Vorgangs sehe ich etwas, das, wenn ich es ausspreche, Sie

als katastrophal empfinden werden. Das Abendland geht nämlich meiner Meinung nach gar nicht zu Grunde an den totalitären Systemen oder den SS-Verbrechen, auch nicht an seiner materiellen Verarmung oder an den Gottwalds oder Molotows, sondern an dem hündischen Kriechen seiner Intelligenz vor den politischen Begriffen. Das Zoon politikon, dieser griechische Mißgriff, diese Balkanidee – das ist der Keim des Untergangs, der sich jetzt vollzieht. Daß diese politischen Begriffe die primären seien, wird von dieser Art Intelligenz der Clubs und Tagungen schon lange nicht mehr bezweifelt, sie bemüht sich vielmehr nur noch, um sie herumzuwedeln und sich von ihnen als tragbar empfinden zu lassen. Dies gilt nicht nur für Deutschland, das sogar in dieser Hinsicht in einer besonders schwierigen, fast entschuldbaren Lage ist, sondern ebenso für alle anderen europäischen Intelligenzen, allein aus England hört man gelegentlich eine andere Apostrophierung.
Werfen wir nun einen kurzen Blick auf diese politischen Begriffe und ihren Gehalt an degenerierender und regenerativer Substanz –, z. B. *Demokratie*, als Staatsprinzip das Beste, aber zum Produktiven gewendet absurd! Ausdruck entsteht nicht durch Plenarbeschlüsse, sondern im Gegenteil durch Sichabsetzen von Abstimmungsergebnissen, er entsteht durch Gewaltakt in Isolation. Oder das *Humanitäre*, ein Begriff, den die Öffentlichkeit geradezu mit numinosem Charakter umkleidet, – natürlich man soll human sein, – aber es gab hohe Kulturen, darunter solche, die uns sehr nahe stehen, die diesen Begriff überhaupt nicht realisierten, die Ägypter, Hellenen, Yukatan –, sein Sekundärcharakter im Rahmen des Produktiven, sein antiregenerativer Zug ist evident. Alles Primäre entsteht explosiv, später erfolgt die Finessierung und Applanierung – eines der wenigen unanfechtbaren Ergebnisse der modernen Genetik. Diskontinuierlich, nicht historisch mutiert die Entelechie. Das ist ein allgemeines Gesetz. Wo aber immer bei uns sich im Geistigen etwas Primäres andeutet, ein vulkanisches Element, greift die Öffentlichkeit ein mit Abtreibung und Keimzerstörung; erscheint die oben genannte Gruppe mit ihren Clubdebatteuren, Round-table-Vor- und Beisitzern, Versammlungsmatadoren, ruft auf, sammelt Unterschriften im Namen von Vergangenheit und Zukunft, von

Geschichte, von Enkelversorgung, von Mutter und Kind; – die Kulturphilosophen, Kulturdeuter, Krisenphänomenologen strömen zusammen, denunzieren, eliminieren, rotten aus – und natürlich auch die Herren Chefredakteure in ihren großen Presse-Limusinen als die beruflichen Dammrißflikker, leider heute, wie meistens, vor der Geburt – und alles dies zum Schutz von Demokratie und Humanität, – was soll also eigentlich das ganze Gerede vom Abendland und seiner Erneuerung und seiner Krise, wenn man sich doch nur das erneuern lassen will, was schon längst da ist, in seinem Rahmen nützlich, aber als Regenerationsprinzip in Ausgangs- oder Umschlagsstunden nur Atrophie und Formentspannung in seinem Schoße bergen kann.
Die Lage ist bedauerlich, denn neue Elemente sind vorhanden, das Abendland möchte einen neuen Absprung wagen. Es ist für mich kein Zweifel, daß eine cerebrale Mutation im Anzug ist, niedergehalten von allem, was Öffentlichkeit heißt, unter Führung der staatlich geregelten Ausrottung alles Wesens. Und hier beginnt die Tragödie; die Öffentlichkeit hat Recht, sie hat geschichtlich Recht. Denn die Elemente deuten auf ein Wesen, das zerstörerische Züge trägt, neue, und das sind immer neue erschreckende Züge des depigmentierten Quartärs –, der Mensch ist etwas anderes, als die vergangenen Jahrhunderte dachten, als sie voraussetzten, und in seinen neuen Gedankenkonstruktionen wird er der abendländischen Idee von Geschichte keinen anderen Ort zuweisen als dem Wodukult oder dem Schadenzauber der Schamanen.
Gegen diese Öffentlichkeit meine eigenen tragischen Gedanken halten, ist nicht mein Beruf. Ich trage meine Gedanken alleine; zu ihrem Gesetz gehört, daß einer, der seine eigene innere Grenze überschreitet und ins Allgemeine möchte, unberufen, unexistentiell und peripher vor dieser Stunde erscheint. Ich trage auch die Einwände gegen sie alleine: Ästhetizismus, Isolationismus, Esoterismus – »der Kranichzug der Geistigen über dem Volk«, – in der Tat für diesen Vogelzug bin ich spezialisierter Ornithologe, für diesen Zug, der niemanden verletzt, zu dem jeder aufblicken kann, nachblicken kann und ihm seine Träume übergeben. Sie richten sich also gegen den tierischen Monismus, daß alles zusammenpassen muß, alles für jeden da sein ohne inneres

Erarbeiten, ohne Rückschläge, ohne das Erleben von Versagen, ohne haltungbestimmende Resignation. Und dann zielen sie auf einen Vorgang, der sich mir zu nähern scheint: das kommende Jahrhundert wird die Männerwelt in einen Zwang nehmen, vor eine Entscheidung stellen, vor der es kein Ausweichen und keine Emigration gibt, es wird nur noch zwei Typen, zwei Konstitutionen, zwei Reaktionsformen zulassen: diejenigen, die handeln und hochwollen und diejenigen, die schweigend die Verwandlung erwarten, die Geschichtlichen und die Tiefen, Verbrecher und Mönche – und ich plädiere für die Schwarzen Kutten.
Und damit endet mein Brief, für dessen Länge und Art ich um Entschuldigung bitte. Sie winkten mir freundlich mit einem Handschuh und ich erwidere mit Etwas wie eine Nilpferdpeitsche. Aber ich wiederhole nochmals: ich verallgemeinere nichts, ich erweitere meine Existenz nicht über meine Konstitution. Sie sollten nur aus meinen Zeilen entnehmen, daß meine Besorgnis, nicht wieder gedruckt zu erscheinen, keine große sein kann, – erscheint mein Name noch einmal zu meinen Lebzeiten – gut, erscheint er nicht – auch gut; wird nach meinem Tode etwas gedruckt – einverstanden, ist auch dies nicht der Fall – ebenfalls einverstanden –, mein Nihilismus ist universal, er trägt –, er weiß die unausdenkbare Verwandlung.
Und damit leben Sie wohl und nehmen Sie Grüße aus dem blockierten, stromlosen Berlin und zwar aus dem seiner Stadtteile, der in Konsequenz jenes griechischen Mißgriffs und der sich aus ihm herleitenden geschichtlichen Welt nahe am Verhungern ist. Geschrieben in einem schattenreichen Zimmer, in dem von den 24 Stunden zwei beleuchtet sind, denn ein dunkler, regnerischer Sommer nimmt zusätzlich der Stadt die letzte Chance eines kurzen Glücks und legt seit dem Frühjahr einen Herbst über ihre Trümmer. Aber es ist die Stadt, deren Glanz ich liebte, deren Elend ich jetzt heimatlich ertrage, in der ich das zweite, das dritte und nun das vierte Reich erlebe und aus der mich nichts zur Emigration bewegen wird. Ja, jetzt könnte man ihr sogar eine Zukunft voraussagen: in ihre Nüchternheit treten Spannungen, in ihre Klarheit Gangunterschiede und Interferenzen, etwas Doppeldeutiges setzt ein, eine Ambivalenz, aus der Centauren oder Amphibien geboren werden.

Leben Sie wohl und danken wir zum Schluß General Clay, daß seine Skymaster diesen Brief hoffentlich bis zu Ihnen befördern werden.
Mit Wünschen für Ihr persönliches Wohlergehen

Ihr sehr ergebener
Gottfried Benn

Doppelleben

Teil I – Lebensweg eines Intellektualisten

I. Die Erbmasse

Wir sind in das Zeitalter der Genealogie eingetreten. Seit anderthalb Jahren umfängt es uns politisch und gesetzgeberisch, und während es zunächst eine Frage von Urkunden und das Resultat von anthropometrischen Messungen zu sein schien, ist es eine seelische Welt geworden, tief erregend und das Innere gestaltend. Man sieht das Bild eines nahen Ahnen, und es trägt die Züge des Urjägers, den Schnitt des langschädeligen Jägerindividualisten, einst belebend den Raum südlich des Eises, des flackernden Streifers und Felsbezwingers, des Hochgezüchteten der Megalithkultur – und man verfolgt den Stamm des anderen zu dem Urtyp des Ackerbauern, dem Säer und Züchter, Pfahlbauern, Pfahlbürger, Spelzsäer, Flachsbauern, Urbrot backend, die nie das Meer gesehen, ewig zur Binnenlandschaft strebend. Uralte Rhythmen, Wandel der Wasser und der Erden, Züge der Ähren, Feld-Züge, Wandern der Früchte, Kämpfe des Korns, Tragödien von Klima und Gestein im Blut des Vaters; nordische Siegschaft, urturanisches Tao kurz verglichen im Blick der Mutter –: unbegreiflich ferne Wogen von Bildern und Erlebnis plötzlich in dem eigenen Erbe ungestillter Antithesen.
Wir sind in das Zeitalter der Genealogie eingetreten, aber auch in das der genealogischen Verdächte. Der Gegner dort, ist der nicht gemischt, ist der deutsch? Was für ein Sproß ist das? Ist das mein Stamm(-tisch), mein Blatt- und Mundwerk, mein Grundwasser (oder auch mein Bier), seltsam strenge Konturen dort, seltsam schillern seine Säume – Abwegiges an der Baum- und Hirnrinde –: an ihn! – Gestehe, träumerischer Mischling, öffnen Sie einem treuen Freund Ihr Blutmysterium, er ist ein Freier, er will Ihnen über Ihre schwere Stunde helfen!
Ein solcher – aber keineswegs dem neuen Staat angehörig und ergeben – nutzte diese Lage und machte sich kürzlich an mich, besser hinter mich. Er schrieb im Glauben, daß ich es nicht fände, an eine Gesellschaft, daß er in sie nicht

einträte, da ich, der reinblütige Jude, ihr angehörte. Ich schrieb ihm, daß ich reinblütiger Arier sei und meine Familie bis 1704 in den Kirchenbüchern stände, seit 100 Jahren gar als evangelische Pfarrer. Interessant, erwiderte er gewandt, äußerst interessant, daß Sie sich für einen Arier halten, aber täuschen Sie sich nicht? Sie täuschten sich, mein genealogischer Instinkt ist untrüglich, triebhaft empfinde ich Ihr Judentum! Ihr Name, das ist gar kein Name, sondern eine jüdische Verwandtschaftsbezeichnung, Ihre tragische Grundeinstellung ist die typische Einstellung des jüdischen Mischlings, Ihre Gedichte sind typische jüdische Meisterwerke. Aber Sie verstehen mich doch richtig? Ich liebe die Juden! Das klingt doch auch in meinen Worten auf? Sie verstehen mich doch nicht falsch, nichts gegen das Kulturelement der Hebräer! Ich bin so groß und weit, und die Allmacht ist so vielgestaltig, da kann man aus Gott weiß was stammen, sogar aus unmittelbarer Nähe von Kollektenbeuteln und Talarnähten und ist doch Jude, da könnte ja jeder Kreuz-worteträtsler kommen und sich als Christ ausgeben, die Wissenschaft nennt das, wenn ich aus meiner unendlichen Weite Sie aufklären darf, Mendelismus – so äußerte sich dieser Freie.
Und andere dächten das gleiche, fügte er hinzu, und eine Literaturgeschichte äußerte es ebenfalls, und ein Nachschlagewerk äußerte es nochmals – und da ich nun aber reiner Arier bin, möchte ich dem Deutschtum gewisse Züge nicht nehmen lassen, die ich vielleicht aus Anlage und Liebhaberei – Freiheit und Notwendigkeit – besonders entwikkelt habe und heute als besonderen Angriffspunkt offenbar darbiete, und stelle meine Herkunft hiermit unter Beweis. Zu solchen Zügen rechne ich vor allem den, eine besondere geistige Problematik eingeboren erhalten zu haben und sie nach eigenen Formen und selbstverantwortlich das Leben hindurch zur Darstellung bringen zu müssen, also diese sowohl protestantischen wie kunstbedingenden Züge, sie gehören nach meiner Meinung zur Tradition des Deutschtums, dieser spannungsreichsten Welt, dieser äußersten Vielfalt, diesem geniereichsten Element des Nordens, der einzigen dämonisch-metaphysischen Ergänzung der Mittelmeerwelt. Lebensweg eines Intellektualisten oder das schicksalhafte Anwachsen der Begriffswelt oder das Ver-

hältnis des Nordens zur Form – das sind meine Themen, und ich will gleich aussprechen, daß ich auch die Mittelmeerwelt in mir trage, sogar zu 50 Prozent, meine Mutter war reine Romanin. Aber ich beginne meine genealogische Rechtfertigung auf des Vaters Seite, nämlich mit der Feststellung, daß ich 1886 in dem Dorf Mansfeld (Westprignitz) im Pfarrhaus als Sohn des damaligen Pfarrers geboren bin, in den gleichen Zimmern, in denen 1857 mein Vater, Gustav Benn, ebenfalls als Sohn eines Pfarrers dort geboren war. Hinter diesem, meinem Großvater, kommt eine Reihe von Vorfahren, die Hofbesitzer und Vollbauern waren und deren Stamm sich im Kirchenbuch ihres Heimatdorfes Rambow bei Perleberg bis zum Jahre 1704 zurückverfolgen läßt. Die Benns wohnen noch jetzt in den Dörfern jener Gegend, der alten Wendengegend zwischen Putlitz, Perleberg und Lenzen, es ist die Gegend der Wendenschlachten, 929 Sieg der Deutschen unter Heinrich I. bei Lenzen über die Redarier, 1066 Ermordung des christlichen Wendenfürsten Gottschalk an den Stufen des Altares in Lunkini, Lenzen. Diese Herkunft aus dem Wendengebiet erwähne ich, weil der anstößige Name Benn vielleicht wendischen Ursprungs ist. Nach einer Familientradition soll er früher Wenn geheißen haben; von Wenn wäre es dann nicht weit bis zu dem spezifisch wendischen Wort Fenn, die Wenden brachten ja das Urfennentum d. h. Urfischertum in die deutschen Breiten und stellten den Typ des Urfischers neben die beiden vorhandenen, den Urbauern und den Urjäger. Ich entnehme dies aus Merkenschlagers Buch: Rassenordnung, Rassenmischung, Rassenwandlung. Jedenfalls hat der Name Benn mit der hebräischen Silbe ben (Sohn) überhaupt nichts zu tun, die oben erwähnte Instinktphilosophie ist reiner Dilettantismus. Ich habe hierüber den Ordinarius für orientalische Sprachwissenschaften an der Berliner Universität um seine Meinung gebeten, und seine gutachtliche Äußerung geht dahin, daß Benn vom hebräischen ben abzuleiten nicht etwa schwierig, sondern absolut ausgeschlossen sei. Es gibt auf der ganzen Welt keine Juden, die Benn heißen, und das hebräische ben stand niemals und in keiner Literatur irgendeines orientalischen Volkes jemals, ohne daß ein Name darauf folgte. Sich vorzustellen, daß man einen Juden nur ben nennte, wäre genau so, als wenn man bei uns jemanden Herrn »von« nennte ohne nachfolgenden Hauptnamen. Dieser Sprachforscher hält den Namen Benn für keltischen Ursprungs. Diese Meinung findet eine Unterstützung in folgendem. Auf der Weinkarte des Weinhauses Kempinski in Berlin steht ein Wein verzeichnet, der heißt »Dürkheimer Benn«. Ich habe mit Hilfe dieser Firma, dann der Deutschen Weinzeitung in Mainz und schließlich des Bürgermeisteramts von Dürkheim festgestellt, daß Benn dort eine bestimmte Höhenlage bezeichnet; es gibt dort auch noch die Bezeichnung »Hochbenn«. Nun geht der Wein von Gallien bis an den Rhein auf die Iberer und Kelten zurück, und der keltische Sprachstamm ist in vielen Weinausdrücken nachweisbar. Diese Kelten wiederum, einst weitverbreitetes Volk, indogermanischer Abkunft, kamen von den britischen Inseln, und dort wohnen ihre Reste noch heute. Ben: Gipfel, Spitze, in den schottischen Bergnamen (Ben Clough, Ben Lormond, Ben Nevis) ist keltisch-gälisch. Ferner gibt es nun auch heute noch in England zahlreiche, darunter sehr namhafte Benns, in der Preußischen Staatsbibliothek in Berlin sind von drei englischen Benns Werke vorhanden, nämlich von Alfred William –; Geo –; und Sir Ernest John Pickstone –; letzterer ist derjenige, mit dem mich mein Zeitungsausschnittbüro öfters in tragischer Weise verwechselt; er schrieb ein Buch: »Bekenntnisse eines Kapitalisten«, das auch in Deutsch erschienen ist. Ich habe durch Bekannte in England feststellen lassen, daß auch die englischen Benns Arier sind.

Was also das Genealogische angeht, stamme ich von seiten meines Vaters aus einem rein arischen, und was das Geistig-Züchterische angeht aus einem Milieu, in dem seit über hundert Jahren die protestantische Theologie ihre Stätte hatte. Ich habe in verschiedenen Aufsätzen der letzten Jahre auf das eigentümliche Erbmilieu dieses protestantischen Pfarrhauses hingewiesen, eigentümlich nicht nur, weil es statistisch in den vergangenen drei Jahrhunderten Deutschland weitaus die meisten seiner großen Söhne geschenkt hat, nämlich, wie von Schulte nachwies, weit über 50 Prozent, sondern weil es eine ganz bestimmte Art von Begabung war, die das Pfarrhaus erbmäßig produziert hat und die in seinen Söhnen zutage trat. Es war die Kombination von denkerischer und dichterischer Begabung, die so spezifisch für das deutsche Geistesleben ist und in dieser Prägung bei keinem anderen Volk vorkommt. Will man sich die Resultate dieser moralischen und intellektuellen Erbprägung vorstellen, die vier Jahrhunderte lang das deutsche Geistesleben befruchtete, ja tragend repräsentierte, denke man an die letzte Jahrhundertwende, bei der mit Burckhardt, Nietzsche, van Gogh, Hermann Bang, Björnson, Selma Lagerlöf, die alle zu unserem Milieu gehören, das evangelische Pfarrhaus Deutschlands und der protestantischen Nordstaaten einen großen Teil des genialen Europas um 1900 stellte. Und fügt man für unser Land noch die Namen Dilthey, Harnack, Mommsen, Wilhelm Wundt, Kuno Fischer, Wilhelm Ostwald, Albert Schweitzer, Friedrich Naumann hinzu, so kann man sagen, daß aus dem Erbmilieu des evangelischen Pfarrhauses tatsächlich ein enormer Teil der gesamten geistig produktiven, kulturschaffenden Macht des deutschen Volkes hervorgegangen ist.

In dieses Erbmilieu nun brachte meine Mutter hundertprozentiges, unverfälschtes, noch nie durchkreuztes, romanisches Blut. Sie stammte aus einem kleinen Ort der französischen Schweiz, dicht an Frankreichs Grenze, mit Namen Fleurier, in den Bergen des Jura. Dort war sie geboren und aufgewachsen, aus einer alten, welschen, einheimischen Familie, sie kam erst mit zwanzig Jahren nach Deutschland. Sie sprach infolgedessen die deutsche Sprache immer mit Akzent, gewisse deutsche Worte wollten ihr ihr Leben lang nicht gelingen, und sie sang ihre vielen Kinder mit französischen Liedern ein. Sie schenkte ihrem neuen Vaterland sechs Söhne, von denen fünf in den Krieg zogen; ich war der älteste, aber sie starb früh. Genealogisch war sie reine romanische Rasse, Jurarasse, Rasse der jodarmen Landschaft mit den nahen Beziehungen zur Schilddrüse, und in der Tat litt sie an Basedow und hatte die Wuchsform und Konstitution der alpinen Rasse. Von Stand stammte sie aus der Schweizer Uhrmacherindustrie, dem gleichen Gewerbe und der gleichen Landschaft, der Rousseaus Vater zugehörte. Aber um das Wichtigste und den Ausgangspunkt meines Aufsatzes nicht zu vergessen: ich verfüge über alle Dokumente und Papiere ihrer Heimatbehörde, dahin lautend: que tous les ressortissants de la famille Jequier de

Fleurier sont d'origine Suisse et de religion protestante-calviniste.
In der Ehe meiner Eltern vereinigten sich also das Germanische und das Romanische, diese beiden maßgeblich gewordenen Komponenten der europäischen Bevölkerung; man kann auch sagen, das Deutsche und das Französische. Es entstand also eine Mischung, aber es entstanden keine Mischlinge, eine Kreuzung, aber keine Bastarde, auf jeden Fall entstand eine arische Mischung, eine in Deutschland vielfach legitimierte, es ist die Mischung der Refugiés: Fontane, Chamisso, Du Bois-Reymond haben sie ausgewiesen, es gab eine Zeit, wo die Bevölkerung Berlins zu einem Fünftel aus Refugiésfamilien bestand. Ich las in den Rassestudien von Kretschmer, daß auch Friedrich der Große französisches Blut gehabt habe durch die Mesalliance eines welfischen Vorfahren mit einem französischen Fräulein Eleonore d'Olbreuse. Es kreuzten sich in dieser Ehe aber auch die beiden tiefen typologischen Gegensätze der Kretschmerschen Konstitutionslehre: mein Vater körperlich leptosom: streng, hager; meine Mutter pyknisch, alpin untersetzt. Ergänzt und nochmals aufgenommen in den Merkenschlagerschen beiden Grundtypen der europäischen Bevölkerung: mein Vater durchaus der Felsbezwinger, transzendent und tierfremd, Züge des Urjägers der eiszeitlichen Megalithkultur; meine Mutter irdisch, allem Lebendigen nah, die Gärten, die Felder säend und gießend: Ackerbautyp, Pfahlbürgertyp, mit dem realen Sein voll Lächeln und Tränen. Aus solcher Mischung in diesem Fall entstand der Beitrag zur dritten Generation des 19. Jahrhunderts, der in den 80er Jahren ins Leben trat.
Um kurz meine weiteren Rassen- und Milieubeziehungen klarzustellen: als ich ein halbes Jahr alt war, zogen meine Eltern nach Sellin in der Neumark; dort wuchs ich auf. Ein Dorf mit 700 Einwohnern in der norddeutschen Ebene, großes Pfarrhaus, großer Garten, drei Stunden östlich der Oder. Das ist auch heute noch meine Heimat, obgleich ich niemanden mehr dort kenne, Kindheitserde, unendlich geliebtes Land. Dort wuchs ich mit den Dorfjungen auf, sprach platt, lief bis zum November barfuß, lernte in der Dorfschule, wurde mit den Arbeiterjungen zusammen eingesegnet, fuhr auf den Erntewagen in die Felder, auf die

Wiesen zum Heuen, hütete die Kühe, pflückte auf den Bäumen die Kirschen und Nüsse, klopfte Flöten aus Weidenruten im Frühjahr, nahm Nester aus. Ein Pfarrer bekam damals von seinem Gehalt noch einen Teil in Naturalien, zu Ostern mußte ihm jede Familie aus der Gemeinde zwei bis drei frische Eier abliefern, ganze Waschkörbe voll standen in unseren Stuben, im Herbst jeder Konfirmierte eine fette Gans. Eine riesige Linde stand vorm Haus, steht noch heute da, eine kleine Birke wuchs auf dem Haustor, wächst noch heute dort, ein uralter gemauerter Backofen lag abseits im Garten. Unendlich blühte der Flieder, die Akazien, der Faulbaum. Am zweiten Ostermorgen schlugen wir uns mit frischen Reisern wach, Ostaras Wecken, alter heidnischer Brauch; Pfingsten stellten wir Maien vor die Haustür und Kalmus in die Stuben. Dort wuchs ich auf, und wenn es nicht die Arbeiterjungen waren, waren es die Söhne des ostelbischen Adels, mit denen ich umging. Diese alten preußischen Familien, nach denen in Berlin die Straßen und Alleen heißen, ganze Viertel, die berühmten friderizianischen und dann die bismarckischen Namen, hier besaßen sie ihre Güter, und mein Vater hatte einen ungewöhnlichen seelsorgerischen Einfluß gerade in ihren Kreisen. Alle diese Geschlechter der Schwedter Dragoner und der Fürstenwalder Ulanen, die Traditionshäuser der Bonner Preußen und der Heidelberger Sachsenpreußen, ihre Söhne waren der zweite Schlag, mit dem ich groß wurde, später zum Teil in gemeinsamer Erziehung, und mit dem mich noch heute eine vielfältige Freundschaft verbindet.
Brandenburg blieb auch weiter meine Heimat. Das Gymnasium absolvierte ich in Frankfurt a. d. Oder, zum Glück ein humanistisches, studierte dann auf Wunsch meines Vaters Theologie und Philologie zwei Jahre lang entgegen meiner Neigung; endlich konnte ich meinem Wunsch folgen und Medizin studieren. Es war das dadurch möglich, daß es mir gelang, in die Kaiser-Wilhelm-Akademie für das militärärztliche Bildungswesen in Berlin aufgenommen zu werden, an der namentlich Söhne von Offizieren und Beamten zu Sanitätsoffizieren herangebildet wurden. Eine vorzügliche Hochschule, alles verdanke ich ihr! Virchow, Helmholtz, Leyden, Behring waren aus ihr hervorgegangen, ihr Geist herrschte dort mehr als der militärische, und

die Führung der Anstalt war mustergültig. Ohne den Vater stark zu belasten, wurden für uns all die sehr teuren Kollegs und Kliniken belegt, die die Zivilstudenten hören mußten, dazu bekamen wir die besten Plätze, nämlich vorn, und das ist wichtig bei den naturwissenschaftlichen Fächern, bei denen man sein Wissen mit Hilfe von Experimenten, Demonstrationen, Krankenvorstellungen in sich aufnehmen muß. Dazu hatten wir aber noch eine Fülle von besonderen Kursen, Repetitorien, hatten Sammlungen zur Verfügung, Modelle, Bibliothek, bekamen Bücher und Instrumente vom Staat geliefert. Dazu bekamen wir eine Reihe von Vorträgen und Vorlesungen über Philosophie und Kunst und allgemeine Fragen und die gesellschaftliche Bildung des alten Offizierkorps. Für jedes Semester, das man studierte, mußte man ein Jahr aktiver Militärarzt sein. Im übrigen war das Leben dort das vollkommen freier Studenten, wir hatten keine Uniform.

Rückblickend scheint mir meine Existenz ohne diese Wendung zur Medizin und Biologie völlig undenkbar. Es sammelte sich noch einmal in diesen Jahren die ganze Summe der induktiven Epoche, ihre Methoden, Gesinnungen, ihr Jargon, alles stand in vollster Blüte, es waren die Jahre ihres höchsten Triumphes, ihrer folgenreichsten Resultate, ihrer wahrhaft olympischen Größe. Und eines lehrte sie die Jugend, da sie noch ganz unbestritten herrschte: Kälte des Denkens, Nüchternheit, letzte Schärfe des Begriffs, Bereithalten von Belegen für jedes Urteil, unerbittliche Kritik, Selbstkritik, mit einem Wort die s c h ö p f e r i s c h e S e i t e d e s O b j e k t i v e n. Die kommenden Jahrzehnte konnte man ohne sie nicht verstehen, wer nicht durch die naturwissenschaftliche Epoche hindurchgegangen war, konnte nie zu einem bedeutenden Urteil gelangen, konnte gar nicht mitreifen mit dem Jahrhundert –: Härte des Gedankens, Verantwortung im Urteil, Sicherheit im Unterscheiden von Zufälligem und Gesetzlichem, vor allem aber die tiefe Skepsis, die Stil schafft, das wuchs hier.

Um zu Ende zu kommen: nachdem ich approbiert und promoviert hatte, kam ich als Militärarzt erst zum Infanterieregiment 64 nach Prenzlau, dem Regiment von Mars-la-Tour, dann zum 3. Pionier-Bataillon nach Spandau, dem Bataillon vom Übergang nach Alsen. Mit der Waffe hatte ich beim 2. Garderegiment zu Fuß gedient. Ich mußte jedoch schon im ersten Jahr meiner Dienstzeit wieder ausscheiden, da sich bei einer Korpsübung, bei der ich den ganzen Tag im Sattel sitzen mußte, ein angeborener Schaden herausstellte, der mich sowohl feld- wie garnisondienstunfähig machte. Ich nahm den Abschied. In diesem Jahr meiner aktiven Offizierszeit erschien mein erster Gedichtband: *Morgue,* bei Alfred Richard Meyer in Wilmersdorf, der im gleichen Jahr, 1912, Marinetti, Carossa, Lautensack mit ihren ersten Veröffentlichungen herausbrachte. Schon diese erste Gedichtsammlung brachte mir von seiten der Öffentlichkeit den Ruf eines brüchigen Roués ein, eines infernalischen Snobs und des typischen – heute des typischen jüdischen Mischlings, damals des typischen – Kaffeehausliteraten, während ich auf den Kartoffelfeldern der Uckermark die Regimentsübungen mitmarschierte und in Döberitz beim Stab des Divisionskommandeurs im englischen Trab über die Kiefernhügel setzte. Ich nahm den Abschied und dachte, es sei für immer; ich sah nicht voraus, wie bald ich den Waffenrock mit den Äskulapstäben wieder würde anziehen und vier Jahre lang ununterbrochen würde tragen müssen: am 1. August 1914.

a) Rönne

In Krieg und Frieden, in der Front und in der Etappe, als Offizier wie als Arzt, zwischen Schiebern und Exzellenzen, vor Gummi- und Gefängniszellen, an Betten und an Särgen, im Triumph und im Verfall verließ mich die Trance nie, daß es diese Wirklichkeit nicht gäbe. Eine Art innerer Konzentration setzte ich in Gang, ein Anregen geheimer Sphären, und das Individuelle versank, und eine Urschicht stieg herauf, berauscht, an Bildern reich und panisch. Periodisch verstärkt, das Jahr 1915/16 in Brüssel war enorm, da entstand Rönne, der Arzt, der Flagellant der Einzeldinge, das nackte Vakuum der Sachverhalte, der keine Wirklichkeit ertragen konnte, aber auch keine mehr erfassen, der nur das rhythmische Sichöffnen und Sichverschließen des Ich und der Persönlichkeit kannte, das fortwährend Gebrochene des inneren Seins und der, vor das Erlebnis von der tiefen, schrankenlosen mythenalten Fremdheit zwischen dem Menschen und der Welt gestellt, unbedingt der Mythe und ihren Bildern glaubte.
Ich wollte die Stadt erobern, nun streicht ein Palmenblatt über mich hin – so faßt Rönne die Summe seiner Erfahrungen zusammen, die Stadt konnte er nicht erobern, seine Lage ließ es nicht mehr zu, vielmehr: *Er wühlte sich in das Moos: am Schaft, wasserernährt, meine Stirn, handbreit, und dann beginnt es. Bald darauf ertönte eine Glocke. Die Gärtner gingen an ihre Arbeit; da schritt auch er an eine Kanne und streute Wasser über die Farren, die aus einer Sonne kamen, wo viel verdunstete.* Also nach der zentralen Zerstörung das Vegetabilische.
Rönne wollte nach Antwerpen fahren, aber wie ohne Zerrüttung? Er konnte nicht zu Mittag kommen. Er mußte angeben, er könne heute nicht zu Mittag kommen, er fahre nach Antwerpen. Nach Antwerpen hätte der Zuhörer gedacht? Betrachtung? Aufnahme? Sich ergehen? Das erschien ihm ausgeschlossen. Es zielte auf Bereicherung und den Aufbau des Seelischen.
Bereicherung und Aufbau des Seelischen – das betrieb um ihn die alte Welt unberührt noch von dem weit ausholenden Zusammenbruch der Epoche, der ihn schon schwächte, sie saß noch im Kasino, aß, wie wir gleich sehen werden, von

einer Tropenfrucht, führte Kriege, aber an ihr teilzuhaben vermochte Rönne nicht mehr. In einem Zeitalter, wo die Flugraketen beiläufig an den Sternen tanken und Cook für seine Korsofahrten den Urwald asphaltiert, die Polentfernung auf Teilstreckentarif zusammenschrumpft und Himalajatouren zu den Matronenwettspielen gehören, setzt Rönne seinen Reisetendenzen inneren Widerstand entgegen.
Ich muß nun im folgenden eine längere Stelle aus den Rönne-Novellen anführen, obschon sie in der heutigen Stunde etwas Kompromittierendes und Bizarres bedeuten, ich muß es tun aus Wahrhaftigkeit und weil ich bestimmte geschichtliche und erkenntnismäßige Bemerkungen an den Rönne-Typ knüpfen will.
Rönne also will nach Antwerpen fahren, und *nun stellte er sich vor, er säße im Zug und müßte sich plötzlich erinnern, wie jetzt bei Tisch davon gesprochen wurde, daß er fort sei; wenn auch nur nebenbei, als Antwort auf eine kurz hingeworfene Frage, jedenfalls aber doch so viel, er seinerseits suche Beziehungen zu der Stadt, dem Mittelalter und den Scheldekais.*
Erschlagen fühlte er sich, Schweißausbrüche. Eine Krümmung befiel ihn, als er seine unbestimmten und noch gar nicht absehbaren, jedenfalls aber doch so geringen und armseligen Vorgänge zusammengefaßt erblickte in Begriffen aus dem Lebensweg eines Herrn.
Ein Wolkenbruch von Hemmungen und Schwäche brach auf ihn nieder. Denn wo waren Garantien, daß er überhaupt etwas von der Reise erzählen könnte, mitbringen, verlebendigen, daß etwas in ihn träte im Sinne des Erlebnisses?
Große Rauheiten, wie die Eisenbahn, sich einem Herrn gegenüber gesetzt fühlen, das Heraustreten vor den Ankunftsbahnhof mit der zielstrebigen Bewegung zu dem Orte der Verrichtung, das alles waren Dinge, die konnten nur im geheimen vor sich gehen, in sich selber erlitten, trostlos und tief.
Wie war er denn überhaupt auf den Gedanken gekommen, zu verlassen, darin er seinen Tag erfüllte? War er tollkühn, herauszutreten aus der Form, die ihn trug? Glaubte er an Erweiterung, trotzte er dem Zusammenbruch?
Nein, sagte er sich, nein. Ich kann es beschwören: nein. Nur als ich vorhin aus dem Geschäft ging, nach Veilchen roch man wieder, gepudert war man auch, ein Mädchen kam heran mit weißer Brust, es erschien nicht ausgeschlossen, daß man sie eröffnet. Es

erschien nicht ausgeschlossen, daß man prangen würde und strömen. Ein Strand rückte in den Bereich der Möglichkeiten, an den die blaue Brust des Meeres schlug. Aber nun zur Versöhnung will ich essen gehen.

Das Problem, das Rönne diese Qualen bereitet, heißt also: wie entsteht, was bedeutet eigentlich das Ich? Bedarf es einer Reise nach Antwerpen, des Studiums des Mittelalters und der Betrachtung des Scheldekais, ist es auf solche Eindrücke angewiesen, ist es auf die eventuellen Eindrücke von dem Matsys-Brunnen und dem Plantin-Moretus-Haus als Baustücke angewiesen, liegen für solche Reisen also innere konstitutive Gründe vor oder ist es gar noch ein Drittes: Hybris, Ausschweifung, Übersteigerung? Ist das Ich schicksalhaft festgelegt, dann darf es nie seine Form verlassen, seinen Pflichtenkreis nie überschreiten, seine Prägung nie gefährden, sein Antlitz auch nie enthüllen, dann ist eine Reise Auflösung, Gefahr, Unglaube innerhalb der strengen Frage nach Freiheit und Notwendigkeit, und dann kann sie überhaupt nur zur Bestätigung tiefster Zerrüttung führen. Bedarf es denn des Einzelfalles? An das Primäre können diese Dinge mit Zeitcharakter doch nicht anknüpfen, und wiederum die Voraussetzungen für Historisches besaß er nach Erfahrung und Anlage nicht. Alles schwebte also aneinander vorbei und ermüdete nur mit seinen Gewalten. Es mußte etwas Drittes eintreten, eine Vermischung, und der strebte er unaufhörlich zu, etwas, was gleichzeitig eine Aufhebung war und eine Verschmelzung, aber das gab es nur für Momente, in Fallkrisen, von Durchbruchscharakter, und das war immer der Vernichtung nahe. Aber nicht immer war man dazu fähig, und so sehen wir ihn nach diesem tastenden Vorstoß in das Vage zu einer ungünstigen Stunde, vormittags, zurückschrecken, sich selbst entfliehen und zunächst noch einmal sich der Norm versichern. Er geht also in das Kasino essen und:

Durch Verbeugung in der Türe anerkannte er die Individualitäten. Wer wäre er gewesen? Still nahm er Platz. Groß wuchteten die Herren.

Nun erzählte Herr Friedhoff von den Eigentümlichkeiten einer tropischen Frucht, die einen Kern enthalte von Eigröße. Das Weiche äße man mit einem Löffel, es habe gallertartige Konsistenz. Einige meinten, es schmecke nach Nuß. Er demgegenüber

habe immer gefunden, es schmecke nach Ei. Man äße es mit Pfeffer und Salz. Es handelte sich um eine schmackhafte Frucht. Er habe davon des Tages drei bis vier gegessen und einen ernstlichen Schaden nie bemerkt.
Hierin trat Herrn Körner das Außerordentliche entgegen. Mit Pfeffer und Salz eine Frucht? Das erschien ihm ungewöhnlich, und er nahm dazu Stellung.
Wenn es ihm aber doch nach Ei schmeckt, wies Herr Mau auf das Subjektive des Urteils hin, gleichzeitig etwas wegwerfend, als ob er seinerseits nichts Unüberbrückbares sähe. Außerdem so ungewöhnlich sei es doch nun nicht, führte Herr Offenberg zur Norm zurück, denn zum Beispiel die Tomate? Wie nun vollends, wenn Herr Kritzler einen Oheim aufzuweisen hatte, der noch mit siebzig Jahren Melone mit Senf gegessen hatte, und zwar in den Abendstunden, wo Derartiges bekanntlich am wenigsten bekömmlich sei?
Alles in allem: Lag denn in der Tat eine Erscheinung von so ungewöhnlicher Art vor; ein Vorkommnis sozusagen, das die Aufmerksamkeit weiterer Kreise auf sich zu lenken geeignet war, sei es, weil es in seinen Verallgemeinerungen bedenkliche Folgeerscheinungen hätte zeitigen können, sei es, weil es als Erlebnis aus der besonderen Atmosphäre des Tropischen zum Nachdenken anzuregen geeignet war?
Soweit war es gediehen, als Rönne zitterte, Erstickung auf seinem Teller fand und nur mit Mühe das Fleisch aß. Ob er aber nicht doch vielleicht eine Banane gemeint habe, bestand Herr Körner, diese weiche, etwas mürbe und längliche Frucht?
Eine Banane, wuchs Herr Friedhoff auf? Er, der Kongokenner? Der langjährige Befahrer des Moabangi? Nein, das nötigte ihm geradezu ein Lächeln ab! Weit entschwand er über diesen Kreis. Was hatten sie denn für Vergleiche? Eine Erdbeere oder Nuß, vielleicht hie und da eine Marone, etwas südlicher. Er aber, der beamtete Vertreter in Hulemakong, der aus den Dschungeln des Jambo kam?
Jetzt oder nie, Aufstieg oder Vernichtung, fühlte Rönne, und: ›Wirklich nie einen ernstlichen Schaden bemerkt?‹ tastete er sich beherrschten Lautes in das Gewoge, Erstaunen malend und den Zweifel des Fachmanns: Vor dem Nichts stand er; ob Antwort käme?
Aber saß denn nicht schließlich auf dem Stuhl aus Holz er, schlicht umrauscht von dem Wissen um das Gefahrvolle der Tropenfrucht,

wie in Sinnen und Vergleichen mit Angaben und Erzählungen ähnlicher Erlebnisse, der schweigsame Forscher, der durch Beruf und Anlage wortkarge Arzt? Dünn sah er durch die Lider, vom Fleisch auf, die Reihe entlang, langsam erglänzend.
Hoffnung war es noch nicht, aber ein Wehen ohne Not. Und nun eine Festigung: mehreren Herren schien in der Tat die nochmalige Bestätigung dieser Tatsache zur Behebung von etwa aufgestiegenen Bedenken von Wert zu sein. Und nun war kein Zweifel mehr: einige nickten kauend.
Jubel in ihm, Triumphgesänge. Nun hallte Antwort mit Aufrechterhaltung gegenüber Zweiflern, und das galt ihm. Einreihung geschah, Bewertung trat ein; Fleisch aß er, ein wohlbekanntes Gericht; Äußerungen knüpften an ihn an, zu Ansammlungen trat er, unter ein Gewölbe von großem Glück; selbst Verabredung für den Nachmittag zuckte einen Augenblick lang ohne Erbeben durch sein Herz. Aus Erz saßen die Männer. Voll kostete Rönne seinen Triumph. Er erlebte tief, wie aus jedem der Mitesser ihm der Titel eines Herrn zustieg, der nach der Mahlzeit einen kleinen Schnaps nicht verschmähte und ihn mit einem bescheidenen Witzwort zu sich nimmt, in dem Ermunterung für die anderen, aber auch die entschiedene Abwehr jeglichen übermäßigen Alkoholgenusses eine gewisse Atmosphäre der Behaglichkeit verbreitete. Der Eindruck der Redlichkeit war er und des schlichten Eintretens für die eigene Überzeugung; aber auch einer anderweitigen Auffassung gegenüber würde er gern zugeben: da ist was Wahres dran. Geordnet fühlte er seine Züge; kühler Gelassenheit, ja Unerschütterlichkeit auf seinem Gesicht zum Siege verholfen, und das trug er bis an die Tür, die er hinter sich schloß.
Wir erblicken also hier einen Mann, der eine kontinuierliche Psychologie nicht mehr in sich trägt. Seine Existenz innerhalb und außerhalb des Kasinos ist zwar eine einzige Wunde von Verlangen nach dieser kontinuierlichen Psychologie, der Psychologie des *Herrn,* der *nach der Mahlzeit einen kleinen Schnaps nicht verschmähte und ihn mit einem bescheidenen Witzwort zu sich nimmt,* aber er findet aus konstitutionellen Gründen nicht mehr zurück. Höchstens stoßweise und aus Abgründen, herausbeschworen und in Vernichtung erkämpft. Die naive Vitalität, die auch den psychischen Prozeß bis zu einer in unserem Jahrhundert ziemlich genau angebbaren Stunde und bis zu einem an Thematik ziemlich genau zu beschreibenden Umfang umschloß, trug, durch-

blutete, durchpulste, reicht für die weiteren Grade der psychischen Sublimierung in Europa nicht mehr aus. In Rönne hat die Auflösung der naturhaften Vitalität Formen angenommen, die nach Verfall aussehen. Aber ist es wirklich Verfall? Was verfällt denn? Nicht vielleicht doch nur eine historisch überlagernde, jahrhundertlang unkritisch hingenommene Oberschicht, und das andere ist das Primäre? Das Rauschhafte, das Ermüdbare, das schwer Bewegbare, ist das vielleicht nicht die Realität? Wo endet der Eindruck und wo beginnt das Unerkennbare, das Sein? Wir sehen, die Frage nach der anthropologischen Substanz liegt unmittelbar hier vor, und sie ist identisch mit der Frage nach der Wirklichkeit. Das ungeheure Problem der Wirklichkeit und ihrer Kriterien eröffnet sich hier vor uns. *Manchmal eine Stunde, da bist du, der Rest ist das Geschehen, manchmal die beiden Welten schlagen hoch zu einem Traum,* sagt Rönne. Welche beiden Welten also? Das Ich und die Natur. Was ergeben sie? Im Höchstfall einen Traum. Das ist natürlich ein Irrealitätsprinzip, dies Rönnesche Prinzip, und wann ist es in Wirkung, wann *rauscht* es? *Wenn du zerbrochen bist.* Ein andermal erkennt er: *Welches war der Weg der Menschheit gewesen, bis hierher? Sie hatte Ordnung herstellen wollen in etwas, das hätte Spiel bleiben sollen. Aber schließlich war es doch Spiel geblieben, denn nichts war wirklich. War er wirklich? Nein; nur alles möglich, das war er.*

Erkenntnis ist ein schönes Mittel zum Untergang, und in der Tat geht es von hier aus wieder zur Vermischung: *Tiefer bettete er den Nacken in das Maikraut, das roch nach Thyrsos und Walpurgen. Schmelzend durch den Mittag kieselte bächern das Haupt. Er bot es hin: das Licht, die starke Sonne rann unaufhaltsam zwischen das Hirn. Da lag es: kaum ein Maulwurfshügel, mürbe, darin scharrend das Tier.*

Das Tierische und der immer nackter sich sublimierende Gedanke: gibt es noch für beides ein gemeinsames Prinzip? Für das Leben und die Erkenntnis, die Geschichte und den Gedanken, gibt es in der abendländischen Welt noch ein solches monistisches Prinzip? Für die Bewegung und den Geist, für die Reize und die Tiefe – gibt es noch einen Zusammenschluß, eine Betastung, ein Glück? Ja, antwortet Rönne, aber weither, nichts Allgemeines, fremde, schwer zu ertragende, einsam zu erlebende Bezirke: *In sich rauschte ein Strom oder, wenn es kein Strom war, ein Wurf von Formen, ein Spiel in Fiebern, sinnlos und das Ende um jeden Saum –*: er erblickt die Kunst. –

b) Pameelen

Neben Rönne tritt Pameelen, ebenfalls Brüssel 1916, in zwei Stücken, *Der Vermessungsdirigent*, erkenntnistheoretisches Drama, und *Karandasch*, ein rapides Drama. In Pameelen tritt die Frage nach der Wirklichkeit noch direkter auf, noch grausamer, noch bodenloser. Hier ist tatsächlich Zersetzung der Epoche. In diesem Hirn zerfällt etwas, was seit vierhundert Jahren als Ich galt und wahrhaft legitim für diesen Zeitraum den menschlichen Kosmos in vererbbaren Formen durch die Geschlechter trug. Nun ist dies Erbe zu Ende. Pameelen hofft anfangs durchaus, sich noch Welt in diese morschen Formen holen, Einzeldinge bis zur Weiterführung und Bearbeitung zu: Erfahrung, innerem Aufbau, gemütvollem Erleben: eben *Persönlichkeit* im alten Sinne, *Innerlichkeit* fassen zu können. Er überprüft dazu das Unwahrscheinlichste, mißt alles ab, daher: Vermessungsdirigent, aber es zerrinnt. Er bekämpft den Zerfall, er will Positives, er will *Ansammlung,* aber nur sporadisch und künstlich gerufen tritt sie auf. Die Linie, die so großartig im cogito ergo sum als souveränes Leben, das seiner Existenz nur im Gedanken sicher war, begann, in dieser Figur geht sie schauerlich zu Ende. Erotik, Physiologie, Vater-Sohn-Verhältnis, alles wird nur auf seine logische Unantastbarkeit geprüft, in die zähneknirschende Tollwut des Begrifflichen verwoben und dabei in seiner funktionellen Austauschbarkeit unausdrückbar nihilistisch erlebt. Ja, Tollwut des Begrifflichen: schon der Anblick von Wasser macht bei dieser Art Krankheit Schlundkrämpfe, die jedem Tropfen den Eintritt in die ausgedörrten Zellen verwehren: Sterben, unausweichliches, qualvolles, langdauerndes, bewußtes – alles wird Krampf, Zusammenziehung, Verdichtung, verwehrte Passage, versagter Trank – ja, Tollwut des Begrifflichen! Ungeheurer Verrat der Zeit! Denn das Begriffliche, das Logische, das Homosapienshafte war es ja doch, das durch so viele Jahrhunderte von der Religion, von dem philosophischen Idealismus, von der Aufklärung, vom Humanismus als das große Menschliche, Göttliche, Euro-

päische in Tausenden von Dokumenten hochgetrieben und gepriesen war, und nun war also auch das Irrtum, Qual, Krampf, Röcheln, Delirium, wohin nun also der Mann als Träger der objektiven Welten, ausgeschlossen von den Zucht- und Euteraufgaben körperlich andersgebauter Menschheitsschichten (Frauen)? Eine außerordentlich tiefreichende und spezielle Fragestellung! Das Drama beginnt mit einem Auftritt, in dem sofort die ganze überraschende Lage in Erscheinung tritt, denn während in der übrigen Weltliteratur zwischen körperlichen Elementen überall Szenen stattfinden können, wo der Autor sie installiert, muß hier die Szene selbst, die Aktion, die Figuren, ja sogar der Autor in fortwährendem Anbau erschaffen, nämlich kausal legitimiert und erkenntniskritisch jeden Moment neu begründet werden.
Die Szene ist die Einleitungsszene, ein Gespräch zwischen Pameelen und einer imaginären Stimme.

Vorspiel

Pameelen betritt den Flur eines Prostituierten-Krankenhauses

Pameelen: Ich habe hier absolut nichts zu suchen. Ich komme von ganz woanders her. Aber ich will euch einbeziehen in mein Dasein. Hinzutreten sollt ihr zu meiner Gesamtkonstitution. O Grauen vor Erlebnisunfähigkeit! O Erweiterung des Ichs! Also: ein kahler Gang mit einer Uhr. Nun gut, wo sind die Huren?

Eine Stimme: Ein kahler Gang mit einer Uhr? Tiefer! Hinbreitung! Entweichung! Die Pförtnerwohnung? Haarnadeln am Boden? Rechts der Garten? Nun?

Pameelen (markiert): Ich kenne ein ganz ähnliches Haus wie das eben von Ihnen beschriebene, Herr Doktor! Ich trat ein an einem warmen Frühlingsmorgen, es kam zunächst ein kahler Gang mit einer Uhr, rechts die Pförtnerwohnung, Haarnadeln lagen am Boden, höchst spaßig, und rechts war ein kleiner Garten, ein Rosenbeet in der Mitte, zwei Hämmel weideten angepflockt im Gras, wahrscheinlich die Wassermannhämmel.

Die Stimme: Das mit den Hämmeln ist sehr gut, eine fernliegende Assoziation, dabei sich auf den Sinn des Krankenhauses beziehend und mit einer leicht humoristischen Nuance. Den Frühlingsmorgen können Sie sich schenken. Weiter!

Pameelen: Müde! (Peitschenknall.)

Pameelen: Sie haben gut reden! Zunächst muß man doch einen Gesichtspunkt haben, einen Erlebniswinkel.

Die Stimme: Quatsch. Die natürliche Heiterkeit der Sinne, die allgemeine Aufnahmefähigkeit des Geistes – meinetwegen reduzieren Sie auf Gemütswert!

Pameelen (zerknirscht): Steige auf, Erde, erbarme dich, kahler Gang, rausche, Pförtnerwohnung! Kleine Dinge, kleine, kleine Dinge, sammelt euch in meinem Auge! Oh, es nähert sich, liebe Alte, Großmütterchen mit dem Stecken! Jawohl, also (markiert): Die Mutter des Pförtners, um noch dies zu sagen, war eine erstaunliche Person. Total blind, aber total, sage ich Ihnen, sah Ihnen die Hand vor Augen nicht und schlich mit einem Stecken den kahlen Gang entlang, jämmerlich.

Die Stimme: Gut, die Blindheit hätten Sie noch etwas lebhafter ausmalen können: Mit erloschenem Blick, ausdruckslosen Augenhöhlen und ähnlichem, aber es war leidlich. Bitte weiter!

Pameelen: Aber es kommt doch auch darauf an, zu wem man sich zu äußern hat!

Die Stimme: Es kommt nur darauf an, daß Sie sich ansammeln. Also die Haarnadeln!

Pameelen: Haarnadeln! O lieber Gott, was läßt sich von einer Haarnadel ansammeln. Am Boden lagen sie – jawohl, am Boden – am Fußboden – im Staub des kahlen Gangs – kann ich die Haarnadeln nicht fortlassen?

Die Stimme: Ausgeschlossen! Weltumspannung!

Pameelen (markierend): Da lagen Haarnadeln am Boden, nicht eine einzelne etwa, das hätte ja Zufall sein mögen, nein, mehrere und von verschiedener Größe. Ein Kampf? Waren zwei Nebenbuhlerinnen unter den Buhlerinnen zusammengeraten? Hatte die Liebe sie entzweit? Oder deuteten sie auf die Gründlichkeit der untersuchenden Ärzte, die auch das Haar lösten zur Sicherstellung der Diagnose, oder – darf man vielleicht noch tiefer gehen? – weil der Mitteleuropäer zum Kausaltrieb neigt? Jedenfalls, eins schien mir sicher, in diesen Haarnadeln sahen mich die ganz großen Dinge des Daseins an: die Leidenschaften und der Kampf, der Hunger und die Liebe; der Wahrheitsdrang, der in uns schwachen Menschen ruht und uns höher und höher treibt bis in das Firnenlicht, bis in das große Leuchten.

Die Stimme: Meisterhaft! Der Anfang mit der Zahl ist primitiv, aber der Aufstieg in sechs Zeilen zum großen Leuchten unter Herausarbeitung des Kausaltriebs – alle Achtung! Nun zu den Damen!

Pameelen (legt die Hand auf die Türklinke, läßt sie wieder sinken): Oh, dies Verwelken der Welt in meinem Hirn! Schon diese peripheren Ermüdungen, vor allem aber dies kortikale Verblühen ...

(Peitschenknall; Pameelen öffnet die Tür. Er sieht in ein Untersuchungszimmer.)

Kortex = Hirn: das kortikale Verblühen der Welten, der bürgerlichen Welten, der kapitalistischen Welten, der opportunistischen, prophylaktischen, antiseptischen Welten, erschlagen von den Wolkenbrüchen des Politischen und der Umschichtung der Macht, im Grunde aber aus der substantiellen Krise des abendländischen Seins heraus entstanden. Zerfetzt der innere Mensch, zerfetzter als je der äußere von Würmern und Granaten: faulig, sauer, vergast, im Gepäcknetz noch einige oxydierte Stichworte. Die Götter tot, die Kreuz- und die Weingötter, mehr als tot: schlechtes Stilprinzip, wenn man religiös wird, erweicht der Ausdruck. Was aber gehalten und erkämpft werden muß, das ist: der Ausdruck, denn ein neuer Mensch schiebt sich herein, nicht mehr der Mensch als affektives Wesen, als Religiosität, Humanität, kosmische Paraphrase, sondern der Mensch als nackte formale Trächtigkeit. Eine neue Welt hebt an, es ist die Ausdruckswelt. Das ist eine Welt klar verzahnter Beziehungen, des Ineinandergreifens von abgeschliffenen Außenkräften, gestählter und gestillter Oberflächen –; Nichts, aber darüber Glasur; Hades, aber statt der Fähre Pontons; Unerinnerlichkeit an das letzte Europäische: Primitivität, das sind die kalten Reserven.
Keine Welten mehr zu leben, keine Wirklichkeiten mehr zu fühlen, keine Erkenntnisse mehr zum Glauben, dabei ewig gereizt der in diesen Breiten nächst dem Hunger brutalste Trieb, die Einheit des Denkens herzustellen, dieser Trieb nach Definition, qualvoller als der Hunger und erschüttern-

der als die Liebe, kehrend sich gegen das sogenannte eigene Ich.

Mit der allgemeinen logischen Funktion des Urteils und Vergleichens, mit der ganzen foudroyanten Methodik naturwissenschaftlicher Betrachtung, mit kausaler Analyse, mit Transplantationen, mit allen derniers cris aller Psychologien versucht er sich daran, dies Ich experimentell zu revidieren.

Seine Grenzen sucht er abzutasten, seinen Umfang zu bestimmen. Wo ist der große Staatsanwalt, ruft er einmal aus, der ihm die Schranken weise, wo trete der Kreuzzug auf, der ihn erreiche, ein andermal.

Aber das Uferlose ist es, an dem er altert und zugrunde geht. Daß ihn irgend etwas einmal begrenze, ist seine Qual, für die er sich blendet; in einer Hütte lebt er, der Don Juan nach einer Niederlage, doch ewig bleibt er unbefruchtet.

Alles also mißt er ab, alles zerstört er. Immer sucht er das Notwendige, das neue Notwendige, die Schwerkraft wird erweichen, die Fallgesetze sich verwirren, die Wärmelehre sich verkehren, das Sternall wanken, wenn nicht bald das Notwendige gefunden wird, das neue Notwendige – was ist dies Notwendige?

Erst sterbend – *(Totengräber später! Aber erwarten Sie keine Zitate. Es liegt nicht vor, daß ein achtbarer Herr das Zeitliche segnet. Ein armes Luder ohne Formel und Sichumfassung ist bald von stillen Dingen zugedeckt, dreimasternd im Taifun des Unbewußten)* sterbend, sein erblindetes, schmutziges, entleertes Antlitz dem Mann am Fenster zuwendend, schwer röchelnd, letzten Atems erblickt er die neue Welt:

Pameelen: Und die Ausmessung?? Picasso, letzter Bruder, alle Stunden der Verzweiflung rufe ich auf, da Sie mit mir rangen nach der Reinigung – daß wir endlich weiß würden (zeigt) wie diese Marmorstufe hier: so hingebreitet, so wirklich, so erkenntlich ––

(Flehend) Picasso!

(Langsam, sakramental) Mar-mor-stufe – Sehen Sie nicht, Picasso, wie klar, herbstlich und gestillt sie daliegt nach diesem ungeheuren Ausbruch in die Wirklichkeit, spüren Sie selber nicht die Versöhnung, weil Sie sie logisch so tief erschöpfen konnten?

Picasso (ist mit der Frau aus dem Fenster gestiegen): Alter Vermessungsdirigent!

Weil Sie sie logisch so tief erschöpfen konnten –: das ist die Reinigung, das ist Aufbruch in eine neue Wirklichkeit! Genug dieses gewalttätigen Nachinnenziehens, Tollwut des Begrifflichen, epileptischer Logik, verkappten Monotheismus, kurzschlüssig Wackeren, biedermännisch Engen – genug der Sicherungen – genug der Wahrheit – Formales möge kommen, Flüchtiges, Tragschwingen mögen kommen, flach und leicht gehämmert, Schwebendes unter Azur, Aluminiumflächen, Oberflächen –: Stil – ! – kurz, die neue, nach außen gelagerte Welt.
In diesem grundlegenden Gefühl für die anthropologische Erlösung im Formalen, für die Reinigung des Irdischen im Begriff beginnt die neue Epoche, das neue Notwendige, beginnt in Pameelen über der faustischen die Form- und Beziehungs-, beginnt die Ausdruckswelt.

c) Das lyrische Ich

Manchmal die beiden Fluten schlagen hoch zu einem Traum, ist der Traum vollkommen und spricht er sich aus, panisch sowohl wie abgemessen, entsteht das Gedicht. In ihm sammelt sich die Rasse, in ihm ruht und atmet für Augenblicke die gestillte menschliche Natur. Nicht in jedem Jahrzehnt und erst, wenn ein Volk reif ist, entsteht dies Gedicht. Im Jahrhundert sind das nicht viele, betrachtet man sie, sind sie olympisch oder lethisch, alles Mittelmaß ist hier gemein. Viele sind bruchstückartig, manche Generation liefert nur eine Strophe, fast alles scheint von Gefesselten zu stammen, von Angeschmiedeten, nur von Felsen die Schreie klingen tief, durchdringend, und ihr Echo hallt.
Meine Generation war lyrisch, über ganz Europa hing dieser Code expressiver Typen, was von ihnen bleiben wird, steht dahin. Ich spreche im folgenden mehr vom Methodischen, von der Entstehungsart des Gedichts. Wahrscheinlich wird das lyrische Ich immer in zwei Formen erlebt, einer zersprengenden und einer sammelnden, einer brutalen und einer stillen, die Rauschmethode kennen beide, man sinkt ins Bodenlose, ins Blutlose, und dann

kommen die Andränge mit der Erprobung der Vision. Vorstudien liegen vielfach vor, aber die hätten auch anders verwertet werden können, nun aber kommt die Stunde und belädt sich mit den Bildern. Als ich die *Morgue* schrieb, mit der ich begann und die später in so viele Sprachen übersetzt wurde, war es abends, ich wohnte im Nordwesten von Berlin und hatte im Moabiter Krankenhaus einen Sektionskurs gehabt. Es war ein Zyklus von sechs Gedichten, die alle in der gleichen Stunde aufstiegen, sich heraufwarfen, da waren, vorher war nichts von ihnen da; als der Dämmerzustand endete, war ich leer, hungernd, taumelnd und stieg schwierig hervor aus dem großen Verfall. An ein anderes Vorkommnis erinnere ich mich aus Brüssel. Ein Septembertag, ich war Oberarzt am Gouvernement und mit einem Auftrag zu einer anderen Behörde geschickt. Die Straße zu gehen war kurz, doch von den Horizonten brach das Dionysische, die Stunde war zerstückt und bronzen, Verbranntes überall, auf ihrer Kuppe hatte ein Feuer gewütet, Jahr und Leben hinüber, das Vorspiel war aus, das Ende nahte, das Opfer, aber man mußte sich fassen –: nur einen Blick noch aus diesem Licht, einen Atem noch aus dieser Stunde – und:

Sieh dieses Sommers letzten blauen Hauch
auf Astermeeren an die fernen
baumbraunen Ufer treiben; tagen
sieh diese letzte Glück-Lügenstunde
unserer Südlichkeit
hochgewölbt – (*Karyatide*)

Also auch hier ein durchbrochenes Ich, unter Stundengöttern, fluchterfahren, trauergeweiht. Immer wieder stoßen wir auf eine Form des Ich, das für einige Augenblicke sich erwärmt und atmet und dann in kaltes amorphes Leben sinkt. In den folgenden Darlegungen (1927) stoßen wir geradezu systematisch auf gewisse fremdartige Begriffe, Komplexe, *ligurische Komplexe*, geprüft auf ihren *Wallungswert,* eben Rauschwert, durch die *Zusammenhangsdurchstoßung* d. h. die Wirklichkeitszertrümmerung vollzogen werden kann, um Freiheit zu schaffen für das Gedicht. Keine kranke, eine primitive Form des Ich, krank kann nicht sein, was so der Methode des Allgemeinsten ähnelt: der Schwel-

lungscharakter der Schöpfung ist evident, in den Fluten, in den Phallen, in der Ekstase, im Produktiven wird es aufgenommen vom lyrischen Ich:
Es gibt im Meer lebend Organismen des unteren zoologischen Systems, bedeckt mit Flimmerhaaren. Flimmerhaar ist das animale Sinnesorgan vor der Differenzierung in gesonderte sensuelle Energien, das allgemeine Tastorgan, die Beziehung an sich zur Umwelt des Meers. Von solchen Flimmerhaaren bedeckt stelle man sich einen Menschen vor, nicht nur am Gehirn, sondern über den Organismus ganz total. Ihre Funktion ist eine spezifische, ihre Reizbemerkung scharf isoliert: sie gilt dem Wort, ganz besonders dem Substantivum, weniger dem Adjektiv, kaum der verbalen Figur. Sie gilt der Chiffre, ihrem gedruckten Bild, der schwarzen Letter, ihr allein.
– Der Chiffre, der schwarzen Letter –: also einem Kunstprodukt! Wir sehen also eine Zwischenschicht zwischen Natur und Geist, wir sehen etwas selber erst vom Geist Geprägtes, technisch Hingebotenes hier mit im Spiele. Verwandelte Welt gegenüber dem Mond, der Busch und Tal füllte und in einer anderen Generation vor zweihundert Jahren das Naturgefühl entdecken ließ! Heute: Stundengötter, Stunden-Ichs unter einer ganz neuen Schöpfungserkenntnis: *die formfordernde Gewalt des Nichts:*
Nun ist solche Stunde, manchmal ist es dann nicht weit. Bei der Lektüre eines, nein zahlloser Bücher durcheinander, Verwirrungen von Ären, Mischung von Stoffen und Aspekten, Eröffnung weiter typologischer Schichten: entrückter, strömender Beginn. Nun eine Müdigkeit aus schweren Nächten, Nachgiebigkeit des Strukturellen oft von Nutzen, für die große Stunde unbedingt. Nun nähern sich vielleicht schon Worte, Worte durcheinander, dem Klaren noch nicht bemerkbar, aber die Flimmerhaare tasten es heran. Da wäre vielleicht eine Befreundung für Blau, welch Glück, welch reines Erlebnis! Man denke alle die leeren, entkräfteten Bespielungen, die suggestionslosen Präambeln für dies einzige Kolorit, nun kann man ja den Himmel von Sansibar über den Blüten der Bougainville und das Meer der Syrten in sein Herz beschwören, man denke dies ewige und schöne Wort! Nicht umsonst sage ich Blau. Es ist das Südwort schlechthin, der Exponent des »ligurischen Komplexes«, von enormem »Wallungswert«, das Hauptmittel zur »Zusammenhangsdurchstoßung«, nach der die Selbstentzündung beginnt, das »tödliche

Fanal«, auf das sie zuströmen, die fernen Reiche, um sich einzufügen in die Ordnung jener »fahlen Hyperämie«. Phäaken, Megalithen, lernäische Gebiete – allerdings Namen, allerdings zum Teil von mir sogar gebildet, aber wenn sie sich nahen, werden sie mehr. Astarte, Geta, Heraklid – allerdings Notizen aus meinen Büchern, aber wenn ihre Stunde naht, ist sie die Stunde der Auleten durch die Wälder, ihre Flügel, ihre Boote, ihre Kronen, die sie tragen, legen sie nieder als Anathemen und als Elemente des Gedichts.

Worte, Worte – Substantive! Sie brauchen nur die Schwingen zu öffnen und Jahrtausende entfallen ihrem Flug. Nehmen Sie Anemonenwald, also zwischen Stämmen feines, kleines Kraut, ja über sie hinaus Narzissenwiesen, aller Kelche Rauch und Qualm, im Ölbaum blüht der Wind und über Marmorstufen steigt, verschlungen, in eine Weite die Erfüllung – oder nehmen Sie Olive oder Theogonien – Jahrtausende entfallen ihrem Flug. Botanisches und Geographisches, Völker und Länder, alle die historisch und systematisch so verlorenen Welten hier ihre Blüte, hier ihr Traum – aller Leichtsinn, alle Wehmut, alle Hoffnungslosigkeit des Geistes werden fühlbar aus den Schichten eines Querschnitts von Begriff.

Ach, nie genug dieses einen Erlebnisses: das Leben währet vierundzwanzig Stunden und, wenn es hochkommt, war es eine Kongestion! Ach immer wieder in diese Glut, in die Grade der plazentaren Räume, in die Vorstufe der Meere des Urgesichts: Regressionstendenzen, Zerlösung des Ich! Regressionstendenzen mit Hilfe des Worts, heuristische Schwächezustände durch Substantive – das ist der Grundvorgang, der alles interpretiert: Jedes ES das ist der Untergang, die Verwehbarkeit des Ich; jedes DU ist der Untergang, die Vermischlichkeit der Formen. »Komm alle Skalen tosen Spuk, Entformungsgefühl« – das ist der Blick in die Stunde und die Glücke, wo die »Götter fallen wie Rosen« – Götter und Götterspiel.

Schwer erklärbare Macht des Wortes, das löst und fügt. Fremdartige Macht der Stunde, aus der Gebilde drängen unter der formfordernden Gewalt des Nichts. Transzendente Realität der Strophe voll von Untergang und voll von Wiederkehr: die Hinfälligkeit des Individuellen und das kosmologische Sein, in ihr verklärt sich ihre Antithese, sie trägt die Meere und die Höhe der Nacht und macht die Schöpfung zum stygischen Traum: »Niemals und immer«.

III. Die Probleme

a) Die Kunst

Ich behaupte nun, daß in diesen Bruchstücken, so absurd, so unvollkommen sie als Maßstab für Talent, Begabung, gedankliche Weite, sprachliches Können sein mögen, die Problematik des ersten Drittels des 20. Jahrhunderts enthalten ist. Es gibt drei Themen, die das Jahrhundert bis heute durchziehen: die Wirklichkeit, die Form und der Geist, es ist alles die gleiche Frage, aus ihr spricht die Stimme unserer Epoche, sie ist in allen europäischen Ländern vernehmlich da, unser abendländischer, biologischer Kern hat sie entkeimt und aufgeworfen – hier sind sie: die deutsche bürgerliche Literatur aber nennt das Intellektualismus.

Ich behaupte weiter, daß diese Bruchstücke nicht sind, aber hinweisen auf einen ganz bestimmten Begriff, dem klar ins Auge zu sehen diese selbe bürgerliche Welt immer wieder ausweicht: Kunst. In diesen beiden Begriffen liegen die Entscheidungen der Zeit, und ich will mich ihnen aus der Lage meiner Generation, meinen eigenen Arbeitserfahrungen und mit einigen psychologischen und historischen Daten nähern.

Ich bin zunächst der Meinung, daß man einmal scharf zwischen zwei Erscheinungen unterscheiden muß, nämlich der des Kunstträgers und der des Kulturträgers. Ich bin der Meinung, daß in der Stunde, in der der objektive Geist so unmittelbar sein Wassertreten, sein Treten auf der Stelle, aufgibt, um ganz klar aus einer neuen geschichtlichen Form zu wirken, es notwendig ist, diesen Tatsachenbestand zu klären. Kunst ist nicht Kultur, Kunst hat eine Seite nach der Bildung, der Erziehung, der Kultur, aber nur, weil sie eben das alles nicht ist, sondern das andere, eben Kunst. Die Prägungsvehemenz unserer Zeit sollte man wahrnehmen, um diese bürgerlichen Schlammbestände zu lichten und diese beiden Begriffe einmal typologisch zu erhellen. Der Kulturträger: seine Welt besteht aus Humus, Gartenerde, er verarbeitet, pflegt, baut aus, wird hinweisen auf Kunst, sie anbringen, einlaufen lassen, aber prinzipiell verarbeitet er, verbreitert, lockert, sät, weitet aus, er ist horizontal gerichtet, Dauerwellen sind seine

Bewegung, er ist für Kurse, Lehrgänge, glaubt an die Geschichte, ist Positivist. Der Kunstträger ist statistisch asozial, weiß kaum etwas von vor ihm und nach ihm, lebt nur seinem inneren Material, für das sammelt er Eindrücke in sich hinein, d. h. zieht sie nach innen, so tief nach innen, bis es sein Material berührt, unruhig macht, zu Entladungen treibt. Er ist ganz uninteressiert an Verbreiterung, Flächenwirkung, Aufnahmesteigerung, an Kultur. Er ist kalt, das Material muß kaltgehalten werden, er muß ja die Idee, die Räusche, denen die anderen sich menschlich überlassen dürfen, formen, d. h. härten, kalt machen, dem Weichen Stabilität verleihen. Er ist zynisch und behauptet auch, gar nichts anderes zu sein, während die Idealisten unter den Kulturträgern und Erwerbsständen sitzen. Nahe stehen sich von den Kunstträgern die Romanschriftsteller mit den Kulturträgern, beiden eignet das Pflegliche und das In-die-Breite-Gehen, auch das Einträgliche, während der Lyriker ein ausgesprochener Kunstträger ist. Unendlich klar ist daher die Linie der Ablehnung, die von Plato bis ins zwanzigste Jahrhundert in der Öffentlichkeit gegen den Kunstträger besteht; in einen geordneten Staat, in einen Staat, der auf eine untadelige Verfassung hält, gehört er nicht hinein, in die Religion gehört er auch nicht, mit dem hochdotierten Wissenschaftler steht er in dem Verhältnis, daß sie sich beide für Vorstufen und Kuriositäten halten, es ergibt sich, der Kunstträger ist aus seinem natürlichen Wesen heraus eine gesonderte Erscheinung.

Geht man von der Kunst selber aus, ergibt sich mit der gleichen Deutlichkeit das Größte an Fragwürdigkeit und Rätsel. Kunst wächst auf paradoxem Boden, und das Logische und Biologische versagt vor ihr. Rousseau, der das berühmteste und überdauerndste Werk der europäischen Literatur über Erziehung schrieb, in dem er seitenlang von der Kost der Ammen handelt: ohne Fleisch, das wird ihre Milch nicht erhitzen, und über die Konsistenz der Unterbetten, wie den Zeitpunkt des Weckens, damit ihnen das Erlebnis des Sonnenaufgangs am Johannistag nicht entgeht, ließ die fünf unehelichen Kinder, die ihm Thérèse Levasseur geboren hatte, sämtlich ins Findelhaus bringen, ohne sich auch nur eine Stunde je um sie zu kümmern. Schuberts Winterreise, heute die lichte Zugabe ondulierter

Kehlkopffavoriten, entsprang unsagbaren Qualen und einer tiefen, ausgesprochen klinischen Depression. Die Reihe der Paralytiker unter den Genies ist enorm, die der Schizophrenen trägt die größten Namen, und das alles nicht beiläufig, supplementarisch, hinzukommend, sondern als Geschick, Wesen, Blut und Boden des Schöpferischen, Tränke des Geistes, Prägung und Verflechtung in die gezeichnete Gestalt. Unter den 150 Genies des Abendlandes finden wir allein fünfzig Homoeroten und Triebvarianten, Rauschsüchtige in Scharen, Ehelose und Kinderlose als Regel, Krüppel und Entartete zu hohen Prozenten, das Produktive, wo immer man es berührt, ist durchsetzt von Anomalien, Stigmatisierungen, Paroxysmen. Natürlich sind Goethe und Rubens da, reich, stabil, nahezu rausch- und giftfrei, wenn man sich Götter vorstellen wollte, hier sind sie, aber sie sind die Ausnahme, es ist nachweislich klar, statistisch klar, der größte Teil der Kunst des vergangenen Halbjahrtausends ist Steigerungskunst von Psychopathen, von Alkoholikern, Abnormen, Vagabunden, Armenhäuslern, Neurotikern, Degenerierten, Henkelohren, Hustern –: das war ihr Leben, und in der Westminsterabtei und im Pantheon stehen ihre Büsten und über beidem stehen ihre Werke: makellos, ewig, Blüte und Schimmer der Welt. Das war die Kunst, und das bedeutet keinen Freibrief für Schweine und Schnorrer; nur den Rüssel vorzeigen, das ist kein Ausweis, er ist keine Schwinge, und wir sprechen von Flug. Es ist noch weniger eine Belehrung für irgendwen, es ist nur ein Gedanke an das Schmerzliche und Zarte, das um diese Welten liegt, das öffentlich Zweideutige und menschlich Vergebliche, das sie umlagert. Es ist eine Erkenntnis, und es ergibt sich aus ihr, daß der Kunstträger in Person irgendwo hervortreten oder mitreden nicht solle, *unter Menschen war er als Mensch unmöglich* – seltsames Wort von Nietzsche über Heraklit – das gilt für ihn.

Das war die Kunst – und in diesen Vorstellungen wuchs meine Generation auf: die Kunst höchsten Ranges und isolierten Wesens, was gab es denn noch außer ihr? Der Mensch, der dicke, hochgekämpfte Affe der Darwinschen Ära, als Preis bezahlte er eine gestörte innere Sekretion. Von Moral war er ein Wesen, das einem mehr und lieber schadete als ein Löwe, reif wurde er erst bei langen Mähnen und Klauen: nicht aus dem Samenunflat der Zwanzigjährigen, aus fettwerdenden Leibern kam Erkenntnis. Von der Weltgeschichte lagen ganz bestimmte Eindrücke nicht vor, definitive Resultate waren gerade aus Kriegen nicht zu erhalten, und so entstanden diese ein bis zwei Generationen, die, dem ganzen sinnwidrigen Umfluß der Historie ausweichend, den ganzen femininen Apparat des Schlüsseziehens aus ihr und der Perspektivenabtastung den Fachleuten überlassend, nur ihr eigenes Leben ordneten, abgrenzten, ausarbeiteten, um das kurze, einsame, schmerzliche zu steigern. So entstanden diese Generationen, die alles tranken, was an Stoffen die Zersetzung bot, und die durchaus nicht immer zu dem gestirnten Himmel den strahlenden Menschenblick erhoben, sondern in deren Innern sich drachengesät die Chimären und die Dämonen befetteten und säugten, und die bei ihren Formaufstürzen und dann wieder Lethargien allen zerebralen Räuschen der Zeit erlagen: Destruktion war auch Erlebnis, Abbau unter Morgenröten, *Nihilismus ist ein Glücksgefühl*, und das strömte alles in die Arbeiten unverhohlen ein, daraus entstanden sie, das verwandte man methodisch zu ihrer Herstellung, denn daß die Kunst alles rechtfertige, das war das Gesetz, das unantastbare ihres Lebens.

Um es zu wiederholen: was gab es denn außer ihr? *Die Kunst als die letzte metaphysische Tätigkeit innerhalb des europäischen Nihilismus*, der Satz aus dem *Willen zur Macht* stand allem zuvor. Und dann die Wendung des Abendlandes zur Triebpsychologie. Die Philosophie, nicht mehr was sie ausdrückt, sondern was sie verbirgt: den Menschen, die Bestie, die Eingeweide, die Triebe, alles, was man aus Scham verdeckt und daher mit seinen Verdrängungssystemen überzieht. Die Kunst nicht mehr das moralische Problem des Helden, nicht mehr die Ideale, die er zum Schluß verkündet, sondern die Maßnahmen des Künstlers selbst, sich auszudrücken, also sein Konstruktives, seine Genialität in den Mitteln des Mitreißens, der Spannung, der Ich-Auflösung, seine bewußte Anwendung von Prinzipien des Baus und des Ausdrucks, die Bewußtmachung alles dessen, was nach Akt aussieht, schöpferischem Akt und dessen Steigerung. Das wurde tatsächlich die Identität der Zeit, es wurde wahrhaftig, großartig und grauenvoll, und

es war nicht im geringsten das, was das bürgerliche Deutschland vom ersten Augenblick an bis heute verächtlich »Artistik« nennt und nannte, sondern es war tief, religiös und sakramental. Man bedenke noch einmal diese Welt in der seltsamen Begegnung, die Dauthendey mit George schildert, über die die Literaturgeschichten berichten.
Dauthendey hatte dem Herausgeber der »Blätter für die Kunst« ein Gedicht als Beitrag eingesandt, er erhielt einige Tage danach eine briefliche Einladung, sich zu einer Besprechung über einige Fragen, die sich auf seine Gedichteinsendung bezögen, im Café Bauer einzufinden, wohin der Herausgeber und George kommen wollten; es war im Februar 1893. Als sich Dauthendey um halb zehn Uhr abends im oberen Saal des Café Bauer einfand, begrüßte ihn dort ein Herr, er war im Zylinder und englischen Gehrock erschienen, und er sagte ihm: Herr Stefan George wünsche ihn wegen einiger Punkte und Kommas, die in dem Gedicht vermieden werden sollten, zu sprechen. Dann kam nach einer Weile ein schlanker, gleichfalls mit Gehrock und Zylinder bekleideter Herr an den Tisch: George. Wir sprachen dann, fährt Dauthendey fort, über einige, wie es mir schien, ganz belanglose Dinge, über Satzzeichen, und schließlich stellte sich heraus, George wünschte in dem fraglichen Gedicht die Fragezeichen, wie es in der spanischen Literatur üblich sei, an den Anfang der Sätze gestellt zu sehen.
Fragezeichen an den Anfang der Sätze gestellt und dazu eine feierliche Zusammenkunft von drei Herren wie zu einem Duell oder einem Staatsakt, das war in gar keiner Weise Manier, auch in gar keiner Weise überspannt, es war der tiefste Ernst Europas beim Ausgang des Jahrhunderts, es war männlich, ja mönchisch, es war Schicksal. Es war Gesetz aus jenem Evangelium der Kunst, das im *Willen zur Macht* verkündet war, dem Artistenevangelium von der Kunst als der letzten europäischen Metaphysik.
Das Halten der Ordnung, das Erkämpfen der Form gegen den europäischen Verfall! Der europäische Nihilismus: der animalische Entwicklungsgedanke ohne die Ergänzung durch eine anthropologische Herrschaftsidee, letztes Stadium der geschichtlichen Bewegung, deren erstes das Abschiednehmen vom Fühlen und Sehen der Welt in Klassen, Arten und Ordnungen war, von den sieben Tagen, an denen

das Einzelne geschaffen wurde, immer wieder: *Ein Jegliches nach seiner Art.* Jetzt die Auflösung von Arten, Rängen, Graden unter populärem Gestammel von Müttern, rauschloser Flucht zu den Sumpfsymbolen, Keltern aller Samen und Säfte in einen Urbottich, kurz: Verwischung des hochrangigen Prinzips der Form, Unterdrückung des Willens zu Züchtung und Stil, Übermacht niederer, nutzbringender Aufstiegs- und Aufbauformationen – nach der imperialen Militärtranszendenz der Antike, dem religiösen Realismus des Mittelalters jetzt das Plausible, Flache, die Wissenschaft als die theoretische Interpretation der Welt – die Nietzschelage.
Innerhalb dieser Lage begann meine Generation. Sie sah Rilke weich werden und sich treiben lassen von jeder Schwermut zu jedem Reim und zum lieben Gott, aber George lagerte und baute, übte Herrschaft aus, forderte geistiges Gesetz. Zu diesem Gesetz gehören die spanischen Fragezeichen. Sie gehören in die Entscheidung Europas gegen die Natur und für den Geist. Diese neue Entscheidung, die jetzt erst auf breiten Fronten gefallen ist: das Leben ist ergebnislos, hinfällig, untragbar ohne Ergänzung, es muß ein großes Gesetz hinzutreten, das über dem Leben steht, es auslöscht, richtet, in seine Schranken weist. Es gibt heute zwei Gesetze, die sich in Europa gegen das Leben erhoben haben: die Rasse und die Kunst. Beide sind Forderungen, beide unerbittlich strenge Gesichte, beide liegen im Geist. Geist = anthropologischer Geist, arthaftes Prinzip, Entelechie, Ursein, Bewußtsein, bewußt formender Geist. An dieser Entscheidung Europas für den Geist hat meine Generation mitgearbeitet durch ihre Loslösung von den individuellen Inhalten und Substanzen und durch ihren jeder Verachtung trotzenden Einsatz für den formalen Geist. Dies macht die Kunst zu einer ganz neuen Erscheinung und gibt ihr ein völlig neues Gesicht. Natürlich bekämpft die bürgerliche Literatur diesen Prozeß, weil sie an ihm keinen Anteil hat.

b) Intellektualismus

Intellektualismus ist die kalte Betrachtung der Erde, warm ist sie lange genug betrachtet worden, mit Idyllen und

Naivitäten und ergebnislos. Intellektualismus ist der kriegerische Angriff auf die zersetzte menschliche Substanz, ihre Dränage und die Abwehr von Leichenfledderern. Intellektualismus ist innerhalb unseres Themas die kaltschnäuzige Behauptung, daß Balladen und historische Romane allein nicht das gesamte Gebiet der deutschen Schicksalhaftigkeit umgreifen. Intellektualismus ist, historisch gesehen, Hegel, wenn er sagt: *... nichts in der Gesinnung anerkennen zu wollen, das nicht durch den Gedanken gerechtfertigt ist.* Kant, der von der Erlebniswelt die Begriffswelt schied. Nietzsche, der ganze, vor allem jener, der das bewußte und willentliche Element, das konstruktive Element, das formsetzende, abbrechende, bändigende und bildende Element des Schöpferischen schildert. Intellektualismus heißt einfach: denken, und es gibt nichts, vor dem es haltzumachen hätte, mit der einen Einschränkung, die das Denken selber setzt und die sich auf schwache Denker bezieht. Intellektualismus also heißt, keinen anderen Ausweg aus der Welt finden, als sie in Begriffe zu bringen, sie und sich in Begriffen zu reinigen, und das gehört nicht zu einem bestimmten politischen oder moralischen System, sondern ist anthropologischer Grundtrieb, Rassenweisung. Historisch ergänzt, wir befinden uns als Zugehörige der europäischen Menschheitsgemeinschaft mitten in einer Epoche ungeheuer intensiver Formulierungszwänge, einer extravaganten Begriffsepoche, die mit Hilfe von Formeln sich verteidigt und zum Funktionellen, zur gedanklich abgekürzten Beziehung rassengesetzlich, schicksalhaft greift. Es ist ein neues Erdzeitalter, und Typen, die dieser Mutation nicht gewachsen sind, werden ausscheiden. Ein Erlebnis der Welt »natürlich«, wie es beispielsweise den echten Primitiven beschieden war: rauschhaft und getränkeartig, oder wie es den heutigen Talmiprimitiven vorschwebt: ohne Fremdwort und mit Vergißmeinnicht und Obstkuchen, wird es innerhalb des Abendlandes für niemanden mehr geben. Aber der neue, der mutierte Typ wird das zu erwartende gesteigerte Denken als vital empfinden, menschlich und ereignisreich.

Vorgerückte Zivilisationen sind gleichbedeutend mit harten Problemen, schreibt Ortega. Das trifft die Sache; von vorgerückter Zivilisation kann man im 20. Jahrhundert wohl reden; daher sind es überall harte, komplizierte, vielfach ventilierte, hochgetriebene, eben intellektualistische Probleme, die einem entgegentreten. Es sind psychophysisch verknotete, komplexe Probleme, und es müssen hochgezüchtete Gehirne sein, die sie bearbeiten. Die Botaniker beleuchten unsere Lage mit einer sehr merkwürdigen Feststellung ganz neu: gezüchtete Pflanzen sind härter, vitaler, widerstandsfähiger gegen Schäden, kurz erbfähiger als natürliche; Züchtung, Zwischenschichtung des Bewußtseins, Einschaltung des Geistes in den Naturprozeß festigt also die Erbmasse, stärkt die Art, schafft Biopositives, keine Rede von Abstieg, Verweichlichung, Degeneration, allen diesen moralischen Vorstellungen, die der Bürger mit dem Wort Züchtung verbindet, sondern im Gegenteil Unterbrechung von Degeneration, Weiterführung von sonst dem Untergang Geweihtem. Dies ist offenbar der Ausdruck eines allgemeinen Gesetzes, das sich nähert, und dieses Zeitalter, das Blut und Boden sagt, wird ein Zeitalter der Züchtung, der Form und des gesteigerten Geistes werden, ein intellektualistisches, d. h. ein spezifisch europäisches, wahrscheinlich ein anthropologisch bedeutendes unter Gesetzen des Bewußten. Verdichtung der Vitalität, Aufgang des Abendlandes stünde bevor, und das Volk wird die Führung übernehmen, das diesem Gesetz am klarsten Rechnung trägt.

Wer Intellektualismus weiter in dem kleinbürgerlichen Sinn ansieht, wird sowohl lächerlich, wie geschichtlich ausgeschaltet werden. Es ist hauptsächlich die bürgerliche Literatur, die hieran versteckt oder offen mitarbeitet, diese prima Epiker, Anekdotenschnurrer, Balladenbarden, notorische Nachspieler, stigmatisierte zweite Besetzung, Chargenkomiker für Gartenlokale, getarnter neuer Staat, in Wirklichkeit die stupiden alten Herren –: Mittelstand als Vampirismus. Am liebsten möchten sie alles, was überhaupt noch seine Anschauungen in prägnante Formen bringt, Formeln, die das Gemeinte unverwechselbar und schonungslos ausdrücken, was gleichbedeutend ist mit: es nachprüfbar, diskussionsfähig, geschichtsfähig machen, als fremdstämmig, unrassisch, undeutsch denunzieren; schon der Drang zur Form, das ist mediterran; Klarheit widernatürlich; Begriffsleben unreligiös; am liebsten würden sie

eine Notverordnung für Deutschland sehen: Denken ist zynisch, es findet hauptsächlich in Berlin statt, an seiner Stelle wird das Weserlied empfohlen.
Man muß sich das einmal vorstellen: da sitzt also jemand und kann sich etwas abdestillieren, geistig, bei bürgerlicher Lebenshaltung und hinter verschlossenen Türen, Obstbäume vorm Fenster und Filz um die Telephonglocke, daß es nicht schrillt. Mehrere Jahrzehnte, die Holz- und Faserindustrie nimmt es ab, bei Geburtstagen wird dann dem Volk eingeredet, das sei sein Fleisch und Blut, unter geistigen Drohungen und Unverstandenheitserklärungen. Hauptsache, es ist in Kapitel eingeteilt; bleibt einiges dunkel: Schriftsteller, die ihrem Weltbild sprachlich nicht gewachsen sind, nennt man in Deutschland Seher – das ist dann kein Markenartikel mehr, sondern weit über den Einzelfall hinaus und fällt schon unter farbenglühend. Das ist die Kunst der bürgerlichen Ära, und wenn man das abgestanden findet, dann ist man ein Intellektualist.
Es muß eine merkwürdige Vorstellung vom Menschen sein, die dahintersteht, von seiner Art und wie er hochgekommen ist, unter Marienliedern offenbar, und sein Schöpfungsakt vollzog sich milde im Schutz von Milchglasscheiben. Ein ziemlich ungeschütztes Wesen aber, dieser Vorfahr, die Haare fielen ihm auch noch aus, als er aus dem Quartär trat und rings um ihn die riesigen Echsen, er aber hatte nichts als die Waffe des Bewußtseins: den Gedanken, die sich sammelnde Erfahrung: den Begriff. Dessen Lautwerdung im Wort deutete bestimmt nicht auf historische Romane und farbenglühende Gemälde des Mittelalters, sondern vertrat Gewalt, und er selbst, der Begriff, war nie ein pazifistisches Gleitmittel, Kaffeeklatsch, kapitalistische Zwischensubstanz, um zwei faule Geschäfte aneinander zu kleben, sondern er schied Welt von Chaos, trieb die Natur in die Enge, schlug die Tiere, sammelte und rettete die Art. Schlägt bis heute: Drillbohrer gegen naturalistisches Gewäsch und ideologischen Dilettantismus, Aufbrecher der Wahrheit, Einbrecher in die andere, die allgemeine, die unsichtbare Welt, zwingend deren Dauer in die Nichtigkeit des Seins. Der große Mensch nimmt *die Anstrengung des Begriffs* auf sich, sagt Hegel, in der Tat: eine Anstrengung, zu seiner Herstellung bedarf es einer ungeheuer tragenden

Verantwortung vor Vergangenem, eines außerordentlichen Wissens um Beziehungen und Sachverhalte und einer ungeheuren Intuition für Annäherung und Morgenröten, denn er prägt sowohl als er auch deutet, er ist gesetzlich, und alles Kriminelle bekämpft ihn von Natur. Alles Feminine flieht sein Licht, denn er zerstört schonungslos das Weiche, das Subjektive, und über gewisse Eitelkeiten wirft er leicht einen Donner von Gelächter. Er ist der objektive Geist, und es ist klar, daß alle Stimmungsprofiteure gegen ihn nässen, seine Proportionen gefährden ihre Maße, ihre Seitenzahlen, darum muß er von jeher und zu allen Zeiten seine Schritte immer wieder aus ihrem Geifer und aus ihrem Fusel ziehen.
Aber sein Haupt bleibt oben, einsam und verwittert – die kleinen Hirnblasen schmelzen sich ihre Assoziationen zu, nicht jeder darf denken. Für viele ist der Filz um die Telephonglocke und der Obstbaum vorm Fenster gut. Nur der darf zugelassen werden zum Denken, der diese ungeheuerliche Kraft einer einzigen späten, massenmäßig geringen Art auch durch die äußerst erreichbare Formulierung, die gespannteste Wendung bändigt und stählern begrenzt, der das Gefühl hat für diese Grenze und die Ergebenheit vor dieser Grenze. Es ist wie in der Kunst. Der äußerst erreichbare Ausdruck muß erkämpft und gehalten werden mit einer Schärfe, die aufs rücksichtsloseste alles teilt und scheidet, aber man muß wissen, ob man zu weiteren Formulierungen noch berufen ist. Verliert man den Instinkt hierfür, wird man titanisch, statt formverfallen und ausdrucksverschworen; man wird rückfällig in die vorpameelensche, in die infantile faustische Welt.

Dies ist vielleicht eine Art historischer Zusammenfassung, die meine Generation der neuen Jugend hinterläßt, und vielleicht ist mancher nicht damit einverstanden, mich bei dieser Tätigkeit zu sehen. Aber jeder darf wohl ein Vermächtnis hinterlassen, wenn er es ohne Erwartung einer Antwort tut, und wenn er seine Bestände rein erworben hat, ohne Bestechung. Das habe ich nachweislich getan, schwer habe ich um jeden Satz gekämpft, jeden Vers, jedes Urteil, langsam ist alles geworden, immer wieder im Werden von mir abgehalten, kritisch entfernt, organisch überprüft, ja wörtlich: mit den Organen überprüft. Langsames, lautloses Hervortretenlassen und dann Sichschichten, lautloses Hervortretenlassen aus dem Eingeborenen, dem Vitalbestand, der Gene, langsames Sichschichtenlassen um eine Strophe oder einen Gedanken, um dies sich herausbildende geistige wortwerdende Ich. Auch im Äußeren verlief es nicht hell, niemand hat es mir erleichtert, keine Hand, konnte es nicht, von früh an nicht. Ich habe mein Studium mit Schulden beenden müssen und meinen Koffer nicht bezahlen können, mit dem ich zum Regiment abfuhr, ich habe sie später abgezahlt. Ich habe dem Staat in Krieg und Frieden nur gedient, ihm keine Lasten bereitet. Ich habe nie einen Preis bekommen, keine Zuwendungen aus irgendwelchen Stiftungen, keine Hilfe von Verlagen, kaum Vorschuß, und wenn, dann geringen, und ich habe ihn durch Arbeit unverzüglich zurückgezahlt. Ich veröffentlichte zu meinem vierzigsten Geburtstag eine Berechnung darüber, daß ich bis dahin aus meiner Literatur – *aus der gesamten Holz- und Faserindustrie* – insgesamt im Durchschnitt monatlich 4,50 Mark verdient hätte, und damit war ich in mehrere europäische Sprachen übersetzt, heute wäre der Durchschnitt etwas höher, aber zum Leben auch unter den einfachsten Bedingungen zu gering. Ich habe nie ein Gehalt bekommen, außer im Krieg, nie Pension, ich habe immer aus meiner ärztlichen Praxis gelebt, schwer, aber es ging, oft in naher Beziehung zu Vollstreckungsbeamten, aber sie waren menschlich.

Ich habe noch nie in meinem Leben länger als zwei bis drei Wochen im Jahr mich freimachen können für Ferien oder

Arbeit, die meisten Jahre aber gar nicht. Das klingt alles zusammen äußerst moralisch und puritanisch, ist aber natürlich das Äußerste an Luxus und Freiheit, das es heute in Europa gibt. Ich habe für mich gelebt, außerhalb von kapitalistischen Betrieben, Behörden, Presse, Literatur, Vortragssälen, ich habe allein gelebt. Früh streifte der Tod alles von mir ab, woran sich meine Jugend gebunden hatte, es kostete Blut und Tränen, aber dann war ich allein. Allein mit einer Tochter, die in einem anderen Land lebt. Allein –: wahrscheinlich gibt es kein Wort darüber, allein und unverbittert in die Stunden des Dunkelwerdens sehen, dem will ich die Krone des Lebens geben.

Die neue Jugend, die unter Hitlers Stern angetreten ist, wird diese persönlichen Sätze nicht mehr begreifen. Es sind die Sätze einer ausklingenden Zeit, die auf inneres Spüren und Sammeln im einzelnen angelegt war, in der Vertiefung galt und Reifen, Behutsamkeiten des Gefühls, alles Farben und Klänge der alten europäischen Welt, die die germanisch-romanischen Völker trotz aller Kriege gemeinsam geschaffen hatten. Ich, der ich nach Herkunft und Lebensdauer durchaus der alten Epoche verpflichtet bin, muß das Bekenntnis ablegen, daß mich die Geschichte weder berauscht noch ängstigt, die weiße Rasse ist so groß gewesen, müßte sie zugrunde gehen, es käme unmittelbar aus ihr. Ich bin von der Generation, die Frankreich noch ganz besonders empfunden hat, seinen Reiz, seine Größe, durch Nietzsche wirkte es mit Stendhal und Flaubert auf uns, durch George mit Baudelaire und Verlaine, in den letzten Jahrzehnten kam der Impressionismus dazu, kurz vor dem Krieg lasen wir Claudel und Gide, Bergson und Suarez, und es war ein großer Geist, der aus Frankreich kam – wird es Europa noch einmal führen? Frankreich hätte nach dem Sieg noch einmal führen können, und alle hätten seine Führung anerkannt, auch Deutschland, die wirkliche Führung eines Volkes, das so großartig und legitimiert das Abendland miterschaffen hatte – wird es mit uns in die Zukunft gehen?

Meine Generation und die Jugend: noch einmal tritt der Gedanke vor uns, der das ganze Buch durchzieht: Kunst und Macht. Wenn man unter diesen beiden den ganzen Züchtungs- und Zukunftskomplex betrachtet, so brauchte man eine germanische und nordische Kunst nicht erst zu züchten, in Dürer und Bach, in Goethe und Kleist war sie in Deutschland da, in Rubens, Shakespeare, Hamsun in den anderen nordischen Ländern. Sie hat sich ausgesprochen, reifte und ging von der nordischen Erde zu den Sternen, oder was man so nennt, ich meine die wahrscheinlich ewigen Räume, zu denen die Unsterblichkeit der kurzen menschlichen Geschichte zieht. Ich habe in einem Aufsatz über den Expressionismus davon gesprochen, daß meine Generation die letzte sein würde, die von dieser Art Kunst herkommt, von ihr spricht, wahrscheinlich für immer. Die neue Jugend gehört der Macht – möge sie in ihre Bestimmung gehen. Möge der Strom der Rasse sie durch ihre Jahre tragen, durch ihre Häuser, ihre Äcker, ihre Thingplätze, ihre Gräber, bis die eine Gestalt kommt, die zu den alten unauslöschlichen deutschen Gestalten hinzutritt und die das Neue sein wird, das heute erst in uns dämmert und erst verwirrt aus unseren inneren Forderungen spricht. In deren Werk wird von Angesicht zu Angesicht davon sein, was wir heute nur in einem dunklen Wort erblicken, in dem Nietzsche-Wort von der Rechtfertigung der Welt allein als ästhetisches Phänomen.

Wenn man nun das, was meine Generation und ich in ihr erlebte, in ihren Arbeiten ausdrückte und zur These erhob, weiter Formalismus nennen will, mag man es tun. Die zentrale Bedeutung des Formproblems für Europa und besonders für Deutschland habe ich immer wieder dargestellt. Man kann es aber auch als genau das Gegenteil bezeichnen, nämlich als die erkämpfte Erkenntnis von der Möglichkeit einer neuen Ritualität. Es ist der fast religiöse Versuch, die Kunst aus dem Ästhetischen zum Anthropologischen zu überführen, ihre Ausrufung zum anthropologischen Prinzip. Es hieße ins Soziologische gewendet: in den Mittelpunkt des Kultischen und der Riten das anthropologische Prinzip des Formalen zu rücken, der reinen Form, des Formzwanges, man kann auch sagen: die Unwirklichmachung des Gegenstandes, seine Auslöschung, nichts gilt die Erscheinung, nichts der Einzelfall, nichts der sinnliche Gegenstand, alles gilt der Ausdruck, alles die gesetzgeberische Umlagerung zu Stil.

Wenn man aber lehrte, den Reigen sehen und das Leben formend überwinden, würde da der Tod nicht sein der Schatten blau, in dem die Glücke stehen – diese frühe Rönne-Lehre, die wäre das Prinzip, das nie den Stoff verläßt (Stein, Ton, Wort) und doch nur der Schöpfung folgt und ihrem transzendenten Ruf, ein Prinzip, das die allein den höchsten Völkern der menschlichen Art eingeborene Macht zum Kanon erhöbe, konstruierte und formal erarbeitete Dinge aus sich herauszustellen, sich in ihnen zu lösen, Qual und Dränge in ihnen zu erlösen, sie dann persönlich zu verlassen, sie dann sich selber zu überlassen, aber so geladen mit arthafter Spannung und so weittragendem und unzerstörbarem Sinn, daß andere Geschlechter dieser Menschenart noch nach Jahrtausenden an ihnen die Epochen messen und in ihnen sich, ihre Rätsel, ihr ewig verschleiertes Wesen, ihr ganzes katastrophenunterlagertes Sein bindend erkennen. Schauer und Geheimnis noch einmal hier vor dem letzten Verfall!

Denn nach meiner Meinung fängt die Geschichte des Menschen heute erst an, seine Gefährdung, seine Tragödie. Bisher standen noch die Altäre der Heiligen und die Flügel der Erzengel hinter ihm, und aus Kelchen und Taufbecken

rann es über seine Schwächen und Wunden. Jetzt beginnt die Serie der großen unlöslichen Verhängnisse seiner selbst, Nietzsche wird nur das Vorspiel davon gewesen sein, Vorspiel der neuen Symbole, der neuen Imperien, *weiße Erde von Thule bis Avalun*, aber auch das Vorspiel der letzten nihilistischen Zerstörungen.
Hinan, hinab, weiter, weiter, aber wohin? Amor fati – aber aus welchem Seinsgrund stammt dieser letzte Ruf, auf was deutet er, auf welches Vergessen? *Das Leben ist ein tödliches Gesetz und ein unbekanntes, der Mann heute wie einst vermag nicht mehr, als das Seine ohne Tränen hinzunehmen* – ein Wort aus dem *Urgesicht*, aber wie lange wird er es tränenlos ertragen? Weiter, weiter, aber wohin? Der Mensch hat einen getrübten Blick rückwärts, vorwärts gar keinen. Er ist ja nur ein halbgelungenes Wesen, ein Entwurf, das Werfen nach einem Adler, schon riß man die Federn, die Flügel nieder, aber die ganze Gestalt schlug noch nicht um – wird sie einmal ganz umschlagen, so, daß ihr Herz unmittelbar am Herzen der Dinge ruht? Also weiter, weiter – Völker, Rassen, Erdzeitalter – Stein-, Farren- und Tiergeruch: aus Dämmer steigend, arthaft fest und doch in einer unausdenkbaren Verwandlung: in ihr wird auch dieser menschliche Quartärtyp wieder vergehen, aber solange er da ist, ist er gezeichnet, stark gezeichnet, ja imperialistisch stark gezeichnet, was für ein Zeichen –: es ist das irreale Zeichen Rönnes, das konstruktive Zeichen Pameelens, seine Lehre lautet: es gibt keine Wirklichkeit, es gibt das menschliche Bewußtsein, das unaufhörlich aus seinem Schöpfungsbesitz Welten bildet, umbildet, erarbeitet, erleidet, geistig prägt. In dieser Fähigkeit gibt es Grade und Stufen, vor allem Vorstufen. Die oberste aber lautet: es gibt nur den Gedanken, den großen, objektiven Gedanken, er ist die Ewigkeit, er ist die Ordnung der Welt, er lebt von Abstraktion, er ist die Formel der Kunst. Durch ihn geht die Kette der Rassen und Völker, er ist die Kette, er richtet den Lauf – er wird sich auch ihm entgegenwerfen, dem Abgrund, über den Abgrund. Wenn das Intellektualismus ist, dann will ich ihm dienen als Versuch und Aufgabe, wo er aber vollkommen ist, macht er allein die menschliche Rasse groß. Alle Zerrüttung, die er dem Einzelnen bringt, alle Opfer, die er verlangt, alles Leben, das er fordert, ihm

sei es in dieser zeitgebundenen Klarheit, also blind, gebracht –: wem anders sollte man es denn sonst noch bringen? Ihm mit des Hyperboreeers Qual: *Traum ist die Welt und Rauch vor den Augen eines ewig Unzufriedenen* – ihm mit des Tao Schweigen, das Abwartende zu pflegen und das Auswirkenlassen des Seins – ihm das tiefste Westöstliche der großen Völker: gib dich hin.

Teil II – Doppelleben

I. Schatten der Vergangenheit

Dieser Teil I erschien im Frühjahr 1934 in einem Essayband, der vergriffen ist. Ich habe nur einige wenige Sätze fortgelassen oder verändert, die sich auf eine der jetzigen Besatzungsmächte bezogen, übrigens keineswegs ausfällige oder beleidigende Sätze. Ich fahre nun fort.
Ich blieb also 1933 in Deutschland und zwar zunächst in Berlin. Sofern dies Verbleiben in Deutschland einer Begründung bedarf – hier sind einige Begründungen.
1. Den Begriff der Emigration gab es damals in Deutschland nicht. Man wußte, Marx, Engels hatten sich ihrer Zeit nach London begeben, um ihre Stunde abzuwarten. In neuerer Zeit waren einige Spanier nach Paris gereist, um den politischen Verhältnissen in ihrer Heimat zu entgehen. Man kannte politische Flüchtlinge, aber den massiven, ethisch untermauerten Begriff der Emigration, wie er nach 1933 bei uns gang und gäbe wurde, kannte man nicht. Man kannte natürlich auch die russischen Emigranten, aber bei denen lag Flucht vor gegenüber Ermordetwerden, das war eine vitale Reaktion, kein gesinnungshafter Protest gegen eine andere Gesinnung – und wer war 1933 fähig und bereit, den 30. Januar in Berlin mit dem 8. November 1917 in Petersburg zu vergleichen? Wenn nun also Angehörige meiner Generation und meines Gedankenkreises Deutschland verließen, emigrierten sie noch nicht in dem späteren polemischen Sinne, sondern sie zogen es vor, persönlichen Fährnissen aus dem Wege zu gehen, die Dauer und die Intensität dieses Fortgehens sah wohl keiner von ihnen genau voraus. Es war mehr eine Demonstration als eine Offensive, mehr ein Ausweichen als eine Aktion. Emigration als Führerfronde war kein bei uns bekannter Begriff. Wobei mir übrigens einfällt, daß die meisten, die damals Deutschland verließen, keineswegs sich als Kameraden der russischen Emigranten fühlten, vielmehr im Gegenteil als Kameraden derer, vor denen jene flohn. Ich persönlich hatte keine Veranlassung, Berlin zu verlassen, ich lebte von

meiner ärztlichen Praxis und hatte mit politischen Dingen nichts zu tun.

2. Was heute die Staatsrechtslehrer, Politiker, Philosophen über die Angelegenheit denken, weiß ich nicht, aber daß sie überhaupt darüber argumentieren, beweist die Schwierigkeit der Position – ich jedenfalls und viele andere mußten die neue Regierung als legal zur Exekutive gekommen betrachten, Gegenargumente lagen eigentlich gar nicht vor. Der vom Volk gewählte Reichspräsident hatte, offenbar nach sehr schweren inneren Bedenken, die neue Regierung ernannt, sie war ihrer Zusammensetzung nach in keiner Weise totalitär, Zentrum und Konservative waren im Kabinett, der Reichstag bestand weiter, die Presse erschien, die Gewerkschaften waren noch im Gange. Ob der Reichspräsident ein kluger und weitsichtiger Mann war, oder ein unkluger und unweitsichtiger, wie man es heute behauptet, wurde damals nicht erörtert, es stand nirgends zur Diskussion. Auch hatte das Vorspiel zu diesen Vorgängen im Jahre 1932 mit einer Entscheidung des Reichsgerichts in Leipzig geendet, eine höhere Instanz war in Deutschland hierzu nicht bekannt. Also, es war eine legale Regierung am Ruder, ihrer Aufforderung zur Mitarbeit sich entgegenzustellen, lag zunächst keine Veranlassung vor.

3. Das Parteiprogramm. Ich hatte es nie bis zu Ende studiert, war auf keiner der NS-Versammlungen gewesen, hatte weder vor noch nach 1933 eine NS-Zeitung oder -Zeitschrift abonniert, aber ich wußte natürlich, es enthielt unter seinen zahlreichen Punkten einen üblen antisemitischen, aber wer nahm politische Parteiprogramme ernst? Es gab, glaube ich, 22 Parteien, also ebensoviel Parteiprogramme, alle beschimpften sich untereinander und gegeneinander, sehr fein war keines, und wie sich dann später zeigte, das Seneca'sche qui potest mori, non potest cogi – galt für keins. Daß die Parteiprogrammpunkte verwirklicht würden, das konnte man nach den Erfahrungen mit den politischen Verhältnissen überhaupt auf keinen Fall erwarten. Z.B. enthielt das NS-Parteiprogramm auch jenen Punkt: »Brechung der Zinsknechtschaft« – und die Zinsen spielten dann doch eine größere Rolle als je und die Kapitalien und Investitionen wurden reichlich verteilt und ausgenutzt und durch Schlösser und Brillanten ergänzt und

was gebrochen wurde, war etwas ganz anderes, aber nicht der Zins – also wörtlich konnte man diese Parteiproklamationen doch wirklich zunächst nicht nehmen, zunächst – dann allerdings, als sie ihre Rassentheoreme praktizierten, schauerten einem die Knochen, aber das war noch nicht 1933.

Der Antisemitismus ist eine so ernste Frage, daß ich mir erlaube, ihm einige weitere Sätze zu widmen. Ein »Judenproblem« hatte ich nie gekannt. Es wäre völlig ausgeschlossen gewesen, daß in meinem Vaterhaus ein antisemitischer Gedanke gefaßt oder ausgesprochen worden wäre, ein Gedanke gegen ein Volk, aus dem Christus hervorgegangen war, und mein Vater hielt, um 1900, den »Vorwärts«, kein Stöcker'sches Blatt – den »Vorwärts« in einem Dorf Ostelbiens, damals ein starkes Stück! Auf der Schule, während des Studiums war es nicht anders. Auf der militärärztlichen Akademie, der ich meine Ausbildung verdanke, gab es nicht wenige »Mischlinge«, aber man erfuhr das erst nach 1933, als sie aus den Listen der Sanitätsoffiziere gestrichen werden mußten, vorher hatte sich niemand um diese Herkunftsfragen gekümmert. (Bei dieser Gelegenheit und nebenbei, ich hatte während meiner 2. Dienstzeit Gelegenheit, die Ehrenliste der im I. Weltkrieg gefallenen Sanitätsoffiziere einzusehen, die erst während der Nazizeit als Prachtband erschienen war, die Namen waren alphabetisch geordnet, und es fanden sich acht Cohns).

In den entscheidenden Jahren hatte ich dann in Berlin viele jüdische Bekannte. Derjenige Arzt, dem ich körperlich und seelisch die meiste Hilfe verdanke, war eine jüdische Ärztin. Der einzige Mensch, der mir in den Jahren um 1930 wirklich nahe stand, mit dem ich am häufigsten meine damaligen Junggesellenabende verbrachte, der einzige, den ich vielleicht als Freund bezeichnen könnte, war ein Jude, auch während meiner Wehrmachtsjahre hielt das an und heute – von New York aus – ist es nicht anders. Betrachte ich das Judenproblem statistisch, würde ich sagen, während meiner Lebensperiode sah oder las ich drei Juden, die ich als genial bezeichnen würde: Weininger, Else Lasker-Schüler, Mombert. Als Talente allerersten Ranges würde ich nennen: Sternheim, Liebermann, Kerr, Hofmannsthal, Kafka,

Döblin, Carl Einstein, dazu Schönberg und dann kam die unabsehbare Fülle anregender, aggressiver, sensitiver Prominenten, von denen ich einige kennenlernte: S. Fischer, Flechtheim, Cassirer, die Familie Ullstein – meine Auswahl ist gering und unzulänglich, ich verkehrte nicht viel in hohen Kreisen. Von Büchern lebender jüdischer Autoren, die mich aufs stärkste beeindruckt haben und meinen inneren Weg bestimmten, nenne ich: Semi Meyer, Probleme des menschlichen Geisteslebens; Erich Unger: Mythos, Wirklichkeit, Erkenntnis; Levi-Bruhl: Das Denken der Primitiven.

Zusammenfassend: ich hatte nie daran einen Zweifel und bezweifele es auch heute nicht, daß die Periode meines Lebens ohne den nichtarischen Anteil an der Zeit völlig undenkbar wäre. Der Glanz des Kaiserreichs, sein innerer und äußerer Reichtum, verdankte sich sehr wesentlich dem jüdischen Anteil der Bevölkerung. Die überströmende Fülle von Anregungen, von artistischen, wissenschaftlichen, geschäftlichen Improvisationen, die von 1918-1933 Berlin neben Paris rückten, entstammte zum großen Teil der Begabung dieses Bevölkerungsanteils, seinen internationalen Beziehungen, seiner sensitiven Unruhe und vor allem seinem todsicheren Instinkt für Qualität. Alles dies durch politische Regelungen oder gar Gewaltmaßnahmen auslöschen oder gar ausrotten zu wollen oder zu können, erschien 1933 wohl nicht nur mir ausgeschlossen. Das hieß, Europa ausrotten, die Geschichte blockieren, den Kulturkreis destruieren – dies traute man 1933 keiner Macht der Erde zu. Das liberale Zeitalter, schrieb ich, *konnte die Macht nicht sehen*, sie sah ihr nicht ins Auge, sie sah von ihr weg, und in diese Bemerkung schließe ich mich ein. Dann aber sah es die Macht und ich sah sie auch.

Das Vorstehende ist die Einleitung zu einem Thema, das ich in meiner Lebensgeschichte nicht umgehen will. Es handelt sich um jene *Antwort an die literarischen Emigranten*, die im Frühjahr 1933 durch Presse und Rundfunk ging, im In- wie Ausland besondere Beachtung fand und mir bis heute vorgehalten wird. Der Anlaß zu dieser Stellungnahme von mir war ein Brief von Klaus Mann gewesen, den ich im folgenden veröffentliche. Klaus Mann stand mir in gewisser Hinsicht nahe, besuchte mich gelegentlich, er war ein

Mensch von hoher Intelligenz, weitgereist, tadellos erzogen, von besten Formen und er hatte die schöne ausgestorbene Eigenschaft, bei Unterhaltungen dem Älteren immer einen gewissen Respekt einzuräumen. Diesen Brief hatte ich seit 15 Jahren nicht wieder gelesen und als ich ihn heute wieder vornahm, war ich vollkommen verblüfft. Dieser 27-jährige hatte die Situation richtiger beurteilt, die Entwicklung der Dinge genau vorausgesehen, er war klarerdenkend als ich, meine Antwort, aus der ich Teile anführen werde, war demgegenüber romantisch, überschwänglich, pathetisch, aber ich muß ihr zugute halten, sie enthielt Probleme, Fragen, innere Schwierigkeiten, die auch heute noch für uns alle akut sind, und auf die ich zu sprechen kommen werde. Ich veröffentliche den Brief auch als Ehrung für den Verstorbenen, für den ich trotz aller schweren Angriffe, die von ihm und seinem Kreise dann gegen mich vorgetragen wurden, immer ein freundliches Erinnern bewahrte. Die im Brief genannten Namen lasse ich fort, da sie zum Teil noch Lebende betreffen, die auch heute noch oder wieder eine öffentliche Rolle spielen. Dieser schöne Brief lautet:

KLAUS MANN Le Lavandou, den 9.5.33.

Lieber und verehrter Herr Doktor BENN
erlauben Sie einem leidenschaftlichen und treuen Bewunderer Ihrer Schriften mit einer Frage zu Ihnen zu kommen, zu der ihn an sich nichts berechtigt, als eben seine starke Anteilnahme an Ihrer geistigen Existenz? Ich schreibe diese Zeilen nur in der Hoffnung, daß Sie mich als verständnisvollen Leser Ihrer Arbeiten etwas legitimiert finden, eine offene Frage an Sie zu richten. – In den letzten Wochen sind mir verschiedentlich Gerüchte über Ihre Stellungnahme gegenüber den »deutschen Ereignissen« zu Ohren gekommen, die mich bestürzt hätten, wenn ich mich hätte entschließen können, ihnen Glauben zu schenken. Das wollte ich keinesfalls tun. Eine gewisse Bestätigung erfahren diese Gerüchte durch die Tatsache, die mir bekannt wird, daß Sie – eigentlich als EINZIGER deutscher Autor, mit dem unsereins gerechnet hatte – Ihren Austritt aus der Akademie NICHT erklärt haben. Was mich bei der protestantischen ... nicht verwundert und was ich von ..., der seine Rolle als der Hindenburg der deutschen

Literatur mit einer bemerkenswerten Konsequenz zu Ende spielt, nicht anders erwartet hatte, entsetzt mich in Ihrem Falle. In welcher Gesellschaft befinden Sie sich dort? Was konnte Sie dahin bringen, Ihren Namen, der uns der Inbegriff des höchsten Niveaus und einer geradezu fanatischen Reinheit gewesen ist, denen zur Verfügung zu stellen, deren Niveaulosigkeit absolut beispiellos in der europäischen Geschichte ist und von deren moralischer Unreinheit sich die Welt mit Abscheu abwendet? Wie viele Freunde müssen Sie verlieren, indem Sie solcherart gemeinsame Sache mit den geistig Hassenswürdigen machen – und was für Freunde haben Sie am Ende auf dieser falschen Seite zu gewinnen? Wer versteht Sie denn dort? Wer hat denn dort nur Ohren für Ihre Sprache, deren radikales Pathos den Herren ... und ... höchst befremdlich wenn nicht als der purste Kulturbolschewismus in den Ohren klingen dürfte? Wo waren denn die, die Ihre Bewunderer sind? Doch nicht etwa im Lager dieses erwachenden Deutschlands? Heute sitzen Ihre jungen Bewunderer, die ich kenne, in den kleinen Hotels von Paris, Zürich und Prag – und Sie, der ihr Abgott gewesen ist, spielen weiter den Akademiker DIESES Staates. Wenn Ihnen aber an Ihren Verehrern nichts liegt – sehen Sie doch hin, wo die sich aufhalten, die Sie Ihrerseits auf so hinreißende Art bewundert haben. Heinrich Mann, dem Sie wie kein anderer gehuldigt haben, ist doch mit Schanden aus eben derselben Organisation geflogen, in der Sie nun bleiben; mein Vater, den Sie zu zitieren liebten, wird in dem Lande nur noch beschimpft, für dessen Ansehen er in der Welt allerlei geleistet hat – wenn auch nicht so viel, wie seine neuen Herren nun wieder zu zerstören wußten. Die Geister des Auslands, die doch auch Ihnen wichtig gewesen sind, überbieten sich in den schärfsten Protesten – denken Sie doch an André Gide, der gewiß nie zu den platten »Marxisten« gehört hat, die Sie so schrecklich abstoßend fanden.

Da sind wir ja wohl beim entscheidenden Punkt. Wie gut habe ich Ihre Erbitterung gegen den Typus des »marxistischen« deutschen Literaten (fatalster Vertreter: ...) immer verstanden, und wie sehr habe ich sie oft geteilt. Wie blöde und schlimm war es, wenn diese Herren in der Frankfurter Zeitung, im Börsencurier oder in ihren verschiedenen Linkskurven Dichtungen auf ihren soziologischen Gehalt hin prüften. Das war ja wirklich zum Kotzen, und niemand hatte mehr unter denen zu leiden als ich. Mit Beunruhigung aber verfolgte ich schon seit Jahren, wie Sie, Gottfried Benn, *sich aus Antipathie gegen diese aufgeblasenen Flachköpfe in einen immer grimmigeren* IRRATIONALISMUS *retteten. Diese Haltung blieb rein geistig und hatte für mich eine große Verführungskraft, wie ich gestehe – aber das hinderte nicht, daß ich ihre Gefahren spürte. Als ich unlängst in der »Weltbühne« den Aufsatz über Sie und Ihre »Flucht zu den Schachtelhalmen« las, konnte ich dem, der da gegen Sie polemisierte, beim besten Willen so ganz Unrecht nicht geben – ja: wenn ich genau nachdachte, fiel mir ein, daß ich eigentlich recht ähnliche Dinge ziemlich viel früher über Sie geschrieben hatte. Es scheint ja heute ein beinah zwangsläufiges Gesetz, daß eine zu starke Sympathie mit dem Irrationalen zur politischen Reaktion führt, wenn man nicht höllisch genau Acht gibt. Erst die große Gebärde gegen die »Zivilisation« – eine Gebärde, die, wie ich weiß, den geistigen Menschen nur zu stark anzieht –; plötzlich ist man beim Kultus der Gewalt, und dann schon beim Adolf Hitler. – Ist es nicht doch ein bißchen so, wie ein geistreicher Autor* (KEIN *»Marxist«) an dieser Küste neulich zu mir sagte: »Der Benn hat sich einfach so viel über den ... geärgert, daß er schließlich Nazi darüber wurde.« Ich verstehe ja sehr gut, daß man sich ausgiebig über den ... ärgern kann, aber doch nicht gleich bis zu dem Grade, daß man den Geist überhaupt darüber verrät. Mich könnte kein ..., kein ... je so weit bringen. Im Gegenteil: während der ... heute Mittel und Wege findet, sich so ein bißchen fascistisch umzufrisieren – und vielleicht wird morgen schon bei ihm die »Nation« stehen, wo gestern das »Klassenbewußtsein« stand –, weiß ich nun so klar und so genau wie nie, wo mein Platz ist. Kein Vulgärmarxismus kann mich mehr irritieren. Ich weiß doch, daß man kein stumpfsinniger »Materialist« sein muß, um das Vernünftige zu wollen und die hysterische Brutalität aus tiefstem Herzen zu hassen.*

Ich habe zu Ihnen geredet, ohne daß Sie mich gefragt hatten; das ist ungehörig, ich muß noch einmal um Entschuldigung bitten. Aber Sie sollen wissen, daß Sie für mich – und einige andere – zu den sehr Wenigen gehören, die wir keinesfalls an die »andere Seite« verlieren möchten. Wer sich aber in dieser Stunde zweideutig verhält, wird für heute und immer nicht mehr zu uns gehören. Aber freilich müssen Sie ja wissen, was Sie für unsere Liebe eintauschen und welchen großen Ersatz man Ihnen drüben dafür bietet; wenn ich kein schlechter Prophet bin, wird es zuletzt Undank und Hohn sein. Denn, wenn einige Geister von Rang

immer noch nicht wissen, wohin sie gehören –: die dort drüben wissen ja ganz genau, wer nicht zu ihnen gehört: nämlich der GEIST.
Ich wäre Ihnen dankbar für jede Antwort.

Meine Adresse:
Hotel de la Tour, SANARY s.m.(VAR)

Ihr
gez. Klaus Mann

Dies ist der Brief, niemand wird ihn ohne Rührung lesen. Daß ich ihn trotzdem ablehnen mußte, zeigt die innere Bedrängnis, in der ich stand. Ich glaubte an eine echte Erneuerung des deutschen Volkes, die einen Ausweg aus Rationalismus, Funktionalismus, zivilisatorischer Erstarrung finden würde, die Europa dienen, dessen Bildung, seine kritischen Maßstäbe einschließen, Religionen und Rassen das lassen und sich zu Nutzen übernehmen würde, was das Beste an ihnen war. Aus meiner Antwort bringe ich zunächst aus dem Schlußteil unverändert zwei Abschnitte.
Schließlich richtet sich aber Ihr Brief auch unmittelbar an meine Person. An diese richten Sie Fragen, Warnungs- und Prüfungsfragen hinsichtlich der Besonderheit ihres radikalen Sprachgefühls, das mir auf der anderen Seite nur Hohn und Spott eintragen würde, schließlich nach ihrer Verehrung bestimmter literarischer Köpfe, die jetzt auf Ihrer Seite sich befinden. Ich antworte Ihnen: ich werde weiter verehren, was ich für die deutsche Literatur vorbildlich und erzieherisch fand, ich werde es verehren bis nach Lugano und an das ligurische Meer, aber ich erkläre mich ganz persönlich für den neuen Staat, weil es mein Volk ist, das sich hier seinen Weg bahnt. Wer wäre ich, mich auszuschließen, weiß ich denn etwas Besseres – nein! Ich kann versuchen, es nach Maßgabe meiner Kräfte dahin zu leiten, wo ich es sehen möchte, aber wenn es mir nicht gelänge, es bliebe mein Volk. Volk ist viel! Meine geistige und wirtschaftliche Existenz, meine Sprache, mein Leben, meine menschlichen Beziehungen, die ganze Summe meines Gehirns danke ich doch in erster Linie diesem Volke. Aus ihm stammen die Ahnen, zu ihm kehren die Kinder zurück. Und da ich auf dem Land und bei den Herden groß wurde, weiß ich auch noch, was Heimat ist. Großstadt, Industrialismus, Intellek-

tualismus, alle Schatten, die das Zeitalter über meine Gedanken warf, alle Mächte des Jahrhunderts, denen ich mich in meiner Produktion stellte – es gibt Augenblicke, wo dies ganze gequälte Leben versinkt, und nichts ist da als die Ebene, die weite, Jahreszeiten, Erde, einfache Worte –: Volk. So kommt es, daß ich mich denen zur Verfügung stelle, denen Europa, wie Sie schreiben, jeden Rang abspricht.
Schließlich noch etwas, über das Sie im Ausland, wenn Sie das Vorstehende lesen, sicher Bescheid wissen wollen: ich gehöre nicht zu der Partei, habe auch keine Beziehung zu ihren Führern, ich rechne nicht mit neuen Freunden. Es ist meine fanatische Reinheit, von der Sie in Ihrem Brief so ehrenvoll für mich schreiben, meine Reinheit des Gedankens und des Gefühls, das mich zu dieser Darstellung treibt. Ihre Grundlagen sind dieselben, die Sie bei allen Denkern der Geschichte finden. Der eine sagte: die Weltgeschichte ist nicht der Boden des Glücks (Fichte); der andere: Völker haben bestimmte große Lebenszüge an den Tag zu bringen, und zwar völlig ohne Rücksicht auf die Beglückung des einzelnen, auf eine möglichst große Summe von Lebensglück (Burckhardt); der dritte: die zunehmende Verkleinerung des Menschen ist gerade die treibende Kraft, an die Züchtung einer stärkeren Rasse zu denken. Dazu: eine herrschaftliche Rasse kann nur aus furchtbaren und gewaltsamen Anfängen emporwachsen. Problem: wo sind die Barbaren des 20. Jahrhunderts (Nietzsche). Das alles hatte die liberale und individualistische Ära ganz vergessen, sie war auch geistig gar nicht in der Lage, es als Forderung in sich aufzunehmen und es in seinen politischen Folgen zu übersehen. Plötzlich aber öffnen sich Gefahren, plötzlich verdichtet sich die Gemeinschaft, und jeder muß einzeln hervortreten, auch der Literat, und sich entscheiden: Privatliebhaberei oder Richtung auf den Staat. Ich entscheide mich für das letztere und muß es für diesen Staat hinnehmen, wenn Sie mir von Ihrer Küste aus zurufen: Leben Sie wohl.
Andere Partien meiner Antwort würde ich heute nicht mehr schreiben, sie sind romantisch, haben einen unangenehmen Schwung und sind erfüllt von einer Art *Schicksalsrausch* – ich bitte dieses Wort im Gedächtnis zu behalten, es stammt aus dem Arsenal eines Erfahreneren, ich komme gleich darauf zu sprechen. Alles in allem ist aber meine Antwort weniger ein Plädoyer für den N.S. als für ganz etwas anderes, und jetzt nähern wir uns dem Kernpunkt des

Problems: nämlich für das Recht eines Volkes, sich eine neue Lebensform zu geben, auch wenn diese Form anderen nicht zusagt, und ich analysierte die Methode, mit der sich eine solche neue Lebensform ankündet und durchsetzt trotz aller rationalen und moralischen Einwände gegen sie. Dieser Teil meiner Darlegungen ist auch heute aktuell und ich werde sie von neuem diskutieren. Die Stelle lautet:

Aber, und so lautet meine Gegenfrage, wie stellen Sie sich denn nun eigentlich vor, daß die Geschichte sich bewegt? Meinen Sie, sie sei in französischen Badeorten besonders tätig? Wie stellen Sie sich zum Beispiel das 12. Jahrhundert vor, den Übergang vom romanischen zum gotischen Gefühl, meinen Sie, man hätte sich das besprochen? Meinen Sie, im Norden des Landes, aus dessen Süden Sie mir jetzt schreiben, hätte sich jemand einen neuen Baustil erdacht? Man hätte abgestimmt: Rundbogen oder Spitzbogen; man hätte debattiert über die Apsiden: rund oder polygon? Ich glaube, Sie kämen weiter, wenn Sie endlich diese novellistische Auffassung der Geschichte hinter sich ließen, um sie mehr als das elementare, das stoßartige, das unausweichliche Phänomen zu sehen; ich glaube, Sie kämen den Ereignissen in Deutschland näher, wenn Sie die Geschichte nicht weiter als den Kontoauszug betrachteten, den Ihr bürgerliches Neunzehntes-Jahrhundert-Gehirn der Schöpfung präsentierte, – ach, sie schuldet Ihnen ja nichts, aber Sie ihr alles, sie kennt ja Ihre Demokratie nicht, auch nicht Ihren vielleicht mühsam hochgehaltenen Rationalismus, sie hat ja keine andere Methode, sie hat ja keinen anderen Stil, als an ihren Wendepunkten einen neuen menschlichen Typ aus dem unerschöpflichen Schoß der Rasse zu schicken, der sich durchkämpfen muß, der die Idee seiner Generation und seiner Art in den Stoff der Zeit bauen muß, nicht weichend, handelnd und leidend, wie das Gesetz des Lebens es befiehlt. Natürlich ist diese Auffassung der Geschichte nicht aufklärerisch und nicht humanistisch, sondern metaphysisch, und meine Auffassung vom Menschen ist es noch mehr. Und damit stehen wir vor dem Kern unseres alten Streites: Ihr Vorwurf, ich kämpfte für das Irrationale.

Treten wir nun zurück von Klaus Mann und mir im Jahre 1933 – schreiben wir das heutige Datum, es gibt etwas, das sie beide verbindet, es ist: das Dilemma der Geschichte. Die Geschichte! Das Abendland betet sie an. Bezieht aus ihr den größten Teil seiner Standardideologien: Tapferkeit, Ehre, Virtus, Vaterland(sverrat), Mannesmut, Treue, Selbstbehauptung, wer rastet, der rostet – allen Gewalten zum Trotz sich erhalten – die ganzen Jiu-Jitsubegriffe des Nationalismus. Auch innerhalb des weitverzweigten philosophischen und künstlerischen Gewebes der letzten Jahrtausende liegen diese Worte und Vorstellungen als Kernbegriffe vor: Wallenstein, Tellheim, Prinz von Homburg, in Frankreich der Jean d'Arc-Mythos, in England die Königsdramen, bei den Hellenen die Perser, der Parthenonfries, die Ilias – d'Annunzio's Fiume – und wie steht es mit den Drei Grenadieren von Heinrich Heine? Was ist Pindar, der die Olympioniken besingt, – die Nibelungen, die Edda, die Alexanderschlacht und Platons Staat? Hinter allem steht eine einheitliche Figur: der Mann, der sich für eine geschichtliche Idee einsetzt, siegt und fällt, steht die Tapferkeit des Mannes, oft die gesetzesverleugnende, moralumschaffende Tapferkeit des Mannes – so kam es auf uns.

Gehen wir den beiden Quellen unseres Bildungsbesitzes nach, bestätigt sich diese These: das Römertum, keinesfalls das Ideal reiner Menschlichkeit vertretend, sondern allein das der Größe des neuentstehenden Rom, und das Griechentum, auf das wir unseren Humanismus zurückführen – (*Humanismus als der Gedanke an den Adel des Menschen,* Bultmann, – *der griechische Weg zum Menschen, den wir als Humanismus bezeichnen,* Werner Jäger, – *das griechische Bildungsideal, das wir weitertragen,* Eduard Norden) – also diese Griechen, was schrieben sie dem Äschylos auf seinen Grabstein? Nichts vom Dichterischen, keinen Vers aus seinen Tragödien –: *Marathons Hain noch spricht von der Kraft des ruhmreichen Streiters* – sie gedachten seiner allein als des Marathonkämpfers. Und Europa fand es der Bewunderung wert.

Marathon, die Tapferkeit, die Virtus, also die Geschichte, der wir mit Salamis die Entstehung und mit Tours und Poitiers die Erhaltung des Abendlandes verdanken – wie ist ihr Weg? Die Ostindische Kompanie, die Bastille, Cortez – welches ist die Methode, die zu Resultaten führte? Wir müssen es kurz und modern ausdrücken: sie verfährt nicht demokratisch, sie verfährt mit Gewalt. Aber damit treten wir schon wieder vor eine neue unlösliche Frage, nämlich was heißt eigentlich Gewalt, wo beginnt sie, was bestimmt ihr Wesen? Auch Geburt ist Gewalt, auch Eiszeit ist Gewalt.

Auch Tierschlachten ist Gewalt. Verbrecher ausrotten ist Gewalt. Jeder Verkehrspolizist ist Gewalt. Jede Ordnung ist Gewalt. Also das Nicht-Sanfte und Nicht-Kontemplative ist vorhanden und geht seinen Weg und von da ist nur ein Schritt zu der Frage, könnte sich der Geist überhaupt erhalten, formen, seine Bahnen ziehen ohne diesen Kontrapunkt? Das Dilemma der Geschichte! Es wird noch größer, wenn man seine Betrachtungen von einer weiteren Perspektive nicht zurückhalten kann: wenn die Religion der Demut und des Hinhaltens der linken Wange, nachdem die rechte genügend geschlagen ist, wenn das Christentum unbezweifelbar mit seinen Religionskämpfen, Kaiser- und Papstkriegen, 30-jährigen Krieg, Inquisitionen, Hexenprozessen, Edikten, Hussiten, Calvin weit mehr Menschen als Opfer forderte als die beiden letzten Weltkriege zusammen – was dann? Es ist unlösbar. Man kommt den Dingen mit Gedanken nicht mehr nahe.

Das Vaterland, der Krieg, die Macht – ich kann es mir nicht versagen, auf der Suche nach Zeugen und Vorbildern des Verhaltens gegenüber diesen Fragen den von mir mein Leben lang gefeierten und hochverehrten Thomas Mann in die Diskussion zu ziehen. Vor mir liegt sein *Lebensabriß*, erschienen 1930 in der »Neuen Rundschau«, Juniheft. Es handelt sich um sein Verhältnis zum Krieg 1914-1918. Da lesen wir: *Ich teilte die Schicksalsergriffenheit eines geistigen Deutschtums, dessen Glaube soviel Wahrheit und Irrtum, Recht und Unrecht umfaßte und so furchtbaren, ins Große gerechnet aber heilsamen, Reife und Wachstum fördernden Belehrungen entgegenging. Ich habe diesen schweren Weg zusammen mit meinem Volke zurückgelegt, die Stufen meines Erlebens waren die des seinen und so will ichs gutheißen.* So will er's gutheißen! Also nichts von Pazifismus. Ferner lesen wir: *Die Betrachtungen eines Unpolitischen waren ein Gedankendienst mit der Waffe, zu welchem, wie ich im Vorwort sagte, nicht Staat und Wehrmacht, sondern die Zeit selbst mich eingezogen hatte.* Eingezogen! Dann reiste er in das besetzte Brüssel, um einer Aufführung seiner *Fiorenza* in einem durch die Deutschen besetzten Theater beizuwohnen. Frühstückte beim deutschen Gouverneur im Kreis seiner Offiziere, *schmucker und liebenswürdiger Leute*, ein Kammerherr redet ihn später brieflich *Herr Kriegskamerad* an. Nach 1918 erlebte er *den Verfall einer*

unzweifelhaft echten, wenn auch politisch unberatenen und historisch irrigen Erhebung, er durchlebt *das widerwärtig entnervende Gefühl des Ausgeliefertseins an die Fremden.* Und dann folgt der sehr bemerkenswerte Satz: »*Das Gefühl epochaler und zeitalterscheidender Wende, die auch in mein persönliches Leben unweigerlich tief eingreifen mußte, war von Anfang an sehr stark in mir gewesen, es war der Grund des Schicksalsrausches, der meinem Verhältnis zum Krieg den deutsch-positiven Charakter verlieh.*«
Seltsam erregende Sätze! Ich erlaube mir, einige dieser Wendungen mit Stellen aus meiner *Antwort an die Literarischen Emigranten* in inhaltliche Beziehung zu setzen. Im übrigen bin ich sicher, daß Thomas Mann keinen dieser Sätze heute korrigieren oder zurücknehmen würde. Es nützte ja auch nichts. Die Probleme bleiben bestehen. Ein Künstler, ein Geist, ein hochkultivierter Mann, seiner Natur nach unpolitisch und Antimilitarist, wird mit in diesen Mahlstrom hineingezogen und muß ihn bestehen. Eine definitive Antwort weiß er weder für sich noch für uns andere, sein Verhalten ist düster, notgedrungen oder, um einmal ein Wort zu gebrauchen, das ich nicht sehr liebe: tragisch. Demgegenüber sind eigentlich die Schilderungen Goethes über seine Teilnahme an Schlacht- und Kriegshandlungen von Heiterkeit erfüllt, einseitig persönlich und noch ohne Vorkenntnis von den vernichtenden Perspektiven, in die die Urenkel dann gelangen sollten.
Ja, sie wurden vernichtend oder sagen wir lieber, sie wurden immer komplizierter. Politische Apathie wird verurteilt, aber politische Handlungen sind nur möglich unter Macht- und Expansionsaspekten. Nun sagen die Fachleute, die Macht solle in die Hände der Besten gelangen, der Aristoi, darum gehe der Kampf. Aber wer sind die Aristoi? Jeder wird sich etwas anderes darunter vorstellen. Und wie verfahren die Aristoi, wenn sie an die Macht gelangt sind? Und will man sich orientieren, sieht man, es gab und gibt so viele Staaten, die das schufen, was auch bei uns als Ziel vorschwebt: Innerlichkeit und Kultur, aber diese Staaten hatten ganz andere Aristoi als unseren Philosophen vorschweben würde. Immer wieder also und überall das persönliche affektbestimmte konstitutionelle Motiv und danach dann die Qualifikation und die Ausrichtung der

Werte. Oder was soll man zu folgendem Erlebnis sagen: in diesem Sommer besuchte mich ein deutscher Emigrant, er ist Professor der Philosophie in USA. Wir unterhielten uns zwei Stunden, auch über Politik. Dabei sagte er: *es geht eben nirgends mehr ohne Diktatur, das erfordern die Verhältnisse.* Ich war konsterniert, dies von einem Amerikaner zu hören, der Deutschland wegen einer Diktatur verlassen hatte. Ich bat ihn um nähere Erklärung. Er zögerte, sagte dann: *es gibt eben gute und schlechte Diktaturen,* und er bezog die östliche mit ein. Gute und schlechte Diktaturen – nein, da kann ich nicht mehr mit, da stehn wir wieder im Aufmarschgebiet der Ideologien und gab es je eine, die sich nicht für die beste der Welten hielt? Man kann schon gar nicht mehr darüber nachdenken. Manchmal hat man schon das Gefühl, mit dem Gedanken ist es vorbei. Jeder Gedanke ruft sofort seinen Gegengedanken hervor, man denkt ihn, man schreibt ihn und im selben Augenblick ist schon der Gegenstoß da und reißt ihn um. Man vergleiche die Blätter am Baum: so dünn und zart sie sind, solange Sommer ist, reißt sie kein Sturmwind ab, kein Wolkenbruch, aber im Herbst fallen sie von selber. Im Dialektischen ist offenbar Herbst, die Gedanken fallen vom Atemzug des eigenen Schöpfers, er erzeugt sie und er verschlingt sie in das Aufgehobensein, in einen Dunst. Wenn Dinge sehr lange gedacht werden, fallen sie ins Nichts. So die Dinge der Macht und des Geistes, der Ordnung und des Chaos, des Staates und der Freiheit. Man muß anhalten, sonst fällt man selber mit.

Ich will daher nur noch auf einige konkrete Punkte aus dem Brief von Klaus Mann eingehen, zunächst auf den Vorwurf, daß ich in der Akademie blieb. Es handelt sich um die damalige Preußische Akademie der Künste, der 1926 eine Abteilung für Dichtkunst angegliedert worden war. Etwa 25 der bedeutendsten Schriftsteller dichterischer Richtung und Substanz waren die Mitglieder. Als ich 1932 hineingewählt wurde, war Max Liebermann Präsident der Gesamtakademie, Heinrich Mann Abteilungs-Präsident für die Dichtung. Die Wahl war damals eine außerordentliche Ehre, die größte, die einem Schriftsteller innerhalb des deutschen Sprachraums zuteil werden konnte. Die Aufgabe der Akademie bestand in Ausstellungen, Konzerten, Vortragsabenden, Gutachten für den Kultusminister, Verleihung von Preisen und Unterstützung verdienter Künstler. Die Lage im verworrenen Frühjahr 1933 war nun so, daß nach dem Fortgang der berühmtesten Träger der Abteilung hier ein knappes halbes Dutzend Mitglieder zurückblieb, die sich dem Ansturm gewisser völkischer und volkhaft ausgerichteter Autoren gegenübersahen, die die alte Gruppe eliminieren und alle kulturellen Positionen besetzen wollten. Uns hielten sie alle mehr oder weniger für Kulturbolschewisten. Die Vorgänge spielten sich für uns im Dunkeln ab, niemand wußte, woran er war, und es standen nicht nur ideelle Fragen zur Debatte, sondern auch materielle. Nicht für mich, ich habe nie einen Pfennig aus irgendeinem dieser Fonds bezogen oder irgendwelche anderen Vorteile gehabt. Aber die Akademie hatte einen Etat, Personal, Sekretäre, Angestellte, die ihr Gehalt weiter beziehen wollten; Loerke erhielt als Sekretär der Abteilung für Dichtung ein Gehalt, das für ihn wichtig war (natürlich nicht so wichtig, daß es ihn zu irgendwelchen Konzessionen innerer Art je hätte bewegen können); Stucken bekam einen monatlichen Ehrensold, ohne den er nicht leben konnte; Fulda wollte aus persönlichen Gründen wissen, woran er war und wie weit die Aggression gegen die als gefährdet anzusehenden Mitglieder schon vorgeschritten war. Also hielten wir zusammen, besonders auch im Hinblick darauf, daß die Verhandlungen mit den abwesenden Mitgliedern, die vom Gesamt-Präsidenten, der damals Max von Schillings war, geführt wurden, noch nicht abgeschlossen waren und noch manche Hoffnung in uns übrig ließen. Bei dieser Lage nahm ich im Auftrag der hiesigen Mitglieder an einer Sitzung bei Rust teil, der der Kurator der Akademie geworden war. Da saß ich als einziger und wenig angesehener Vertreter der Belasteten, den, wie ich wußte, Rust wegen seiner gelegentlichen Mitarbeit an der »Weltbühne« schon auf dem Strich hatte, recht schweigsam da und hörte mir an, wie die neue Front sich ihrer kolossalen internationalen Beziehungen rühmte und ganz Europa in ihre Strömungen einzubeziehen sich anheischig machte. In der Diskussion gebrauchte ich einmal die Wendung von *veränderten politischen Verhältnissen*, Rust lief rot an und: *es handelt sich nicht um politische Veränderun-*

gen, sondern um eine geschichtliche Wende, verwies er mich. Unmittelbar nach dieser Sitzung traf ich mich verabredungsgemäß mit den alten Mitgliedern, es waren soweit ich mich erinnere Loerke, von Molo, Stucken, Fulda, in einem Lokal, und ich berichtete ihnen von dem niederschmetternden Eindruck, den die Zusammenkunft auf mich gemacht hatte. Damit endete meine persönliche Tätigkeit für die Akademie. Dann nahm ich, wie alle anderen noch hier gebliebenen Mitglieder, an der Sitzung vom 6./7. Juni 1933 teil, die Rust eröffnete und Herr von Schillings leitete. Johst und Blunck wurden zu Vorsitzenden gewählt und lauter neue Senatoren ernannt. Ich blieb völlig im Hintergrund, doch erinnere ich mich sehr deutlich, wie es einige der neuen Mitglieder kaum über sich gewinnen konnten, mir bei der Begrüßung die Hand zu geben. Seit dieser Sitzung habe ich nichts mehr von der Akademie gesehen und gehört. Ob sie getagt hat, was sie getan hat, weiß ich nicht. Ich will noch hinzufügen, daß ich im Sommer 1933 zunächst von ihr beauftragt war, aus Anlaß des Todes von Stefan George eine Gedächtnisrede auf ihn zu halten, ich hatte sie fertig, aber mein Auftreten wurde untersagt. Ich weiß nicht von wem, ich habe mich auch nie darum gekümmert. Also schon 1933 war es mit mir in dieser Hinsicht aus.

Ich stelle das Vorstehende so ausführlich dar, weil Klaus Mann ferner in seinem Roman *Mephisto*, den er mir 1937 mit einer reizenden und melancholischen Widmung zusandte, und der mich auch erreichte, und der ja bekanntlich in gewisser Weise ein Schlüsselroman ist, auch mich einführt und glossiert. Nämlich als jenen *höchst anspruchsvollen, schwer begreifbaren, auf dunkle Art hinreißenden Lyriker* namens Pelz, dessen Körperlichkeit er auch unverkennbar treffend nach mir schildert. Dieser Pelz also, angeblich Vizepräsident der Akademie, von Haus aus ein wenig weltfremd, wie der Autor bemerkt, wurde nun sehr schnell gesellschaftsfähig und gewandt und ging in Hendrikshall und in allen Häusern der Prominenten aus und ein, in denen der Whisky und die Marmelade direkt aus London bezogen wurden, wo man in Geld schwamm und es toll herging. Das alles, muß ich bemerken, ist eine dichterische Freiheit des Autors. Ich ging nirgends aus und ein, wurde auch nirgends eingeladen, betrat kein Ministerium und kein Palais, keine Soirée und keinen Empfang, besuchte keine der Veranstaltungen der Reichskulturkammer und auch nie den Tag des Buches in Weimar oder sonstwo. Außer Rust in jener Sitzung war die höchste Parteiinstanz, mit der ich zu tun hatte, der Blockwart, wenn er an der Korridortür die mannigfachen Kollekten einkassierte.

Ich fasse zusammen: ich behaupte, daß viele von denen, die damals blieben und ihre Posten weiterführten, es darum taten, weil sie hofften, die Plätze für die, die fortgegangen waren, freihalten zu können, um sie ihnen zu übergeben, wenn sie wiederkamen. Ich sage das nicht aus Verteidigungsgründen für mich und andere, dafür ist die Zeit vorbei, sondern ich berichte die Tatsache, daß es so war. Es ist nicht so, daß man uns nicht glauben kann. Wir waren nicht alle Opportunisten. Wir haben genau so unsere inneren Überlegungen gehabt, unsere Hoffnungen und dann unsere Zweifel durchgekämpft und dann mit unseren inneren und äußeren Niederlagen bezahlt wie jene, die sich von uns trennten. Wir haben uns in dieser Form erlebt, jene in einer anderen. Immer alles gewußt zu haben, immer recht behalten zu haben, das alleine ist nicht groß. Sich irren und dennoch seinem Inneren weiter Glauben schenken müssen: – das ist der Mensch, – sagt einer meiner *Drei alten Männer* – und jenseits von Sieg und Niederlage beginnt sein Ruhm. Der Ruhm nämlich, das auf sich genommen zu haben, was der uns zugemessene Teil, was die Moira, man kann natürlich auch sagen der Zufall und die Gelegenheit, uns bestimmte. Opportunismus ist das nicht. Aus Opportunismus erhält sich kein schöpferischer Mensch. Man muß tiefere und verfänglichere Schichten aufsuchen, um zu Urteilen zu gelangen. Und wenn Döblin mich jetzt öffentlich und privat einen Schuft nennt, so weiß ich wirklich nicht, warum, und er muß das mit sich alleine abmachen.

Aber noch einen Gedanken muß ich aussprechen, er ist mir zu oft gekommen, wenn ich an 1933 zurückdachte: wenn die, die dann Deutschland verließen und noch heute so sehr auf uns herabsehen, so klug und weitsichtig waren, wie es Klaus Mann ja ohne Zweifel war und wie es viele von den anderen vielleicht auch waren – warum haben sie das Unheil nicht von sich und von uns abgewendet? Ihnen gehörte die Öffentlichkeit, die Öffentlichkeit hörte ihnen zu, sie hatten Beziehungen zu Braun, Severing, Brüning, ihnen standen Teile der prominenten Presse zur Verfügung, ebenso Theater, gewisse Botschaften und internationale Gremien, aber außer dem berühmten Vortrag von Thomas Mann in der Berliner Philharmonie 1932 entsinne ich mich keiner tatsächlichen Aktion von ihrer Seite – warum haben sie, wenn sie Bescheid wußten, das Unheil nicht abgewendet von sich, von uns, von Europa, von der ganzen Welt, konnten vielleicht auch sie die Macht nicht sehen, wie ich das unter Nr. 3 dieser Vorbemerkung darstelle oder sollte das dann Kommende doch tatsächlich unabwendbar, eine Art Geologie, gewesen sein?

Zunächst also war ich noch in Berlin, und der Umschmelzungsprozeß der Nation ging weiter, aber meine inneren und äußeren Verhältnisse wurden so, daß ich an Veränderung dachte. Vom nationalsozialistischen Ärztebund hatte ich nichts Gutes zu erwarten. Der hatte mich schon 1933 von einer Liste gestrichen, auf der die Ärzte standen, die bestimmte Atteste ausstellen durften. Ich wandte mich in energischer Form dagegen und bat um Erklärung. Da rief mich eines Nachmittags während meiner Sprechstunde jemand an – es war, wie ich dann hörte, der Vorsitzende des NS-Ärztebundes, er wurde später im Röhmputsch erschossen – und sagte: *Wer sind Sie denn, Männeken, haben Sie mitgekämpft, machen Sie sich bloß nicht mausig – und dann sehe ich auf Ihrem Fragebogen, Ihre Mutter war eine geborene Jequier, soll wohl ausländisch sein, heißt aber auf gut deutsch Jacob, also jüdisch, Sie machen mir nichts vor.* Ich hing erstaunt an, das war bisher nicht der Ton gewesen, in dem Ärzte miteinander verkehrten. Dann kamen die Schulungsabende, an denen jeder teilnehmen mußte, der seine Praxis behalten wollte. Ein Thema war das Rassenproblem. *Stellen Sie sich vor, ein Daimler-Benz-Kompressor soll in einen kleinen Opel einmontiert werden, das geht nicht, das paßt sich nicht* – damit sollten uns Argumente gegen die Ehe von Ariern mit Nichtarierinnen an die Hand gegeben werden. Dann das Thema Freimaurerei. Da wurde die alte Legende aufgetischt vom Oberstleutnant Hetsch, durch den wir die Marneschlacht verloren hätten, da er als deutscher Logenbruder die Armee von Bülow und Kluck an die belgischen und französischen Freimaurer verraten hätte. Das mußten wir alten Leute uns anhören und Beifall klatschen. Am Schluß eines solchen Schulungsabends ließ mich der Leiter einmal kommen und sagte: *Sie sind doch der Dichterling, Schriftsteller, na schreiben Sie doch mal was für die Presse über unsere Schulungsabende, kleines Stimmungsbild.* Nun hatte ich mich ja in gewissem Sinne entschieden gehabt, mich der Volksgemeinschaft anzuschließen, aber doch nicht in diesem Sinne. Ich hatte nicht erwartet, daß die Intelligenz an dem Punkt traktiert werden sollte, ganz unten, von wo aus sie vielleicht einmal begonnen hatte. Also was war zu machen? Ich schildere das Vorstehende nicht aus Ressentiment gegen den Nationalsozialismus, der liegt am Boden und ich schleife Hektor nicht. Ich erwähne es für die jungen Deutschen, nämlich mit der Bitte, jene Neigung zu bekämpfen, wenn man am Zuge ist, gleich allzu großmäulig und tausendjährig zu werden und sich zu überspielen, es wird auch unter ihnen immer einige geben, die sehen sie mit ruhigen und nachdenklichen Augen an.

Nicht anders verhielt es sich in der Literatur. Auch hier waren Leute an die Führung gekommen, die teils mit Literatur gar nichts zu tun hatten, teils sie zu eigener Bereicherung verwandten. Auch ganz üble Subjekte spielten sich hoch. Ich will nicht persönlich werden. Wenn ich heute an diese Dinge denke, sage ich mir, es gehört ein ungeheurer Charakter, ein ungeheurer innerer Brand dazu, in sich verschlossen zu bleiben, über sich zu wachen, wenn sich die äußere Möglichkeit bietet, expansiv, geltungsreich und materiell gewinnfähig zu werden, – dem einen ist es gegeben, dem anderen nicht. Ich will sogar bemerken, daß ein oder zwei der Meistgenannten die ganzen Jahre über sich nicht ohne Fairness verhielten, ihre literarische Art, ihre Gefühlswelt stand dem noch erträglichen Teil des nationalsozialistischen Wesens so nahe, daß man ihre persönliche Lauterkeit nicht bezweifeln konnte. Ich nenne z. B. Werner Beumelburg. Er trat mir nicht näher, er konnte mir auch nicht helfen, als es bei mir dann kritisch wurde, aber er war eine sympathische Erscheinung unter reichlich unsympathischen. Auch Johst ist – ich muß der Wahrheit die Ehre geben – mir gegenüber immer fair gewesen, nur war er schwach und den übergeordneten Kulturlenkern nicht gewachsen. Aber wir sind noch bei 1933-34, und da war eine gewisse Hoffnung noch berechtigt, daß die Korruption, der Ehrgeiz und die Aufgeblasenheit, die jetzt an die Tête kamen, vorübergehen würden, und die Zurückgebliebenen der alten Garde ihre Maßstäbe würden durchsetzen können. Und es waren ja doch eine ganze Menge von Erscheinungen unbestreitbaren Ranges im Lande noch vorhanden. Es waren hiergeblieben Käthe Kollwitz, Renée Sintenis, Kolbe, Scheibe, Pechstein, Hofer, Marcks, Schmidt-Rottluff, E. R. Weiß. Es lebten weiter in Deutschland Barlach, Hauptmann, Ricarda Huch, Richard Strauss,

Pfitzner, Loerke, R. A. Schröder, Edschmid, Carossa, Binding, es blieben Voßler, Jaspers, Spranger, E. R. Curtius, Planck, Meinecke, Heidegger, Spengler, es blieben drei Weltberühmtheiten und ließen sich sogar den Nobelpreis verbieten, es blieben Löbe, Grimme, Brüning, Adenauer – alle diese Genannten waren, soweit ich unterrichtet bin, keine P. G.'s und wurden weder verhaftet, noch persönlich verfolgt. Also völlig aussichtslos war die Lage zunächst noch nicht. Aber sie war andererseits auch nicht so, daß ich ihr weiter meinen Namen überlassen wollte.
Um mich zurückzuziehen, gab es für mich nur einen Weg, er lautete: die Armee. Die Kollegen und Kameraden, mit denen ich zusammen studiert hatte, waren zum Teil nach dem I. Krieg im Hunderttausendmann-Heer geblieben und jetzt in maßgeblichen Stellungen. Ich trat mit ihnen in Verbindung und fragte an, ob ich wieder eintreten könnte. Ich wollte aus Berlin heraus und aus den Verbindungen, die meine Stellung in der Literatur mit sich brachte. Das war möglich unter gewissen Voraussetzungen und Risiken. Darunter war die größte, daß ich ein halbes Jahr in Zivil Probezeit absolvieren mußte, ohne sicher zu sein, dann übernommen zu werden. Also ich mußte meine Praxis aufgeben, meine Wohnung in Berlin, meine materielle Grundlage und ins Ungewisse ziehen. Damals prägte ich das Wort, das bis 1945 im Oberkommando umlief, ohne daß allerdings glücklicherweise noch jemand wußte, von wem es stammte: *Die Armee ist die aristokratische Form der Emigration*. (Bruno E. Werner erwähnt in seinem Roman *Die Galeere* dies Wort von mir, es ist authentisch.) Sein Inhalt traf zu. Er galt bis zu dem Zeitpunkt, an dem Keitel an die Spitze kam, also Frühjahr 1938. Bis damals waren von 5 Offizieren 4 anti-hitlerisch, und zwar ungeniert. Als ich mich im März 1935 in Berlin von meinem Protektor im Oberkommando verabschiedete, fragte ich: *Bitte noch eines, wenn ich in ein Büro komme, muß ich da ›Heil Hitler‹ sagen oder ›guten Morgen‹? Murmeln Sie ›Morjen‹, das genügt*, war die Antwort. Noch 1937 zeigte ich meinem Kommandeur, einem General, früher Kadett, Page der Kaiserin und Gardeoffizier, den offenen Brief von Thomas Mann an die philosophische Fakultät der Universität Bonn, die ihm den Ehrendoktor aberkannt hatte. Der General las und war

begeistert. Also ich fuhr Ende März 1935 in meine neue Garnison, nach Hannover, und schrieb am 1. April den Brief nach Berlin, für den ich das alles unternommen hatte, nämlich daß ich infolge meines Eintritts in die Wehrmacht alle Verbindungen zu anderen Körperschaften zu lösen hätte und in keiner literarischen Stellung mehr tätig sein könnte. Ich erwähne ausdrücklich, daß auch die »Union nationaler Schriftsteller«, der P. E. N.-Club-Ersatz (dem Klub hatte ich nicht angehört), in deren Vorstand ich 1933 gewählt war, solange ich diesem Vorstand angehörte, noch ihre jüdischen Mitglieder besaß.

Ebenso will ich bei dieser Gelegenheit gleich erwähnen, daß ich trotz meiner Reaktivierung kein Militarist und Kriegstreiber war, meine Tätigkeit bei der Wehrmacht spielte sich seit 1937 bei der sogenannten Versorgung ab, d. h. ich war mit der wissenschaftlichen Begutachtung von Wehrdienstbeschädigungen, später Einsatzbeschädigungen genannt, beschäftigt, ich hatte zu beurteilen, wieviel Prozent Rente einer zu beanspruchen hatte, wie hoch seine Versehrtheitsstufe war, ob er eine Badekur bekommen konnte, ob seine Heilfürsorge genügend war, es standen orthopädische Fragen, Zahnersatzprobleme zur Erörterung, kurz meine Tätigkeit begann erst bei den Entlassenen und den Folgezuständen der Feldzüge und Schlachten. Eine durchaus interessante wissenschaftliche Tätigkeit, die mich durch Einholung von Obergutachten aus den führenden Universitätskliniken mit vielen, mir bis dahin fremden Problemen in Beziehung brachte und meine ärztlichen Kenntnisse wesentlich bereicherte. So blieb es auch während des Krieges.

Das Offizierkorps, in das ich nun 1935 eintrat, war das sogenannte E-Offizierkorps, E hieß Ersatz, es waren die Reaktivierten, die Alten, sie trugen besondere Uniformen und die aktive Truppe nahm sie nicht für voll, ließ sich zwar zum Gruß herab, aber meistens sehr zögernd. In diesem Teil des Offizierkorps herrschten im wesentlichen noch die Grundsätze der alten preußischen Dienstvorschriften (*je mehr Luxus und Wohlleben um sich greifen, um so mehr muß der Offizier auf Einfachheit der Sitten und Schlichtheit der Lebensführung halten*) und es fiel mir, der ich aus dem andersgearteten Berlin kam, vor allem auf, wie rigoros namentlich in Bezug auf Liebe und Ehe die Ansichten waren. Seine Frau etwa hintergehen, war völlig indiskutabel, es war ehrlos. Frivolitäten in der Unterhaltung waren unmöglich. Ich war der einzige Unverheiratete in diesem Kreis und bekam über Sonnabend-Sonntag manchmal Besuch aus Berlin, mit dem ich dann in eines der wenigen gang und gäben Lokale essen ging. Am Montag hieß es dann: Herr Doktor, Sie sind verlobt? Nein, sagte ich, ich hatte Besuch. Darauf betretenes Schweigen.

Ich muß diese Verhältnisse erwähnen, um den Eindruck charakterisieren zu können, den es hervorrief, als nun sehr bald gegen mich die öffentlichen Angriffe begannen, die sich gegen meine schriftstellerische Tätigkeit unter Hervorhebung meiner Unmoralität richteten. Im »Schwarzen Korps« vom 7.5.1936 hieß es in einem langen Artikel gegen mich: Du Schwein – Ferkeleien – warme Luft – widernatürliche Schweinereien – scher Dich doch dahin, wo Deine Genossen Kerr, Tucholsky, Kästner sitzen. Und der »Völkische Beobachter« vom gleichen Tag griff diesen Artikel auf. Dies »Schwarze Korps« hing überall öffentlich aus, ich hatte in der fraglichen Woche dienstlich in Göttingen zu tun und da hing es am schwarzen Brett der Universität, und die Studenten drängten sich davor, ich stellte mich zu ihnen und mir war recht beklommen. Denn es war nach damaliger Auffassung völlig ausgeschlossen, diesen Vorgang zu verschweigen oder zu verschleiern und es blieb mir nichts übrig, als ein Exemplar davon meinem Kommandeur auszuhändigen und um die Entscheidung zu bitten, ob er mich weiter in seinem Kreis behalten wolle oder nicht. Dieser Kommandeur war der früher erwähnte General, ein strenger Mann, der uns die weißen Handschuhe wieder beibrachte und daß ein Anstandsbesuch bei einem Vorgesetzten nicht länger als 5 Minuten dauern dürfe, Säbel und Mütze werden mit in den Salon hineingenommen – aber er war ein ungewöhnlich gebildeter und kluger Mann und aus der alten Schule. Er sagte, lassen Sie mir diese Zeitung da, geben Sie mir einige Ihrer Bücher und andere Kritiken über Sie und melden Sie sich in 48 Stunden bei mir zur Entgegennahme meiner Entscheidung. Diese Entscheidung lautete: Das »Schwarze Korps« ist ein solches Saublatt, es kann einen Offizier gar nicht beleidigen – wenn es Sie lobte, wäre es anders – der Fall ist erledigt, Sie bleiben.

In Hannover schrieb ich das *Weinhaus Wolf*, erschienen 1949 in dem Band der *Ptolemäer* und eine Reihe von Gedichten, die jetzt in den neuen Sammlungen stehen: Anemone – Einsamer nie – Wer allein ist – Die Gefährten – Astern – Tag, der den Sommer endet – in Hannover war Landschaft um mich herum, die habe ich immer als notwendige Voraussetzung für Lyrikproduktion empfunden. Alles in allem waren es keine schlechten zwei Jahre, die ich dort verbrachte. Der Dienst war nicht schwer und dauerte nicht lange, ich war ungemein pünktlich und korrekt, ich wollte mir ja meine Aufnahme in die Wehrmacht verdienen und dann eine baldige Beförderung zu einer höheren Gehaltsklasse. Unmittelbare Geldsorgen hatte ich nicht, ich bekam 3-400 RM, ich wohnte wieder wie als Student in einem möblierten Zimmer und kochte mir selbst. Sonntags fuhr ich mit den großen Reiseomnibussen in mir bis dahin unbekannte Gegenden der Weser, der Heide, des Solling oder in mir fremde Städte, wie Hameln, Celle, Wolfenbüttel, alles interessante Orte. Von Politik war hier überhaupt nichts zu spüren. Keilereien zwischen SA und Offizieren warfen gelegentlich die Frage nach dem alten Ehrenkodex auf und wurden hinhaltend applaniert. Die Frage, ob eine Dame mit unehelichem Kind Offiziersfrau werden könnte, erforderte Überlegungen und sie wurde, soweit ich mich erinnere, damals, 1936, negativ entschieden – das Volksheer war noch nicht perfekt.

Schließlich aber hielt ich es in einer Provinzstadt nicht mehr aus, Berlin war seit 1904 meine Heimat, ich, der ich Paris und New York gut kannte, fand zum Wohnen doch Berlin die beste aller Städte. Und ich betrieb meine Zurückversetzung dorthin. *Lieber in Pankow oder Niederschönhausen mein Leben lang mustern – aber bitte zurück nach Berlin*, schrieb ich meinen Gönnern, und sie erfüllten meine Bitte.

In Berlin empfing mich aber dann sofort eine neue, sehr unangenehme Affäre, bei der für mich wieder alles davon abhing, wie die Wehrmacht sich zu ihr stellte. In München gab es den Verlag J. F. Lehmann. Er war der führende Verlag für alle Veröffentlichungen aus Naturwissenschaften und Medizin. Bei ihm erschien die »Münchener Medizinische Wochenschrift«, die im In- und Ausland stark gelesen wurde, erschienen grundlegende Werke der Heilkunde und

Biologie, es war ein hochangesehener, streng wissenschaftlicher Verlag, allerdings verlegte er dann auch die Rassenbücher von Günther. Dieser Verlag hatte plötzlich ein Buch ganz außerhalb seiner sonstigen Thematik auf den Markt geworfen: »Säuberung des Kunsttempels«. Der Verfasser war, wie ich dann feststellte, ein SS-Mann schärfster Prägung, von Beruf Maler, von Rang ein obskurer Dilettant, er malte Helden und weizenblonde Weiber. Aus diesem Tempel nun wurde ich gründlich mit hinausgesäubert als Kulturbolschewist, als Rassenschänder, an den Else Lasker-Schüler obszöne Liebesgedichte gerichtet hatte usw. – kurz es ging völkisch-idealistisch hoch her. Ich selber hatte dies Buch nicht zu Gesicht bekommen, aber mein höchster Vorgesetzter hatte es, der Heeressanitätsinspekteur. Dieser Inspekteur war ein Bayer, den Münchener kulturellen Institutionen besonders nahestehend und dem Verlag Lehmann dadurch verbunden, daß auch viele Werke der Sanitätsmedizin bei ihm erschienen waren. Als Person war dieser Chef ungewöhnlich liberal und tolerant, sah wenig militärisch aus, aber jeder Untergebene war seines Wohlwollens sicher. Der also ließ mich kommen und sagte: hören Sie mal, die Sachen über Sie müssen raus. Den Verlag Lehmann kann man in unseren Kreisen nicht ignorieren. Ich gebe Ihnen hiermit den Befehl, dafür zu sorgen, daß in der nächsten Auflage die Sätze über Sie fehlen. Ich erwiderte sofort, das sei unmöglich, ich kennte allmählich diese Art Leute, ich würde das nie erreichen. Er erwiderte: im Interesse des Sanitätsoffizierkorps, dem Sie angehören und dessen Chef ich bin, muß ich auf diesem Befehl bestehen.

Also ich schrieb nun an den Inhaber des Verlags, einen Dr. Lehmann, zunächst höflich und bat in diesem Sinne. Die Antwort war schroff und beleidigend. Ich erwiderte, er erwiderte – schließlich nahm der Briefwechsel einen Ton an, der für jemanden, der sich bei der Wehrmacht halten wollte, nicht mehr möglich war. Ich hatte ihm ungefähr geschrieben: wenn Sie in Bezug auf Ihre wissenschaftlichen Publikationen ein ebensolcher Ignorant und Tölpel wären, wie Sie es offenbar in Kunstdingen sind, wären Sie längst bankrott. Er antwortete ungefähr: wenn Sie wüßten, daß Ihre Bücher in der Münchener Staatsbibliothek unter besonderem Verschluß gehalten werden und nur an solche herausgegeben werden, die nach parteiamtlichem Ausweis als Beruf das Studium künstlerischer Entartung und geistiger Perversitäten betreiben, würden Sie wohl den Mund halten. Herr Lehmann konnte so schreiben, er war, wie ich dann hörte, Blutordensträger und ging auf dem Obersalzberg aus und ein.

Also ich brach die Korrespondenz ab und mußte meine Niederlage melden. Den Brief an den Heeressanitätsinspekteur lasse ich im Original folgen.

Dr. BENN Berlin, den 18. August 1937
Oberstabsarzt (E)

Bezug: Der Heeres-Sanitätsinspecteur
Nr. 1271/37 g. S. In. I v. 14. VII. 37.

Betrifft: »Säuberung des Kunsttempels«
J. F. Lehmanns Verlag.
19 Anlagen:
Dem Herrn Heeres-Sanitätsinspecteur
durch den Herrn Korpsarzt III. Armeekorps Berlin

mit der Meldung, daß ich dem Befehl der Bezugsverfügung folgend, versucht habe, eine Bereinigung der Angelegenheit zu erreichen. Ich lege in der Anlage vor:

1. *Schreiben des Präsidenten der Reichsschrifttumskammer mit Stellungnahme im Original, ferner ein zweites Schreiben desselben, das einige Tage später bei mir einging.*
2. *Den Schriftwechsel mit dem Verleger Lehmann, aus dem hervorgeht, daß ich eine befriedigende Lösung bei ihm nicht erreichen konnte.*

Zu diesem Briefwechsel bitte ich folgendes melden zu dürfen:

a) Ich mußte in meinem Schreiben auf meine militärische Stellung Bezug nehmen, um überhaupt einer Antwort sicher zu sein. Ich habe zwei ebenfalls in dem Buch angegriffene Künstler gesprochen, beides bedeutende Namen, von denen der eine persönlich, der andere durch einen Rechtsanwalt an den Verlag geschrieben hatte. Der eine hat gar keine Antwort erhalten, der andere ein Schreiben mit einem Satz, daß keine Veranlassung bestände, auf seinen Brief einzugehen.

b) Ich mußte mit äußerster Schärfe und mit Fristsetzung vorgehen, da einerseits die Art des Angriffs gegen mich diese Schärfe erforderte, andererseits ich aus Erfahrung weiß, daß sonst eine unabsehbare Verschleppung der Angelegenheit eintreten würde. Ich bin mir klar, daß die Schroffheit der Lehmannschen Antwort wahrscheinlich zum Teil durch mein Vorgehen hervorgerufen ist. Aber dies ist mir lieber, als eine ausweichende und verschleierte Antwort.

c) Die parteiamtliche Prüfungskommission, die jetzt angeblich das vorliegende Buch im Manuskript begutachtet hat, hat vor noch nicht einem Jahr meinem Verlag erklärt, daß künftig Angriffe gegen mich und mein Werk unterbleiben sollten, ebenso eine persönliche Kränkung gegen mich nicht beabsichtigt sei. Eine Bestätigung hierfür lege ich als Anlage 3 bei. Trotzdem ist das Verhalten glaubhaft, die Kultur bearbeitenden Dienststellen sind völlig chaotisch, unzuverlässig und werden von Dilettanten geführt.

d) Der Autor des Buches ist ein gänzlich unbekannter Maler, der durch seine Werke niemals irgend eine Aufmerksamkeit erregte. Ich habe ihn infolgedessen überhaupt nicht beachtet. Ich durfte dies umsomehr, als nach den neuen Grundsätzen des Verlagswesens der Verleger persönlich die Verantwortung für seine Bücher trägt.

e) Dr. Lehmann hatte seinem Schreiben vom 14.8.37 einige Anlagen beigelegt mit Zitaten aus meinen Büchern, die von neuem meine zweifelhafte Persönlichkeit beleuchten sollten. Ich lege nur einen Teil davon als Anlage 2 g dieser Vorlage bei. Ich kann mich nicht entschließen, alle diese Dinge, die aus einer anderen Epoche meines Lebens und auch aus einer anderen Epoche der Zeitlage stammen, aus dem Zusammenhang gerissen und bösartig dargestellt, aufleben zu lassen und gegen mich verwendet zu sehen. Aus den beigelegten Proben ist ersichtlich, daß es sich um literarische Probleme handelt, vielleicht von abwegigem, vielleicht auch von Auflösungscharakter, aber jedenfalls überall handelt es sich um reines künstlerisches Ausdrucksuchen, tiefe innere Spannung und geistige Antithetik.

f) Ich bitte zum Schluß nochmals daraufhinweisen zu dürfen, daß das ganze Sachgebiet, das den Anlaß zu diesen neuen Angriffen gibt, in keinem Land der Erde und bis vor kurzem auch bei uns nicht, mit Kriminalität und Ehrlosigkeit von vornherein gleich gesetzt wurde. Als meine Generation begann, galt Literatur als Ausdruck von Talent, als Anregung, ja als Entwicklungselement der Nation. Daß es heute beim Ausgang meiner Generation anders ist, damit hat sie sich abgefunden, aber schuldhaft ist sie nicht.

Ich bitte um Befehl, ob ich die Angelegenheit als erledigt betrachten, oder wie ich sie weiter verfolgen soll.

Benn
Oberstabsarzt.

Aus diesem Brief an den Heeressanitätsinspekteur vom 18.8.37 ergibt sich, daß ich mich sehr unverblümt über die kulturellen Verhältnisse im neuen Deutschland aussprach, bemerkenswerter aber noch ist, daß sich diese sehr hohen Dienststellen, in deren Hände dieses Schreiben gelangte, keineswegs davon distanzierten. Nach einiger Zeit erhielt ich die dienstliche Nachricht, der Fall würde als erledigt angesehen, aber ich hätte dafür zu sorgen, daß der Ausdruck *Kulturbolschewist* in der nächsten Auflage fehlte. Nun, das erschien mir ein platonischer Befehl, eine zweite Auflage war ja wohl in weiter Ferne, und ich ließ die Dinge zunächst auf sich beruhen und wandte mich wieder meinen versorgungsärztlichen Gutachten zu.

Aber es war kaum ein halbes Jahr vergangen, da ging es wieder los, und jetzt kam der Hauptschlag. Im März 1938 bekam ich eines Morgens einen eingeschriebenen Brief vom Präsidenten der Reichsschrifttumskammer mit der Mitteilung, daß ich aus der Reichsschrifttumskammer ausgeschlossen und mir das Schreiben verboten sei. Im Übertretungsfalle müßten die Strafbestimmungen des Reichskulturkammergesetzes gegen mich in Anwendung gebracht werden.

Zunächst wußte ich nicht, was das bedeuten sollte, ich hatte ja seit Jahren überhaupt nichts mehr veröffentlicht, ich nahm an, es läge ein Irrtum vor und schrieb an den Präsidenten, ich bäte um Angabe der Gründe. Zunächst aber lege ich das Ausschlußschreiben im Original vor.

Der Präsident der Reichsschrifttumskammer II-W

Berlin-Charlottenburg 2, Hardenbergstr. 6
den 18. März 1938

Herrn
Dr. med. Gottfried Benn
Berlin-Wilmersdorf
Kaiserallee 28/IV

Einschreiben!

Im Einvernehmen mit dem Herrn Reichsminister für Volksaufklärung und Propaganda schließe ich Sie auf Grund des § 10 der Ersten Durchführungsverordnung zum Reichskulturkammergesetz vom 1. November 1933 (R. G. Bl. I, S. 797) mit sofortiger Wirkung aus der Gruppe Schriftsteller meiner Kammer aus, da ich mich nicht mehr in der Lage sehe, Ihnen die für die Ausübung der schriftstellerischen Tätigkeit erforderliche Eignung zuzubilligen.
Auf Grund dieses Beschlusses verlieren Sie das Recht zu jeder weiteren Berufsausübung innerhalb des Zuständigkeitsbereichs der Reichsschrifttumskammer. Im Übertretungsfalle müßten die Strafbestimmungen des Reichskulturkammergesetzes gegen Sie in Anwendung gebracht werden.

Stempel: Reichskulturkammer
Reichsschrifttumskammer

Im Auftrage
gez. Ihde

Der Präsident antwortete mir höflich, der Ausschluß sei der Form nach in Ordnung und was die Gründe anginge, so würde ich ja wohl inzwischen erfahren haben, daß der Reichsmarschall ein Ehrengerichtsverfahren gegen mich eingeleitet habe, mit dem Ziel der Ausstoßung aus dem Offizierkorps. Der Reichsmarschall – mir wankten die Knie, aber der Reichsmarschall und ein Oberstabsarzt – das erschien mir unproportioniert. Auch war ich nicht Luftwaffe, sondern Heer und bis dahin reichte sein Arm nicht ohne weiteres. Und die Gründe? Gedichte, die ich vor dem I. Weltkrieg geschrieben hatte und von denen einige immerhin in mehrere Kultursprachen übersetzt waren, konnten es doch wohl kaum sein. Andere Gründe persönlicher oder literarischer Art lagen keinesfalls vor, und die entartete Kunst alleine, zu der ich als Expressionist natürlich von vornherein zählte, schien mir auch kein genügen-

der Grund. Aber es blieb mir nichts anderes übrig, als nun wieder zu meinen Vorgesetzten zu laufen und ihnen die Affäre darzustellen. Allmählich, sagte ich mir, müssen sie es ja wirklich satt haben, sich immer wieder mit Lyrik, Expressionismus und ästhetischen Finessen zu befassen, sie hatten wirklich anderes zu tun. Außerdem konnten derartige Dinge nicht von der Heeressanitätsinspektion allein beurteilt werden, sie gingen an das Heerespersonalamt und wurden von den dortigen Offizieren, Generälen, Sachbearbeitern entschieden. Generäle sollten sich meinetwegen mit Lyrik befassen, ihnen wesensfremd und sicher contre coeur, sicher Halbwelt in ihren Augen, sentimentaler Firlefanz und dies in einer politisch sehr gespannten Zeit. Also einfach war diese neue Angelegenheit für mich nicht.
Es stellte sich dann zunächst heraus, daß das mit dem Ehrengerichtsverfahren nicht zutraf, niemand wußte etwas darüber, der Präsident der Reichsschrifttumskammer war offenbar einer Mystifikation zum Opfer gefallen. Aber der Ausschluß aus einer Reichskammer war natürlich ein offizieller Akt, den die Wehrmacht nicht ignorieren konnte. Wochen vergingen, keine angenehmen Wochen, denn daß mir der NS-Ärztebund die Praxis wieder gestattet hätte, war unwahrscheinlich. Aber schließlich fiel die Entscheidung. Die Heeressanitätsinspektion konnte mich auch jetzt noch halten, allerdings war ich aus der höheren Laufbahn ausgeschlossen, konnte keine Kommandeurstellen bekommen und keine Personalfragen bearbeiten. Aber dahin ging mein Ehrgeiz auch nicht. Ein intelligenter Vorgesetzter, Sanitätsoffizier, teilte mir das mit und sagte: *Das sind ästhetische Fragen. Kommt das 4. Reich, sollen wir wieder alle Offiziere und Ärzte rausschmeißen, die andere künstlerische Ansichten haben, das tun wir nicht*. Nun, es kam kein 4. Reich mehr, das wieder rausschmeißen konnte, aber man sieht, daß es noch eine ganze Reihe von Männern in der Armee gab, die ihre Meinung gegen die Parteilinie behaupteten und ihren Untergebenen, wie hier, die Existenz retteten. Sehr viel bei diesen Krisen verdanke ich einem ehemaligen Studienkameraden, der eine sehr hohe Stellung innehatte und in Personalfragen mit entscheiden konnte. Er hat Krieg und Gefangenschaft überstanden und ich statte ihm hiermit meinen Dank ab: Professor Walter Kittel in Wiesbaden.

Ein Wort noch zu dem Vorgehen der Reichsschrifttumskammer. Ich hatte seit Mai 1936 nichts mehr veröffentlicht, keine Anfrage von Zeitungen und Zeitschriften anders beantwortet als mit dem Hinweis, daß ich als Wehrmachtsangehöriger jede Publikation eingestellt habe. Ich war bei keiner öffentlichen Veranstaltung erschienen, war in keine Polemik verwickelt, hatte mich literarisch und politisch völlig ausgelöscht und erhalte nun eines Tages, zwei Jahre nach der letzten Publikation, diesen Ausschlußbrief, der sofort wirksam war und weitere Tätigkeit mit Strafe bedrohte. Hätte ich von meiner Schriftstellerei leben müssen, hätte ich Frau und Kinder gehabt, wären mir nur zwei Dezi Morphium oder Gas übrig geblieben. Ich glaube nicht, daß es auf der ganzen Welt irgendeine Berufsgenossenschaft, Gewerkschaft, Handwerkskammer geben kann, die mit ihren alten, nicht kriminell gewordenen Mitgliedern so verfahren wäre. Die hätten vielleicht geschrieben: werter Kollege, wir müssen Sie leider aus politischen Gründen aus unseren Reihen ausschließen, kommen Sie bei uns vorbei zur Rücksprache, wir wollen sehen, ob wir Ihnen weiterhelfen können. Wir haben auch erreicht, Ihren Ausschluß soweit hinauszuschieben, bis Sie vielleicht eine neue Stellung und Arbeitsmöglichkeit gefunden haben. So die Handwerkskammer. Nicht so die Kulturkammer – ein eingeschriebener Brief, keine Begründung, dafür ein Minister, ein Präsident oder wenigstens dessen Schreibpapier und gleich Strafandrohung. Sie glaubten eben, sich wirklich alles erlauben zu können. Ich notierte in mein Notizbuch:

Expressionist!

Eine Münze wird man dir nicht prägen,
wie es Griechenland für Sappho tat,
daß man dir nicht einschlägt deinen Brägen,
ist in Deutschland schon Kultur-verrat.

III. Lyrisches Intermezzo

Die Jahre vergingen. Bekannte hatte ich kaum noch in Berlin, Briefe kamen wenig. Der Einzige aus der früheren Epoche, den ich manchmal zu sehen das Vergnügen hatte, war Renée Sintenis, die immer von großer Kameradschaftlichkeit war, andere hatten sich von mir zurückgezogen, da ich als belastet galt. Und dann war die Witwe von Ringelnatz da, genannt Muschelkalk, die sich mit einem ungewöhnlich charmanten jungen Augenarzt wiederverheiratet hatte. Der stammte aus Traben-Trarbach, hatte dort noch eine Besitzung und stand mit einer Weinfirma in Beziehung, die schon 5 Generationen in der gleichen Familie war. Von da kam manchmal guter Mosel, wir trafen uns alle paar Wochen am Sonnabend Nachmittag und schlürften. Wir waren vier: Muschelkalk, ihr Mann, meine junge Frau und ich, wir vergaßen für ein paar Stunden das ganze Elend, das uns bis zum Halse stand, es waren die einzigen Stunden, wo wir lachten. Von den Vieren kamen dann die beiden Jüngeren, der Kollege und meine Frau, 1945 beim Einmarsch der Russen um.

Dann sah ich manchmal Hans Flesch, den früheren Intendanten des Berliner Rundfunks, Schwager von Hindemith, von Haus aus Arzt. Der hatte einen »Webefehler«, wie man damals sagte, war erst in einer Schuhfabrik tätig, dann, als die Not groß wurde, setzte ihn die Ärzteschaft als Kassenarztvertreter in der Provinz ein. Flesch hatte nie eine Praxis ausgeübt. Als er das erste Mal abreiste, rief er mich an und sagte: was soll ich bloß mit den Hautfällen machen, die kann man doch garnicht unterscheiden, Sie sind doch Spezialist, wissen Sie keinen Rat? Keine Beunruhigung, sagte ich, Sie brauchen garnicht hinsehn, Sie verschreiben für alles Tumenol-Ammonium mit Zinkpaste, das hilft. Als er wieder mal in Berlin war, rief er an und sagte: ein großartiger Rat! Alles heilt, ich bin der größte Hautarzt in der Gegend.

Das klingt alles gemütlich, war es aber nicht. Die Stadtteile sanken, die Häuser fielen und brannten, nach den Angriffen wurden die Leichen an den Füßen über die Straßen in die Wohnungen geschleift. Kein Wasser tagelang, kein Licht, kein Gas. Sirenen: Bomberströme aus dem Raum Hannover-Braunschweig, das waren die großen Amerikaner, und

nachts die kleinen Mosquitos, dic aus London kamen. Und immer weiter die Propaganda und Kolberg und der Alte Fritz und die Führergelöbnisse und zum Schluß auch noch der Deutsche Gruß, den die Wehrmacht – es ist kein Zweifel – zähneknirschend schlucken mußte.
1940 saß ich in einem Büro in der Bendlerstraße, Oberkommando, und erstattete Gutachten über Dienstbeschädigungen und bearbeitete die Akten über die Selbstmorde in der Wehrmacht. Ein interessantes Gebiet! Die meisten Selbstmorde finden im Frühjahr statt und nur für die wenigsten findet sich selbst bei genauester Analyse von Persönlichkeit, Milieu, Familie ein klar erkennbarer Grund. Nur in etwa 20% aller Selbstmordfälle – und ich habe Tausende durchstudiert – liegt ein sachlich feststellbares Motiv vor wie Ehekonflikte, Furcht vor Strafe, Geschlechtskrankheit, Liebeskummer – in den übrigen Fällen bleibt das Motiv völlig dunkel. Ich habe daraufhin, da ich für diese Fragen Spezialist in der Versorgung wurde, die ganze sehr umfangreiche Literatur der ganzen Welt durchstudiert und fand meine Beobachtung bestätigt. Die meisten Selbstmorde sind Spontanhandlungen, oft unter Alkoholeinwirkung, selten vorher bedacht. Offenbar sind wir den Reizen zum Selbstmord innerlich viel näher, als wir vermuten und bei der Art unserer moralischen Selbstaufrüstung zugeben wollen.
Also ich saß in der Bendlerstraße und zwischen Akten und Gutachten kehrte ich gelegentlich zur Lyrik zurück. Ich veröffentliche im folgenden einige Verse, die ich in der berühmten Straße, in der Keitel, Fromm, Canaris ihre Dienststellen hatten, verfaßte und die in keine der neueren Gedichtsammlungen von mir übernommen sind. Sie zeigen, wie ich damals, auf der Höhe der Siege, dachte. Ich publizierte sie in einem kleinen Gedichtheft, das ich im August 1943 auf eigene Kosten drucken ließ unter dem Titel *22 Gedichte* und das ich an meine Bekannten verschickte. Ich könnte dies Heft als Beweis meiner illegalen antifaschistischen Tätigkeit vorlegen, aber diesen Ehrgeiz habe ich nicht. Da aber manche meiner Bekannten, die sie damals lasen, sie in den jetzigen Sammlungen vermissen, stehen sie hier. Auch könnte man andernfalls sonst vielleicht denken, daß ich sie wegen neuerer »veränderter politischer Verhältnisse« unterdrückte.

Monolog

Den Darm mit Rotz genährt, das Hirn mit Lügen –
erwählte Völker Narren eines Clowns,
in Späße, Sternelesen, Vogelzug
den eigenen Unrat deutend! Sklaven –
aus kalten Ländern und aus glühenden,
immer mehr Sklaven, ungezieferschwere,
hungernde, peitschenüberschwungene Haufen:
dann schwillt das Eigene an, der eigene Flaum,
der grindige, zum Barte des Propheten!

Ach, Alexander und Olympias Sproß
das Wenigste! Sie zwinkern Hellesponte
und schäumen Asien! Aufgetriebenes, Blasen
mit Vorhut, Günstlingen, verdeckten Staffeln,
daß keiner sticht! Günstlinge: – gute Plätze
für Ring- und Rechtsgeschehn! Wenn keiner sticht!
Günstlinge, Lustvolk, Binden, breite Bänder –
mit breiten Bändern flattert Traum und Welt:
Klumpfüße sehn die Stadien zerstört,
Stinktiere treten die Lupinenfelder,
weil sie der Duft am eigenen irre macht:
nur Stoff vom After! – Fette
verfolgen die Gazelle,
die windeseilige, das schöne Tier!
Hier kehrt das Maß sich um:
die Pfütze prüft den Quell, der Wurm die Elle,
die Kröte spritzt dem Veilchen in den Mund
– Hallelujah! – und wetzt den Bauch im Kies:
die Paddentrift als Mahnmal der Geschichte!
Die Ptolomäerspur als Gaunerzinke.
Die Ratte kommt als Labsal gegen Pest.
Meuchel besingt den Mord. Spitzel locken
aus Psalmen Unzucht.

Und diese Erde lispelt mit dem Mond,
dann schürzt sie sich ein Maifest um die Hüfte,
dann läßt sie Rosen durch, dann schmort sie Korn,
läßt den Vesuv nicht spein, läßt nicht die Wolke
zu Lauge werden, die der Tiere Abart,
die dies erlistet, sticht und niederbrennt –

ach, dieser Erde Frucht- und Rosenspiel
ist heimgestellt der Wucherung des Bösen,
der Hirne Schwamm, der Kehle Lügensprenkeln
der obgenannten Art – die maßverkehrte!

Sterben heißt, dies alles ungelöst verlassen,
die Bilder ungesichert, die Träume
im Riß der Welten stehn und hungern lassen –
doch Handeln heißt, die Niedrigkeit bedienen,
der Schande Hilfe leihn, die Einsamkeit,
die große Lösung der Gesichte,
das Traumverlangen hinterhältig fällen
für Vorteil, Schmuck, Beförderungen, Nachruf,
indes das Ende, taumelnd wie ein Falter,
gleichgiltig wie ein Sprengstück nahe ist
und anderen Sinn verkündet –

– Ein Klang, ein Bogen, fast ein Sprung aus Bläue
stieß eines abends durch den Park hervor,
darin ich stand –: ein Lied,
ein Abriß nur, drei hingeworfene Noten
und füllte so den Raum und lud so sehr
die Nacht, den Garten mit Erscheinungen voll
und schuf die Welt und bettete den Nacken
mir in das Strömende, die trauervolle
erhabene Schwäche der Geburt des Seins –:
ein Klang, ein Bogen nur –: Geburt des Seins –
ein Bogen nur und trug das Maß zurück,
und alles schloß es ein: die Tat, die Träume ....

Aus einem Kranz scharlachener Gehirne,
des Blüten der verstreuten Fiebersaat
sich einzeln halten, nur einander:
»unbeugsam in der Farbe« und »ausgezähnt
am Saum das letzte Haar«, »gefeilt in Kälte«
zurufen, gesalzene Laken des Urstoffs:
hier geht Verwandlung aus! Der Tiere Abart
wird faulen, daß für sie das Wort Verwesung
zu sehr nach Himmeln riecht – schon streichen
die Geier an, die Falken hungern schon –!

IV. Block II, Zimmer 66
(1944)

Dies war die Bezeichnung des Quartiers, das mir für eine Reihe von Monaten angewiesen war. Die Kaserne lag hoch, burgartig überragte sie die Stadt. Montsalvat, sagte ein Oberleutnant, der offenbar Opern gehört hatte, und in der Tat, unnahbar war sie zum mindesten den Schritten von Müßiggängern: 137 Stufen mußte man steigen, wenn man von der Bahnhofstraße endlich an den Fuß des Hügels gelangt war.

Nichts Träumerischeres als eine Kaserne! Zimmer 66 geht auf den Exerzierplatz, drei kleine Ebereschen stehn davor, die Beeren ohne Purpur, die Büsche wie braunbeweint. Es ist Ende August, noch fliegen die Schwalben, doch zu den großen Zügen schon versammelt. Eine Bataillonskapelle übt in einer Ecke, die Sonne funkelt auf Trompeten und Schlagzeug, die Himmel rühmen spielt sie und ich schieß' den Hirsch im wilden Forst. Es ist das fünfte Kriegsjahr, und hier ist eine völlig abgeschlossene Welt, eine Art Beguinage, die Kommandorufe sind etwas Äußerliches, innerlich ist alles sehr gedämpft und still.

Eine Stadt im Osten, über ihr dies Hochplateau, darauf unser Montsalvat, hellgelb Gebäude und der riesige Exerzierplatz, eine Art Wüstenfort. Auch die nächste Umgebung voll Seltsamkeiten. Straßen, die Hälfte im Grund, die Hälfte auf Hügeln, ungepflastert; einzelne Häuser, an die kein Weg führt, unerfindlich, wie die Bewohner hineingelangen; Zäune wie in Litauen, moosig, niedrig, naß. Ein Zigeunerwagen als Wohnhaus hergerichtet. Ein Mann kommt gegen Abend, eine Katze auf der linken Schulter, die Katze hat einen Bindfaden um den Hals, steht schief, möchte herunter, der Mann lacht. Niedrig ziehende Wolken, schwarz und violettes Licht, kaum helle Flecken, ewig regendrohend, viel Pappeln. Vor einer Häuserwand, gärtnerisch unmotiviert, leierhaft angeordnet, drei blaue Rosen. Morgens über der Siedlung ein besonders weiches, aurorenhaftes Licht. Auch hier überall das Unwirkliche, Gefühl des Zweidimensionalen, Kulissenwelt.

Um den Exerzierschuppen die Wohnblocks: Träume. Nicht die Träume des Ruhms und der Siege, der Traum der

Einsamkcit, des Flüchtigen, der Schemen. Das Wirkliche ist in die Ferne gerückt. Am Kopf des Eingangsblocks, der sogenannten Ehrenhalle, steht groß der Name eines Generals: »General von X-Kaserne«. Ein General des I. Weltkrieges. Drei Tage lang fragte ich jedesmal beim Passieren den präsentierenden Posten: nach wem heißt diese Kaserne? Wer war der General von X.? Nie eine Antwort. Völlig unbekannt General von X. Verschollen. Gesunken sein Wimpel, seine Autostandarte, sein Gefolge von Generalstäblern, das ihn umschwirrte. Es wirkt nicht über zwei Jahrzehnte. Sehr fühlbar hier der Mörtel, das Ephemere, die falschen Wertungen, das Verzerrte.
Die Blöcke werden durchflutet von den Wellen Eingezogener. Zwei Sorten unterscheiden sich: die Sechzehnjährigen, unterernährt, dürftig, armselige Arbeitsdiensttypen, ängstlich, ergeben, beflissen, und die Alten, die Fünfzig- bis Sechzigjährigen aus Berlin. Am ersten Tage sind diese noch die Herren, tragen Zivil, kaufen sich Zeitungen, flotter Gang, der besagt: wir sind Syndikusse, selbständige Handelsvertreter, Versicherungsagenten, haben hübsche Frauen, Zentralheizung, dieser vorübergehende Zustand berührt uns nicht, sogar ganz humoristisch – am zweiten Tag sind sie eingekleidet und der letzte Dreck. Jetzt müssen sie durch die Gänge flitzen, wenn ein Unteroffizier brüllt, auf dem Kasernenhof springen, Kasten schleppen, Stahlhelme aufquetschen. Die Ausbildung ist kurz, zwei bis drei Wochen; interessant dabei, sie lernen schon vom zweiten Tag an schießen, früher begann das erst nach vier bis sechs Wochen. Dann, eines nachts, wird angetreten mit Tornister, zusammengerolltem Mantel, Zelttuch, Gasmaske, Maschinenpistole, Gewehr – fast ein Zentner Gewicht – und fort geht es zur Verladung, ins Dunkle. Dieser Abmarsch im Dunkeln ist unheimlich. Eine Kapelle, die man nicht sieht, führt vorneweg, spielt Märsche, flotte Rhythmen, hinter ihr der lautlose Zug, der für immer ins Vergessen zieht. Das Ganze geht sehr schnell, es ist nur ein Riß in Schweigen und Schwarz, dann liegt das Plateau wieder in der dunklen, erde- und himmellosen Nacht. Am nächsten Morgen kommen Neue. Auch diese gehen wieder. Es wird kälter draußen, beim Exerzieren. Jetzt erhalten sie Befehl, die Handflächen zu reiben, mit den Fäusten auf die Knie zu

schlagen, Anregung der Zirkulation, das Leben wird wachgehalten, militaristische Biologie. Die Blöcke stehn, die Wogen rauschen. Immer neue Wogen von Männern, neue Wogen von Blut, bestimmt, nach einigen Schüssen und Handgriffen in Richtung sogenannter Feinde in den östlichen Steppen zu verrinnen. Unbegreiflich das Ganze, stände dahinter nicht so eindrucksvoll der General, hinreißend in seinem Purpur und Gold, und der schießt und läßt schießen, sein Ruhegehalt ist noch nicht unmittelbar bedroht.

Mittags treffen sich die Offiziere bei Tisch. Einen Unterschied im Essen zwischen Offizier und Mann gibt es seit Kriegsbeginn nicht mehr. Ein Oberst erhält wie der Grenadier wöchentlich zwei Kommißbrote, dazu Margarine und Kunsthonig auf Papierstreifen zum Mitnehmen, mittags auf tiefem Teller Kohlsuppe oder einen Haufen Pellkartoffeln, diese muß man sich auf der Tischplatte schälen (Wachstuch darauf, soweit es das noch gibt, sonst »organisiertes« Bettlaken), man legt die gepellten Kartoffeln neben sich und wartet auf die Suppe oder die Sauce. Der Oberst, der meine Abteilung führt, erscheint eines Tages – unrasiert. Es gibt keine Klingen mehr, auch nichts zum Schleifen. Einer weiß in Berlin einen Ort, wo es in dieser Richtung etwas zu organisieren gibt. Ein österreichischer Kamerad trägt die Erzählung bei, daß in der K. u. K. Armee nur die Windischgrätzer Dragoner das Recht hatten, glattrasiert zu gehen – Erinnerung an Kolin, wo die eben eingetroffenen Rekruten, die Milchbärte, die Schlacht entschieden. Ein Stück Rasierseife muß vier Monate langen. In der Mannschaftsfriseurstube darf nicht mehr rasiert werden aus Materialmangel. In Amerika wird im Liegen rasiert – typisches faules Plutokratenpack.

Die Gespräche sind die von netten, harmlosen Leuten, von denen keiner ahnt, was ihm und dem Vaterland droht. Badoglio ist ein Verräter, der König ein rachitisch verkürzter Schuft. Dagegen fand sich in einem holsteinischen Grabhügel eine germanische Festmütze, die von der hochentwickelten Mützenmacherkunst unserer Ahnen vor 3500 Jahren zeugte. Auch die Griechen waren Arier. Prinz Eugen überlebte seinen Ruhm, was er zum Schluß in Frankreich tat, war nicht sehr doll. Wer den neumodischen kurzen Dolch trägt, ist Demimonde – Kavallerie trägt immer noch

den langen Säbel – Kavallerie! – alles jetzt Radfahr-Schwadron – Rittmeister – das war einmal, jetzt Radmeister! Alle diese Leute, so zackig sie sich geben, denken im Grunde nur daran, wie sie ein Gericht Pilze ihrer Frau mitbringen können, wenn sie auf Urlaub gehen, ob der Sohn in der Schule mitkommt, und daß sie nicht wieder auf die Straße fliegen wie 1918, falls – dies ist der Ausdruck, der manchmal fällt und den sie sich gestatten – falls »es schief geht«. Es sind fast alles Offiziere der alten Armee, den Jahren nach um die Fünfzig herum, Weltkriegsteilnehmer. In der Zwischenzeit waren sie Vertreter von Zigaretten- oder Papierfirmen, landwirtschaftliche Beamte, Stallmeister von Reitervereinen, haben sich alle durchgeschunden. Jetzt sind sie Majore. Keiner spricht eine fremde Sprache, sah ein fremdes Land außerhalb der Kriege. Allein der K.u. K.-Bundesbruder, immer wach und mißtrauisch, nicht als voll angesehen zu werden, ist etwas weiträumiger, wohl infolge der Adria- und Balkanbeziehungen Altösterreichs. Abends lesen sie Skowronnek, sie debattieren darüber: »Interessant gehalten«. Obschon es keine große geistige Welt erschließen konnte, versuchte ich, in meine Umgebung mit Aufmerksamkeit einzudringen. Wen beschäftigte sie nicht unaufhörlich, die eine Frage, wie es möglich gewesen sei und heute noch möglich war, daß Deutschland dieser sogenannten Regierung unentwegt folgte, diesem halben Dutzend Krakeeler, die seit nunmehr zehn Jahren dasselbe Geschwätz in denselben Sälen vor denselben gröhlenden Zuhörern periodisch abspulten, diesen sechs Hanswürsten, die glaubten, daß sie allein es besser wüßten, als die Jahrhunderte vor ihnen und als die Vernunft der übrigen Welt. Spieler, die mit einem trüben System nach Monte gereist waren, um die Bank zu sprengen, Bauernfänger, so töricht, anzunehmen, die Mitspieler würden ihre gezinkten Karten nicht bemerken – Saalschlacht-Clowns, Stuhlbeinheroen. Es war nicht der Traum der Staufen, der Norden und Süden vereinigen wollte, nicht die immerhin solide kolonisatorische Idee der Ordensritter, die nach dem Osten zogen, es war reiner Ausfall an Wurf und Form, primärer Regenzauber, der vor requirierten Särgen Heinrich des Löwen nächtlichen Fackeldunst zelebrierte.
Das war deutlich erkennbar die Regierung, und nun ist das

fünfte Kriegsjahr, das düster daliegt mit Niederlagen und Fehlberechnungen, geräumten Erdteilen, torpedierten Schlachtschiffen, Millionen Toten, ausgebombten Riesenstädten, und trotzdem hört die Masse weiter das Geschwätz der Führer an und glaubt es. Darüber kann eine Täuschung nicht bestehn. Zumindest die außerhalb der gebombten Städte glauben fest an neue Waffen, geheimnisvolle Revancheapparate, todsichere Gegenschläge, die unmittelbar bevorstehn. Hoch und Niedrig, General und Küchensoldat. Eine mystische Totalität von Narren, ein prälogisches Kollektiv von Erfahrungsschwachen – etwas sehr Germanisches zweifellos und nur in diesem ethnologischen Sinn zentral zu erklären. Periphere ethnologische Erklärungen drängen sich vielleicht zwei auf, erstens, daß die mittelgroßen Städte und das Land selbst heute wenig vom Kriege merken, sie haben zu essen, organisieren das Weitere hinzu, Bombenangriffe haben sie nicht erlebt, stimmungsmäßig liefert Goebbels alles für Stall und Haus und das Wetter spielte auf dem Land immer eine größere Rolle als Gedankengänge. Zweitens, Familienverluste werden viel leichter verschmerzt, als die Nation es wahrhaben will. Tote sterben schnell und je mehr sterben, umso schneller werden sie vergessen. Zwischen Vater und Sohn bestehen außerdem wohl grundsätzlich ebensoviel Antipathien wie ihr Gegenteil, sie sind ebenso von Haß in Spannung gehalten wie durch Liebe verbunden. Ja, gefallene Söhne können im Fortkommen behilflich sein, bringen Steuererleichterungen, machen das Alter wichtig. Dies die Jugend zu lehren, wäre gut und erzieherisch, sie würde sich dann das Nötige dabei denken, wenn sie von der Unsterblichkeit der Helden und dem Dank der Überlebenden später etwas vorgesetzt bekommt.

An Einzelheiten war folgendes festzustellen: die Armee im fünften Kriegsjahr wird von zwei Dienstgraden getragen, den Leutnants und den Feldmarschällen, alles andere ist Detail. Die Leutnants, hervorgegangen aus der HJ, also mit einer Erziehung hinter sich, deren Wesen systematische Ausmerzung von gedanklichem und moralischem Lebensinhalt aus Buch und Handlung war und deren Ersatz durch Gotenfürsten, Stechdolche – und für die Marschübungen Heuschober zum Übernachten. Ferngehalten von etwa

noch gebildeten, im alten Sinne geschulten Eltern, Erziehern, Geistlichen, humanistischen Kreisen, kurz Bildungsträgern irgendwelcher Art, und zwar dies schon im Frieden: bewußt, zielgerecht, und gut durchdacht, übernahmen sie so wohl ausgerüstet die Erdteilzerstörung als arischen Auftrag. Über die Feldmarschälle nur ein Wort: es ist wenig bekannt, daß sie lebenslänglich ihr Marschallgehalt bekommen, und zwar ohne Steuerabzug, ferner für immer einen Stabsoffizier als Adjutant und beim Ausscheiden aus dem aktiven Dienst ein Landgut oder ein fair proportioniertes Grundstück im Grunewald. Da der Marschallernenner in unserem Rechtsstaat auch der Marschallentzieher ist und in letzterer Funktion kräftig mit Entziehung von Titeln, Orden, Versorgungsansprüchen und positiv mit Sippenhaftung um sich spuckt, stehen die Marschälle als gute Familienväter nahezu gerechtfertigt da, für Dämonen wird sie sowieso keiner gehalten haben.
Wenn man über diesen Krieg und den vorhergehenden Frieden nachdenkt, darf man eines nicht außer Acht lassen: die ungeheure existentielle Leere des heutigen deutschen Mannes, dem nichts gelassen war, was den inneren Raum bei andern Völkern füllt: anständige nationale Inhalte, öffentliches Interesse, Kritik, gesellschaftliches Leben, koloniale Eindrücke, echte traditionelle Tatsachen – hier war nur Vakuum mit geschichtlichem Geschwätz, niedergehaltener Bildung, dummdreist politischen Regierungsfälschungen und billigem Sport. Aber Uniform tragen, die die Blicke auf sich lenkt, Meldungen entgegennehmen, sich über Karten beugen, mit Gefolge durch Mannschaftsstuben und über weite Plätze traben – verfügen, besichtigen, bombastisch reden (»ich befehle nur einmal«, es handelte sich um Latrinenreinigen), das schafft die Vorstellung von Raumausfüllung, individueller Expansion, überpersönlicher Auswirkung, kurz jenen Komplex, dessen der durchschnittliche Mann bedarf. Die Kunst verboten, die Zeitungen ausgerottet, eigene Meinung durch Genickschuß beantwortet – menschliche und moralische Maßstäbe an die Raumausfüllung anzulegen, wie es die Kulturvölker taten, dazu waren die Voraussetzungen im Dritten Reich nicht mehr gegeben. Hier herrschte die Raumvortäuschung; bei Übergängen über Pontonbrücken, kurz vor Sprengungen,

vor Zielfernrohren fühlte sich der Individualist als unmittelbare kosmische Katastrophe.
Beim Oberkommando der Wehrmacht gibt es eine Presseabteilung, die die »wehrgeistige Führung« lenkt. An der Spitze natürlich ein General. Mitarbeiter zahlreiche Schriftsteller aus System- und Nazizeit. Ich verfolge ihre Produktion aufmerksam, diese »Mitteilungen an die Truppe«, »Mitteilungen für das Offizierkorps«, »Vorlage für Unterrichtszwecke«, »Anweisungen für Kompaniebesprechungen« und dergleichen. Übrigens erscheint dies alles öffentlich. Als Ganzes gesehen ist diese Abteilung eine Filiale des Goebbels'schen Ministeriums, spezialisiert auf soldatische Kraftausdrücke: Lump, Hundsfott, Schweinehund, Scheißkerl – das ist die eigene geistige Zutat und bezieht sich auf jene, die etwa anders denken könnten. Da also tauchen regelmäßig die »jungen Völker« auf, denen der Sieg gebühre. Junge Völker! Selbst das Oberkommando wird wohl schon von Caesar gehört haben, der im Jahre 44 v. Chr. ermordet wurde, unter ihm war dies junge Volk damals schon recht kräftig. Wenn nicht alle Völker gleich alt sind, ist das heutige russische jedenfalls erst 27 Jahre alt, muß also nach der Nazi-Hypothese schon aus diesem Grunde besonders siegen. Die Japaner traten 660 v. Chr. aus der Sage heraus, sie sind uralt, ihre heute herrschende Shinto-Religion verliert sich in mystische Ferne. USA ist auf jeden Fall rassisch wie staatlich erst im 17. Jahrhundert entstanden, zu der Zeit also, als in Italien das Hochbarock verklang und in Deutschland Leibniz bereits eine Geschichtsphilosophie entwickelte. Also reines Geschwätz dies mit den jungen Völkern, berechnet auf den staatlich gezüchteten deutschen Bildungsschwund. Sich selbst bezeichnet diese wehrgeistige Führung als *königliche Kunst*, die *die edelsten und stolzesten Charakterwerte im Deutschen anspricht*, schon der dienstliche Gruß habe zu sein *die Ehrenbezeugung vor der Idee des wehrhaften Deutschlands* usw. Andere Themen sind: *dem Sieg der Waffen folge ein Sieg der Wiegen!*, *die Nürnberger Gesetze nicht nur ein Schutz des deutschen Bluts, sondern der deutschen Ehre*; ferner die *tödliche Gefahr*, in der wir uns befanden und die *Rettungsaktion des Führers in letzter Stunde*. Diese wehrgeistige Führung allein befähigt den Soldaten, selbst wenn er in Gefangenschaft

gerät, der Feinde *geistigen Terror* zu brechen. Selbstverständlich ist die jüdisch-bolschewistische Revolverpresse auszurotten; vor allem (im Dezember 1943) ist den Soldaten klarzumachen (*so einfach wie möglich und so plastisch wie möglich*), *daß Stalin in den letzten 10 Jahren einen großen politischen Rückschlag erlitten hat.* Ferner wird geistig geführt: Italien: Verräter, schamloses Tun, Lumpenhunde; die Russen: Meeting der Rache, perverser Sadismus, Haßräusche der Steppe; Uhren, Geldbörsen, Füllfederhalter stehlen den Verwundeten die Amerikaner. Stalin, die Echse, der Bankräuber aus Tiflis, Roosevelt, Chief-Gangster, der mit »Sechsschüssigen« Ecuador und Bolivien in den Krieg treibt; Churchill, Whiskysäufer, der schon als Jüngling ein ehrbares englisches Bürgermädchen sitzen ließ, um eine amerikanische Plutokratin zu kapern. Bloß nicht auf die »sanfte Tour« einlassen: Witzeerzähler anzeigen; selbst Tischdamen sofort verhaften lassen; Rundfunkabhörer, Scheißkerl, Genickschuß!
Es gibt aber trotzdem auch eine sanfte Tour, die arbeitet mit Hölderlin und Rilke. Es ist äußerst interessant, zu verfolgen, wie stark diese beiden Lyriker in der gesamten politischen Propaganda der letzten Jahre Verwendung finden. *Dir ist, Liebes, keiner zu viel gefallen* ist das am häufigsten gebrauchte Zitat des einen, dazu bei Hinweisen auf erwünschte Staatsumstürze: *auch hier sind Götter.* Während hinsichtlich Rilke die Einführung eines Kornetts in den Kreis der Armen, der Mönche und der weißen Fürstinnen das Sanfte und Fromme des übrigen Werks in einem günstigen Licht erscheinen läßt. Hören wir: in der Marine-Rundschau vom November 1943 (Verlag Mittler & Sohn, Herausgeber natürlich ein Admiral), die hier in den Blocks durchläuft, behandelt ein Professor für Kirchen- und Völkerrecht an einer bayrischen Universität Seekriegsfragen (ein Kirchenrechtler?), und zwar *militärisch, ökonomisch, politisch, geistig-moralisch.* Zu ersterem: *Als Dauergewinn muß uns für alle Zeiten gesichert werden die Möglichkeit freien Zuganges zum Atlantik und damit die Gewähr blühenden Wirtschafts- und Kulturlebens für uns wie für Europa. Wir erinnern uns hier an das Wort Hölderlins: »Es beginnet nämlich der Reichtum im Meere«.* Zu letzterem: *Die neue Lehre ist gelebtes Leben. Den einen oder den anderen wird es interessieren,*

daß vor der Wissenschaft auf seine Weise bereits ein Künstler die neuen Gesichter entworfen hat. Rainer Maria Rilke in seinen Duineser Elegien. An dieser Bemerkung ist interessant die Floskel *auf seine Weise*, d. h. natürlich so gut er es eben kann, halt ein Künstler, die Wissenschaft kann es besser. Über das *gelebte Leben* als neue Lehre an dieser Stelle kein Wort. Dagegen, die Duineser Elegien kann man bestimmt von vielen Seiten betrachten, so vielfältig sind sie, aber sie in irgendeinem auch noch so versteckten Sinne militaristisch zu deuten, rückt sie in eine schiefe Beleuchtung. Der Bezug auf Rilke ist also eine reine Bauernfängerei für die, wie der Professor mit Recht annimmt, allmählich schwachsinnig gewordene deutsche Intelligenz.

Der Herbst um die Blöcke war wie im ganzen Reich gefährlich trocken, die Felder sind zerfressen von Mäusen, die Kartoffelernte ist katastrophal, die Rüben enthalten zu wenig Zucker. Der Verlust der Ostgebiete bedeutet für die Ernährung Ausfall von zwei Monaten Brot, einem Monat Fett, einem Monat Fleisch. Die Rationen werden gekürzt. Es gibt keine langen Stiefel mehr, es fehlt an Leder; es gibt keine Kunstglieder mehr für die Versehrten, das Material ist zu Ende. Es gibt keine Schnürsenkel mehr und keine Gebisse, keine Mullbinden und keine Uringläser; es fehlt an Ärzten, ganze Divisionen rücken ohne einen Chirurgen ins Feld, die Zivilbevölkerung ist stellenweise mit 25 000 Einwohnern auf eine Ärztin angewiesen und die hat kein Benzin. Aber der Führer verleiht Ärmelstreifen, bestimmt die Breite der Kranzschleifen für Militärbegängnisse, verbietet den Soldaten Heirat mit Ausländerinnen, auch den skandinavischen: *die edelste nordische Frau* bleibt *rassisches Treibgut* gemessen am Großdeutschen. Die Verwesung steigt aus allen Poren, aber die Propaganda läuft auf hohen Touren. Wir schlagen die Illustrierten auf: Nera und Sehra, die *Heinzelmännchen aus Mostar*, sind so glücklich, endlich in der großen Organisation Todt arbeiten zu dürfen: Goebbels lächelt sein weißes Gebiß Verwundeten vor; Göring kommt als Weihnachtsmann – das Märchen spinnt uns ein.

An einem Tag im November muß ich dienstlich nach Berlin. Es ist die Zeit, wo Reisen zu den stärksten sportlichen Strapazen rechnet. Ein regelmäßiger Bahnverkehr besteht nicht mehr. Nachts um 2 Uhr auf meinem Abfahrtsbahnhof hält ein wunderbarer Zug: acht Schlafwagen, vier Wagen 1. und 2. Klasse, nahezu leer, hinten ein Wagen mit Flakmannschaft. Ich steige ein. Ein SS-Mann holt mich umgehend wieder zurück. Ich verstehe nicht. Er meldet, es ist der Zug aus dem Führerhauptquartier nur für Herren höchster Stäbe. Ich begreife, in meiner Aktentasche könnte sehr wohl eine Eierhandgranate sein. Ich steige in den nächsten Zug, d.h. quetsche mich in eine Toilette 3. Klasse, ich in Oberstenuniform, zwischen Ostarbeiter. Die Toilette steht offen, Frauen und Kinder müssen sie benutzen, die Tür ist nicht zu schließen, ein Rücken ist unmöglich, niemand stört das. Ich muß umsteigen. Im nächsten Zug gelange ich in ein Abteil 2. Klasse, in dem ich stehen muß. Drei junge Schnösel in Parteiuniform, kräftige Burschen, räkeln sich auf den Polstern. Frauen mit weißem Haar, Frauen mit Kindern stehen mit mir im Gang. Die Herrenrasse zieht eine Flasche mit Kognak hervor, dazu einige Bündel Zigarren (die Volksgemeinschaft erhielt pro Tag eine Zigarre, keinen Kognak) und stärkte sich drei Stunden lang bis Berlin für die kommenden Parteiaufgaben (*Genesungsbewegung*). Am gleichen Tage stand in allen Zeitungen ein Aufsatz des Inhalts, daß die Ritterkreuzträger und die Gefallenen in weit höherem Prozentsatz aus den Reihen der Partei kämen als aus dem übrigen Volk. U.K.-Stellungen gäbe es überhaupt nicht. Es fand sich der Satz: *das gegenteilige optische Bild, das sich gelegentlich bietet, ist ausgesprochen irreführend*. Offenbar gehörten die drei Reisegenossen in dies optische Bild.

Von Block II aus versteht man das Nebel- und Niflheim der germanischen Mythologie: ewig Dunst und Schwaden und das Bedürfnis nach Bärenhäuten – der *alten prächtigen Germanen*, wie sie eben im Rundfunk genannt wurden; Taine würde von hier die primäre nationale Fremdheit gegenüber Klarheit und Form, man kann auch sagen gegenüber Ehrlichkeit, geophysisch ableiten. Im Dezember 1943, also zu einer Zeit, in der die Russen uns 1500 km vor sich hergetrieben und unsere Front dutzendfach durchlöchert hatten, sagt ein Oberstleutnant, klein wie ein Kolibri und sanft wie ein Kaninchen, mittags bei Tisch: *Hauptsache, die Schweine brechen nicht durch*. Durchbrechen, Aufrollen, Säubern, bewegliche Kampfführung – was für eine Gewalt haben diese Worte, positiv, um zu bluffen und negativ, um sich Tatbestände zu verschleiern. Stalingrad: ein tragischer Unfall; die Niederlage der U-Boote: eine zufällige kleine technische Entdeckung der Engländer; daß Montgomery den Rommel von El Alamein bis Neapel 4000 km vor sich herjagte: Verrat der Badoglio-Clique. – Zu gleicher Zeit hat eine Parteigröße bei der Dienststelle zu tun und erscheint bei Tisch. Mein Oberst, alte Schule, Kavallerist, Johanniter, der mit Monokel Hürden reitet und mit ihm schlafen geht, vertauscht das Einglas mit einer schwarzen Hornbrille, um das Gefühl der Volksgemeinschaft beim Bonzen nicht zu verletzen und die eigene Zukunft nicht zu gefährden (*furchtlos und treu Semper talis* –: Helmspruch der alten preußischen Garde).

Ich habe Zeit zum Lesen. Der Zufall gibt mir ein französisches Buch in die Hand über den Aufenthalt Berninis im Jahr 1665 in Paris, wo er den Louvre-Neubau entwerfen sollte. Dies siebzehnte Jahrhundert! Diese Romanen! Bernini erzählt: *Archimedes sagt zum König, der ihn belohnen wollte für die Verbrennung der Schiffe: »Gebt Euer Gold den Göttern, weil sie dem Menschen den Kreis geschenkt haben und den Zirkel, um ihn zu ziehen.«* Ferner erzählt er: *Solche Monumentalwerke muß man zunächst in Massen, alle macchie, komponieren, wie wenn man Figuren ausschneidet und ohne einheitliche Bildidee in verschiedene Gruppen verteilt, um die Komposition ins Gleichgewicht zu bringen. Später setzt man dann die Zwischenräume sorgfältig mit Füllfiguren aus und steigt herab bis ins Detail. Das ist der einzige Weg, eine Komposition groß und durchdacht aufzubauen. Anders gelingt es einfach nicht, weil das Detail sich sonst aufdrängt und somit gerade das, worauf es am wenigsten ankommt.* Also man darf das Gehirn benutzen! Das sind Beruhigungen, die aus lange gültigen Gesetzen steigen, den maßgebendsten, soweit wir sehn.

Und inzwischen nähert sich das Weihnachtsfest. Es gibt 100,0 Gramm Streichmettwurst als Sonderzuteilung und zum Wochensatz Fleisch 25% Bratlingspulver. Ferner, wer auf 30 Gramm Margarine und 100 Gramm Zucker verzichten will, kann eine Stolle bestellen. Ich trage mich in die Liste ein. Weihnachtslieder sind verboten, Wintersonnenwendbetrachtungen dienstlich erwünscht mit Betonung der Erneuerung des Lichts aus dem Schoß der Allmutter Natur, die Kommandeure haben dementsprechend zu verfahren. Von Erneuerung ist vorläufig nichts zu bemerken. Ich stehe am Fenster von Zimmer 66, der Kasernenhof liegt in einem grauen Licht, ein Grau aus den Flügeln von Möven, die in alle Meere tauchten. Das Fest ist da. Am Morgen war ein großer Angriff auf Berlin; man fragt sich, ob die Wohnung noch steht, und was von den wenigen Bekannten, die dort noch leben, übrig geblieben ist. Dann ist es Abend, die Verpflegung wird gebracht. Ich frage die Ordonnanz, was sein Asthma macht, er ist schwerhörig, die Verständigung stößt auf Schwierigkeiten. Ich blicke weiter über den Platz, über ihn hinweg in die Niederung, die Steppe, den Osten – alles so nah, alles so gegenwärtig, alle diese schauerlichen Scharen von Geschlechtern, die zu keiner Klarheit über sich selber kamen. Und dann sinkt sie hernieder, des Jahres 1943 Heilige Nacht.

Bald nach Weihnachten traf der Befehl ein, die Blöcke zu räumen, aus dem Osten zurückflutende Truppen sollten hinein, wir ziehn weiter, ich mit. Aktiv, passiv – die Laus im Pelz, der Wolf im Schafskleid, der Bock als Pfleger von Spitzen und Schoten: ziehn, handeln sie mit? Was für ein aufgebauschter Begriff: Handeln! Unter Zwang stehn und Subsidien beziehen müssen – es mag Handeln sein, aber Handeln und Denken einheitlich zu wollen – was für eine hinterwäldlerische Idee! Man stelle sich vor, ein moderner Physiker wolle seine Berechnungen, seine Berufsausübung im Leben zum Ausdruck bringen, mit dem Leben in Einklang bringen, »verwirklichen«, oder Bachofen seine Mutterrechtstheorie oder Böcklin seine Toteninsel – welche Komik! Wenn einer zufällig, durch die Zeitereignisse gezwungen, innerhalb der geschichtlichen Welt lebt, also zwischen Scharfschützen und Schiebern, Fallenstellern und Hasendieben, sollte das ihn veranlassen, aus sich herauszutreten und tatkräftig Ansichten zu äußern?

Gibt es eine Menschheitsidee? Es gab wohl Zeiten, da lag eine solche im Bewußtsein aller vor. Aber heute gehören Ansichten zur Konstitution wie Migräneanfälle – ein Erbübel. Es könnte einer die Ansichten eines Propheten besitzen und brauchte deswegen doch keine grüne Fahne zu stiften und nicht mit Adler und Schlange ins Hochgebirge zu ziehn. Daß prophetische Ansichten die Menschen nicht

ändern, bessern, ausrichten, hat der Mißerfolg des jüngsten Dionysos erwiesen, die blonde Bestie raste sich aus. Ansichten – nur, um die Peristaltik der geschichtlichen Welt in Bewegung zu bringen, als Gleitmittel – welcher gehaltvolle Mann träte deswegen heute öffentlich hervor? Geschichtliche Welt – frech gewachsen und schnell aus der Hand verschlungen, im Rang sitzen die Fetten mit ihren Kebsen und Günstlingen und vor den Mördern spielen die Geigen beschwingte Musik, im Dunkel aber verrinnen die namenlosen Opfer und werden verhehlt, die darin erwürgt sind – nein, hier ist nichts zum Hervortreten und nichts zum Bekämpfen, nicht mit der kleinen Schleuder und nicht mit der großen Posaune – laßt sie ruhig mit ihrem Dreschwagen über den Kümmel gehn!
Das, was lebt, ist etwas anderes als das, was denkt, dies ist eine fundamentale Tatsache unserer Existenz und wir müssen uns mit ihr abfinden. Möglich, daß es einmal anders war, möglich, daß in einer unerahnbaren Zukunft eine siderische Vereinigung heranschimmert, heute lebt die Rasse in dieser Form. Das, was in mir dachte, bewegte sich in einem eigenen Raum; das, was von mir lebte, war innerhalb des mir zugewiesenen Milieus entgegenkommend, von guten Formen und aufrichtig kameradschaftlich. Das, was dachte, war ohne Falsch, es frug niemanden aus, es frug in niemanden etwas hinein, es trat überhaupt nicht in Erscheinung, es war gelassen, konnte es sein, so sicher war es, daß es Recht hatte und die Wahrheit besaß gegenüber allen Lebensfakten innerhalb der von uns gemeinsam bevölkerten Kaserne. *Wer glaubt, der flieht nicht*, ruft Jesaja. Es ist natürlich naheliegend zu sagen, dieser Glaube müsse bekannt werden; wer so denkt, wer die Dinge so sieht, wie sie im vorstehenden dargestellt sind, müsse eingreifen, aufhalten, Revolution machen oder sich erschießen lassen. Dieser Ansicht bin ich nicht. Es gibt hinsichtlich dieser Dinge keinen allgemeinen Beweis, es gibt nur existentielle Gründe. Bei mir liegen diese Gründe in meinem persönlichen Unglauben an eine Bedeutung der geschichtlichen Welt. Ich habe es nicht weiter gebracht, etwas anderes zu sein als ein experimenteller Typ, der einzelne Inhalte und Komplexe zu geschlossenen Formgebilden führt, der unter Einheit von Leben und Geist nur das

gemeinsame sekundäre Resultat verstehen kann: Statue, Vers, hinterlassungsfähiges Gebilde – ich gehe das Leben an und vollende ein Gedicht. Alles, was sonst das Leben betrifft, ist fragwürdig und unbestimmt; eine Verbindung mit dem Religiösen empfinden wir nicht mehr als tatsächlich, von der Verbindung mit dem sogenannten Nationalen ganz zu schweigen, als tatsächlich empfinden wir nur seine Fügung in ein ausdrucktragendes ästhetisches Werk. Die biologische Spannung endet in Kunst. Kunst aber hat keine geschichtlichen Ansatzkräfte, sie hebt die Zeit und die Geschichte auf, ihre Wirkung geht auf die Gene, die innere Erbmasse, die Substanz – ein langer innerer Weg. Das Unterhaltende und Politische einiger Spezialitäten z. B. des Romans täuscht, das Wesen der Kunst ist unendliche Zurückhaltung, zertrümmernd ihr Kern, aber schmal ihre Peripherie, sie berührt nicht viel, das aber glühend. Existentielle Gründe sind keine kausalen, sie sind konstitutionell, verpflichten niemanden, sie gelten nur für den, in dem sie sich als Tatsächlichkeiten erweisen, vielleicht sind sie mutative Varianten, Versuche, die sich verstärken oder wieder verschwinden, oder wie oben gesagt: Experimente. Sie sind nicht übertragbar, auch nicht nachprüfbar, sie suchen sich ihre Legitimation in der Ununterdrückbarkeit der Ausdruckswelt, sie, die es nicht unterläßt, auch diese Blöcke zu umschreiten, ja die vor diesen Blöcken eine besondere Notwendigkeit sah, ihre eigenen Grundlagen nachzuprüfen.

Die Blöcke werden diese Beziehung entschieden ablehnen. Was so spricht, werden die Blöcke antworten, ist der Gedanke, der kalte unfruchtbare Gedanke, der das warme natürliche Leben bedroht, der wildernde Intellekt, feind dem vaterländischen Impulse, der Reichsidee, den Erntedankfesten und Schneewittchen und den sieben Zwergen. Sahen wir doch erst heute in der Zeitung für die Anspruchsvollen eine Photographie »Künstlerisches Schaffen an der Front« mit der Unterschrift: »Der Flottenchef gibt dem Betreuungsoffizier sein Urteil über das Bild ›Feindfahrt‹ ab« – also? Ja, der Flottenchef! Bestimmt ein Admiral – und der Sturm peitscht die Wogen und der Leichter oder der Frachter und der Minenleger oder der Zerstörer stampfen oder dampfen und an Gischt ist auch kein Mangel –

Feindfahrt, Freundfahrt – dieser ganze hingeduckte geschichtliche Siegeswahn – jawohl: der von mir vertretene Gedanke ist demgegenüber das Erbarmungslose – ohne zu fragen, wohin es führt, dies ist meine Feindfahrt, Freundfahrt, das ist mein primäres Menschentum, alles andere ist Verbrechen!
Nun ist allerdings schon dem Gedanken selbst der Gedanke gekommen, daß ein Etwas in die Welt kam, um das Absolute zu erlösen, die Liebe, und daß der Sanfte gesandt wurde, um den Gedanken zu bewegen, sich freiwillig niederzubeugen – wie gesagt, aber: die Liebe, nicht die Sturheit; – wo die Liebe und der Gedanke in- und gegeneinander spielen, wird immer die hohe Welt sein, um die auch der Mensch in seinem Ausdrucksstreben ringt. Doch dies Erdzeitalter ist der Gedanke, er erarbeitet das Maß der Dinge, den Ausdruck, die Züge, den Mund, damit endet seine irdische Berufung.
Die Liebe allerdings soll auch noch den Verbrechern gebühren, aber doch wohl nicht zu jeder Stunde. Rodja gebührte sie, als er Sonja an sich nahm und litt, Rodja Raskolnikow, der erst alles wagte, allen ins Gesicht zu spucken, alle Macht an sich zu reißen, auch den Mord wagte – sie gebührte ihm, als Sonja sagte: komm sofort mit, bleibe am Kreuzweg stehn, küsse die Erde, die Du besudelt, vor der Du gesündigt hast, verneige Dich dann vor aller Welt und sage dann allen laut: ich bin der Mörder. Willst Du? Kommst Du mit? – Und dieser kam mit.
Und dann kam im Osten das Ende. Wenn man am 27.1.45 beim Stadtkommandanten vorsprach und fragte, was machen wir denn mit unseren Sachen, die wir mühsam seinerzeit aus Berlin hierhergeschleppt hatten, wenn die Russen kommen, antwortete der Adjutant, ein SS-Hauptmann: wer so fragt, wird an die Wand gestellt, die Russen kommen nicht durch, möglich, daß mal ein Spähpanzer in der Ferne sichtbar wird, aber die Stadt wird gehalten, und wer etwa seine Frau nach Berlin zurückschickt, wird ebenfalls erschossen. In der folgenden Nacht um 5 Uhr war dann Alarm, Artilleriebeschuß und wir liefen mit einer Aktenmappe im Schneesturm bei 10 Grad Kälte zu Fuß nach Hause auf den vereisten Chausseen, verstopft von den endlosen Reihen der Trecks mit ihren Planwagen, aus

denen die toten Kinder fielen. In Küstrin wurden wir in einen offenen Viehwagen verfrachtet, der uns die 60 Kilometer nach Berlin in 12 Stunden unter Fliegersalven zum Bahnhof Zoo brachte. So verlief das Ende des ganzen Ostens, Stadt für Stadt. In der Wohnung waren dann fremde Leute, die Stuben leer, wir deckten uns mit meinem Soldatenmantel und Zeitungspapier zu, um aufzuwachen, als die Sirenen heulten. So klang es aus – das Blockleben, Zimmer 66.

*

In dieser Kaserne schrieb ich: *Roman des Phänotyp*, viele Teile aus *Ausdruckswelt*, darunter *Pallas* und aus den *Statischen Gedichten*, z. B. *Ach, das ferne Land, September, Dann –, Statische Gedichte* u. a.

a) Absolute Prosa

Der *Roman des Phänotyp* (in meinem Buch *Der Ptolemäer,* 1949) ist reichlich unverständlich, ganz besonders dadurch, daß ich ihn als Roman bezeichne. Eine Folge von sachlich und psychologisch nicht verbundenen Suiten – jeder mit einer Überschrift versehene Abschnitt steht für sich. Wenn diese Arbeit ein Problem bietet, ist es das Problem der absoluten Prosa. Einer Prosa außerhalb von Raum und Zeit, ins Imaginäre gebaut, ins Momentane, Flächige gelegt, ihr Gegenspiel ist Psychologie und Evolution.
Ich habe diesem Thema der absoluten Prosa manche Studie in meinen Essays gewidmet. Ich fand die ersten Spuren bei Pascal, der von Schönheit schaffen spricht durch Abstand, Rhythmus und Tonfall, *durch Wiederkehr von Vokal und Konsonant – die Schwingungszahl der Schönheit* sagt er und: *Vollkommenheit durch die Anordnung von Worten.* Dann wurde diese Lage durch Flaubert berühmt, den der Anblick einiger Säulen der Akropolis ahnen ließ, *was mit der Anordnung von Sätzen, Worten, Vokalen an unvergänglicher Schönheit erreichbar wäre,* in Wahrheit nämlich glaubte er nicht, daß es in der Kunst ein Äußeres gibt. Aus der modernen Literatur nenne ich Carl Einstein mit seinem Roman *Bebuquin* (1912) und Gide mit *Paludes.* Ihnen schwebte offenbar etwas Ähnliches vor: die Möglichkeit nämlich von geordneten Worten und Sätzen als Kunst, als Kunst an sich.
Betrachten wir nun meine Arbeit. Der Roman ist – ich bitte den jetzt folgenden Ausdruck zu beachten – orangenförmig gebaut. Eine Orange besteht aus zahlreichen Sektoren, den einzelnen Fruchtteilen, den Schnitten, alle gleich, alle nebeneinander, gleichwertig, die eine Schnitte enthält vielleicht einige Kerne mehr, die andere weniger, aber sie alle tendieren nicht in die Weite, in den Raum, sie tendieren in die Mitte, nach der weißen zähen Wurzel, die wir beim Auseinandernehmen aus der Frucht entfernen. Diese zähe Wurzel ist der Phänotyp, der Existentielle, nichts wie er, nur er, einen weiteren Zusammenhang der Teile gibt es nicht.
Also der Existentielle ist da, in unserem Fall in einer

Kaserne, lebt dahin, denkt dahin, spaltet sich in Gedanken und inneren Beobachtungen auf, sammelt sich aber zugleich zu Ausdrucksversuchen, zu Schöpfertaten. Er blättert in einem Werk aus einem Kunstverlag: »Die Schönheit des weiblichen Körpers« – herrliche Bilder aus allen Epochen der Malerei – welche unbeschreibliche Fülle von Exterieurs, Bewegungen, Gewändern, Begleitpersonen, Mythen, Vorfällen, Göttertaten. Hier sind Einzelheiten: Tauben, Hunde, Barken, Muscheln, Schwäne! Hier braucht das Auge wirklich nur abzulesen, Worte finden dafür, schmeichelnde Sätze, der Schönheit der Vorgänge und Versunkenheiten gemäß. Eine Trunkenheit kommt über ihn – *schon summarisches Überblicken, Überblättern schafft manchmal einen leichten Rausch* – so beginnt es. Welten im Strom und Welten in Bannung gleichzeitig der Wirklichkeit wie der Überhöhung. Und immer wieder Details, die man sonst mühsam zusammensuchen müßte, notieren, vielleicht nie fände. Und nun beginnt der Prozeß, von vielleicht halbstündiger Dauer. Hier ist die Stelle:

Schon summarisches Überblicken, Überblättern schafft manchmal einen leichten Rausch. Venusse, Ariadnen, Galatheen erheben sich von ihren Pfühlen, unter Bögen, sammeln Früchte, verschleiern ihre Trauer, lassen Veilchen fallen, senden einen Traum. Venus mit Mars; Venus mit Amor, hingelagert, ein weißes Kaninchen an der Hüfte, zwei Tauben, eine helle und eine dunkle, zu Füßen vor einer Landschaft, die sich weit verliert. Procris stürzt aus dem Gebüsch, schlägt flach zu Boden, über ihr Cephalus mit einem langen, geschlitzten Ohr, der Jäger, er glaubte, das Rauschen von verstecktem Wild zu hören, er ist der Gatte und nun durch den geworfenen Jagdspieß der Mörder; ihre Sandalen sind brezelartig verschnürt und ausgestanzt, an ihnen trauert der dunkle schöne Hund.

So erheben sich die Welten. Andromeden, Atalanten, schlafend oder erwartend, nackt oder unter Fellen, behängt mit Perlen, Blumen und vor Spiegeln. Weiße Üppige mit aufgestützten Schenkeln, oft dicht an ihren Rettern, deren Brünnen glänzen. Aber die meisten sind sehr einsam, sehr in sich verborgen, gehn aus dem blassen gewölbten Fleisch nicht über; sie erwarten, aber sie zögern vor jeder Röte und vor jeder Lust. Sehr Verhaltene: Ceres mit dem Weizenkranz, schweigsam wie die Samenkörner; und bäuerlich eine Herbstin mit Hacke, Trauben, Weinzweigen,

keineswegs trunken, sehr gesenkten Blickes, eines Blickes bitter und unerfüllt.
Galatheen landen mit Delphinen, verlassen die große Muschel, teils betreten sie allein das Ufer, teils mit Wasserjungfrauen und Zentauren. Und immer wieder die Tauben, auch die Schlangen, auch die Muscheln und dort der Pfau und dort die Barke, an allen Stränden, an allen Hängen – säumen und vergehn.
Das unmittelbare Erleben tritt zurück. Es brennen die Bilder, ihr unerschöpflicher beschirmter Traum. Sie entführen. Der körperliche Blick reicht nur über den Platz bis an die Burgen – aber die Trauer reicht weiter, tief in die Ebene hinein, über die Wälder, die leeren Hügel, in den Abend, das Imaginäre, sie wird nicht mehr heimkehren, dort verweilt sie, sie sucht etwas, doch es ist zerfallen und dann muß sie Abschied nehmen unter dem Licht zerbrochener Himmel – – diese aber entführen, führen weit und führen heim.
Man beachte: am Schluß wird dann zurückgegangen auf die Stimmung des Phänotyps, die momentane, in diesem Fall seine eigene Melancholie, das ist sein Aggregatzustand in dieser Stunde, das deckt sich mit dem Überblick über die Bilder – flüchtig die Ekstase, Arien des Glücks und Arien der Verdammnis alles Augenblicke nur, nahe das Ende, alle diese Frauen dahin, ihr Glanz, ihre Liebe, ihre glühenden oder sich senkenden Wege –: aber nun ist es erlebt, der Rausch zu Ende, das Stück ist fertig. Kann man das anders ausdrücken? Ich sage: nein! *Das unmittelbare Erleben tritt zurück, es brennen die Bilder, ihr unerschöpflicher beschirmter Traum.* Warum sind sie unerschöpflich, warum brennen sie – weil der Phänotyp sie in die Ordnung von Worten brachte, in abwägend gebaute Sätze aus dem Prozeß des Absoluten – so erheben sie sich noch einmal – die Venusse und die Ariadnen und die Galatheen und an ihnen die Pelze und die Perlen und die Tauben.
Für das Ganze beachte man nochmals: orangenförmig – Orangenstil.

b) Doppelleben

Unser Kulturkreis begann mit Doppelgestalten: Sphinxen, Zentauren, hundsköpfigen Göttern und befindet sich mit uns in einer Kulmination von Doppelleben: wir denken etwas anderes als wir sind, oder, wie die *Drei alten Männer* es ausdrücken: *Wir lebten etwas anderes als wir waren, wir schrieben etwas anderes als wir dachten, wir dachten etwas anderes als wir erwarteten und was übrig bleibt, ist etwas anderes als wir vorhatten.* Die Einheit der Persönlichkeit ist eine fragwürdige Sache. Man stelle sich vor, der Schöpfer der Relativitätstheorie solle diese Theorie in seinem Privatleben ausdrücken oder einem Sanskritforscher solle man seine Hieroglyphen bei Tisch anmerken oder einen Existentialisten müsse seine Philosophie hindern, Hockey zu spielen, auch das tagelange Angeln sehr aktiver Politiker ist bekannt. Ich sah 1914 in der Metropolitanoper den kleinen, dickbäuchigen Caruso, der seine freien Abende bekanntlich nicht mit Mythen und Mysterien, sondern mit Patiencelegen verbrachte, und ich hörte seine wahrhaft arielhafte, arionschöne Stimme – auch eine Diskrepanz! Oder Rousseau, der Zöllner, klebt am Schlagbaum statutengemäß die Zettel auf die Koffer – und sonntags die schönen Wahnsinnsbilder! Kurz, Denken und Sein, Kunst und die Gestalt dessen, der sie macht, ja sogar das Handeln und das Eigenleben von Privaten sind völlig getrennte Wesenheiten – ob sie überhaupt zusammengehören, lasse ich dahingestellt.

Ich bin also Dualist, Anti-Synthetiker oder, um nochmals die *Drei alten Männer* zu zitieren, ich halte *vor dem Unvereinbaren*, mein Streben nach Einheit beschränkt sich auf das jeweilig in meinen Händen zur Bearbeitung befindliche Blatt – *heute und hier*, wie es in *Pallas* heißt, ihr Befehl an Odysseus; keine Allgemeinheiten, keine Meerfahrten – heute und hier holst du den Bogen des Philoktet! Heute und hier, keine Allgemeinheiten und siderischen Dränge – das ist eine gute Grundlage für Doppelleben und mein eigenes Doppelleben war mir nicht nur immer sehr angenehm, ich habe es sogar mein Leben lang bewußt kultiviert. Das wurde mir nicht schwer gemacht, ich sah aus wie ein Unteroffizier und meine Bücher waren immer nur in sehr kleinen Kreisen bekannt. Einer meiner ärztlichen Chefs, bei dem ich zwei Jahre Assistent gewesen war, schrieb mir nach einiger Zeit, ich lese manchmal in den Zeitungen Ihren Namen – sind Sie das wirklich? Ich hätte es für vollkommen unmöglich gehalten, daß man sich mit Ihnen über was anderes unterhalten kann als über Krebsstatistik oder Bauchfellücken. – Als ich schon Mitglied der Dichterakademie war, saß ich eines Abends bei einem Kollegen am Eßtisch, es waren noch einige andere anwesend, da beugte sich plötzlich eine Dame mit liebreizendem Lächeln zu mir herüber und sagte: »Herr Doktor, ich höre, Sie besteigen auch den Pegasus?« Ich errötete, ja, ich bestieg ihn, ich versuchte ihn zu besteigen. – Auch mein 60. Geburtstag brachte mich nicht in die Zwangslage, mich für Blumenarrangements und Telegramme umständlich bedanken zu müssen, ich aß wie immer mit meinem Dienstmädchen in der Küche und sie unterhielt mich darüber, daß an ihrem neuen Kostüm die Rückenfalte noch nicht säße und nochmals aufgetrennt werden müßte. – Noch heute muß ich in dem Bezirk, in dem ich niedergelassen bin, Nachtdienst mitmachen. Nachtdienst heißt, von abends 8 Uhr bis morgens 7 Uhr in einer Baracke zubringen, die sich schlecht heizt – Telefonanrufe etwa 12 die Nacht, keine Straßenschilder, die Hausnummer nicht erkennbar – Hinterhöfe, Keller, Trümmerstätten, während der Blockade unbeleuchtet, in der linken Hand eine Kerze, in der rechten eine Injektionsspritze – dort ein alter Mann mit Herzanfall, hier eine Alkoholvergiftung bei einem Kellner, ein Hirntumor in extremis, ein Typhus, der ins Krankenhaus muß, eine Frau, die blutet – wenn man in dem großen Bezirk für eine Tour ein Auto haben will, muß man es selbst bezahlen – kurz kein lyrisches Idyll. Aber alles das muß sein, es ist gemäß und ich möchte es nicht missen.

Bei diesem Verfahren gibt es etwas, das man streng vermeiden muß, man darf sich nicht decouvrieren. Aber es gibt auch etwas, das ich über alles hasse: Dilettantismus, bei einem Mann gibt es überhaupt keine Entschuldigung dafür. Ich war also auch in der Medizin immer up to date. Ich bin fachärztlich zuständig für drei Spezialgebiete: Pathologie (ich war Leiter eines kleinen pathologischen Instituts), dann für Dermatologie und Venerologie und drittens, wie man aus diesem Buch ersieht, auch für Versorgungsmedizin. In allen diesen drei Disziplinen habe ich wissenschaftliche Arbeiten verfaßt, die in den entsprechenden Fachzeitschriften und Büchern veröffentlicht wurden und zwar keine geisteswissenschaftlichen Feuilletons dazu, sondern nüchterne statistische, kasuistische Elaborate – eine besondere Form der Tarnung.

Doppelleben in dem von mir theoretisch behaupteten und praktisch durchgeführten Sinne ist ein bewußtes Aufspalten der Persönlichkeit, ein systematisches, tendenziöses. Hören wir dazu den *Ptolemäer* – sein Geschäftsbetrieb ist *Schönheitsinstitut einschließlich Krampfadern* – mehr nicht, denn:

In diese Richtung hatte ich auch meine berufliche Seite gelenkt. Mein Haus hieß »Lotos« – Appell an den Schönheitssinn, gleichzeitig mythologisch anklingend – Lotophagen, Lotosesser, wer von den Früchten aß, brauchte kein anderes Brot, er konnte hoffen und vergessen. Aber darüber hinaus bedeutete mein Institut schon an sich eine selektive Haltung, eine ideeliche Beschränkung: Körperpflege einschließlich Krampfadern – gut, soweit ging es, das war auch noch kein Handeln, aber Gesamtschau, Totalitätsbetreuung, Lebenseinheit, Harmonie – das lehnte ich ab. Wir alle leben etwas anderes, als wir sind. Dort wie hier Bruchstücke, Reflexe; wer Synthese sagt, ist schon gebrochen. G e l e g e n h e i t e n – das war es! Im Rhythmus des vierzehntägigen Haarschnitts oder im Zyklus des vierwöchigen Kopfwaschens –: Auftauchen, nur im Akt vorhanden sein und wieder versinken –: das war der ideologische Inhalt meines Instituts.

In diesem Institut nun sind Handeln und Gedanken streng separiert, Leben und Geist zwei völlig verschiedene Dinge, hören wir zunächst an, was dieser Institutsinhaber über »das Leben« denkt, diesen Begriff, mit dem so stark operiert wird, vor dem alles Halt macht, die Hände faltet und den Finger an den Mund legt. Er sagt: *Das Leben, dies Speibecken, in das alles spuckte, die Kühe und die Würmer und die Huren – das Leben, das sie alle fraßen mit Haut und Haar, seine letzte Blödheit, seine niedrigste physiologische Fassung als Verdauung, als Sperma, als Reflexe –*, ferner: *das Leben, hier standen wir vor dem Grundbegriff, vor dem alles Halt machte, der Abgrund, in den sich alles in seiner Wertverwahrlosung blindlings hinabwarf, sich beieinander fand und ergriffen schwieg –*, dazu: *Das Leben als Mulattenstadt: Zuckerrohr kauen, Rumfässer wälzen, mit zehn Jahren defloriert werden und Cancan, bis die Hintern wackeln – –* kurz, dies Leben scheint ihm gar nicht wert, daß man sich groß in es hineinwuchtet – *das Geschäft und die Halluzinationen*, so trennt er sauber seine Strebungen, das ist sein Motiv und von hier kommt auch seine ständige Nörgelei gegen die »Geschichte«, in der sich

angeblich etwas verwirklicht, eine Idee oder dergleichen – das tut sie nämlich, wie jeder beobachten kann, nicht. Sie betreibt ihre Geologie, ihre Lebensgeologie, aber daneben und hinter ihr erhebt sich für ihn jene Welt, von der er sagt, daß sie sich mit Raum und Zeit nur flüchtig verschleiere.
Soweit seine Einstellung zu: Leben. Nun sein Verfahren diesem inneren Tatbestand gegenüber, seine Verhaltensweise, sein gestaltliches Gebaren:
Anordnungen geben über Bähungen mit heißen Tüchern, Ratschläge erteilen hinsichtlich eines abgesprungenen Fingernagels, Kämme beurteilen, Birkenbalsam anpreisen und innerlich zerstörte und zerstörende Dinge denken, diese Paradoxie hatte ich zu Virtuosentum entwickelt. Heute, während ich mit Brillantine – aus Benzoe, gereinigtem Schweinefett und Gardenien zusammengerieben – einen Langschopf modellierte, betrieb ich meine geistigen Versionen. Riesige verfaulte Fangzähne hatte Li-Hung-Tschang, die er bei seinem unheimlichen Lachen sehen ließ, ein hochgewachsener Mann mit ausgelassenen jovialen Manieren – das war ein Angelpunkt, einer im fernen Osten. Iswolski soll klein gewesen sein, seine Füße staken immer in Lackschuhen, die Anzüge aus Savile Row stammend hatten einen weißen Streifen an der Weste, er schüttelt die Hand und blickt dabei fort, ein leichter Duft von Violet de Parme strömte immer von ihm aus. Dann Caruso: der erste Akt ist vorüber, Gatti Casazza, der Geschäftsführer der Metropolitan besucht ihn, küßt ihn ernst und würdevoll auf beide Wangen, jeden Abend. Caruso greift nach der Phiole mit Salzwasser, die er in jeder Tasche trägt, Garderobiere und Diener stehen zu seinen beiden Seiten, der eine reicht ihm ein winziges Glas Whisky, gleich danach der andere ein kleines Glas perlendes Wasser, worauf ein Viertel eines Apfels gegessen wird. Immer Lampenfieber! Die Coldcream zum Abschminken wird von einem eigens von ihm ausgebildeten Apotheker für ihn allein hergestellt und darf kein Glyzerin enthalten.
Also er gibt Anordnungen über Bähungen mit heißen Tüchern, läßt aber gleichzeitig seine innere Fontäne springen, er preist Birkenbalsam an, macht aber im Augenblick die halbe Welt zu Lametta.
Hören wir ihm noch an einer anderen Stelle zu:
Das Geschäft, das Hochhaus, die see- und wälderzerblockende Metropole: hier hatte ich mein Leben gegründet, hier wollte ich seinen Abschluß bestimmen mit der genauen Verfügung, die

Hälfte meiner Asche in den Septemberwind zu streuen und die andere Hälfte in eine leere Büchse von Nescafé zu bergen! Gesteigertes, provoziertes Leben, Spannungen, Extraits! An den Dingen bleiben, sie genau erkennen und dann zersprengen – und in gewissen Stunden erschien es mir sehr leicht. Das war eine Fontäne von notierten Sachen, studierten Einzelheiten und dann schleuderte ich sie hin. Das war Leben! Und hier an Ort und Stelle, in der Härte des Raums, inmitten von Angestellten und Kunden entwickelten sich die Dinge! Innerhalb der sozialen Welt – mein Gott, diese soziale Welt – wer jonglieren konnte und Maske machen, schlüpfte ihr noch immer durch die Maschen! Ich salbte und knetete, aber ich blickte um mich, ich füllte meine Blicke, ich sättigte meine Stunden, immer bildete ich mich um. Eine Dame in Schwarz, sie will ihre Schritte ins Ausland lenken, verlangt die gekräuselte, amerikanische Coiffüre, schon sinkt die Haube – tel est mon plaisir – die Hände an Pflege und Hochzeitsflug, aber der Geist zertritt die biologische Schwemme, er verwüstet das Erstarrte, es entsteht die Glut. Was sind die Lehren, was ist die Geschichte – Bonmots, Arabesken, kleine Strudel im Panta Rhei! Kleine Wendungen. Kublai verlegt die Hauptstadt von Karakorum nach Peking, Chinesierung der Mongolen, Sieg der Observatorien und Raupenzüchtereien über die Jagdzelte aus Pantherfellen, Großvater Dschingis-Khan dreht sich im Grab herum, in seinem Grab im dürren Gras der Tartarei! Kleine Wendungen: die Schatten der Schlacht von Plassey, die Clive 1757 schlug und in der er die Gallier endgültig aus Bengalen verjagte, diese Schatten, die vom Khaibarpaß über die Heimat des Schnees bis in die Tigerdschungeln des Südens reichten, lösen sich auf ins Ungewisse, und der große Rubin aus der letzten Kaiserkrone kehrt zurück nach Rangoon, von wo er kam. Hier ein gelungenes Abenteuer und dort ein mißverstandener Befehl – Patrouillen, Schwadronen, Geisterdivisionen, Generäle, Gouverneure, Bathordensträger, Vließvergoldete, Malteserkommodore verbeugen sich, salutieren, fallen à toutes les gloires, und zum Schluß gehen zwei Zivilisten langsam eine Treppe hinunter, die große Treppe aus einem Schloß, betreten den Park, stehn vor den Heliotropbeeten und den Forellenbecken, stehn, schweigen – es sind zwei Engländer, für sich und müde.

Kublai, Dschingis-Khan, zum Schluß auch noch zwei Engländer, die Schlacht bei Plassey, der Khaibarpaß – alles hier an Ort und Stelle, in der Härte des Raums, inmitten von Angestellten und Kunden – hier: *entwickeln sich die Dinge*! Er salbt und knetet, aber sein Geist zertritt die biologische Schwemme, er verwüstet das Erstarrte, es entsteht die Glut. Er will sagen, Geist und Leben sind bei mir zwei völlig getrennte Welten, ich bearbeite die Dame, aber in mir ist Oktoberfest – und ich befinde mich außerordentlich wohl dabei, jedenfalls viel wohler als in früheren Lebensperioden, in denen ich diese innere Technik noch nicht besaß, als ich noch im lebensüblichen Sinne: litt. Leiden – was ist das überhaupt? Du hast Stauungen – öffne deine Schleusen; dir gefällt die Zeit nicht –: ein Plakat auf deinen Schreibtisch, groß beschriftet: das ist nicht anders! Haltung! Dir geht es gut – außen verdienst du dir dein Geld und innen gibst du deinem Affen Zucker, mehr kann nicht sein, das ist die Lage, erkenne sie, verlange nicht, was unmöglich ist! *Sich abfinden und gelegentlich auf Wasser sehn*, sagt er am Schluß, aber auch das ist keine Resignation, das wird überstrahlt von seinem dionysischen Motiv: *das Geschäft und die Halluzinationen*, das führt er durch – und schließlich stellt er noch mit Befriedigung fest: *trage unauffälligen Binder, Anzug jedoch von tadellosem Schnitt, das Äußere ein Earl, das Innere ein Paria, niedrig, zäh, gefeit und sie dürfen jedes Fleisch essen.* Das alles zusammen ergibt immer wieder seine Hauptmaxime: *erkenne die Lage* – das heißt, passe dich der Situation an, tarne dich, nur keine Überzeugungen (*Kunden gegenüber ist man mit Privatmeinungen zurückhaltend, dem einen stimmt man zu, und dem nächsten stimmt man wieder ab*) – andererseits aber mache ruhig mit in Überzeugungen, Weltanschauungen, Synthesen nach allen Richtungen der Windrose, wenn es Institute und Kontore so erfordern, nur: *halten Sie sich den Kopf frei, darin muß immer ein Hohlraum sein für die Gebilde. Hier konzentriert sich das Reale, modelliert sich, so entstehn die Formen.* Die Formen – darauf allein kommt es an, das ist seine Moral. Was die eigentlich sind, muß offen bleiben, aber sichtlich sind sie etwas ganz Primäres: Rhythmus, Spannung, *Prozeß* – auch der Ptolemäer weiß nichts Näheres darüber. Aber das beunruhigt ihn keineswegs –: *alles ist, wie es sein wird und das Ende ist gut,* so schließt er. Dionysos – einschließlich Krampfadern! Das ist die Lage – 1950 – erkenne sie! Soweit über Doppelleben.

c) Stil und Entartung

Das Folgende ist eine Stelle aus dem *Phänotyp* über eine Frage, die vermutlich jeden beschäftigt, der ästhetisch arbeitet, produktiv oder kritisch, die Frage nach der Stilverwandlung. Phänotyp ist bekanntlich ein Begriff aus der Erblehre, aufgestellt von dem Dänen Johannsen. Der Phänotyp ist das Individuum einer jeweiligen Epoche, das die charakteristischen Züge dieser Epoche evident zum Ausdruck bringt, mit dieser Epoche identisch ist, das sie repräsentiert. Sein Gegenbegriff ist der Genotyp, das ist die Sammlung aller Möglichkeiten der Art im Kern, ist die Latenz aller Phänotypen, die sich der Entelechie nach aus der Art im Laufe der Zeiten entwickelt haben oder entwikkeln können. Neben dem Phänotyp laufen natürlich durch alle Zeitalter die allgemein ephemeren Typen, jene, die die innere Repräsentation des Zeitalters nicht zum Ausdruck bringen. Die Stelle lautet:

Wo immer das Innere des Phänotyps sich einen ästhetischen Ausdruck sucht, wird ihn die Umwelt als fragwürdig empfinden. Dies sein Suchen umschließt viele Probleme, vor allem das der Peripherie. Wo verwandelt sich der Mensch, wann, aus welchen Ursprüngen und mit welchen Methoden?

Um 500 trat bei den Griechen die perspektivische Zeichnung auf, während die Ägypter den Körper in gerader Draufsicht sahen. Bei Giotto war eine ähnliche Verwandlung des Blicks, dann bei Cézanne. Man kann kaum bezweifeln, daß die Zeitgenossen diesen Vorgang als Entartung empfanden. Ebenso, als sich der etwas sture dorische Klotz in die korinthische Säule veränderte, sagte man sicher etwas von Degeneration. Oder bei der Auflösung des früheren antiken Gesamtblattes in das byzantinische Akanthus: immer werden die Zeitgenossen urteilen, das trifft nicht zu, das geht zu weit.

Hiermit treten wir vor das Thema von der peripheren Verwandlung, vom Nagen und Lecken der Wellen an dem Strand, wobei es im Dunkel bleibt, was Welle und Strand bedeuten, aber sie bilden gemeinsam die Konturen der Kontinente. Aber dabei gibt es Ausgleiche und Ablenkungen, nicht jedes Nagen hinterläßt eine Spur. Selbst bei Goethe gibt es viele Sätze und Verse, die auch heute noch dunkel und keineswegs eingängig sind, ihr Inhalt bleibt selbst dem Fortgeschrittenen nicht erlebbar, man ist also über sie hinausgeschritten, ohne sie zu assimilieren, zu integrieren, aber sind sie deswegen sinnlos, überflüssig, Marotte, keineswegs, sie gehören in das Thema der Peripherie, sie gehören in das Gebiet der Verwandlungszone, die nicht immer in einer eindeutigen Richtung verläuft, nicht immer in eine Entfaltung von allgemein werdenden Formen und Ausdrucksverfahren mündet. Übrigens wird auch hinsichtlich der Natur ihr Experimentiercharakter, ihr Hervorbringen von Formen, die dann wieder fallen gelassen werden, von den beschreibenden Wissenschaften immer mehr beachtet.

Der menschliche Körper beharrt erstaunlich konsequent innerhalb dieses quartären Erdzeitalters, aber der Geist differenziert sich in immer neuen Ausdrücken, Ausbrüchen, neuen Auswegen seiner selbst, man hat den Eindruck, die ganze Mutationsfähigkeit und Variabilität der Art ist in ihm allein tätig geblieben. Der Grundriß des Lebens bleibt: Jagd und Feuermachen und am Feuer das mit den Frauen, aber darüber erhob sich der Ausdruck, der Gedanke und gab allem seine artifizielle Beleuchtung, er wob seine Nebel, er schwälte seine Dämpfe, ließ einige höhere Strahlen hindurch, um sie aber gleich wieder zu verschleiern und ließ bis heute die Grundfrage unentschieden: ist der Mensch ein moralisches Wesen oder ein denkerisches, beides zusammen kann er kaum sein, und augenblicklich spricht alles dafür, daß er das letztere sei.

Der letzte Satz des angeführten Ausschnitts enthält schon wieder eine neue Problematik, die ich jedoch an dieser Stelle nicht zur Diskussion bringe. Mir liegt nur daran, die *Verwandlungszone* als Gegenstand des Nachdenkens einzuführen. Verwandlungszone – experimentelle Ansätze des Geistes, Variationen zunächst ohne klar erkennbare Richtung, man kann auch sagen: Ruhelosigkeit, Mißstände, Ungemütlichkeiten – so bewegt sich die Gestaltungssphäre der homininen Art. In manchen Rassen ruht sie Jahrtausende lang, China, Südseevölker, Indien, bei den Völkern des europäischen Kreises ruht sie einige Generationen, dann aber tritt die Unruhe wieder auf. Neue Phänotypen! Und ich bringe diese zitierten, für manchen vielleicht viel zu einfachen Bemerkungen vor allem in die Richtung der jüngeren Generationen. Wenn die heutigen jüngeren Generationen beispielsweise den Ausdruck Expressionismus auf sich zukommen sehn in Zeitungsartikeln, Seminaren, Literaturgeschichten, befällt sie eine Abneigung, ein unangenehmes Gefühl so, als ob sie einer besonders monströsen Entartung, einer verbalen Unentwirrbarkeit und einem besonders ernsten charakterlichen Verfall gegenübertreten müßten. Dies ist ein Irrtum und ich möchte ihm begegnen. Der Expressionist drückt nichts anderes aus als die Dichter anderer Zeiten und Stilmethoden: sein Verhältnis zur Natur, seine Liebe, seine Trauer, seine Gedanken über Gott. Expressionismus ist kein Ku-Klux-Klan, er ist etwas absolut Natürliches, soweit Kunst und Stil etwas Natürliches sind und mit der Einschränkung, daß Gott und Natur für jede Generation etwas anderes werden. Alles weitere gehörte dann in das Gebiet der Stilanalyse – wenn wir eine hätten.

Aber auch hierüber habe ich mir schon gelegentlich gewisse Gedanken gemacht. Darunter den, daß unsere Literaturgelehrsamkeit, die sogenannte Literaturhistorie, keine eigenen Methoden entwickelt hat, wie es die Kunstgeschichte durch Wölfflin, Pinder, Worringer getan und wie es Taine für die Literatur in Frankreich besorgte. Sie hat keine Grundlagenthetik zu schaffen vermocht, keine Grundbegriffsoperationen durchgeführt, sie nimmt sich ihre Begriffe aus fremden Disziplinen: Philologie, Psychologie, Moral, Politik, Geschichtswissenschaften und aus diesem Sammelsurium entstehn dann Urteile, die dem Dilettantismus sehr nahe stehn. Wenn sie »Zusammenhänge« glaubt feststellen zu können, dann ist das Glück schon groß, notabene thematische und biographische Zusammenhänge – stilistische, sprachliche, sprachtechnische, syntaktische, metaphorische Probleme erörtert sie kaum. Mir ist nur ein einziges Werk aus den letzten Jahrzehnten bekannt, in dem literarische Ausdrucksverfahren als ästhetische Formen durch eine lange Zeitperiode hin untersucht und dargestellt wurden, das Werk von E. R. Curtius: »Europäische Literatur und lateinisches Mittelalter«. Dies Buch zeigt für viele literarische Stilhaltungen und Ausdrucksabstufungen die genotypische Beharrungs- und die phänotypische Verwandlungszone.

Die Verwandlungszone – der Bewegungsart der geistigen Existenz nachzudenken, ist erzieherisch und erweitert den Blick. Es macht nachsichtig gegen die, denen auferlegt ist, an der Peripherie zu arbeiten und bewahrt gleichzeitig den

Zuschauer und Kritiker vor Erstarrung, indem es ihn mit hineinzieht in den Prozeß. Dem diene die vorstehende Zitierung.

d) Knut Hamsun: *Auf überwachsenen Pfaden*

Dies Buch ist süß und albern wie viele seiner Bücher, menschenfreundlich und gleichzeitig zynisch, ganz ernst kann man keinen seiner Sätze nehmen und er selber nimmt sie offenbar auch nicht ernst. Er kommt mir vor wie ein großer alter Löwe, der verächtlich durch das Gitter auf das Zoopublikum blinzelt und wenn er darunter einen Rechtsanwalt oder Arzt vermutet, spuckt er in die Richtung durch die Stangen.
Pan, Mysterien, Hunger erregten uns tief und rissen uns die letzten Reste von Achtung vor den Zivilisationserscheinungen aus dem Leibe. Die Romane seiner mittleren Periode, der großen epischen Periode, wie *Stadt Segelfoß* zeigten seine Substanz und Methode noch klarer: eine überwältigende Fülle menschlicher Gestalten, ja, man muß wohl menschlicher Gestalten sagen, aber man könnte auch sagen von Käfern und Milben in menschlicher Gestalt – er hebt sie einen Augenblick auf, dreht sie um, besieht sie hinten und vorn und setzt sie dann wieder ab, sowohl human wie riesig gleichgültig und geht weiter. Wenn ihn damals Thomas Mann *den größten Lebenden* nannte, stimmten wir ohne Einschränkung zu.
Dann geschah irgend etwas Politisches, was es im Einzelnen war, ist weder aus dem Buch noch aus Dokumenten in Deutschland zu erfahren, und nun kommen die Leute und sagen, dieser ganze Mann ist schamlos und bringt Gefahren und wir wollen das nicht wissen. Er beachtet nicht, was wir politisch erlebt haben und als unseren Lebensinhalt uns nicht rauben lassen wollen, wir hätten ja dann garnichts mehr, nichts zum Vorbringen und nichts zum Weitermachen, wir wären ja garnicht so bedeutungsvoll, wie wir sein möchten und garnicht so tragisch, wie wir gern gesehn werden wollen – also fort mit ihm.
Diese Haltung ist interessant, denn sie führt vor ein entscheidendes Problem. Diese Haltung führt vor die große Trennung, die durch die abendländische Welt geht: einer-

seits die Kunst und alles, was mit ihr zusammengehört, und andererseits das gute, warme, pausenlose Familienleben, gestützt durch Versicherungspolicen, Renten, »Ansprüche« bis zu den Lebensabenden, garantiert und wohltemperiert von einer Art Bierwärmer: dem Staat. Auch das letztere ein Standpunkt, der sich durchaus hören läßt und der vertretbar ist, wenn er konsequent, nämlich ehrlich zum Ausdruck gebracht wird. Aber einerseits verkünden, wir wollen Kunst, aber andererseits wollen wir auch im Wohlstand leben, denn nur wer im Wohlstand lebt, lebt angenehm – das ist nicht ehrlich und nicht auf lange Sicht gedacht. Kunst ist kostbarer als das belanglose Schicksal von irgendeinem, und Kunstmachen ist, anthropologisch gesehen, schöpfungsgerechter als die Vorwürfe dagegen von einigen, weil ihr Privatleben nicht erwartungsgemäß verlief. Eine störungsfreie und ausgerichtete Kunst – so banal würden sie sich natürlich nicht ausdrücken, sie verschleiern es mythologisch und sagen verächtlich: Pan. Aber dieser Pan schweigt, höchstens nimmt er die Flöte, bläst ein neues Schilflied – er spitzt noch nicht einmal die Ohren, und das ärgert sie dann doppelt und um so mehr. Nun wird Kant angerufen und sein Königsberger Traum und plötzlich ist das moralische Gesetz ohne Zäsur und ohne Krisen – jedoch die Breitengrade und die Geographie und der Wandel der Kulturkreise lassen in dieser Richtung gewisse Fragen offen. Dann kommt *das Rad der Geschichte*, das soll die Kunst drehn – aber unsterblich soll sie auch sein und zeitlos und kollektiv – welche Kinder! Schließlich: *die höchsten Richter seines Landes haben ihn verurteilt* – aber diese höchsten Richter haben wir auch schon in zu vielen Schattierungen gesehn. Kurz: ein Schulfall! Was der politische Mensch garnicht sehn kann, das ist Einsamkeit, Askese, Mönchstum – Kunst. Aber wenn die Menschheit das nicht hätte, wäre sie keine. Dagegen kann sie entbehren und hat schon oft entbehrt gewisse zivilisatorische Errungenschaften wie Rache zu Zensur gestaltet und persönliches Ressentiment als kritische Richtschnur.

VI. 1886

(mein Geburtsjahr – was schrieben damals die Zeitungen,
wie sah es aus?)

Ostern am spätesten Termin,
an der Elbe blühte schon der Flieder,
dafür Anfang Dezember ein so unerhörter Schneefall,
daß der gesamte Bahnverkehr
in Nord- und Mitteldeutschland
für Wochen zum Erliegen kam.

Paul Heyse veröffentlicht eine einaktige Tragödie:
Es ist Hochzeitsabend, die junge Frau entdeckt,
daß ihr Mann einmal ihre Mutter geliebt hat,
alle längst tot, immerhin
von ihrer Tante, die Mutterstelle vertrat,
hat sie ein Morphiumfläschchen:
»störe das sanfte Mittel nicht«,
sie sinkt zurück, hascht nach seiner Hand,
Theodor (düster, aufschreiend):
»Lydia! Mein Weib! Nimm mich mit Dir!« –
Titel: »Zwischen Lipp' und Kelchesrand.«

England erobert Mandalay,
eröffnet das weite Tal des Irawadi dem Welthandel.
Madagaskar kommt an Frankreich;
Rußland vertreibt den Fürsten Alexander
aus Bulgarien.

Der deutsche Radfahrbund
zählt 15 000 Mitglieder.
Güssfeld besteigt zum ersten Mal
den Montblanc
über den Grand Mulet.
Die Barsois aus dem Perchinozwinger
im Gouvernement Tula,
die mit der besonders tiefbefahnten Brust,
die Wolfsjäger,
erscheinen auf der Berliner Hundeausstellung,
Asmodey erhält die Goldene Medaille.

Turgenjew in Baden-Baden
besucht täglich die Schwestern Viardot,
unvergeßliche Abende,
sein Lieblingslied, das selten gehörte:
»wenn meine Grillen schwirren«
(Schubert),
oft auch lesen sie Scheffels Ekkehard.

Es taucht auf:
Pithekanthropos,
Javarudimente,
die Vorstufen.
Es stirbt aus:
der kleine Vogel von Hawai,
genannt der Honigsauger,
für die königlichen Federmäntel
einen gelben Flaumstreif an jedem Flügel.

Kampf gegen Fremdwörter,
Luna, Cephir, Chrysalide,
1088 Wörter aus dem Faust
sollen verdeutscht werden.
Agitation der Handlungsgehilfen
für Schließung der Geschäfte an den Sonntagnachmittagen.
Sozialdemokratische Stimmen
bei der Wahl in Berlin: 68 535.
Das Tiergartenviertel ist freisinnig.
Singer hält seine erste
Kandidatenrede.
13. Auflage von Brockhaus'
Konversationslexikon.

Die Zeitungen beklagen die Aufführung
von Tolstois »Macht der Finsternis«,
dagegen ist Blumenthals »Ein Tropfen Gift«
eines langen Nachklangs von Wohllaut sicher:
»Über dem Haupt des Grafen Albrecht Vahlberg,
der eine geachtete Stellung in der hauptstädtischen Gesellschaft
einnimmt,
schwebt eine dunkle Wolke« –

Zola, Ibsen, Hauptmann sind unerfreulich,
Salambo verfehlt,
Liszt Kosmopolit,
und nun kommt die Rubrik
»Der Leser hat das Wort«,
er will etwas wissen
über Wadenkrämpfe
und Fremdkörperentfernung.

1886 –
Geburtsjahr gewisser Expressionisten,
ferner von Dirigent Furtwängler,
Bundesbruder Kokoschka,
Generalfeldmarschall von W. (†),

Kapitalverdoppelung
bei Schneider-Creuzot, Krupp-Stahl, Putiloff.

VII. Zukunft und Gegenwart

Lebensweg eines Intellektualisten – ein Intellektualist, das ist wohl jemand, der etwas kühl im Menschlichen ist, klare Worte liebt und zur Verteidigung Begriffe, scharf wie Brotmesser. Er ist wohl ein noch unausgeglichener Anfang eines Sapiens-Typs, für dessen spätere Form das Affektive, Humane, auch das Geschichtliche keine Probleme mehr sind, da er in Gesetzen der Ordnung und Regulierung denkt und in ihnen seine Aufgabe fühlt. Fühlt und erfüllt unter der Ägide großer überstaatlicher Verflechtungen, relativ gerechter, aber ohne Sentimentalität. Das muß erst heranwachsen und hoffentlich ist Europa dann dabei mit am Zug.

Das vergangene Jahrhundert barst von der Vorstellung und dem Wort Kollektiv – das mythische sei zu Ende, lehrten die Vorzeitforscher; das soziale beginne, meinten die Gesellschafts-Wissenschaftler; nein, das völkische, raunzte das 3. Reich; das aktive sollerfüllende fortschrittliche aufbauende, transparentierte das östliche Büro – man wußte schon gar nicht mehr wohin vor lauter Kollektiv – dieser Traum ist ausgeträumt, Kollektiv, das war eine reine Illusion, eine Fabel, um die unsägliche Leere unserer Roboterexistenz zu füllen, und war die Erklärung des Unvermögens, einen modernen Staatsbegriff zu praktizieren. Nun brachen die Staaten zusammen, Siege und Niederlagen arbeiteten sich Hand in Hand, und die neuen überstaatlichen Verflechtungen bedürfen dieser Hilfskonstruktion nicht mehr, die entleeren und verwickeln das Individuum in andere Richtungen und füllen es mit anderen Notwendigkeiten auf.

Aber das sind mehr oder weniger Zukunftsfragen, und die Zukunft ist, wie ich oft schrieb, für den Lebenden nicht wichtig, sein Ernst gehört der Gegenwart, dem in ihm Seienden – sich. Darum überblicke ich noch einmal meine Kreise, ich werde es in Aphorismen tun.

1. Meine Generation hatte noch gewisse literarische Residuen von den vorausgegangenen, an die sie anknüpfen konnte: Vater-Sohn-Probleme, Antikes, Abenteuer, Reisen, Soziales, Melancholie des Fin de Siècle, Ehefragen, Liebesthemen – die heutige hat nichts mehr in Händen, keine Substanz und keinen Stil, keine Bildung und kein

Wissen, keine Gefühle und keine formalen Strebungen, überhaupt keine Grundlage mehr – es wird lange dauern, bis sich wieder etwas findet.
Zusatz: Verworrensein und nicht schreiben können, ist noch kein Surrealismus.
2. Eigentlich hat alles, was meine Generation diskutierte, innerlich sich auseinander dachte, man kann sagen: erlitt, man kann auch sagen: breit trat – alles das hatte sich bereits bei Nietzsche ausgesprochen und erschöpft, definitive Formulierung gefunden, alles weitere war Exegese. Seine gefährliche stürmische blitzende Art, seine ruhelose Diktion, sein Sichversagen jeden Idylls und jeden allgemeinen Grundes, seine Aufstellung der Triebpsychologie, des Konstitutionellen als Motiv, der Physiologie als Dialektik – *Erkenntnis als Affekt,* die ganze Psychoanalyse, der ganze Existentialismus, alles dies ist seine Tat. Er ist, wie sich immer deutlicher zeigt, der weitreichende Gigant der nachgoetheschen Epoche.
Zusatz: Nach Nietzsche Spengler. Nicht wegen seiner Untergangsvermutung, sondern wegen seiner Aufstellung des Begriffs der Morphologie für die Kulturkreise, das war nicht nur ein interessanter, sondern ein weiterführender ordnender Gedanke in der konfusen geschichtlichen Welt.
3. Man kann die Wissenschaft bezweifeln und verspotten, auch die Genetik, auch die Paläontologie, aber die Wissenschaften sind Fernrohre, wir halten sie gelegentlich ans Auge und dann sehen wir dies: es gab Unendlichkeiten von menschlichen und außermenschlichen Stufungen und Gestaltungen vor uns, außer uns, fern von uns. Das bißchen Breitengrad, das bißchen Klima, die Kleidung, die Ernährung unseres augenblicklichen kleinen Erdteils und unsere Wertungen, Stimmungen, Strebungen, unsere Ideale, unsere Philosophie – wie verhält sich dies? Was ich vermisse, ist die Schrift über den häuslichen Charakter der Axiome und die Geographie der Apriori, die klimatische Entschuldigung für soviel Staub.
4. Die Naturfremdheit. Die Natur ist eine seltsame Umgebung, verläßt man sein Zimmer, schon die gewöhnliche Luft hat fremdartigen Charakter. Ein Strauch mit Blüten in einer Stadtstraße – das genügt oder ein andermal ein Blick zum Himmel, zu einem grauen Himmel, gegen den ein

Vogel fliegt, kein feiner, ein Star – und dann beginnt die Nacht. Wir sind aus Riesenstädten, in der City, nur in ihr, schwärmen und klagen die Musen.

5. Im Anfang war das Wort. Erstaunlich und mir viel Nachdenken kostend, daß dies am Anfang war. Im Anfang, als der Animismus und der Totemismus und das Höhlenauswerfen und Tiere und Zaubermasken und Rasselstäbe das Feld, die Welt behaupteten – die Juden waren wohl sehr alt, als sie das sagten und wußten viel. In der Tat, im Wort sammelt sich die Erde, es gibt nichts Verräterischeres als das Wort. Es war mir immer ungeheuer interessant zu beobachten, wie Fachgelehrte, auch tiefe Philosophen plötzlich dem freien Wort gegenüber standen, dem, das keine Tiraden und Systeme und Sachverhalte äußerer Beobachtung, historisch gesichert, bringen kann, keine Kommentare, sondern: Gestalt. Wie sie da operieren! Ein völliger Zusammenbruch! Kleine Idylliker, Heimchen, Bua's. Im Anfang, in der Mitte und am Ende ist das Wort.

Zusatz: Es ist heute tatsächlich so, es gibt nur zwei verbale Transzendenzen: die mathematischen Lehrsätze und das Wort als Kunst. Alles andere ist Geschäftssprache, Bierbestellung.

6. Wie viele gute Anfänger sah man schnell versacken. Erst großer Avantgardist, auch wirklich Begnadete – und dann mit 40 machen sie mit Familie einen Tramp durch Andalusien und detaillieren die Stierkämpfe oder gelegentlich einer Lloydreise entdecken sie die indische Introversion. Meiner Beobachtung nach ist es ein zu früher Ruhm, das Sichfestlegenlassen von Kritik und Bewunderern auf den bestimmten Typ, als der sie begannen – das zerbricht sie. Nur sich selbst zerbrechen, immer wieder, sich vergessen, weitergehen und dafür zahlen, unter Belastungen leben, sich keine Gelegenheit zum Schreiben aufreden lassen, sich selber Grund zum Schreiben schaffen – dann, dann vielleicht, dann, wenn vieles andere hinzukommt an Niederschlägen und Selbstentäußerung und Verlassenmüssen – dann hat man zum Schluß die Säulen des Herkules vielleicht um einige Regenwurmlängen weitergerückt – vielleicht.

7. Ein Werk entsteht nur in geschlossenem Raum. Was die Leute dynamisch nennen, worunter sie sich etwas Revolutionäres, Fortstürmendes, Grenzeneinreißendes vorstellen,

das gehört in andere Seinsbereiche, das sind Voraussetzungen – Kunst ist statisch. Ihr Inhalt ist ein Ausgleichen zwischen Tradition und Originalität, ihr Verfahren die Balance zwischen Masse und Stützpunkt. Diese Tatsache erklärt die eigentümliche Nähe aller Kunstdinge innerhalb des ganzen Kulturkreises von der frühägyptischen Plastik bis zu den Zeichnungen Picassos, von den Hymnen des mittleren Reichs und den hebräischen Psalmen bis zu den Gedichten von Ezra Pound. Diese Tatsache aber trennt die Kunst von allen übrigen Bereichen – diese These tritt immer stärker hervor, diese These kann gar nicht streng genug hervortreten, um das Folgende aufzunehmen.
Das Folgende entstand aus einem Interview mit einem Herrn vom Rundfunk und einem Herrn der Presse. Sie beide fragten mich, was ich zu den zahlreich eingehenden Kritiken über meine neuen Bücher sagte. »Welche Einwände erheben Ihre Kritiker gegen Sie und wie stehn Sie Ihrerseits dazu?«
Meine erste Antwort lautete: ich bewundere meine Kritiker sehr, sowohl da, wo sie mir ihre Zustimmung bekunden wie da, wo sie mir entgegentreten, es ist nämlich kaum einer unter ihnen, der nicht das Wesen meiner literarischen Art deutlich erfaßt, der nicht die Richtung meines Stils und meiner Ansichten aufzunehmen, seinen Blick einstellt. Ich schließe daraus mit Überraschung, daß die inneren Strömungen, denen ich Ausdruck zu geben versuche, innerhalb der europäischen Literatur weit allgemeiner verbreitet sind, als obenhin angenommen wird – daß innerhalb der produktiven Sphäre des heutigen abendländischen Menschen gewisse Spannungen einen Kondensationsgrad und einen Entladungsdrang erreicht haben, die bald auch den ferner Stehenden und nicht aktiv an künstlerischer Arbeit Teilnehmenden unerwartete Wesensänderungen des Psychischen nahe bringen werden.
Das Weitere fasse ich wieder aphoristisch zusammen, ich bin mir der besonderen Schärfe meiner Formulierungen bewußt, auch daß ich einiges wiederhole, was bereits im ersten Teil dieses Buches, dem von 1934, ausgesprochen ist. Was die Schärfe angeht, bin ich der Meinung, daß in der geistigen Welt durch Schwammigkeit mehr Unheil entstand als durch Härte.

1. Die Grundlagenkrise

Ein Gedanke begegnet dem anderen, der marxistische dem westeuropäischen, der faustische dem mittelmeerischen, der kollektive dem isolationistischen, der biologische dem geisteswissenschaftlichen, der kritische dem empirischen, der soziale dem aristokratischen – alle diese Begegnungen können aufs äußerste erregend sein, spannend, erschütternd, aber es bleibt das gleiche Milieu, ein Milieu aus Dialektik, Ratio und Ideologie. Der heute angreifende Gedanke ist morgen der geschlagene, die heute mit der Zeit identische Idee ist bei der nächsten Gegenbewegung die abgelebte und entleerte, einige Motive halten sich Jahrhunderte, ja Jahrtausende, wie das nazarenische oder das antike, aber sie bleiben das dialektische defensiv-offensive Milieu. Das Gefühl für diese Relativierung, Relativierbarkeit der europäischen Gedankenwelt, der Verlust des Bestimmten und Absoluten ist das augenblickliche Stigma des Kulturkreises. Dieses Gefühl ist ungemein verbreitet und allgemein, es ist schon populär. Überall sehen Sie Gesellschaften, die darüber diskutieren, Kreise, die eine Stadt finanziert, um die Erörterungen darüber zu betreiben; Akademien schießen wie Pilze aus der Erde; Clubs debattieren über die verzweifelte Lage – überall ein Kaninchengedränge von Analysen und Prognosen, ein Kaninchengedränge von Innerlichkeiten und Beschwörungen, auch von Ausflüchten und Verfaulungen über den ganzen Erdteil – können Sie es da einem verdenken, wenn er sagt: schön, alles in Ordnung, muß wahrscheinlich alles so sein, aber bitte ohne mich, für die kurze Spanne meiner Tage bitte ohne mich, ich kenne nämlich eine Sphäre, die ohne diese Art von Beweglichkeit ist, eine Sphäre, die ruht, die nie aufgehoben werden kann, die abschließt: die ästhetische Sphäre.

2. Artistik

Sie versprachen mir bei der Ankündigung Ihres Besuches, mich nicht zu fragen, ob ich Nihilist sei. In der Tat, diese Frage ist genau so inhaltlos, wie es die Frage wäre, ob ich Schlittschuhläufer sei oder Briefmarkensammler. Es kommt nämlich darauf an, was man aus seinem Nihilismus macht. Sonja Henie und Maxi Herber bei

den Pas des Patineurs – die goldene Suaheli in der Philatelie – und der Ausdruck in der geistigen Welt – immer das Reinste, immer das, wo die Vollendung am nahesten. Stil ist der Wahrheit überlegen, er trägt in sich den Beweis der Existenz. Form: in ihr ist Ferne, in ihr ist Dauer. *Der Gedanke ist immer der Abkömmling der Not*, sagt Schiller, bei dem wir ja ein sehr bewußtes Umlegen der Achse vom Moralischen zum Ästhetischen wahrnehmen – er meint, der Gedanke steht immer sehr nahe bei den Zweckmäßigkeiten und der Triebbefriedigung, bei Äxten und Morgenstern, er ist Natur – und Novalis fährt dann fort: *Kunst als die progressive Anthropologie.*
Die Zeitalter enden mit Kunst und das Menschengeschlecht wird mit Kunst enden. Erst die Saurier, die Echsen, dann die Art mit Kunst. Hunger und Liebe, das ist Paläontologie, auch jede Art von Herrschaft und Arbeitsteilung gibt es bei den Insekten – diese, wir, machten Götter und Kunst, dann nur Kunst. Eine späte Welt, untermauert von Vorstufen, Frühformen des Daseins, alles reift in ihr. Alle Dinge wenden sich um, alle Begriffe und Kategorien verändern ihren Charakter, in dem Augenblick, wo sie unter Kunst betrachtet werden, wo sie sie stellt, wo sie sich ihr stellen. Eine neue Haltung, eine neue Affektation. Von Homer bis Goethe ist eine Stunde, von Goethe bis heute 24 Stunden, 24 Stunden der Verwandlung, der Gefahren, denen nur der begegnen kann, der seine eigenen gesetzlichen Dinge betreibt. Man hört jetzt oft die Frage nach einem »richtigen« Goethebild, das wird es nicht geben, man muß sich damit begnügen, daß hier etwas ins Strömen geraten ist, das verwirrt, nicht zu verstehen ist, aber an die Wüste gewordenen Ufer Keime streut –: das ist die Kunst.

3. Das Religiöse und die Demut

Eine neue große Woge von Frömmigkeit geht über den Erdteil. Döblin, einst großer Avantgardist und Franz Biberkopf vom Alexanderplatz, wurde streng katholisch und verkündet ora et labora, Toynbee ist christlich, Eliot ebenso, Jünger gibt sich christlich-humanistisch – alles Rückgriffe, schöne Haltung, aber Stilentspannung, Konformismus. Ich versage mir diese Rückgriffe, ich kann auch diese Frage nur artistisch sehn. *Gott ist ein schlechtes Stilprin-*

zip, schrieb ich früher einmal, ferner: *Götter im ersten Vers ist etwas anderes als Götter im letzten Vers*, – nämlich entweder extrovertiere ich mein Inneres oder ein anderer tut es, beides geht nicht. Würden Sie mich fragen: glauben Sie, würde ich sagen, Glauben stellt mich schon außerhalb der Substanz, in der ich arbeite, trennt mich also schon von der Grundsubstanz meines Auftrages und meiner Bindung, welcher Art dieser Auftrag und diese Bindung ist, ist mir dunkler als je. Ich finde Gebet und Demut arrogant und anspruchsvoll, es setzt ja voraus, daß ich überhaupt etwas bin, aber gerade das bezweifele ich, es geht nur etwas durch mich hindurch. Eine katholische Zeitung, die mich im einzelnen sehr gerühmt hatte, sagt zum Schluß: Fort mit diesem Mann, er findet Gott lächerlich und verachtet die Religionen. Welche Verkennung! Ich verachte die Menschen, die mit ihren eigenen Dingen nicht fertig werden und nun eine andere Stelle um Aushilfe angehn, eine Stelle, die sie doch kaum kennen kann, diese Schatten aus Nichts, Hasen, Wermutstropfen, die in ihrem Grunde stehn geblieben sind und für 10 Pfennig schon gut werden und deren größte Hoffnung sein müßte, bald ins Grab zu sinken, um dem Blick des Großen Wesens bald aus dem Auge zu gehn. Dieses Große Wesen – ein Thema für sich! Man überlege doch einmal, was es mit uns alles angerichtet hat, es hat mich doch keineswegs so reich beschenkt, daß ich mich durchfände, es hat viel verschleiert, was für mich wichtig wäre, ich muß viel herunterschlucken und bin am Ende so schlau, wie ich am Anfang war. Ergebnis: ich muß durch alles allein hindurch, durch meine Zerrüttungen, durch das Studium meiner selbst, durch die Phänomenologie meiner Ichbestände – soll ich da plötzlich an entscheidender Stelle demütig werden und sagen, das war ja alles nicht so schlimm gemeint – wo bleibt da der Individualismus, von dem doch angeblich das Abendland lebt, wenn er sich plötzlich die Fassade absägte und hinwürfe und sich demütigte – Demut: als Erweiterungsmotiv, als Stimmung, als Hohlraum zwecks Schleusenöffnung und Einströmungsnovität – gut, aber als moralistische und religiöse Überwölkung schafft sie nur stilistische Verwirrung. Dies Große Wesen – es hätte unbedingt seine Situation klarer herausarbeiten müssen, bevor es Forderungen präziser Art erhebt.

4. *Die Prinzipien der Kunst*

können nicht agoral und politisch verallgemeinert werden. Es ist provinzielle Unentwickeltheit des Künstlers zu erwarten, daß die Öffentlichkeit sich für ihn interessiert, ihn ökonomisch unterstützt, seinen 60. Geburtstag mit Banketts und Blattpflanzen feiert. Er wütet in sich herum – wer müßte ihm das danken? Durchdenken Sie vielleicht auch, wieviel Egmont- und Leonoren-Ouvertüren über den Stammpolitiker hinweggebraust sind bei Eröffnungen und Festakten, ohne ihn verändert zu haben. Ich stimme daher der Monet'schen Sentenz zu: il faut décourager les arts – und James Joyce variiert einen Talmudspruch: *Wir Juden sind wie die Olive, wir geben unser Bestes, wenn wir zermalmt werden, wenn wir unter der Last unserer Fronden zusammenbrechen* –, das gilt nach seiner Meinung für die Künstler. Das sind gesunde Ideen! Man unterscheide doch endlich zwischen Kunstträgern und Kulturträgern, das schlug ich schon in einem meiner Bücher vor 15 Jahren vor. Der Kunstträger ist statistisch asozial, lebt nur mit seinem inneren Material, er ist ganz uninteressiert an Verbreiterung, Flächenwirkung, Aufnahmesteigerung, an Kultur. Er ist kalt, das Material muß kalt gehalten werden, er muß ja die Idee, die Wärme, denen sich die anderen menschlich überlassen dürfen, kalt machen, härten, dem Weichen Stabilität verleihen. Er ist meistens äußerst nüchtern und behauptet auch gar nichts anderes zu sein, während die Idealisten unter den Kulturträgern und Erwerbsständen sitzen. So schrieb ich vor etwa 15 Jahren, die Zukunft wird noch ganz andere Dinge offenbaren.

5. *Der Stil der Zukunft*

wird der Roboterstil sein, Montagekunst. Der bisherige Mensch ist zu Ende, Biologie, Soziologie, Familie, Theologie, alles verfallen und ausgelaugt, alles Prothesenträger. Das Getue in den Romanen, als ob es an sich weiterginge und etwas geschähe, mit dem altmodischen Begriff des Schicksals oder dem neumodischen einer autochthonen gesellschaftlichen Bewegung, ist Unfug, es geht nichts an sich weiter und geschieht nichts, der Mensch stockt und arbeitet – der Künstler ist es, der weiter muß, sammelt,

gruppiert – ländlich-großväterlich mit Hilfe von zeitlich-räumlichen Kategorien, aktuell-neurotisch durch absolute transzendente Schwerpunktsbildungen, Fesselungen, Drehpunktskonstituierungen – nur so schafft er etwas jenseits von Relationen und Ambivalenz. Diese Technik selbst ist das Problem und man soll sie ruhig bemerken.
Eine Dame, offenbar etwas Kluges, schrieb mir über ein Bild von Gauguin im neuen Folkwangmuseum, jetzt in einem alten Wasserschloß im Ruhrtal, es lag, wie sie hervorhob, eine Jardins sous la Pluie-Stimmung um das Haus: »Eine Insulanerin, für sich allein, bis in den graziös vorgehaltenen Fächer den Ausdruck des Gemaltwerdens wiedergebend, nur die Augen träumen« – das ist es: der Ausdruck des Gemaltwerdens muß immer hervortreten, man muß suchen und wissen, was zusammengehört, was wirklich zusammengehört, und das muß man nehmen. Wenn Sie nämlich einmal darüber nachdenken, werden Sie zu dem Resultat kommen, wir bewegen uns mehr in unserer zerebralen Sphäre als in unserer sexuellen oder intestinalen oder muskulären. Uns beschäftigen Gedanken, die brennen. Wir kommen auf sie zurück auch während praktischer Tätigkeiten, kaufmännischen, wir fahren aus dem Schlaf auf und sie sind sofort wieder da. Es ist fraglich, ob das immer so war, heute ist es jedenfalls die Lage.
Der Mensch muß neu zusammengesetzt werden aus Redensarten, Sprichwörtern, sinnlosen Bezügen, aus Spitzfindigkeiten, breit basiert –: Ein Mensch in Anführungsstrichen. Seine Darstellung wird in Schwung gehalten durch formale Tricks, Wiederholungen von Worten und Motiven – Einfälle werden eingeschlagen wie Nägel und daran Suiten aufgehängt. Herkunft, Lebensablauf – Unsinn! Aus Jüterbog oder Königsberg stammen die meisten und in irgend einem Schwarzwald endet man seit je. Jetzt werden Gedankengänge gruppiert, Geographie herangeholt, Träumereien eingesponnen und wieder fallen gelassen. Nichts wird stofflich-psychologisch mehr verflochten, alles angeschlagen, nichts durchgeführt. Alles bleibt offen. Antisynthetik. Verharren vor dem Unvereinbaren. Bedarf größten Geistes und größten Griffs, sonst Spielerei und kindisch. Bedarf größten tragischen Sinns, sonst nicht

überzeugend. Aber wenn der Mann danach ist, dann kann der erste Vers aus dem Kursbuch sein und der zweite eine Gesangbuchstrophe und der dritte ein Mikoschwitz und das Ganze ist doch ein Gedicht. Und wenn der Mann nicht danach ist, dann können die Ehegatten ihre Frauen und die Mütter ihre Söhne und die Enkel ihre Großtanten im Lehnstuhl oder im Abendfrieden vielstrophig anreimen und selbst der Laie wird bald merken, daß das keine Lyrik mehr ist.

(Namen: Perse, Auden, Comte de Lautréamont, Palinurus, Langston Hughes, Henri Miller, Elio Vittorini, Majakowski (ohne Bolschewismus), einige junge Deutsche aus dem Freiburger Kreis).

Bezeichnung für den Stil, von mir geprägt: P H A S E II – nämlich Phase II des expressionistischen Stils, aber auch Phase II des nachantiken Menschen.

I n t e r e s s a n t – das ist ein wichtiges Wort! Interessant – das führt nicht in diese undurchsichtige quälende familiäre »Tiefe«, nicht sofort zu den »Müttern«, diesem beliebten deutschen Aufenthalt – interessant ist keineswegs identisch mit unterhaltend – übersetzen Sie es wörtlich: inter-esse: zwischen dem Sein, nämlich zwischen seinem Dunkel und seinem Schimmer – *Olymp des Scheins,* Nietzsche.

Die ewigen Dinge, das sogenannte Zeitlose, das sickert ja überall durch, das ist selbstverständlich, aber die phänotypischen, an denen muß man arbeiten: Gott ist Form. Das Gen werden wir nie erkennen, aber das Phänotypische läßt sich als Bild erarbeiten. Nach meiner Theorie müssen Sie Verblüffendes machen, bei dem Sie am Schluß selber lachen. (*Das nenne ich eine schlechte Weisheit, bei der es nicht ein Gelächter gab,* Nietzsche.) Sie müssen alles selber wieder aufheben: dann schwebt es. Scharlatan – das ist kein schlimmes Wort, es gibt schlimmere: historisch und grundsuppig.

Und die Einladungen und die Blumen auf dem Tisch und das Gemüt? Ich persönlich besitze nichts davon. Ich besitze Müdigkeiten, Melancholie, produktives Aufbrausen, Zögern, Zaudern, Zaubern – das kann ich eine Stunde durchhalten, aber Gemüt, was fange ich damit an? Übrigens, wenn man vier Jahrzehnte geschrieben hat und liest dann jetzt zusammenfassende Rückblicke, Studien, da faßt man sich an den Kopf. Das kann man doch nicht sein! Woher stammen denn diese Zitate? Verse von mir? Unmöglich! Wenn mir jemand sagte, daß ich eine Tabakfirma verträte und Zeit meines Lebens Zigaretten hinter dem Ladentisch verkauft hätte, würde ich es auch glauben.

6. Soziologisch

Ein Bedürfnis in der Art wie ich zu denken, liegt, soziologisch gesehen, bestimmt nicht vor, andererseits sind mir auch keine Gesetze bekannt, die es verbieten. Es sind individuelle Versuche, den inneren Strömungen, die in gewisser Weise die Strömungen der Zeit sind, Ausdruck zu verleihen. Daß dabei vielleicht einige Fremdkörper mit Zeitzündung unterlaufen, die einige Weihnachtspakete in einer kommenden Adventszeit in die Luft gehen lassen könnten, ist möglich, aber das betrifft die anderen. Ich blicke nicht in die Zukunft, meine Gedanken ergreifen und begreifen sich nur als eine regional begrenzte, phänotypische, höchstens drei Jahrzehnte repräsentative Zwangslage einer Generation. Nur keine Ausstrahlungen universalistischer Art! Darum sage ich immer wieder: *Stein, Vers, Flötenlied,* nämlich abschließbare und abgeschlossene Gebilde: Kunst – diese sagt nur sich selbst, ist ohne Idee und ist vollendet. Nun schreibt zwar Egon Vietta in der »Welt«: *Damit enden wir also mit G. B. wieder bei den Schwächen Oscar Wilde's und der Ästhetik Mallarmé's* – nun ich meine, wenn solche Kapazitäten auf dieser Linie liegen, wird etwas an ihr dran sein – und Vietta fährt dann mit einem Heideggerschen Gedanken als Einwand fort: *Auch der Stil ist nur eine vorübergehende Form des geschichtlichen Seins.* Das ist etwas zu allgemein, antworte ich, denn was ist nicht vorübergehend für ein Weltgefühl, das sogar die Kulturkreise, die acht solaren Spenglers oder die 32 Toynbee's vorübergehen sieht – aber überhaupt diese Drohung mit der Geschichte! Ich habe mit dieser Geschichte nichts zu tun, den Vogel der Minerva locke ich nicht in meinen Bunker – mich nützt nichts der Ausblick und das Versprechen auf angebliche Geistzusammenhänge, ideeliche Befruchtungen, Verzweigungen, Integrationen oder Auferstehungen, ich schreite meinen Kreis ab, Moira, ich schreite nicht die Geschichte

ab, ich prüfe meine Aufgaben, meine Bindungen, zerre auch vielleicht an ihnen, aber der Kreis ist in mir beschlossen, ich blicke nicht über mich hinaus, ich versage mir diese Erleichterung, ich arbeite, ich suche Worte, ich zeichne meine Morphologie, ich drücke mich aus. Vierzig Jahre, vierzig Jahre unter Zwang, einem Zwang, nach dessen Wesen ich allerdings vergeblich fragte. Aber ahnen Sie, wer jetzt die Phase II in so vielen geographisch weit auseinander liegenden Gehirnen so nachdrücklich in die Wege leitet?
Zum Schluß eine Frage an Sie. Glauben Sie, daß sich unsere geistige Lage durch Rückgriffe, Rückblicke sanieren läßt? Ich persönlich glaube nicht an Restauration. Die geistigen Dinge sind irreversibel, sie gehn den Weg weiter bis ans Ende, bis ans Ende der Nacht, sie haben eine Vehemenz, die die der physikalischen Dinge übertrifft. Darum müssen Sie Ihre Gedanken auf das Rücksichtsloseste formulieren, immer wieder die Äste absägen, auf denen Sie nisten, immer wieder des Messers Schneide zur Hand halten um die Tischtücher alle zu zerfetzen – dann fallen die anderen über Sie her, die, die sich von den Ästen auf den Stamm retteten und die von den mit Tischtüchern beflaggten Tafeln – sie fallen über Sie her, aber auch das ist eine Vereinigung, aus der das Weitere hervorgeht, in dem Sie dann vertreten sind nach Maßgabe Ihrer Sätze. Aber was Sie nicht aussprechen, das ist nicht da, denken Sie also ruhig alles aus sich heraus – Sie machen sich Feinde, Sie werden allein sein, eine Nußschale auf dem Meer, eine Nußschale, aus der es zirpt mit fragwürdigen Lauten, klappert vor Kälte, zittert von Ihren eigenen Schauern vor sich selber – aber geben Sie nicht SOS – erstens hört Sie keiner und zweitens wird Ihr Ende sanft sein nach soviel Fahrten.

VIII. Noch einiges Private

Von außen gesehen, verlief mein Leben nicht ohne Glück. Ich kam auf ein humanistisches Gymnasium und konnte trotz wirtschaftlicher Schwierigkeiten und vieler Geschwister, die auch ihr Recht beanspruchten, das studieren, was meiner Neigung entsprach: Medizin und Naturwissenschaften, also die Disziplinen, die im spezifischen Sinne das letzte Jahrhundert erkenntnismäßig bestimmten. Und das in einer Zeit, wo man noch wirklich studierte: mit Muße, mit Abschweifungen, mit »Nebendingen«. Vieles, was dann kam, verdanke ich mehr meiner Indifferenz als meinem Charakter. Ich war in keiner Partei und nicht in der Loge, obschon ich in gewissen Zeiten zu ihr Beziehungen hatte, was sich dann als Vorteil erwies. In den Kriegen kam ich wie durch ein Wunder aus mancher Patsche heil heraus, auch aus Verhaftungen und Flurstreifen und Kommissaren. Als Arzt war ich in heillosen Situationen, aber sie gingen günstig aus. Jeder Arzt, auch der vornehmste und korrekteste, und zu denen kann ich mich nicht einmal rechnen, kommt durch seine engen Verpflichtungen gegenüber seinen Patienten und deren Familien einerseits und andererseits den vielfach im einzelnen strengen Gesetzen und Verordnungen in schwierige Lagen, und wenn sie unglücklich enden, ist ihm Anklage und Strafe sicher. Weiter: als ich als Schiffsarzt bei der Hapag fuhr, ging ich mit einem Segler nach Wladiwostok nicht auf große Fahrt, da meine Neigung zur Seekrankheit schon auf Passagierschiffen so groß und unbeeinflußbar war, daß ich mich scheute – und der Segler kam nie zurück. Ich war immer so gesund, daß ich als Arzt mein Geld schlecht und recht verdienen konnte.

Einmal, etwa um 1930, hatte ich einen Patienten, dem ich das Angenehmste verdanke, nämlich mehrere große Reisen. Er war Kunsthändler, Inhaber einer bekannten Gemäldegalerie, wir fuhren in seinem großen Horch von Berlin über Paris, Biarritz, nach Spanien, aber vor allem in Südfrankreich herum und in den Pyrenäen. Es waren Geschäftsreisen. Wir gingen dann in den kleinen Orten in die entsprechenden Etablissements, auch in Schlösser und mit besonderer Vornehmheit in einige Klöster und dann begann unsere Litanei: »Nous cherchons des antiquités surtout des Primitifs et des tableaux de grand valeur« – sah mein Bekannter dann etwas, was ihm gefiel, wovon er sich etwas versprach, und in seiner Karriere hatte er einige kostbare Trouvaillen gemacht, schlenderte er zunächst weiter durch die Räume, kritisierte dies und das, drehte dies und jenes hin und her und schließlich, schon in der Tür, sagte er, ich habe Sie solange aufgehalten, ich will nicht ganz ohne etwas fortgehen, tun Sie mir bitte das in meinen Wagen – und wie gesagt, hin und wieder – er war ein großer Experte – stellten sich dann in Berlin die schönsten Seltenheiten heraus. Reisen, die ich mir nie selber hätte leisten können – unvergeßliche Tage am Atlantik, in den Monts Maudits und an der Méditerranée.

Unterhaltlich bin ich kein Matador, ging nie auf Fêten, nicht aus Ablehnung, sondern aus einem physiologischen Grunde, der mein ganzes Leben so beherrschte, daß ich ihn erwähne: eine Müdigkeit von hohen Graden, eine gehirnliche Schwere innerer und äußerer Art, die ich geradezu als Widerstand gegen Eindrücke bezeichnen muß – ich versuchte es mit allen Mitteln zu bekämpfen, aber meistens vergeblich. Ich lebte also so dahin in Wohnungen mäßigen bis mittleren Grades ohne viel Verbindungen, aber 1932 trat jener Herr Oelze aus Bremen in mein Leben, den ich selten sah, in dessen Haus ich nie war, mit dem ich, mit dem wir beide gegeneinander hinsichtlich des Privaten immer »die Regeln wahrten«, der mich aber brieflich hoch- und wachhielt und in jenen Jahren Balsam in meine Schrunden träufelte. Literarisch spezialisiert, war der Grund seines ersten Besuches bei mir mein Aufsatz über *Goethe und die Naturwissenschaften,* der in dem dann berühmt gewordenen Heft der »Neuen Rundschau« im April 1932 stand – in seinem Alt-Bremer Patrizierhaus war Goethe seit Generationen sehr gepflegt. Aus diesem Besuch entwickelte sich eine Korrespondenz, immer wachsend, die sich heute auf nahezu 2000 Briefe belaufen wird und vieles von dem, was in meinen neuen Büchern steht, fand sich als Keim und Setzling in unseren schriftlichen Gesprächen auf jenen blauen Bogen, die er wie ich benutzten. Ich habe ihm daher die erste Arbeit, die nach 1936 wieder erschien, *Die drei alten Männer,* in Dankbarkeit gewidmet. Und dann fand ich noch in späten Jahren, nach viel Unglück und Tod und Trauer in dieser Richtung, eine dritte Frau, eine Generation jünger als ich, die nun mit zarter und kluger Hand die Stunden und die Schritte und in den Vasen die Astern ordnet.

IX. Schlußworte

Die erste Hälfte des Jahrhunderts ist zu Ende, die vier Jahrzehnte, in denen ich geistig tätig sein konnte, sind dahin. Und wenn man das Ganze überdenkt, überblickt, kommen Stunden, wo man müde wird, stumpf, von Apathie bedrängt. Man war im günstigsten Fall ein Chargenspieler, ein Sonderfall, ein Spezialist – große Rollen, abendfüllende Figuren fielen einem nicht zu. Sechzig Jahre – und des Lebens Verfall und Verwahrlosung in einige Prosasätze bündeln oder in ein paar Verse balancieren – wenn das alles ist, gibt es offenbar nur eins: Nicht alt werden, nicht so alt, daß man noch seine eigene Leiche liegen sieht und über sie lacht. Das war meine Stimmung. Da schrieb mir Freund Oelze, haben Sie das letzte Heft des »Merkur« gelesen, da sind drei ausgezeichnete Sachen drin, und er nannte sie. Ich hatte das Heft wohl bekommen, aber beiseite gelegt, wie viele Bücher, die damals kamen, nichts gelesen, alles von mir abgehalten, was meine Verzweiflung nur vermehren konnte. Da nahm ich das Heft und las. In der Tat, das waren gute Sachen. Alle die Dinge waren ernst genommen, die einen selber das Leben lang so brennend beschäftigt hatten. Formulierungen, die weiterführten, Geist, der nicht nur erörtert und lamentiert, sondern Fakten schafft. Weitsichtige Blicke über Fragen der Produktion, Erfahrungen, wirkliche Erfahrungen, die sich aus dem Inneren bildeten, nur in langer Arbeit, nur in strenger einsamer Zucht. Dann war eine Studie da über einen Prosaiker in Frankreich, von dem kurze Sätze zitiert wurden, aber Sätze der Zusammenfassung echter innerer Ereignisse, Sätze, die halten, die unzerreißbar sind, Sätze der Trance, aber auch der Realität. Also diese Welt ist da, es ist gar nicht zu leugnen, daß sie da ist, verschwiegen, aber grundsätzlich und fundamental, sie hat ihre Ordnung und sie wird weitergegeben. Das erhob mich aus meiner Apathie. Dieser Kulturkreis schuf große Männer, Wachende über diese geheime Welt. Dieser auch von mir oft verlästerte Kulturkreis ist angeschlossen an jenes Etwas, daß es nie enden kann, das macht es groß. Es gibt fast unerträglich viel, das wir nicht wissen und der Gründe zum Klagen und Verzweifeln sind Legion. Aber es wird so sein müssen und es wird unsere Aufgabe bleiben, die Stunde dieser geistigen Welt, solange sie dauert, weiter mit unseren menschlichen Bildern zu erfüllen, so trauerüberladen, so untergangssicher, so monologisch oder so hybrid sie sind. Der undurchsichtigen Stellung des Geistes in unserer Welt, der uneuphorischen Haltung ihm gegenüber, die wir einnehmen müssen, gilt der letzte Prosasatz dieser Betrachtungen, er ist aus dem *Weinhaus Wolf: Du stehst für Reiche, nicht zu deuten, und in denen es keine Siege gibt*, aber ich ergänze ihn durch eine Strophe aus meinen Gedichten, man möge sie weder als militant noch als nihilistisch ansehn, sie ist nur ernst und versucht tapfer zu sein:

und heißt dann schweigen und walten,
wissend, daß sie zerfällt,
dennoch die Schwerter halten
vor die Stunde der Welt.

Erwiderung an Alexander Lernet-Holenia

Lieber Herr Lernet, erlauben Sie mir, weiter die Abkürzung Ihres Namens zu gebrauchen, die ich vor zehn Jahren anwandte. Wenn ich inzwischen an Sie dachte, Sie vor mir sah, sah ich Herrn Lernet, der in meine Wohnung kam, ein Buch aus meinem Regal zog, flüchtig darin blätterte, offenbar gerade mit einer neuen eigenen Arbeit beschäftigt (wie sich dann später herausstellte, war es Der Graf von St. Germain) und der immer etwas zurückhaltend wurde, wenn man ihn nach seiner Tätigkeit fragte, die er unter dem Zwang der Lage, wie wir alle, als äußerst unangenehm empfand. Also, lieber Herr Lernet, ich danke Ihnen für Ihren Brief, den die Neue Zeitung am 27./28. 9. veröffentlichte. Dieser Brief rührt an einige allgemeine und an einige sehr persönliche Dinge, und ich erlaube mir zu erwidern:
Am meisten hat mich Ihre Bemerkung betroffen gemacht, Nietzsche sei gescheitert (an seiner Einsamkeit – darüber später). Ist Nietzsche gescheitert? Ich meine, er hat sich aufgebaut, aufgerichtet von den Brandmauern bis zur Fahnenstange, vom Zimmer, wo er seine Wurststullen aß, deren Pellen am Morgen herumlagen, bis zur Brücke in brauner Nacht, dazwischen Venedig und die Höhlen mit dem Adler und der Schlange. Wenn er aber gescheitert ist, können solche Leute etwas anderes auf sich zukommen sehen, etwas anderes ertragen als – scheitern? Wollen solche Leute denn triumphieren, Pomade im Haar aus Happy-End und Konformismus, wollen sie siegen? Gibt es für solche Leute einen anderen Sieg als zum Schluß zu sagen: Rings nur Welle und Spiel, was je schwer ward, sank in blaue Vergessenheit? Nein, solche Leute sehen sich nicht um.
Er sei an seiner Einsamkeit gescheitert, schreiben Sie dann weiter. Ich schüttle mir das nicht aus dem Ärmel, was ich jetzt sage, ich habe jahrelang darüber nachgedacht, ich habe jahrelang über den Vers nachgedacht: »Wer das verlor, was du verlorst, macht nirgends Halt.« Anfangs dachte auch ich, was er verloren habe, sei die Gemeinschaft mit den Menschen, die Gemeinschaft mit Mann und Frau, die Gemeinschaft mit all und jedem, aber diese Gemeinschaft

kann es nicht sein, auf die der Vers sich bezieht. Es ist eine andere Gemeinschaft, die er verloren hatte, es ist die Gemeinschaft mit der Substanz, mit allem, was einmal in den vergangenen Jahrhunderten als Substanz galt, als menschliche Substanz, als menschlicher Inhalt, also Philosophie, Philologie, Theologie, Biologie, Kausalität, Erotik, Wahrheit, Schlüsse ziehen, Sein, Identität – alles das hatte er zerrissen, die Inhalte zerstört, sich selbst verwundet und verstümmelt zu dem einen Ziel: Die Bruchflächen funkeln zu lassen auf jede Gefahr und ohne Rücksicht auf die Ergebnisse – »sein inneres Wesen mit Worten zu zerreißen, das war seine Existenz« – diese Formel gebrauchte ich ja auch in meiner Rede in Knokke, die in Ihrer Gegenwart zu halten mir eine besondere Freude war.

Ja, er sprach natürlich zum Schluß nur noch mit sich selbst, mit wem sollte er denn sprechen? Die Stunde Gottes war nicht mehr da, die Uhr schlug nicht mehr, und Menschen waren auch nicht mehr da, es gab ja keinen Menschen mehr, nur noch seine Symptome, es gab nur noch einen Menschen in Anführungsstrichen, einen ferngerückten Menschen mit Angst und inneren Quälereien, tausendmal philosophisch und literarisch prostituiert, tausendmal ausgestöhnt, von dem hatte er sich entfernt (und wir mit ihm) – was sollte er also tun, sollte er vielleicht philologisch werden, das hatte er hinter sich, nein, er blieb ungeschichtlich, er blieb nur er selbst, nämlich wahrhaftig: »Wahrhaftig so heiße ich den, der in götterloser Wüste geht und sein verehrendes Herz zerbrochen hat« – »aber«, fügte er hinzu, »daß ich zerbreche, dies mein Zerbrechen ist echt.« Ich meinerseits würde das aber nicht scheitern nennen, sondern dafür ein anderes Wort suchen, und ich sehe im ganzen Umkreis unseres Sprachbereichs nur eines, das stichhielte, eines von antikem Klang, es heißt: Verhängnis. (Falls Sie diesen Andeutungen nachgehen wollen, nehmen Sie bitte meine Rede Nietzsche – nach 50 Jahren in die Hand.)

Nietzsche also dachte ungeschichtlich, und nun einen weiten Schritt abwärts in armseligere Bezirke. Auch mir werfen Sie vor, ich dächte ungeschichtlich und damit käme man in solche niederen Regionen, wie sie sich in meinen Dialogen offenbaren. Ich dächte ungeschichtlich und ohne Bezug auf die Gemeinschaft. Aber, lieber Herr Lernet, Sie wissen ja selbst, auch die Gemeinsamkeit hat ihre offenen Fragen. Aus welchem Antrieb sitzen die Menschen so viel zusammen, aus welchem Antrieb essen sie zusammen und reden bei Tisch so viel? Der afrikanische Häuptling, dem niemand bei der Nahrungsaufnahme zusehen darf, hat auch sein Heiliges. Und kann man nicht manches auch schnattern nennen, was sich als Gemeinsamkeit gibt? Ich weiß natürlich nicht weniger als Sie, daß die Menschheit als Ganzes, sie allein, die fulminante Latenz ist, aus der unser bißchen zeitgenössischer Sprühregen stammt, das Menschheitskollektiv alleine gewährt uns das bißchen individuelle Vermögen, etwas auszusagen und den Phänomenen des heutigen Typs Ausdruck zu verschaffen. Ja also der ganzen Welt diesen Kuß, aber der Gemeinschaft gegenüber doch eine gewisse Reserve! Auch ist dies alles meiner Erfahrung nach eine Angelegenheit der Nerven und der Konstitution, auch der Ermüdbarkeit, ich habe in mehreren Büchern mir die etwas saloppe Bemerkung erlaubt: Ich bin kein Menschenfeind, aber wenn Sie mich besuchen wollen, bitte kommen Sie pünktlich und bleiben Sie nicht zu lange, aber das ist nicht weltanschaulich gemeint, nicht misogyn. Ich sitze abends lieber allein in meinem Lokal, trinke, die Wände sind abgerückt, es ist mehr Kulisse da als in meiner Wohnung, das Radio spielt, erweitert noch die Szene, ich sehe die Dinge vor mir, lockerer, schattenvertiefter, manches verschlingt sich miteinander, meine Notizen rücken sich näher – auf was soll ich mich da noch beziehen? Publikum, Öffentlichkeit, Ruhm, Nation – alles ist irrelevant, in diesem Moment bin ich unsterblich. Es hat aber diese Einsamkeit überhaupt keinen kritischen Inhalt und keine metaphysische Vertretung, sie ist eine Methode, mit deren Hilfe man die Sachen, die, wenn sie fertig sind, einzelne vielleicht ansprechen und ihnen für einen kleinen Zeitraum gefallen, besser zustandebringt, als es durch Unterhaltung, Aussprache, Extroversion und gemeinsames Spazierenlaufen geschähe. Man ist doch, das wissen Sie, immer hinter sich her, und das während der siebzig Jahre, die man höchstens zu leben hat, durch Gemeinsamkeiten zu unterbrechen, erschiene mir unverantwortlich.

Sie geben mir dann freundschaftlich den Rat, nur zu dichten, keine Essays und Dialoge zu verfertigen. Seien Sie sicher, daß ich mir selber oft dies Verhalten vorgeschlagen habe. Aber Gedichte sind, ich möchte sagen keine private, vielmehr eine universale Sache. Für jedes neue Gedicht braucht man eine neue Orientierung, jedes neue Gedicht ist eine neue Balance zwischen dem inneren Sein des Autors und dem äußeren, dem historischen, dem sich mit dem Heute umwölkenden Geschehen. Die Auseinandersetzung zwischen diesen beiden Polen als Vorarbeit ist der nichtlyrische Versuch. Man braucht Ausblicke, man sucht Bestätigung oder Warnung. Man braucht auch Angriffe, man muß etwas über seine Grenzen erfahren, man ist nach einer meiner früheren Formulierungen »ein Don Juan nach Niederlagen«. Man braucht die Komplikationen, die einem aus seinem Inneren erwachsen, auch die Niederschläge, man muß hindurch. »Sich irren und dennoch seinem Inneren weiter Glauben schenken müssen, das ist der Mensch, und jenseits von Sieg und Niederlage beginnt sein Ruhm«, sagt einer meiner drei alten Männer – also Amor fati oder, wie der Psalmist sagt: »Ich bin, der ich sein werde«, auch da, wo es zum Scheitern und zu Scheiten führt. Ein Gedicht hält sich lange im Hintergrund, und in diesem Zusammenhang bitte ich eine Bemerkung machen zu dürfen zu meinem letzten Produkt, der Stimme hinter dem Vorhang, das bei vielen, so auch bei Ihnen, großes Ärgernis erregte. Ich will diese Arbeit nicht glorifizieren, aber diese Stimme hinter dem Vorhang spricht etwas aus, was mich mein Leben lang verfolgt hat, ein Motiv, das immer wieder in meinen Gedanken war, diese Stimme lehrt als letzte Maxime und Ausflucht: »Im Dunkel leben, im Dunkel tun, was wir können« – es ist eine ernste Stimme, dies ist ihre Bergpredigt. Sie will sagen, laßt doch euer ewiges ideologisches Geschwätz, euer Gebarme um etwas »Höheres«, der Mensch ist kein höheres Wesen, wir sind nicht das Geschlecht, das aus dem Dunkel ins Helle strebt – wohin wir streben, weiß ich offen gestanden nicht, aber was wir erreichten, war in weitem Umfang das Überhebliche, das Hybride, auch das Dumme – also ein gewisser Abbau dieser unserer Arroganz schien am Platze, ein kurzer Aufenthalt im Dunkel, auch im Gemeinen, schien dieser Stimme moralisch angebracht. Dieser Art war es, was mir immer wieder die Schwalbe sang (sie sang allerdings auch noch anderes). Ich will mit diesem Absatz hinsichtlich des Gedichtes nur sagen, es quillt ja nicht immer alles nur herauf, man muß es heraufziehen, aufsuchen, ihm auf vielen Wegen entgegengehen.

Schließlich, lieber Herr Lernet, rufen Sie mich in wahrhaft brüderlicher Weise auf, doch zum Glauben hinzufinden, der für Sie das Gute ist, und zu Gott. Glaube, ich meine religiöser Glaube, ist aber, wie Sie wissen, ein Geschenk, man kann ihn nicht beziehen; und sich an ihn herankämpfen kann doch auch nur der, der das innere Bedürfnis danach hat. Ist nun aber ein Mensch, der dieses Bedürfnis nicht hat, völlig wertlos, abgehängt und rechnet unter die Versager? Ein Jesuitenpater, der die Freundlichkeit hatte, mir zu schreiben, sagte: Ein Mensch, der Gott so unabhängig und so in der Ferne sieht wie Sie, ist mir lieber als einer, der sich immer so nahe auf ihn bezieht und alles mögliche von ihm erwartet. Ich füge hinzu, niemand ist ohne Gott, das ist menschenunmöglich, nur Narren halten sich für autochthon und selbstbestimmend. Jeder andere weiß, wir sind geschaffen, allerdings alles andere liegt völlig im Dunklen. Die Frage ist also gar nicht, ob Gott oder Nicht-Gott, die Frage ist nur, ob man Gott in sein Leben verarbeitet, ob man ihn verwertet, ihn unmittelbar für seine Lebensart benötigt. Er verlangt es bestimmt nicht, er sagt: Seid fruchtbar und mehret euch und füllet die Erde, er sagt nicht: verzweifelt ohne mich, macht Kotau vor mir, erwartet, daß ich euch die Schuhe besohle, er sagt nicht: Ihr dürft nicht allein fertig werden, demütigt euch vor mir – dieser Demütigungsparoxysmus ist wohl überhaupt nur ein Akzidens der letzten 2000 Jahre, er reicht nicht bis in den Kern der Gene und der Arche des menschlichen Typs herab. Diese Distanz zu Gott, wie sie mir vorschwebt, ist eine reine Ehrfurcht vor dem großen Wesen. Ihn fortgesetzt mit Blicken und Lippen anzustarren, ist in meinen Augen ein großer Frevel, es setzt ja voraus, daß wir überhaupt für ihn etwas sind, während meine Ehrfurcht annimmt, er geht nur mit etwas, einem geringen Etwas, durch uns hindurch, und dann geht er auch zu etwas anderem. Auch zu diesem Thema könnten Sie in meinen Büchern Bekenntnisse solcher Art finden.

Zum Schluß aber sehe ich, daß wir im Kern unseres Wesens

völlig übereinstimmen. Sie prägen das schöne Wort: Das Ich und das Du ist dasselbe. So wird es sein, ich bezweifle es nicht. Das Ich ist vom Du bestimmt zu sprechen, es spricht nicht von sich selbst, es spricht vom Du. Das Ich kann aber nur in dem Stil sprechen, den ihm die heutige Stunde auferlegt, die – jetzt will ich selbst das Wort gebrauchen – die geschichtliche Stunde auferlegt. Wer da ausweicht, war allerdings nicht bestimmt. Darum sage ich immer wieder und sagte auch in Knokke: Moira – der dir zugewiesene Teil. Wabere nicht ins Allgemeine, treibe keinen Feuerzauber mit dem Fortbestand des Höheren, schreite deinen Kreis ab, suche deine Worte, zeichne deine Morphologie. Drücke dein Ich aus, dann gibst du dein Leben weiter an das Du, dann gibst du deine Einsamkeit weiter an die Gemeinschaft und die Ferne.
Haben Sie Dank, daß Sie mich anregten, mich nochmals zu diesen Themen zu äußern, und leben Sie wohl.

Immer
Ihr Gottfried Benn

Ein alter Schreibtisch steht bei mir im Mittelpunkt. Das Ganze sieht folgendermaßen aus: Ich verfüge nur über ein Zimmer für meine ärztliche Praxis und meine Schriftstellerei. Auf diesem Schreibtisch (73 cm zu 135 cm) liegen große Bündel von Briefen (die ich nicht beantwortete), von zugesandten Manuskripten (die ich noch nicht las), von Zeitschriften, Büchern, Probesendungen von Medikamenten, Stempelkissen (für die Rezepte), drei Kugelschreiber, zwei Aschbecher, ein Telephonapparat. Es ist eigentlich kein Raum zum Schreiben da, trotzdem ermögliche ich es durch Fortschieben der Massen mit Hilfe der Ellenbogen. Hier kritzele ich mit einer schwierigen Handschrift, die ich selber nicht lesen kann, bis es so weit ist, daß ich an die Schreibmaschine gehe, die auf dem Mikroskopiertisch steht.

Dies Zimmer ist parterre und liegt nach dem Hof. Es blickt auf eine Kaninchenbucht mit einem weißen Kaninchen (es gehört meiner Hauswartin), dann auf Wäscheleinen, meistens behangen, dann auf Hortensien, von denen ich schon öfter schrieb, daß sie bis zum November blühen. Sein Abschluß wird gebildet von der gegenüberliegenden Häuserhinterfront, grau, abgemörtelt und zerfallen. Es ist ein Zimmer, und es ist ein Schreibtisch, von dem sich schon mancher gebildete Mensch mit Erstaunen abwandte.

Hier entwickeln sich seit 1945 die gewissen Dinge. Sie sind allerdings geistig vorbereitet durch einen dritten Tisch vom Abend vorher: in meinem Stammlokal (zwei Stunden), Bierlokal, wo ich an einem bestimmten Platz lese, sinne, Radio höre, die Briefe von den drei Leuten, mit denen ich in Verbindung stehe, nochmals studiere.

Also drei Tische. Der entscheidende ist der mit der Schreibmaschine, nur das maschinell Geschriebene ist dem Urteil zugängig, bereitet das Objektive vor, die Rückstrahlung vom einfallsbeflissenen zum kritischen Ich. Alles etwas beengte Tische – ich stand neulich vor einem Innendekorations- und Antiquitätengeschäft, dabei fiel mein Blick auf einen Schreibtisch: 2 Meter zu 3 Meter, dunkel gebeizt, spiegelnd, nichts drauf – von dem hätte sich, sagte ich mir, natürlich Raumgreifenderes gestalten lassen.

1956

Ich erinnere mich der Sylvesternacht, in der das jetzige Jahrhundert sich erhob. Diese Nacht lag über einem Dorf jenseits der Oder-Neiße-Linie. Es war für die damalige so glückliche Welt eine Sensation, daß ein neues Jahrhundert begann. Alles wachte, alles feierte, die Kirchenglocken läuteten um Mitternacht, man erwartete irgend etwas ganz besonders, eine Art Anbruch des Paradieses innen und außen. Mein Vater trat aus seinem Pfarrhaus und umarmte den Dorfschulzen, einen großen reichen Bauern, alles umarmte sich, es war eine schnee- und regenlose Nacht, es war ein großes Ereignis.
Ich erinnere mich an eine Sylvesternacht im ersten Kriege. Wir waren in einer glänzenden eleganten Stadt, einer Hauptstadt. In der berühmten wunderbaren weißen Kathedrale fand die Mitternachtsmesse statt. Das Land war katholisch, der Dom war überfüllt, die meisten mußten stehen, wir fremden Soldaten standen in Uniform zwischen ihnen, und alles gehörte in dieser Nacht zusammen.
Ich erinnere mich an eine Sylvesternacht im zweiten Krieg. In einer kleinen Stadt im Osten, im Warthegau. Es war in einer Kaserne. Ein schneereicher Dezember war gewesen, ungewöhnliche Kälte herrschte seit Wochen, Frost – und wir hatten nichts zu heizen. Wir hatten 100 Gramm Streichmettwurst als Sonderzulage erhalten und Bratlingspulver. Damals feierte man nicht Weihnachten sondern Wintersonnenwende, und die Kommandeure hatten in der Neujahrsparole über Erneuerung des Lichts zu sprechen. Am Morgen war ein schwerer Angriff auf Berlin gewesen, und man fragte sich, ob die Wohnung noch stünde und was von den wenigen Bekannten, die dort lebten, übriggeblieben war.

1900, 1914, 1944, drei Sylvester-Nächte! Drei Sylvester-Nächte, alle in diesem Europa, in diesem Abendland, tief und gleißnerisch, universal und abstrakt, Olymp und Golgatha, Leda und Maria. Drei Sylvester-Nächte, sie umschließen zwei Generationen, zwei verwundete Generationen, denen alles fraglich wurde, für die es zwar wieder

Komfort, aber keinen Inhalt mehr gibt. Ich überblicke am heutigen Neujahrsmorgen 1956 diese alten Sylvester-Nächte, ihre geschichtliche Silhouette, ihr menschliches Geschehen. Welche Flüge der Dämonen, welche Gespinste der Parzen! Ich überblicke sie im Geiste und im Sinne eines bedeutenden, Deutschland sehr verbundenen Ausländers, dessen Tod wir gerade betrauern. Er hatte ein sehr ernstes Anliegen an diese Generation und ihr Geschick. Er schrieb am Schluß seines Lebens über ihre Lage: »Das archaische Heimweh nach der Herde setzt ein, man strebt zum Hirten, zum Wachhund hin. Der Staat ist der Hirte, und vom Hirten müssen wir wegstreben, wenn wir wieder wirklich Europäer, freie nach den höchsten Zielen strebende Individuen werden wollen. Der Geist darf nicht als öffentliche Angelegenheit verwaltet werden, der geistige Mensch, wenn er seine Aufgabe erfüllen will, muß sich wieder absondern.« Soweit dieser Autor. Sich absondern – das klingt vielen nicht gut, das klingt vielen provokatorisch und wahlurnenfeindlich, ist es aber nicht, es handelt sich vielmehr um etwas Innerliches, das man lange vergaß: Im Anfang war das Wort und nicht das Geschwätz, und am Ende wird nicht die Propaganda sein, sondern wieder das Wort. Das Wort, das bindet und schließt, das Wort der Genesis, das die Veste absondert von den Nebeln und den Wassern, das Wort, das die Schöpfung trägt. Der Autor, dessen Sätze ich zitierte, ist Ortega y Gasset, und ich schließe mich mit allen Hoffnungen für das neue Jahr diesen seinen Sätzen hiermit an.

Dr. Gottfried Benn den 31. Jan. 56
Bln.-Schöneberg,
Bozener Str. 20

Sehr geehrter Herr Senatsrat!
Ich erlaube mir, Ihnen mit der Bitte um Weiterleitung an die Akademie die Mitteilung zu übersenden, daß ich meine Mitgliedschaft in der Akademie der Künste, Berlin, hiermit niederlege. Ich bin gesundheitlich nicht in der Lage, an den Arbeiten der Akademie teilzunehmen, kann aber andererseits meinen Namen nicht blanco den Entscheidungen der Akademie zur Verfügung stellen. Darin wird mir jeder Billigdenkende recht geben. Um nur ein Beispiel zu nennen: Ich sehe auf der Liste für Zuwahlen eines auswärtigen Mitglieds der Abteilung für Dichtung Namen, deren Berufung in die Akademie ich auf das Erbittertste bekämpfen müßte, warum soll ich mich solchen Disputen aussetzen, dazu sind meine körperlichen Kräfte zu labil und dazu steht die Akademie als Ganzes meinem Wesen viel zu fern. Ich habe aber auch gar nicht den Wunsch, das Gesicht und den Weg der Akademie maßgeblich mitzubestimmen, dazu waren Zeit meines Lebens meine Thesen und meine Themen zu exklusiv, und ich habe immer wieder ausgesprochen, daß ich nicht im Entferntesten von irgend jemandem Zustimmung erwarten oder annehmen kann. Aus dem, was ich hier sage, spricht in keiner Weise irgendein Snobismus oder gar Hochmut, es ist vielmehr nur der Ausdruck meiner inneren und äußeren Natur, und ich darf erwarten, daß diese respektiert wird.
Sie hatten, sehr verehrter Herr Senatsrat, weiter die Freundlichkeit, durch Herrn Hartung an meine Frau die Frage zu richten, wie ich über eine Feier der Akademie zu meinem 70. Geburtstag dächte. Diese Antwort muß ich meiner Frau abnehmen, indem ich Sie in der freundschaftlichsten Weise bitte, jede Art von Feier zu verhindern, ganz abgesehen davon, daß ich ja dann gar nicht mehr Mitglied der Akademie bin. Ich feiere nicht und ich lasse mich nicht

feiern. Ich finde diese zur Gewohnheit gewordene Feierei aller Geburtstage vom 60. – 90. Lebensjahr im Abstand der Lustren ganz absurd, ja obskur und eines noch schöpferischen Mannes unwürdig. Ich habe daher auch meinen Verlag gebeten, von jeder Festschrift abzusehen – diese Festschriften, die ja doch nur Familienherbarien und Poesiealben sind, vielfach persönlichprivat bis zur Peinlichkeit. Ich bin der Meinung, wenn jemand ein Talent hat, ich sage ausdrücklich: wenn, denn meistens stellt sich das doch auch erst nach dem Tode heraus, so ist der betreffende daran völlig unschuldig, und wenn er alt wurde, an dieser Tatsache doch noch viel mehr, nichts kann die Öffentlichkeit veranlassen, davon Notiz zu nehmen. Andererseits habe auch ich mich mein Leben lang durchgeschlagen, ohne mich um die Öffentlichkeit zu kümmern, sie hatte ihr »wissenschaftliches Weltbild«, ich mein lyrisches, sofern dadurch eine Krise entstand, war es die meine, und ich überwand sie denkend und formend nach Maßgabe meiner Kräfte. Aber das geschah für mich und niemand brauchte es zu beachten. Doch um auf den Ausgangspunkt zurückzukommen: Ich bitte keine Feier zu veranlassen. Man kann unmöglich sein Leben lang die Meinung vertreten, die Kunst sei eine monomane, lethargische, ja bionegative Welt, mit der derjenige, der sie nun einmal aufgeladen bekommen hat, alleine fertig werden muß, und dann am Schluß seiner Tage zu Pressekonferenzen und Festivals gehen.

Also bitte, keine Blattpflanzen und keine Reden! Wenn Sie persönlich mir zu meinem Geburtstag, da wir in den letzten Jahren öfter zusammen zu tun hatten, eine Ansichtskarte vom Messedamm schickten, würde mich das sehr freuen, aber mehr als 8 Pfg. Porto darf niemand für mich ausgeben. Außerdem hoffe ich, daß es mir möglich sein wird, diesen Tag nicht in Berlin zu verbringen, sondern in einer Gegend, wo dann schon die Mimosen und Kamelien blühen. Wenn man dies als freier Schriftsteller in Deutschland, der keine Konfirmandenlektüre und keine Novellen für Familienanlässe geschrieben hat, mit 70 Jahren erreichen konnte, so erscheint mir das schon außerordentlich, die meisten werden diesen Tag mit Zichorienaufguß in ihrem Hinterhofzimmer feiern, es sei denn, daß sie inzwischen General-

intendanten, Lizenzträger oder Filmproduzenten geworden sind. Ich bin das nicht geworden, ich bin frei geblieben, ich habe sehr um diese Freiheit gekämpft, aber ich muß nun diese Freiheit auch verteidigen, um der Wenigen willen, die, um ein Wort von Ortega aus seinen letzten Arbeiten zu variieren, das archaische Heimweh nach der Herde in sich bekämpfen und sich vom Staat absondern, um ihre eigenen Aufgaben zu erfüllen. Aus diesen Wenigen wird Europa wiedererstehen, Europa als Kern der freien individuellen Gedanken, und das ist ja die Hoffnung, in der wir alle in dieser westlichen Gemeinschaft unsere Kräfte weihen.
Den Mitgliedern der Akademie bitte ich mich zu empfehlen und ihnen nochmals zu versichern, daß mein Ausscheiden aus ihrem Kreis in erster Linie deswegen geschieht, weil ich meiner Gesundheit nicht mehr sicher bin und keine Aufgaben und belastende Verantwortung mehr übernehmen kann. Ich schlage zum Schluß zur Wahl in die Abteilung für Dichtung die beiden Berliner Herren Dr. Kurt Ihlenfeld und Dr. Paul Fechter vor und gebe zum Abschied meine Stimme für die Präsidentenwahl Herrn Professor Scharoun.
Die Schlüssel zu Ihrem Haus sende ich Ihnen in den nächsten Tagen eingeschrieben zurück.

Mit den besten Grüßen an Sie

in vorzüglicher Hochachtung
Ihr ergebener
G. B.

Anhang

Editorischer Bericht

Die fiktionale Prosa und die autobiographischen Schriften Gottfried Benns werden jeweils chronologisch geordnet vorgelegt. Als Textgrundlage dient der erste vollständige Abdruck in Zeitschriften und in Buchform, nicht dagegen in Zeitungen. Bewußt wird auf die Fassungen vor der *Gesammelten Prosa* (1928) für die Rönne-Novellen zurückgegriffen. Die Texte sind seit dem Erstdruck vielfach verändert worden. Benn selbst hat in den verschiedenen Publikationsphasen Eingriffe vorgenommen, besonders in späteren Jahren hat er größere Partien der ursprünglichen Textgestalt fortgelassen. Dadurch sind vielfach die expressiven Ausdrucksnuancen der frühen Prosa abgeschwächt worden. Das spätere Desinteresse Benns gegenüber der Frühphase zeigt sich hier wie in der Lyrik. Gottfried Benn war immer ein Dichter der spontanen Setzung, nichts lag ihm ferner als biedermeierliche Eigenphilologie. Immer ist der Text Ausdruck seiner gegenwärtigen Existenzlage. Gerade darum wird eine Edition nach den Erstdrucken seinem poetischen Formwillen in besonderer Weise gerecht.

Aufgenommen wurden alle abgeschlossenen Texte, die Benn selbst publiziert hat. Teilweise handelt es sich dabei um Schriften, die Benn nur einmal herausgab, später aber in Sammelbände seiner Prosa nicht mehr aufgenommen hat. Hinzu kommen nachgelassene Schriften, die bisher nur verstreut erschienen sind. In einigen Fällen hatte Benn die Veröffentlichung eines Textes untersagt. So wurde aus dem Nachlaß der *Radardenker* übernommen. Zu Lebzeiten Benns ist er in Buchform nicht veröffentlicht worden. Der Text wurde der fiktionalen Prosa zugeordnet. Außer fragmentarischen Prosaentwürfen befinden sich im Nachlaß keine Skripte mehr, die für diesen Band in Frage gekommen wären. Supplemente sind in Band IV dieser Ausgabe vereinigt. So eine Typoskriptfassung aus dem Jahre 1944 vom *Roman des Phänotyp*, die in Konzeption und Zusammenstellung erheblich abweicht von der 1949 im Erstdruck erschienenen Fassung. Letztere wurde, dem Editionsprinzip zufolge, im vorliegenden Band abgedruckt. Das Typoskript aus dem Nachlaß zeigt, daß Benn beim Erstdruck erhebliche Kürzungen vorgenommen hat. Das Nachlaßtyposkript von 1944 ist in seiner abweichenden Konstellation so aufschlußreich, daß es in Band IV vollständig zum Abdruck kommt.

Prosafragmente aus dem Nachlaß erscheinen ebenso in Band IV. Menge und Umfang sind geringfügig. Diese maschinenschriftlichen oder handschriftlichen Entwürfe haben nicht mehr das Stadium fiktionaler Eigenständigkeit erlangt.

Die autobiographischen Schriften *Epilog und Lyrisches Ich* und *Lebensweg eines Intellektualisten* hat Benn zu verschiedenen Zeiten mit erheblichen Veränderungen veröffentlicht. Die Textabweichungen, vor allem aber die jeweils anders geartete kompositorische Einordnung bedingen den Abdruck in der jeweiligen Erstfassung. Das erklärt die Wiederholung bestimmter Textpartien.

Änderungen der Erstdrucke werden in vorliegender Ausgabe nicht vorgenommen. Eigenheiten der Bennschen Schreibweise und Grammatik – auch wenn sie mit dem Duden nicht vereinbar sind – wurden grundsätzlich beibehalten. Abweichungen, die sich nicht als Bennsche Eigenheit herausstellten, vielmehr offenkundige Druckfehler sind, wurden ohne Anmerkung korrigiert. In Zweifelsfällen wurden die nachfolgenden Abdrucke, spätere Auflagen und Nachlaßfassungen verglichen. Korrekturen wurden verzeichnet. Fremdwörter, Fachwörter, Sachbegriffe, Eigennamen, Bezeichnungen geographischer oder historischer Art, Wörter oder Satzteile in fremden Sprachen usw. wurden nicht verändert im Sinne der Einheitsrechtschreibung. Die Zeichensetzung wurde beibehalten. Verglichen mit der Lyrik ist der Grad der Abweichung von der Normalsprache weit geringer. Nähe zu expressionistischer Prosa und Sternheimscher Einfluß zeigen sich deutlich im Substantivstil, in der bevorzugten Verwendung von Ausrufungszeichen und Fragezeichen gegenüber Punkt und Komma. Gedankenstriche als Abschluß eines Abschnitts kommen nur in der frühen Prosa vor. In der späteren Prosa hat Benn den eigenwilligen Gebrauch des Kommas beibehalten. Hier stimmen Druckfassung und Typoskript weitgehend überein.

Im Verlauf der Textgeschichte sind allgemein mehrere Einschnitte festzustellen. In Benns ersten *Gesammelten Schriften* von 1922 wurden die Rönne-Novellen ohne Genehmigung Kurt Wolffs abgedruckt und mußten deshalb in der zweiten Auflage im selben Jahr entfernt werden. Der Textvergleich zeigt, daß für die Drucklegung die zweite Auflage von *Gehirne* (1918/19) verwendet wurde. Für die *Gesammelte Prosa* (1928) hat Benn dann die Rönne-Texte stark verändert. Teilweise wurden erhebliche Streichungen vorgenommen; diese veränderte Anordnung wurde später in *Frühe Prosa und Reden* beibehalten. Weitere Zwischenstufen gibt es nicht. – In den fünfziger Jahren ließ Benn seinem Verlag die Freiheit, Schreibung und Zeichensetzung zu normalisieren. Dies geschah einschneidend bei der zweiten Auflage des Bandes *Der Ptolemäer* (mit dem Inhalt: *Weinhaus Wolf, Roman des Phänotyp, Der Ptolemäer*) und bei der zweiten Auflage von *Doppelleben*. Das Korrekturlesen hatte Benn schon bei dem Erstdruck Oelze weitgehend überlassen: »... ich werde nur die erste Fahnenkorrektur lesen, um nochmal den ganzen Inhalt auf mich wirken zu lassen, dann nicht mehr.« (An Oelze, 1.11.1948) – »Ich bin ja mit meinen Manuskripten sehr radikal, wenn mir in einem Augenblick etwas nicht daran gefällt, schmeisse ich es fort.« (2.11.1948) – »Ich danke Ihnen sehr, dass Sie die Korrektur zu den Prosastücken gelesen haben und spreche nochmals die Bitte aus, dass Sie den Umbruch alleine lesen ...« (22.11.1948) Benn folgte dem Hinweis Oelzes und ließ in der Prosa bei der Aufeinanderfolge von Komma und Gedankenstrich den Verlag vereinfachen.

Verwiesen wird im vorliegenden Band auf die Varianten »letzter Hand«. Die eingesehenen Zwischenstufen der Textgeschichte können aus ökonomischen Gründen hier nicht aufgenommen werden. Zeitschriften, in denen Benn publizierte, wurden überprüft. Es wurde berücksichtigt, daß besonders nach dem Zweiten Weltkrieg häufig Zeitungen eine Abdruckgenehmigung erteilt wurde. Originale der Zeitschriften wurden, soweit möglich, der Benutzung von Reprints vorgezogen. Im Falle des *Letzten Ich* etwa wurde das Reprint fehlerhaft hergestellt. Die genauen bibliographischen Angaben finden sich im Anmerkungsteil.

Zeitschriften und Zeitungen, in denen Beiträge dieses Bandes veröffentlicht wurden: ›Die Aktion‹, ›Der Anbruch‹, ›Die Dichtung‹, ›Die literarische Welt‹, ›Merkur‹, ›Die neue Bücherschau‹, ›Die Neue Rundschau‹, ›Der Querschnitt‹, ›Der Sturm‹, ›Die weißen Blätter‹, ›Die Weltbühne‹, ›Die Zukunft‹, ›Berliner Lokal-Anzeiger‹, ›Deutsche Allgemeine Zeitung‹, ›Die Neue Zeitung‹, ›Vossische Zeitung‹, ›Die Tat‹, ›Die Welt am Sonntag‹.
Für die Textgeschichte lagen die folgenden Bände vor und wurden verglichen: *Gehirne.* Novellen, Leipzig 1916 und 2. Aufl. 1918/19 (Der jüngste Tag Bd. 35); *Diesterweg.* Eine Novelle, Berlin-Wilmersdorf 1918 (Der rote Hahn Bd. 8); *Die gesammelten Schriften,* Berlin 1. Aufl. Febr. 1922 und 2. Aufl. Dez. 1922; *Gesammelte Prosa,* Potsdam 1928; *Fazit der Perspektiven,* Berlin 1930; *Der Ptolemäer,* Wiesbaden 1949 und 2. Aufl. 1956; *Frühe Prosa und Reden,* Wiesbaden 1950; *Essays,* Wiesbaden 1951 (zur fiktionalen Prosa) – *Die gesammelten Schriften,* Berlin 1922; *Gesammelte Prosa,* Potsdam 1928; *Der neue Staat und die Intellektuellen,* Stuttgart, Berlin 1933 und 4. u. 5. Tsd. 1933; *Ausdruckswelt.* Essays und Aphorismen, Wiesbaden 1949 und 2. Aufl. 1954; *Doppelleben.* Zwei Selbstdarstellungen, Wiesbaden 1. Aufl. 1950 und 2. Aufl. 1955; *Monologische Kunst,* Wiesbaden 1953; *Über mich selbst.* 1886–1956, München 1956 (für die autobiographischen Schriften).
Zur chronologischen Einordnung wurden verwendet: 1. datierbare Typoskripte aus dem Nachlaß, 2. von Benn angegebene Entstehungsdaten und 3. Daten des Erstdrucks, wenn weitere Informationen fehlen. Wichtige Aufschlüsse geben die Briefe an F. W. Oelze. Die frühe Prosa wurde von Benn rückblickend in Briefen und als Information für den Neudruck verschiedentlich falsch datiert.
Der gesamte Nachlaß im Besitz von Frau Dr. Ilse Benn, Wolfschlugen, wurde eingesehen. Zusätzliche maschinenschriftliche Fassungen machte das Deutsche Literaturarchiv in Marbach zugänglich. Zwei Texte entstammen dem Archiv der Akademie der Künste, Berlin. Erstdrucke aus Zeitungen stellten das Deutsche Pressearchiv in Bremen und das Institut für Zeitungsforschung der Stadt Dortmund zur Verfügung. Ferner standen für den *Roman des Phänotyp,* den *Ptolemäer* und für die Autobiographie *Dop-*

pelleben jene Typoskripte des Limes Verlags zur Verfügung, die als Druckvorlage der ersten Auflage dienten.
Für den Druck der Texte aus dem Nachlaß wurden die vorhandenen Typoskripte verwendet. Der *Radardenker* liegt in mehreren Typoskripten und Entwürfen vor. Vom ersten Teil ist im Wolfschlugener Nachlaß eine geglättete Abschrift vorhanden, die von Benn datiert und signiert wurde. Der zweite Teil liegt lediglich als Entwurf vor. Die Abschrift im Oelze-Archiv (Marbach) umfaßt beide Teile in einheitlicher Form. Sie wurde für den Abdruck im vorliegenden Band zugrundegelegt, die anderen Typoskripte wurden in Zweifelsfällen zur Korrektur herangezogen. Es galt als Editionsregel, daß ein lesbarer Text vorgelegt wird.
Der vorliegende Band ist so eingerichtet, daß zunächst ein chronologisches Inhaltsverzeichnis die Prosastücke und autobiographischen Schriften mit der Überschrift (oder Anfangszeile statt Überschrift) im Erstdruck ausweist. Später aufkommende Titel, die von Benn oder dem Herausgeber der ersten Gesamtausgabe gesetzt wurden, werden in Klammern zugefügt. Texte aus dem Nachlaß ohne Titel werden mit der Anfangszeile ausgewiesen. Es folgt in chronologischer Anordnung erst die Prosa, dann die Autobiographie Gottfried Benns. Nach dem Anmerkungsteil folgen eine Biographie und eine Werkbiographie zu Prosa und Autobiographie. Eine vollständige Bibliographie zum Werke Gottfried Benns findet der Leser im Zusatzband zur Ausgabe der Gesammelten Werke: *Über Gottfried Benn* (Band V). Ein detailliertes Namen- und Sachregister bringt Band IV dieser Ausgabe. Die Einführung in Prosa und Autobiographie Gottfried Benns am Schluß dieses Bandes wendet sich an alle Leserkreise.

Einrichtung des Anmerkungsteils

Die Anmerkungen zur fiktionalen und autobiographischen Prosa sind der Chronologie der Texte entsprechend angeordnet. Die Seitenzahlen in Klammern nach dem Titel beziehen sich auf den Textteil und sollen dem Leser die Orientierung erleichtern.

Bibliographie:
Die Titel werden unter Fortlassung sämtlicher Untertitel und Gattungsbezeichnungen aufgeführt. Unterscheiden sich gedruckter Text und »letzte Hand«, wird der Titel in der Form, die ihm Benn zuletzt gegeben hat, in Klammern ergänzt. Bei Zeitungs- und Zeitschriftenveröffentlichungen, insbesondere bei Antworten auf Umfragen, wurden Überschriften in der Regel vom Herausgeber formuliert. In solchen Fällen wird der Text ohne Titel abgedruckt, die Überschrift der Erstveröffentlichung wird in der Anmerkung wie im Inhaltsverzeichnis in Klammern gesetzt.
Erstdruck und »letzte Hand« werden für jedes Prosastück angegeben. Die Druckvorlage ist kenntlich gemacht; nicht in allen Fällen ist sie mit dem Erstdruck identisch. Vorabdrucke einzelner Kapitel oder umfangreicher Passagen einer Prosaveröffentlichung werden verzeichnet. Soweit im Nachlaß vorhanden, werden Typoskripte, Manuskripte und Entwürfe aufgeführt.

Chronologie:
Die Vorstufen des Druckes werden in der Reihenfolge ihrer Niederschrift angegeben. Fehlt eine Datierung durch den Autor, wurde die zeitliche Folge anhand der Korrekturen im Text erschlossen. Für die chronologische Ordnung gelten weder Erwähnungen in Briefen noch Ansätze in den Kladden (Arbeitshefte in der von Harald Steinhagen eingerichteten Numerierung) oder Entwürfe einzelner Partien eines Prosastücks als ausreichend. Bedingung ist, daß ein Typoskript abgeschlossen datierbar vorliegt.
Erste Entwürfe in den Kladden haben zunächst wenig mit dem endgültigen Text gemeinsam. Es können einzelne Kapitel oder auch nur hervortretende Bilder, Metaphern, Themen sein, die in zeitlicher Nähe liegen. Sie entziehen

sich der genauen Datierung; eine punktuelle Tages- und Monatsangabe bedeutet nicht, daß die Partie insgesamt an einem Tag entstanden sein muß. Einzeldaten aus den Kladden werden vermerkt, um darauf aufmerksam zu machen, wie weit Entwürfe zurückreichen. Bei fehlender Datierung werden die dem Text am nächsten stehenden Daten angegeben. Spezifizierungen werden vorgenommen, wenn Tages- und Monatsangaben im Umkreis vorliegen. Dies gilt auch für Typoskripte und Entwürfe außerhalb der Kladden. Wird eine Jahreszahl in eckige Klammer gesetzt, bedeutet dies, daß sie an dieser Stelle ergänzt wurde nach Maßgabe vorhandener Daten in der Kladde. Bei unvollständiger Datierung der Typoskripte aus dem Nachlaß wird mit Annäherungswerten gearbeitet, die ebenfalls in eckiger Klammer stehen. Eine spitze Klammer wird verwendet, wenn das Datum, den Angaben Harald Steinhagens folgend, erschlossen ist. Sind bei einem Sammeltyposkript, wie bei der Autobiographie *Doppelleben,* Teile datiert, werden die Einzeldaten aufgeführt. Auf eine Gesamtdatierung des abgeschlossenen Typoskripts wird verzichtet. Angaben Benns über die Entstehung von Texten weichen verschiedentlich vom Datum der Erstdrucke ab. Ihre Erwähnung hat den Zweck, die Spanne zwischen erster Niederschrift und Erstdruck zu ermitteln.
Die benutzten Druckvorlagen des Limes Verlags sind als Ganzes nicht datiert. Wenn Benn für einzelne Kapitel ältere Typoskripte verwendete, wurden sie von ihm für den Druck noch einmal verändert. Diese Fassungen dürfen als authentischer gelten als die Typoskripte aus dem Nachlaß, auch als die an Oelze gesandten Fassungen.
Auf die Datierung des Erstdrucks wurde zurückgegriffen, sofern Vorstufen nicht erhalten sind.
Erstdruck und Druckvorlage werden getrennt aufgeführt, wenn die erste publizierte Fassung nicht für den vorliegenden Druck zugrundegelegt wurde. Unterschiede von Erstdruck und Druckvorlage treten auf, wenn ein Text in einer Zeitung erstmals veröffentlicht oder zu Lebzeiten Benns nicht publiziert wurde. Vom Verfasser nicht autorisierte Drucke wurden nicht verwendet. Bei allen größeren Prosaarbeiten erschienen Vorabdrucke einzelner Kapitel oder Partien in Zeitungen und Zeitschriften. Sie werden, soweit

die Auszüge größeren Umfang haben, als Beitrag zur Textgeschichte notiert. Zusätzlich zur Jahresangabe des Erstdrucks wird der Monat – auch der Ausgabetag, wenn er zu eruieren war – in Klammern angegeben. Für die Texte der »Rönne-Jahre«, bei denen handschriftliche und maschinenschriftliche Vorstufen fehlen, ist diese Angabe die Basis der chronologischen Zuordnung. Zeitschriftendruck und erster Separatdruck können sich zeitlich in der Drucklegung überschneiden, wenn beide im selben Verlag hergestellt wurden. Hier wird nach Maßgabe des Impressum-Datums entschieden. In der Anmerkung sind beide Angaben nebeneinandergestellt. Wurde frühe Prosa zu Lebzeiten Benns in keine spätere Sammlung aufgenommen, wird vermerkt: ›einzige Veröffentlichung‹. Wiederabdrucke nach dem Tode des Dichters bleiben unerwähnt.

Varianten:
Der Text selbst enthält keine Hinweise auf Varianten. Zahlen und Zeichen hätten das Textbild ungebührend belastet. In den Anmerkungen sind Satz oder Ausdruck, zu dem es Abweichungen gibt, mit Seiten- und Zeilenzahl gekennzeichnet. Römische Zahlen im Anmerkungsteil verweisen auf entsprechende Kapiteleinteilungen im Text. Sie dienen der leichteren Orientierung. Varianten werden je nach ihrem Vorkommen in der Vorstufe oder im späteren Druck getrennt aufgeführt. Sofern eine vor dem Druck liegende Fassung zugänglich war, werden Unterschiede dieser Vorform bezeichnet. Bei den Typoskripten werden Textvarianten, Änderungen der Schreibung und der Satzzeichen erfaßt. Abweichungen der Druckvorlagen des Limes Verlags werden verzeichnet. Liegen mehrere Entwürfe im Nachlaß vor, wird eine Auswahl getroffen. Maßgebend sind einmal die Möglichkeit der chronologischen Einordnung, zum anderen handschriftliche Veränderungen und Autorisierung durch Gottfried Benn. Vom Autor selbst geschriebenen Typoskripten wurde der Vorzug gegeben gegenüber Abschriften. Die Autobiographie *Doppelleben* ist feuilletonistisch angelegt. Das Typoskript stellte Benn in kurzer Zeit zusammen. Dabei benutzte er für Zitate Ausschnitte aus älteren Büchern. Noch während der Drucklegung fügte er Abschnitte hinzu und strich einzelne Wörter

und Sätze. In dem als Druckvorlage dem Limes Verlag zugesandten Typoskript sind einzelne Kapitel Abschriften, andere lassen eindeutig erkennen, daß Benn sie selbst auf der Maschine geschrieben hat. Auch das im Wolfschlugener Nachlaß vorhandene Material ist nicht einheitlich. Zu jedem Kapitel wurde die dem Erstdruck inhaltlich und formal am nächsten kommende Fassung bestimmt. Auf sie wird in den Anmerkungen verwiesen. Variable Fassungen, die innerhalb eines Textzusammenhangs durch handschriftliche Zusätze in Erscheinung treten, werden nicht verzeichnet. Eine Beschreibung des optischen Erscheinungsbildes der Texte ist aus ökonomischen Gründen nicht möglich. Auf Entwürfe in den Kladden wird verwiesen.

Die typische Schreibung ss für ß findet sich durchgehend in allen Typoskripten, die Benn selbst angefertigt hat. Auf sie wird nicht gesondert verwiesen. In Manuskripten und Briefen kürzte Benn das Bindewort und mit u oder u. ab. Dies wird nicht besonders hervorgehoben. – Bei einigen Abschriften sind deutliche Spuren von Glättung der äußeren Form festzustellen. Benns Einverständnis ist vorauszusetzen, auch wenn die so entstandene Fassung nicht signiert ist. In Einzelfällen hat der Autor weitere Veränderungen daran vorgenommen, die aufgeführt werden, wenn ein Unterschied zum Erstdruck besteht. Offensichtliche Tippfehler werden generell nicht vermerkt. Kann man jedoch annehmen, daß es sich um eine vom Autor gebilligte Variante handelt, wird die Abweichung verzeichnet.

Es folgen die Varianten der »letzten Hand«, des letzten von Benn autorisierten Drucks. Für die Rönne-Prosa ist das mit Ausnahme der *Insel* der Band *Frühe Prosa und Reden*. Auch wenn der letzte Abdruck zeitlich weiter zurückliegt, wurde er durchgesehen. Zweitauflagen der Bücher der Nachkriegszeit wurden verglichen. Textvarianten, sinnverändernde Korrekturen der Schreibung und der Interpunktion stehen nebeneinander. Gestrichene Einzelwörter und Satzzeichen werden in eckige Klammer gesetzt, größere Streichungen werden mit Sigle als solche gekennzeichnet. Für Hinzufügungen größeren Umfangs wird ebenfalls eine Sigle verwendet.

Eine besondere Situation ist gegeben, wenn ein Text erstmals in einer Zeitung abgedruckt wurde. In diesem Fall werden die Varianten in folgender Reihenfolge angegeben: 1. vom Typoskript zur Buchform, 2. vom Zeitungsdruck zur Buchform, 3. vom ersten Buchdruck zur letzten Hand.

Große und kleine Buchstaben nach einem Punkt, Ausrufungs- oder Fragezeichen, wenn Benn im Substantivstil keinen vollständigen Satz bildet, geben das Bild des Originals wieder. Auch Inkonsequenzen der Schreibweise in einem zusammenhängenden Text werden ohne besonderen Hinweis beibehalten.

Sätze oder Satzteile in *Frühe Prosa und Reden* beginnen – wie üblich in den Ausgaben der 50er Jahre – stets mit großen Anfangsbuchstaben, wenn ein Punkt, Ausrufungs- oder Fragezeichen voranstehen. Noch nicht in *Frühe Prosa und Reden,* aber in den durchgesehenen Zweitauflagen von *Der Ptolemäer* und *Doppelleben* setzt jeder Satz nach einem Doppelpunkt mit Großbuchstaben ein. Diese Korrektur wurde vom Verlag einheitlich durchgeführt und wird deshalb – auch wegen der raumfüllenden Zahl – nicht in jedem Einzelfall vermerkt. Auffallend ist die Unregelmäßigkeit der Schreibweise nach dem Doppelpunkt in den frühen Limes-Drucken. Wegen dieser Uneinheitlichkeit wird beim Druck die für Benn typische Kleinschreibung durchgeführt, ohne daß die Korrekturen jedesmal vermerkt werden. Die autobiographische Studie *Lebensweg eines Intellektualisten* (1934) wird in diesem Punkte *Doppelleben* angeglichen.

Eine Eigenheit des Bennschen Stils ist die häufige Aufeinanderfolge von Komma und Gedankenstrich, Semikolon und Gedankenstrich. Auf eine Anregung Oelzes hin (1949) ermächtigte Benn den Verlag, diese Doppelung zu vereinfachen. Die Änderungen der späteren Auflagen des Limes Verlags werden aus Gründen der Raumersparnis nicht gesondert vermerkt.

Fürwörter wie: der eine, der andere, alles, nichts, jemand, niemand u. a. m. wurden von Benn vorwiegend großgeschrieben. Die Erstdrucke des Limes Verlags übernehmen diese Großschreibungen nicht durchgehend. Es wurden vom Verlag Vereinheitlichungen nach der Duden-Rechtschreibung durchgeführt. Wegen der Inkonsequenz der Durchführung wurde die Entscheidung getroffen, ohne

Verweis im Einzelfall nach der heutigen Rechtschreibung zu verfahren.

Titel von Veröffentlichungen sowie Wiedergabe von Zitaten wurden von Benn durch Anführungszeichen gekennzeichnet. In der ersten Druckfassung von *Doppelleben* wurden diese bei Zitaten teils beibehalten, teils durch Kursivdruck ersetzt. Aus Gründen der Vereinheitlichung und besseren Lesbarkeit verwendet die vorliegende Ausgabe zur Hervorhebung durchgehend den Kursivdruck. Dieses Prinzip wurde auch auf den Erstdruck von *Lebensweg eines Intellektualisten* (1934) übertragen.

Die Hervorhebung von Absätzen ist im Druck von *Doppelleben* (1950) an zahlreichen Stellen unterblieben, obwohl der Neueinsatz in der Druckvorlage des Limes Verlags deutlich zu erkennen war. Die vorliegende Ausgabe orientiert sich an der Anordnung der Druckvorlage des Erstdrucks. Abweichungen in der Zweitauflage des Limes Verlags ergeben sich zwangsläufig aus dem optischen Bild der ersten Auflage, als Varianten werden sie nicht gewertet.

Kapitelanordnungen und größere Absätze geben in Annäherung das Bild des Originals wieder. In der ›Aktion‹ und im ›Sturm‹ sind Abschnitte nicht immer gleichmäßig abgesetzt. Hier wurde ohne besonderen Hinweis vereinheitlicht. Offensichtlich drucktechnisch bedingte doppelte Absätze wie in *Diesterweg* wurden übernommen.

Anmerkungen

Verwendete Abkürzungen

AW II	Ausdruckswelt (Essays und Aphorismen, Wiesbaden ^{2}1954)
B	Brief
B Oe	Brief an Dr. Friedrich Wilhelm Oelze
D	Druckvorlage
Disk	Diskussion
Do	Doppelleben (Zwei Selbstdarstellungen, Wiesbaden 1950)
Do II	Doppelleben (Zwei Selbstdarstellungen, Wiesbaden ^{2}1955)
E	Erstdruck
Es	Essays (Wiesbaden 1951)
FdP	Fazit der Perspektiven (Berlin 1930)
FPuR	Frühe Prosa und Reden (Wiesbaden 1950)
Gh	Gehirne (Novellen, Leipzig 1916)
Gh II	Gehirne (Novellen, Leipzig 2. Aufl. 1918/1919)
GP	Gesammelte Prosa (Potsdam 1928)
GS I	Die gesammelten Schriften (Berlin ^{1}Febr. 1922)
GS	Die gesammelten Schriften (Berlin ^{1}Febr. 1922 und ^{2}Dez. 1922)
H	Hinzufügung
hs.	handschriftlich
i. B.	im Besitz
K	Kladde (Arbeitsheft)
Korr	Korrektur
LH	Letzte Hand
LW	Lebensweg eines Intellektualisten (in: Kunst und Macht, Stuttgart, Berlin 1934)
M	Manuskript
masch.	maschinenschriftlich
Mo	Motto
Mon	Der Monat (17, 1965, H. 205)
N	Nennung
NRds	Die neue Rundschau
Oe	Oelze, Dr. Friedrich Wilhelm
OeA	Oelze-Archiv, Marbach
o. J.	ohne Jahr
o. O.	ohne Ort
pag.	paginiert
Pt II	Der Ptolemäer (in: Der Ptolemäer, Wiesbaden ^{2}1956)
R	Rede, öffentlich gehalten
Red	Redaktionsanmerkung des Erstdrucks
RPh II	Roman des Phänotyp (in: Der Ptolemäer, Wiesbaden ^{2}1956)
RT	Reihentitel
S	Streichung

sign.	signiert
T	Typoskript
TD	Teildruck
u. d. T.	unter dem Titel
ÜMS	Über mich selbst (1886–1956, München 1956)
undat.	undatiert
unsign.	unsigniert
VD	Vorabdruck
W	Widmung
W Bl	Die weißen Blätter
WW II	Weinhaus Wolf (in: Der Ptolemäer, Wiesbaden ^{2}1956)
Z	Zeit der Entstehung

Nocturno (S. **13–14**)

E+D: Der Sturm 3, 1913, S. 254 (Nr. 144/145, Jan. 1913) (einzige Veröffentlichung)

Heinrich Mann. Ein Untergang (S. **15–17**)

E+D: Die Aktion 3, 1913, Sp. 431–433 (Nr. 16 v. 16. 4.) (einzige Veröffentlichung)

Gehirne (S. **19–23**)

N: 1914 (vgl. B Ernst Nef)

E+D: Die weißen Blätter 2, 1915, S. 210–214 (H. 2, Febr. 1915)

LH: Frühe Prosa und Reden, Wiesbaden 1950, S. 77–84

Mo: »Wer glaubt, daß man mit Worten lügen könne, könnte meinen, daß es hier geschähe.« (GP + FPuR)

FPuR:

19,2f fuhr im Sommer vorigen Jahres durch Süddeutschland] fuhr durch Süddeutschland
20,7 Arzt [,]] Arzt,
20,10 Holzbrettchen [,]] Holzbrettchen,
20,36 Überall,] Überall [,]
20,41 aus diesem Bette] aus dem Bette
22,18 Geschehenen] Geschehen
23,5f gegenüberstehn] gegenüberstehen
23,23 zurückgerufen;] zurückgerufen,

Die Eroberung (S. **25–31**)

N: 1915 (vgl. B Ernst Nef)

E+D: Die weißen Blätter 2, 1915, S. 950–956 (H. 8, Aug. 1915)

LH: Frühe Prosa und Reden, Wiesbaden 1950, S. 85–94

Mo: »Ich wollte eine Stadt erobern, nun streicht ein Palmblatt über mich hin.« (GP + FPuR)

FPuR:

25,10 Eroberung] Erstürmung
25,11f ihren Hüten] ihren Hütten
26,4 ja [,]] ja,
26,7 Gott,] Gott [,]
26,16 sich,] sich. S: – das tiefe, gedehnte Glück.
26,24 umstanden zu sein von] umstanden von
26,31f er es aus allen Höhlen] er aus allen Höhlen
26,33 runde [,]] runde,

FPuR: **26,35** Bild S: entstehen kann
26,39 Schafe,] Schafe [,]
26,39 o die Zahl, wie liebe ich die Zahl
] die Zahl, wie liebe ich die Zahlen
27,14 weiter [,]] weiter,
27,16 Männern,] Männern [,]
27,17 gelegentlich] gelegentlich offenbar
27,24 bevorstehender] bevorstehenden
27,25 nachzuholen,] nachzuholen [,]
27,28 als Recht] als recht
27,35 Ouvertüre, –] Ouvertüre –,
27,36 Bureau] Büro
27,40 lassen –,] lassen – [,]
Herzen,] Herzen [,]
28,33 Bahnbrechend] bahnbrechend
29,22 aller der Rätsel] aller Rätsel
29,28 Lauten.] Lauten,
29,34 halb und, halb] halb, und halb
30,18 gleiche [,]] gleiche,
30,20 Straßen:] Straßen,
30,22f herschleifend,] herschleifend [,]
30,25 Tänzer, –] Tänzer [,] –
30,37 ein –.] ein – [.]
30,41f ... dann beginnt es. / Bald darauf ...
(doppelter Absatz) (30,41–31,1)

Die Reise (S. **33–40**)

N: 1915/16 (vgl. B Ernst Nef)

E+D: Die weißen Blätter 3, 1916, H. 6, S. 244–251
(H. 6, Juni 1916)

LH: Frühe Prosa und Reden, Wiesbaden 1950, S. 49–60

Mo: »Sinnlos und das Ende um allen Saum.« (GP + FPuR)

Korr: **34,41** Herr Jansen] Herrn Jansen (*nach* GS, FPuR)
37,7 er] es (*nach* Gh)
37,19 hatte er sie] hatte sie er (*nach* Gh)

FPuR: **33,5** Antwerpen,] Antwerpen [,]
33,11 würde] wurde
33,28 im Geheimen] im geheimen
33,34 Nein [,]] Nein,
34,4 ... gehn. (*doppelter Absatz mit* *)
34,8 Jansen] Friedhoff
34,14 3–4] drei bis vier
34,23 z. B.] zum Beispiel
34,27 Derartiges] derartiges
34,37 ... Fleisch aß. *(kein Absatz)*
34,41 Jansen] Friedhoff
34,41f Congokenner] Kongokenner

FPuR: **35,1** Nein [,]] Nein,
35,3 diesem] diesen
eine] Eine
35,8 [»] wirklich] »wirklich
bemerkt? [«]] bemerkt?«
35,11 Ob] ob
35,24 Jubel brach aus] Jubel in ihm
35,26 ein;] ein:
35,35 indem] in dem
36,3 verholfen;] verholfen,
36,4 ... sich schloß. *(doppelter Absatz mit *)*
36,13 300] dreihundert
36,19 hinterlassen,] hinterlassen;
von Dingen] von den Dingen
37,5 Haus,] Haus [,]
Baum,] Baum [,]
37,6 Vermittlung handele
] Vermittelung handelte
37,9 bischen] bißchen
37,22 Feld,] Feld [,]
37,24 es,] es;
37,34 f S: Wie einsam ... → ... krümmen ließe. *(37,34–38,7)*
38,8 Wetter,] Wetter [,]
38,10 ... taumelte Rönne. *(Absatz)*
38,13 Azimuth] Azimut
38,23 strichen,] strichen [,]
38,24 Küsten,] Küsten [,]
38,26 Uhr; um] Uhr. Um
38,27 Hand; die] Hand. Die
38,28 silbern,] silbern [,]
38,41 Vergehn! [–]] Vergehn! –
39,4 irgend woher] irgendwoher
39,5 Land] Rand *(so auch in:* Gh)
39,15 Zusammenschluß;] Zusammenschluß,

Der Geburtstag (S. **41–51**)

E+D: Gehirne. Novellen, Leipzig 1916, S. 40–53
(Okt. 1916. Auf dem Umschlag: 1917)

LH: Frühe Prosa und Reden, Wiesbaden 1950, S. 61–76

Mo: »Manchmal eine Stunde, da bist Du; der Rest ist das Geschehen. Manchmal die beiden Fluten schlagen hoch zu einem Traum.« (GP + FPuR)

FPuR: **41,24** das [war] *(so auch in:* Gh II, GS I)
] das war *(so auch in:* GP)
41,31 S: Er hatte sich nie viel um es gekümmert,
41,31 f es war] Es war wohl
42,4 ich *(gesperrt)*
42,38 Muschelfressen] Muschelfresser

FPuR:	**43,19**	sie –,] sie – [,]
	43,25	gänzlich] ganz
	43,38	Ihre] ihre
	44,1	S: zwei
	44,9	. . . hin und her. *(doppelter Absatz)*
	44,22	ach,] ach [,]
	44,31	. . . lieben. *(doppelter Absatz)*
	44,34	Hüfte [,]] Hüfte,
	45,15	Kopthe] Kopte
	45,18	kommt,] kommt [,]
	45,27	Ptolomäertempeln] Ptolemäertempeln
	45,31	zurückgeblieben??] zurückgeblieben?[?]
	46,3	Erde,] Erde [,]
	46,10	hinein. –] hinein [.] –
	46,18	Durch] durch
	46,29	Eine] eine
	46,35	abgemäht [,]] abgemäht,
	47,6	Dunst;] Dunst,
	47,15	. . . das war er. *(kein Absatz) (48,21–33)*
	48,9	langen,] langen [,]
	48,10	spieen] spien
	48,21 f	S: Auge . . . → . . . ungefiedert??
	48,38	abgelegt [,]] abgelegt,
	48,40	. . . führten. *(doppelter Absatz)*
	49,6	er!] er,
	49,34	Hafenkomplex *(gesperrt)*
	49,40	Hoy –,] Hoy [–],
	50,4	Kalkmergel,] Kalkmergel [,]
	50,9	Olive *(gesperrt)*
	50,25	. . . die Stadt. – *(kein Absatz)*
	50,26	Venedig *(gesperrt)*

Die Insel (S. **53–61**)

E:	Gehirne. Novellen, Leipzig 1916, S. 28–39 (Okt.)/ Die weißen Blätter 3, 1916, H. 12, S. 241–250
D:	Gehirne. Novellen, Leipzig 1916, S. 28–39 (Auf dem Umschlag: 1917)
LH:	Die gesammelten Schriften, Berlin [1]Febr. 1922, S. 62–72

Korr:	**53,24**	das sie] das die (*nach* W Bl, GS I)
	53,29	den die Öffentlichkeit] die die Öffentlichkeit (*nach* GS I)
	57,30	nun blaut] nun blau (*nach* W Bl, Gh II, GS I)
	58,3	was wird] (1) was und wird (*nach* Gh II, GS I) (2) was war und wird (*so in:* W Bl)

GS I:	**53,17**	Bläue [,]] Bläue,
	53,23 f	entgegen spülend] entgegenspülend

GS I:	**53,38f**	das [,] vom Fang kommend [,]] das, vom Fang kommend,
	54,9	Sie saßen] Sie aßen
	54,31	indeß] indes
	54,33	heran [,]] heran,
	54,41	Boden,] Boden [,]
	55,6	hierher fuhr] hierherfuhr
	55,27	Die] die
	55,38	Möve] Möwe
		Tang] Tag
	56,8	verpflichtet [,]] verpflichtet,
	56,22	Kartesius] Cartesius
	57,5	Du] du
	57,6	Du] du
	57,8	Dir] dir
	57,9	Deiner] deiner
		Deine] deine
	57,10	Deine] deine
	57,11	angeblüht!:] angeblüht! [:]
		auch Du! Auch Du!] auch du! Auch du!
	57,15	Richtung nach der Anstalt] Richtung der Anstalt
	58,2	Überall] überall
	58,12	Associationen] Assoziationen
	58,30f	kennen lernen] kennenlernen
	58,39	Kristalle [,]] Kristalle,
	59,35	Sinnlose [,]] Sinnlose,
	59,38	angesehendsten] angesehensten
	60,30f	Entwickelungsgedankens] Entwicklungsgedanken
	60,35	coupierbar] kupierbar
	61,29	Abend [,]] Abend,

Diesterweg (S. **63–76**)

E+D:	Diesterweg. Eine Novelle, Berlin-Wilmersdorf 1918 (Jan./April 1918)	
LH:	Frühe Prosa und Reden, Wiesbaden 1950, S. 141–154	
Mo:	»Er schritt gelöst, im Zug geschmückter Masken, vorbei an Genien, den Fuß in einen Brunnen, deutend, wie das Glück zerrann.« (GP + FPuR)	
FPuR:	**63,3**	I *(Unterteilung durch römische Ziffer fällt weg)*
	63,4f	S: Seit drei Jahren ... → ... des betont Völkischen. *(63,4–8)*
	63,9	S: die ganze Zeit über
	63,11	in Betreff] in betreff
	63,19f	lehnte sich das andere Leben wieder hinein, in der Nüance oder] lehnte das andere Leben wieder hinein, in der Nuance sich oder

FPuR:	**63,28**	nein [,]] nein,
	63,37	eröffnen [,]] eröffnen,
	64,4	dürfte] dürfe
	64,10	aber [,]] aber,
	64,18	ja [,]] ja,
	64,19	Aufschwungs] Aufschwung
	64,34	Übrigen] übrigen
	65,16	aufs Neue] aufs neue
	65,19f	S: Verglich ... → ... die Sterne da. *(Danach einfacher Absatz) (65,19–66,13)*
	66,24	sei es, daß er, sozusagen] sei es, sozusagen
	66,25	füllte, –] füllte [,] –
	66,32	stand [,]] stand,
	66,36f	Erden oder Flüssen] Erden und Flüssen
	66,39	heißen [,]] heißen,
	66,40	geschehn. –] geschehn. [–]
	67,3	S: Alsdann ... → ... (Fichte!). *(67,3–6)*
	67,7	Schnüffele! Schniefe] Dann schniefe
	67,12	Anfang. –] Anfang. [–]
	67,13f	S: Nun er wieder eintrat ... → ... durch seine Speichen. *(67,13–69,2)*
	69,5	widersprachen [,]] widersprachen,
	69,12	als des Verwerfers] als das des Verwerfers
	69,29	Tik] Tick
	69,30	Hand,] Hand;
		kurzes [,]] kurzes,
	69,31	jawohl [,]] jawohl,
	70,3	ersten Mal] erstenmal
	70,21	gingen;] gingen [;]
	70,28	Tik] Tick
	70,29	erlag:] erlag;
	70,30	rauchte [,]] rauchte,
	70,33	er *(nicht gesperrt)*
	70,34	Geschehns:] Geschehns;
	70,39	gelöst. Im Zug] gelöst, im Zug
	70,39f	Masken. Vorbei] Masken, vorbei
	70,40	Genieen] Genien
	71,4	begann. – – –] begann –
	71,5	II *(Unterteilung durch römische Ziffer fällt weg)*
	71,6	S: Zurückgesunken ... → ... in der Jacke. *(71,6–72,5)*
	72,6	die Wirklichen] Wirklichkeiten
		Diesterweg [,]] Diesterweg,
	72,14	Reihe,] Reihe [,]
	72,15	das ganze] der ganze
	72,18	anderwärts] andererseits
	72,22	Ihrer] ihrer
	72,30	Scherz] Schmerz
	72,31	gezeigt,] gezeigt:

FPuR: **72,33f** wir wollen ... → ... entgeht *(gesperrt)*
72,40f S: Die Herren ... → ... (Billard). *(72,40–73,21)*
73,41 ... warf es hin. *(kein Absatz)*
74,2 pressend;] pressend,
74,4 Irgendetwas] Irgend etwas
74,11 festigten [,]] festigten,
74,18 ... letzten Gang. *(kein Absatz)*
74,34 III *(Unterteilung durch römische Ziffer fällt weg)*
74,38 war erst bald] war bald
75,2 5] fünf
75,6 ... aus erloschenen Scheinen. *(kein Absatz)*
75,31 ... hinaus. *(kein Absatz)*
75,32 Rande] Runde
75,33 Traum [,]] Traum,
75,38 ... Vergehn. *(kein Absatz)*
75,41 Kolonna] Colonna
76,2 ... die Fieber wehn. *(kein Absatz)*
76,6 Glanz –.] Glanz – [.]
76,10f Unwiderbringlicher] Unwiederbringlicher

Querschnitt (S. **77–89**)

E: Die weißen Blätter 5, 1918, S. 139–154 u. d. T. ›Die Phimose. Novelle‹ (H. 3, Sept.)

D: Die Dichtung 1. F., 4. Buch, 1919, S. 38–49

Red: Die Novelle von Gottfried Benn: »Querschnitt« ist die gültige Fassung gegenüber einer ohne Wissen des Autors nach Vergebung des Erstdrucks an die »Dichtung« anderweitig (unter anderem Titel) erschienenen.

LH: Frühe Prosa und Reden, Wiesbaden 1950, S. 116–131

Mo: »Weil alles kürzer ist als das Wort und die Lippe, die es will sagen, weil alles über seinen Rand zerbricht, zu tief geschwellt von der Vermischung.« (GP + FPuR)

FPuR: **77,11** Erfüllung. Heute] Erfüllung – heute
77,13 Hauch. –] Hauch. [–]
77,15 An] an
Haus. Eine] Haus; eine
77,16 harrte,] harrte [,]
vergingen,] vergingen [,]
77,18 Schrei – –] Schrei – [–]
77,23 Unumgängliche *(nicht gesperrt)*
77,33 erhob sich:] erhob sich,
77,34 ... schlug. *(kein Absatz)*
78,30 Querschnitt.] Querschnitt!

FPuR: **78,34** getragen ...: Scherenschlag!!
] tragen: ... Scherenschlag!! *(kein Absatz)*
78,38 etwas] es
78,39 Pinzette!:] Pinzette! [:]
79,3f sich Rückschluß und Aussonderung dankend
] sich Rückenschluß und Aussonderung denkend
79,22 Randüber – Stürmisches] Randüber-Stürmisches
79,23 eräugen. –] eräugen. [–]
79,24 Matter Wulst,] matter Wulst [,]
80,3 Kolonialvortrag] Kolonialvertrag
80,3f nein, die Botokuden!! Brotbäume! Schlingpflanzen! Kurz: Gesichtsfelderweiterung
] nämlich Gesichtsfelderweiterung
80,5 Länderstrich ––.] Länderstrich [––].
80,15 in die Ferne] in der Ferne
80,22 Kasernenhof: vergangen. Aktenmappe:
] Kasernenhof [:] vergangen. Aktenmappe [:]
80,37 Anemonenwald. –] Anemonenwald. [–]
(einfacher Absatz)
80,38 wand er sich,] wandte er sich ab.
80,38f S: gleich danach ... → ... entscheiden.
81,4 schreien, –] schreien [,] –
81,12f S: Das Lasso ... → ... e r f ü l l t ! *(81,12–82,29)*
83,4 Blau] blau
83,7 Traum? ––] Traum? [––]
83,10f Synthese] Aktion
83,14f S: Man kann ... → ... belächelnswert. *(83,14–20)*
83,21 S: Auch
83,26 S: und zwar als: man.
Denn] denn
83,29 Sonde –,] Sonde, –
84,7 klingen –– Wo] klingen –[–] wo *(kein Absatz)*
84,9f Zusammenhangsentfernung.
] Zusammenhangsentfernung?
84,15 geworden. –] geworden. [–]
84,26 zurückbezog,] zurückbezog [,]
84,29f S: Denn natürlich ... → ... besinnlich? *(84,29–85,40)*
85,41 er] Mahn
86,12 Blick,] Blick [,]
86,19 ... Synthese. *(kein Absatz)*
86,24 ... schon ein. *(doppelter Absatz)*
86,34f Streitwagen –] Streitwagen [–]
86,37f in vier Tagen zwanzig Stunden] in 48 Stunden
87,8 bereits] bereit
87,18f Denn ohne uns ... *(Absatz in Klammern)*
(87,18–88,2)
87,30 Meßbildverfahren. –] Meßbildverfahren. [–]
87,32f Journale:] Journale [:] S: zarten, taufrischen
Teint ... → ... beschlagnahmefrei *(87,32–36)*

FPuR: **88,1f** zuführbar. --] zuführbar. [--]
88,3f S: Und über dem ... → ... Zeit! *(88,3–9)*
88,23 den Glasstäbchen] dem Glasstäbchen
89,1f S: Und so wenig ... → ... zerrissen. *(89,1–11)*
89,39 ... sich erschloß. *(Absatz)*

Der Garten von Arles (S. **91–100**)

E+D: Die Dichtung 2. F., 1. Buch, 1920, 154–162 (Herbst 1920)

LH: Frühe Prosa und Reden, Wiesbaden 1950, S. 102–115

Mo: »Das ist reines Gelb. Das löst wie Zuckerei. Da kann Gott nicht weit sein. Was heutzutage Gott ist: Tablette oder die Originalstaude mit Pottasche oder Coquero.« (GP + FPuR)

Korr: **97,33** Bebaueriche] Behaueriche *(nach Benns Handex. der* GP*)*

FPuR: **91,9** Synopsie] Synopse
91,16 Geschehn] Geschehen
91,20 tötliche] tödliche
91,22 Sessel,] Sessel [,]
91,24 ging, –] ging [,] –
91,28f in dessen letzte Flammen] in dessen letzten Flammen
92,2 ... εσμεν. *(kein Absatz)*
92,9 ... anderen Reichs. *(doppelter Absatz)*
92,14 Giltigkeit] Gültigkeit
92,16 synthetischen Metaphysik.] hyperämischen Metaphysik:
92,24 ionischen] Ionischen
92,26 Syrthen] Syrten
92,32 an [,]] an, Occidentalen] Okzidentalen
92,39 Traum, –] Traum [,] –
92,40 tracischen Kohorten, –] trazischen Kohorten [,] –
93,1 Lithurgie, – ja [,]] Liturgie [,] – ja,
93,3 Grund,] Grund [,]
93,6 so viel] so viele
93,17 hatte [.]] hatte.
93,37f wie in eine Rosenstunde] wie eine Rosenstunde
93,38 Narciss] Narziß
94,2 zu begrifflicher Fixierung] zur Fixierung
94,3 zu Gunsten] zu gunsten
94,5 war [,]] war,
94,7 Disciplin] Disziplin
94,9f S: Wer zum Beispiel ... → ... menschlichen Ingeniums. *(94,9–95,5)*
95,11 irgend einem] irgendeinem

FPuR:	**95,15**	Konkretismus,] Konkretismus [,]
	95,17	Giltigkeit] Gültigkeit
	95,23 f	ja ja die Ober-, nein nein die Unterlippe] ja ja die Oberlippe, nein nein die Unterlippe
	95,24	das Wort, ungesund, T. f.,] Wort ungesund,
	95,28	Zeitlich-Giltigen] Zeitlich-Gültigen
	95,33 f	S: kotz – kotz – kotz auf alle Um- und Abwelt:
	95,36	seine] eine
	96,4	... ausschweifende Stadt. *(kein Absatz)*
	96,8	Hellgelb. –] Hellgelb. [–]
	96,11 f	Unerinnerlichkeit,] Unerinnerlichkeit;
	96,18	ließ,« ––] ließ [,]« – [–]
	96,25 f	S: Kreuzzug gegen die Kreuzspinne.
	96,29 f	S: auf, Diadochen ... → ... Fieri. *(96,29–35)*
	97,1 f	S: Gazelle hellgelb ... → ... Felsenfarben. *(danach kein Absatz) (97,1–4)*
	97,5	Nil-ich] Nil-Ich
	97,9	Giltigkeitszypresse] Gültigkeitszypresse
	97,13	Frontal-Ich (Ich *nicht gesperrt)*
	97,14	bei] dabei
	97,18	muß ich] ich muß
	97,25	auf den Kahlkopf des Substantivlers ––] auf dem Kahlkopf des Substantivlers – [–]
	97,25 f	S: was dulden Sie ... → ... Absolut! *(danach kein Absatz) (97,25–31)*
	97,32	Aber dahinter] dahinter
		ganze] weite
	97,33	Bebaueriche [–],] Behauerische –,
	97,33 f	S: die reine Sonntagsschürze, die sanfte Stuhlgangskurve –
	97,38	Stirn –,] Stirn – [,]
	97,40	schrie – [,]] schrie –,
	98,3	sprühe,] sprühe [,]
	98,4	sich's] sichs
	98,6	Blüte, –] Blüte [,] –
	98,8	Antinomieen] Antinomien
	98,11	tötlich] tödlich
	98,13	Antithesen-spalt] Antithesen-Spalt
		Hirn-riß] Hirn-Riß
	98,19	Ygdrasil] Yggdrasil
		stehen, –] stehn [,] –
	98,21	Frei-auge. Algier-auge] Frei-Auge. Algier-Auge
	98,22	... Vogel-Schau. *(kein Absatz)*
	98,31	Tee [,]] Tee,
	98,32	sich] ich
	98,36 f	Elephantendickhäutrige] Elefantendickhäutrige
	98,37	Gelb *(gesperrt)*
	98,39	überall wo Tablette ist oder] Tablette oder
	98,40	Coquero H: (Koks)

FPuR: **98,41** Bethelgott] Betelgott
99,7 Arokarie] Araukarie
Zersprengerichste (*so auch in:* GS I, GP)
] Zersprengerischste
99,8 Was soll Haus da? H: Und immer ohne Haus.
99,12 Racketisierung] Raketisierung
99,13 Weißgeyser. [–]] Weißgeyser [.] – *(kein Absatz)*
99,14 Oh] O S: Noch
Inhalt: sachlicher Postwert
99,15] inhaltsachlicher Postwert
gerollt:] gerollt [:]
99,16 Grüne (*so auch in:* GS I)] grüne
99,22 Trümmer-glücken [,] aus Herzens-stücken
99,23] Trümmer-Glücken, aus Herzens-Stücken
Trunk [,]] Trunk,
sprühe,] sprühe [,]
99,24 des Nachts] in der Nacht
99,29 gäulich (*so auch in:* GS I)] gäulig
99,32 des Treu] der Treu
99,36 Ueberall [,]] Überall,
99,37 sehe [,]] sehe,
alle neun Jahr] alle neun Jahre
99,39 das ist] da ist
100,5 Möve] Möwe
100,7 ... die erlöschen. *(kein Absatz)*
100,8 Schlange –,] Schlange – [,]
100,18 sein – [,]] sein –,
100,20 sovieler] so vieler
100,21

Das letzte Ich (S. **101–106**)

E+D: Der Anbruch 4, 1921, H. 3, S. 7–9

LH: Frühe Prosa und Reden, Wiesbaden 1950, S. 132–140

Mo: »Blutäugige Nacht der wesenlosen Flucht.«
(GP + FPuR)

FPuR: **101,12** ... sehn. *(kein Absatz)*
101,16 Sternenwelten, –] Sternenwelten [,] –
101,21 heißes [,]] heißes,
101,29 er] Er
101,35 ... zwischen Tau und Flechten. *(kein Absatz)*
101,38 er] Er
102,5 vor überall (*so auch in:* GS, GP)] von überall
102,15 im Sturz und traumbetäubt *(gesperrt)*
102,16 o ewiges Überall] O ewiges Überall
102,18 tief,] tief;
102,29 eh] eh'
102,34 sychophys (*so auch in:* GS I)] psychophys
(*so auch in:* GP)

FPuR: **102,39** zu Grunde] zugrunde
103,10f einen Morgenstern] ein Morgenstern
103,34 Damenalmanache [,]] Damenalmanache,
103,36 proletigste] proletischste
103,37f Abendblattsalbader [,]] Abendblattsalbader,
104,1 Großoktav;] Großoktav:
104,17 Wort] Wert
104,21 begrifflich,] begrifflich [,]
104,24 Regenerationen, –] Regenerationen [,] –
104,27 Jahve-Türme, –] Jahve-Türme [,] –
104,29 Sphinx] Sphinxe
104,35 hyperboräer-tannig] hyperboräertannig
104,40 Rosen – Letztes] Rosen-Letztes
105,2 ... der Hirten Hütte – *(kein Absatz)*
105,15f Mammuth] Mammut
105,18f Haibeschwörer, –] Haibeschwörer [,] –
105,20 Erden, so ist es hier –,] Erden, so ist es hier – [,]
105,24 ... von die Matros' – *(kein Absatz)*
105,38 stand, –] stand [,] –
105,39 Abschlußodem [,]] Abschlußodem,
106,2 auf den Velours] auf die Velours
106,5 der Lude] die Wüste
106,15 Fächern wie Limonenwäldern
] Fächern gleich wie Limonenwäldern
106,20 ... Gehirn –: *(kein Absatz)*
106,21 Das] das

Alexanderzüge mittels Wallungen (S. **107–110**)

N: 1923
E+D: Der Querschnitt 4, 1924, S. 185–188
(H. 4, Herbst 1924)
LH: Frühe Prosa und Reden, Wiesbaden 1950, S. 95–101
Mo: »Im Sturz und traumbetäubt.« (GP + FPuR)

FPuR: **107,4** Ein zartes blasses Licht] Ein zarter blasser Dunst
107,5 Distanz, –] Distanz [,] –
107,20 37.] siebenunddreißigsten
107,34 Jacket] Jackett
107,39 um es zu vollenden] und um es zu vollenden
108,14 Äußerungen,] Äußerungen;
108,18 wohl auch] auch wohl
108,24f dem Individuellen oder dem Kollektiven, dem Einheitlichen oder dem Katastrophalen] dem Individuellen oder dem Katastrophalen
109,20 der Stadt] der lettischen Stadt
109,26 soviel] so viel
109,35 Juchu] Juchhu
110,5 Gedankengänge [,]] Gedankengänge,

FPuR: **110,22f** wie sollte da auch ein Austausch stattfinden *(gesperrt)*
110,23 stattfinden,] stattfinden:
110,34 Nüancen] Nuancen
110,40 gedrängt] bedrängt
110,41 Gobimöve] Gobimöwe

Urgesicht (S. **111–120**)

T: 27. 3. 1928, sign. Gottfried Benn

E+D: NRds 40, 1929, S. 391–399 (März)

LH: Frühe Prosa und Reden, Wiesbaden 1950, S. 175–198

T: **111,26** Stämme, und wo] Stämme und, wo
111,28 Gelände,] Gelände [,]
111,30 aus fernher] aus Fernher
111,33 allem] Allem
111,36 Jahren,] Jahren [,]
111,38f Telegraphen] Telegrafen
112,1 Photographie] Fotografie
112,10 sich,] sich [,]
112,12 Parfüms] Parfums
112,27 einer] eins
112,36 Verfallen,] Verfallen [,]
113,6 Jenes] jenes
113,18 Stunde,] Stunde [,]
113,20 ... Schweigen. *(einfacher Absatz)*
113,31 einen] Einen
113,34 gar nicht] garnicht
113,38 ... zugrunde gegangen. *(kein Absatz)*
114,8 Rhythmus] Rhytmus
114,22 chthonische] chtonische
115,13 erlegen,] erlegen [,]
116,12 Standardzahl] Standartzahl
116,31 zusammengepfercht] zusammengefercht
117,9 ... Innungskrankenkasse. *(einfacher Absatz)*
117,26 Kana] Kanaa
117,34 Neuen Welt] neuen Welt
der Alten] der alten
118,4 Zenite] Zenithe
118,15 Verdeckten,] Verdeckten [,]
118,31 tödlicher] tötlicher
119,12 hinab,] hinab [,]
119,28f Neurone;] Neurone,
120,1 tödliches] tötliches
120,6 alles] Alles
120,15 allem] Allem

FPuR: **112,3** Ja [,]] Ja,
112,19 von Wannsee] vom Wannsee
112,41 Stepp] Step

FPuR: **113,14** Dacapo] Da capo
114,29 Einheiten [,]] Einheiten,
115,26 wie] als
116,35 Carltonklub] Carlton-Club
117,24 Rekordekstase.] Rekordekstase,
117,35 über dem Atlantik] über den Atlantik
117,36f Mitropa, –] Mitropa ,] –
117,39 vier] 4
118,8 Aurignac] der Aurignac
119,12 invektive (*so auch in:* FdP)] Invektive

Saison (S. **121–127**)

E+D: Fazit der Perspektiven, Berlin 1930, S. 80–92

LH: Essays, Wiesbaden 1951, S. 49–58

Es: **121,4** mondainen] mondänen
121,5 high life Pleiten] high-life-Pleiten
121,6 Kredit-kollapse] Kredit-Kollapse
121,16 50] fünfzig
121,20 Chemikalindustrie Lt.] Chemicalindustries Ltd
121,34 Veruntreuungen] Veruntreuung
121,37 40] vierzig
122,27 Hilfstruppe *(nicht gesperrt)*
123,37 in eventuellen Abgrund] im eventuellen Abgrund
124,4 Waldfrosch [,]] Waldfrosch,
124,10 Comble] comble
124,18 Driesch's] Drieschs
124,22 Haarschlinge] Haarschlingen
125,2f Attrappen-Copernikus] Attrappen-Kopernikus
125,13 Ära] Aera
125,33 8] acht
125,36 10] zehn
126,1 Lustrudel] Luststrudel
126,8 Malaienkoctails] Malaiencocktails
126,31 usw.] und so weiter
126,40 4] vier

Weinhaus Wolf (S. **129–148**)

K 5: 10./11. 4. 1936

Z=M: [1936], 24 S.

T: undat., unsign., 14 S. pag. (T_3)

T: 17. 5. 1938. Abschrift Herta Benn, sign. G. B., 13 S. pag., gebunden (OeA) (T_2)

T: Dez. 1943. Abschrift Carl Werckshagen, sign. Gottfried Benn, 15 S. pag. (T_1)

E+D: Der Ptolemäer, Wiesbaden 1949, S. 7–32 (Febr. 1949)

LH: Der Ptolemäer, Wiesbaden ^{2}1956, S. 7–40

T_2: 129,3 Großstadt. Schlechtes Klima] Grossstadt, schlechtes Klima

129,5 gar nicht] garnicht
129,19 Abfahrtsstraßen] Abfahrtstrassen
131,1 Prärie] Prairie
131,18 gräco-latinischen] greco-latinischen
131,31 gültig] giltig
131,33 Transzendenz] Transcendenz
131,36 Transzendenz] Transcendenz
131,38 transzendent] transcendent
132,1 Transzendenz, Spezialtranszendenz] Transcendenz. Spezialtranscendenz
133,4 Coupée] Coupee
133,11 f Fruchtwerdendes,] Fruchtwerdendes [,]
133,27 f aneinander ketten] aneinander zu ketten
133,35 Rasse.] Rasse;
134,12 Rohde] Rhode
134,21 das heißt] d. h.
134,28 füllte] fülle
135,14 Rutengänger] Ruthengänger
135,30 ... die Tiger. *(Absatz)*
135,38 zerstören, « –] zerstören, « [–]
136,21 Tabatière] Tabatiere
136,40 gradliniger] geradliniger
136,41 vor sich gehen] vorsichgehen
137,5 herauskommen –,] herauskommen [–],
137,36 f seinem Bartwuchs] seinen Bartwuchs
138,2 Abstiegvölker] Abstiegsvölker
138,3 Medaillenstanzen, –] Medaillenstanzen –,
138,5 gar nichts] garnichts
138,17 Pharaonen;] Pharaonen:
138,20 Malplaquet – Borodino – Port Arthur] Malplaquet, Borodino, Port Arthur
138,31 zwei Klassen] 2 Klassen
138,36 zwei Klassen] 2 Klassen
139,19 gar nichts] garnichts
140,4 d i e s e m beugt:] diesem [*nicht hervorgehoben*] beugt,
140,5 dazu [–].] dazu –.
140,8 eins] Eins
140,15 haha [,]] haha,
140,21 ausweglos] auswegslos
141,14 ja [,] die Linde] ja, die Linde
141,15 Tee daraus] Thee draus
141,19 f ihre Zersetzung und ihre Neusetzung] ihre Zer-setzung und ihre Neu-setzung
141,23 also doch.] also doch,
142,4 wälzt sich doch] wälzt sie doch
142,8 sie,] sie [,]

T_2: **143,3** Führung] Führer
143,11 Mohammed] Mohamed
143,29 Rezidive] Recidive
143,33f Bauchrhythmik] Bauchrythmik
143,39 Leben, –] Leben, [–]
144,2 dran] daran
144,37 Nachricht] Wahrheit
145,37 jenseits der Erde] über der Erde
145,38 jenseits der Erde] über der Erde
146,4 substantiell] substanziell
146,11 gar nicht] garnicht
146,13 gar nicht] garnicht
146,18 gar nicht] garnicht
146,26f seine Expressive, die] also etwas Romanisches, das
146,33 die Bestimmten:] die Bestimmten [:]
147,1 lebte,] lebte [,]
147,10 Belgierin, Dänin] Dänin, Belgierin
147,33 das heißt] d. h.
147,37 deckt] decket
148,22 es!] es.

T_1: **129,5** gar nicht] garnicht
131,1 Prärie] Prairie
131,31 gültig] giltig
131,33 Transzendenz] Transcendenz
131,36 Transzendenz] Transcendenz
131,38 transzendent] transcendent
132,1 Transzendenz, Spezialtranszendenz] Transcendenz, Spezialtranscendenz
132,9 handelte] handelt
133,27f aneinander ketten] aneinander zu ketten
134,12 Rohde] Rhode
134,17 Geist,] Geist [,]
134,28 füllte] fülle
135,14 Rutengänger] Ruthengänger
135,30 ... die Tiger. *(Absatz)*
135,38 zerstören,« –] zerstören,« [–]
136,21 Tabatière] Tabatiere
136,40 gradliniger] geradliniger
136,41 vor sich gehen] vorsichgehen
137,33 Tanztee] Tanzthee
138,5 gar nichts] garnichts
138,17 Pharaonen;] Pharaonen:
138,31 zwei] 2
138,36 zwei] 2
139,19 gar nichts] garnichts
140,16f vergnügungssüchtig] vergnügungsüchtig
140,21 ausweglos] auswegslos

T_1:	**141,15**	Tee daraus] Thee draus
	141,19	ihre Zersetzung] ihre Zer-setzung
	141,23	doch.] doch,
	142,4	sich] sie
	142,8	sie,] sie [,]
	143,3	Führung] Führer
	143,11	Mohammed] Mohamed
	143,29	Rezidive] Recidive
	143,33 f	Bauchrhythmik] Bauchrythmik
	143,39	Leben, –] Leben, [–]
	144,2	dran] daran
	144,37	Nachricht] Wahrheit
	145,37	jenseits der Erde] über der Erde
	145,38	jenseits der Erde] über der Erde
	146,4	substantiell] substanziell
	146,11	gar nicht] garnicht
	146,13	gar nicht] garnicht
	146,18	gar nicht] garnicht
	146,26 f	seine Expressive, die] also etwas Romanisches, das
	146,33	Bestimmten:] Bestimmten [:]
	147,1	lebte,] lebte [,]
	147,37	deckt] decket
WW II:	**129,5**	gar nicht] garnicht
	129,15	des Meinen] des meinen
	130,17	die Übrigen] die übrigen
	130,28	zu Grunde] zugrunde
	130,31	beobachten,] beobachten [,]
	131,4	Rousseau'sche] Rousseausche
	131,38	transzendent [,]] transzendent,
	133,4	Coupée] Coupé
	133,25	deutlich.] deutlich,
	133,27 f	aneinander ketten] aneinanderketten
	133,32 f	lebenszersetzende] lebenzersetzende
	134,18	Leben [,]] Leben,
	135,1	können [,]] können,
	135,30	... die Tiger. *(Absatz)*
	136,13	Personen [,]] Personen,
	137,7	weiter dachte] weiterdachte
	137,29	20] zwanzig
	137,33 f	aere perennius] Aere perennius
	138,5	gar nichts] garnichts
	138,7	Troglodythen] Troglodyten
	139,16	das Gleiche] das gleiche
	139,18	Frühlingsthema! –] Frühlingsthema! [–]
	139,19	gar nichts] garnichts
	140,5	Sphären [,]] Sphären,
	140,8 f	bediene Dich Deiner Mittel, Du bist verpflichtet

WW II: zu Deiner Methode, wo Du erschufst, kannst Du nicht weichen, –: Du stehst . . .] bediene dich deiner Mittel, du bist verpflichtet zu deiner Methode, wo du erschufst, kannst du nicht weichen [,] –: du stehst . . .

140,18 U.S.A.] USA
140,36 erscheinen,] erscheinen [,]
140,39 Jacketträger] Jackettträger
141,6 20] zwanzig
141,9 Ihr] ihr
141,11 f Kossäthendorf] Kossätendorf
141,34 40° C] 40° Celsius
142,11 Züge [,]] Züge,
142,21 d. h.] das heißt
142,31 dargestellt [,]] dargestellt,
142,32 Reich 1] Reich eins
142,33 Reich 2] Reich zwei
142,36 Reich 3] Reich drei
142,38 handeln [,]] handeln,
143,23 Einzelnen] einzelnen
143,27 werden,] werden [,]
144,1 soweit] so weit
144,3 heraus!] heraus.
144,4 Du] du
144,8 f . . . die Euch hierher geführt haben, fordert Gnade bei Euch selber, die Ihr Euch führen ließet, fordert sie von Eurer eigenen Niedrigkeit und Gier. Immer wieder sind Euch Worte gesagt worden, die Euch vor dem Leben warnten.] . . . die euch hierher geführt haben, fordert Gnade bei euch selber, die ihr euch führen ließet, fordert sie von eurer eigenen Niedrigkeit und Gier. Immer wieder sind euch Worte gesagt worden, die euch vor dem Leben warnten. *(144,8–11)*
144,12 Euch] euch
144,14 Euch] euch
144,16 formenwollende [,] fordernde [,]] formenwollende, fordernde,
144,19 umfaßt [,]] umfaßt,
144,23 f Habt Ihr sie angebetet? Habt Ihr sie gehütet? Leben wolltet Ihr, Euer weißes . . .] Habt ihr sie angebetet? Habt ihr sie gehütet? Leben wolltet ihr, euer weißes . . .
144,30 aufs Leidenschaftlichste] aufs leidenschaftlichste
145,20 im Unklaren] im unklaren
145,28 hoch [,]] hoch,
145,35 Zeichen [,]] Zeichen,
146,1 Dostojewsky] Dostojewski

WW II: **146,3** böser,] böser [,]

147,7 Rochefoucauld,] Rochefoucauld [,]

147,26f Natürlichen Weltbilds] natürlichen Weltbilds

148,2 umso] um so

148,19 Rückenmessern [,]] Rückenmessern,

148,21 Schlachtfeld [,]] Schlachtfeld,

148,22 Dich] dich

148,24 Deine] deine

Roman des Phänotyp (S. **149–191**)

K 9: Gestützt auf Pascal: 22. 5. 1943/30. 5. 1943

K 10: Die Verneinung: [1943]

Z = T: 27. 5. [1944] (Pilger, Bettler, Affenscharen);
9. 6. 1944 (Zusammenfassung),
unsign., 39 S. nicht fortlaufend pag. (T_5)

T: 23. 7. 1946, Abschrift, 37 S. pag. (OeA. Datum Oe) (T_4)

T: 1. 9. 1948, sign. Be., 34 S. pag. (T_3)

T: [1948], sign. GB., 41 S. pag. (T_2)

T: Als Ganzes undat., unsign. Besitz des Limes Verlags
30. 5. 1944 (Cotroceni); 3. 6. 1944 (Cisleithanisch)
29 S. pag., *Studien* nicht pag. (T_1)

E + D: Der Ptolemäer, Wiesbaden 1949, S. 33–86
(Febr. 1949)

LH: Der Ptolemäer, Wiesbaden ^{2}1956, S. 43–109

VD: Merkur 3, 1949, S. 116–125 (H. 2, Febr.)
(Enthält:
Der Stundengott, Ambivalenz, Statische Metaphysik,
Die Verneinung, Zusammenfassung)

Korr: **157,38** metaphysische] metaphische (*nach* T_1)

164,31 Schifferkreisen.«] Schifferkreisen. [«]
(*nach* T_2, T_3, T_4, T_5)

169,36f voll Parmaveilchen] von Parmaveilchen
(*nach* T_3, T_4, T_5)

173,5f Geräusch der Brunnen und Geräusch der Rechen
] Geräusch der Rechen (*nach* T_1–T_5)

173,14 Aufnehmen: dies alles] [Aufnehmen:] dies alles
(*nach* T_4, T_5)

174,24 handelte *(hervorgehoben)* (*nach* T_1)

176,5 über den] über die (*nach* T_1–T_5)

180,12 zwischen dem Staat
] zwischen [dem] Staat (*nach* T_4, T_5)

180,16 im Kreisen] in Kreisen (*nach* T_1–T_5)

182,1 gebaut;] gebaut [;] (*nach* T_1, T_2, T_4, T_5)

183,26 Fiakerfahrern] Fiakerfahren
(*nach* T_1, T_2, T_4)

Korr: **189,21** Werke über Fahrten] Werke und Fahrten (*nach* T_1, T_2, T_4, T_5)
191,30 als Tiefe] der Tiefe (*nach* T_2, T_4, T_5, *vgl.* BOe *v.* 17.2.1949)
191,31 vor ihm] von ihm (*nach* T_2)

T_5: Inhaltsverzeichnis

I	Der Stundengott
II	Ambivalenz
III	Gestützt auf Pascal
IV	Das Jahrhundert: 1) Cotroceni 2) Borussisch 3) Cisleithanisch 4) Aspasiatisch
V	Der Existentielle
VI	Nicht rein pessimistisch das Ganze
VII	Halt!
VIII	Bedenken gegen Nietzsche
IX	Dialectik
X	Verneinung
XI	Blicke
XII	Völliger Gegensatz zu Schifferkreisen
XIII	Stadtpark
XIV	Libellen
XV	Summarisches Überblicken
XVI	Geographische Details
XVII	Die Geschichte
XVIII	Bordeaux
XIX	Blöcke
XX	Pilger, Bettler, Affenscharen
XXI	Zusammenfassung

T_5: **149,5** gibt] giebt
149,9 deszendentem Prozeß] descendentem Process
149,12 Phänotyp,] Phänotyp [,]
149,16 Moralische *(nicht hervorgehoben)*
149,17f Legislative, Hygiene] Legislative und Hygiene
149,19 Natur *(nicht hervorgehoben)*
149,20 Lyrik] Weiträumigkeit
149,23 aufgelöst –:] aufgelöst – [:]
149,25f ausgesprochen kurzfristig, erscheinungslos] ausgesprochen erscheinungslos
149,27 Ebenso ist alles, was nach *Stimmung* aussieht, ganz zu Ende.] Alles, was nach Stimmung [*nicht hervorgehoben*] aussieht, ist zu Ende.
149,30 Vergitterungen, –] Vergitterungen, [–]
149,31 Tropfen«: –] Tropfen« [:] –
149,32 ist herangeholt] hat keine Substanz
Existenz *(nicht hervorgehoben)*
149,34 Raums,] Raums [,]

T_5:	**150,2**	Politik *(nicht hervorgehoben)*
	150,6	Geschichtsbuches] Geschichtsbuchs
	150,7	Text –:] Text – [:]
	150,9	nämlich die der Fauna] nämlich der Fauna
	150,10	Liebe *(nicht hervorgehoben)*
	150,13	vorhanden ist] vorhanden [ist]
	151,36	einwandfrei] einwandsfrei hinzielend] hinspielend
	151,38	Mittelhirnsschwäche] Mittelhirnschwäche
	151,39	sich, ihn] [sich,] ihn
	152,6	auf dem Lande, von Teetrinken] auf dem Lande [,] von Theetrinken
	152,15	Graspartien] Graspartieen
	152,18	tragbar] ertragbar
	152,20	mitzugehen] mitzugehn
	152,27	zelebrierte] celebrierte
	152,29	die Erkenntnis H: zur formalen Begreifbarkeit der Welten
	152,32	Einerseits *(nicht hervorgehoben)*
	152,33	Gebeins, – *andererseits*] Gebeins, [–] andererseits *(nicht hervorgehoben)*
	152,35	skeptisch] beobachtend
	152,36f	Formzerstörungen bis zum bizarren Spiel] Formzerstörung und bis zum bizarren Spiel
	153,5	spinnen,] spinnen und weben,
	153,12	Schatten, –] Schatten, [–]
	153,16	Neigenden, –] Neigenden, [–]
	153,18	Formen, –] Formen, [–]
	153,21	subtil, –] subtil, [–]
	153,22	endgültige] endgiltige
	153,24	seiner Generation] dieser Generation
	153,28	durchflutet, –] durchflutet, [–]
	153,32	gläsern, –] gläsern, [–]
	153,34	archaisch, –] archaisch, [–]
	153,36	Abend, –] Abend, [–]
	154,1	Statische Metaphysik] Der Existentielle
	154,2	Viel Asiatisches] Statische Metaphysik, – viel Asiatisches
	154,6	zyklisch] cyclisch
	154,7	zurückgenommen.] zurückgenommen,
	154,14f	jedermanns eigene Sache] seine Sache
	154,16	verfallen, [–]] verfallen, –
	154,20	dem Phänotyp] mir
	156,10	Will dieser Typ vielleicht etwas künden?] Will er vielleicht etwas Anderes künden?
	156,17	leer,] leer.
	156,20	gibt] giebt
	156,21	gibt] giebt
	156,25	exzellent] excellent

T_5:	**156,37**	dies, –] dies, [–]
	157,1	Brüchigkeiten, –] Brüchigkeiten [,] –
	157,2f	Tauziehen] Tauziehn
	157,4	Ausdruck schaffen *(nicht hervorgehoben)*
	157,14	ward] war
	157,19	Traumes] Traums
	157,35	Die Verneinung] Verneinung *(In neuer Zeile:)* Die *Verneinung* als Denkfunktion
	158,8	Natur,] Natur [,]
	158,13	akausalen] acausalen
	158,21	Nihilismus,] Nihilismus;
	159,10	ja,] ja [,]
	159,11f	Beobachter,« –] Beobachter [,]« –
	159,14f	anderer Daseinsempfinder] anderer neuer Daseinsempfinder
	159,17	As-Dur-Walzer] Asdur-Walzer
	159,23	gibt] giebt
	159,27	Hosenbandorden, z. B.] Hosenbandorden. Z. B.
	160,4	Fortziehen] Fortziehn
	160,17	[wo] die asiatischen] wo die asiatischen
	160,25	Platz«, –] Platz« –:
	160,28	Kategorien] Kategorieen
	160,30	Gültigkeit] Giltigkeit
	161,3	bleiben] blieben
	161,15	gradlinigen] geradlinigen
	161,21	Gesetze;] Gesetze,
	161,28f	– denkt der Phänotyp dies weiter –: *(fehlt)*
	161,31	und,] und [,]
	162,8	gar nicht] garnicht
	162,22	– uns alle tief bestimmenden –] [–] uns alle tief bestimmenden [–]
	162,33	auf dem Vergessenen] auf dem Vergessen
	163,10	euphemistisches] euphorisches
	163,14f	– aber selbst davon vergaß ich und der Ablauf ist zerstückelt] [–] aber ich vergass, der Ablauf ist zerstückelt
	163,34	Krankheiten] eine Krankheit
	163,35f	nicht in jedem eine Basis, einen Fond] keine Basis, nicht den Fond
	163,37	verkehren] bestehn
	164,5	tief gestaffelte] tiefgestaffelte
	164,6	Also,] Also [,]
	164,9	Sinnlichkeit, –] Sinnlichkeit [,] –
	164,16	Grundsätzliches –, es blieb bis heute: heute lebe ich] Grundsätzliches, heute nun lebe ich
	165,6	er] es
	165,31	Burgen [,] –] Burgen, –
	166,3	Canal du Midi *(nicht hervorgehoben)*
	166,6	überragt [,]] überragt,

T_5: **166,7 f** Belomorskikanal *(nicht hervorgehoben)*
166,17 f Tief dunkle] Tiefdunkle
166,21 Fondi *(nicht hervorgehoben)*
166,26 Tales] Tals
166,30 f Pflanzenstengeln,] Pflanzenstengeln [,]
166,35 Krokus] Crocus
166,38 Argolis.] Argolis!
167,4 Jahre.] Jahre!
167,5 Ende] Enden
finale Lust, H: schon nahe am Schluchzen;
167,17 blaßblaue Texashimmel
] blassblaue grosse Texashimmel
167,21 Schwanenmotiv *(nicht hervorgehoben)*
167,30 gesehen] gesehn
167,37 Winkelzüge, –] Winkelzüge, [–]
168,4 paar] par
168,16 Waffen, – daneben] Waffen [,] – daneben
168,24 Dioptrien] Dioptrieen
168,29 Melodien] Melodieen
168,37 Tiefe [,]] Tiefe,
168,37 f auf einer Ebene, auf einem Glück
(keine Hervorhebungen)
169,9 erblindet [,]] erblindet,
169,13 trugen, –] trugen, [–]
169,18 f nach unten] nach Unten
169,29 gibt] giebt
169,30 Orangerien] Orangerieen
169,35 gibt] giebt
169,39 aufnimmt. Eine] aufnimmt; eine
170,2 von unten] von Unten
170,8 öffentliche Brotverteilung] öffentlichen Brodverteilungen
170,14 Meeres] Meers
170,16 Tuffhöhlen, –] Tuffhöhlen, [–]
170,19 Die Geschichte! Werbesklaven, Feldsklaven, Troßsklaven] [Die Geschichte!] Werbesclaven, Küchensclaven, Feldsclaven, Trosssclaven
170,23 zu Ende [–]] zu Ende –
170,24 eine Weile, – die] eine Weile [,] – die
170,28 Quattrocento] Quatrocento
170,31 halten [,]] halten,
171,2 Schmetterlinge [,] –] Schmetterlinge, –
171,12 Manuskript] Manuscript
171,18 als vom Ur] wie vom Ur
171,22 Cäsaren!] Cäsaren:
171,29 f enthauptet –,] enthauptet – [,]
171,32 werden« –, also] werden« [–], also
H: auch aus Bagdad rauschen Ströme der Versenkung; Orient, Occident –

T_5: **171,32** nach innen] nach Innen
171,33 tat twam asi] Tat twam asi
172,3 gibt] giebt
172,4 Nilpferdes;] Nilpferds,
172,5 begatten;] begatten,
172,7 schneiden einander in die Gurgeln] schneiden einander die Gurgeln ab
172,11 Sklavinnen] Sclavinnen
172,12 Gouverneurspalast,] Gouverneurspalast [,]
172,19 f »Warum bist du hingegangen?« »Weil . . . zu binden«, –] [»] Warum bist du hingegangen?[«] [»]Weil . . . zu binden [«], –
172,24 Zynismus gibt] Cynismus giebt
172,25 Indien. *(fehlt)*
172,26 Harmonien] Harmonieen
172,29 Kamelschellen] Kameelschellen
172,31 Shawls] Shals
172,32 Faulen der Muscheln] Faulen von Muscheln
172,34 Affenscharen;] Affenscharen.
172,35 vergehen] vergehn
172,39 knien] knieen
173,3 etwas [,]] etwas,
173,5 Gärten –] Gärten:
173,9 blühen] blühn
173,14 wiederaufzuerstehen] wiederaufzuerstehn
173,30 Außerdem –] Außerdem,
173,32 gibt] giebt
173,35 f in langsamem Herumgehen] im langsamen Herumgehn
173,38 muß er] er muss
174,6 Handlungen *(nicht hervorgehoben)*
174,14 prunkvolle, [–]] prunkvoll, –
174,24 *handelte* niemand, –] handelte *[nicht hervorgehoben]* niemand.
174,26 keiner.] keiner,
174,30 Beständen.] Beständen:
174,39 Burdigala [,]] Burdigala,
gesehen] gesehn
175,5 in dem] in den
175,8 gesehen] gesehn
175,17 Gebäuden,] Gebäuden [,]
175,32 der fand Reste der Römerzeit] [der] fand Reste aus der Römerzeit
176,7 Bevorrechtigten] Bevorrechteten
176,11 Reise, –] Reise, [–]
176,12 im wesentlichen] im Wesentlichen
automatisch *(fehlt)*
176,21 Blutes] Bluts
176,33 unbehilflich] unbehülflich

T_5: **177,4** eine Architektur] seine Architektur
177,6 erstehen] erstehn
177,33 geschleudert,] geschleudert [,]
177,17 schallen] erschallen
177,23f Gläser –:] Gläser, –
177,27 im Jahre.] im Jahr:
177,36f mit den Knien zu wackeln. Es] mit den Knieen zu wackeln; – es
178,4 Stirnbandes] Stirnbands
178,5 Palais] Haus
178,8f das wattierte Tuch] das wattierte dunkelblaue Tuch
178,10f Longchamps-Promenade] Longchampspromenade
178,14 Kaskaden] Cascaden
178,15 Export: *(fehlt)*
178,26 Kommißbrote] Kommisbrode
178,27 Kohlgericht H: oder Hirsebrei
178,28f ging auf einen Exerzierplatz, auf dem die Allgemeinheit ihre Ideen betrieb] ging auf den Exerzierplatz, Rang und Stellung schlossen ihn ab, verschafften ihm Zeit, friedliche Tage –, man muss dicht am Stier kämpfen, sagen die grossen Matadore.
178,31 Gewißheit] Erkenntnis
178,33 man nicht selbst] man sich nicht selbst
178,35 gültig waren, –] giltig waren.
178,35f nur . . . → . . . des Alls. –] Daher etwas von der Stimmung in ihm von jener Heiterkeit, der güldenen, des Endens Vorgeschmack, nicht allerdings im olympischen Sinne der »Novelle«, sondern mehr in einem isolierten minervischhelmbeschirmten.
179,3f in diese Spannungen, Spaltungen der Verwandlungszone trat geographisch] trat auf diese Weise etwas
179,6 damals] nun
179,12 war, [–]] war, –
179,19 hatte er Muße, hatte er Maße zu bedenken] konnte er sich denken
179,32 begehen] begehn
179,38 1898 –,] 1898; –
180,6 derartigen] derartiger
180,16 einmal] schliesslich
181,1 Studien zur Zeitgeschichte des Phänotyps] Das Jahrhundert
181,13 *Cotroceni*, *Cisleithanisch* und *Aspasiatisch* fehlen in diesem Typoskript. Die fehlenden

T_5: Seiten wurden der Druckvorlage des Limes Verlags eingefügt.

188,14 Leute,] Leute;
188,21 Daily-Telegraph-Affaire] Daily-Telegraph-Affäre
188,27 Säkulum] Säculum
188,31 . . . entbunden. *(kein Absatz)*
188,37 Mokka] Mocca
189,1 Artot de Padilla] Artôt de Padilla
189,5 Tegethoff] Tegetthoff
189,18 Erdforschung] Erderforschung
189,26 ihre Schwingen] die Schwingen
189,27 gibt] giebt
190,36 f so treten doch Erfahrungen und Tatsachen genügend hervor] so liegen doch Erfahrungen und Tatsachen genügend vor
190,39 ins Bewußtsein getreten] ins Bewusstsein eingetreten
191,5 f sehen:] sehn. *(fehlt:)* die Geschichte und der Geist.
191,13 sinnlich sittliche] sinnlich-sittliche
191,16 f Geschehen] Geschehn
191,28 Schwanenjungfrauen] Schwanenjungfraun
191,35 die Ellenbogen] den Ellenbogen

T_3: **149,3** Der Stundengott] I Der Stundengott. *(im Typoskript sind alle Kapitel römisch numeriert)*
149,9 deszendentem Prozeß] descendentem Process
149,12 Phänotyp,] Phänotyp [,]
149,18 Hygiene] Hygenie
149,23 f Hochgebirgsstrahlung] Hochgebirgsbestrahlung
149,31 Tropfen«: –] Tropfen« –:
149,32 Existenz *(nicht hervorgehoben)*
149,34 Raums *(hervorgehoben)*
150,15 ohne weiteres] ohne Weiteres
150,23 fremdem Wesen] fremden Wesen
150,37 deszendenten] descendenten
151,8 Tee] Thee
151,12 dreimal«. –] dreimal« –.
151,22 stell'] stell
151,26 Märztagen [,]] Märztagen,
151,29 Tisch, [–]] Tisch, –
151,36 einwandfrei] einwandsfrei
152,6 auf dem Lande,] auf dem Lande [,]
Teetrinken] Theetrinken
152,15 Graspartien] Graspartieen
152,18 tragbar] ertragbar
152,19 Organismen lebendig geblieben] Organismen geblieben
152,27 zelebrierte] celebrierte
153,5 spinnen,] spinnen [,]

T_3: **153,22** endgültige] endgiltige
153,32 gläsern, –] gläsern –,
153,35 Kravattenperle] Cravattenperle
154,6 zyklisch] cyklisch
154,7 zurückgenommen.] zurückgenommen,
154,25 vor allem] vor Allem
155,21 Eindruck,] Eindruck [,]
155,36 weitergehende] weitergebende
156,2f Enzyklopädien] Enzyklopädieen
156,17 leer, Triebe] leer. Triebe
156,25 exzellent] excellent
156,30 seinserfüllter] seinerfüllter
158,8 Natur,] Natur [,]
158,13 akausalen] acausalen
158,21 Nihilismus, und] Nihilismus. Und
159,10 ja,] ja [,]
159,11f Beobachter,«] Beobachter [,]«
159,17 As-Dur-Walzer] Asdur-Walzer
160,25 Platz«, – [:]] Platz«, –:
160,30 Gültigkeit] Giltigkeit
161,28f – denkt der Phänotyp dies weiter –: *(fehlt)*
162,8 gar nicht] garnicht
162,33 auf dem Vergessenen] auf dem Vergessen
163,14f aber selbst davon vergaß ich und der Ablauf ist zerstückelt] aber ich vergaß, der Ablauf ist zerstückelt
163,17 halten, –] halten, [–]
163,29 leuchtet] leuchtete
163,39 money] Money
165,31 Burgen [,] –] Burgen, –
166,3 Canal du Midi *(nicht hervorgehoben)*
166,7f Belomorskikanal *(nicht hervorgehoben)*
166,21 Fondi *(nicht hervorgehoben)*
166,26 des großen Tales] des grossen Tals
166,30f Pflanzenstengeln,] Pflanzenstengeln [,]
166,35 Krokus] Crocus
167,4 Jahre.] Jahre!
167,5 Ende] Enden
finale Lust, H: schon nahe am Schluchzen;
167,17 blaßblaue Texashimmel
] blassblaue grosse Texashimmel
167,21 Schwanenmotiv *(nicht hervorgehoben)*
167,30 gesehen] gesehn
167,37 Winkelzüge, –] Winkelzüge, [–]
168,1 bezweifeln [,]] bezweifeln,
168,24 Dioptrien] Dioptrieen
168,29 Melodien] Melodieen
169,18f Rhythmus: nach unten
] Rhytmus: nach Unten

T$_3$: 169,23 in olivfarbenem Samt] in olivfarbenen Samt
169,29 gibt] giebt
169,35 gibt] giebt
170,8 Brotverteilung] Brodverteilung
170,19 Werbesklaven, Feldsklaven] Werbesklaven, Küchensklaven, Feldsklaven
170,28 Quattrocento] Quatrocento
170,31 halten [,]] halten,
171,2 Schmetterlinge [,] –] Schmetterlinge, –
171,18 als vom Ur] wie vom Ur
171,30 erstürmt.] erstürmt!
171,32 werden« –,] werden«, – H: also auch aus Bagdad rauschen Ströme der Versenkung. Orient, Occident
also wer nach innen lebt] [also] wer nach Innen lebt
171,33 tat twam asi] Tat twam asi
172,4 des Nilpferdes] der Nilpferde
172,12 Gouverneurspalast,] Gouverneurspalast [,]
172,24 Zynismus] Cynismus
172,26 Harmonien] Harmonieen
172,29 Kamelschellen] Kameelschellen
172,31 Shawls] Shals
172,34 Affenscharen;] Affenscharen.
172,39 knien] knieen
173,3 etwas [,]] etwas,
173,30 Außerdem – wo] Ausserdem [–] wo
173,35 f in langsamem Herumgehen] im langsamen Herumgehen
174,3 f bleiben selbst von jenen Platanen] bleiben von jenen Platanen
174,6 Handlungen *(nicht hervorgehoben)*
174,39 gesehen] gesehn
175,5 fischt] fischte
175,5 f in dem sich einer] in den sich Einer
175,17 Gebäuden,] Gebäuden [,]
175,32 der fand] [der] fand
176,7 Bevorrechtigten] Bevorrechteten
176,12 im wesentlichen] im Wesentlichen
176,14 Südfranzösinnen] Französinnen
176,33 unbehilflich] unbehülflich
177,13 geschleudert,] geschleudert [,]
177,29 Chiffonfetzen;] Chiffonfetzen,
177,35 erschauern machend] erschauern machen
177,37 Knien] Knieen
178,8 f wattierte Tuch] wattierte dunkelblaue Tuch
178,10 f Longchamps-Promenade] Longechamps promenade
178,14 Kaskaden] Cascaden

T₃: 178,16 Tungtschouwolle] Tungschouwolle
178,35 gültig] giltig
179,19 Maße] Maasse
179,21 zogen [–],] zogen –,
179,38 nun] 1948
180,6 derartigen] derartiger
180,14 blieb] bliebe
181 *Der Anhang ›Studien zur Zeitgeschichte des Phänotyps‹ fehlt in diesem Typoskript.*

T₂: 181,1 Zeitgeschichte des Phänotyps] Vorgeschichte des Phänotyp
181,4 groß,] gross [,]
Mausezähnen, H: Zimmer und Kleidung immer voll Orangenblütenduft,
181,12 verbringen. *(Danach:)*
A. Maria von Rumänien
B. Cisleithanisch
C.) Aspasiatisch
D.) Borussisch
181,29 zwetschenblauem] zwetschgenblauem
181,33f [»] die Lebenslust [«]] »die Lebenslust«
181,34f [»] strömte wie Wein durch meine Adern [«]] »strömte wie Wein durch meine Adern«
181,39 stehn] stehen
182,24 Chambre separée« – [,]] Chambre separée« –,
182,25f Edi, dirigiert, grüßt] Edi, grüßt
182,26f [sie] promeniert] sie promeniert
182,33 Frühstück,] Frühstück [,]
182,37f nichts als ein Crêpe-de-Chine-Hemd über] nichts wie Crêpe-de Chine-Hemd über
183,1 rasen – [,]] rasen –,
183,3 Pantoffeln [–]] Pantoffeln –
183,15 Konvolute] Convolute
183,27 der Norddeutsche] der Gygesautor
183,28 Ygdrasil, [–]] Ygdrasil, –
183,29 Bunbury [–] und] Bunbury – und
183,35 vielseitig] durch alle Stände
183,38 Rückstrahlung] Rückstrahlungen
184,2f »Der Abenteurer und die Sängerin«] [»] der Abenteurer und die Sängerin [«]
184,3f Daressalam] Daresalaam
184,4 Neuguinea;] Neuginea,
184,5 4776 km. Eisenbahnschwellen] 4776 koloniale Eisenbahnschwellen
184,10 Haus; Livingstone] Haus, Livingston
184,13 Polarexpeditionen] Polarexpedition
184,18 am frühesten] am Frühesten
184,27 erkannt,] erkannt.

T$_2$:

184,36 sinkenden [,]] sinkenden,
184,39 solange] so lange
185,14f Seidengewänder,] Seidengewänder [,]
185,20 Ewig-Weibliche] Ewigweibliche
185,24 Butterfly's] Butterflys
185,26 Mallorca;] Mallorca,
185,27f in Schloß Woronince;] im Schloss Woronince,
185,28 Wagner] jener
185,29f Toselli; und Ellen Key] Toselli, [und] Ellen Key
185,30 apostolisch;] apostolisch,
185,34 Zerebralisation] Cerebralisation
185,38f unmöglich [–], ¾ immer noch] unmöglich –, [¾] immer noch
186,6 Baden-Baden, –] Baden-Baden, [–]
186,16 nennt sie Borodin – die Frische,] nennt ihn Borodin bei seinem Besuch in Weimar,
186,27 Chopin's] Chopins
186,28 Liszt nannte] Liszt dann nannte
186,33 Frankfurt a. M.,] Frankfurt a/M..
187,2 einwandfrei] einwandsfrei
187,4 [zwar] ein alter Besitz] zwar ein alter Besitz
187,40 Gebärden] Geberden
188,27 Säkulum] Säculum
188,37 Mokka] Mocca
188,38 Hygiene] Hygenie
189,1 Artot de Padilla] Artôt de Padilla
189,5 Tegethoff] Tegetthoff
189,19f London;] London,
190,36f so treten doch Erfahrungen und Tatsachen genügend hervor] so liegen doch Erfahrungen und Tatsachen genügend vor
191,5 sehen:] sehen.
191,6 die Geschichte und der Geist *(fehlt)*

T$_1$:

149,3 Der Stundengott] I. Der Stundengott *(im Typoskript sind alle Kapitel römisch numeriert)*
149,9 deszendentem] descendentem
149,23f Hochgebirgsstrahlung] Hochgebirgsbestrahlung
149,31 Tropfen«: –] Tropfen« –:
150,23 fremdem Wesen] fremden Wesen
150,37 deszendenten] descendenten
151,12 dreimal«. –] dreimal« –.
151,22 stell'] stell
151,36 einwandfrei] einwandsfrei
152,15 Graspartien] Graspartieen
152,19 Organismen lebendig geblieben] Organismen geblieben

T_1:	**152,27**	zelebrierte] celebrierte
	153,5	spinnen,] spinnen [,]
	153,22	endgültige] endgiltige
	153,35	Kravattenperle] Cravattenperle
	154,6	zyklisch] cyklisch
	156,2f	Enzyklopädien] Enzyklopädieen
	156,25	exzellent] excellent
	158,13	akausalen] acausalen
	158,24	Heuchelei‹. [–]] Heuchelei‹. –
	159,10	ja,] ja [,]
	160,30	Gültigkeit] Giltigkeit
	163,30	leuchtet] leuchtete
	163,39	money] Money
	164,16	es blieb] [es] blieb
	166,21	auf dem] auf die
	166,35	Krokus] Crocus
	167,4	Jahre.] Jahre!
	168,29	Melodien] Melodieen
	169,18	Rhythmus] Rhytmus
	169,23	olivfarbenem Samt] olivfarbenen Samt
	169,30	Orangerien] Orangerieen
	170,8	Brotverteilung] Brodverteilung
	170,28	Quattrocento] Quatrocento
	171,18	als] wie
	171,30	erstürmt.] erstürmt!
	171,32	nach innen] nach Innen
	171,33	tat twam asi] Tat twam asi
	172,24	Zynismus] Cynismus
	172,31	Shawls] Shals
	172,39	knien] knieen
	173,35f	in langsamem Herumgehen] im langsamen Herumgehen
	174,39	gesehen] gesehn
	175,5	fischt] fischte
		in dem] in den
	175,17	Gebäuden,] Gebäuden [,]
	175,32	der fand] [der] fand
	176,7	Bevorrechtigten] Bevorrechteten
	176,12	im wesentlichen] im Wesentlichen
	176,14	Südfranzösinnen] Französinnen
	176,19	aus *(nicht hervorgehoben)*
	176,33	unbehilflich] unbehülflich
	177,37	Knien] Knieen
	178,8f	wattierte Tuch] wattierte dunkelblaue Tuch
	178,10f	Longchamps-Promenade] Longchampspromenade
	178,14	Kaskaden] Cascaden
	178,16	Tungtschouwolle] Tungschouwolle
	178,35	gültig] giltig

T_1: **179,21** zogen, [–]] zogen, –
179,38 nun] 1948
180,6 derartigen] derartiger
181,4 groß,] gross [,]
Mausezähnen, H: Zimmer und Kleidung immer voll Orangenblütenduft,
181,12 verbringen. *(Danach:)*
A. Maria von Rumänien (Cotroceni)
B. Cisleithanisch
C. Aspasiatisch
D. Borussisch
181,29 zwetschenblauem] zwetschgenblauem
182,37 als] wie
183,15 Konvolute] Convolute
184,3f Daressalam] Daresalaam
184,4 Neuguinea] Neuginea
184,10 Livingstone] Livingston
184,18 am frühesten] am Frühesten
185,34 Zerebralisation] Cerebralisation
186,16 sie] ihn
186,28 Liszt nannte] Liszt dann nannte
187,2 einwandfrei] einwandsfrei
187,13 Ethnisch-Geographischen] Ethnisch-geographischen
188,27 Säkulum] Säculum
188,37 Mokka] Mocca
189,5 Tegethoff] Tegetthoff

RPh II: **149,13** in Bezug] in bezug
149,21f 18. und 19. Jahrhunderts] achtzehnten und neunzehnten Jahrhunderts
150,19 dazu gehört] dazugehört
150,29 Peripheres,] Peripheres [,]
151,11 schwarzen Meer] Schwarzen Meer
151,12 dreimal«. –] dreimal«[.] – *(doppelter Absatz)*
151,38 Mittelhirnsschwäche] Mittelhirnschwäche
152,6 Lande,] Lande [,]
152,21 Pascal'schen] Pascalschen
152,27 12. und 13. Jahrhunderts] zwölften und dreizehnten Jahrhunderts
152,28 des 17.] des siebzehnten
des 18.] des achtzehnten
153,31f in Bezug] in bezug
153,35 Bondstreet und der Kravattenperle] Bond Street und der Krawattenperle
153,37 Morgen ––:] Morgen – [–]:
153,38f 40% Adam und Eva, 30% Antike, 20% Palästina, 10% Hochasien] 40 Prozent Adam und Eva,

RPh II: 30 Prozent Antike, 20 Prozent Palästina, 10 Prozent Hochasien

154,10	verwandeln] Verwandeln
154,35f	byzanthinische] byzantinische
154,39f	an dem Strand] am Strand
155,16	wenig] immer mehr
155,27	schwälte] schwelte
155,28	verschleiern [,]] verschleiern,
156,29	bringen,] bringen [,]
158,15	Plato's] Platos
158,17	in St. Helena] auf St. Helena
159,5	des All] des Alls
159,15	z. B.] zum Beispiel
159,17	As-Dur-Walzer] As-dur-Walzer
159,23	hochgeehrt] hoch geehrt
159,27	z. B.] zum Beispiel
159,34	gefährdet, bezw.] gefährdet [,] beziehungsweise
160,2	Späßen [,]] Späßen,
160,3	Kleist'sche] Kleistsche
160,12	z. B.] zum Beispiel
160,37	Kritik,] Kritik [,]
161,18	geurteilt [,]] geurteilt,
161,30f	Unsinnigkeiten und,] Unsinnigkeiten, und
161,37	... das Bodenlose. *(doppelter Absatz)*
161,38	52] zweiundfünfzig
161,39	2½] zweieinhalb
161,40	Wendung [,]] Wendung,
162,5	Erde [,]] Erde,
162,21	müssen) [,]] müssen),
162,25	2 ½] zweieinhalb
162,36	Aber,] Aber [,]
163,5	Ordensabzeichen] Ordenszeichen
163,9	Geprägte Formen] Geprägte Form
163,14	ich [,]] ich,
163,39	money] Money
163,40	gleich zu tun] gleichzutun
164,1f	da waren] dawaren
164,5	tief gestaffelte] tiefgestaffelte
164,6	Also,] Also [,]
164,19	Gebäude [,]] Gebäude,
164,29	in Bezug] in Bezug *(sic!)*
165,2	Procris] Prokris
165,4	Cephalus] Kephalos
165,5	glaubte,] glaubte [,]
165,7	Mörder;] Mörder,
	bretzelartig] brezelartig
165,24	Centauren] Zentauren
165,34	zerfallen [,]] zerfallen,
166,17f	Tief dunkle] Tiefdunkle

RPh II: **166,20** clematisblauen] klematisblauen
166,34 widerliche [,]] widerliche,
166,36 Hinsehn] Hinsehen
166,40 im Geheimen] im geheimen
167,1 da [,]] da,
168,12 Liliaceen] Liliazeen
168,24 14] vierzehn
169,9 erblindet [,]] erblindet,
169,20 f ausgebeutet [,]] ausgebeutet,
169,34 Columbinen] Kolumbinen
170,9 Bordelle [,]] Bordelle,
170,14 irgend einer] irgendeiner
ägäischen Meeres] Ägäischen Meeres
170,26 in einander] ineinander
170,30 Lämmer --,] Lämmer - [-,]
170,32 halten [,]] halten,
171,13 schwerwiegender sein] schwerer wiegen
171,23 des Pindar] Pindars
171,33 tat twam asi] Tat twam asi
172,25 Manghat's] Manghats
172,27 Eden Garten] Eden-Garten
172,31 Shawls] Schals
173,3 etwas [,]] etwas,
173,7 Weizen,] Weizenkörner [,]
173,20 Verbindungen [,]] Verbindungen,
174,32 zu Volksvermehrung] zur Volksvermehrung
175,4 dem eleganten Bad] das elegante Bad
175,18 Toren [,]] Toren,
176,25 Kinderdrache] Kinderdrachen
177,26 Haarlem] Harlem
177,27 Dollars] Dollar
177,29 15] fünfzehn
177,36 hinten überzulehnen] hintenüberzulehnen
177,39 Sem's] Sems
Ham's] Hams
178,5 alle Viere] alle viere
178,10 zu kaufen] [zu] kaufen
178,23 20. 3. 1944 – 20. 6. 1944
] 20. 3. 1944 bis 20. 6. 1944
178,27 f wohl versorgt] wohlversorgt
178,37 Alls. –] Alls. [–]
179,32 50-Jahresfeier] Fünfzigjahrfeier
181 Studien zur Zeitgeschichte des Phänotyps
(nicht neuseitig abgesetzt)
181,1 Phänotyps] Phänotyp
181,3 150 cm] hundertfünfzig Zentimeter
181,24 Euch] euch
182,2 Silbermöven] Silbermöwen
182,6 U.S.A.] USA

RPh II: **182,22** Roter Sarafan,] Roter Sarafan.
182,28 Hofrat] Hofrats
182,32 Poète] poète
182,40 22 Koffer und 18 Stück Handgepäck] zweiundzwanzig Koffer und achtzehn Stück Handgepäck
183,1 kurz [,]] kurz,
183,2 Perron [,]] Perron,
183,4 gottseidank] Gott sei dank
183,6 ... vorausgeschickt! *(doppelter Absatz)*
183,15 50] fünfzig
183,17 südtiroler] Südtiroler
183,28 Ygdrasil] Yggdrasil
183,32 25. Reprise] fünfundzwanzigsten Reprise
183,33f höchst erreichbare] höchsterreichbare
183,35 Rasse [,]] Rasse,
184,7 20] zwanzig
184,39 solange] so lange
185,22 Bachofen's] Bachofens
185,24 Butterfly's] Butterflys
185,25 bekannt gebend] bekanntgebend
185,28 Clara;] Clara,
185,30 d'Annuncio] d'Annunzio
185,38 3/4] drei Viertel
186,12 24] vierundzwanzig
186,19 auseinander liegen] auseinanderliegen
186,26 Theophil] Theophile
186,27 Chopin's] Chopins
186,33 Frankfurt a. M.] Frankfurt am Main
186,34 Nietzsche's] Nietzsches
186,36 Klinger's] Klingers
186,37 Balzac's] Balzacs
186,38 15] fünfzehn
187,1 der Vierte] der vierte
187,2 25%] fünfundzwanzig Prozent
187,6 fortzupflanzen,] fortzupflanzen [,]
187,23 soviel] so viel
188,2 Decor] Dekor
188,21 Daily-Telegraph-Affaire] Daily-Telegraph-Affäre
188,24 80] achtzig
188,35 2%] zwei Prozent
189,8 10 km] zehn Kilometer
8, auch 10 Monate] acht, auch zehn Monate
189,13 Sozieta] Società
189,17 Petermann's Mitteilungen] Petermanns Mitteilungen
189,27 Gardegenerale] Gardegeneräle
190,12 seine Majestät] Seine Majestät
190,19 frömmelnd [,]] frömmelnd,

RPh II: **190,28** Kurruzzen] Kuruzen
191,13 sinnlich sittliche] sinnlich-sittliche
191,21 Tiefen« [,]] Tiefen«,
191,32 legt [,]] legt,
191,33 bei einander] beieinander

Der Ptolemäer (S. **193–234**)

K 11: 4.2.1946/30.5.[1946] Notizen
K 12: 11.8.1946/23.10.[1946] Notizen
K 13: 1.10.1946/28.2.1947 Entwürfe
M: 8.7.1947/14.9.1947
T: Als Ganzes undat. (T_5)
Lotosland: April 1947, sign. G.B., 14 S. pag.
Der Glasbläser: August 1947, sign. GB., 14 S. pag.
Der Ptolemäer: undat., unsign., 8 S. pag.
Z=T: Lotosland: April 1947, sign. G.B., 14 S. pag. (OeA)
Der Glasbläser: August 1947, sign. G.B., 14 S. pag. (OeA)
Der Ptolemäer: September 1947, sign. G.B., 9 S. pag. (OeA) (T_4=T_1)
T: Okt. 1947, sign. Gottfried Benn., 37 S. pag. (T_3)
T: Febr. 1948, unsign., 37 S. pag. (T_2=T_3)
T: Als Ganzes undat. Besitz des Limes Verlags (T_1)
Lotosland: April 1947, sign. G.B., 14 S. pag.
Der Glasbläser: August 1947, sign. G.B., 14 S. pag.
Der Ptolemäer: 30.9.1947, sign. G.B., 8 S. pag.
E+D: Der Ptolemäer, Wiesbaden 1949, S. 87–139 (Februar 1949)
LH: Der Ptolemäer, Wiesbaden ²1956, S. 111–179

Korr: **201,16** es] er (nach T_1–T_5)
207,6 Ananke] Anangke
208,11 f Hawaiabfall und sibirisches Fleckblut] Hawai- und sibirisches Fleckblut (-abfall *aus politischen Rücksichten in* E *fortgelassen. Vgl.* B Oe *v.* 17.2.1949)
224,31 After Shave Lotion] After Show Lotion
229,39 auf einer Plage] auf eine Plage

T_3: **193,7** Heiterkeitsskala] Heiterkeitsscala
193,19 ... stockte. *(Absatz)*
194,25 Ming's: –] Ming's –:
195,3 recht] Recht

T_3:

195,13 Russell] Russel
195,16 Sakko] Sacco
195,17 Mokka] Mocca
195,23 Feldtheorien] Feldtheorieen
196,16 Behauptungen] Behauptung
196,20 gar nicht] garnicht
196,31 seit langem] seit Langem
197,26 Sachbearbeitern] Facharbeitern
198,9f ich entronnen] ichentronnen
198,11 zu sehen [,]] zu sehen,
198,21 Deskription] Description
199,2 Zyklus] Cyclus
199,13 Brennessel] Brennnessel
199,34 Vortragszyklen] Vortragscyclen
199,37 Caprifischer] Kaprifischer
200,16f und nun sagte er wörtlich: *(fehlt)*
200,28 Zukunft,] Zukunft [,]
200,37 Leben, –] Leben [,] –
201,2 recht] Recht
201,7 heraufbeschworen] herausbeschworen
201,40 Bastard [,]] Bastard,
202,24 ein Drachen] ein Drache
202,26 Welteimotive –,] Welteimotive. –
202,38 so widerspruchsvoll] [so] widerspruchsvoll
202,40f unseren inneren Schatten] unseren Schatten
203,1 Erleben [-]] Erleben –
203,31 Oszillieren] Oscillieren
204,27 historisch-politischen] historischpolitischen
204,29 sie] sich
204,34 bewußter,] bewußter [,]
204,35 Geist –:] Geist [–]:
205,11 sein:] sein;
206,12 Zynismus] Cynismus
206,19 Schwebezustände [,] –:] Schwebezustände, –:
206,20 Päonien] Päonieen
206,21 Bougainville,] Bougainville [,]
206,23 immer [,]] immer,
207,17 gab [,]] gab,
207,21f hoch wollten [,]] hoch wollten,
207,32 tat twam asi] Tat twam asi
208,12 Whisky] Wisky
208,20 Bischof] Bischoff
208,27 ägyptischen] Ägyptischen
209,27f . . . Versionen. *(Absatz)*
209,37 Gatti Casazza] Gatti-Gasazza
209,40 Phiole] Viole
210,7f ist Denken Zwang *(nicht hervorgehoben)*
210,11f ungelüftet –,] ungelüftet – [,]
210,41 . . . meiner Stunden. *(Absatz)*

T_3:	**211,23**	zurückhielt] zurück hielt
	212,6	reden, –] reden, [–]
		Rhetorik, –] Rethorik, [–]
	212,7	Fatzke, –] Fatzke, [–]
	212,8	Hintern, –] Hintern, [–]
	212,13	Bibliothek,] Bibliothek;
	212,15	Rede,] Rede;
		gelächelt,] gelächelt [,]
	212,17	Norddeutschlands,] Norddeutschlands [,]
	212,18	Goethe-Haus,] Goethe-Haus [,]
	212,33	plädiert] plaidiert
	212,37	unterblieb, –] unterblieb; –
	212,39	Empereur] Empereurs
	213,11 f	Typenmord, in der französischen Revolution,] Typenmord [,] in der französischen Revolution [,]
	213,18	dreißig] 30
	213,39	shocking] shoking
	213,40 f	Mayonnaisenunität] Majonaisenunität
	214,5	Rotspon] Rotspoon
	214,10	fort.] fort:
	214,11	nicht,] nicht [,]
	214,12	halb zwölf] halbzwölf
	214,32	nicht,] nicht [,]
	214,38	deinen Beständen] Deinen Beständen
	214,41	du] Du
	215,1	Lekythen, –] Lekythen, [–]
	215,13	kann –] kann [–]
	215,23	Schulzes,] Schulzes [,]
	215,39	alles,] alles [,]
	216,7 f	der Schlag der alles löst, – daher sagte ich: der Glasbläser (*hervorgehoben*)
	216,20	Herrn] Herren
	217,35	bestätigen,] bestätigen [,]
	218,35 f	Musik, –] Musik, [–]
	219,3	Hygiene] Hygenie
	219,27	Bezweifelung] Bezweiflung
	220,2	eingangs] Eingangs
	220,5 f	gar nicht] garnicht
	220,34	Szenerien] Scenerien
	220,36	Ägypterin] Ptolemäerin
	221,3	vorüberzogen] vorüber zogen
	221,31	ja,] ja [,]
	222,15	hier aus] hieraus
	222,16 f	seinem Glasbläser und einem noch nicht von mir erwähnten Zusatz] seinen Glasbläser und einen noch nicht von mir erwähnten Zusatz
	222,34	in die Schatten] in den Schatten
	223,3	Bronze] Bronce
	224,4	Küpenfarbstoff] Küperfarbstoff

T_3:

224,17	Mandschu's] Manschu's
224,35	Cinnienbeet] Cinienbeet
224,37	ziehn] ziehen
225,1	eindrucksfrechen] eindrucksfrohen
225,7	Stunde,] Stunde [,]
225,12	seit je] seit Je
225,26	Mogulpaläste] Moghulpaläste
225,38	mein See] meine See
226,36	Diese Beschränkung war] Diese Beschränkungen waren
226,37	gibt] giebt
227,11	Das war] Da war
227,16	Gott,] Gott [,]
227,27f	Wendungen. Kublai] Wendungen: Kubilai
227,29	Chinesierung] Chinisierung
227,37	Ungewisse,] Ungewisse [,]
228,3	Zivilisten] Civilisten
228,13	Kaschmirpässe] Kashmirpässe
228,27	senkte und spielte] senkte sich und spielte
228,33	dreiétagigen Car] dreitägigen Car
229,12f	Poppäa] Popäa
229,28	expressivarchaische] expressiv-archaische
229,41	cachesex] Cachesex
230,3	... der Verdammten. *(Absatz)*
230,6	subkutane] subcutane
230,30f	alter, aber mit uns vermischter Völker, – die Ideenmethodik *(fehlt)*
230,35	ptolemäische] ptolomäische
230,39	undurchsichtig,] undurchsichtig [,]
230,41	entgegnen] entgehn
231,4	gibt] giebt
231,5	auf diesem Weg] auf diesem Wege
231,6	Menschliche] Soziale
231,7	diese ist ja der Weg] unser ist der Weg
231,21	Humanitätssabotage, –] Humanitätssabotage, [–]
231,30	Pakoma-Peak] Pakoma-Peack
231,37	Nein ... → ... zu sehen. *(nicht hervorgehoben)*
232,1f	Zugegeben, es gibt] Zugegeben [,] es giebt
232,11	gibt] giebt
232,12	Rhizosphäre] RHIZOSPHÄRE *(Großbuchstaben)*
232,15	u.s.w.,] u.s.w. [,]
232,20	nein,] nein [,]
232,24	dastehen] dastehn
233,4	Spezialisten,] Spezialisten [,]
233,11	die Gegenströmungen] [die] Gegenströmungen
233,20	Flecke [–],] Flecke –,
233,29	gibt] giebt
233,36	Je und je bei nevermore] Je und Je bei Nevermor
233,38	... Vergessen. *(Absatz)*

T_3:	**234,13**	psychophysische] phycho-physische
	234,24	Montpellier] Monpellier
	234,29	Skala] Scala
	234,35	aus,] aus;
T_1:	**193,7**	Heiterkeitsskala] Heiterkeitsscala
	193,19	... stockte. *(Absatz)*
	194,25	Ming's: –] Ming's –:
	195,13	Russell] Russel
	195,16	Sakko] Sacco
	195,17	Mokka] Mocca
	195,23	Feldtheorien] Feldtheorieen
	198,11	sehen [,]] sehen,
	198,21	Deskription] Description
	199,2	Zyklus] Cyclus
	199,34	Vortragszyklen] Vortragscyclen
	199,37	Caprifischer] Kaprifischer und nun sagte er wörtlich *(hs. Zusatz Benns)*
	200,28	Zukunft,] Zukunft [,]
	201,2	recht] Recht
	201,7	heraufbeschworen] herausbeschworen
	203,31	Oszillieren] Oscillieren
	204,26	Draperien] Draperieen
	204,29	sie] sich
	205,32 f	zytotoxische] cytotoxische
	206,12	Zynismus] Cynismus
	206,20	Päonien] Päonieen
	206,23	immer [,]] immer,
	207,32	tat twam asi] Tat twam asi
	208,12	Whisky] Wisky
	208,27	ägyptischen] Ägyptischen
	209,27 f	... Versionen. *(Absatz)*
	209,37	Gatti Casazza] Gatti-Gasazza
	209,40	Phiole] Viole
	210,41	... meiner Stunden. *(Absatz)*
	212,33	plädiert] plaidiert
	212,39	Empereur] Empereurs
	213,5	Glückszufällen] Glückzufällen
	213,18	dreißig] 30
	213,39	shocking] shoking
	213,40 f	Mayonnaisenunität] Majonaysenunität
	214,5	Rotspon] Rotspoon
	214,12	zwölf [,]] zwölf,
	214,32	nicht,] nicht [,]
	215,23	Schulzes,] Schulzes [,]
	215,39	alles,] alles [,]
	216,20	Herrn] Herren
	217,24	Ausweglosigkeit] Auswegslosigkeit
	217,35	bestätigen,] bestätigen [,]

T_1:	**220,11**	erinnere] erinner
	220,34	Szenerien] Scenerien
	220,36	Ägypterin] Ptolemäerin
	221,31	ja,] ja [,]
	222,4	Cowes:] Cowes [:]
	222,14 f	von hier aus] von hieraus
	223,3	Bronze] Bronce
	224,4	Küpenfarbstoff] Küperfarbstoff
	224,17	Mandschu's] Manschu's
	224,35	Cinnienbeet] Cinienbeet
	225,7	Stunde,] Stunde [,]
	225,26	Mogulpaläste] Moghulpaläste
	225,38	mein See] meine See
	227,16	Gott,] Gott [,]
	227,28	Kublai] Kubilai
	227,29	Chinesierung] Chinisierung
	227,37	Ungewisse,] Ungewisse [,]
	228,3	Zivilisten] Civilisten
	228,13	Kaschmirpässe] Kashmirpässe
	229,12 f	Poppäa] Popäa
	229,28	expressivarchaische] expressiv-archaische
	230,3	... der Verdammten. *(Absatz)*
	230,6	subkutane] subcutane
	230,20	Staatssekretärs] Staatssecretärs
	231,4	gibt] giebt
	231,6	das Menschliche] das Soziale
	231,7	diese] es
	231,30	Pakoma-Peak] Pakoma-Peack
	231,37	Nein ... → ... zu sehen. *(nicht gesperrt)*
	232,1	Zugegeben,] Zugegeben [,]
	232,15	u.s.w.,] u.s.w.[,]
	232,20	nein,] nein [,]
	232,24	dastehen] dastehn
	233,36	Je und je] Je und Je
		nevermore] Nevermor
	233,38	... Vergessen. *(Absatz)*
	234,24	Montpellier] Monpellier
	234,29	Skala] Scala
Pt II:	**193,10**	20°] zwanzig Grad
	193,13	Besatzungszeit.] Besatzungszeit!
	193,17	zu Grunde] zugrunde
	193,33	Trottoirs [,]] Trottoirs,
	194,24	stand [,]] stand,
	194,25	Ming's] Mings
	194,32	wund scheuerte] wundscheuerte
	194,35	Keppler] Kepler
	194,38	unruhige [,]] unruhige,
	194,40	alles [,] und] alles, und

Pt II: **195,6** ander Mal] andermal
195,13 Hilbert --:] Hilbert [-]-:
195,36f Gegenäußerungen [,]] Gegenäußerungen,
196,9f von einander] voneinander
196,11 nach einander] nacheinander
196,15 Thema [,]] Thema,
196,17 nach [,]] nach,
196,19 Gleißnerisches] Gleisnerisches
196,21 erscheint doch [,]] erscheint doch,
196,37 Toilettenwasserflacon] Toilettenwasserflakon
197,3 x für u] X für U
197,33 weis machen] weismachen
198,11 sehen [,]] sehen,
198,14 Leere --,] Leere - [-,]
198,23 weh tun] wehtun
da [,]] da,
198,26 vergeht --:] vergeht - [-]:
198,37 soweit] so weit
199,13f Trottoirs und,] Trottoirs, und
199,16 verborgen gehaltene] verborgengehaltene
199,39 20.] zwanzigste
200,11f auseinander gegangen] auseinandergegangen
200,13f von einander und mit einander] voneinander und miteinander
200,18 gar nicht] garnicht
200,21 äst [,]] äst,
200,29 Einzelnen] einzelnen
201,13 Halt machte] haltmachte
201,17 anderes,] anderes [,]
201,24 Fortpflanzung [,]] Fortpflanzung,
201,25 ohne Hinzusehn] ohne hinzusehn
202,11 unverdächtig [,]] unverdächtig,
202,31 gleißnerisch] gleisnerisch
203,11 von Neuem] von neuem
203,17 ketten,] ketten.
203,39 Clubs] Klubs
204,4 ... würde beginnen. *(doppelter Absatz)*
204,10 spiritus sanctus] Spiritus sanctus
205,12 naiven [,]] naiven,
205,17 weit verbreitet] weitverbreitet
205,27 krokuslila] krokuslila-
205,28f Lady's und Signora's] *(eigentlich:)* Ladies und
205,30 lila] Lila
205,32 antireticuläre] antiretikuläre
206,1 Galle Face Hotel in Colombo] Galle-Face-Hotel in Kolombo
206,5 gemacht [,] und] gemacht, und
206,9 posthumer] postumer

Pt II: **206,14** Erkenntnis [,]] Erkenntnis,
206,34 bestehen bleibt] bestehenbleibt
207,21 f hoch wollten [,]] hochwollten,
207,32 tat twam asi] Tat twam asi
Du] du
207,37 Dich] dich
207,38 Dich] dich
208,13 f Gentlemans und Gospodins] *(eigentlich:)* Gentlemen und Gospoda
208,22 oh holde Kunst --,] o holde Kunst - [-,]
208,33 mit macht] mitmacht
208,34 von Außen nach Innen] von außen nach innen
208,37 gläsernen Dinge [,]] gläsernen Dinge,
210,2 der andere] die andere
210,4 Coldcream] Cold Cream
210,11 Teller [,]] Teller,
210,20 Primitivität [,]] Primitivität,
210,20 f hochklettern [,]] hochklettern,
210,21 Kunst [,]] Kunst,
210,23 22] zweiundzwanzig
211,13 Südafrikas,] Südafrikas.
211,31 geeilt [,]] geeilt,
211,39 bösartigen [,]] bösartigen,
212,7 Fatzke] Fatzken
212,33 Caprice] Kaprice
212,34 wie viel] wieviel
212,35 zu Grunde] zugrunde
212,39 des Empereur] des Empereurs
212,40 Caprice] Kaprice
212,41 wie viel] wieviel
213,20 strömte Piccadilly] strömten Piccadilly
213,27 Alberthall] Albert Hall
213,27 f Sommersitze --:] Sommersitze - [-]:
213,31 f Krokodilschnauzen --;] Krokodilschnauzen - [-;]
213,39 remarquable] remarkable
213,41 von Palmbeach bis Habana --] von Palm Beach bis Habana - [-]
214,1 ihm [,]] ihm,
214,3 die Höchsten] die höchsten
214,10 fort.] fort:
214,25 gefunden [,]] gefunden,
214,37 1.)] Erstens: *(die Numerierung durchgehend in Worten)*
215,34 Licht.«] Licht. [«]
215,35 »Der] [»] Der
wo anders] woanders
216,7 Schlag [,]] Schlag,
216,9 Soweit] So weit

Pt II:	**216,32**	Weg [,]] Weg,
	216,34	Cleopatra [,]] Kleopatra,
	217,10	hinaus lief] hinauslief
	217,17f	irgend einer] irgendeiner
	217,28	irgend einen] irgendeinen
	217,36	irgend eine] irgendeine
	218,1	fragen,] fragen [,]
	218,8	Kraft [,]] Kraft,
	218,21	5] fünf
	218,29	O] Oh
	219,8	gegenüber [,]] gegenüber,
	219,37	Yukatan [,]] Yukatan,
	220,5f	gar nicht] garnicht
	220,14f	nahe gelegenen] nahegelegenen
	220,18	See [,]] See,
	220,26	lagen [,]] lagen,
	220,37f	voll beladen] vollbeladen
	221,1	Hand [,]] Hand,
	221,2	Flöte – –,] Flöte – [–,]
	221,24	oben erwähnten] obenerwähnten
	222,6	à propos [,]] à propos,
	222,9	sein [,]] sein,
	222,13	Karte [,]] Karte,
	222,18	nahe kam] nahekam
	222,24	Zerfall [,]] Zerfall,
	223,3	Stadt [,]] Stadt,
	223,9	Totengräber [,]] Totengräber,
	223,16	organisiert [,]] organisiert,
	223,18	Café, weiß man [,]] Kaffee, weiß man,
	223,31	bekannt gegeben] bekanntgegeben
	223,32	60 Kilometer] sechzig Kilometer
	223,33	100 Meter] hundert Meter
		20] zwanzig
	223,34	Pazifik [,]] Pazifik,
		58 Meter, nur 6] achtundfünfzig Meter, nur sechs
	223,36	50] fünfzig
	224,10	Erde [,]] Erde,
	224,17	die Mandschu's [,]] die Mandschu,
	224,21	Tartaren] Tataren
	224,22	Fluß [,]] Fluß,
	224,26	satt [,]] satt,
	224,29	Shawls] Schals
	224,35	Cinnienbeet] Zinnienbeet
	225,18	berührt:] berührt.
	225,25	zog [,]] zog,
	225,36	stiegen [,]] stiegen,
	225,40	Schilf [,]] Schilf,
	226,5	mit einander] miteinander
	226,11	studiert [,]] studiert,

Pt II:	**226,26**	war [,]] war,
	226,29	Alles,] Alles [,]
	226,37	wo anders] woanders
	226,38	weit geöffneteren] weiter geöffneten
	227,1	Zweite] zweite
	227,8	Nescafé] Nescafe
	227,11	Fontaine] Fontäne
	227,12	Einzelheiten [,]] Einzelheiten,
	227,27	Panta Rhei] Panta rhei
	227,31	Tschingis-Khan] Dschingis-Khan
	227,32	Tartarei] Tatarei
	228,11	Sudan] Sudans
	228,19	weich gekocht] weichgekocht
	228,22	Logenschüssen – –:] Logenschüssen – [–]:
	228,24	macabre] makabre
	228,31	3] drei
	228,33	dreiétagigen] dreietagigen
	229,1	New-York] New York
	229,18	der Kohl] Das Kohl
	229,39	befestigt [,]] befestigt,
	229,40	scabiosenfarbenen] skabiosenfarbenen
	229,41	cachesex] Cachesex
	230,12	Nirvana] Nirwana
	230,22	Hyacinthen] Hyazinthen
	230,31	Tat-twam-asi] Tat twam asi
	230,33	Durcheinander] Durcheinanders
	231,29	150] hundertfünfzig
	231,32	Tahiti [,]] Tahiti,
	231,34	Recht] recht
	231,35	Recht] recht
	231,40	navy cut] Navy cut
	231,41	Juchtenbeutel [,]] Juchtenbeutel,
	232,6	und,] und [,]
	232,10	Empereur [,]] Empereur,
	232,15	u.s.w.] und so weiter
	232,24	dastehen [,]] dastehen,
	232,34	Nirvana] Nirwana
	233,27f	Mah-Jong] Mah-Jongg
	233,33	Sommerstunde [,]] Sommerstunde,
	233,36	Bronce] Bronze
	234,8	Kravatten] Krawatten
	234,30	Pathetique] Pathétique
	234,33	67] siebenundsechzig

Der Radardenker (S. **235–248**)

K 14a:	I+II:	6.8./24.10.[1949]
M+T:	II:	25.10.[1949], unsign. (T_5)
T:	I:	23.10.[1949], unsign., 13. S., nicht pag. (T_4)

T:	I:	Okt. [1949], sign. Be, 11 S., nicht fortlaufend pag. (T_3)
T:	I:	Okt. [1949], sign. GB, 11 S. pag. (T_2)
M:	II:	undat., unsign., 4 S. Entwurf
T:	II:	26.11. [1949], unsign., 1 S. (T_7)
T:	II:	undat., sign. Be, 1 S. (T_6)
Z=T:	I+II:	3.12.1949 (undat., sign. GB) (OeA) (T_1)
E:		Gesammelte Werke in vier Bänden, hrsg. v. Dieter Wellershoff, Bd. 2, Wiesbaden 1958, S. 258–274
D:		Typoskript i.B. Deutsches Literaturarchiv, Marbach (T_1)

Korr:	I:	**244,7**	Münsterbrücken] Münsterbrücke (*nach* T_2+T_3)
	II:	**246,37**	Herbstraum] Herbsttraum (*nach* T_7)

T_3:	I:	**235,12**	zum anderen] zum andren
		235,15	vieles] Vieles
		235,39	Restaurateur] Restauratör
		235,36	folgendes] Folgendes
		236,8	versehen] versehn
		236,13f	eins dem anderen] Eins dem Andern
		236,18	gibt] giebt
		236,19	gehen] gehn
		236,21	anderer] andrer
		236,27	folgendes] Folgendes
		236,30f	SS-Arzt] S.S.arzt
		236,39	sieht es ja] sieht ja
		237,3	in einem] in Einem
		237,8	gehen] gehn
		237,12	herunterläuft,] herunterläuft [,]
		237,13	rhythmisch] rhytmisch
		237,28	nach außen verlagert;] nach Aussen verlagert:
		237,35	ausgehen] ausgehn
		238,4	sehen] sehn
		238,6	überschwenglich] überschwänglich
		238,7	Prozessionsstraße] Processionsstrasse
		238,8	goldener] goldner
			Ischtartor] Ischtator
		238,10	sehen] sehn
		238,19	ohne weiteres] ohne Weiteres
		238,28	Sklavenlieder] Sclavenlieder
		238,33	einschneidenste] einschneidendste
		239,2	gehen] gehn
		239,6	Orthopädie] Orthopäde

T_3:

239,7 alles] Alles
239,17 sehen] sehn
239,21 im wesentlichen] im Wesentlichen
239,23 Spätherbst –] Spätherbst – –
239,36 Autoren –] Autoren – –
240,3 f folgendes] Folgendes
240,7 verloren] verlieren
240,33 Maschinen] Maschienen
240,35 Maschinen] Maschienen
240,36 präziser] präciser
241,2 stehen] stehn
241,9 nach innen] nach Innen
241,21 nein,] nein [,]
241,26 herbei [,] –] herbei, –
241,28 oder, wie] oder [,] wie
241,37 alles] Alles
242,13 so daß] sodass
242,19 stehen] stehn
243,8 Neuemissionen, –] Neuemissionen, [–]
243,9 f Bißchen Rachenpinseln] bischen Rachen pinseln
243,12 überhaupt [,]] überhaupt,
243,17 Beine, –] Beine [,] –
243,22 f »Zurück zu den Klassikern] »zurück zu den Klassikern
243,27 gehen] gehn
243,31 Kontoren] Komtore
243,34 entstehen] entstehn
243,35 gar nicht] garnicht
sehen] sehn
244,11 gehen] gehn
244,17 Fliehen] Fliehn
244,18 fliehen] fliehn
sehen] sehn
244,19 sehen] sehn
244,21 Lupine, –] Lupine [,] –
244,26 f Beständen, *(fehlt:)* nehmen Sie Ihre Bilder von der Wand
244,30 stehen] stehn
244,34 gibt] giebt
244,35 gar nicht] garnicht
244,37 Stehen] Stehn
245,12 sehen] sehn
245,16 f Nun kommen . . . → . . . und der Bilder. *(fehlt)* H: Zum Schluss könnte einer sagen, auffallend, dass ein solches Gehirn sich nicht erbricht oder nicht zerspringt, darauf würde ich erwidern, das Gehirn ist viel runder, weicher, dehnungsfähiger, als

T_3: Sie vermuten. Sein Wesen ist produzieren und ausgleichen – realisieren. Ausgleichen – das Geheimnis des Stils! Spannungen gewachsen sein, Spannungen binden – frontal, profiliert, verengt oder barock oder wie heute mittels des Radarprinzips: Sie peilen die Dinge an und die Wellen tragen sie Ihnen zurück in Ihren Sessel. *(245,16–34)*

245,35 f Spannungen gewachsen sein, Spannungen binden – ausgleichen, das Geheimnis des Stils! *(fehlt)*

245,38 blicken Sie doch um sich] blicken Sie um sich

246,9 hin, –] hin [,] –

246,15 gehen] gehn

T_6: II:

246,19 gibt] giebt

246,24 folgendes:] folgendes.

246,27 aussehen] aussehn

246,33 Gültigkeit] Giltigkeit

247,3 gibt] giebt

247,8 nachgehen] nachgehn

247,26 von ungefähr. Das meiste] von Ungefähr. Das Meiste

247,30 usw.] u.s.w.

247,33 Rhythmus] Rhytmus

248,4 bedrohen] bedrohn

248,7 stehen] stehn

248,10 Gültigkeit] Giltigkeit

Epilog (S. **251–254**)

T: 19.8.1921, sign. Gottfried Benn u.d.T. ›Lebenslauf von Gottfried Benn‹, 4 S. pag.

E: Die Zukunft 30, 1921, Bd. 115, S. 57–61 (Nr. 1 v. 1.10.) (Von Maximilian Harden redigierter Abdruck. Von Benn nicht autorisiert, vgl. B Max Krell v. 21.10.1921)

D: Die Gesammelten Schriften, Berlin 1922, S. 210–214

LH: Über mich selbst. 1886–1956, München 1956, S. 26–31 u.d.T. ›Lyrisches Ich‹

Korr. **251,7** Philologie (*nach* LW; VD *von* LW; T, E *und* LH *von* Do)] Philosophie (*so unkorrekt in* T *und* E *von* GS; GP; ÜMS)

T: **251,4** dreihundert] 300

251,5 f derselben] der gleichen

T: **251,6f** Kam aufs Gymnasium, dann auf die Universität] Mit elf Jahren kam ich aufs Gymnasium, mit 17 auf die Universität

251,8 Kaiser-Wilhelm-Akademie] Kaiser Wilhelms-Akademie

251,9 in Provinzregimentern] bei Provinzregimentern

251,11 eine Niere] meine eine Niere

251,16 Geschlechtskrankheiten;] Geschlechtskrankheiten,

251,17 Fünf bis Sieben] 5–7

251,19f Bauchfellücken] Bauchfelllücken

251,21 Epilepsie;] Epilepsie,

251,22 schrieb ich,] schrieb ich [,]

251,24 Brüssel. Ich] Brüssel –: ich

251,24f an einem Prostituiertenkrankenhaus] am Prostituiertenkrankenhaus

251,28 an keinem] an niemandem

251,33f beginnt. Ich] beginnt, ich

251,34 zurück; sie] zurück, *(hervorgehoben:)* sie

252,4f zentripetal: Inder, Spekulative, Introvertierte: Expressionisten,] zentripetal – Buddhisten, spekulative Systematiker, Expressionisten [,]

252,7 muskelbepackt;] muskelbepackt --

252,11 totzuschlagen,] totzuschlagen [,]
Langeweile;] Langeweile,

252,15 Jahrhundert;] Jahrhundert,

252,19 Funktion] Function

252,20 Persiflage;] Persiflage,

252,22f gewesen H: bis zum sechsundzwanzigsten Jahre war ich Assistent an einer Irrenanstalt gewesen

252,24 und H: das kurz gesagt

252,25 nicht mehr] nicht nur

252,29f Die Fragen nach der Vorgeschichte] Die Vorgeschichte

252,32 einzelnen] Einzelnen

252,39 versuchte,] versuchte [,]

253,1 Schule;] Schule,

253,2 des Zustandes] jenes Zustands

253,4 begann,] begann [,]

253,7 Zustande] Zustand
von dem] von Dem

253,11 Psychasthenie,] Psychasthenie [,]

253,15 Beruf;] Beruf,

253,17 koitale] coitale

253,18 Antinomien ... Ich] Antinomien -- ich

253,23 feierten;] feierten,

253,25 war,] war [,]

253,26 ... Schwester war. *(Absatz)*

T: 253,27 denken] immer denken
253,30 »Einerseits«- und »Andererseits«-Struktur] Einerseits- und Andererseitsstruktur
253,34 gezwungen [,]] gezwungen,
253,35 Koitus] Coitus
mediokre] mediocre
253,36f Lemuren ... → ... an den absoluten Graten; *(fehlt) (253,36–254,17)*
254,17f fünfunddreißig Jahre und total erledigt, ich] Ich bin demnach jetzt 35 Jahre und total erledigt. Ich
254,19f mehr – wen denn?] mehr, wen denn –
254,23 Okzident] Occident
254,27 streife die Vorstellung] streife manchmal die Vorstellung
254,30 Nun erscheinen diese gesammelten Werke] Bei Erich Reis erscheinen in diesem Herbst meine gesammelten Werke
254,30f zweihundert] 200
254,31 sehr dürftig] sehr wenig
254,33 Dokument;] Dokument,
254,35 Steine;] Steine,
254,36 mögen:] mögen,

E: 251,6f derselben] der selben
251,7 studierte] studirte
251,8 Kaiser-Wilhelm-Akademie] Kaiser Wilhelms-Akademie
251,10 Galopp] Galop
251,13 Etappe] Etape
251,18 approbierte, promovierte, doktorierte] approbirte, promovirte, doktorirte
251,23 S: bei A. R. Meyer
251,24 Ich war] Da war ich
251,24f Prostituiertenkrankenhaus] Prostituirtenkrankenhaus
251,25 isolierter] isolirter
251,25f konfiszierten] konfiszirten
251,27 Zivil] Civil
251,28 keinem] Keinem
kaum;] kaum,
251,29f Straßen, fremdes Volk; eigentümlicher Frühling, drei Monate ganz ohne Vergleich, was war die Kanonade von der Yser, ohne die kein Tag verging, das] Straßen. Fremdes Volk. Eigentümlicher Frühling; drei Monate ganz ohne Vergleich. Was war die Kanonade von der Yser, ohne die kein Tag verging? Das
251,32 Sphäre] Atmosphäre
251,35 andere] Andere

E: **251,37** Soweit] So weit
252,2 repräsentiert] repräsentirt
252,4 zentripetal:] centripetal,
252,5 Introvertierte: Expressionisten,] Introvertirte: Expressionisten [,]
252,18 keines] keins
Stilisierung] Stilisirung
252,19 Zentren] Centren
252,28f individualisierend] individualisirend
252,32 des einzelnen] des Einzelnen
253,1 Schule;] Schule,
253,7 dem] Dem
253,9 alles] Alles
253,11 Psychasthenie,] Psychasthenie [,]
253,14 existieren] existiren
253,19 ebenso] eben so
253,23 zuteil] zu Teil
253,31 Professionell-Diagonale] Professional-Diagonale
253,32 Geschlechts] Geschlechtes
253,39 Geschwätzige,] Geschwätzige;
254,4 Genesungssubstantive] Genesungsubstantive
254,13 statt Affekte] statt der Affekte
254,18 erledigt, ich] erledigt. Ich
– man] (man
254,19 Koprolalien [)];] Koprolalien);
254,20 – wen denn? die] (Wen denn? Die
254,21 Stullenpapier? [);]] Stullenpapier?);
254,22 zu Ende, rührend] zu Ende. Rührend
254,23 Okzident] Occident
254,26 kämpft, – aber] kämpft. Aber
254,27 Methoden,] Methoden;
254,29 metaphys] metaphysisch
254,30 diese] meine
254,31 dürftig,] dürftig;
254,33 jemand] Jemand
254,35f vielleicht daß aus den Fratzen Menschen werden,] vielleicht werden aus den Fratzen Menschen

ÜMS: **251,16** Spezialarzt S: für Geschlechtskrankheiten
251,17 Fünf bis Sieben] fünf bis sieben
251,19 Zuckerkrankheit] Zuckerkrankheiten
252,5 Introvertierte:] Introvertierte,
252,11 die Zeit für unsere Langeweile] die Zeit, um unsere Lebensdauer zu motivieren
252,14 Stagnation] Halluzination
253,29 Figur; es] Figur. Es
254,17 fünfunddreißig] siebenunddreißig
254,30f S: Nun . . . → . . . ich liebe sie nicht. *(254,30–37)*

Summa summarum (S. **255–257**)

E+D: Die Weltbühne 22, 1926, 2. Halbjahr, S. 1013–1015 (Nr. 26 v. 29. 6.)

LH: Über mich selbst. 1886–1956, München 1956, S. 22–25

Mo: »Willkommen aus Sils-Maria.« (GP + ÜMS)

GP:
255,11 Jahre *(gesperrt)*
255,12 Alles] alles
255,33 weitern] weiteren
255,37 Folgendes] folgendes
256,16f S: Soll ich ... → ... Pas de quoi! *(256,16–19)*
257,1f Ihn beklagen hieße die Gesellschaftsordnung beschuldigen] Beklagte ich ihn, müßte ich die Gesellschaftsordnung beschuldigen
257,8 wunderbaren] sonderbaren
257,10 Jemand] jemand
258,18 im Allgemeinen] im allgemeinen
258,32 Golgatha, H: Naumburg –

ÜMS:
255,12 Alles] alles
255,33 weitern] weiteren
255,37 Folgendes] folgendes
256,16f S: Soll ich ... → ... Pas de quoi! *(256,16–19)*
256,33 begrenzten Talentes] begrenzten Talenten
257,1f Ihn beklagen hieße die Gesellschaftsordnung beschuldigen] Beklagte ich ihn, müßte ich die Gesellschaftsordnung beschuldigen
257,8 wunderbaren] sonderbaren
257,10 Jemand] jemand
257,18 im Allgemeinen] im allgemeinen
257,32 Golgatha, H: Naumburg –
257,34f fond perdu] fonds perdu

Neben dem Schriftstellerberuf (Kunst und Staat) (S. **259–267**)

E+D: Die literarische Welt 3, 1927, S. 3–4 (Nr. 38 v. 23. 9.)

LH: Gesammelte Prosa, Potsdam 1928, S. 185–201 u. d. T. ›Kunst und Staat‹

Red: Neben dem Schriftstellerberuf. Autobiographische Aufzeichnungen deutscher Dichter über ihre Arbeiten und Versuche außerhalb der Literatur
Eine große, vielleicht die überwiegende Zahl der heutigen Dichter und Schriftsteller hat oder hatte einmal einen Nebenberuf: oft aus bitterer Notwendigkeit; manchmal aber auch aus innerer Neigung. Nicht selten gehen Haupt- und Nebenberuf fast unmerklich ineinander über, so etwa bei dem Seemann Joseph Conrad, oder, wie der Leser weiter unten

Red: sehen wird, bei dem Forscher Josef Ponten. Aber auch dort, wo das nicht oder nicht offensichtlich der Fall ist, sind Dokumente aus dem »Brotberuf« moderner Dichter von persönlichem, kulturkritischem und literarhistorischem Wert. (Frank Wedekind als Propagandachef der Firma »Maggi«, Alfred Döblin als praktischer Arzt, Robert Musil als Erfinder optischer Instrumente, Franz Kafka als Beamter einer Arbeiterversicherungsanstalt, Max Brod als Postbeamter usw.) Wir wollen solche Dokumente sammeln und, soweit möglich nach Direktiven der Dichter selbst und mit authentischen Erklärungen versehen, kapitelweise in der »L. W.« veröffentlichen. Ein eigentlich literarischer Wert wird nicht angestrebt, sondern der bekenntnismäßige Charakter von »documents humains«. (Nr. 30 v. 29. 7. 1927)

Disk: Frank Thiess, Der Staat und die Künstler. Eine Antwort an Gottfried Benn, in: Die literarische Welt 3, 1927

W: Herrn Franz M. Zatzenstein (GP)

GP: **259,2** schildern H: in der »Literarischen Welt«
259,8 wie ich voriges Jahr in der »Weltbühne« ausführte] wie ich gelegentlich meines 40. Geburtstages berechnete
260,7 andre] andere
262,6 Petrarca, [–]] Petrarca, –
262,31 z. B.] zum Beispiel
262,33 Staatstheaters] Stadttheaters
263,24 oben an] obenan
265,20 totgeweiht] todgeweiht
265,30 Coruna] Coruña
266,6 Marmorkolonaden] Marmorkolonnaden
266,27 dünne *(gesperrt)*

Epilog und Lyrisches Ich (S. **269–275**)

R: Rezensiert in der ›Literarischen Welt‹ Nr. 11 v. 18. 3. 1927: »Vortragsabend: Gottfried Benn« – »Aufklang: Ein Essay, ›Das lyrische Ich‹«

E: Die Zukunft 30, 1921, Bd. 115, S. 57–61 (Epilog)/ Gesammelte Prosa, Potsdam 1928, S. 216–228 (Epilog und Lyrisches Ich) (November/Dezember)

D: Gesammelte Prosa, Potsdam 1928, S. 216–228

LH: Über mich selbst. 1886–1956, München 1956, S. 26–34 u. d. T. ›Lyrisches Ich‹

Korr: **269,9** Philologie (*nach* LW; VD *von* LW; T, E *und* LH *von* Do)] Philosophie (*so unkorrekt in* T *und* E *von* GS; GP; ÜMS)

ÜMS: **269,2** Stunden und,] Stunden, und
269,3 hochkommt] hoch kommt
269,21 Zuckerkrankheit] Zuckerkrankheiten
272,35 religiös [,]] religiös,
273,5 Meers] Meeres
274,25 Theogonieen] Theogonien
274,33 Stunden und,] Stunden, und

Sehr geehrter Herr Gerhart Pohl ...
(Über die Rolle des Schriftstellers in dieser Zeit) (S. **277–283**)

E+D: Die neue Bücherschau 7, 1929, S. 531–535 – Offener Brief an Gerhart Pohl (einzige Veröffentlichung) (H. 10, Okt. 1929)

Red: Das vorige Heft brachte einen Brief von Gerhart Pohl an Becher und Kisch, die – wegen eines Aufsatzes von Max Herrmann-Neisse über Benn – aus dem Redaktionskomitee ausgeschieden waren. Der Brief hat zu einer Diskussion geführt, an der sich Zeitungen, Zeitschriften und viele Persönlichkeiten – durch Zuschriften an uns – beteiligt haben. Wenn wir heute nur die Briefe publizieren, die Gottfried Benn und E. E. Kisch an den Herausgeber gerichtet haben, so leitet uns die Erwägung, daß ihre Ansichten das stärkste Interesse unserer Leser beanspruchen dürfen.

Disk: Max Herrmann-Neisse, Gottfried Benns Prosa, in: Die neue Bücherschau 7, 1929, S. 376–380; Gerhart Pohl, Über die Rolle des Schriftstellers in dieser Zeit. Brief an Johannes R. Becher und E. E. Kisch, ebda., S. 463–470; E. E. Kisch, ebda., S. 535–538

Eine Geburtstagsrede und die Folgen (S. **285–287**)

E+D: Vossische Zeitung Nr. 91 v. 16. 4. 1931, Unterhaltungsblatt Nr. 88 (einzige Veröffentlichung)

Red: Im »Tagebuch« richtet Werner Hegemann einen Angriff auf Gottfried Benn anläßlich der Rede, die Benn auf Einladung des Schutzverbandes Deutscher Schriftsteller zu Ehren Heinrich Manns zu dessen 60. Geburtstag hielt. Benn habe absichtlich und methodisch unterlassen, den Politiker und Aktivisten Mann zu feiern, um die für diese Zeit ganz nebensächliche Position Heinrich Manns als Dichter mit »wilhelminischem Schwulst« zu betonen. Hegemann verallgemeinert seinen Angriff, indem er Benn Hinwendung zur Reaktion und zum Faschismus vorwirft. Wir geben Gottfried Benn, dessen Rede auf Mann wir zum Abdruck brachten, das Wort.

Da meine Väter ... (Fanatismus zur Transzendenz) (S. **289**)

E+D: Dichterglaube. Stimmen religiösen Erlebens, hrsg. v. Harald Braun, Berlin-Steglitz 1931, S. 35

E: Anfrage des Herausgebers nach dem religiösen Standort. Dargelegt von Harald Braun in der Einleitung zum Sammelband. »Die Form der Äußerung war freigestellt ... Für die inhaltliche Gestaltung nannten wir vier Angelpunkte der Überlegung: Religion – Christentum – Konfession und Kirche«. Benn antwortete mit einem Statement ohne Überschrift.

Auf Ihre Rundfrage ...
(Das Land, in dem ich leben möchte) (S. **291**)

E+D: Die literarische Welt 8, 1932, Nr. 18, S. 3 (einzige Veröffentlichung) (29. 4. 1932)

RT: Das Land, in dem ich leben möchte. Umzugsgedanken – Umfrage der ›Literarischen Welt‹ an namhafte Schriftsteller: »Wann, wo, wie möchtet Ihr lieber leben als jetzt, hier, und so wie Ihr lebt.«

Die Abteilung für Dichtung ... (S. **293–294**)

T: [Jan. 1933], sign. Gottfried Benn (Stellungnahme der Preußischen Akademie. Entwurf)
Die Preußische Akademie der Künste hatte eine Stellungnahme gegen Paul Fechters ›völkische‹ Literaturgeschichte geplant. In der Sitzung vom 5. 1. 1933 wurde der Entwurf Heinrich Manns diskutiert. Da die Mehrzahl der Mitglieder sich gegen eine Veröffentlichung dieses Entwurfs aussprach, konzipierten Ludwig Fulda und Walter von Molo auf Veranlassung Heinrich Manns eine Warnung vor der »Woge der Kulturreaktion«. Gottfried Benn legte einen Entwurf vor, in dem er sich noch entschiedener äußerte als Fulda und von Molo. Seine Formulierungen fanden ebenfalls nicht die Zustimmung aller Akademie-Mitglieder, Döblin wurde mit der Umarbeitung beauftragt. In der Sitzung vom 6. 2. 1933 wurde die Entscheidung über den Döblinschen Text vertagt, so daß die Stellungnahme der Akademie unterblieb.

E: Inge Jens, Dichter zwischen rechts und links. Die Geschichte der Sektion für Dichtkunst der Preußischen Akademie der Künste dargestellt nach den Dokumenten, München 1971, S. 285–286

D: Abschrift i. B. der Akademie der Künste, Berlin: Archiv der Preußischen Akademie der Künste (Akte 823)

Antwort an die literarischen Emigranten (S. **295–302**)

R: 24. 5. 1933

E: Deutsche Allgemeine Zeitung Nr. 242 v. 25. 5. 1933, S. 1–3, Morgenausgabe

D+LH: Der neue Staat und die Intellektuellen, Stuttgart, Berlin 1933, S. 22–34 (4. u. 5. Tsd. 1933, S. 24–36)

TD: Doppelleben. Zwei Selbstdarstellungen, Wiesbaden 1950, S. 89–91, 92–93

Red: Gottfried Benn, der Dichter und Arzt, hat von Berufsgenossen, die zu Beginn der deutschen Umwälzung ins Ausland gingen, verschiedene Zuschriften mit Vorwürfen wegen seiner positiven Haltung gegen den neuen deutschen Staat empfangen. Um Mißverständnisse zu vermeiden, sei festgestellt, daß es sich um Briefschreiber nicht jüdischer Abstammung handelt. Er hat Mittwoch abend im Rundfunk auf diese Briefe geantwortet: wir geben hier seine Ausführungen, die er uns zur Verfügung gestellt hat, gerne wieder, da sie uns grundsätzlich wichtig erscheinen.

E:
295,18 das heißt der Verdächtige, bleiben,] d. h. der Verdächtige [,] bleiben [,]
295,23 Antwort,] Antwort [,]
296,31 f zum Beispiel] z. B.
296,40 f das elementare, das stoßartige] das Elementare, das Stoßartige
297,1 sehen;] sehen:
297,4 Neunzehntes-Jahrhundert-Gehirn] neunzehntes Jahrhundert-Gehirn
297,37 zugrunde] zu Grunde
297,41 Französische Revolution] französische Revolution
298,8 Bric à Brac] Bric & Brac
298,10 Rhythmen] Rythmen
298,19 aufnehmen:] aufnehmen,
298,23 vernichten,] vernichten [,]
298,28 geschichtliches Sein] geschichtlichem Sein
298,31 sie] Sie
298,32 ihren Badeorten] Ihren Badeorten
299,13 ihnen] Ihnen
300,2 f ein sie bewegendes Lebensgefühl] ein sich bewegendes Lebensgefühl
300,6 Wahn,] Wahn [,]
300,13 vielem,] vielem [,]
300,14 Sozialismen] Sozialismus
300,31 f Ich kann versuchen . . . → . . . zurück. *(gesperrt) (S. 300,31–38)*
300,34 Volk.] Volk,
300,39 auf dem Land und bei den Herden groß wurde] auf dem Land geboren bin
301,3 versinkt,] versinkt [,]
301,4 die Ebene, die weite] die Ebene, die Weite
301,40 sein muß,] sein muß [,]
302,9 die Sie] wie sie Sie

Die liebe Fremde (S. **303–304**)

E+D: Beil. zum Berliner Lokalanzeiger Nr. 559 v. 26. 11. 1933 (Aus den Beständen des Instituts für Zeitungsforschung der Stadt Dortmund)

TD: Lebensweg eines Intellektualisten. Autobiographisches Fragment, in: Kunst und Macht, Stuttgart, Berlin 1934, S. 117–118

Red: Ein erhabenes Bild, erfüllt von dem Zauber frühgenossenen Behütetseins, durchglüht von den jungen Farben eines Kinderglücks, durchbebt aber auch von dem großen unabänderlichen Abschiedsweh, das selbst der Stärkste nicht vergißt, begleitet den schaffenden Menschen durch alle Wirrnisse und alle Glücksfälle seiner Lebensbahn. Eine Mahnung zum Guten, eine Bestärkung der Kraft des Wollens, eine Brücke zum unbekannten Ursprung unseres Wesens ist der Mutter Bild. Schöpferische deutsche Männer, sämtlich Mitglieder der Dichterakademie, künden in folgendem von der heiligen Kraft, die aus dem Bild der Mutter stetig in unser Herz strömt. (Beiträge von Peter Dörfler, Werner Beumelburg, Gustav Frenssen und Gottfried Benn)

Mon: **303,20f** Jahrhunderte lang] jahrhundertelang
303,22f und die die sprachlichen und logisch abstraktiven Fähigkeiten] und die sprachlichen und logisch abstraktiven Fähigkeiten
303,37 irgendjemand] irgend jemand
304,4 sprach.] sprach:
304,19 Ungeheuerer] Ungeheurer

Lebensweg eines Intellektualisten (S. **305–345**)

E+D: Kunst und Macht, Stuttgart, Berlin 1934, S. 109–171

LH: Doppelleben. Zwei Selbstdarstellungen, Wiesbaden ²1955, S. 7–73

VD: Deutsche Zukunft 2, 1934, S. 1–2, 6 u. d. T. ›Ahnenschwierigkeiten‹ (Kap. I) (Nr. 26 v. 30. 6.)

Korr: I: **308,17** Spitze,] Spitze: (*nach* Do II)
III: **329,24** der des Kunstträgers und der des Kulturträgers] dem des Kunstträgers und dem des Kulturträgers (*nach* LH)

VD: I: **305,4** Zeitalter der Genealogie *(gesperrt)* eingetreten. Seit] eingetreten, seit
305,11 langschädeligen] langschädligen

VD:	I:	**305,16**	Spelzsäer] Spelzsäern
		305,19	Feld-Züge] Feldzüge
		305,27	Sproß] Sprosse
		305,30	Säume – [,]] Säume –,
		305,32	Gestehe] gestehe
		306,1	der reinblütige Jude *(gesperrt)*
		306,2	reinblütiger Arier *(gesperrt)*
		306,3	100] hundert
		306,5 f	täuschen sich, H: ich weiß es besser,
		306,12	verstehen] verstehn
		306,16 f	Gott weiß was] Gottweißwas
		306,19	Kreuz-wortenträtsler] Kreuzwortenträtsler
		306,21	Mendelismus –,] Mendelismus, –
		306,23	das gleiche] das Gleiche
		306,24	ebenfalls,] ebenfalls [,]
		306,25	nochmals –,] nochmals, –
		306,30	und stelle meine Herkunft] und darum stelle ich *(gesperrt:)* meine Herkunft
		306,35	Züge,] Züge [,]
		307,1 f	Verhältnis des Nordens zur Form *(gesperrt)*
		307,4	Prozent,] Prozent;
		307,7	Westpriegnitz] Westprignitz
		307,24	haben;] haben,
		307,26	Urfennentum [,] d. h. Urfischertum [,]] Urfennentum, d. h. Urfischertum,
		307,37 f	Es gibt auf der ganzen Welt ... → ... Hauptnamen. *(fehlt) (307,37–308,2)*
		308,4	... Ursprungs. *(Absatz)*
		308,5	folgendem] Folgendem
		308,15	Volk,] Volk [,]
		308,22 f	Alfred William –; Geo –; und Sir Ernest John Pickstone –;] Alfred William [–]; Geo [–]; und Sir Ernest John Pickstone [–];
		308,26	erschienen ist.] erschienen ist: H: dazu kommt der bekannte Politiker Wedgwood Benn, der Staatssekretär von Indien.
		308,29	von seiten] von Seiten
		308,33	der letzten Jahre] des letzten Jahres
		308,34 f	eigentümliche Erbmilieu dieses protestantischen Pfarrhauses *(gesperrt)*
		309,3 f	Will ... → ... Friedrich Naumann hinzu, *(fehlt) (309,3–15)*
		309,15	so kann man] Man kann
		309,21 f	romanisches Blut *(gesperrt)*
		309,25	welschen,] welschen [,]
		309,32	der älteste] der Älteste

VD: I: **309,32f** Genealogisch ... → ... der alpinen Rasse. *(fehlt) (309,32–36)*
309,36 Von Stand stammte sie] Sie stammte
310,6 Bevölkerung;] Bevölkerung,
310,7 das Deutsche und das Französische *(gesperrt)*
310,12 ausgewiesen,] ausgewiesen; *(fehlt:)* es gab eine Zeit ... → ... bestand.
310,14 Ich] ich
310,18f Es kreuzten sich ... → ... ins Leben trat. *(fehlt) (310,18–31)*
310,33 ein halbes Jahr alt war] ein halbes Jahr war
310,34 Neumark;] N e u m a r k,
311,1 auf den Erntewagen] auf dem Erntewagen
311,2f auf den Bäumen] aus den Bäumen
311,7 abliefern,] abliefern;
311,30 Brandenburg blieb auch weiter] Das Märkische blieb weiter
311,33 lang [,]] lang,
311,34 Neigung;] Neigung,
311,36 Kaiser-Wilhelm-Akademie] Kaiser-Wilhelms-Akademie
312,18 Studenten,] Studenten;
312,31 verstehen,] verstehen;
312,39 Militärarzt *(gesperrt)*
312,39f zum Infanterieregiment 64 nach Prenzlau, dem Regiment von Mars-la-Tour, dann zum 3. Pionierbataillon nach Spandau, dem Bataillon vom Übergang nach Alsen. Mit] zum Infanterieregiment 64, dem Regiment von Vionville, nach Prenzlau, dann zum 3. Pionierbataillon, dem Bataillon vom Übergang nach Alsen, nach Spandau, mit
313,3 im ersten Jahr] in diesem ersten Jahr
313,9 »Morgue«,] »Morgue« [,]
313,14f – heute des typischen jüdischen Mischlings, damals des typischen *(fehlt)*
313,19f Ich nahm den Abschied ... → ... 1914. *(fehlt) (313,19–23)*

Do II: I: **305,2** Autobiographisches Fragment *(Fußnote in* E:*)* Entstanden durch die besondere Aufforderung eines Verlages.
305,36 die Lage] diese Lage
306,10 typische Grundeinstellung] typische Einstellung

Do II:	I:	**307,7**	Mansfeldt (Westpriegnitz)] Mansfeld (Westprignitz)
		307,26	Urfennentum [,] d. h. Urfischertum [,]] Urfennentum, d. h. Urfischertum,
		307,28	den Urbauern und Urjäger] den Urbauern und den Urjäger
		307,32	Instinktphilologie] Instinktphilosophie
		308,1	genau so] genauso
		308,4f	in folgendem.] in folgendem:
		308,11	Weinbau] Wein
		308,30	arischen, und] arischen und,
		308,31	angeht [,]] angeht,
		309,24	des Jura] des Juras
		309,25	welschen,] welschen [,]
		310,4	vereinigte] vereinigten
		310,24	mein Vater geistig durchaus] mein Vater durchaus
		311,31	Frankfurt a. d. O.] Frankfurt an der Oder
		311,33	Philologie,] Philologie [,]
		311,36	auf die Kaiser-Wilhelm-Akademie] in die Kaiser-Wilhelm-Akademie
		311,38	auf der] an der
		312,20	zu Medizin] zur Medizin
		312,41	Pionierbataillon] Pionier-Bataillon
	II:	**314,37**	Welt,] Welt [,]
		314,37f	weit ausholenden] weitausholenden
		315,6	gehörten] gehören
		315,29f	gegenüber gesetzt] gegenübergesetzt
		316,12f	vor [,]] vor, S: oder ist es eine mehr konventionelle Wendung
		317,4	3 bis 4] drei bis vier
		317,15	70] siebzig
		317,19	vor,] vor;
		317,29	Eine Banane, wuchs Herr Friedhoff auf?] Eine Banane? wuchs Herr Friedhoff auf.
		318,27	zugeben:] zugeben;
		318,39	heraufbeschworen] herausbeschworen
		319,8	jahrhundertlang] jahrhundertelang
		319,11	nicht vielleicht] vielleicht nicht
		319,24	gewesen [,]] gewesen,
		320,5	Kunst. –] Kunst. [–]
		320,13	400] vierhundert
		320,21	daher:] daher [:]
		321,1f	von dem philosophischen Idealismus] vom philosophischen Idealismus
		321,6f	als der Träger] als Träger
		321,9f	tief reichende] tiefreichende
		321,16	Autor [,]] Autor,

Do II: II: **322,9** Gemütswert.] Gemütswert!
322,12 Dinge [,] sammelt] Dinge, sammelt
323,17 Hirnrinde] Hirn
324,8 derniers cris] Derniers cris
324,36 Mar-mor-stufe *(nicht gesperrt)*
325,3 f ist Reinigung] ist die Reinigung
326,10 f da waren] dawaren
326,33 kaltes,] kaltes [,]
326,37 f durch die die »Zusammenhangsdurchstoßung« [,] d. h. die Wirklichkeitszertrümmerung [,]] durch die *Zusammenhangsdurchstoßung*, das heißt die Wirklichkeitszertrümmerung,
327,1 des Allgemeinsten] des Allgemeinen
327,21 200] zweihundert
328,24 Stunden und,] Stunden, und
328,31 Komm [,]] Komm,

III: **329,11** arischer] abendländischer
330,4 nur mit seinem inneren Material] nur seinem inneren Material
330,13 auch, gar nichts] auch [,] garnichts
330,20 20.] zwanzigste
331,9 50] fünfzig
334,10 Mittelalters,] Mittelalters [,]
335,34 vorschwebt:] vorschwebt,
336,18 dies Zeitalter] dieses Zeitalter
336,33 Herrn] Herren
337,25 trat [,]] trat,
337,32 f aneinander zu kleben] aneinanderzukleben

IV: **339,38 f** S: Daß ich mir dies Leben ... → ... täglich neu. *(Danach Absatz) (339,38–340,1)*
340,4 gar nicht] garnicht
340,23 f S: Nun ist sie zu Ende ... → ... ein neuer Boden kämpfen. *(Danach kein Absatz) (340,23–27)*
340,32 f S: Ich bin von der Generation, die infolge ihrer Stellung ... → ... an Frankreich sterben. *(340,32–36)*
340,41 S: und die Architektur
341,2 f kam, und jetzt kommt aus ihm Europas Ende. Denn Frankreich] kam – wird es Europa noch einmal führen? Frankreich
341,7 f hatte. Aber Frankreich ... → ... letzter Glanz bist du.] hatte – wird es mit uns in die Zukunft gehen? *(341,7–15)*
341,27 in dem Aufsatz] in einem Aufsatz

Do II: IV: **341,31f** Macht. Der Sicherung der Rasse ... → ... sich erinnern.] Macht – möge sie in ihre Bestimmung gehen. *(341,31–342,9)*
342,9 Und dann möge] Möge

V: **343,6** wird in diesem Buch] habe ich
343,7f S: besonders in der Marinetti- und George-Rede
343,15f S: dies nordische Prinzip ... → ... des Ornaments,
343,17f des Formzwangs, nordisch] des Formzwanges, man kann auch sagen:
343,22f das Leben formend überwinden *(nicht gesperrt)*
343,26 Wort),] Wort) [,]
344,22 weiter –:] weiter – [:]

Gottfried Benn, seit 1932 ... (S. **347**)

M: undat., unsign.

T: ⟨Sept. 1946⟩ (Statische Gedichte, verwendet für die Ausgabe im Arche Verlag)

D: Typoskript i. B. Dr. Ilse Benn

Sehr verehrter Herr Paeschke ...
(Ein Berliner Brief) (S. **349–354**)

M: undat., unsign., 20 S. Entwurf

T: undat., unsign., nicht pag. Mit handschriftlichen Zusätzen (T_7)

T: undat., unsign., nicht pag. Mit handschriftlichen Zusätzen (OeA) ($T_6=T_7$)

T: undat., unsign. (T_5)

T: undat., unsign., nicht pag. (OeA) ($T_4=T_5$)

Z=T: 18. 7. 1948, masch. Dr. Gottfried Benn, 5 S. pag. (T_3)

T: 18. 7. 1948, masch. Dr. Gottfried Benn, 5 S. pag. (OeA) ($T_2=T_3$)

T: masch. Dr. Gottfried Benn, 18. 7. 1948, sign. Gottfried Benn, 6 S. pag. (T_1)

E: Merkur 3, 1949, S. 203–206 u. d. T. ›Ein Berliner Brief‹ (H. 2, Febr. 1949)

LH: Ausdruckswelt. Essays und Aphorismen, Wiesbaden ^{2}1954, S. 142–148 u. d. T. ›Nachwort: Berliner Brief, Juli 1948, an den Herausgeber einer süddeutschen Monatsschrift‹

D: Brief i. B. Klett-Stiftung, Stuttgart. Leihgabe im Deutschen Literaturarchiv, Marbach (T_1)

T_5: **349,4** 1. 7.] 1. VII.

T_5: 349,8 ein Heft] das erste Heft
349,16 bemerken:] bemerken.
349,27 sehen] sehn
349,28f Redakteur] Redaktör
349,35 und die] und auch die
349,36f vielleicht auch, [–]] [vielleicht] auch, –
350,11 und ich habe] und [ich] habe
350,13 kommen] gelangen
350,13f Der Ruhm ... → ... verbunden fühlt. *(fehlt an dieser Stelle, etwas veränderte Formulierung am Ende des Briefes) (350,13–21)*
350,21f Ich meinerseits habe es nämlich nicht unterlassen] Aber ich meinerseits habe mich bemüht
350,22f die literarische Produktion der vergangenen drei Jahre] die Produktion dieser letzten drei deutschen Jahre
350,24 folgender:] folgender.
350,27 von derselben Gruppe] [von] derselben Gruppe
350,30 Nicht-Ergebnissen] Nicht-ergebnissen
350,30f Das Ganze wirkt] das Ganze wird
350,31 abgespielt,] abgespielt [,]
350,32 Libretto, H: sagen wir die Geisha,
es wirkt] [es] wirkt
es wirkt wie] [es] wirkt wie
350,34 möchte,] möchte [,]
350,36 ... zu regenerieren. *(kein Absatz)*
350,37f Ein Volk regeneriert sich durch Emanation von spontanen Elementen] Durch Emanation spontaner Elemente regeneriert sich ein Volk
350,38f historisierenden] psychologisierenden
350,39f Diese letzteren aber füllen bei uns den öffentlichen Raum. *(fehlt)*
350,40f Und als Hintergrund ... → ... empfinden werden.] Und was dies bei uns verhindert, dafür sehe ich einen Hintergrund, von dem ich fürchte, wenn ich ihn ausspreche, werden Sie ihn als katastrophal empfinden.
351,1f geht nämlich meiner Meinung nach] geht meiner Meinung nach
351,2 gar nicht] garnicht
351,3f SS-Verbrechen] S. S. verbrechen
351,13 Dies] Das
351,19f und ihren Gehalt an degenerierender und regenerativer Substanz – *(fehlt)*
351,20 Demokratie *(nicht hervorgehoben)*
351,21 gewendet [:]] gewendet:
351,24f Humanitäre *(nicht hervorgehoben)*
351,26f umkleidet, –] umkleidet –: *(fehlt:)* natürlich man soll human sein, –

T$_5$: 351,28 sehr nahe stehen] [sehr] nahestehn

351,29 Yukatan –,] Yukatan, –

351,37 greift die Öffentlichkeit ein] setzt die Öffentlichkeit an

351,38 die oben genannte Gruppe] jene oben genannte Gruppe

351,39 mit ihren Clubdebatteuren] mit allen ihren Clubdebatteuren

351,41 im Namen von Vergangenheit] im Namen und zum Schutz von Vergangenheit

352,1 Kind; –] Kind –;

352,2 die Kulturphilosophen] und alle die Kulturphilosophen

352,3f strömen zusammen, denunzieren, eliminieren, rotten aus –] strömen zusammen und denunzieren und eliminieren u rotten aus [–]

352,4 und natürlich auch die Herren Chefredakteure] und dann flitzen die Herren Chefredaktöre herbei

352,6f Geburt –] Geburt. *(fehlt:)* und alles dies ... → ... bergen kann. *(352,6–13)*

352,14 Die Lage] Das

352,14f sind vorhanden] sind da

352,17 allem] Allem

352,18 heißt,] heisst [,]

352,19 Tragödie.] Tragödie:

352,19f die Öffentlichkeit hat Recht, sie hat geschichtlich Recht] der Staat hat Recht, er hat das geschichtliche Recht

352,20f die Elemente] die neuen Elemente

352,21 das [zuerst]] das zuerst

352,22 trägt] hat

neue, und das sind immer neue erschreckende Züge] neue grausige Züge

352,23 Quartärs –,] Quartärs [–],

352,24 anderes, als die vergangenen Jahrhunderte] anderes [,] als das die vergangenen Jahrhunderte

352,24f als sie voraussetzten ... → ... Schadenzauber der Schamanen.] er ist nicht so thoasmild, wie das Goethezeitalter dachte, nicht so morbide, wie es die fin de siecle glauben liess, – er ist ––, doch ich bin nicht Jules Verne oder Doktor Mabuse, ich bin kein Vorstadt-Dämon, ich trage meine Gedanken alleine, ich will nicht in die Zunkunft ragen. *(352,24–28)*

352,29f Gegen diese Öffentlichkeit ... → ... mein Beruf. *(fehlt)*

352,31f alleine;] alleine [,] *(fehlt:)* zu ihrem Gesetz ... → ... erscheint. *(352,31–34)*

T_5: **352,34** Ich trage auch die Einwände gegen sie alleine] und ich kenne alle Einwände gegen sie

352,35 Esoterismus [,] –] Esoterismus, –

352,35f »der Kranichzug] »[der] Kranichzug

352,36 Volk«, –] Volk« [,] –

352,39 übergeben. H: Ich trage meine Gedanken alleine, sie können nichts liefern für die Organisation des wirkenden Geistes, es gehört zu ihrem Gesetz, dass, wer die Lage erkennt, nur zu sich selber spricht, dass einer, der seine eigene innere Grenze überschreitet und ins Allgemeine möchte, unberufen, unexistentiell und peripher vor dieser Stunde erscheint.

352,39f Sie richten sich also gegen den tierischen Monismus, daß alles zusammenpassen muß, alles für jeden da sein] Wohin also zielen meine Aperçus? Gegen den tierischen Monismus, dass Alles zusammen passen muss, Alles für jeden da ist

353,2 Und dann] Dann

353,6 kein Ausweichen und keine Emigration gibt,] kein Ausweichen mehr giebt, kein Blinzeln, keine Konzession, keinen Schwarzhandel u. keine Emigration:

353,6f es wird nur noch zwei Typen, zwei Konstitutionen, zwei Reaktionsformen zulassen] das kommende Jahrhundert wird nur noch zwei Typen zulassen, zwei Konstitutionen, zwei Reaktionsformen

353,10 Mönche – [,]] Mönche –, H: etwas anderes wird es nicht mehr geben

353,12f Und damit ...→... um Entschuldigung bitte.] Dies sind Gedanken aus meinen neuen Büchern und damit komme ich zum Schluss, der eine Art von Bitte um Entschuldigung ist.

353,14 erwidere] antworte

353,15 Nilpferdpeitsche. H: Aber ich bitte Sie um Verständniss für meine Stellung. Der Ruhm hat keine weissen Flügel, sagt Balzac, aber wenn man wie ich zwanzig Jahre lang von den Nazis als Schwein, von den Kommunisten als Trottel, von den Demokraten als geistig prostituiert, von den Emigranten als Renegat, von den Religiösen als pathologischer Nihilist stigmatisiert wird, ist man nicht scharf darauf, wieder in diese Öffentlichkeit zu dringen. Sicher irrte ich mich in Manchem, sicher sah ich die Zusammenhänge mehr konstitutionell als sachlich-kausal, aber sich irren und doch seinem Inneren weiter Glauben schenken müssen, das ist der

T_5: Mensch. Wenn er immer nur das schriebe was 15 Jahre später geschrieben zu haben, opportun erschiene, wäre er des Kampfes und des Leides, das sein Wesen uns auferlegt, nicht wert. *(Zusatz an dieser Stelle)*

353,15f wiederhole nochmals: ich verallgemeinere nichts, ich erweitere meine Existenz nicht über meine Konstitution.] sage nochmals, dass ich nichts verallgemeinere.

353,17 sollten nur aus meinen Zeilen] mögen aus diesem langen Brief nur

353,18 Besorgnis] Besorgniss

353,18f nicht wieder gedruckt zu erscheinen, keine große sein kann] nicht wieder gedruckt zu werden, nicht gross sein kann

353,22 ist auch dies nicht der Fall –] geschieht es nicht –

353,22f ebenfalls einverstanden –, *(Das Ende des Briefes fehlt) (353,22–354,6)*

E: **349,1f** Dr. Gottfried Benn Berlin-Schöneberg, Bozener Str. 20 den 18. 7. 1948] Berlin, Sommer 1948

349,3f S: Sehr verehrter Herr Paeschke ... → ... meinen Dank. *(349,3–14)*

349,24f lizenziierten] lizenzierten

349,27f S: Darüber aber ... → ... ersparen möchte.

349,33f S: Es trifft sich daher gut ... → ... Verwirrungen. *(349,33–350,2)*

350,3f mein Fragebogen, den Sie in großzügiger Weise erwähnen, in Ordnung] mein Fragebogen in Ordnung

351,2 zu Grunde] zugrunde

351,20 Demokratie *(nicht hervorgehoben)*

351,21 Beste] beste

351,24f Humanitäre *(nicht hervorgehoben)*

352,27 anderen] andern

352,36 in der Tat [,]] in der Tat,

353,14f wie eine Nilpferdpeitsche] wie einer Nilpferdpeitsche

352,19f S: erscheint mein Name ... → ... einverstanden –, *(353,19–23)*

353,26 Berlin [,]] Berlin,

352,30 von den 24 Stunden] von 24 Stunden

354,1f S: Leben Sie wohl ... → ... befördern werden. *(Vgl. B Max Niedermayer v. 6. 4. 1949)*

354,4 Ihr sehr ergebener *(keine neue Zeile)*

AW: 349,1f Dr. Gottfried Benn Berlin-Schöneberg, Bozener Str. 20 den 18.7.1948

] Berlin, Sommer 1948

349,3f S: Sehr verehrter Herr Paeschke ... → ... meinen Dank. *(349,3–14)*

349,16 Folgendes] folgendes

349,24 lizenziierten] lizenzierten

349,27f S: Darüber aber ... → ... ersparen möchte.

349,33f S: Es trifft sich daher gut ... → ... Verwirrungen. *(349,33–350,2)*

350,4 S: den Sie in großzügiger Weise erwähnen

350,8 Gesetz –,] Gesetz – [,]

350,10 ... zulassen wollen. *(doppelter Absatz)*

350,14 15] fünfzehn

351,39 descriptiven] deskriptiven

351,2 zu Grunde] zugrunde

351,10 Clubs] Klubs

351,20 Substanz –, z. B.] Substanz – [,] zum Beispiel Demokratie *(nicht hervorgehoben)*

351,21 Beste] beste

351,24f Humanitäre *(nicht hervorgehoben)*

351,26 umkleidet, –] umkleidet [,] –

351,27 sein, –] sein, [–]

351,28 nahe stehen] nahestehen

351,38 oben genannte] obengenannte

351,39 Clubdebatteuren] Klubdebatteuren

352,5 Presse-Limusinen] Presse-Limousinen

352,7 zum Schutz] zum Schutze
Humanität, –] Humanität [,] –

352,16 cerebrale] zerebrale

352,20 hat Recht] hat recht
geschichtlich Recht] geschichtlich recht

352,23 Quartärs –,] Quartärs – [,]

352,36 Volk«, –] Volk«, [–]

352,2 haltungbestimmende] haltungsbestimmende

352,11 Schwarzen Kutten] schwarzen Kutten

352,14f Etwas wie eine Nilpferdpeitsche] etwas wie einer Nilpferdpeitsche

353,19f kann, –] kann [,] – S: erscheint ... → ... ebenfalls einverstanden –, *(353,19–23)*

353,23 trägt –,] trägt – [,]

353,26 Berlin [,]] Berlin,

353,30 von den 24 Stunden] von vierundzwanzig Stunden

353,41 Centauren] Zentauren

354,1 S: Leben Sie wohl und
danken] Danken

354,2 Skymaster] Skymasters

354,4f S: Mit Wünschen ... → ... Gottfried Benn *(354,4–6)*

Doppelleben (S. **355–479**)

K 11: 30. 1./4. 2. 1946 Notiz zu ›Absolute Prosa‹

K 14 a: 28. 8./2. 9. [1949] Entwurf zu ›Zukunft und Gegenwart‹, ›Die Grundlagenkrise‹; Notiz zu ›Artistik‹
2. 9. [1949] Entwurf zu ›Zukunft und Gegenwart‹, ›Der Stil der Zukunft‹
nach dem 17. 10. [1949] Notiz zu ›Leier und Schwert‹

M: 7. 12. [1949], 22 S. Entwurf, einige Seiten maschinenschriftlich

T: [1944], unsign., 10 S. pag.
(Block II, Zimmer 66. Tagebuch aus der Kaserne)
(T_4)

T: [1944], unsign., 10 S. pag.
(Block II, Zimmer 66. Tagebuch aus der Kaserne) (OeA)
($T_3 = T_4$)

Z = T: 3. 12. 1949/15. 1. 1950, Entwurf, Teile handschriftlich
(T_2)
Doppelleben:
I: 3. 12. 1949
II: 7. 12. 1949
V: 15. 1. 1950, sign. Be (Knut Hamsun: »Auf überwachsenen Pfaden«)
IX: 1. 1. 1950

T: Als Ganzes undat. Besitz des Limes Verlags (T_1)
Doppelleben:
I: Dez. 1949, sign. GB
IV: 1944, sign. Be.
V: 24. 12. 1949, sign. GB (Absolute Prosa)
31. 12. 1949, sign. G.B. (Doppelleben)
2. 1. 1950, sign. GB (Stil und Entartung)
15. 1. 1950, sign. Be (Hamsun)
VI: 1944, unsign.
VII: 6. 9. 1949, sign. G.B. (Phase II)

E: Kunst und Macht, Stuttgart, Berlin 1934, S. 109–171 (Lebensweg eines Intellektualisten)/Doppelleben. Zwei Selbstdarstellungen, Wiesbaden 1950, S. 75–213 (Doppelleben) (März 1950)

D: Doppelleben. Zwei Selbstdarstellungen, Wiesbaden 1950

LH: Doppelleben. Zwei Selbstdarstellungen, Wiesbaden ^{2}1955

VD: Doppelleben:
I: In meiner Lebensgeschichte . . ., in: Klaus Mann zum Gedächtnis, Amsterdam 1950, S. 16–19
Das liberale Zeitalter konnte die Macht nicht sehen, in: Die Neue Zeitung Nr. 48 v. 25. 2. 1950, S. 7

VD:	I:	»Ein Doppelleben«. Aus einem selbstbiographischen Buch von Gottfried Benn, in: Die Tat 15, Nr. 68 v. 11. 3. 1949	
	III:	Monolog, in: Zweiundzwanzig Gedichte, August 1943, S. 22–25	
	V:	Ich führe ein Doppelleben, in: Hamburger Allgemeine Zeitung v. 14. 2. 1950	
	VI:	1886, in: Statische Gedichte, o.O. o.J. [1946]	
	VII:	Phase II, in: Merkur 4, 1950, S. 23–29	

Korr:	Lebensweg eines Intellektualisten:		
	I:	**358,16**	Spitze,] Spitze: (*nach* Do II)
	II:	**368,25**	zugeben:] zugeben; (*nach* E)
	Doppelleben:		
	I:	**400,14**	befremdlich,] befremdlich [,] (*nach* T_1)
		408,24	in einen Dunst] in seinen Dunst (*nach* T_1, T_2. *Vgl.* B Oe *v.* 9. 3. 1950)
	II:	**413,22**	in einen kleinen Opel] in einem kleinen Opel (*nach* T_1, T_2)
		414,40	Schmidt-Rottluff] Schmidt-Rotluff
		414,41	Richard Strauss] Richard Strauß (*nach* T_2)
	III:	**426,9**	charmanten] scharmanten (*nach* T_1, T_2)
	IV:	**441,29**	Mutterrechtstheorie] Mutterreichtheorie
	V:	**442,9**	im Dunkel] im Dunkeln (*nach* T_1)
		451,17	Gelegenheiten *(hervorgehoben)* (*nach* E)
	VII:	**472,11**	Langston Hughes] Langston, Hughes (*nach* T_2, VD)

T_2:	Doppelleben:		
	I:	**395,3 f**	Dieser Teil I . . . → . . . vergriffen ist.] Das Vorstehende wurde im Frühjahr 1934 veröffentlicht in dem Buch Kunst und Macht (D.V.A. Stuttgart).
		395,4	einige] ganz
		395,5	oder verändert *(fehlt)*
			jetzigen] jetztigen
		395,7	Ich fahre nun fort.] Der Verlag, der diese Selbstdarstellung angeregt hatte, war ein anderer gewesen, er vertrat aber sofort die neuen rein völkischen Belange und ich wollte nicht in die Reihe der von ihm vorgesehenen Autoren gelangen.
		395,12	ihrer Zeit] ihrerzeit

T$_2$: I:

395,13	ihre Stunde abzuwarten. In] ihre Zeit abzuwarten, in
395,15 f	entgehen. Man] entgehn, man
395,16	massiven,] massiven [,]
395,18	kannte man nicht] war unbekannt
395,21	Reaktion] Reaction
	gesinnungshafter] gesinnunghafter
395,22	Gesinnung –] Gesinnung [–]
395,23	den 30. Januar in Berlin mit dem 8. November 1917] den 30 I mit dem 2. Oktober
395,24 f	Wenn nun . . . → . . . verließen,] Die meiner Generation und meines Gedankenkreises die nun Deutschland verliessen,
395,26	emigrierten sie noch nicht] emigrierten auch noch nicht
395,28	gehen] gehn
395,29	Fortgehens] Fortgehns
395,31	ein Ausweichen] eine Flucht
395,31 f	Emigration . . . → . . . jene flohn. *(fehlt) (395,31–36)*
395,36 f	Ich persönlich hatte] Ich hatte
396,1	politischen] öffentlichen
396,2	nichts] nicht
396,6	ich jedenfalls und viele andere mußten] ich musste
396,8 f	gar nicht vor. Der] gar keine vor, der
396,9	hatte,] hatte –
396,10	Bedenken,] Bedenken [,]
396,15	war,] war [,]
396,17	es stand] [es] stand
396,20	geendet, [–]] geendet, –
396,21	Also,] Also:
396,25	NS-Versammlungen] ns Versammlungen
396,26 f	eine NS-Zeitung oder -Zeitschrift abonniert,] eine ns Zeitung oder Zeitschrift abonniert –
396,28	zahlreichen Punkten] 12 Punkten
396,30	gab, glaube ich,] gab [,] glaube ich [,]
	ebensoviel] ebenso viel
396,32	keines,] keines [,]
396,36 f	erwarten. Z. B. enthielt das NS-Parteiprogramm] erwarten – z. B. enthielt das ns Parteiprogramm
396,37 f	jenen Punkt] jenen [Punkt]
396,38	»Brechung der Zinsknechtschaft« –] [»]Brechung der Zinsknechtschaft [«–]
396,39	dann doch] doch dann

T_2: I:

397,1 wurde, war etwas ganz anderes,] wurde [,] war ganz was anderes [,]
397,3 nehmen, zunächst –] nehmen – zunächst,
397,4 allerdings,] allerdings [,]
397,6 1933] 33
397,7f Der Antisemitismus ... → ... zu widmen. *(fehlt)*
397,11f ausgesprochen worden wäre] ausgesprochen wäre
397,12f ein Gedanke ... → ... und *(fehlt)*
397,13f hielt, um 1900, den »Vorwärts«, kein Stöcker'sches Blatt – den »Vorwärts« in einem Dorf] hielt – um 1900 – den Vorwärts, kein Stöckersches Blatt – den Vorwärts auf einem Dorf
397,16 war es *(fehlt)*
397,17f meine Ausbildung] meine ärztliche Ausbildung
397,18 »Mischlinge«,] »Mischlinge« –
397,20 mußten] sollten
397,21f Bei dieser Gelegenheit ... → ... acht Cohns] nebenbei: ich sah während meiner 2. Dienstzeit die Ehrenliste der 1914/1918 gefallenen San-offiziere ein, die in einem Prachtband erst während der Nazizeit erschienen war, alphabetisch geordnet, sie enthielt 8 Kohns *(397,21–27)*
397,28 In den entscheidenden Jahren hatte ich dann in Berlin] In Berlin dann hatte ich
397,30 die meiste Hilfe] das meiste an Hilfe
397,30f Ärztin. Der] Ärztin, der
397,36 – von New York aus – ist es nicht anders] [–] aus New York [–] ist nicht anders
397,38 drei] 3
397,40 Mombert. Als Talente] Schönberg, als Talente
397,41f Kafka, Döblin, Carl Einstein, dazu Schönberg *(fehlt)*
398,1 und dann kam die] und dann die
398,3 ich einige kennen lernte:] ich kennenlernte [:]
398,5 und unzulänglich *(fehlt)*
398,7 aufs stärkste] aufs Stärkste
398,8f nenne ich: ... → ... Das Denken der Primitiven.] nenne ich Semi Meyer, Unger, Levi Bruhl.
398,12f Zusammenfassend ... → ... undenkbar wäre. *(fehlt) (398,12–15)*

T$_2$: I: **398,15 f** Der Glanz ... → ... Anteil der Bevölkerung.] Alles in Allem ist darüber gar kein Zweifel, dass der ganze Glanz der Kaiserzeit sein innerer und äusserer Reichtum sich sehr wesentlich dem jüdischen Anteil der Bevölkerung verdankt.

398,18 f von artistischen, wissenschaftlichen, geschäftlichen Improvisationen] [von] wissenschaftlichen geschäftlichen u artistischen Improvisationen

398,20 entstammte zum großen Teil *(fehlt)*

398,21 f der Begabung dieses Bevölkerungsanteils ... → ... Instinkt für Qualität] seiner Begabung, seinen internationalen Beziehungen seinem totsicheren Instinkt für Qualität

398,22 f seiner sensitiven Unruhe und vor allem] ihrer Unruhe

398,23 todsicheren] totsicheren

398,26 ausgeschlossen] vollkommen ausgeschlossen

398,30 sehen] sehn
sie sah ihr nicht ins Auge, *(fehlt)*
von ihr weg,] weg von ihr [,]

398,32 die Macht] sie

398,33 Das Vorstehende H *(davor hs.)*: Marinetti, der etwas verwöhnt war u auf ganz andere Feiern z B in Paris zurückblicken konnte, schien mir nicht entzückt, von einem nicht offiziellen, bei den Führerstellen nicht akkredierten Mann, wie ich es war, angeredet zu werden. Erst liess er uns Stunden warten u dann antwortete er mit einer italienischen Rede, die er wohl schon öfter gehalten hatte u die ich nicht verstand. Das Einzige, worauf er mich ansprach, war das Thema die Brüder Th u. H Mann, warum sie bei der neuen Regierung missliebig seien. Offenbar hatte er Auftrag, sich hierüber zu orientieren.

398,34 umgehen] umgehn

398,35 »Antwort an die literarischen Emigranten«] »Antwort *(Lücke)*

398,35 f im Frühjahr 1933] 1933

398,38 f Stellungnahme von mir] Antwort

398,39 f im folgenden] im Folgenden

398,40 f Klaus Mann ... → ... hoher Intelligenz] Klaus Mann war von hoher Intelligenz

T_2: I:

399,1 weitgereist] weit gereist
399,2 von besten Formen] von bestem Benehmen
399,2f die schöne ausgestorbene Eigenschaft] die schöne Eigenschaft
399,4f Diesen Brief ... → ... verblüfft. *(fehlt)*
399,7 27-jährige] 27jährige
richtiger] richtig
399,7f die Entwicklung der Dinge genau vorausgesehen] die Entwicklung genau vorausgesehn
399,8f klarerdenkend] klarer sehend
399,9f meine Antwort ... → ... romantisch] meine Antwort eher romantisch
399,10 überschwänglich] überschwenglich
399,11 ich muß] eins muss ich
399,13 noch für uns alle akut sind,] für uns alle vorliegen [,]
399,16 seinem Kreise] seinem Kreis
399,17 freundliches] freundschaftliches
399,19 zum Teil] zT
399,19f auch heute noch oder wieder *(fehlt)*
402,12f Erneuerung des deutschen Volkes ... → ... das Beste an ihnen war.] Erneuerung des deutschen Volkes, an einen Ausweg aus Rationalismus, Funktionalismus, civilisatorischer Erstarrung, eine Erneuerung, die Europa dienen, die dessen Bildung, seine kritischen Massstäbe einschliessen und Religionen und Rassen das lassen würde, was das Beste an ihnen war. *(402,12–17)*
403,34f Andere Partien ... → ... Die Stelle lautet: *(fehlt) (403,34–404,7)*
404,37f es gibt etwas, das sie beide verbindet, es ist:] was nämlich beide erfüllt, ist:
404,40 Standardideologien] Standardideologieen
405,1 rostet –] rostet,
405,7f bei den Hellenen *(fehlt)*
405,8f Ilias – d'Annunzio's Fiume] Ilias, d'Annuncio's Fiume
405,11f – die Nibelungen ... → ... Platons Staat] was der Darwinismus
405,14 steht die Tapferkeit des Mannes, oft] – die Tapferkeit des Mannes, [oft]
405,17f Gehen wir ... → ... diese These] Vergessen wir auch nicht die beiden Quellen unseres Bildungs- und Erlebnisstroms
405,18 keinesfalls] in keiner Weise

T_2:	I:	**405,20**	Rom,] Roms –
		405,23	Bultmann, –] Bultmann –,
		405,26	Griechen,] Griechen –
		405,29	Streiters« – [:]] Streiters« –:
		405,30 f	Und Europa fand es der Bewunderung wert.] Und das bewunderte Europa.
		405,35	Ostindische Kompanie] ostindische Kompanie
		405,41	Gewalt, auch] Gewalt. Auch
		406,4	Weg [,]] Weg,
		406,6	ziehen] ziehn
		406,8 f	Perspektive] Perspective
		406,13	30-jährigen Krieg] dreissigjährigem Krieg
		406,13 f	Hexenprozessen] Hexenprocessen
		406,15 f	zusammen – [–] was] zusammen –– was
		406,21	gefeierten und hochverehrten] hochgefeierten u verehrten
		406,22	ziehen] ziehn
		406,31	er's] ers
		406,32	lesen wir *(fehlt)*
		406,33 f	zu welchem ... → ... sondern die Zeit selbst] zu dem »die Zeit selbst
		406,35 f	Eingezogen! Dann reiste er] Er reiste
		406,37 f	in einem durch die Deutschen besetzten Theater *(fehlt)*
		406,40 f	ein Kammerherr redet ihn später brieflich »Herr Kriegskamerad« an. *(fehlt)*
		406,41 f	Nach 1918 ... → ... verlieh.«] Von der späteren Kriegszeit sprach er es war der Grund des Schicksalrauschs der deutsch-positiven Charakter verlieh.« Soweit Th. M., 1930. *(406,41–407,9)*
		407,10 f	Seltsam ... → ... in inhaltliche Beziehung zu setzen. *(fehlt)*
		407,12 f	Im übrigen bin ich sicher] Ich bin sicher
		407,15	bestehen] bestehn
		407,18	bestehen] bestehn
		407,27 f	Ja, sie wurden ... → ... immer komplizierter.] Die Lage wird immer komplizierter.
		407,34	an die Macht gelangt sind] die Macht besitzen
		407,35 f	gibt so viele] giebt soviele
		407,38	Aristoi [,]] Aristoi,
		408,1	sagen:] sagen.
		408,3	USA] U.S.A.
		408,4	zwei] drei
		408,8	gibt] giebt

T_2: I: **408,9** Diktaturen«,] Diktaturen« [,]
408,10 nein,] nein [,]
408,12 Ideologien] Ideologieen
408,13 gar nicht] garnicht
408,30 eingehen] eingehn
408,32f der 1926 eine Abteilung für Dichtkunst angegliedert worden war] der 1927 eine Abteilung für Dichtung angegliedert war
408,34f Richtung und Substanz] Substanz u Richtung
408,41 Konzerten, *(fehlt)*
409,2 Unterstützung verdienter Künstler] Unterstützungen an verdiente Künstler
409,5 ein knappes halbes Dutzend] ein halbes Dutzend
409,7 gegenübersahen] gegenübersah
409,8f besetzen wollten] einnehmen wollte
409,9f Uns … → … Kulturbolschewisten. *(fehlt)*
409,10 für uns *(fehlt)*
409,11 wußte, woran er war,] wusste [,] woran er war [,]
409,13f aus irgendeinem dieser Fonds] aus diesen Fonds
409,17 wollten;] wollten.
409,21 monatlichen Ehrensold] Ehrensold monatlich
409,22 konnte;] konnte.
409,23 wie weit] wieweit
409,23f gegen die als gefährdet anzusehenden Mitglieder] gegen die gefährdeten Mitglieder
409,25 zusammen,] zusammen [,]
409,29 und noch manche Hoffnung] und manche Hoffnung
409,30 Bei dieser Lage] Da
409,33 einziger] Einziger
409,34 seiner] meiner
410,3 waren [,]] waren,
410,4 erinnere [,]] erinnere,
Fulda,] Fulda [,]
410,5 und ich berichtete] und berichtete
410,7 persönliche *(fehlt)*
410,9 Mitglieder,] Mitglieder [,]
410,10 Herr von Schillings leitete.] v. Schillings leitete,
410,10f Johst … → … ernannt.] in der Johst und Blunck zu Vorsitzenden und lauter neue Senatoren gewählt wurden.

T_2: I: **410,13f** doch ich erinnere mich ... → ... über sich gewinnen konnten,] ich erinnere mich, dass es einige neue Mitglieder nur sehr zögernd über sich gewannen,

410,17 nur sehr zögernd über sich gewannen,

410,18 was sie getan hat *(fehlt)*

410,25 von ihr *(fehlt)*

410,26 ferner] auch

410,29 zusandte,] zusandte [,]
glossiert. Nämlich als jenen
] glossiert als jenen

410,30 »höchst] [»] höchst

410,31f Lyriker«] Lyriker [«]
dessen Körperlichkeit ... → ... aus London bezogen wurden] der von Haus aus ein wenig weltfremd, nun sehr schnell gesellschaftfähig und gewandt wurde und in Hendrikshall und in allen Häusern der Prominenten, in denen der Whisky und die Marmelade direkt aus London bezogen wurde, ein und ausging *(410,31–37)*

410,38f Das alles, muß ich bemerken, ist] Das ist

411,7 Ich fasse zusammen: ich behaupte
] Ich behaupte

411,21 recht behalten] Recht behalten

411,23 müssen: – das ist der Mensch, –
] müssen [:] – das ist der Mensch [,] –

411,23f einer meiner »Drei alten Männer«
] einer der 3 A. M.

411,27 sagen [:]] sagen:
Gelegenheit] Gegebenheit

411,34f er ist ... → ... zurückdachte.] der mir bei der Rückbetrachtung auf 1933 oft gekommen ist

411,36f noch heute so sehr auf uns herabsehen
] jetzt so auf uns herabsehn

411,37f waren, wie es Klaus Mann ... → ... vielleicht auch waren –] waren wie Klaus Mann u viele waren es sicher:

411,40 von sich und von uns] von uns u sich

412,1 Braun, Severing, Brüning] Severing u Braun u Brüning

412,2 Teile der prominenten Presse
] Teile der Presse

412,3 ebenso *(fehlt)*

412,7 wenn sie Bescheid wußten *(fehlt)*

412,10 das unter Nr. 3 dieser Vorbemerkung darstelle] es in Nr. 3 dieser Vorbemerkungen erwähne

T_2: II:

413,2 Zunächst also] Also zunächst
413,5 nationalsozialistischen] ns
413,6 nichts Gutes] nichts [Gutes]
413,7 die Ärzte] diejenigen Ärzte
413,11 wie ich dann hörte *(fehlt)*
413,16 auf gut deutsch [,]] auf gut Deutsch:
413,17 Sie machen mir] mir machen Sie
413,18f miteinander] mit einander
413,23 nicht,] nicht [,]
413,28 hätten,] hätten [,]
413,29 die Armee] die Armeen
413,36 entschieden gehabt,] entschlossen gehabt [,]
413,37f in diesem Sinne. H: Also was machen?
413,39 von wo aus] wo
413,40f war zu machen] machen
414,1 das Vorstehende nicht] das nicht
414,2 der liegt am Boden] der ist vorbei
414,3 Hektor] Hector
414,5f gleich allzu großmäulig und tausendjährig] tausendjährig u grossmäulig
414,7 einige] welche
414,8 ruhigen und nachdenklichen Augen] ruhigen nachdenklichen Augen
414,11 gar nichts] garnichts
414,13f Wenn ich heute an diese Dinge denke, sage ich mir, *(fehlt)*
414,18 werden, – dem] werden. Dem
414,20 Meistgenannten] meist genannten
414,21 sich nicht ohne Fairness verhielten] nicht ohne Fairness sich hielten
414,23 nationalsozialistischen Wesens] ns Wesens
414,24 konnte. Ich] konnte, ich
414,25 Beumelburg. Er] Beumelburg, er
414,26 bei mir dann kritisch] bei mir kritisch
414,28f Auch Johst ... → ... nicht gewachsen. *(fehlt) (414,28–31)*
414,31 Aber wir sind noch bei 1933–34, und da war] Also 1933/34 war
414,33 der Ehrgeiz und die Aufgeblasenheit] der Ehrgeiz, die Aufgeblasenheit
414,34 Tête] Tete
vorübergehen würden,] vorübergehn würden [,]
414,36f eine ganze Menge von Erscheinungen unbestreitbaren Ranges] eine ganze Menge unbestreitbarer Erscheinungen von Rang

T_2: II:

414,38 vorhanden. Es waren hiergeblieben] vorhanden: es waren hier geblieben

414,40 Schmidt-Rottluff, E. R. Weiß *(fehlt)* Es lebten] es lebten

415,1f Edschmid, Carossa, Binding *(fehlt)*

415,3 Heidegger, Spengler] Spengler, Heidegger

415,5 verbieten,] verbieten – *(fehlt:)* es blieben Löbe, Grimme, Brüning, Adenauer –

415,7 wurden weder verhaftet] wurden trotzdem weder verhaftet

415,8f zunächst noch nicht] zunächst nicht

415,14 I. Krieg] ersten Krieg

415,15 maßgeblichen Stellungen] massgeblichen Positionen

415,15f [34] in Verbindung] 34 in Verbindung

415,20 in Zivil] in Civil

415,22 werden. Also] werden, also

415,24 ins Ungewisse ziehen] ins Ungewisse gehn

415,29f Sein Inhalt traf zu. Er galt] Das traf zu. Das galt

415,31 waren] war
anti-hitlerisch,] antihitlerisch [,]

415,34f Bitte noch eines, wenn ich] noch Eines: wenn ich da

415,35 ›Heil Hitler‹] [›] Heil Hitler [‹]

415,36 ›guten Morgen‹] [›] Guten Morgen [‹]

415,38f früher Kadett, Page der Kaiserin und Gardeoffizier] einst Kadett, Gardeoffizier, Page der Kaiserin

415,39f Brief von Thomas Mann an die philosophische Fakultät der Universität Bonn] Brief von Th. Mann an die Phil. Fakultät von Bonn

415,41 Der General las und war] u er war

416,1 Also ich fuhr Ende März 1935] Ich fuhr also am 30. III 35

416,1f in meine neue Garnison, *(fehlt)*

416,2 am 1. April] am 1. IV

416,3 alles] Alles

416,6 hätte] habe

416,7 könnte] könne

416,8 P. E. N.-Club-Ersatz] P. E. N. Clubersatz

416,8f dem Klub hatte ich] ich hatte dem Club

416,9 in deren Vorstand] in dessen Vorstand

416,10 solange ich diesem Vorstand angehörte] damals

T_2: II: **416,11** ihre] seine
416,17 genannt, *(fehlt)*
416,18 ich hatte zu beurteilen *(fehlt)*
wieviel] wie viel
416,21 f es standen orthopädische Fragen, Zahnersatzprobleme zur Erörterung,] orthopädische Fragen, Zahnersatzprobleme
416,26 f von Obergutachten aus den führenden Universitätskliniken] von wissenschaftlichen Obergutachten an den führenden Universitätskliniken
416,27 vielen,] vielen [,]
416,28 f wesentlich] sehr
416,29 während des Krieges] während des ganzen Krieges
416,31 f die Reaktivierten, die Alten, sie trugen] die reaktivierten, die alten, sie hatten
416,36 Grundsätze der alten preußischen Dienstvorschrift] alten Grundsätze der preussischen Dienstvorschriften
416,39 andersgearteten] anders gerichteten
416,40 vor allem] vor Allem
417,1 hintergehen] hintergehn
417,2 waren unmöglich] beinahe unmöglich
417,5 dann *(fehlt)*
417,12 schriftstellerische Tätigkeit H: der früheren Jahre
417,13 f »Schwarzen Korps« vom 7. 5. 1936] [»] Schwarzen Korps [«] *(hs:)* 7 V 36
417,14 f in einem langen Artikel gegen mich] von mir
417,15 f – widernatürliche Schweinereien ... → ... griff diesen Artikel auf. *(fehlt) (417,15–19)*
417,19 Dies »Schwarze Korps«] und dies [»] schwarze Korps [«]
417,20 in der fraglichen Woche] in der fraglichen [Woche]
417,21 der Universität, *(fehlt)*
417,22 davor,] davor [,]
417,24 völlig ausgeschlossen] [völlig] ausgeschlossen
417,24 f zu verschweigen oder zu verschleiern] zu übergehn, zu verschleiern
417,29 der früher erwähnte General] der vorhin erwähnte [General]
417,40 lobte,] lobte [,]
418,1 »Weinhaus Wolf«] [»] Weinhaus Wolf [«]
418,2 der »Ptolemäer«] der [»] Ptolemäer [«]

T_2: II:

418,3f stehen: Anemone ...→... Tag, der den Sommer endet –] stehn [:] Anemone, Einsamer nie –, Wer allein ist –, die Gefährten – Astern – Tag, der den Sommer endet [–]

418,7f empfunden.] empfunden, *(fehlt:)* Alles in allem ...→... verbrachte.

418,8f Der Dienst ...→... interessante Orte.] sonntags fuhr ich mit den grossen Reiseomnibussen in die mir bis dahin unbekannten Gegenden der Weser, der Heide, des Solling und abends sass ich fast täglich in einem bestimmten Gartenlokal, ich sehe es vor mir ein grosses Wasserbassin mit zwei Schwänen, einer Fontäne das Ganze von weiten Rosenanlagen eingefasst – der Dienst war nicht schwer und dauerte nicht lange, Verdienstsorgen hatte ich keine unmittelbaren. Ich wohnte wieder wie als Student in einem möblierten Zimmer, kochte mir selbst dienstlich war ich ungemein pünktlich und korrekt, ich verdiente mir ja meine Aufnahme in die Wehrmacht, es war keine schlechte Zeit gegenüber der inneren Zerrissenheit, die mich in Berlin erfüllt hatte. Hier setzte dann auch jene Aggressivität gegen die Geschichte ein, die ich dann die nächsten 10 Jahre in meinen Arbeiten durchführte. *(418,8–19)*

418,24f und sie wurde, soweit ich mich erinnere, damals, 1936] soweit ich mich erinnere, wurde sie damals 1936

418,27 einer Provinzstadt] dieser Provinzstadt

418,30 die beste aller Städte. Und] als die beste aller Städte und

418,32 Berlin«,] Berlin« [,]

418,33 Gönnern,] Gönnern [,]

418,34 neue,] neue [,]

418,35f Affäre,] Affäre. *(fehlt:)* bei der ...→... zu ihr stellte.   H: u wieder war die Wehrmacht von der gleichen Grosszügigkeit wie in H.

419,5 »Säuberung des Kunsttempels«. Der] »S d K«, der

419,10f als Rassenschänder, an den Else Lasker-Schüler obszöne Liebesgedichte] als Rassenschänder bezeichnet, El L Sch hatte obszöne Liebesgedichte an mich

419,14 Heeressanitätsinspekteur] Heeres Sanitätsinspecteur

T_2: II:

419,15 Inspekteur] Inspecteur
419,16 nahestehend] nahe stehend
419,17 verbunden *(fehlt)*
419,22 raus. Den] raus, den
419,23f ignorieren. Ich] ignorieren, ich
419,26 allmählich *(fehlt)*
419,27 ich würde das] das würde ich
Er erwiderte] Er blieb dabei
419,28f dem Sie angehören und dessen Chef ich bin, muß ich auf diesem Befehl bestehen] dem ich angehöre u. dessen Chef er sei, müsse er diesen Befehl erteilen
419,36 möglich war] anging
419,36f Ich hatte ihm ungefähr geschrieben] Ich schrieb ihm ungefähr
419,40 Er antwortete ungefähr] Er erwiderte
419,41 Ihre Bücher *(danach Lücke)*
420,1f nur an solche herausgegeben werden, die nach parteiamtlichem Ausweis als Beruf das Studium künstlerischer Entartung] nur herausgegeben werden nach parteiamtlicher Genehmigung an solche, die als Beruf das Studium von künstlerischer Entartung
420,5 Herr Lehmann] Er
420,8 die Korrespondenz *(fehlt)*
420,9f Den Brief ... → ... folgen.] Der Brief an den HSI lautet im Original *(Der Brief wurde der Druckvorlage des Limes Verlags beigelegt.)*
423,29 Knie] Kniee
423,30 erschien] schien
423,32 ohne weiteres] ohne Weiteres
423,32f Gedichte ... → ... genügender Grund.] Ich wusste wirklich keine, ich hatte die letzten Jahre gelebt wie das Heimchen am Herd. *(423,32–424,1)*
424,1f nichts anderes übrig, als nun wieder] nun nichts anderes übrig, als wieder
424,3f Allmählich ... → ... für mich nicht. *(fehlt) (424,3–14)*
424,15 Es stellte sich dann zunächst heraus] Es ergab sich dann zunächst
424,16 Ehrengerichtsverfahren] Ehrenverfahren
424,18 offenbar *(fehlt)*
zum Opfer gefallen   H: oder man hatte es ihm tatsächlich so dargestellt, um ihm jede Hilfe für mich unmöglich zu machen.

T_2: II: **424,19** einer Reichskammer] der Rsk
424,20 den die Wehrmacht nicht ignorieren konnte] dem die Wehrmacht Rechnung tragen musste
424,22 NS-Ärztebund] ns Ärztebund
424,23 f Aber schließlich fiel die Entscheidung. *(fehlt)*
424,24 Die Heeressanitätsinspektion konnte mich] Schliesslich konnte mich die Heeressanitätsinspektion
424,27 bearbeiten. Aber] bearbeiten, aber
424,32 Nun,] Nun [,]
424,39 mit entscheiden] mitentscheiden
424,40 überstanden [,]] überstanden,
425,1 f Ein Wort noch zu dem Vorgehen der Reichsschrifttumskammer] Ein Wort zu dem Vorgehn der RSK
425,4 mit dem Hinweis] damit
425,6 [je] erschienen] je erschienen
425,8 eines Tages,] eines Tages –
425,9 Publikation,] Publikation –
425,12 wären] wäre
425,20 sehen] sehn
425,26 f ein Präsident oder wenigstens dessen Schreibpapier und gleich Strafandrohung] ein Präsident und Strafandrohung
425,30 prägen,] prägen [,]
425,33 Kultur-verrat. H: Man wird sagen, das hatte ich nicht anders verdient u nochmals: Klaus Mann als Prophet. Richtig – aber ich möchte diese Erfahrungen garnicht missen, sie entschleierten mir immer deutlicher das Gesetz des Nationalismus, des Collectivs u der Geschichte

III: **426,2** vergingen. Bekannte] vergingen, Bekannte
426,3 der Einzige] der einzige
426,4 sehen] sehn
426,7 als belastet] nicht mehr
426,12 schon 5 Generationen] schon in der 5. Generation
426,13 paar] par
426,14 Sonnabend Nachmittag] Sonnabend nachmittag
426,16 paar] par
426,25 setzte ihn die Ärzteschaft] setzten ihn die Ärzte
426,30 Beunruhigung] Unruhe
426,32 Zinkpaste,] Zinkpaste [,]

T_2:	III:	**426,33**	war,] war [,]
			Rat! Alles] Rat, alles
		426,36	brannten, nach] brannten. Nach
		426,37 f	in die Wohnungen] nach Hause
		426,39 f	Sirenen: Bomberströme aus dem Raum Hannover-Braunschweig,] Sirenen, Bomberströme aus Richtung Hannover – Braunschweig –
		427,2	Propaganda [,]] Propaganda,
		427,2 f	Alte Fritz] alte Fritz
		427,4	Deutsche Gruß] deutsche Gruss
		427,5	Zweifel –] Zweifel [–]
		427,7	erstattete] vollbrachte
		427,8	und bearbeitete die Akten über die Selbstmorde] und Statistik über die Selbstmorde
		427,13	Tausende] tausende
		427,15	Ehekonflikte] Ehekomplikation
		427,15 f	Liebeskummer –] Liebeskummer [–]
		427,20 f	Die meisten Selbstmorde sind Spontanhandlungen] Es ist meistens eine Spontanhandlung
		427,22	sind wir] stehn wir
		427,23	näher,] näher [,]
		427,27	im folgenden] im Folgenden
		427,28 f	ihre Dienststellen hatten] in den Nachbarhäusern residierten
		427,31	wie] was
		427,32 f	Gedichtheft, das ich im August 1943] Gedichtband, den ich August 1943
		427,34	und das ich] die ich
		427,35	dies Heft] dies kleine Heft
		427,37 f	Da aber ... → ... stehen sie hier.] Da es aber manche meiner Bekannten, die es damals lasen, in den jetzigen Sammlungen vermissen, steht es hier:
		427,39 f	Auch könnte man ... → ... unterdrückte. *(fehlt)*
	IV:	**430**	Das Kapitel fehlt in diesem Typoskript.
	V:	**446,6 f**	jeder mit einer Überschrift versehene Abschnitt] jedes mit einer Überschrift versehene Teilchen
		446,15	Rhythmus [,]] Rhytmus,
		446,16	Konsonant« –] Konsonant –«
			und:] und [:]
		446,18 f	den der Anblick einiger Säulen der Akropolis ahnen ließ] der an die Normen der Schönheit glaubte, der Anblick

T$_2$: V: einiger Säulen der Akropolis, sagte er, liess ihn ahnen

446,22 gibt] giebt
nenne] nenn
446,23 »Bebuquin«] [»] Bebuquin [«]
446,29 Sektoren] Sectoren
446,31 nebeneinander] neben einander
446,33f in die Mitte] nach der Mitte
446,37 gibt] giebt
447,13f über ihn . . . → . . . so beginnt es *(Lücke)*
447,15f in Bannung gleichzeitig der Wirklichkeit wie der Überhöhung. Und] der Bannung in sowohl Wirklichkeit wie Überhöhung und
447,18 Prozeß] Process
448,20f Arien des Glücks und Arien der Verdammnis alles *(fehlt)*
448,22 dahin] verblichen
448,23 Wege –:] Wege – [:]
448,27f unerschöpflich, warum brennen sie – weil] unerschöpflich und warum beschirmt? Weil
448,29 brachte] hebt
Prozeß] Process
448,36 Doppelgestalten] Zwittergestalten
448,37f mit uns] in uns
448,39f oder, wie die »Drei alten Männer« es ausdrücken: *(fehlt)*
449,1 anderes [,] als wir waren
] anderes, als wir waren
449,2 anderes [,] als wir dachten] anderes, als wir dachten
449,4 vorhatten«. H: (so steht es in den drei alten Männern)
Die Einheit der Persönlichkeit ist
] Die Einheit der Persönlichkeit – das ist
449,11 Metropolitanoper] Metropolitan Oper
kleinen,] kleinen [,]
449,12f der seine freien Abende . . . → . . . verbrachte] der seine freien Abende bekanntlich mit Patiencelegen verbrachte *(hs:)* nicht mit Mythen u. Mysterien
449,15f Oder Rousseau . . . → . . . Wahnsinnsbilder! *(fehlt)*
449,18 Kurz,] Also [,]
449,20 Wesenheiten –] Wesenheiten,
dahingestellt] dahin gestellt

T_2: V:

449,23 »Drei alten Männer«] [»] 3 Alten Männer [«]
449,23f Unvereinbaren«,] Unvereinbaren« –
449,25 zur Bearbeitung *(fehlt)*
449,27 keine Meerfahrten – *(fehlt)*
449,34f in sehr kleinen Kreisen] in sehr kleinem Kreise
449,36 zwei] 2
449,38f für vollkommen unmöglich gehalten] nicht für möglich gehalten
449,41 Bauchfellücken. –] Riesenzellen. [–]
450,2 es waren noch einige andere anwesend] es war eine kleine Gesellschaft
450,2f beugte sich plötzlich eine Dame] beugte sich eine Dame
450,4 Herr Doktor, ich] Herr Doctor [,] ich
450,5 errötete, ja,] errötete [,] ja [,]
450,6f Auch mein 60. Geburtstag ... → ... bedanken zu müssen] Mein 60. Geburtstag gab mir keinen Zwang auf, mich für Blumenspenden und Telegramme zu bedanken
450,14 mitmachen] mit machen
450,15 zubringen,] zubringen [,]
450,16 heizt –] heizt,
450,16f keine Straßenschilder ... → ... Injektionsspritze –] Hinterhöfe, Keller, Trümmerstätten, während der Blockade unbeleuchtet, keine Strassenschilder, keine Hausnummern in der linken Hand eine Kerze und in der rechten eine Injektionsspritze [–] *(450,16–20)*
450,23 Frau,] Frau [,]
450,23f wenn man ... → ... will] ein grosser Bezirk, aber wenn man zu den Fällen ein Auto haben will
450,27 gibt es etwas, das] giebt es etwas, was
450,28f gibt auch etwas, das] gab auch etwas, was
450,32 drei] 3
450,35 für Versorgungsmedizin] für die Versorgungsmedizin
450,39f nüchterne [,]] nüchterne,
451,4 »Ptolemäer«] [»] Ptolemäer [«]
451,24f hören wir zunächst an, was dieser Institutsinhaber über »das Leben« denkt] hören wir an, wie er zunächst über das Leben denkt
451,25f diesen Begriff, mit dem so stark ope-

T_2: V: riert wird] [diesen Begriff,] mit dem soviel operiert wird

451,29 Leben,] Leben [,]

451,31 Reflexe –«, ferner:] Reflexe –« [,] und

451,32 Halt machte] halt machte

451,33 Abgrund,] Abgrund [,]

451,34 beieinander] bei einander
schwieg« –, dazu:] schwieg« – [,] oder:

451,37 gar nicht] garnicht

451,38 hineinwuchtet –] hineinwuchtet.

451,38f »das Geschäft ... → ... kommt auch] »Das Geschäft und die Halluzinationen« ist eines seiner Prinzipien und Motive, und daher auch

452,5 verschleiere. H: Das sind saubere Principien *(und:)* [Das] ist ein sauberes Einteilungsprincip

452,7f seine Verhaltensweise, sein gestaltliches Gebaren] seine Lebensweise, sein gestaltliches Gebaren

452,34 gibt] giebt

453,39 Dschingis-Khan] Tschingis-Khan

453,40 Khaibarpaß] Khaiberpass

454,1 Kunden – hier:] Kunden: hier [:]

454,5 zwei völlig getrennte Welten] zwei getrennte Dinge

454,8 in denen] als

454,9 im lebensüblichen Sinne: litt.] im landesüblichen Sinne: litt –

454,10 Leiden –] Leiden,

454,11 Schleusen;] Schleusen, –
nicht –:] nicht – [:]

454,12 groß beschriftet] grossbeschriftet

454,13 gut – außen] gut! Aussen
du dir dein Geld] du dein Geld

454,14f kann nicht sein] giebt es nicht

454,16 ist!] ist –

454,17 keine Resignation] noch nicht einmal Resignation

454,19 das führt er durch – *(fehlt)*

454,22 niedrig, zäh,] niedrig [,] zäh [,]

454,23 alles zusammen ergibt] Alles zusammen ergiebt

454,26 (»Kunden] [(] »Kunden

454,27 stimmt man zu,] stimmt man zu [,]

454,28 ab«)] ab«[)]

454,31 frei,] frei [,]

T_2: V: **454,33** Die Formen – darauf
] Die Formen! Darauf
454,35f Rhythmus] Rhytmus
454,37 das beunruhigt ihn keineswegs –:
] es beunruhigt ihn nicht.
454,38 »alles] [»] alles
gut«, so] gut [«]. So
454,39 Dionysos – einschließlich Krampfadern!
(fehlt)
454,4f die Frage nach der Stilverwandlung
] und die ich aus diesem Grunde nochmals herausstellen möchte
455,5 Begriff] Wort
455,9 [das] mit dieser Epoche
] das mit dieser Epoche
455,10 repräsentiert H: oder den sie repräsentiert
Gegenbegriff] Gegenpol
455,11 im Kern *(fehlt)*
455,12f der Entelechie nach aus der Art im Laufe der Zeiten entwickelt haben oder entwickeln können] aus der Entelechie der Art jeweilig im Laufe der Zeiten entwickeln können oder entwickelt haben
455,15 allgemein ephemeren Typen, jene, die
] allgemeinen ephemeren Typen, die
456,24f Der letzte Satz ... → ... einzuführen.
(fehlt) (456,24–28)
456,28 [Also:] Verwandlungszone] Also: Verwandlungszone
456,35 Neue Phänotypen!] Zuckungen des Phänotyp.
456,35f Und ich bringe ... → ... Bemerkungen
] Ich mache diese einfachen Bemerkungen
456,40f Literaturgeschichten,] Literaturgeschichten [,]
457,1 monströsen] schweren
457,4 Dies ist ein Irrtum und ich möchte ihm begegnen.] Hier liegt ein Irrtum vor.
457,8f etwas absolut Natürliches] etwas absolut natürliches
457,9f etwas Natürliches sind
] etwas natürliches ist
457,11f werden.] ist. *(fehlt:)* Alles weitere ...
→ ... hätten.
457,14f Aber ... → ... nahe stehn.] Aber auch hinsichtlich der Literaturgelehrsamkeit, der so-

T$_2$: V: genannten Literaturhistorie, habe ich ein Anliegen. Mir ist schon manchmal der Gedanke gekommen, dass diese Wissenschaft keine eigene Methode entwickelt hat, wie es die Kunstgeschichte durch Wölfflin, Pinder, Worringer tat, keine Grundlagenthetik zu schaffen vermochte, keine Grundbegriffsoperationen durchführte, sondern sich der Begriffe aus fremden Disziplinen bedient, der Psychologie, der Moral, der Geschichte, ja man könnte sogar sagen des Dilettantismus Philologie. *(457,14–25)*

457,27 thematische und biographische] thematische, biographische

457,29 ist nur] ist eigentlich nur

457,32 durch eine lange Zeitperiode hin *(fehlt)*

457,32f wurden] werden

457,35f die genotypische Beharrungs- und die phänotypische Verwandlungszone] viele Beispiele der genotypischen Beharrungs- u der phänotypischen Verwandlungszone

457,38 Die Verwandlungszone – der Bewegungsart] Der Fragwürdigkeit

457,39f erweitert den Blick] macht die Köpfe weit

457,40 Es] Sie

457,41f bewahrt gleichzeitig den Zuschauer] gleichzeitig bewahrt es den Zuschauer

458,1f ihn mit hineinzieht] sie mithineinbezieht

458,2 Prozeß] Process

458,5f Dies Buch ... → ... Stangen. *(fehlt)* *(458,5–12)*

458,14f von Achtung vor den Zivilisationserscheinungen aus dem Leibe] zivilisatorischer Achtung aus dem Leib

458,14 ja,] ja [,]

458,23 gleichgültig] gleichgiltig

458,26 irgend etwas] irgendetwas

458,26f was es im Einzelnen ... → ... zu erfahren] ich weiss im Einzelnen nicht was

458,34 bedeutungsvoll,] bedeutungsvoll [,]

458,39f einerseits die Kunst] [einerseits] die Kunst

459,1f zusammengehört, und andererseits] zusammengehört [,] und [andererseits]

459,3f »Ansprüche« bis zu den Lebensabenden] »Ansprüche«, Lebensabende

T_2:	V:	**459,4f**	garantiert ... → ... dem Staat] garantiert vom prophylaktischen Bierwärmer Staat
		459,5f	Auch das letztere ein Standpunkt] Ein Standpunkt
		459,12f	irgendeinem,] irgendeinem [,]
		459,13	ist, anthropologisch gesehen,] ist – anthropologisch gesehen –
		459,14	die Vorwürfe dagegen] das Gegreine
		459,15	weil ihr Privatleben] dass ihr Leben
		459,17	sich natürlich nicht ausdrücken] sich nicht ausdrücken
		459,18	Pan *(hervorgehoben)*
		459,20	Ohren,] Ohren [,]
		459,21	um so mehr] umsomehr
		459,23	Zäsur] Cäsur
			jedoch] aber
		459,25	lassen] lässt
		459,27	drehn [,] –] drehn, –
		459,28	kollektiv] ethisch
		459,30	zu vielen Schattierungen] zu vielen verschiedenen Schattierungen
		459,31	ein Schulfall! *(fehlt)*
		459,32f	das ist Einsamkeit, Askese, Mönchstum] [das] ist Ascese, Mönchstum, Einsamkeit
		459,34f	hat schon oft] hat oft
	VI:	**460**	Das Gedicht *1886* fehlt in diesem Typoskript
	VII:	**463,6**	Sapiens-Typs] Sapiens-Typ
		463,16f	Gesellschafts-Wissenschaftler; nein,] Gesellschafts-Wissenschaftler, nein [,]
		463,23	füllen,] füllen [,]
		463,29	füllen es mit anderen Notwendigkeiten auf. H *(mit Absatz)*: Das Kollektiv war auch innerlich in sofern fruchtlos als es und doch nicht von dem Einen entband, das zu den schlimmsten Dingen gehört: daß keiner auch nur 5 Minuten lang in einem anderen Menschen Nachbar, Kollegen, Geliebten wirklich denken und fühlen kann, Aufschluß bekommt über anderes Denken, andere Körpergefühle, anderes Sein. Man schöpft aus sich allein das Leben, das Alter, den Tod. Es sind nur eigene Resultate und sie sind danach. Ebenso ist es verderblich, daß wir uns nicht wirklich in einen anderen Kulturkreis versetzen können, die Chinesen

T$_2$: VII: oder das Magdalenien und die Chinus – das bißchen Geographie, das bißchen Klima, die Kleidung, die Ernährung unseren augenblicklichen kleinen Erdteils bestimmt entscheidend unsere Wertungen, Stimmungen, Strebungen, unsere Ideale, unsere Philosophie. Daß wir das als Einschränkung und Mangel empfinden, ist ein charakteristisches Zeichen unserer heutigen Existenz und eine besondere innere Belastung. Wir wissen aus Genetik und Paläontologie, es gab Unendlichkeiten von Stufungen und Gestaltungen vor uns, außer uns, fern von uns. Man kann die Wissenschaft bezweifeln und verspotten, auch die Genetik, auch die Paläontologie, aber die Wissenschaften sind Fernrohre, wir halten sie gelegentlich ans Auge und dann sehen wir dies.

463,36 den vorausgegangenen] den Vorausgegangenen
463,39 Liebesthemen [,] –] Liebesthemen, –
464,21 Kulturkreise, das] Kulturkreise. – Das
464,24 3. *(Der Abschnitt fehlt in diesem Typoskript)*
465,1 Star –] Star,
465,10 Verräterischeres] Verräterisches
465,15 keine Kommentare, *(fehlt)*
465,17 Bua's. Im] Bua's, im
465,20 Transzendenzen] Transcendenzen
465,25 einen Tramp] eine Reise
465,27 Lloydreise] Lloydfahrt
465,29 Bewunderern] Bewunderer
465,41 Grenzeneinreißendes] Grenzen einreißendes
466,8f bis zu den Gedichten] und den Gedichten
466,11 hervor, [–]] hervor, –
466,13f Das Folgende ... → ... als durch Härte.] »Phase II«. (Antworten auf ein Interview betreffend meine neuen Bücher, mit Sonderfragestellungen zu Nihilismus, Artistik, Religion und Grundlagenkrisis) *(466,13–41)*
467,13 Jahrtausende,] Jahrtausende [,]
467,21f Akademien] Akademieen
467,23 Lage [,] –] Lage, –
467,26 Erdteil [,] –] Erdteil, –
467,27 alles] Alles
467,28 alles] Alles
467,29 Tage [:]] Tage:

T_2: VII: **467,36** inhaltlos] inhaltslos

467,38 f was man aus seinem Nihilismus macht *(nicht hervorgehoben)*

467,39 Maxi] Maxie

468,1 Pas des Patineurs [,] –] Pas des Patineurs, –

468,1 f Philatelie [,] –] Philatelie, –

468,3 am nahesten] am Nahesten

468,8 wahrnehmen [,] –] wahrnehmen, –

468,11 Natur [,] –] Natur, –

468,16 gibt] giebt

468,17 Insekten [,] –] Insekten, –

468,20 Kategorien] Kategorieen

468,28 Goethebild, [–]] Goethebild, –

468,34 f Döblin ... → ... streng katholisch] Döblin ist nur noch katholisch

468,36 ora et labora] Ora et Labora

468,37 gibt sich] endet

468,38 Rückgriffe] Flucht

468,39 ich kann] Ich kann
(fehlt:) Ich versage mir diese Rückgriffe,

469,3 anderer] Anderer

469,7 Auftrages] Auftrags

469,9 als je] wie je

469,10 anspruchsvoll] pamphletistisch

469,12 f im einzelnen] im Einzelnen

469,18 kann,] kann [,]

469,23 Dieses Große Wesen] Dies Grosse Wesen

469,24 alles] Alles

469,28 schlau,] schlau [,]

469,29 alles] Alles

469,31 Ichbestände [,] –] Ichbestände, –

469,32 alles] Alles

469,33 gemeint [,] –] gemeint, –

469,35 f demütigte [,] –] demütigte, –

469,41 präziser] präciser

470,12 arts [,] –] arts, –

470,15 zusammenbrechen –«,] zusammenbrechen –« [,]

470,17 Kulturträgern, [–]] Kulturträgern, –

470,19 f Der Kunstträger ... → ... offenbaren. *(fehlt) (470,19–29)*

470,32 f Theologie,] Theologie [,]

470,35 geschähe,] geschähe [,]

470,35 f Begriff des Schicksals H: im Hintergrund

470,37 Bewegung, ist Unfug,] Bewegung – ein Blödsinn –

T$_2$: VII: **470,39** arbeitet [,] –] arbeitet, –
471,2 Kategorien] Kategorieen
471,3 transzendente] transcendente
471,5 Ambivalenz] Ambivalenzen
471,10f es lag . . . → . . . um das Haus] es lag eine Jardins sous la pluie-Stimmung um das Haus, wie sie hervorhob
471,21f Gedanken, [–] die brennen] Gedanken, – die blitzen
471,24 sofort wieder da] sofort da
471,28 basiert –:] basiert, –
471,31 Motiven [,] –] Motiven, –
471,32f Herkunft . . . → . . . seit je.] Herkunft – Blödsinn! Schwarzwald oder Königsberg, das hat jeder!
471,37 stofflich-psychologisch] sachlich-psychologisch
471,39 Antisynthetik] Anti-Synthetik
472,1f Aber wenn . . . → . . . keine Lyrik mehr ist. *(fehlt) (472,1–9)*
472,11 Elio] Ellio
472,14 PHASE II [,] –] *Phase II,* –
472,20 Aufenthalt H: (»hier können Familien Kaffe kochen«),
472,21 unterhaltend [,] –] unterhaltend, –
472,26 Gott ist Form *(fehlt)*
472,31 alles] Alles
472,32 Scharlatan] Charlatan
472,33 gibt] giebt
472,40 vier] 3
473,8 gesehen] gesehn
473,12 verleihen] verleihn
473,14 gehen] gehn
473,22 Kunst [,] –] Kunst, –
473,25 Mallarmé's« [,] –] Mallarmée's«, –
473,27 sein [,] –] sein, –
473,29f etwas zu allgemein] etwas simpel
473,32f Toynbee's vorübergehen sieht [,] –] Toynbees vorübergehn sieht, –
473,35 Bunker [,] –] Bunker, –
473,38 Auferstehungen, [–]] Auferstehungen, –
474,5f Vierzig Jahre, vierzig Jahre] 30 Jahre, 30 Jahre
474,8 vielen [,]] vielen,
474,10f Zum Schluß . . . → . . . soviel Fahrten. *(fehlt) (474,10–31)*

VIII: **475,1** Noch einiges Private] Schlussworte:
475,2 gesehen,] gesehn [,]

T_2: VIII: **475,3** Ich kam auf ein humanistisches Gymnasium *(fehlt)*
475,3f und konnte] Ich konnte
475,11 Vieles, was] Was
475,13f in gewissen Zeiten zu ihr Beziehungen hatte] ihr zu Zeiten nahe stand
475,16f und Flurstreifen und Kommissaren] u vor Kommissaren u Flurstreifen
475,20 nicht einmal] gar nicht mal
475,22 andererseits] anderseits
475,22f im einzelnen] im Einzelnen
475,24 unglücklich enden] zum Ungünstigen ausgehn
475,32 Einmal, etwa um 1930, hatte ich] Dann hatte ich in den 20 Jahren
H *(davor)*: Auch mein alter Verleger Alfred Richard Meyer, obschon er in der Reichsschrifttumskammer tätig war, genierte sich nicht, weiter mit mir freundschaftlich zu verkehren, auch nachdem ich von ihr ausgeschlossen war, seine Tätigkeit dort bezog sich ausschliesslich auf Fürsorge und Unterstützung in Not geratener Schriftsteller und hatte mit der politischen Lenkung nichts zu tun.
475,33f große Reisen] Grosse Reisen
475,34 Kunsthändler] Kunsthändler hier
475,34f einer bekannten Gemäldegalerie] einer der damals bekanntesten Gemäldegalerieen
475,35f von Berlin über Paris, Biarritz,] hier ab über Paris, Biarritz [,]
475,37f Es waren Geschäftsreisen. *(fehlt)*
475,39 Etablissements] Geschäfte
475,39f und mit besonderer Vornehmheit] auch mit grosser Vorsicht und Haltung
476,1 unsere Litanei: »Nous] unsere Litanei: [»] nous
476,1f antiquités surtout des Primitifs et des tableaux de grand valeur«] antiquitees, surtout des Primitives, et des Tableaux de grand valeur [«]
476,3 etwas,] etwas [,]
476,7f schließlich, schon in der Tür, sagte er] schliesslich sagte er schon beim Fortgehn
476,8 solange] so lange
476,9 fortgehen,] fortgehn [,]
das [da]] das da
476,10 Wagen –] Wagen [–]

T_2: VIII: **476,12f** leisten können [,] –
] leisten können, –
476,13f Tage am Atlantik, in den Monts Maudits und an der Méditerranée.] Wochen am Atlantik [,] in den Monts maudits und am Mediterranee!
476,15 Unterhaltlich . . . → . . . auf Fêten] Gesellschaftlich war ich immer ein Einzelgänger, ging nie auf Fêten, unterhaltlich bin ich kein starker Matador
476,22f Ich lebte . . . → . . . Verbindungen
] Ich war meistens selbst allein
476,29 träufelte.] träufte –
476,29f Literarisch spezialisiert . . . → . . . gepflegt. *(fehlt) (476,29–34)*
476,34f Aus diesem Besuch . . . → . . . belaufen wird] unsere Korrespondenz wird sich heute auf mehr als 2000 Briefe belaufen
476,37 meinen neuen Büchern] meinen Büchern
476,38 Gesprächen [,]] Gesprächen,
476,39 benutzten. Ich] benutzten, ich
476,40 wieder erschien] wiedererschien
476,40f »Die drei alten Männer«,
] die »Drei alten Männer« [,]

T_1: Lebensweg eines Intellektualisten:
355,2 Lebensweg eines Intellektualisten
] Lebensweg eines Intellektualisten. Autobiographisches Fragment

I: **357,6** Mansfeld (Westprignitz)
] Mansfeldt (Westpriegnitz)
359,20 durchkreuztes,] durchkreuztes [,]
360,3 vereinigten] vereinigte
361,35 in die Kaiser-Wilhelm-Akademie] auf die Kaiser-Wilhelm-Akademie
361,37 an der] auf der

II: **364,37** Welt [,]] Welt,
365,6 gehören] gehörten
367,31 sie] Sie
371,20 Pameelen *(kursiv und gesperrt)*
] Pameelen *(nicht hervorgehoben)*
378,16 Theogonien –] Theogonien.

III: **379,11** abendländischer] arischer
379,20f einigen psychologischen und historischen Daten] einigen historischen und psychologischen Daten
382,14 Innern] Inneren

T_1: III: **384,10** Mittelalters [,]] Mittelalters,
387,19 Vorstellung vom Menschen] Vorstellung von Menschen

IV: **389,38** menschlich. *(kein Absatz)* H: Daß ich mir dies Leben überhaupt schaffen konnte, daß ich studieren konnte, das verdanke ich meinem Vater, der es sich bei seinen acht Kindern bitter hat werden lassen müssen, das danke ich ihm täglich neu.
390,37 gehen] gehn
391,13 gehen] gehn

V: **392,14** zu rücken, H: dies nordische Prinzip, denn nordisch, nicht mittelmeerisch, ist das Prinzip des Stils, des Ornaments,
392,15 des Formzwanges, man kann auch sagen:] des Formzwanges, nordisch
392,20f das Leben formend überwinden *(gesperrt)*
393,19 weiter, weiter – [:]] weiter, weiter –:

Doppelleben:

I: **395,3f** Dieser Teil I erschien ... → ... vergriffen ist.] Das Vorstehende wurde im Frühjahr 1934 veröffentlicht in meinem Buch »Kunst und Macht« (Deutsche Verlagsanstalt Stuttgart).
395,4 einige] ganz
395,5 oder verändert *(fehlt)*
395,7 Ich fahre nun fort.] Der Verlag, der diese Selbstdarstellung bei mir angeregt hatte, war ein anderer gewesen, er vertrat aber, wie ich dann merkte, die neuen rein völkischen Belange, und ich hatte nicht den Wunsch, in der Reihe der von ihm vorgesehenen anderen Autoren zu stehen. Daher übernahm ich sie in das oben genannte Buch.
395,12 wußte,] wußte [,]
395,20 vor [,]] vor,
396,6 jedenfalls [,] und viele andere [,]] jedenfalls, und viele andere,
397,1 etwas ganz] ganz etwas
397,4 allerdings,] allerdings [,]
397,11f ausgesprochen worden wäre] ausgesprochen wäre
397,27 Cohns] Cohn's
398,37 fand [,]] fand,

T_1:	II:	**398,41**	Hinsicht] Weise
		399,7	27-jährige] 27-Jährige
			richtiger] richtig
		399,8 f	klarerdenkend] klardenkender
		399,10	überschwänglich] überschwenglich
		399,16	seinem Kreise] seinem Kreis
		399,20	oder wieder *(fehlt)*
		400,8 f	Wie viele Freunde] Wie viel Freunde
		403,3	stellte [,] –] stellte, –
		403,34	Partien] Partieen
		403,38	Erfahreneren] Grösseren
		404,7	von neuem] von Neuem
		404,8	Aber] aber
		405,8 f	d'Annunzio's] d'Annuncio's
		405,17	Gehen] Gehn
		405,35	Ostindische Kompanie] Ostindische Companie
		406,6 f	Kontrapunkt] Contrapunkt
		406,15	als] wie
		406,27	ins Große gerechnet [,]] ins Große gerechnet,
		407,11 f	»Antwort an die Literarischen Emigranten«] Antwort an die »Literarischen Emigranten«
		407,17	Antimilitarist,] Antimilitarist [,]
		407,35 f	so viele] soviele
		408,11	stehn] stehen
		408,33	angegliedert worden war] angegliedert war
		409,9	wollten] wollte
		409,34	seiner] meiner
		410,4	Fulda,] Fulda [,]
		410,18	von ihr *(fehlt)*
		410,25	ferner] auch
		411,3	oder sonstwo *(fehlt)*
		411,15	genau so] genauso
		411,23	Mensch, –] Mensch, [–]
		411,27	Gelegenheit] Gegebenheit
		411,34 f	Aber noch ... → ... gewesen sein? *(fehlt) (411,34–412,12)*
	II:	**413,2**	Zunächst also] Also zunächst
		413,5	nationalsozialistischen] nationalsoz.
		413,12 f	erschossen [,] –] erschossen, –
		413,17	Sie machen mir] mir machen Sie
		413,27	Hetsch] *(eigentlich:)* Hentsch
		413,29	Armee] Armeen
		414,29	war er] er war
		414,34	kamen] kam

T_1:	II:	**415,1 f**	Edschmid, Carossa, Binding *(fehlt)*
		415,3	drei] 3
		414,5	verbieten,] verbieten – *(fehlt:)* es blieben Löbe, Grimme, Brüning, Adenauer
		416,2	Garnison, nach Hannover,] Garnison [,] nach Hannover [,]
		416,9	in deren Vorstand] in dessen Vorstand
		416,11	ihre] seine
		418,5	endet – [,]] endet –,
		418,8	zwei] 2
		418,31 f	mein Leben lang] mein Lebenlang
		418,35	Affäre] Affaire
		419,40	ungefähr *(fehlt)*
		420,1	werden [,]] werden,
		420,2	nach parteiamtlichem Ausweis] nach parteiamtlichen Ausweis
		422,17	Nun,] Nun [,]
		423,33 f	und von denen … → … übersetzt waren *(fehlt)*
		424,3	Affäre] Affaire
		424,19	einer] dieser
		425,1 f	zu dem Vorgehen der Reichsschrifttumskammer] zu dem Vorgehenden, der Reichsschrifttumskammer
		425,8	zwei] 2
		425,12	wären] wäre
	III:	**426,13**	paar] par
		426,16	paar] par
		426,36	brannten, nach] brannten. Nach
		427,21	Alkoholeinwirkung] Alcoholeinwirkung
		427,27	im folgenden] im Folgenden
		427,33	eigene] eigne
		428,2	Lügen [,] –] Lügen, –
		428,3	Clowns] Clown's
		428,5	Sklaven – [,]] Sklaven –,
		428,11	Olympias] Olympia's
		428,29	… der Geschichte! *(Abstand)*
		428,39	niederbrennt [,] –] niederbrennt, –
		429,25	Seins – [,]] Seins –,
		429,36	riecht – [,]] riecht –,
	IV:	**430,23**	hellgelb Gebäude] hellgelbe Gebäude
		430,26	Häuser,] Häuser [,]
		430,36	weiches,] weiches [,]
		431,4 f	Weltkrieges] Weltkriegs
		431,5	jedesmal] jedes Mal
		431,7	Wer] wer
			von X.] von X [.]

T_1: IV: **431,17** Tage] Tag
431,22 humoristisch – [,]] humoristisch –,
431,31 Gewehr [,] –] Gewehr, –
431,34 Rhythmen] Rythmen
432,9 bedroht. H: »Was wollen Sie«, sagte einer in froher Stimmung, »ich bin Philosoph, Ludendorff und Nietzsche sind für mich die Grössten; der Mensch beginnt seine Existenz damit, dass er seiner Mutter die Geschlechtsorgane aufreisst und zwar meistens mit dem Kopf, wir tun das nur in Bezug auf Steppenbewohner und mit Granaten.«
432,13 zwei] 2
432,26 gehen [,] –] gehen, –
432,30 rasiert – [,]] rasiert –,
432,32 netten,] netten [,]
432,41 Demimonde – [,]] Demimonde –,
433,1 Säbel [,] – Kavallerie! – [,]] Säbel, – Kavallerie! –,
433,1f Radfahr-Schwadron – [,]] Radfahr-Schwadron –,
433,15 fremdes] anderes
433,17 weiträumiger,] weiträumiger [,]
433,26 Krakeeler] Krakehler
433,34 bemerken – [,]] bemerken –,
434,8 todsichere] totsichere
434,20 Zweitens [,]] Zweitens,
434,27f Steuererleichterungen] Steuererleichterung
434,29 gut und erzieherisch] gut erzieherisch
434,33 folgendes] Folgendes
434,39 war [,]] war,
435,4 durchdacht [–],] durchdacht –,
435,6 Wort:] Wort;
435,24 Tatsachen – [,]] Tatsachen –,
435,25 Vakuum] Vacuum
435,30 traben – [,]] traben –,
435,37 beantwortet – [,]] beantwortet –,
436,10 dergleichen] dergl.
436,11 gesehen] gesehn
436,14 Scheißkerl – [,]] Scheisskerl –,
436,18 Caesar] Cäsar
436,27 entstanden, zu der Zeit] entstanden [,] zur Zeit
437,11 Tiflis, Roosevelt,] Tiflis; Roosevelt [,]
437,16 auf die »sanfte Tour« einlassen] »auf die sanfte Tour einlassen«
437,18 Scheißkerl, [–]] Scheisskerl, –

T_1:	IV:	**437,26**	eines Kornetts] eines Kornett
		438,18f	einem Monat Fett, einem Monat Fleisch] ein Monat Fett, ein Monat Fleisch
		438,35	dürfen:] dürfen;
		439,2	2. Klasse] 2. Kl.
		439,6	höchster Stäbe] Höchster Stäbe
		439,9	3. Klasse] 3. Kl.
		439,13	2. Klasse] II. Kl.
		439,17	Kognak] Cognac
		439,19	Kognak] Cognac
			drei] 3
		439,24f	U.K.-Stellungen] U.K.Stellungen
		439,31	Bärenhäuten – [,]] Bärenhäuten –,
		439,35	Ehrlichkeit,] Ehrlichkeit [,]
		440,14	. . . Garde). *(kein Absatz)*
		440,15	Ich habe Zeit zum Lesen. *(fehlt)*
		440,16	Berninis] Bernini's
		440,32	gültigen] giltigen
		440,35	100,0 Gramm] 100,0 g
		441,4	Möven] Möwen
		441,19	passiv [,] –] passiv –,
		441,23	müssen – [,]] müssen –,
		441,30	zufällig,] zufällig [,]
		441,37	Migräneanfälle [,] –] Migräneanfälle, –
		442,3	Ansichten [,] –] Ansichten, –
		442,4	Gleitmittel – [,]] Gleitmittel –,
		442,6	Welt – [,]] Welt –,
		442,11	sind – [,]] sind –,
		442,13	Posaune – [,]] Posaune –,
		442,32	im vorstehenden] im Vorstehenden
		443,2	Gebilde [,] –] Gebilde, –
		444,3	Erbarmungslose [,] –] Erbarmungslose, –
		444,4	dies ist] das ist
		444,16	Mund, [–]] Mund, –
		444,19	aber doch] doch aber
		444,22	wagte – [,]] wagte –,
		444,32f	S.S.-Hauptmann] S.S.Hauptmann
	V:	**446,15**	Rhythmus] Rhytmus
		446,22	gibt] giebt
		446,29	Sektoren] Sectoren
		446,37	gibt] giebt
		447,18	Prozeß] Process
		448,29	Prozeß] Process
		448,37	Zentauren] Centauern
		448,39	»Drei alten Männer«] »3 Alten Männer«
		449,23	»Drei alten Männer«] »Drei Alten Männer«

T_1:	V:	**449,36**	zwei] 2
		450,4	Doktor] Doctor
		450,14	mitmachen] mit machen
		450,21	Alkoholvergiftung] Alcoholvergiftung
		450,28	gibt] giebt
		450,32	drei] 3
		450,40	statistische,] statistische [,]
		451,34	beieinander] bei einander
		451,37	gar nicht] garnicht
		452,8	Gebaren] Gebahren
		452,31	Die Coldcream] Der Coldcream
		452,34	gibt] giebt
		453,3	Leben, [–]] Leben, –
		453,4	erkennen [,]] erkennen,
		453,6	Fontäne] Fontaine
		453,9f	Welt [,] –] Welt, –
		453,10	soziale Welt [,] –] soziale Welt, –
		453,16	Haube [,] –] Haube, –
		453,23	Dschingis-Khan] Tschingis-Khan
		453,27	Khaibarpaß] Khaiberpaß
		453,39	Dschingis-Khan] Tschingis-Khan
		453,40	Khaibarpaß] Khaiberpass
		454,19	Halluzinationen«, [–]] Halluzinationen«, –
		454,24	Lage« [,] –] Lage«, –
		454,35	Rhythmus] Rhytmus
		454,39	Dionysos – einschließlich Krampfadern! *(fehlt)*
		455,15	allgemein ephemeren Typen] allgemeinen ephemeren Typen
		455,30	byzantinische] byzanthinische
		456,4	Verwandlungszone *(nicht hervorgehoben)*
		456,26f	Mir liegt nur daran ... → ... Neue Phänotypen!] Mir liegt vielmehr nur daran, die Frage neuer Stilbildungen, ihres Wesens und ihrer Beurteilung in der Zeit nochmals aufzuwerfen. Die Verwandlungszone! *(456,26–35)*
		457,4	begegnen] entgegentreten
		457,38	Verwandlungszone – [,] der Bewegungsart] Verwandlungszone –, der Fragwürdigkeit
		459,39f	erweitert den Blick] macht die Köpfe weit
		458,1f	mit hineinzieht] mithineinzieht
		458,2	Prozeß] Process
		458,6	zynisch] cynisch
		458,23	gleichgültig] gleichgiltig
		458,26	irgend etwas] irgendetwas
		458,26f	was es ... → ... zu erfahren] ich weiss im Einzelnen nicht was

T_1:	V:	**458,39f**	einerseits *(fehlt)*
		459,2	andererseits *(fehlt)*
			warme,] warme [,]
		459,5f	Bierwärmer: dem Staat. Auch das letztere ein Standpunkt] Bierwärmer: dem Staat. Ein Standpunkt
		459,13	ist, anthropologisch gesehen,] ist – anthropologisch gesehn –
		459,21	um so mehr] umsomehr
		459,23	Zäsur] Cäsur
		459,37	als kritische Richtschnur] als Richtschnur
	VI:	**460,21**	Mandalay] Mandelai
		460,22	Irawadi] Irawaday
		461,7	Scheffels] Scheffel's
		461,31	Tolstois] Tolstoi's
		461,32	Blumenthals] Blumenthal's
		461,37	Wolke« [,] –] Wolke«, –
		462,13	von W.] v. W.
	VII:	**463,6**	Sapiens-Typs] Sapiens-Typ
		463,39	Liebesthemen [,] –] Liebesthemen, –
		464,15	die ganze Psychoanalyse *(fehlt)*
		464,29f	bißchen Breitengrad, das bißchen Klima] bischen Breitengrad, das bischen Klima
		465,10	Verräterischeres] Verräterisches
		465,20	Transzendenzen] Transcendenzen
		465,29	Bewunderern] Bewunderer
		466,11	hervor, [–]] hervor, –
		466,14	Herrn vom Rundfunk] Herren vom Rundfunk
		466,15	zahlreich eingehenden] zahlreichen eingehenden
		466,28	wird – [,]] wird –,
		467,6	aristokratischen [,] –] aristokratischen, –
		467,23	Lage [,] –] Lage, –
		467,26	Erdteil [,] –] Erdteil, –
		468,1	Philatelie [,] –] Philatelie, –
		468,3	am nahesten] am Nahesten
		468,8	wahrnehmen [,] –] wahrnehmen, –
		468,11	Natur [,] –] Natur, –
		468,17	Insekten [,] –] Insekten, –
		468,28	Goethebild, [–]] Goethebild, –
		468,37	gibt] giebt
		469,9	als] wie
		469,10	anspruchsvoll] pamphletistisch
		469,28	schlau,] schlau [,]

T1:	VII:	**469,31**	Ichbestände [,] –] Ichbestände, –
		469,33	gemeint [,] –] gemeint, –
		469,35 f	demütigte [,] –] demütigte, –
		470,12	arts [,] –] arts, –
		470,17	Kulturträgern, [–]] Kulturträgern, –
		470,39	arbeitet [,] –] arbeitet, –
		471,3	transzendente] transcendente
		471,4	Drehpunktskonstituierungen [,] –] Drehpunktskonstituierungen, –
		471,15	hervortreten, [–]] hervortreten, –
		471,16	suchen [,]] suchen,
		471,20	zerebralen] cerebralen
		471,21	Gedanken, [–]] Gedanken, –
		471,31	Motiven [,] –] Motiven, –
		471,34	irgend einem] irgendeinem
		472,1 f	Aber wenn der Mann ... → ... keine Lyrik mehr ist. *(fehlt) (472,1–9)*
		472,11	Elio] Ellio
		472,20	interessant] Interessant
		472,26	Gott ist Form *(fehlt)*
		472,33 f	grundsuppig] sinnieren
		472,4	vier] 4
		473,22	Kunst [,] –] Kunst, –
		473,27	sein [,] –] sein, –
		473,33	sieht, [–]] sieht, –
		473,35	Bunker [,] –] Bunker, –
		473,38	Auferstehungen, [–]] Auferstehungen, –
		474,5 f	Vierzig Jahre, vierzig Jahre] 40 Jahre, 40 Jahre
		474,8	vielen [,]] vielen,
		474,10 f	Zum Schluß ... → ... soviel Fahrten. *(fehlt in dem Typoskript) (474,10–31)*
	VIII:	**475,3 f**	Ich kam auf ein h u m a n i s t i s c h e s Gymnasium und konnte] Ich konnte
		475,22 f	im einzelnen] im Einzelnen
		475,29	scheute [,] –] scheute, –
		476,7	schließlich, schon in der Tür,] schließlich [,] schon in der Tür [,]
		476,10	Wagen [,] –] Wagen, –
		476,27 f	wachhielt] wach hielt
		476,32	stand [,] –] stand, –
		476,40 f	»Die drei alten Männer«,] »Die drei alten Männer« [,]
	IX:	**478,2**	vier] 4
		478,4	das Ganze] das ganze
		478,7	Spezialist [,] –] Spezialist, –
		478,8	Sechzig] 60

T_1: IX: **478,10** balancieren [,] –] balancieren, –
478,14 f des »Merkur«] einer bestimmten Zeitschrift
478,15 drei] 3
479,3 f erfüllen, so trauerüberladen ... → ... vor die Stunde der Welt.«] erfüllen. Und darum schließe ich meine Betrachtungen mit einem Satz aus einem meiner Bücher, von dem man auch wieder sagen wird, er sei militant oder nihilistisch, aber er ist nur ernst und versucht tapfer zu sein: »Das Leben ist ein tödliches Gesetz und ein unbekanntes, der Mann heute wie einst vermag nicht mehr, als das Seine ohne Tränen hinzunehmen.« *(479,3–16)*

VD: Doppelleben:
VII: **467,1** 1. Die Grundlagenkrise *(Der Abdruck des ›Merkur‹ beginnt hier.)*
467,20 diskutieren,] diskutieren;
467,29 Tage [:]] Tage:
467,39 Maxi] Maxie
468,28 Goethebild,] Goethebild –
468,37 christlich-humanistisch – [:]] christlich-humanistisch –:
468,39 Ich versage mir diese Rückgriffe, *(fehlt)*
ich kann] Ich kann
468,40 sehn] sehen
469,2 Vers«, –] Vers« –,
469,11 bezweifele] bezweifle
469,17 angehn] angehen
469,22 gehn] gehen
469,35 f demütigte [.] –] demütigte. –
470,3 Künstlers [,]] Künstlers,
470,11 Monet'schen] Monetschen
470,17 Kulturträgern,] Kulturträgern –
470,32 f Theologie,] Theologie [,]
471,11 Jardins sous la Pluie-Stimmung] Jardins-sous-la-pluie-Stimmung
471,15 hervortreten,] hervortreten –
471,16 suchen [,]] suchen,
471,21 Gedanken,] Gedanken –
471,32 f Herkunft, Lebenslauf – Unsinn!] Herkunft – Unsinn!
471,33 f Aus Jüterbog ... → ... seit je.] Schwarzwald oder Königsberg, das hat jeder!

VD: VII: **472,1 f** Aber . . . → . . . keine Lyrik mehr ist. *(fehlt) (472,1–9)*

472,10 Perse] St. John Perse
Palinurus] Palinurus-Conolly

472,11 Henri Miller *(fehlt)*

472,17 f Interessant – das führt] Interessant *(hervorgehoben)* – das führt

472,20 interessant] Interessant

472,26 arbeiten:] arbeiten. *(fehlt:)* Gott ist Form.

472,32 Scharlatan] Charlatan

472,33 schlimmes Wort, H: es liegt immerhin noch in der Richtung des Experimentellen,

472,40 vier Jahrzehnte] drei Jahrzehnte

473,2 denn] dann

473,3 f Wenn mir . . . → . . . auch glauben.] Diese Entfremdung von der Kontinuität, auch der eigenen, ist wahrscheinlich auch etwas, das die Zukunft weiterentwickeln wird.

473,13 f die einige Weihnachtspakete in einer kommenden Adventszeit in die Luft gehen lassen könnten, *(fehlt)*

473,25 Wilde's] Wildes
Mallarmé's] Mallarmées

473,32 32 Toynbee's] zweiunddreißig Toynbees

474,5 f Vierzig Jahre, vierzig Jahre
] Dreißig Jahre! Dreißig Jahre

474,8 vielen [,]] vielen,

474,8 f auseinander liegenden] auseinanderliegenden

474,9 . . . in die Wege leitet? *(Der Abdruck des ›Merkur‹ endet hier.)*

Do II: Lebensweg eines Intellektualisten:

I: **357,27** Urfennentum [,] d. h. Urfischertum [,]
] Urfennentum, d. h. Urfischertum,

357,41 genau so] genauso

358,4 in folgendem.] in folgendem:

358,29 rein arischen, und
] rein arischen und,

358,30 angeht [,]] angeht,

359,20 durchkreuztes,] durchkreuztes [,]

359,23 des Jura] des Juras

359,24 alten,] alten [,]

361,30 Frankfurt a. d. Oder] Frankfurt an der Oder

Do II: II: **364,32f** Nach Antwerpen hätte der Zuhörer gedacht?] Nach Antwerpen? hätte der Zuhörer gedacht.
364,37 weit ausholenden] weitausholenden
365,29f gegenüber gesetzt] gegenübergesetzt
366,12 vor [,]] vor,
367,28 Eine Banane, wuchs Herr Friedhoff auf?] Eine Banane? wuchs Herr Friedhoff auf.
370,3 Kunst. –] Kunst. [–]
370,19 daher:] daher [:]
370,38f von dem philosophischen Idealismus] vom philosophischen Idealismus
371,13 Autor [,]] Autor,
374,6 derniers cris] Derniers cris
375,3 Weil Sie sie] Weil sie sie
376,9f da waren] dawaren
376,36f *Zusammenhangsdurchstoßung* [,] d. h. die Wirklichkeitszertrümmerung [,]] *Zusammenhangsdurchstoßung,* das heißt die Wirklichkeitszertrümmerung,
378,15 Erfüllung –] Erfüllung,
378,23 Stunden und,] Stunden, und
378,30 Komm [,]] Komm,

III: **380,13** gar nichts] garnichts
381,5 beiläufig,] beiläufig [,]
381,22 Büsten [,]] Büsten,
382,1 Klauen: nicht] Klauen. Nicht
385,19 anderen] andern
386,26f in dem kleinbürgerlichen Sinn] im kleinbürgerlichen Sinn
387,25 trat [,]] trat,
387,32f aneinander zu kleben] aneinanderzukleben

IV: **390,1** gar nicht] garnicht

Doppelleben:

I: **395,8** Deutschland [,]] Deutschland,
396,8 betrachten,] betrachten.
gar nicht] garnicht
396,22f entgegenzustellen,] entgegenzustellen [,]
396,33 Seneca'sche qui potest mori] Senecasche Qui potest mori
396,39 als je [,]] als je,
396,41 ergänzt [,]] ergänzt,
397,14 Stöcker'sches Blatt] Stöckersches Blatt

Do II:	I:	**397,27**	... Cohns). *(Danach kein Absatz)*
		397,32	nahe stand] nahestand
		397,35	an [,]] an,
		398,1	Schönberg [,]] Schönberg,
		398,25	können,] können [,]
		398,32	Macht [,]] Macht,
		399,2	Formen [,]] Formen,
		399,5	gelesen [,]] gelesen,
		399,7	27-jährige] 27jährige
		399,18	*Die ausgelassenen Namen sind in der Reihenfolge ihres Vorkommens: Ricarda Huch, Gerhart Hauptmann, Hanns Johst, Wilhelm Vesper, Siegfried Kracauer, Alfred Döblin, Alfred Döblin, Siegfried Kracauer, Herbert Ihring, Herbert Ihring.*
		400,26	er in der Welt] in der Welt er *(sic!)*
		401,5	in der »Weltbühne«] in der [»] Weltbühne [«] *(sic!)*
		401,13	Acht gibt] acht gibt
		402,28	ligurische Meer] Ligurische Meer
		403,26f	gar nicht] garnicht
		404,23	präsentierte, –] präsentierte [,] –
		405,8f	d'Annunzio's] d'Annunzios
		405,16	... auf uns. *(Danach kein Absatz)*
		405,20	Rom] Roms *(sic!)*
		406,4	Weg [,]] Weg,
		406,16	dann? [–]] dann? –
		408,12	Ideologien [,]] Ideologien,
		408,13	gar nicht] garnicht
		409,30	übrig ließen] übrigließen
		410,8f	hier geblieben] hiergeblieben
		411,33	alleine] allein
		412,10	darstelle [,]] darstelle,
	II:	**413,12**	NS-Ärztebundes] NS.-Ärztebundes
		414,34	Tête] Tete
			vorübergehen würden,] vorübergehen würden [,]
		415,7	P.G.'s] Pg.s
			verhaftet,] verhaftet [,]
		415,31	Bis damals] Bis dahin
		416,27	vielen,] vielen [,]
		416,39	halten«) [,]] halten«),
		417,25	verschleiern [,]] verschleiern,
		417,41	erledigt,] erledigt.
		418,2	»Ptolemäer« [,]] »Ptolemäer«,
		418,17	des Solling] des Sollings
		418,20	SA] SA.
		418,23	könnte] könne

Do II: II: **418,24** Überlegungen [,]] Überlegungen,
419,6 SS-Mann] SS.-Mann
420,5f Mit Schreiben vom 7. 8. 1967 – also siebzehn Jahre nach Erscheinen der Erstausgabe – erklärte der Verlag J. F. Lehmann, Dr. Friedrich Lehmann sei weder Blutordensträger gewesen, noch habe er den Obersalzberg je betreten. *(Anmerkung in: Gesammelte Werke in acht Bänden, hrsg. v. Dieter Wellershoff, Bd. 8, Wiesbaden 1968, S. 2240)*
420,8 ich brach] brach ich
421,8 daraufhinweisen] darauf hinweisen
422,17 fehlte] fehle
423,24 Ordnung [,]] Ordnung,
423,31 Heer [,]] Heer,
424,9 Generälen] Generalen *(sic!)*
424,10 Generäle] Generale
424,12f Firlefanz [,]] Firlefanz,
424,22 NS-Ärztebund] NS.-Ärztebund
424,40 überstanden [,]] überstanden,
424,13 übrig geblieben] übriggeblieben

III: **426,14** Sonnabend Nachmittag] Sonnabend nachmittag
426,18 den Vieren] den vieren
427,10 statt [,]] statt,
427,25 Bendlerstraße [,]] Bendlerstraße,
428,12 das Wenigste] das wenigste
428,30 Ptolomäerspur] Ptolemäerspur
429,17 eines abends] eines Abends

IV: **430,17** die Himmel] Die Himmel
ich schieß'] Ich schieß
430,32 Niedrig ziehende] Niedrigziehende
431,4 »General von X-Kaserne«.] »General-von-X-Kaserne.«
431,29 eines nachts] eines Nachts
431,31 Gewicht – [,]] Gewicht –,
432,24 K.u.K.Armee] k.u.k.Armee
433,16 K.u.K.-Bundesbruder] k.u.k.-Bundesbruder
433,30 wüßten,] wüßten [,]
434,14 Haus [,]] Haus,
434,22 schnell [,]] schnell,
434,36 HJ] HJ.
435,5 wohl ausgerüstet] wohlausgerüstet
435,19 außer Acht] außer acht
436,12 Goebbels'schen] Goebbelsschen

Do II: IV: **437,26** hinsichtlich Rilke] hinsichtlich Rilkes
437,33 bayrischen] bayerischen
438,26 angewiesen [,]] angewiesen,
439,3 SS-Mann] SS.-Mann
439,24f U.K.-Stellungen] UK-Stellungen
440,35 100,0 Gramm] 100 Gramm
440,36 25%] 25 Prozent
441,4 Möven] Möwen
441,7f dort noch] noch dort
442,3 nur,] nur [,]
442,8 Günstlingen [,]] Günstlingen,
442,27 Recht] recht
443,23 Legitimation] Legitimationen
443,41 dampfen [,]] dampfen,
444,24 Du besudelt] du besudelt
444,24f Du gesündigt] du gesündigt
444,25 Dich] dich
446,26 Willst Du? Kommst Du mit?] Willst du? Kommst du mit?
446,32f SS-Hauptmann] SS.-Hauptmann
444,38 Artilleriebeschuß [,]] Artilleriebeschuß,
445,11 »Pallas« [,]] »Pallas«,

V: **447,27** Procris] Prokris
447,28 Cephalus] Kephalos
448,13 zerfallen [,]] zerfallen,
449,3 erwarteten [,]] erwarteten,
übrig bleibt] übrigbleibt
449,6f ausdrücken [,]] ausdrücken,
449,8 anmerken [,]] anmerken,
449,11 Metropolitanoper] Metropolitan-Oper
449,30 Doppelleben [,]] Doppelleben,
449,33 schwer gemacht] schwergemacht
449,34 Unteroffizier [,]] Unteroffizier,
450,10 Küche [,]] Küche,
450,38 veröffentlicht wurden [,]] veröffentlicht wurden,
451,26 Halt macht] haltmacht
451,32 Halt machte] haltmachte
451,40 Motiv [,]] Motiv,
452,6 Soweit] So weit *(sic!)*
452,25 Metropolitan [,]] Metropolitan,
452,31 Coldcream] Cold Cream
453,16 plaisir – [,]] plaisir –,
453,20 Panta Rhei] Panta rhei
453,32 Generäle] Generale *(sic!)*
454,40 Soweit] So weit *(sic!)*

Do II:	V:	**456,5f**	allgemein werdenden] allgemeinwerdenden
		457,23	Geschichtswissenschaften [,]] Geschichtswissenschaften,
		457,25	nahe stehn] nahestehn
		458,7	nehmen [,]] nehmen,
		458,10	blinzelt [,]] blinzelt,
		458,26f	im Einzelnen] im einzelnen
		458,29	Gefahren [,]] Gefahren,
		459,22	Traum [,]] Traum,
	VI:	**460,19**	Dir] dir
		461,18	Cephir] Zephir
	VII:	**463,11f**	heranwachsen [,]] heranwachsen,
		463,20	gar nicht] garnicht
		464,8	breit trat] breittrat
		464,40	genügt [,]] genügt,
		465,13	gegenüber standen] gegenüberstanden
		465,17	Bua's] Buas
		466,31f	ferner Stehenden] Fernestehenden
		466,34	nahe bringen] nahebringen
		468,21	Charakter,] Charakter [,]
		468,35	streng katholisch] strengkatholisch
		468,36	ora et labora] Ora et labora *(sic!)*
		469,2	Vers«, –] Vers« [,] –
		469,19f	stehn geblieben] stehngeblieben
		469,20	10] zehn
		470,11	Monet'schen] Monetschen
		470,26	gar nichts] garnichts
		471,11	Jardins sous la Pluie-Stimmung] Jardins-sous-la-Pluie-Stimmung
		471,23	kaufmännischen] kaufmännischer
		471,33	meisten [,]] meisten,
		473,4	Zeit meines Lebens] zeit meines Lebens
		473,7	Bedürfnis [,]] Bedürfnis,
		473,25	Mallarmé's] Mallarmés
		473,27	sein – [,]] sein –,
		473,32	Toynbee's] Toynbees
		474,8f	auseinander liegenden] auseinanderliegenden
		474,18	halten [,]] halten,
		474,30	keiner [,]] keiner,
	VIII:	**475,36**	Biarritz,] Biarritz [,]
		475,40	Klöster [,]] Klöster,
		476,7	hin und her [,]] hin und her,
		476,8	solange] so lange
		476,36	wird [,]] wird,

Do II:	IX:	**478,14f**	des »Merkur«] des »Merkurs«
		478,32	gar nicht] garnicht
		478,39	wissen [,]] wissen,
		478,40	müssen [,]] müssen,
		479,13	dann [:]] dann:

Erwiderung an Alexander Lernet-Holenia (S. **481–486**)

K 18: nach dem 20. 9. [1952] Entwürfe größerer Partien

T: undat., unsign.

E: Die Neue Zeitung Nr. 246 v. 18./19. 10. 1952, S. 17–18

LH+D: Monologische Kunst –? Ein Briefwechsel zwischen Alexander Lernet-Holenia und Gottfried Benn, Wiesbaden 1953, S. 15–25

Disk: Alexander Lernet-Holenia, Aufforderung zum großen Zwiegespräch. Offener Brief an Gottfried Benn, in: Die Neue Zeitung v. 27./28. 9. 1952

Korr: **485,38** geht er] geht es (*nach* E)

T: Stark abweichender Entwurf. Die Anordnung der Absätze variiert zu E und D. Außerordentlich viele Tippfehler.

E:	**481,7**	meinem Regal] meinen Regalen
	481,9f	[»] Der Graf von St. Germain [«]] »Der Graf von St. Germain«
	481,14	die Neue Zeitung] diese Zeitung
	481,16	erwidern:] erwidern.
	481,27	Happy-End] Happy end
	481,36	du verlorst] ich verlor Halt] halt
	481,37f	die Gemeinschaft mit den Menschen] die Gemeinschaft, die Gemeinschaft mit den Menschen
	482,26	heiße] nenne
	482,28	hat« – »aber«] hat«, [»] aber [«] hinzu, »daß] hinzu: »Daß
	482,34f	Rede [»] Nietzsche – nach 50 Jahren [«]] Rede: »Nietzsche – nach 50 Jahren«
	482,35	in die Hand.)] in die Hand in »Frühe Prosa und Reden«, Limes-Verlag, 1950).
	482,39	niederen Regionen] niedere Regionen
	483,34	zustandebringt] zustande bringt
	484,23	der Stimme hinter dem Vorhang] »Die Stimme hinter dem Vorhang«
	484,31	euer] Euer
	485,25	euch] Euch
	485,27	euch] Euch
	485,28	euch] Euch

E: **485,29f** Akzidens] Accidenz
485,37 mit etwas] mit Etwas
485,9 dir] Dir
486,11f deinen Kreis] Deinen Kreis
486,12 deine Worte] Deine Worte
deine Morphologie] Deine Morphologie
486,13 dein Ich] Dein Ich
dein Leben] Dein Leben
486,14 deine Einsamkeit] Deine Einsamkeit

Ein alter Schreibtisch ... (Neben dem Mikroskop) (S. **487–488**)

E+D: Welt am Sonntag Nr. 51 v. 21. 12. 1952, S. 5 (einzige Veröffentlichung)

RT: Schreiben Sie am Schreibtisch? Die WELT am SONNTAG fragte bekannte Dichter und Schriftsteller nach ihren Arbeitsgewohnheiten

Red: Eine Flut von neuen Büchern bietet sich dem Lesefreudigen in den weihnachtlichen Schaufenstern an, und viele davon werden vielleicht schon in den Festtagen studiert, verschlungen oder bedachtsam genossen werden. Dabei mag sich manch einer fragen, wie dieser Roman oder jenes Gedicht wohl zustande gekommen sind, wie es in der Werkstatt seines Lieblingsautors aussieht, ob er es mit der Schreibmaschine oder dem Füllhalter, dem Stehpult oder dem Schreibtisch hält. So haben wir eine Reihe bekannter Autoren zu diesem Punkt befragt

1956 (S. **489–490**)

M: 15. 12. [1955], 3 S. Entwurf

T: undat., unsign., 2 S. pag.
Mit handschriftlichen Korrekturen (T_2)

T: undat., sign. Gottfried Benn, 2 S. pag.
Mit handschriftlichem Entwurf unten auf S. 2 (T_1)

E+D: Über mich selbst. 1886–1956, München 1956, S. 63–65 (einzige Veröffentlichung)

T_1: **489,7** irgend etwas] irgendetwas
489,7f ganz besonders] ganz Besonderes
489,13 im ersten Kriege] im ersten Krieg
489,29 gewesen,] gewesen [,]

Sehr geehrter Herr Senatsrat! ... (S. **491–493**)

T: 31. 1. 1956. Brief an die Akademie. Z. Hd. des Generalsekretärs Dr. Franz Wallner-Basté

E: Paul Raabe, Ein Brief an die Akademie der Künste, in: Den Traum alleine tragen. Neue Texte, Briefe, Dokumente, hrsg. v. Paul Raabe und Max Niedermayer, Wiesbaden 1966, S. 247–249

D: Abschrift i. B. des Archivs der Akademie der Künste, Berlin: Sammlung Gottfried Benn

Biographie

1886: Gottfried Benn in Mansfeld, Kreis Westpriegnitz, als Sohn eines protestantischen Pfarrers geboren. Mutter Schweizerin. »Heimat meiner Mutter von weitem gesehn: Yverdon, Neuchâteler See. Reizend. Wie diese arme Frau aus der Weingegend u. der heiteren Berggegend es in dem grausigen kahlen neumärkischen Dorf aushalten konnte, mir unbegreiflich.« (An Oelze, 14. 4. 1953) Benns Großvater väterlicherseits war schon Pfarrer im selben Dorf, dessen Vorfahren waren Bauern. »Da meine Väter über hundert Jahre zurück evangelische Geistliche waren, durchdrang das Religiöse meine Jugend ganz ausschließlich ... So gewiß ich mich früh von den Problemen des Dogmas, der Lehre der Glaubensgemeinschaft entfernte, da mich nur die Probleme der Gestaltung, des Wortes, des Dichterischen bewegten, so gewiß habe ich die Atmosphäre meines Vaterhauses bis heute nicht verloren: in dem *Fanatismus zur Transcendenz*, in der Unbeirrbarkeit, jeden Materialismus historischer oder psychologischer Art als unzulänglich für die Erfassung und Darstellung des Lebens abzulehnen. Aber ich sehe diese Transcendenz ins Artistische gewendet, als Philosophie, als Metaphysik der Kunst.« (Gottfried Benn. In: *Dichterglaube*, 1931)

»Als ich ein halbes Jahr alt war, zogen meine Eltern nach Sellin in der Neumark; dort wuchs ich auf. Ein Dorf mit 700 Einwohnern in der norddeutschen Ebene, großes Pfarrhaus, großer Garten, drei Stunden östlich der Oder. Das ist auch heute noch meine Heimat, obgleich ich niemanden mehr dort kenne, Kindheitserde, unendlich geliebtes Land. Dort wuchs ich mit den Dorfjungen auf, sprach platt ... und wenn es nicht die Arbeiterjungen waren, waren es die Söhne des ostelbischen Adels, mit denen ich umging. Diese alten preußischen Familien ... hier besaßen sie ihre Güter, und mein Vater hatte einen ungewöhnlichen seelsorgerischen Einfluß gerade in ihren Kreisen ... Brandenburg blieb auch weiter meine Heimat. Das Gymnasium absolvierte ich in Frankfurt a. d. O., zum Glück ein humanistisches, studierte dann auf Wunsch meines Vaters Theologie und Philologie, zwei Jahre lang entgegen meiner Neigung; endlich konnte ich meinem Wunsch folgen und Medizin studieren. Es war das dadurch möglich, daß es mir gelang, auf die Kaiser-Wilhelm-Akademie für das militärärztliche Bildungswesen in Berlin aufgenommen zu werden ... Eine vorzügliche Hochschule, alles verdanke ich ihr! Virchow, Helmholtz, Leyden, Behring waren aus ihr hervorgegangen, ihr Geist herrschte dort mehr als der militärische, und die Führung der Anstalt war mustergültig. Ohne den Vater stark zu belasten, wurden für uns alle die sehr teuren Kollegs und Kliniken belegt ... Dazu bekamen wir eine Reihe von Vorträgen und Vorlesungen über Philosophie und Kunst und allgemeine Fragen und die gesellschaftliche Bildung des alten Offizierkorps ... Rückblickend scheint mir meine Existenz ohne diese Wendung zu Medizin und Biologie völlig undenkbar.« (*Lebensweg eines Intellektualisten.* 1934)

1896–1902: Gymnasium. Freundschaft mit Klabund.

1903–1904: Studium der Theologie und Philologie in Marburg und Berlin.

1905–1911: Kaiser-Wilhelm-Akademie, Berlin. Dienst beim 2. Garderegiment. Physikum. 1. Preis der Medizinischen Fakultät der Universität Berlin. 1910–1911: Unterarzt an der Berliner Charité, vermutlich in der psychiatrischen Abteilung. 1912: Promotion mit der Dissertation »Über die Häufigkeit des Diabetes mellitus im Heer«. Zunächst aktiver Militärarzt. Abschied vom Militär aus Gesundheitsgründen. 1912–14: Assistenzarzt am pathologisch-anatomischen Institut des Krankenhauses Charlottenburg-Westend. Annähernd dreihundert Sektionen. Freundschaft mit Else Lasker-Schüler. Umgang mit Literaten: Carl Einstein, Paul Zech, Franz Pfemfert, Herwarth Walden, Alfred Lichtenstein.

1913: Bekanntschaft mit der Schauspielerin Eva Brandt (Edith Brosin, geb. Osterloh) auf der Ostseeinsel Hiddensee. 1914: als Schiffsarzt nach New York im März – Juni. Rücktritt als Hapag-Schiffsarzt vor einer Reise nach Wladiwostok: »der Segler kam nie zurück«. Juli: Benn heiratet Edith Osterloh, nach dem Urteil ihrer Mutter »ein so ausgesprochener Gesellschaftsmensch ... die Zierde eines jeden Salons«. Benn später: »eine ganz charmante elegante Dame von Welt ... viel gereist, mir weit überlegen, 8 Jahre

älter als ich, sehr wohlhabend, aus einer Dresdener Patrizierfamilie, 2 Onkel, Brüder ihres Vaters, aktive Generäle, einer Excellenz u. sächsischer Ministerpräsident, königlicher.« (An Oelze, 29. 6. 1938) 1915: Geburt der Tochter Nele. Einziges Kind.
1914–1917: Benn als Sanitätsarzt im Kriegsdienst. Brüssel. »Ich war Arzt an einem Prostituiertenkrankenhaus, ein ganz isolierter Posten, lebte in einem konfiszierten Haus, elf Zimmer, allein mit meinem Burschen, hatte wenig Dienst, durfte in Zivil gehen, war mit nichts behaftet, hing an keinem, verstand die Sprache kaum; strich durch die Straßen, fremdes Volk; eigentümlicher Frühling, drei Monate ganz ohne Vergleich ...« (*Epilog*. 1921) Freundschaft mit Carl und Thea Sternheim.
Herbst 1917: Niederlassung als Facharzt für Haut- und Geschlechtskrankheiten mit Praxis in Berlin, Belle-Alliance-Str. 12 (bis 1935).
Nach einem sehr intensiven Jahrzehnt dichterischer Produktion schreibt Benn im August 1921: »fünfunddreißig Jahre und total erledigt, ich schreibe nichts mehr – man müßte mit Spulwürmern schreiben und Koprolalien; ich lese nichts mehr ... ich denke keinen Gedanken mehr zu Ende ...« (*Epilog*) »Mir geht es heute miserabel. Vollkommen dezentralisiert, überarbeitet, verludert. Es ist kein Leben dies tägliche Schmieren u. Spritzen u. Quacksalbern u. abends so müde sein, daß man heulen könnte. Aber wenn ich mir vorstelle, was ich machen sollte, weiß ich es auch nicht. Den Laden verkaufen u. fortgehn! Aber wohin? ... Oder eine Arbeit anfangen, ein Stück, eine Novelle, aber wozu, für wen, worüber, alles so erledigt, ausgepowert, abgeknabbert u. schließlich kotzt man vor sich selber, vor der Methode seiner eigenen Gedanken, seiner produktiven Technik ...« (An Gertrud Zenzes, 29. 12. 1921) Dr. Gertrud Zenzes, Archivarin, zwölf Jahre jünger als Benn, seit dieser Zeit befreundet mit ihm. »... ich habe nur oft, ja meistens so viel Mauern um mich rum, daß ich dem andern kein Verstehen zeigen mag, ich bin so hart geworden, um nicht selber zu zerschmelzen u. schließlich auch sehr fremd u. sehr allein. Es mag auch sein, daß ich menschliches Leid nicht mag, da es nicht Leid der Kunst ist, sondern nur Leid des Herzens.« (An Gertrud Zenzes, Anfang 1922) – »Es gibt

Tage, die so leer sind, daß man sich wundert, daß die Fensterscheiben nicht rausgedrückt werden von dem negativen Druck; es gibt Gedankengänge von einer Aussichtslosigkeit, die bewußtseinsraubend ist. Das ist so, da ist nichts zu machen.« (An Gertrud Zenzes, 1922) Im November 1922 stirbt Edith Benn, geb. Osterloh, Neles Mutter. »Vielleicht war es das beste, daß sie starb. Sie war ... bedeutend älter als mein Vater und er nicht für die Ehe geschaffen. Er stammte auch aus einem ganz anderen Milieu als sie, aus dem Pfarrhaus in Sellin, das auch ich so liebte. Mein Vater fand wohl immer die Verwandten meiner Mutter – Ärzte, hohe Beamte, Gutsbesitzer und Bankiers – irgendwie *zu* lebensfroh und *zu* lustig – ...« (Nele Soerensen. Mein Vater Gottfried Benn) Bekanntschaft mit der Opernsängerin Ellen Overgaard, die 1923 Nele in ihr Haus in Kopenhagen aufnimmt.
Ab 1924: Freundschaften mit dem Verleger Erich Reiss, mit George Grosz, Alfred Flechtheim, Tilly Wedekind, Heinz Ullstein u.a. Zur Konstitution: »körperlich u. seelisch äußerst apathisch u. abgekämpft, von geradezu krankhafter Menschen-, Unterhaltungs- u. Eindrucksflucht«. (An G. Zenzes, 4.9.1926) – Benn im Gespräch mit Nico Rost: »Ich schreibe nicht mehr, gar nichts. Seit Monaten nichts. Wozu auch? Es liest mich nur ein sehr kleiner Kreis ... Man soll mich in Ruhe lassen!« – »Ich habe seit zehn Jahren eine Praxis für Haut- und Geschlechtskrankheiten in Berlin. Die Geschlechtskrankheiten gehen, wie allgemein bekannt, auffallend zurück ... Ich möchte eine Stellung mit festem Einkommen, damit ich etwas mehr für mich arbeiten kann. Ich bin über Vierzig, und habe nie in meinem Leben länger als vierzehn Tage Ferien machen können, ich möchte auch einmal vier Wochen verreisen und doch am Ersten meine Miete zu bezahlen wissen.« (*Neben dem Schriftstellerberuf.* 1927) 1928 wird Benn Mitglied des Berliner PEN-Clubs. Im August stirbt Klabund. Benn hält die Totenrede. 1929 Selbstmord der Schauspielerin Lili Breda. »Meine Freundin, von der ich Ihnen so oft erzählte, und die ich ja im Grunde unverändert liebte, tief liebte, wie in den Jahren des Altwerdens u. der schwindenden Gefühlsfähigkeit der Mann liebt, ist am 1. II freiwillig aus dem Leben geschieden. Auf grauenvolle Art. Sie stürzte sich hier von ihrer Woh-

nung im 5. Stock auf die Straße u. kam tot dort an. Sie rief mich an, daß sie es tun würde. Ich jagte im Auto hin, aber sie lag schon zerschmettert unten u. die Feuerwehr hob den gebrochenen Körper auf ... Wenn ich dies alles überwinde, wird irgendein neuer Mensch aus mir, ich fühle es, ich weiß noch nicht welcher Art. Aber wohl ein kalter, armer Mensch mit einer Vakuumschicht um sich herum, es war so viel, was ich in den letzten Jahren erlebte u. auch litt.« (An G. Zenzes, 24.2.1929) »Nur wer an jeder Stunde die Klauen, die Hauer, die rostigen Nägel sieht, mit denen sie unser Herz in Stücke reißt, der hat das Leben in sich aufgenommen u. steht ihm nahe u. darf leben.« (An Sophia Wasmuth, 10.5.1929) – Klaus Mann schreibt 1929 in der Zeitschrift ›Die Literatur‹ einen emphatischen Artikel über *Gottfried Benns Prosa.* »Unstillbar sein Heimweh, sein Durst nach Menschheitsepochen, die tragisch und entfernt von der Idee des Fortschritts waren ... Wer so ruft, steht vereinsamt. Er läßt seine Stimme klagen, dabei wartet er kaum mehr auf Antwort. Der Rest ist Bitterkeit, Einsamkeit, Haß. – Der Haß eines solcherart Vereinsamten ist positiver, befruchtender, stärker als unsere kompromißbereiten Liebenswürdigkeiten ... Mit ihm verglichen sehen wir alle ein bißchen wehleidig, ein bißchen verzärtelt aus.«

1930: Benn an Gertrud Hindemith: »sehn Sie, ich kann doch meine innere Existenz nicht darauf aufbauen, ob u. daß ich für geeignet gehalten werde, monatlich ohne Beanstandungen einmal im Radio sprechen zu dürfen, ich kann doch nur danach gehn, was ich denke u. was ich denken *muß*, sonst käme ich doch zu dem Mischmasch des gewöhnlichen Feuilletonisten oder gar Ministerialrats im Kultusministerium.« (6.6.1930) – Benn im Gespräch mit Nico Rost: »Ihr Tretjakow wird bald vergessen sein. Man wird in der Kunst immer fragen nach *Substanz*, nach *Werken* – nicht nach billigen Theorien und Redensarten ... nach dem Gehirn, das die Zeit durch seine Existenz zeugend legitimierte, das nicht überall mitlief, den Rummel mitmachte ... Ihr Tretjakow wird mit seinen sozialen Theorien nichts zu diesem Prozeß beitragen, aber auch überhaupt gar nichts, glauben Sie mir.« Nico Rost berichtet von Benns sozialer Einstellung als Arzt: »einen Arbeitslosen aus dem

dritten Stock nicht nur umsonst behandelt, sondern auch monatelang die Kohlen für ihn bezahlt...« – An Paul Hindemith: »ich bin gerade in einer Periode, wo ich neuen Dingen auf der Spur bin und wo ich mich treiben lassen möchte, abwartend, zu welchen Resultaten ich komme...« (29.10.1930)
1931: »Bin heute wieder von der Steuer mit Pfändung bedroht, wenn ich nicht sofort 500 M. zahle. Die Leute sind irre, der Staat muß zertrümmert werden. Die *freien* Berufe, die kein festes Einkommen, keine Pension, keine Ferien und keine Bürostunden nach der Uhr kennen, die müssen wieder ran, den verkrachten u. verlumpten Staat zu finanzieren. Nein, da bleibt einem die Spucke weg u. da vergeht einem die Laune.« (An Thea Sternheim, 18. 8. 1931) »Dank für Ihre Invitation, aber unmöglich. Gesellige Veranstaltungen, gemeinsamer Meinungsaustausch, Geben Nehmen sind mir fremd. Ihre Freunde in Ehren, aber es sind nicht die meinen, ihre Worte kein Gewinn u. seelische Erneuerung für mich.« (28.8.1931)
1932: Wahl in die Preußische Akademie der Künste. »Etwa 25 der bedeutendsten Schriftsteller dichterischer Richtung und Substanz waren die Mitglieder. Als ich 1932 hineingewählt wurde, war Max Liebermann Präsident der Gesamtakademie, Heinrich Mann Abteilungs-Präsident für die Dichtung. Die Wahl war damals eine außerordentliche Ehre, die größte, die einem Schriftsteller innerhalb des deutschen Sprachraums zuteil werden konnte.« (*Doppelleben*) Beginn des Briefwechsels mit dem Bremer Importkaufmann Dr. F.W. Oelze, der Benns Essay *Goethe und die Naturwissenschaften* in der ›Neuen Rundschau‹ gelesen hatte. Benns erste Antwort: »Mir eine grosse Freude, wenn Ihnen meine Aufsätze gefallen haben. Eine mündliche Unterhaltung würde Sie enttäuschen. Ich sage nicht mehr, als was in meinen Büchern steht.« (21.12.1932) Der Briefwechsel wird für Benn zum wichtigsten Gedankenaustausch in den kommenden Jahren der »inneren Emigration«. Bis 1956 schreibt Benn rd. 700 Briefe an Oelze.
1933: Gottfried Benn im Bann des Nationalsozialismus. Nachdem Hitler im Januar Kanzler wurde, hält Benn am 24. April seine Rundfunkrede *Der neue Staat und die Intellek-*

tuellen: »Der neue Staat ist gegen die Intellektuellen entstanden. Alles, was sich im letzten Jahrzehnt zu den Intellektuellen rechnete, bekämpfte das Entstehen dieses neuen Staates. Sie, die jeden revolutionären Stoß von seiten des Marxismus begeistert begrüßten, ihm neue Offenbarungswerte zusprachen ... Lohnfragen als den Inhalt aller menschlichen Kämpfe anzusehen. Welch intellektueller Defekt, welch moralisches Manko ... Ich spreche im Namen des Gedankens und derer, die sich ihm beugen ... wir empfinden in dieser geschichtlichen Bewegung durchaus die vorwärtsgerichtete, ordnende, positive, die moderne Staatstendenz, die moderne Staatsidee, die den unfruchtbar gewordenen marxistischen Gegensatz von Arbeitnehmer und Arbeitgeber auflösen will in eine höhere Gemeinsamkeit, mag man sie wie Jünger ›Der Arbeiter‹ nennen oder nationalen Sozialismus. Und so gewiß einmal in einer anderen historischen Stunde ein hohes Ethos darin lag, die Ausgebeuteten gegen die Ausbeuter zu führen, und das Bebelpathos jener Stunde echt war ... Eine echte neue geschichtliche Bewegung ist vorhanden ... der Mensch will groß sein, das ist seine Größe; dem Absoluten gilt unausweichlich sein ganzes inneres Bemühen. Und so erhob sich diese Jugend von den gepflegten Abgründen ... Große, innerlich geführte Jugend, der Gedanke, der notwendige Gedanke, die überirdischste Macht der Welt ... gibt dir Recht: die Intelligenz, die dir schmähend nachsieht, war am Ende; was sollte sie dir denn vererben; sie lebte ja nur noch von Bruchstücken und Erbrechen über sich selbst ... Eine Villa, damit endete für sie das Visionäre, ein Mercedes, das stillte ihren wertesetzenden Drang.« Benn war über die Zielsetzung der neuen Machthaber nicht informiert. Weder hatte er *Mein Kampf* gelesen, noch kannte er die Parteiprogramme, noch hatte er je eine Parteiversammlung besucht. Er glaubte an die geistige Erneuerung eines Volkes und ignorierte zunächst die brutalen Methoden des Regimes. Bei der Umfunktionierung der Akademie durch die Nazis (Heinrich und Thomas Mann, Alfred Döblin, Käthe Kollwitz, Franz Werfel u. a. waren ausgetreten) spürt Benn bereits im April, daß er den neuen Kollegen unerwünscht ist. »Benn nahm Anmaßung und Feindlichkeit wahr. Er meinte, wir würden nicht nur ausgeschaltet, sondern auch

körperlich vernichtet werden.« (Oskar Loerke, *Tagebuch* 1933) Klaus Mann fragt im Mai aus Frankreich an, warum Benn nicht aus der Akademie austrete und gegen die Nazis auftrete. Benn antwortet über den Berliner Funk mit grober Schärfe: »*ich gehöre nicht zu der Partei, habe auch keine Beziehung zu ihren Führern* ... Es ist meine fanatische Reinheit, von der Sie in Ihrem Brief so ehrenvoll für mich schreiben, meine Reinheit des Gedankens und des Gefühls, das mich zu dieser Darstellung treibt.« (*Antwort an die literarischen Emigranten*) – Benn lebt in der Isolation: »Es ist tödliche Stille, im Geschäft, im Privaten, im Telefon, in der Post...« (An Käthe v. Porada, 26. 7. 1933). »Eben kommt der telefonische Anruf vom Rundfunk, daß die Lesung meiner Gedichte unterbleiben muß – Ursache: peinliches Schweigen. Wahre Ursache, von mir erwartet: wegen Defaitismus!« (19.9.1933) Die Emigrantenzeitschrift ›Die Sammlung‹ bringt einen scharfen Artikel ihres Herausgebers Klaus Mann gegen Benn (*Gottfried Benn oder Die Entwürdigung des Geistes*). Scharfe Attacke des NS-Ideologen Börries von Münchhausen gegen Benn. Im Winter wird Benn vom NS-Ärztebund von der Liste attestberechtigter Ärzte gestrichen.
1934: Spätestens der sog. Röhm-Putsch Ende Juni, die Liquidierung von rd. 200 SA-Spitzenfunktionären und anderen politischen Gegnern des Regimes, konfrontierte die Öffentlichkeit mit dem Faschismus. Die Einsicht in die politischen Verhältnisse hatte Benn bis zu diesem Zeitpunkt idealistisch verdrängt. Ab Mitte des Jahres stellt er seine Haltung in den Briefen an Oelze klar heraus. Auch anderen Briefpartnern gegenüber äußert er sich offen. »Ich bin ganz Ihrer Meinung. Es giebt keine Worte mehr für diese Tragödie.« (An Oelze, 24.7.1934) – »Ich lebe mit vollkommen zusammengekniffenen Lippen, innerlich u. äußerlich. Ich kann nicht mehr mit. Gewisse Dinge haben mir den letzten Stoß gegeben. Schauerliche Tragödie! Das Ganze kommt mir allmählich vor wie eine Schmiere, die fortwährend ›Faust‹ ankündigt, aber die Besetzung langt nur für ›Husarenfieber‹. Wie groß fing das an, wie dreckig sieht es heute aus. Aber es ist noch lange nicht zu Ende.« (An Ina Seidel, 27.8.1934) – »Die Kunst erregt sie [die Nazis] immer wieder so sehr, weil hier etwas ist, wo sie

absolut mit ihren Methoden nicht rankönnen, hier genügt nicht, mit dem Hacken ins Gesicht zu treten u. das Maul cäsarisch aufzureissen ...« (An Oelze, 7. 9. 1934) »Möglich, dass ich hier alles hinter mir lasse: Wohnung, Praxis, Berlin ... einschl. Akademie etc – und gerade das ist es, was ich möchte.« (An Oelze, 18. 11. 1934) »Heute würde ich schreiben: ›die Fresse von Cäsaren u. das Gehirn von Troglodythen‹.« (An Oelze, 24. 11. 1934) – »am 1. I. 35 verlasse ich meine Wohnung, Praxis, Existenz, Berlin u. trete in die Armee zurück, aus der ich hervorgegangen bin. Standort unbekannt, Zukunft ungewiß, Titel: Oberstabsarzt ... es ist eine aristokratische Form der Emigrierung. Kein leichter Entschluß! Im November bewarb ich mich bei der Stadt Berlin um eine Stellung in meiner Spezialität ... Ich erhielt mein Gesuch nach einigen Wochen wieder mit einem Schreiben ohne Anrede u. Unterschrift: ›Kein Bedarf. Papiere anbei zurück.‹« (An Ina Seidel, 12. 12. 1934)
1935: Benn als Militärarzt bei der Heeres-Sanitätsinspektion In Hannover. Lösung aller literarischen Bindungen in Berlin. »Ebenso will ich bei dieser Gelegenheit gleich erwähnen, daß ich trotz meiner Reaktivierung kein Militarist und Kriegstreiber war ... Das Offizierkorps, in das ich nun 1935 eintrat, war das sogenannte E-Offizierkorps, E hieß Ersatz, es waren die Reaktivierten, die Alten, sie trugen besondere Uniformen und die aktive Truppe nahm sie nicht für voll ...« (*Doppelleben* – hier ausführliche Darstellung der Vorgänge.) »Morgen beginnt der Dienst – abwarten, was er bringt. Skeptischer, kälter, erwartungsloser kann man ein neues Leben nicht beginnen, als ich es hier tue.« (An P. u. E. Fleischmann, 31. 3. 1935) – »Die äusserst labile Stimmung dieser Tage, meine körperliche Über-Anstrengung bis zur Erschöpfung, hervorgerufen durch die Umschichtung von Berlin hierher ...« (An Oelze, 7. 4. 1935) – »Der Dienst ist anstrengend, die Umstellung als Ganzes, innerlich und äußerlich, natürlich sehr einschneidend, sehr anstrengend, liege meistens abends um 9 erschöpft im Bett.« (An Frank Maraun, 5. 5. 1935) – »Sie machen sich nicht klar, wie völlig isoliert ich bin, ohne jede Beziehung geistiger Art zu meiner Umwelt. Meine Umwelt ist z. Z. nicht in diesem Land. Ich schreibe niemandem, antworte niemandem, brauche allerdings auch nieman-

den.« (An Oelze, 1.9.1935) »Wir haben keine Wirklichkeit mehr weder im Besitz noch in den Trieben noch in den Erkenntnissen, wir sind leer in der Magengrube.« (An Oelze, 7.10.1935) »Es geht mir nämlich viel elender, als ich dachte. Ich mag die Uniform *absolut nicht*. Bin völlig unglücklich darin.« (An Oelze, 21.10.1935)
1936: Benns Geschichtspessimismus kulminiert angesichts der politischen Verhältnisse: der extreme Dualismus von Geist und Leben wird thematisch in den Briefen an Oelze entwickelt. Das Prosastück *Weinhaus Wolf* bringt die Zusammenfassung: geistiger und moralischer Bankrott der westlichen Zivilisation. – »Schreibe wenig, bin abgearbeitet u. nicht gut dran. Alter u Verbrauchtheit; immer 2 Berufe betrieben u. ausgefüllt, in beiden immer Sorgen u. Kämpfe. Schlafe schlecht, liege stundenlang wach, habe Schmerzen, weine im Traum. Mag nicht mehr, weder Leben noch Arbeit, alles durchgemacht u zu Ende... Es wird nicht ausbleiben *können* die Erkenntnis, dass nur der Geist lebt, trächtig ist, verwandelnd... Nur Er erlöst, nur er überwindet. Seine *Verwendung* zur Überwindung des Lebens, das ohne ihn völlig sinnlos u. unerträglich ist.« (An Oelze, 6.4.1936) – »Wissen Sie, ich mache diese subalterne Kunstpolitik nicht mehr mit. Ich bin 50 Jahre, – soll man mich erschießen. Es kommt bestimmt aus Opfertoden auch nichts heraus, aber sie sind doch wohl noch besser, als Dreck zu machen. Und es ist *Dreck*, was sich heute als Dichtung gegenseitig hochlobt und preiskrönt.« (An Frank Maraun, 12.4.1936) – Der Band *Ausgewählte Gedichte* erscheint zu Benns Geburtstag und erhält ausgezeichnete Kritiken. Unmittelbar als Antwort erfolgt der anonyme Angriff der SS-Wochenzeitung ›Das Schwarze Korps‹ mit ausführlichen Zitaten aus den frühen Gedichten. »Aber Herr Benn wühlt seinen Stift nicht nur in stinkende Wunden, er macht auch in Erotik, und wie er das macht, das befähigt ihn glatt zum Nachfolger jener, die man wegen ihrer widernatürlichen Schweinereien aus dem Hause jagte.« (7. Mai) Abdruck des Artikels in der Regime-Zeitung ›Der Völkische Beobachter‹ (8. Mai). »Der Angriff im ›Schwarzen Korps‹ wird mir unter Umständen Uniform u. Stellung kosten.« (An Oelze, 8.5.1936) – »*Die Folgen*: Meldung bei meinem Kommandeur... Nachweis, dass es

sich nicht um ›*Ferkelei*‹, sondern *wertvolle* Gedichte handelt. Ehrenwörtliche Erklärung, dass ich nicht schwul bin ... Ist das alles schon jemals jemandem passiert? *Prognose*: die Militärs benehmen sich *fabelhaft*. Mein General sagt, nicht die Pöbeleien an sich könnten mich beleidigen, nur wenn ich darauf reagierte, auch nur mit einem Blick, wäre ich als Offizier in seinen Augen unehrenvoll ... Es wird weiter gehn, schreibt mir mein Verleger, Rosenberg u. ›die Reichsstelle zur Förderung deutschen Schrifttums‹ würden das Buch weiter verfolgen, also mich auch; einige Privatfeinde von mir sind dabei, vor denen ich mich sehr zu hüten habe, Korrumpierte, aber bürgerlich Korrumpierte mit kleinen Schiebungen u. Diebstählen, die ich seinerzeit aus der ›Union nat. Schriftsteller‹ entfernte. Also es wird weitergehn. Aber ich mag nicht mehr ... Satt habe ich den Dreck, den deutschen Dreck.« (An Oelze, 12. 5. 1936) – »Schreiben kann und darf ich nichts mehr, wenigstens nichts mehr veröffentlichen, solange ich Soldat bin ... Die bürgerlichen Schriftsteller Deutschlands würden z. B. mich viel kaltblütiger, roher, intriganter umlegen als die Rabauken ... Dieser bürgerliche Schleim das ist ja das eigentliche Gift im Rachen der Zeit.« (An Oelze, 29. 5. 1936) – »Ich möchte aber doch noch einmal auf den Satz hinweisen, von dem ich glaube, daß er bis heute nicht überholt ist, und daß ihn auch das ganze Jahrhundert nicht überholen wird. Es ist der von mir oft zitierte Satz Nietzsches, daß die Kunst die letzte metaphysische Tätigkeit innerhalb des europäischen Nihilismus sei.« (An Egon Vietta, 8. 11. 1936) – »Auch in meinen Kreisen hier eine unendliche Depression. Die Versteinerung schreitet fort ... Kein Wort mehr darüber ...« (An Oelze, 6. 12. 1936)

1937: »Die finsterste Epoche meines Lebens ... ich habe das Leben satt, da ich keine äußere Form mehr finde, in der ich es leben u. führen mag.« (An Ellinor Büller-Klinkowström, 22. 1. 1937) »Natürlich frage ich mich auch oft, ob der *Durchbruch* noch einmal kommt ... Vor allem müßte ich wohl hier fort. Aber dann frage ich mich, ob nicht die Vorstellung des Sich-Vollendens u. des sich Ganz-Aussprechen-Wollens oder -Könnens falsche Vorstellungen sind. Das Vollendete gibt es nicht.« (An Ellinor Büller-Klinkowström, 24. 2. 1937) – »Ich will ja versuchen, mit Hilfe des

Militärs mich zu verändern in der Richtung Berlin... Natürlich kommen einem dann wieder alle Privatwünsche und Hoffnungen lächerlich u. absurd vor, vor dem zermalmenden Gang der Geschichte, des Rassenwahns u. der Tyrannenlüste.« (An Ellinor Büller-Klinkowström, 9. 3. 1937) »Es war kein gutes Jahr. Trotzdem bin ich immer von neuem überrascht, wie viel in jedem Jahr Neues an innerer Erfahrung, immer kühlerem Erleben, Skepsis, Klärungen, aber natürlich auch Erstarrungen hinzukommt. Von Haus aus bin ich ein ungemein unfertiger, unskeptischer, erfahrungsloser Mensch gewesen, sehr naiv; erst die Jahre, die Schläge, die Schwierigkeiten brachten einen gewissen inneren Besitz.« (An Ellinor Büller-Klinkowström, 19.3.1937) – »Auch der Geist ist wohl nicht das Letzte. Auch er wird wohl einmal überwunden werden müssen.« (An Max Bense, 21.3.1937) – »Es gehört viel dazu, morgens damit aufzuwachen u. abends damit schlafenzugehn bezw. nicht einschlafen zu können, weil man nur u. in allem außerhalb der Zeit steht u. nur aus Widerspruch zu ihr besteht. Es ist keine Laune, keine Koketterie, keine Literatur, es ist körperlicher, konstitutioneller Zwang.« (An Ellinor Büller-Klinkowström, 19.5.1937) – Erneuter Angriff von seiten der SS in dem Buch: ›Säuberung des Kunsttempels. Eine kunstpolitische Kampfschrift zur Gesundung deutscher Kunst im Geiste nordischer Art‹. Benn wird als »Kulturbolschewist« und »Rasseschänder« diffamiert. Wiederum Verteidigung bei den vorgesetzten Behörden. Im Juli zieht Benn nach Berlin, übernimmt dort als Sanitätsoffizier einen neuen Aufgabenbereich.
1938: Benn heiratet Herta von Wedemeyer im Januar. Eine Bekanntschaft aus Hannover. Benn gibt in Briefen praktische Gründe an, Führung des Haushalts etc. – Im März Mitteilung des Präsidenten der Reichsschrifttumskammer (»Im Einvernehmen mit dem Herrn Reichsminister für Volksaufklärung und Propaganda«) über Ausschluß aus der Kammer und Schreibverbot: »Im Übertretungsfalle müßten die Strafbestimmungen des Reichskulturkammergesetzes gegen Sie in Anwendung gebracht werden.« Der Präsident teilt weiterhin mit, daß Reichsmarschall Göring ein Ehrengerichtsverfahren gegen Benn eingeleitet habe, mit dem Ziel der Ausstoßung aus dem Offizierskorps.

»Der Reichsmarschall – mir wankten die Knie, aber der Reichsmarschall und ein Oberstabsarzt – das erschien mir unproportioniert.« (*Doppelleben*) Die Sache erwies sich als Irrtum. – »Unerträglich doch manchmal das alles! Kaum ein Tag ohne die schlimmsten Dinge. Dass man das alles immer weiter durchführt, sogar noch Angst hat vor dem Aufhören des Ganzen, ist eines der Rätsel mehr.« (An Oelze, 20. 3. 1938) »Was für eine unerschöpfliche dumme tierische Menschheit das, die das alles hinnimmt u. dabei gröhlt! Ist sie ein Holzweg oder wir, Herr Oelze?« (24 4. 1938) – »Von meinen Freundschaften endeten zwei durch Erschossenwerden (eine von einem eifersüchtigen Freund, eine aus politischen Gründen kürzlich in Russland), vier durch Selbstmord, zwei weitere sehr nahe Beziehungen starben so. Diese meine 31jährige Frau nun umgebe ich mit der ganzen Sorgfalt u. Vorsicht meines so häufig von Gefahren und Zusammenbrüchen etwas ermüdeten und wunschlos gewordenen Lebens ...« (An Oelze, 29. 6. 1938)

1939: »Mein Büro ist im Bendlerblock, zwischen Tirpitzufer und Tiergartenstrasse ... Meine Tätigkeit ist natürlich geringfügiger Art ...« (An Oelze, 10. 10. 1939) – »zum Schreiben bin ich zu müde. Ich gehe bei Dunkelheit fort u. komme wenn es wieder dunkel ist, zurück. Manchmal gehe ich während der Frühstückspause eine halbe Stunde durch den schönen alten Teil Berlins ...« (An Oelze, 8. 11. 1939)

1940: »Um das Jahr 1000 lag vielleicht ein ähnliches Weltbild vor: das Versinken der Erde u. die Erwartung des Endes, das verkündet war. Wir stehn also wieder vor dem Dualismus des Innen und Aussen ...« (An Oelze, 27. 10. 1940) – »dass meine extremen Positionen eine Hartnäckigkeit u. Sturheit bekunden ... Aber wie soll man seine Substanz *vor*treiben in geistige Begriffe, wenn nicht durch *Über*treibung? Nur so werden sie sichtbar.« (An Oelze, 3. 11. 1940) – »Ich möchte einmal wieder ganz allein sein, auch ohne Wohnung. Ich kann diese sturen Gestalten ringsherum garnicht mehr verächtlich finden etwa, keineswegs, sie gehen alle ihren armseligen engen Weg mit Weib und Kindern u. starken Dekorationsdrängen und Kriegsverdienstkreuzbestrebungen – nichts gegen sie, es muss so sein, bloss vor der Berührung mit ihnen behüte mich, wenn es irgendetwas Transcendentes giebt, Schicksal oder Ord-

nung oder Götter oder Zufall, es behüte mich.« (An Oelze, 5.12.1940)
1941: »Das Altern, das Herz, die Schlaflosigkeit, die Depressionen, die völlige Isoliertheit, die ununterbrochene innere Spannung, sich zu halten, auch sich zu verbergen, alles dies zusammen ist kaum erträglich.« (An Oelze, 24.4.1941) – »Es erscheint mir auch zweifelhaft, ob ich mich noch werde regenerieren können, die Erschöpfung ist zu tief, ich habe eine regelrechte klinische Depression, wohl auf arteriosclerotischer Grundlage; ich bin mir völlig klar darüber, dass ich im Ausgang meines Lebens stehe, aber seien Sie sicher, dass ich das mit grosser Fassung tue.« (An Oelze, 21.6.1941) – »Nun zu uns: an der Ostfront sieht es nicht gut aus. Eigentlich ist es schon Napoleon u. Beresina, etwas verschleiert noch. Das Frühjahr droht mit ungeheuren Gefahren aus dem Osten, wenn es überhaupt bis zum Frühjahr dauert.« (An Oelze, 14.12.1941)
1942: »Die Zukunft muss man sich wohl sehr grausig vorstellen. Die Frage ist wohl nur die, ob man Stalin Deutschland bis zur Oder oder bis zur Elbe versprochen hat ... Generäle sind 11 fort. Dass sie noch lange am Leben bleiben werden, ist mir unwahrscheinlich. Himmler soll Innenminister werden ...« (An Oelze, 4.1.1942) – »Mir geht es gesundheitlich nicht gut. Eine schwere Verbrauchtheit im Kopf, Schmerzen im Zwischenhirn, Schund u. Schmutz an den Centralorganen. Aber was tuts; einmal ist es zu Ende ...« (An Oelze, 11.4.1942)
1943: Versetzung Benns nach Landsberg an der Warthe. Leben in der Kaserne. »Zu tun ist nichts. Die Dienststellen sind auseinandergerissen, die Desorganisation macht sich angenehm geltend ... In der Stadt nichts zu essen; nichts zu kaufen ... Vorige Woche war ich einen Tag dienstlich in Berlin. Meine Wohnung steht, trotzdem 6 Brandbomben ins Haus gingen, aber gelöscht wurden. Die Umgebung ist stark betroffen ... Mein Eindruck ist, dass man die Wohnung abschreiben muss. Keine grosse Wahrscheinlichkeit, dass sie heil bleibt. Man raubt u. plündert aus seiner eigenen Wohnung, als ob es schon eine fremde wäre, stopft noch dies u jenes in die Handtasche, den Rest stehlen andere.« (An Oelze, 30.8.1943) Die Vorgänge hat Benn dargestellt in: *Doppelleben II. Block II, Zimmer 66.*

1944: »Es ist also noch alles da, es bleibt auch da, es wird nichts zerstört, unsere Gedanken, Formen und Träume leben weiter, da sie älter u. echter sind als gewisses Gequatsche u. Gelärme ...« (An Oelze, 13.4.1944) – »Ich bin noch hier in der Kaserne. Glaube auch zunächst, dass ich noch bleibe. Es wird 12 km östlich von L. geschanzt von Jung u. Alt ...« (An Oelze, 14.8.1944)

1945: »im letzten Augenblick aus L. entkommen über Stock u. Stein, im offenen Viehwagen bei 10° Kälte, 12 Stunden dauerte die Fahrt von Küstrin hierher. Dann die Angriffe hier, der vom 3 II. war schauerlich. Auf den Bayrischen Platz allein kamen 9 Volltreffer. Alle Sachen in L. gelassen; hier kein Gas, kein Wasser, kein Telefon, nichts zu Essen.« (An Oelze, 9. 2. 1945) – »So verlief das Ende des ganzen Ostens, Stadt für Stadt. In der Wohnung waren dann fremde Leute, die Stuben leer, wir deckten uns mit meinem Soldatenmantel und Zeitungspapier zu, um aufzuwachen, als die Sirenen heulten. So klang es aus –«. (*Doppelleben*) – Die Russen besetzen Berlin, die Bozenerstraße, in der Benn wohnt, am Tage von Hitlers Selbstmord (30.4.). Im Juli nimmt sich Herta Benn das Leben in der Nähe Berlins, wohin sie evakuiert war, aus Angst vor den Russen. – »Soweit ich aus dem Aschenhaufen meiner Existenz in den letzten Monaten überhaupt aufblickte u. aufdachte ... Haben Sie Dank für Ihre Worte der Teilnahme zum Tode meiner Frau. Nichts in meinem Leben hat mich so getroffen, so tief getroffen wie dieser Tod ... Dies Grab u. dieser Tag dort! Mit jedem neuen Tag jetzt wird mein Kummer unerträglicher, es trifft wohl garnicht zu, dass die Zeit einen Verlust lindert.« (An Oelze, 7. 11. 1945) – »daß Ihr die Lage so empfindet wie sie tatsächlich ist, nämlich daß durch dies Ereignis mein Leben einen endgültigen Stoß und Niederwurf erlitten hat, von dem ich noch nicht weiß, ob ich mich davon erholen werde u. erholen will. Diese Verbindung war keine Leidenschaft, aber eine so unendliche Freundschaft u. Zärtlichkeit, daß ihr Verlust eine Kette von Trauer u. Tränen für mich bedeutet. Im September war ich an ihrem Grab, überhaupt nichts in meinem Leben hat mich so erschüttert wie dieser Tag in dem armseligen Dorf, in der Küche, in der sie seit Monaten wohnte u. auf mich wartete ...« (An E. C. Kraus u. A.

Schuster, 18.11.1945) Im selben Brief zur literarischen Situation: »Ich habe noch keinen Schritt unternommen um festzustellen, ob ich überhaupt publizieren darf. Es interessiert mich nicht sehr, aber ich höre, daß ich auch bei den Jetzigen ›unerwünscht‹ bin u. auf schwarzen oder grauen Listen stehe. Ich unternehme nichts, um das aufzuklären ... Ich lebe völlig allein. Damals unerwünscht, heute von neuem unerwünscht ..., ich finde das richtig u. eine Bestätigung meines Grundgefühls, das ich oft aussprach, daß Kunst außerhalb der Zusammenhänge von Staat u. Geschichte steht u. daß ihre Ablehnung durch die Welt zu ihr gehört.«

1946: »Meine Depression war grenzenlos, meine Hoffnungslosigkeit so tief, dass ich keinen Gedanken mehr fassen konnte.« (An Oelze, 27. 2. 1946) – »Daß mein Name auf den schwarzen u. grauen Listen steht, überrascht mich gewissermaßen, da ich ja doch nie PG. war u. seit 1934 jede Beziehung zu der Literatur abgebrochen hatte u. im Schwarzen Korps u. sw. fortgesetzt angepöbelt u. aus der Reichsschrifttumskammer hinausgeworfen war ... Es ist mir alles sehr fern gerückt, ich lebe wie ein Trappist, schweigend u. wüstenumdröhnt.« (An Pamela Regnier-Wedekind, 7. 3. 1946) – »Ich stehe mir nicht mehr nahe u kann mich garnicht mehr an mich in meiner jetzigen Existenzform gewöhnen. Ich finde es so niedrig, noch zu leben; alles dies mitzumachen, was sich stündlich um einen abspielt äusserlich u. innerlich. Die Zeitgenossen!« (An Oelze, 20. 3. 1946) – »Übermorgen werde ich nun 60 Jahre, – die Zeit ist rum, aber ich bin einverstanden damit. Ich kann auch nichts bedauern oder gar bereuen, was ich je literarisch publizierte, es war immer echt u. kam aus meinem Wesen ... Man kann nur für sich selbst entscheiden u. dann die Folgen auf sich nehmen.« (An Tilly Wedekind, 30. 4. 1946) – »Leer! Zu Ende! Solipsistischer Nihilismus; letzte Objectivität, fast schon Beziehungslosigkeit in Bezug auf sich selbst, Herabsehn aus grosser Höhe auf sich selbst wie der Falke in einen Abgrund.« (An Oelze, 15. 10. 1946) – »Nun, ich mache mir nicht mehr viel aus alledem u. tue nichts, um mich beliebt zu machen. Es sind gute Bücher, die ich schrieb u. eines Tages werden sie bekannt sein, – wenn ich tot bin.« (An Gertrud Zenzes, 26. 11. 1946) – Am

18. Dezember heiratet Benn Ilse Kaul, Dr. med. dent., die eine eigene Praxis führt.
1947: »dass diese Ehe, die nicht leicht – von beiden Seiten – zu Stande kam, für mich ein ausgesprochenes Glück bedeutet, mit dem das Leben mich überraschenderweise beschenkt hat. Ich habe meine inneren u. äusseren Erfahrungen, die geistigen, die menschlichen u. die erotischen einsetzen müssen, um diese reizende Person zu gewinnen, die – wollen Sie das bitte für sich behalten – 27 Jahre jünger ist als ich. Es ist von beiden Seiten eine ausgesprochene Liebesheirat...« (An Oelze, 10. 1. 1947) – »Ich rechne garnicht mehr mit Veröffentlichungen zu meinen Lebzeiten und ich sehe, daß man bei dieser inneren Voraussetzung noch viel freier und weitsichtiger schreiben kann, als wenn man sich die doch nur gröhlenden Zeitgenossen dabei vorstellt.« (An Fritz Werner, 23. 4. 1947) – Benn berichtet in den Briefen von seiner gutgehenden Praxis, Schwarzhandel, Trümmer-Berlin. Dargestellt in dem Prosastück *Der Ptolemäer. Berliner Novelle, 1947.* Verlage treten an Benn heran, u.a. Goverts u. Rowohlt. Artikel erscheinen über ihn, u.a. in der ›Neuen Rundschau‹: »im Ganzen äusserst interessant u tief, u. politisch nicht unangenehm, eine der besten Sachen über mich u dies nach 11 Jahren Schweigen von meiner Seite.« (An Oelze, 23. 6. 1947) Benn arbeitet ununterbrochen an literarischen Werken, wie er das auch in den Jahren zuvor getan hatte. Zum Jahresende Abschluß mit dem Arche-Verlag über den Band *Statische Gedichte.* Die Korrespondenz umkreist zunehmend die literarische Produktion und Publikation. »Ich bekomme z. Z. erstaunlich viel Briefe... Als ob eine Art metaphysischen Bebens z.Z. meinen Namen oder meine Erscheinung an vielen Orten in Erinnerung bringt.« (An Oelze, 4. 12. 1947) Benn spricht von seinem »Come-back«.
1948: Dr. Oelze, der die Bennsche Produktion der vergangenen 15 Jahre in einem Archiv gesammelt hatte, bekommt den Auftrag: »Bitte geben Sie nichts aus der Hand, das ist mein ausdrücklicher Wunsch.« (17. 1. 1948) – »Vor allem ist es so lächerlich, so zu tun, als ob hinter literarischen Arbeiten, Kritik oder Feuilletons eine lautere objective Wahrheit stünde, zu der alle streben u. der sie alle dienen –: jeder weiss, dass es sich in diesem Milieu um reine Prostitu-

tion handelt...« (An Oelze, 13.5.1948) – »Wir werden nicht verreisen u. die Bitterkeit der Ruinen u. der kleinen Staubgärten auf unseren kurzen Spaziergängen schmekken.« (An Oelze, 4.6.1948) – »Die deutsche, die abendländische Öffentlichkeit ist doch nur noch eine Latrine, auf der die politisch Privilegierten publizistisch unter sich lassen.« (An Oelze, 15.6.1948) – Benn schreibt den *Berliner Brief* (Juli 1948), der seine Lage darstellt: »Geschrieben in einem schattenreichen Zimmer, in dem von den 24 Stunden zwei beleuchtet sind...« (Veröffentlicht 1949 in der Zeitschrift ›Merkur‹, die viele neue Werke von Benn bringt.) – Der Verleger Max Niedermayer interessiert sich für das Gesamtwerk. »*In jedem Satz muß alles stehn*... – absolut sein in jeder Chiffre, in jedem Wort. Das ist die Krise! Sie sehen, sehr verehrter Herr Niedermayer, in welche Verstrickungen ich Sie zu führen gezwungen bin, wenn Sie sich mit mir als Autor einzulassen die Gewogenheit haben wollen...« (18.9.1948)

1949: »Wäre es ohne diese ewigen Krisen gegangen, müsste ich in meinen Jahren, um bürgerlich reputierlich dazustehn, ein Auto aufweisen können, ein Weekendhaus und Perserbrücken, was mir aber schlechthin nie möglich gewesen wäre zu beschaffen bei meiner Facon, Geld in die linke Westentasche einzunehmen und aus der rechten sofort wieder auszugeben.« (An Oelze, 19.1.1949) – »Heute von Herrn Paeschke einen Brief von geradezu überströmender Ergebenheit: er legt sich, den Merkur, die D.V.A. mir zu Füssen u bittet, den Merkur als einzige Zeitschrift für meine Publikationen betrachten zu wollen.« (An Oelze, 22.2.1949) – »Das ist also mein Come-back in Berlin nach 15 Jahren. Nun geht also das Gefrage hier los: ›Haben Sie was damit zu tun?‹ ›Ist das ein Verwandter von Ihnen?‹ ›Das hängt wohl garnicht mit Ihnen zusammen?‹ Ich antworte immer, das ist mein Urgroßvater, den sie wieder ausgebuddelt haben.« (An Frank Maraun, 7.3.1949) – »Wenn man alt wird, wird man bescheiden... Ich war zerrissen u. habe wohl auch nicht von Anfang an zielbewusst und systematisch mich vorgenommen, sondern mich treiben lassen u. viel gespielt. Aber eine abschliessende Persönlichkeit zu schaffen, war wohl die Epoche nicht mehr berufen.« (An Oelze, 30.3.1949) – »Wenn man mir gegenüber reserviert ist, – ich bin es jedenfalls noch mehr, nichts wäre mir fataler als offene Arme und Feuilletonlakritze.« (An Fritz Werner, 9. 5. 1949) – »Die wenigen Jahre, die ich vielleicht noch lebe, werde ich zu keiner Konzession meiner mein Leben lang verfolgten extremen Richtung bereit sein. *Man kann es ja auch garnicht:* kein Satz, kein wirklicher Satz, kommt zustande, wenn nicht hinter ihm das ganze Pathos und das ganze innere Leiden der Persönlichkeit steht. Meine ärztliche Praxis, die mir bisher keine Instanz nehmen konnte, gibt mir die äußere Möglichkeit, dem inneren Gesetz zu leben.« (An Erich Pfeiffer-Belli, 3. 7. 1949) – »ich bin wohl der einzige in Deutschland, der den Mut (und infolge seiner Praxis, der ärztlichen) die Möglichkeit hat, den Dingen so ins Auge zu sehen, wie sie sind, so erbarmungslos, so nihilistisch und doch nicht ganz hoffnungslos.« (An Erna Pinner, 16. 7. 1949) – »Meine vier Bücher sind ein ganz sensationeller Erfolg. Täglich kriege ich Aufsätze und Kritiken, – den meisten bin ich widerlich, aber sie müssen anerkennen, daß ich ein großer Magier bin (ein Charlatan, wie Ilse immer sagt). Nun ich bin lieber ein Charlatan, der anregt, als ein Kleinbürger, der Stimmungen von sich gibt.« (An Nele Soerensen, 30. 7. 1949) Die vier Bücher sind: *Statische Gedichte, Drei alte Männer, Der Ptolemäer, Ausdruckswelt.* – Zusammenfassung seiner Lebenssituation in einem langen Brief an Thea Sternheim: »mich kann nichts mehr tief treffen, auch kein Ruhm u. dergl. mich mehr erfreuen, die wenigen Jahre, die ich vielleicht noch lebe, wird mich niemand mehr sehr gesprächig machen ... Meine eigentliche Natur ist ja immer weiter das gänzliche Alleinsein ... Als Fazit meiner Existenz sage ich, daß es nichts Besseres für einen potenten Kopf gibt, als immer wieder und das ganze Leben lang für anrüchig zu gelten und unterdrückt zu werden ...« (12. 8. 1949) – »Ich verachte die Menschen, die mit ihren eigenen Dingen nicht fertig werden und nun in Gebeten den lieben Gott anflehen, ihnen behilflich zu sein und sie zu erretten.« (An Nele Soerensen, 24. 8. 1949) – »Ahnte doch jemand, welche Last man auf sich nimmt, wenn man seinen inneren Auftrag ausführt, gegen den man alle Einwände genau kennt und den man doch vertreten muss, wenn man einmal angefangen hat.« (An Oelze, 2. 11. 1949) – »Durch alles fasst man durch, bis

die Hand wieder in der eisigsten Polarkälte blau wird u. erstarrt, Frostbeulen an Hand u Herz – ein Herz, das eigentlich lyrisch u weich ist.« (An Oelze, 29. 11. 1949)
1950: Internationales publizistisches Echo auf Benns Werk. Kontakt mit Ernst Jünger, Ernst Robert Curtius, Max Bense, Friedrich Sieburg, Max Rychner. Artikel über Benn im ›Spiegel‹. »Es sind ja wieder allerlei Sachen über mich erschienen, aber ich lese es kaum bezw. garnicht mehr. Es ist auch möglich, dass ich beschliesse, garnicht mehr zu arbeiten u zu schreiben, ich halte weniger von mir als je. Alle Einladungen nach Westdeutschland habe ich abgesagt; mir vorzustellen, dass sich einige hinsetzen und meine fade Grimasse anstarren, ist mir unerträglich.« (An Oelze, 4. 3. 1950) – »Ich habe den Kreis, in dem sich mein Leben abspielt so eng gezogen und so genau determiniert, dass ich ihn im Augenblick kaum durchbrechen kann.« (An Oelze, 3./4. 5. 1950) – »Eigentlich ist mein privates Leben völlig undurchsichtig, eine Kontinuität aus Lücken und Verlusten, keiner könnte von mir etwas erzählen, einen Zusammenhang erblicken und schildern.« (An Oelze, 11. 9. 1950)
1951: »Je älter man wird, um so unklarer werden die Dinge, um so fragwürdiger das Persönliche, schließlich vergißt man sich selbst und will auch garnichts mehr von sich wissen. Auch der Trost mit dem Kulturkreis, in dem irgend etwas angeblich weiterlebt, erscheint einem als Illusion und idealistisches Keep-smiling.« (An Ewald Wasmuth, 27. 3. 1951) – »Nun, es ist Zeit, daß man einpackt; das Leben war manchmal schwer, aber ich habe es ertragen u. im wesentlichen würde ich nichts anders machen als ich es machte.« (An Gertrud Zenzes, 23. 4. 1951) – »man hat gelebt, seine Versuche dargeboten u. man sollte gehn, ohne Zuspruch zu erwarten ... Ich hoffe, daß Sie weniger müde sind, als ich es bin, und mehr Zustrom von den jenseitigen Dingen haben, als mir beschieden ist.« (An Ina Seidel, 8. 5. 1951) – »Über nichts denke ich im übrigen mehr nach als über die Fragwürdigkeit eines langen geistigen Lebens.« (An Oelze, 7. 6. 1951) – Einladung von seiten der belgischen Regierung zu einem europäischen Dichtertreffen: »Ich habe keine Lust; die Dichtertreffen werden dort eben so blöd sein wie bei uns.« (An Oelze, 16. 8. 1951) 21. August: Vortrag in Marburg: *Probleme der Lyrik*. Verleihung des Georg-Büch-

ner-Preises von der Deutschen Akademie für Sprache und Dichtung im Oktober: »Darmstadt: ein glorreicher Tag, der glänzendste meines Lebens völlig gelungen in Stimmung, Äusserem u. Gesellschaftlichem. Am 18 X las ich in Hannover die Marburger Rede vor, auf Einladung. Auch da wurde ich als grosser Mann gefeiert u aufgenommen, Minister zu Füssen...« (An Oelze, 25. 10. 1951)
1952: »Auch bin ich der Meinung, es ist besser u. anständiger, bis zum Schluß seiner Produktion hart zu bleiben, statt milde, reif u. familienhaft zu werden... Ich bin mir völlig klar darüber, daß ich mir durch diese neue Publikation Anhänger verscherze u Chancen äußerer Art nehme (Preise usw.), aber wenn etwas aus echter produktiver Substanz u. menschlicher Notwendigkeit stammt u strömt, wäre es feige, zurückzuschrecken.« (An Max Niedermayer, 16. 2. 1952) – »Nicht häufig, aber manchmal überfällt mich der Gedanke, dass ich nun 66 Jahre bin, also am Ende, darüber kann ich mir keine Illusion mehr machen, jeden Tag kann es ohne Präludien aus sein. Es zieht sich doch eine Linie von: ›Die Krone der Schöpfung, das Schwein, der Mensch‹ bis zu dem letzten Siegel: ›im Dunkel leben, im Dunkeln tun, was wir können – ‹.« (An Oelze, 6. 8. 1952) – Bundesverdienstkreuz I. Klasse; von Benn angenommen: »Ablehnen wäre Angeberei, also nehme ich es hin. Tragen werde ich es nicht...« (An Oelze, 16. 12. 1952) – Teilnahme als Vertreter Deutschlands an der ›Biennale Internationale de Poésie‹ in Knokke, Belgien.
1953: »Meine Frau ist reizend wie immer, viel zu gut für mich alten Brummbär, der nie aus seinem Zwinger geht.« (An Thea Sternheim, 7. 3. 1953) – »Ich möchte Ihnen gleich mitteilen, daß meine Pensionssache günstig ausgegangen ist und ich wohlwollender beurteilt wurde, als ich zu hoffen wagte. Ich glaube, nun für den Rest meiner Jahre im Gröbsten ohne Sorgen sein zu können.« (An Oelze, 18. 7. 1953) – »Überhaupt Berlin-West – eine größere innere Tragödie als Sie sich denken können.« (An Joachim Moras, 24. 8. 1953) – »Ich bat den ›Merkur‹, einen Aufsatz über meine Gedichte *nicht* zu bringen, ich mag nicht mehr, es sagt mir alles nichts mehr; ich kann kaum noch einen Schritt gehn vor Müdigkeit...« (An Oelze, 30. 10. 1953)
1954: »man sage nicht, der Geist kann es erreichen, / er gibt

nur manchmal kurzbelichtet Zeichen.« (*Melancholie*) – »je älter ich werde, umso intensiver empfinde ich den Zwang, unter dem man jede Zeile produziert ...« (An Max Rychner, 10. 10. 1954) Benn stehe auf der Nobel-Preis-Liste, sagt ihm ein Ordinarius für Deutsche Literatur aus Fribourg. – »Die Vereinsamung, in der ich lebe, ist ja doch sehr groß und über die helfen auch alle Briefe literarischer Anhänger, Männer und Frauen, nicht hinweg. Innen in einem ist es grau und fragwürdig und unaussprechbar, und hinter der Maske der Ironie und Höflichkeit nach außen zerreißen sich immer von neuem die letzten Bestände von Leben und Glück.« (An Max Niedermayer, 30. 12. 1954)

1955: »von einer krankhaften Müdigkeit u. Apathie, es gibt Tage, wo ich nur auf der Couch liege ... Dies Jahr habe ich alles abgesagt, selbst Rom, Florenz, Basel, Zürich. Ich mag nicht mehr. Erfolg habe ich ja genug, aber es bedeutet mir alles nichts mehr.« (An Tilly Wedekind, 4. 5. 1955) – »Montag geht es nach Köln. Der NWDR schreibt mir: ›der Andrang nach Eintrittskarten hat den Grad eines Naturereignisses angenommen.‹ Gilt aber sicher zu über 50% R. Schneider.« (An Oelze, 10. 11. 1955)

1956: 70. Geburtstag am 2. Mai. In der Amerika-Gedenkbibliothek findet eine offizielle Feier des Berliner Senats statt. Benn feiert im Kreise der Familie und Freunde (vgl. Nele Soerensen: *Mein Vater Gottfried Benn*). »Reden dürfen nicht gehalten werden.« (An Max Niedermayer, 8. 4. 1956) – Zu Jahresanfang war Benn in einem Berliner Krankenhaus stationär behandelt worden. »Die Röntgenuntersuchung hat ein sehr gutes Resultat ergeben: kein Karzinom.« (An Nele Soerensen, 24. 3. 1956) »Als der Geburtstag dann kam, sah mein Vater wirklich so aus, als ob er sich sehr wohl fühle und alles schön fände, auch die vielen Menschen, die sich um ihn drängten.« Benn wird in Schlangenbad auf Rheuma behandelt. »Das alles aber ist, wie gesagt, für die Katz. Ich warte noch eine Woche, dann werfe ich mich vor einen der grossen Reiseomnibusse und dann wird die Neuritis sich ja beruhigen. Den rechten Arm kann ich kaum noch bewegen.« (An Oelze, 15. 6. 1956) – Letzter Brief an Oelze: »Jene Stunde .. wird keine Schrecken haben, seien Sie beruhigt, wir werden nicht fallen wir werden steigen – Ihr B.«

(16.6.1956) Nach der Rückkehr wird in Berlin ein Wirbelsäulenkrebs festgestellt (6. Juli). Gottfried Benn stirbt am 7. Juli morgens gegen 8 Uhr in Gegenwart seiner Frau.

Werkbiographie zur Prosa und Autobiographie

1915

Gehirne erscheint im Februar als erster Text der Rönne-Prosa in ›Die weißen Blätter‹. Benn lebt in Brüssel als Militärarzt. *Die Eroberung* (August): »Er schwang über die Boulevards...« *Die Reise:* »Rönne wollte nach Antwerpen fahren...« Obwohl raum-zeitliche Faktoren des Erzählens keine nennenswerte Rolle spielen, ist das örtliche Ambiente doch spürbar.
Benn schreibt ein Vierteljahrhundert später an den literarischen Gesprächspartner Friedrich Wilhelm Oelze, der sich – jetzt im zweiten Weltkrieg – militärisch in Brüssel aufhält (11.4.1942): »Lieber Herr Oelze, wenn Sie mal an einem Sonntag eine freie Stunde haben, gehen Sie bitte von der Porte Louise aus die *Avenue Louise* herunter, rechte Seite. Da geht bald die *Chaussee de Charleroi* ab, ein par Schritte hinein u. wieder rechts kommt eine kleine Strasse *Rue St. Bernard.* Nr. 1. Gehörte mir u. meinem Burschen, ein grosses Haus, einem Emigranten enteignet. Dort in der 1. Etage waren meine Wohn u. Arbeitszimmer. Dort wirkte Rönne in Hochblüte, wollte nach Antwerpen reisen u. kam nur bis zur Bahn aus Müdigkeit u weil alles so schwer u. sinnlos war, da entstand die *Reise.* Vor allem aber – Ende April, Anfang Mai 1916 – ›geschah‹ ihm der *Geburtstag.* Die *Karyatide* und vieles von dem schönen, sinnlosen, überlebten Zeug entstand da. Werfen Sie bitte einen Blick hinauf, sprechen Sie meinen Schwur von damals: ›manchmal eine Stunde, da bist Du, der Rest ist das Geschehen; manchmal die beiden Fluten schlagen hoch zu einem Traum.‹ Mein Standquartier war die Porte Louise, dort die Kinos, die Cafés, vor allem das damals sehr elegante Café Toison d'or. Bald werden die grossen Rhododendrenbeete blühn dort u. in der Avenue nach Tervueren.«

1916

Im Mai nimmt der renommierte Verlag Kurt Wolff Benns Prosastücke an und plant ein Buch unter dem Titel *Gehirne. Novellen.* Der Band entsteht im Oktober als Band 35 der Reihe ›Der jüngste Tag‹; Band 34 ist Kafkas Erzählung *Das Urteil.* Lektor ist der Dichter-Kollege Albert Ehrenstein. Kurt Wolff hatte 1913 den Druck von Gedichten Benns abgelehnt. Benn schreibt aus Brüssel an Ehrenstein: »Infolgedessen würde ich weder jetzt noch später mit dem Verlag unmittelbar in Beziehung treten, und nur der Umstand, daß ich Sie als Lektor an ihm wußte, gab mir Veranlassung zu der Anfrage bei Ihnen. – Ich bitte daher um folgenden Freundschaftsdienst: gefällt *Ihnen* das Manuskript, wollen Sie es befürwortend an Wolff weitergeben; gefällt es Ihnen *nicht,* geben Sie es mir gleich zurück. – Wenn Sie nicht alles lesen mögen, lesen Sie bitte den *Geburtstag;* in ihr [der Novelle] sind die Probleme, an die ich weiter anknüpfen könnte, wenn etwas Zeit u. etwas Gunst mir zur Verfügung stehen würden ... Und wenn Ihnen mein Manuskript gar nicht gefällt, bitte schicken Sie es mir schonungslos zurück. Ich gehe nicht dran zugrunde. Im Gegenteil: nur aus Vernichtungen kommt das Neue.« (22.4.1916) *Die Insel* erscheint im Dezember in den ›Weißen Blättern‹. Benn sehr viel später beim Neudruck der Rönne-Prosa: »Ich fand die *Insel* immer eine der allermässigsten Sachen, die ich je publizierte ...« (An Oelze, 30.8.1949)

1917

»... so erscheint in *Gottfried Benn,* der die Novellen *Gehirne* schrieb, der Revolutionär – selbst in dieser Idee. Ihm ist Metaphysik eine längst erfüllte, nicht mehr behauptete, sondern bewiesene Welt, parallel unserer Wirklichkeit. Er steht mitten drin mit einer an Brutalität grenzenden Klarheit, er identifiziert sich mit ihr ... Benn wird selbst zum metaphysischen Element, das den Realitäten ihre Farbe und ihre Sprache entreißt, das Diesseitiges und Jenseitiges zu einem unerhörten Expressionismus zerbricht. Die Stücke der alten Welt fliegen unter seinen Händen auseinander, um

– hier wendet sich Benns negative Produktivität – an den Bruchflächen die Pole des Neuen zu weisen.« (Max Krell: *Metaphysische Figuren*. In: ›Die Neue Rundschau‹, Februar)
Carl Sternheim sondiert die literarische Situation der Zeit: »Aber des Einzigen Name, den bei des Nachwuchses Musterung ich schon tauglich fand, morsche Vorstellungen aus Fesseln zu lösen, ihr Essentielles auf heutige Lebensfähigkeit zu prüfen und sogar neue Weltatmosphäre hinzuzugewinnen, sei früh genug genannt, daß die wenigen Interessierten schon jetzt auf fernerem Lebensweg ihn begleiten können: Gottfried Benn.« (*Kampf der Metapher!*, in: ›Berliner Tageblatt‹ v. 21. 7.)

1918

Diesterweg erscheint in der Flugschriftenreihe ›Der rote Hahn‹. »Den erwähnten *Diesterweg* aus dem Jahre 1919 [Benn erinnert sich nicht genau] finde ich besonders wenig anregend und belanglos.« (An Max Niedermayer, 12. 5. 1949)
»*Diesterweg* soll also kommen, Sie sind daran Schuld, daß ich es [zunächst] fortliess, Sie schrieben einmal Abfälliges darüber. Ich persönlich finde ja fast *Querschnitt* das Beste.« (An Oelze, 25. 4. 1950)

1920

In der Zeitschrift ›Die Dichtung‹ erscheint *Der Garten von Arles*. Benn erinnert sich später an die Zeit der Entstehung: » . . . Sonntage in der Bellealliancestrasse, an denen ich mit Hilfe einiger Tassen [Kaffee] den ganzen Tag verbrachte u. die Sätze und Träume des *Gartens von Arles* u. des *Modernen Ich* u. des *Letzten Ich* mir aus den coffeinerweiterten Gefässen des Hirns u der Haut spielend hervorzauberte –« (An Oelze, 5. 7. 1942)
Benn anläßlich der Neuauflage der frühen Prosa: »Der *Prosa*band macht mir grosse Schwierigkeiten. Wer hat etwas davon, wenn ich jetzt Stücke wie *Garten von Arles, Das letzte Ich, Querschnitt* neu erscheinen lasse, das Höchste wäre, dass jemand konstatierte, dass einiges von dem, was dann später als Surrealismus, Joyce, auch Existentialismus

in die Öffentlichkeit drang, schon Anfang der 20. Jahre bei mir in Andeutungen u Bruchstücken vorhanden war. *Ich* mache mir nichts daraus.« (An Oelze, 19. 3. 1950)

1922

Der Band *Gesammelte Schriften* enthält unter dem Titel *Novellen: Gehirne, Die Reise, Die Insel, Der Geburtstag, Querschnitt, Der Garten von Arles, Das letzte Ich.* (In der zweiten Auflage:) *Diesterweg.*

1928

Im Verlag Kiepenheuer erscheint Ende des Jahres der Band *Gesammelte Prosa* von Gottfried Benn. (Änderung zu den *Gesammelten Schriften: Die Insel* fällt fort; hinzu kommt die Novelle *Alexanderzüge mittels Wallungen*). Fünf Jahre später schon zeigt Benn sich völlig distanziert: »Das Buch *Prosa* ist uralt. Fossile Dinge drin. *Der Geburtstag* war einmal echt u. die *Reise.*« (An Käthe von Porada, 9. 10. 1933)

1929

Urgesicht erscheint im März in der ›Neuen Rundschau‹. Bekannte Literaten besprechen die *Gesammelte Prosa.* »Das zerlesenste Buch meiner Bibliothek ist *Die Gesammelten Schriften* von Gottfried Benn. Die kaufte ich mir 1922 ... Gerade jetzt, wo die Ausgabe von 1922 hoffnungslos zerlesen ist und nur noch in Fetzen besteht, erscheint bei Kiepenheuer *Gesammelte Prosa* – 200 Seiten –, gleich auf Seite 1 *Gehirne;* aber ich fürchte mich, das Buch zu lesen, denn ich habe an mir erfahren, daß nach 10 Seiten Bennscher Prosa meine Schreibe sich verzieht, verzerrt, wunderbar dynamisiert, Bennsche Formen annimmt ...« (Arno Schirokauer in: ›Die literarische Welt‹)
»... das Beispiel des unabhängigen und überlegenen Welt-Dichters, des Schöpfers eines nicht umfangreichen, aber desto schwerer wiegenden Werkes, das mit keinem anderen zu verwechseln ist ... In der Ära subalterner Bildung und Haltung bewahrt Benn fast herausfordernd (was mir sehr gefällt) den wissenschaftlichen, sprachlichen und repräsen-

tativen Rang. Er macht den Schwindel nicht mit, den hurtige, auf billigen Erfolg versessene Schreiber dieser niveaulosen Epoche schuldig zu sein glauben... Statt des gewohnten ›kleinen Formats‹ der Sekretäre eines politischen Geplänkels um Macht- und Krippenvorteile spricht hier ein Rebell des *Geistes,* ein Aufruhrphilosoph... Diese Kunst verteilt, wie alle große Kunst seit je, das Ätzende und das Sanfte, das Zynische und das Idyllische...« (Max Herrmann-Neisse im Juli in: ›Die neue Bücherschau‹)

Eine polemische Auseinandersetzung mit Benn veröffentlichen daraufhin J. R. Becher und E. E. Kisch in der ›Neuen Bücherschau‹. Benn beantwortet die Angriffe mit einem offenen Brief (Sehr geehrter Herr Gerhart Pohl...).

»Benns Dichtung haftet nichts Zweckmäßiges an. Sie ist reine Hingabe an Sinn und Sinnbild in Einem. Nach den *Gedichten* eines Jahrzehnts jetzt die gesammelte Prosa eines Jahrzehnts. Unter den nicht zahlreichen Erscheinungen deutscher Dichtung seit 1900, steht dieser Band in vorderster Reihe. Unzeitgemäße Prosa: die nicht vom zufälligen Tagesjargon diktiert, sondern inspiriert ist vom schöpferischen Geist der Sprache... Die meisten erzählenden Schriftsteller bedienen sich der Sprache, um etwas *mitzuteilen*... Wenige wissen den Inhalt *umzusetzen* in Sprache. Da beginnt die Dichtung. Benn gehört zu diesen Wenigen... Das Geheimnis der bennschen Dichtung ist der Formungsdrang, Vergängliches zu absolutieren. *Gesammelte Prosa:* unter diesem anspruchslosen Titel ist das Buch erschienen, das allen Anspruch darauf hat, zu den wesentlichsten Erscheinungen nicht nur der deutschen, sondern der europäischen Literatur zu zählen. Denn es sagt die Vision des schöpferischen Geistes in einer unverwechselbar einmaligen Form aus.« (Hermann Kasack in: ›Die literarische Welt‹ vom 30. 8.)

»Die dichterische Substanz der Bennschen Prosa ist Erlebnis und Anschauung des Absoluten. Das Absolute gilt als Urform des Seins, als magische Realität der Seele, als die Idee des Schöpferischen in der Welt. Wo aber äußert sich, wo ist noch das Absolute anschaubar, rein und Auge in Auge? Im Leben nicht, das im Entwicklungsrekord mehr gilt als in der Verwandlung und im Spiel von Formen; auch im speziell Menschlichen nicht, das keine Rückbeziehung mehr auf die mythische Existenz zuläßt. Nur das schöpferische Ich erreicht in seinen Kongestionen die Gleichung mit dem Ur-Ich, das als einziges Prinzip das Absolute durch Zeit und Welt bewahrt. Die Frage: Was habt ihr mit Kunst, Staat, Wissenschaft und Heute aus dem Mythos Mensch, aus der Idee Welt gemacht, aus der Natur, der Wollust, aus allen ewig-gegenwärtigen Urformen? Die Antwort: Hohn, Verzweiflung, Skepsis, Ablauf und Auflösung der Erkenntnisse und zuletzt das unerschütterte Wissen um Gesetze irrationaler Logik.

Auf Fabel, Handlung, Symbolik, überhaupt alle Methoden der Unterhaltungsliteratur wird verzichtet; vom Leser assoziatives Mitverstehen gefordert. Einfacher, aber nicht minder eindringlich, sind Stücke über bestimmte Themen, etwa: Das moderne Ich, Medizinische Krise, Kunst und Staat, Totenrede für Klabund. Immer überzeugt Glanz und Prägnanz des Ausdrucks, die Überlegenheit dichterischen Wissens und die Verantwortlichkeit vor dem Sprachgeist.« (Hermann Kasack im März in: ›Die Neue Rundschau‹.)

»Sein Band Prosaschriften (bei Gustav Kiepenheuer erschienen) beweist nur aufs Neue, was allen, die seine Lyrik kennen, seit langem Tatsache ist: daß hier eine dichterische und intellektuelle Energie von gespanntester Intensität ihren eigensten und unerbittlichsten Ausdruck findet.

Er hat beides: die Leidenschaft der Analyse, des Zersetzens, des Hasses; und das Pathos der Vision, des dichterischen Blickens und Ahnens. Er ist präzise in der Berauschtheit, wissenschaftlich in der Ekstase... Mit inbrünstiger Genauigkeit dient er dem Wort. Jedes ist eine Beschwörungsformel... Wer sich dem Wort und seinem Mysterium mit solcher Ergriffenheit naht, wird für das Phänomen des Dichterischen, des Künstlertums überhaupt, keine frisch-fromm-fröhlich materialistische Erklärung finden... Der Dichter ist revolutionär, gegen die Mitte. Sein Haß gegen das *juste milieu,* das Bürgerliche, die ›Demokratie‹ wird zum Krampf, zur Ekstase; der Begriff des ›Fortschritts‹ zum roten Tuch, der Entwicklungsgedanke zur ›proletischsten Idee des Abendlandes‹.« (Klaus Mann im Dezember in: ›Die Literatur‹)

1936

Nach langer Unterbrechung schreibt Benn wieder an einem Prosastück: *Weinhaus Wolf.*

1937

»Daneben arbeite ich privat. Ob was Gescheites herauskommt, weiss ich noch nicht. Eigentlich ist es nur eine Zusammenfassung alles dessen, was in unseren Briefen, den Hannoverschen Briefen, der letzten zwei Jahre stand.« (An Oelze, 26. 4. 1937)
»Das *Weinhaus W.* ist ein Dreck. Reine Spucke. Muss es noch lange bearbeiten, wenn es überhaupt was werden soll u. kann.« (An Oelze, 20. 6. 1937)

1938

Die Briefe vom 26. und 28. Februar an Oelze entwickeln zentrale Thesen der neuen Prosa. Wie überhaupt in diesem Briefwechsel Benn seine Gedanken über zwei Jahrzehnte als Vorfassung für Prosa und Essays entwirft.
Übersendung des Typoskriptes an Oelze in der Form der späteren Druckfassung. »Wir haben nun im Verlauf der letzten 2 Jahre über bestimmte Themen soviel geredet und in unseren Briefen geschrieben, dass wir sie eigentlich einmal zusammenfassen und abschliessen müssen. Ich werde mir daher erlauben, Ihnen in den nächsten Tagen meine letzte grössere Arbeit, nämlich *Das Weinhaus Wolf* in dem einzig vorhandenen Schreibmaschinenexemplar zu übersenden. Eigentlich ist es nur eine Zusammenstellung unserer Briefe, an der Sie ebenso beteiligt sind wie ich.« (An Oelze, 17.5.1938)

1943

»Sie haben öfter die Güte das *Weinhaus Wolf* zu zitieren. Ich besitze kein Exemplar u. der Inhalt ist mir völlig entfallen.« (An Oelze, 26. 10. 1943)
Nachdem Oelze eine Abschrift des Skriptes von *Weinhaus Wolf* an Benn gesandt hatte, antwortet dieser: »Und die

Verpackung von W.W hat Ihnen soviel Mühe u. Arbeit gemacht – u. vor allem der schöne Einband –, wenn er doch etwas weniger Düsteres und Dumpfes bärge, nicht diese an Gegenstände u. Figuren herangekneteten Gedanken! Das kann ich nicht, das sollte ich lieber lassen, sage ich mir heute. Wenn ich mich heute erinnere, wie viel Schwierigkeiten, wie viel langwierige Arbeit mir diese 15 Seiten machten, wird mir ganz grau ums Herz, dass dann nichts Besseres herausgekommen ist. Nur überwältigt mich die Gleichförmigkeit u. Unität aller meiner Gedankengänge innerhalb dieser letzten 10 Jahre. Denn auch in der jetzt abgeschlossenen u. versiegelten *Ausdruckswelt* kommt das Gleiche zur Sprache. ›Wiederholungszwänge‹ – einerseits Stumpfsinn u. Mangel an Elan, andererseits ein Verfahren eine zweifellose Methode, Stil zu machen und Kunst d. h. Wirklichkeit (Kunst = Herstellung von Wirklichkeit) zu fabrizieren –: also auch hier ein Dilemma wie in allen geistigen Dingen.« (An Oelze, 22. 12. 1943)
Erste Entwürfe zum *Roman des Phänotyp* in den Arbeitskladden.

1944

Im Zusammenhang mit dem Essay-Band *Ausdruckswelt* entsteht das Konzept zum *Roman des Phänotyp*. »Augenblicklich bin ich in *Libellen*stimmung ›– weder Käfer noch Schmetterling – hohe Töne, Schwirren‹, nämlich: alles Inhaltliche u. Thematische wird mir immer fragwürdiger u. bedenklicher, es bleibt nur das Gegeneinanderhalten der Fassungen u. Färbungen, die Reflexe, das Spiel u. aus einem olympischen Einerseits = Andererseitsstandpunkt entwikkelt sich ein neuer blitzender Stil. (Das ist natürlich übertrieben optimistisch von mir im Augenblick zu Ihnen bemerkt, vielleicht mangelt mir völlig die Begabung, es zu verwirklichen, auszudrücken, es bleibt nur Ahnung).« (An Oelze, 6. 3. 1944) – Die erste Fassung vom *Roman des Phänotyp* ist am 9. 6. schon abgeschlossen.
»Ließ nichts von mir hören, da vollbeschäftigt mit Abfassen vom Roman, der nicht seinesgleichen hat ...« (An Egmont Seyerlen, 16. 4. 1944)
»Ja es ist ein Fesselballon oder eine Klausur. Was momentan

dabei heraus kommt, ist mir selber eine Überraschung. Nämlich etwas, das nicht mehr in den Essayband gehört, da es diesen bereits hinter sich lässt, sondern eine neue Seite bringt. Es ist eine Prosasache freier Art. Der Name ist verblüffend: *Roman des Phänotyp.* Sie können sich nichts dabei denken, mit Recht, u. darum setze ich das zu Anfang auseinander. Es ist natürlich kein Roman in irgendeinem schon bekannten Sinne. Es hat mit Liebe garnichts zu tun. Es ist ein Roman nach Innen, der Roman der tatsächlichen inneren Schichten in uns, aber dies nicht analysiert, sondern ausgedrückt, real vorhanden, wobei natürlich Inhalt u. Form schon wieder identisch ist, ja das ist eigentlich das ganze Problem: dass es Inhalt nicht giebt, nur Ausdruck u. Form, bezw. nur Inhalt als Ausdruck u. Form. Aber, wie gesagt, es ist in keiner Weise theoretisch, vielmehr von äusserster Realistik, nämlich seelischer Tatsächlichkeit: nur so kann der heutige Typ, eben der Phänotyp ... sich ausdrücken ... kurze Abschnitte, die Titel werden Sie amüsieren ... kurz: buntes Allerlei. Bedenken Sie: eine Art Roman (ohne Handlung) und vor allem ohne tragende Figur, er geht ja davon aus, dass es Individuelle Züge nicht mehr giebt, warum also durch *Gestalten* etwas ausdrücken, wenn gerade die Gestalt abhanden gekommen ist? Das ist die technische Schwierigkeit. Das Hilfsmittel dagegen ist der neue Begriff: *Existentiell,* den ich gross herausstelle. Sie sehen: höchst problematisch alles, eine Bezirksbombe an Abwegigkeiten u. Excentric!« (An Oelze, 3. 5. 1944)
»Meine Arbeiten sind von Stimmungen getrübt. Dieser Phänotyp wird doch wohl nur ein *Landsberger Fragment.* Seine Anlage ist: ein Fächer, radial strahlen die einzelnen Ansätze aus, keine Bewegung; ein Held, der sich wenig bewegt, ein Roman im Sitzen; stellen Sie sich eine Torte vor, die Stücke gehn alle nach Innen zusammen u. gleichen sich im Teig u. sind mit den gleichen Früchten belegt. Chronologie u. Psychologie sind ja eben das, was ich auszuschalten suche. Zwei ähnliche Versuche sind mir aus der Literatur bekannt: *Paludes* von Gide u. *Bebuquin* von Einstein. Namentlich der Letztere schaltete auch Zeit u. Psychologie aus, aber liess die Handlung nicht fort, der Held musste noch allerlei betreiben. Das war inkonsequent. Auch dass er überhaupt noch einen Namen hatte, war

paradox. Jetzt ist die Lage anders. Schwierig alles u. vermutlich sinnlos u. das Ganze bleibt oudsider!« (An Oelze, 31.5.1944)

»Aber auch vom Osten wird es nun wohl hier bei uns Veränderungen geben. Ich sehe voraus, dass wir alle hier das Gewehr in die Hand nehmen müssen u. uns irgendwo anschliessen. Nun, ich bin fertig soweit. Der Phänotyp ist abgeschlossen, er wird die von Ihnen bestimmten 100 Seiten im Druck haben, und er wird das einerseits Gelösteste und andererseits Concentrierteste sein, was zur Zeit innerhalb Europas zu liefern ist. Wo ich ihn unterbringe, weiss ich noch nicht, um ihn sicher zu stellen.« (An Oelze aus der Kaserne in Landsberg an der Warthe, 12.7.1944)

»Den Phänotyp habe ich schon wieder vollständig vergessen, weiss nicht mehr, was er eigentlich bedeuten sollte.« (An Oelze, 14.8.1944)

1945

Benn ordnet seinen literarischen Nachlaß und sendet ihn an Oelze, bevor er Landsberg verläßt wegen der anrückenden Ostfront. »Ich werde mir erlauben, die Hinterlassenschaft an Ihre Adresse zu senden... Der *Roman des Phänotyp* ist soweit fertig. Hier ist die Folge innerlich notwendig. Im Verlauf eines Vierteljahres niedergeschrieben u dann liegen gelassen, wäre es schon möglich, dass ich einiges ändern würde, aber das Ganze ist ein Fragment u. kann so bleiben. Ich dachte: 1) *Roman des Phänotyp* u *Weinhaus Wolf* in einem Band, als Prosaband. 2) Der Essayband (wobei ich nicht weiss, ob *Block II, Zimmer 66* dahinein gehört, aber es wird gehn).« (An Oelze, 22.1.1945)

1946

»Wie wirken auf Sie eigentlich so abwegige Dinge aus *Phänotyp* wie z. B. jene Seite ›Schon flüchtiges Überblicken, Überblättern schafft manchmal einen leichten Rausch –‹ oder: *Blöcke*? Kann man sich dabei irgendwas denken, sieht man einen Gang ins Ich, einen echten Maulwurf, der zwangsläufig seine schwarzen Pfoten in die Erde bohrt u.

den Haufen hochwirft? Unverschämte Frage an Sie!« (An Oelze, 14. 1. 1946)
Notizen und Entwürfe zum *Ptolemäer* in den Arbeitskladden ab Februar.
»Ich verfaßte in den letzten Jahren... eine Art Roman höchst abwegiger Art, aber von einer sicher weitgehenden Identität mit der Zeit; völlig neu in der Methode, den Menschen von heute aufzurollen. (Apfelsinenförmig gebaut; Scheiben nach einer Mitte tendierend, völlig im Gegensatz zu Psychologie u Zeitentwicklung, –: akausal, grundlos, blockartig.)« (An Johannes Weyl, 28. 3. 1946)
»Offenbar weiss er [ein Verleger] mit *Phänotyp* nichts anzufangen, – womit er Recht hat. Als Untertitel muss es *Landsberger Fragment* erhalten, um das Fragwürdige vorwegzunehmen.« (An Oelze, 22. 5. 1946)
»Im übrigen, bitte, verfügen Sie über alles; behalten Sie bitte das Originalmanuscript, es gehört Ihnen. Ihnen gehört Alles an Manuscripten, was um Sie u. bei Ihnen ist. Ich habe nach nichts Sehnsucht. Vom Phänotyp erinnere ich mich an Nichts als an einige Sätze des letzten Teils, die ich glücklich fand...« (An Oelze, 30. 7. 1946)

1947

»Der die Zeit brechende (im Sinne des Stiers) u. die Zeit spiegelnde (im Sinne des Reflectors) Stil, der wird es sein, der die Zeit darstellt u. aussagt – soviel sich von einer Zeit überhaupt etwas darstellen u. aussagen lässt, soweit das überhaupt interessant u. nötig ist.« (An Oelze, 23. 2. 1947)
Zum *Ptolemäer*: »Was meine neuen Stümpereien angeht, so wird es etwas nicht in Richtung Phänotyp, sondern eher *Weinhaus Wolf*. Mir scheint, es wird leichtsinnig, aber auch bösartig; obenhin – überhin –, aber über Verfall u. Gräbern, – unseren Verfall und unsere Gräber. Mich beunruhigt, dass ich eigentlich garnichts mehr ernst nehmen kann, kein Problem, keine Fragestellung, kein Gefühl, – alles vermische ich, verwische ich zu einzelnen Absätzen, Perioden, die mir aufsteigen wie Inseln aus Schlamm u. Modder.« (An Oelze, 12. 4. 1947)
Zum ersten Kapitel des *Ptolemäer, Lotosland:* »eine neue

kleine Arbeit –, Richtung *Weinhaus Wolf*. Betrachten Sie es als aus dem Wunsch geboren, aus unseren Briefen der letzten 2 Jahre einiges zusammenzufassen u. dem ›Archiv‹ zu übergeben. Boxerisch gesprochen: Leberhaken bei flotter Beinarbeit. Vielleicht nicht Ihr Geschmack. Vielleicht setze ich diese neue Figur weiter fort. Die Arbeit zeigt von Neuem, dass nicht die Schwarze Liste mein Combak verhindert, sondern ich selbst: alles, was ich neu veröffentlichen könnte – vielleicht ausser einigen Gedichten – würde sofort wieder die schwersten Controversen hervorbeschwören, die grössten Pöbeleien.« (An Oelze, 29.4.1947)

»Vielleicht schicke ich Ihnen demnächst das II. Kapitel von *Lotosland*, – die alte Leierkastenmelodie meiner Walze, zur Aufbewahrung.« (An Oelze, 3.8.1947)

»Lieber Herr Oelze, anbei das II Kapitel von *Lotosland*, ein *zweites* Kapitel, nämlich nicht so eruptiv u. einiges nachholend. Ich freue mich, wenn Sie Zeit finden, es zu lesen, aber ich erwarte es nicht, es wird ja alles langweilig ... Nachdem ich mir diese 14 Seiten nochmals durchgelesen habe, glaube ich, dass sie ein III u. letztes Kapitel erfordern. Ich werde ihm wohl nicht ausweichen können, aber ich schwöre Ihnen, dass der Frisör dann abtritt.« (17.8.1947)

»Demnächst sende ich den Abschluss der Arbeit, die dann als Ganzes den Titel des letzten Stückes tragen soll, – *Lotosland* ist mir zu romantisch u. gerade etwas Romantisches soll das Ganze nicht sein ... der *Ptolemäer* ... das soll der Titel der ganzen Sache sein, tritt also neben den *Phänotyp*, – beides Betagte der Rönne u. Pameelen ...« (An Oelze, 21.9.1947)

»Lieber Herr Oelze, um die Angelegenheit zu beenden: hier ist der Abschluss der Sache. Recht abwegig u. mit einer Wendung ins Positive, die hoffentlich nicht Ihre Missstimmung erregt, aber ich wollte doch auf keinen Fall den Verdacht aufkommen lassen, zu den weinerlichen Kreisen der Existentialisten, Idealisten, Kulturphilosophen u. dem ganzen deutschen Biedermeierkonsortium zu gehören ... Nun wende ich mich also wieder an Sie mit dem Anliegen, alle 3 Stücke nochmals zu bedenken u dem Titel *Der Ptolemäer* beizustimmen.« (29.9.1947)

»Zu meiner Ptolemäer-sendung hätte ich noch zu bemerken, dass selbst ein luzider Intellectueller, der genau über sich wacht, oft nicht weiss, warum er gerade in diesem Augenblick gerade diesen Inhalt gerade in diesen Ausdruck bringt u. keine innere Ruhe verspürt, bevor nicht jene Formulierung gefunden ist, die offenbar gewissermassen praeformiert in einem vorhanden war. Womit ich aber nicht sagen will, dass ›etwas‹ aus einem spräche, so mystisch möchte ich das nicht ausdrücken, es ist wohl etwas sehr Reales u. gehört zu den vielen Unbekanntheiten des menschlichen Erlebens.« (An Oelze, 2. 10. 1947)

»Ptolemäer – um Ihre Frage zu beantworten – hat mit den Pharaonen nichts zu tun, sondern allein mit dem Philosophen, der das ptolemäische Weltbild schuf, das bis Galilei galt. Schlimm, dass Sie fragen müssen! Ich dachte, dass das aus der antiphysikalischen Haltung, namentlich des 1. Abschnitts, *Lotosland*, klar wäre. Könnte natürlich im 3. Teil noch einige klärende Sätze einfügen. Aber wozu erklären, verdeutlichen, nahe bringen bei so deutlicher Tendenz, nur zu verdichten, zu verschliessen u. nichts gelten zu lassen als den Satz, das Wort, die Zusammenstellung, die gerade sich ergeben hat.« (An Oelze, 7. 11. 1947)

»Ich habe jetzt ein neues Prosastück fertiggestellt, Art längere Novelle, äußerst modern und radikal. Etwa 100 Seiten, aber sehr gefährlich.« (An Egmont Seyerlen, 21. 11. 1947)

»Ich rette meine brüchige u. anfällige Person ja vor allem solchen inneren Unheil in meine ›Laboratoriumsarbeiten‹, – es giebt vielleicht keine treffendere Formel für meine Existenz als die aus der letzten Seite des Ptolemäers: ›– das Geschäft u. die Halluzinationen‹, das sind die beiden Pole, zwischen denen ich meine Müdigkeit u. meinen Lebensüberdruss immer noch hin u. her jongliere ...« (An Oelze, 27. 12. 1947)

1948

»Ich hatte einen schweren Schock bekommen, als ich den *Phänotyp* nochmal las, nach 3½ Jahren. Unmögliches Etwas! Darf niemand sehn, sonst bin ich mit Recht gestrichen u. geliefert! Eine reine Materialanhäufung, ungegliedert u. inkohärent. Einzelheiten ganz brauchbar, aber drin-

gend der Überarbeitung bedürftig. Vielleicht gestalte ich ihn um, streiche viel, setze viel hinzu, – wenn ich Conzentration u. Zeit dafür finde. Dies also war ein grausiger Schock an jenem Tage gerade, als ich hörte, dass vor 12 Herren W.W. *[Weinhaus Wolf]* vorgelesen war, dessen ich mich auch garnicht mehr erinnere.« (An Oelze, 22.1.1948)
»Den Ph. *[Phänotyp]* habe ich in Überarbeitung. Vor allem gruppiere ich ihn um: z.B. das ganze Feuilleton über das *Jahrhundert* muss raus, ist ja reines journalistisches Gemähre ... Im übrigen ist es ja völlig uninteressant, woher der Ph. soziologisch u. historisch stammt; die Hauptsache: er ist da u. vertieft sich in sich selbst.« (An Oelze, 1.2.1948)
»Lieber Herr Oelze, da ich mir zu schmeicheln wage, ein gewisses Interesse bei Ihnen für den *Phänotyp* anzusetzen, erlaube ich mir, Ihnen ihn in der etwas veränderten Gestalt – umstehend – vorzulegen. Ich habe wenig geändert ... einiges, wie Sie sehen, ganz entfernt ... Viel kommt ja bei Umarbeitungen nicht heraus, darum liess ich im Wesentlichen die einzelnen Stücke, wie sie waren ... Es ist ein Fragment u das soll es bleiben.« Der Brief enthält die Aufstellung der einzelnen Kapitelüberschriften. (25.2.1948)
Einige Jahre später äußert sich Benn: »Ich meinerseits las aus Anlass Hamburg nocheinmal den *Phänotyp*, er scheint mir ja doch das seltsamste u stellenweise gelungenste Stück von allem zu sein ...« (An Oelze, 16.11.1954)
Der Schweizer Verlag ›Die Arche‹ interessiert sich für Benns literarische Produktion. Über einen Vermittler gehen ab: *Weinhaus Wolf*, *Roman des Phänotyp* und *Der Ptolemäer*. »Ich erwarte nicht Verlagsübernahme, aber etwas Interesse wird es vielleicht finden, jedenfalls mehr als im Vaterland. Ich habe Alles noch einmal durchgelesen u. auf mich wirken lassen. Am interessantesten ist doch vielleicht *Phänotyp*, weil fragmentarisch u. kometarisch, und einzelne ganz nette sublime Stellen, d.h. Stellen mit jener *Umschreibungstechnik*, mit der allein man heute meinem Gefühl nach an die Dinge heran kommt.« (An Oelze, 22.3.1948 »Palmsonntag«)
Dem Schweizer Verlag schreibt Benn: »Ich möchte mich nämlich einmal darüber aussprechen, daß mir selbst an

diesen neuen Prosaarbeiten mehr liegt wie an der Lyrik. Ich habe das Gefühl, daß ich in den Prosaarbeiten mehr von meiner inneren Lage und auch der Lage der Zeit realisiere, als in den Gedichten. Sie stellen ja alle, sei es in essayistischer oder novellistischer Form, immer wieder die eine Frage heraus, die die Grundfrage der ganzen Epoche ist, nämlich: gibt es für das Abendland noch eine geistige Welt, eine metaphysische Realität außerhalb und unabhängig von der geschichtlich-politischen Welt, die ihr Primat behauptet und mit Brutalität verteidigt. Sie wissen, daß ich dies bejahe. Daß das Abendland ermüdet ist, daß es fault, daß es platt gewalzt ist, das ist ja seit zwei, drei Generationen tausendmal ausgesprochen und jedem bekannt. – Ich finde es interessanter und auch abendländischer zu untersuchen, was noch an innerer Substanz, an alter Gene, an schöpferischen Möglichkeiten in der Rasse geblieben ist.« (An Peter Schifferli, 29. 4. 1948)

Da keine definitive Antwort aus der Schweiz kommt, ist Benn bereit, die drei Prosastücke seinem späteren Verleger Max Niedermayer (Limes Verlag) auf dessen Wunsch und Nachfrage zuzusenden. »... haben Sie vielen Dank für Ihren Brief vom 22. 7. d. J. Es ist mir eine große Ehre, daß Sie mich unter die Autoren Ihres Verlages berufen wollen ... Hierzu würden gehören: eine Novelle *Weinhaus Wolf* aus dem Jahr 1937; – ein Romanfragment *Roman des Phänotyp*, Untertitel *Landsberger Fragment, 1944*, – ferner eine längere Novelle *Der Ptolemäer, Berliner Novelle 1947*. Davon ist das erstere recht verständlich und inhaltlich bestimmt, das zweite entschieden das problematischste und interessanteste und dasjenige, von dem mein Schweizer Verleger, der sich sehr dafür interessiert, meint, daß es Anschauungen und Gefühle seiner – der 20-30jährigen – Generation in reinster Form zum Ausdruck bringt. Der *Ptolemäer* ist ein Gedanken- und Problemmassiv aktuellsten Charakters. Alles zusammen ist es reine Kunst – ohne Rücksicht darauf, welche Konsequenzen sich daraus ergeben.

Ich kann anständigerweise keinem Verleger zureden, sich dafür zu interessieren, die Sachen würden sehr starken Widerspruch finden und als unzeitgemäß angesehn werden. Die mir so wohl bekannten Angriffe gegen meinen Ästhetizismus, Esoterismus, Asozialismus würden wieder beginnen. Mir persönlich ist das völlig gleich, aber andere mit meinen im wesentlichen tragischen Gedanken zu belasten, kann ich mich kaum entschließen und bin daher garnicht so versessen darauf, wieder in der Öffentlichkeit zu erscheinen. Ich bitte Sie, sich den Fall nochmals zu überlegen und mir mitzuteilen, ob Sie Ihr freundliches Interesse aufrechterhalten wollen.« (An Max Niedermayer, 18.8.1948)

»Demgegenüber ist nun im Phänotyp eine andere Frage entstanden: für ihn gibt es keine Vergangenheit und keine Zukunft, das sind ja bürgerlich-kommerzielle Vorstellungen, es gibt keine tragfähige Substanz mehr im Inneren und kein psychologisches Gefüge –– *aber er muß einen Satz schreiben*, wie also muß der aussehn? ––: *In jedem Satz muß alles stehn*, er kann sich auf nichts außerhalb seiner selbst mehr beziehn, es gibt ja keinen Anfang und es gibt ja kein Ende, das wären ja Raum-Zeitvorstellungen aus einer anderen chaotischen Welt, er also muß sich selber ordnen, selber tragen, alles umschlingen, für alles stehn – er muß – um seinem Inneren zu genügen – absolut sein in jeder Chiffre, in jedem Wort. Das ist die Krise!« (An Max Niedermayer, 18.9.1948)

»Als letzte literarische Handlung sandte ich heute an Limes-Verlag 1) Manuscript mit Weinhaus Wolf, Phänotyp, Ptolemäer 2) Manuscript mit ausgewählter *Ausdruckswelt* – Herrn Niedermayer, dem Verleger anheimstellend, welchen Band er bringen will ... Von Schifferli ... keine Nachricht.« (An Oelze, 20.9.1948)

Benn bestimmt im Brief vom 16. November an den Verleger Niedermayer »Reihenfolge und genaue Betitelung« der einzelnen Stücke des Prosabandes *Der Ptolemäer*. »Eine Bitte hätte ich: daß durch Druck oder Satz der *Anhang* vom Phänotyp so isoliert wird, daß man sieht, er gehört nicht zu der eigentlichen Partitur dazu, sondern ist eine Vorstudie, ein präliminarisches Gebilde, ähnlich dem am Schluß von wissenschaftlichen Arbeiten angefügten Literaturverzeichnis.«

1949

Im Februar erscheint *Der Ptolemäer*.

Benn an Oelze: der *Ptolemäer* sei »Sanskrit u. nur für Keilschriftforscher«. (22.2.1949) Im ›Merkur‹ erscheinen

einige Kapitel aus dem *Phänotyp*, der *Berliner Brief* und Max Benses Studie *Über expressionistische Prosa:*
»*Gottfried Benn* hat die Möglichkeit einer expressionistischen Prosa demonstriert. Er hat sie noch demonstriert und noch gepflegt, als die expressionistische Poesie schon vollendet und beinah schon wieder abgetan war. Er verleiht ihr noch heute Ausdruck... Wohl gab es vor 1933 eine Reihe von Autoren, die den expressiven und assoziativen Stil der Prosa beherrschten und aus Komplexen von Intuitionen und Visionen, von Gedanken und Gefühlen, von Bildern und Begriffen, Metaphern und Vergleichen, die kaum eine Anordnung verrieten, Aussagen formten, die verstanden werden sollten. Klabund und Döblin gehörten dazu. Aber nur Gottfried Benn hat diese Art zu sprechen in den Rang einer sprachlichen Methode erhoben, die eigens dazu diente, Prosa zu machen, die nicht nur Stimmungen widergab, sondern Urteile, Tendenzen, Meinungen, Theorien und Interpretationen bildhaft machte, Prosa mit knappen und weiten Perioden, mit stoßartigen und atemlosen Rhythmen...« –
»Lieber Herr Oelze, Ihre neuliche Bemerkung über *Summarisches Überblicken* (aus Phänotyp) hat mich ungemein interessiert. Auf diese Stelle fällt immer wieder mein Blick, wenn ich an dieses Fragment denke. Es enthält eigentlich am Vollendsten das, was mir vorschwebte, wenn ich diesen Suprastil entwickelte. Die psychologischen Präliminarien ganz fortlassen u sofort (nach Einleitungs- u. Andeutungssatz) die visionäre Masse quellen lassen... In jedem Satz: *Alles.* Dies Princip der *absoluten Prosa*, in der kein Satz im Zusammenhang mit psychologischen und erlebnismässigen Herkunftsäusserungen mehr steht, war das Princip, das mir wahrhaft erschien. In jedem Satz: Alles. Solche Sätze sind nicht zu *verstehen*, sie enthalten nur sich selbst. Ich vermute, dass die zukünftige Prosa etwas von dieser nackten Absolutheit enthalten wird... Aber zum Schluss diese Stelle *Summarisches Überblicken* ist mir eine der liebsten und geschlossensten der letztjährigen Prosa. Sie erfüllt mich mit Wehmut, weil sie mir zeigt, wohin ich vielleicht bewusster hätte gehen sollen.« (30.3.1949)
Benn sendet Niedermayer einen Artikel aus dem ›Telegraf‹: »Ich muß ja aber auch in aller Ruhe aussprechen... 1) daß

1933/34 die Sache ganz anders aussah als dann später und heute, daß es gar keine Schande war, dem damals durchaus legal gebildeten Staat auf sein Ersuchen hin seine Potenzen zur Verfügung zu stellen, und daß ich als Mitglied der Akademie der Künste auf Bitten des damaligen Präsidenten, Max von Schillings, ... vollkommen richtig verfuhr, die Tradition dieser Institution aufrechtzuerhalten ... 2) auch heute bin ich der Meinung, daß der N.S. ein echter und tiefangelegter Versuch war, das wankende Abendland zu retten. Daß dann ungeeignete und kriminelle Elemente das Übergewicht bekamen, ist nicht meine Schuld und war nicht ohne weiteres vorauszusehn ... Schießlich ist es mir angenehmer, der Telegraf greift mich mit diesen ollen politischen Kamellen an, als daß er etwa aus meinen neuen Büchern gewisse Stellen heraussuchte ...« (6.4.1949)
»*Ptolemäus* war der Begründer des vorgalileischen Weltbildes: die Erde eine Scheibe, vom Okeanos umflossen, begrenzt von den Säulen des Herkules. Alles ruhte, lag in sich beschlossen, war dem menschlichen Blick und Gedanken räumlich zugängig. Dann begann das Kataklysma: mit der Erde um die Sonne und der ganze physikalische Humbug mit der Milchstraße und der Unendlichkeit. Daher meine Aggressive gegen Kepler und Galilei usw, ich glaube ja an die moderne Physik nicht, sie ist ein Teil des nachantiken *dynamischen* Weltbildes; auf das das Abendland so stolz ist. Übrigens glaubte auch Goethe nicht an die Physik, er empfand sie als eine plumpe Banalisierung der Sterne, die über seinem Garten standen.« (An Fritz Werner, 17.4.1949)
In der »Mainzer Allgemeinen Zeitung« vom 14./15. Mai schreibt der Kritiker Karl Korn zum Prosaband *Der Ptolemäer*: »Gottfried Benn ist so etwas wie ein moderner Orphiker. Mehr als anderthalb Jahrzehnte hat er geschwiegen. Auch dieses Schweigen hat einen gewissen kultischen Anstrich. Es war nicht nur durch die äußeren Umstände diktiert. Inzwischen sind sich alle, die Benn vor 33 gekannt haben, darüber einig geworden, daß sein Irrtum damals, als er in dem Einbruch der mit mythischem Firlefanz geputzten Barbarei so etwas wie ein elementares Ereignis gesehen hatte, nichts anderes als ein Irrtum gewesen ist. Es gibt kaum jemand, der Benn die geistige Redlichkeit und Wahr-

haftigkeit abspräche oder dem großen Schweigen, das sich ein einmal berühmter Mann auferlegt hat, seine Achtung versagte. Von dem wenigen, was Benn jetzt aus der Zeit seines Schweigens an die Öffentlichkeit gibt, dürfte *Der Ptolemäer* das Bedeutendste sein. Es handelt sich in dem Band um drei Prosastücke, von denen das erste und das letzte sich einer Art epischer Einkleidung bedienen, während das mittlere *Roman des Phänotyp* genannt auf den epischen Rahmen verzichtet, rein essayistisch ist, und den unvorbereiteten Leser am wenigsten verwirrt ... Stilistisch ist Benn der Alte geblieben, der Ekstatiker, der Expressionist ... Es ist unmöglich, die ungemein reiche und gleichsam prozeßhaft im Entstehen, in der Urzeugung dargebotene geistige Welt Benns zu referieren. Unmöglich darum, weil bei Benn die Aussageform zugleich der Inhalt ist ... Benn macht mit der umfassenden Kulturkrise ernst, radikal ernst. Er deckt nichts mit billigen, restaurativen Phrasen zu. Die Spießer werden sich ärgern, wenn sie ihn überhaupt lesen ... Großartig, wie in dieser fragmentarischen Prosa alle Weltstoffe durcheinanderwirbeln, so daß den vital Zukurzgekommenen angst und bange werden muß ... Benn denkt nicht daran, in den Chorus der Zivilisationsmüden einzustimmen ... er genießt diese hybrid übersteigerte Welt – er bleibt, indem er sich allem und jedem aussetzt, eine gierige Antenne, innerlich frei. Denn er verschreibt sich nichts als seiner geistigen Freiheit.«
Der Romanist Ernst Robert Curtius schreibt an Benn: »seit langem fühle ich mich in Ihrer Schuld, weil ich, glaube ich, für den *Ptolemäer* noch nicht gedankt habe. Ich will und werde aber etwas darüber schreiben ... Ich bin nach Princeton (Institute of Advanced Studies) eingeladen, gottlob ohne Vorträge, nur um ›dazusein‹, werde erst Anfang 1950 zurückkehren ... Die Verdummung in D'land ist unglaublich. Die Germanisten erklären achselzuckend zu Ihren neuen Büchern, das sei ja alles schon dagewesen: Expressionismus von 1920. Aber ich kenne doch einige junge Leute, die einsehen, daß vor Ihrer Prosa alles verblaßt, was in den letzten 30 Jahren berühmt war. Das werde ich auch den Amerikanern sagen, wenn ich gefragt werde.« (27. 5. 1949)
Auf das epochale Werk von Ernst Robert Curtius *Europäische Literatur und lateinisches Mittelalter* hat Benn später verschiedentlich mit großer Bewunderung verwiesen.

Im Juli erscheint in der ›Neuen Schweizer Rundschau‹ der fundamentale Essay von Max Rychner *Gottfried Benn. Züge seiner dichterischen Welt*. Der Essay beginnt mit einer Analyse der Rönne-Prosa, die im Zusammenhang des Gesamtwerks, vor allem auch der späteren Prosa, in einen neuen Deutungsrahmen gestellt wird. Aus dem sehr umfangreichen Essay hier nur die Synopse. »Anklänge, Wortbezüge, die von der einsamsten Erfahrung aus auf Ordnungen vieler Zeiten weisen: vorsokratische und platonische Weisheit, chinesische und indische Überlieferungen, mystische Einsichten des Ostens und des Abendlandes finden sich zusammen in einem Werk, welches, wie keines unserer Zeit außer dem von Joyce, aus dem ausgebreiteten Überreichtum einer synkretistischen Epoche geschaffen wurde und wird. Alle verhaltene Klage des Dichters, daß uns die einende Bindung einer vereinfachenden, ausschließenden, aber ans Tiefe gebundenen Religion mangle, wird relativiert durch eben dieses Dichters reiches Leben in der Sphäre der großen geistigen Welten, ohne deren Emanationen der Künstler Benn weder zu sich noch zu seiner Form, noch zu dem, was er Vollendung nennt, gelangen könnte.«
Benn an Max Bense: »Die Relativität unseres Kulturkreises, das Gefühl für Kulturkreise überhaupt – sei es für die acht solaren Spenglers oder die 32 von Toynbee – ist, scheint mir, ein neues und einschneidendes Erlebnis unserer Generation und ein Stoß gegen das Abendland, von dem es sich kaum wird wieder erholen können. Daher überall meine Betonung des nur regional bedeutungsvollen, geographisch begrenzten, des *phänotypischen* Charakters unserer Denkrichtung, die selbst innerhalb des Abendlandes noch innerhalb jeder Generation wechselt und sich umfärbt. Von dieser Seite aus kommt auch meine Tendenz, die ›Geschichte‹ sachlich zu bagatellisieren und sie nur noch als Reservoir für Bilder, Ausdrucksexzesse und ästhetische Gruppierungen zu verwenden und gelten zu lassen.« (9.9.1949)
Der Verleger Niedermayer plant die Herausgabe der autobiographischen Schriften – später unter dem Titel *Doppelleben* erschienen – und eine Sammlung der frühen Prosa. »Ich wäre nach meinem ersten Eindruck nicht dafür, den *Lebensweg [eines Intellektualisten]* als Extraband herauszugeben... Wer nur diesen *Lebensweg* als Band in die Hände bekäme,

sonst nichts von mir wüßte, gewänne kein Bild von meiner Tätigkeit ... Ich müßte ja wohl auch diese Lebensgeschichte weiterführen bis zu dem heutigen Zustand, – vielleicht finde ich dazu innerhalb der nächsten Monate Zeit und Stimmung.« (An Max Niedermayer, 8. 10. 1949)
»N. ist kolossal aktiv wegen der Prosabände. Hier werden Sie leider wieder ein ausschlaggebendes Wort mitzureden haben, was die Auswahl angeht. Ich selbst finde keinen rechten Standpunkt dazu. Ich, der ich mich doch schonungslos durchblicke und durchleuchte, komme zu keinem Ergebnis, warum mir eigentlich die Beziehung zu meinen früheren Arbeiten so weitgehend verloren gegangen ist. Es ist vielleicht die unsägliche Müdigkeit u. Skepsis, die ich allen Dingen des Geistes gegenüber so niederdrückend stark empfinde, obschon ich immer verkünde und predige, dass nur der Geist das Absolute ist ... Da Sie sich leider vermutlich die Mühe machen werden, einzelne Stücke der Prosa noch von Neuem anzusehn, notieren Sie doch bitte auch gleich die Stellen, die Sie für korrekturbedürftig halten im Hinblick auf die veränderten politischen Verhältnisse.« (An Oelze, 15. 10. 1949)
Der Radardenker ist im Gespräch. »Vielleicht sende ich Ihnen eine neue Studie, die manches davon enthält und die ans Äusserste geht dessen, was nach meinem Gefühl im Stil möglich und notwendig ist.« (An Oelze, 2. 11. 1949)
»Hinsichtlich des *Lebensweg* -- könnte ich eine Fortsetzung machen: *Zwischenzeit* und einmal authentisch meine Erfahrungen mit der Reichsschrifttumskammer darstellen mit den Originalschreiben an meinen Verlag und mich, dazu die Angriffe im Schwarzen Korps und im Völkischen Beob. usw. Es wäre kein uninteressantes Dokument –: dann Block II, Zimmer 66, das mir auch garnicht so dow vorkommt, wie ich es in Erinnerung hatte. Und dann zum Schluss etwa das Interview Phase II. – Das schwebt mir vor, ob es Sinn hat und den Beifall von Ihnen und Herrn N. hat, lasse ich offen. Aber wenn es schon eine Autobiographie ist, kann man sie ja auch nach dem Tatsächlichen komplementieren.« (An Oelze, 19. 11. 1949)
»Sonnabend rief N. an und ich hatte mich eigentlich mit ihm darauf geeinigt, ihm bis Ende Dezember das Nachmanuskript für die Autobiographie zu senden. Vertiefte

mich dann gestern am Sonntag in die Sache und sie langweilte mich so an, dass mir die Lust vergangen ist. Diese ollen Kamellen alle wieder vorholen, glossieren, sich rehabilitieren – vor wem eigentlich und für was, ich glaube, dass ich meine Zusage wieder zurücknehmen muss.« (An Oelze, 28. 11. 1949)

An Max Niedermayer: »Ich muß Ihnen etwas Niederschmetterndes mitteilen. Seit unserem Telefongespräch am Sonnabend habe ich mich mit der Fortsetzung der Autobiographie beschäftigt und kann keine rechte Stellung zu der Angelegenheit finden. Bitte geben Sie noch nichts in Satz, ich halte es für möglich, daß ich das doch nicht machen kann ... z. B. der berühmte Brief an die Literarischen Emigranten, übergehn könnte ich ihn eigentlich nicht, aber ich habe keine Lust, das Thema aufzugreifen. Ich fand dabei auch den Originalbrief von Klaus Mann an mich, der den Anstoß dazu gab: dieser Brief ist so rührend schön, höflich, demütig, verehrungsvoll, daß meine Antwort dagegen schroff und kalt klingt.« (29. 11. 1949)

Anfang Dezember Niederschrift der Kapitel *Schatten der Vergangenheit* und *Leier und Schwert.*

»An der Fortsetzung der Selbstbiographie arbeite ich ständig. Herr N. ruft öfter an u. animiert mich kräftig. Vielleicht entstehn ganz interessante Partieen dabei im Rückblick auf die Jahre.« (An Oelze, 6. 12. 1949)

»Ich arbeite intensiv an der Fortsetzung der Autobiographie. Es kommt allerlei zusammen. Ich mache es in keiner Weise tiefsinnig und abgründig, sondern mehr erzählerisch und unterhaltend.« (An Oelze, 11. 12. 1949)

Das druckfertige Skript geht an den Limes Verlag. An Max Niedermayer: »Hier kommt das ominöse Opus, zu dem ich zunächst einiges Äußere bemerken muß ... Ich habe von nichts Abschrift hier, geht das Manuskript verloren, ist es dahin ... Als Ganzes ist das Manuskript ja mehr unterhaltender Art und Sprache und Diktion ist vielleicht etwas salopp ... für diesen Fall schien mir das Populäre angebracht.« (15. 12. 1949)

»Es ist ein sehr persönliches Buch, auch kein ganz ungefährliches und ich muss mit dem Verleger schon Hand in Hand gehn bei einer so prekären Sache.« (An Oelze, 25. 12. 1949)

»Das neue Buch ist ein grosses Tohuwabohu –, Biographisches, Literarisches, Politisches, Feuilleton und Tiefsinn alles durcheinander. Absichtlich, ich mag nicht mehr ordnen u. regeln. Ich sehe jetzt ein, warum Nietzsche *aphoristisch* schrieb. Wer keinen Zusammenhang mehr sieht, keine Systematik, kann nur noch episodisch verfahren.« (An Oelze, 27. 12. 1949)

1950

Um die Jahreswende schreibt Benn die Passagen: *Literarisches.*
»Anbei nun den Rest des Buches, nämlich die zwei Sachen aus dem Kapitel, das wir *Literarisches* oder *Analytisches* nennen wollen ... Ich habe überhaupt bei der Abfassung der Sachen gemerkt, daß man offenbar aus allem was machen kann, aus jedem Satz und aus jedem Gedanken – wenn man ein so alter Elefant ist wie ich und seine Erfahrungen gesammelt hat.« (An Niedermayer, 3.1.1950)
»Das neue Buch ist also fertig. Mit Zittern sehe ich Ihrer Stellung dazu entgegen, besonders auch dem Titel gegenüber: *Doppelleben* ... Tiefsinnig und schwer bin ich ja anderwärts genügend oft gewesen. Nun, on verra. Ich bitte Sie aber mit Einwänden nicht zu sparen, das eine oder das andere lässt sich natürlich noch verändern.« (An Oelze, 6. 1. 1950)
Max Bense erhält von Niedermayer die Druckfahnen; er antwortet darauf: »Die ›Konfessionen‹, die er nun vorlegt, angeschlossen denjenigen, die er einst in ›Kunst und Macht‹ veröffentlicht hat und deren frühster Entwurf in der *Gesammelten Prosa* ... unter dem Titel *Epilog und lyrisches Ich* enthalten ist, bedeutet die völlige Legitimierung der ptolemäischen Seinslage des Menschen durch ihre fast erschrekkende Demonstration an sich selbst. Man erstaunt nicht mehr, Pascal noch intimer zitiert zu finden als es schon im *Ptolemäer* geschehen ist ... Es handelt sich um keine Unterwerfung unter den Irrtum. Die Art wie das dargestellt ist in einer Prosa, deren Atmosphäre ebensoviel Melancholie wie Wohllaut, auch hinsichtlich der Wiedergabe des Furchtbaren, verrät, erzeugt einen sowohl literarischen wie philosophischen Genuß.
Doch mir scheint, daß in diesen ›Konfessionen‹ nicht nur

eine bestimmte existentielle Lage auseinandergesetzt wird, sondern daß zugleich auch die Soziologie eines existierenden Ptolemäers ihren entsprechenden Ausdruck gewinnt... Das ›Doppelleben‹ der Menschen unserer Zeit und Lage...« (16.1.1950)

In der Zeitschrift ›Merkur‹ wird im Januar *Phase II* abgedruckt. Im März erscheint das Buch *Doppelleben* im Limes-Verlag. Friedrich Sieburg bespricht es am 15. März in ›Die Gegenwart‹: »Heute kann man keine Literaturseite mehr aufschlagen, keine Nachtsendung mehr einschalten, ohne daß dieser exklusive Dichter hervortritt, dessen einsames und unzugängliches Werk sich selbst in den freiesten Zeiten höchstens an eine Handvoll Menschen richtete... Die Bedeutung dieses neuen Buches liegt wohl mehr in dem für den Leser höchst aufregenden Versuch, Privates mitzuteilen und doch die Autonomie des Kunstgebildes zu wahren. Benn, dessen Werk verschlossener ist als ein Stück Kristall und keine Bezüge auf die Privatperson des Autors gestattet, ja, sie verpönt, schreibt tatsächlich eine Selbstbiographie, die zunächst wie eine Lebensbeschreibung anmutet (und auch vieles Biographische enthält), sich aber bald als die Fortsetzung jener orphischen Pamphlete erweist, mit denen er uns seit einem Jahr sparsam überströmt... Der zweite Teil des Buches *Doppelleben* stammt aus der letzten Zeit und enthält die Beschreibung einiger Kasernenmonate im Jahre 1944, die alles weit hinter sich läßt, was bisher über unsere jüngste Vergangenheit geschrieben worden ist... Es ist ein Kapitel, das in der gesamten deutschen Literatur um so weniger seinesgleichen hat, als es auf geheimnisvolle Weise schon den Keim der Rettung darbietet. Aus Gift wird Heilmittel. Glücklicher als die an der verfügbaren Sprachterminologie verzweifelnden Philosophen, die mit ihrer ›Geworfenheit‹ und ähnlichen Formeln doch nur poetische Bilder und Vergleiche anstatt neuer Begriffe schaffen, erledigt der Dichter Benn das Problem, indem er es ausspricht. Seine Sprachgewalt ist so unvorstellbar groß, daß er in seinen Sätzen, ja manchmal in seinen Worten eine vollkommene Identität von Bezeichnung und Bedeutung erreicht... Wäre die Welt, wären wir selbst Deutschland gegenüber nicht so hilflos befangen, so müßte dieses Buch dem

Gesamtwerk Gottfried Benns eine Geltung verleihen, die unmittelbar in die Weltliteratur hineinführt.«

Reinhold Schneider schreibt (in der Zeitschrift ›Die österreichische Furche‹, 2.12.1950): »Für die Erkenntnis der Zeit und ihrer Kunst sind die Aufzeichnungen Gottfried Benns ... von ungewöhnlicher Bedeutung. Die ganze Problematik des Künstlerlebens zwischen Geist und Geschichte wird mit einer seltenen Wahrhaftigkeit, mit wissenschaftlicher Genauigkeit ausgesprochen. Indem Gottfried Benn die Vorwürfe beantwortet, die ihm wegen seiner Haltung im Jahre 1933 gemacht wurden, stellt er das Gesetz seiner Kunst dar ... Auf dem Grunde solchen Daseins, das allein dem Gebilde verpflichtet ist, gelingt Benn eine in ihrer Sicherheit und Knappheit nicht zu übertreffende Schilderung des Jahres 1944, des Kasernendaseins, das nur ›ein Riß ist in Schweigen und Schwarz‹ ... Wir können die Teile nicht verbinden, die nicht verbunden sein sollen; wir sollen sie auch nicht gegeneinander messen ... Es ist eine Vollendung, die sich nicht mehr angreifen läßt.«

Bruno Hillebrand

Zur Prosa Gottfried Benns

I

Deutlich unterscheiden sich die beiden frühen Texte von der Rönne-Prosa, die mit *Gehirne* beginnt. *Nocturno* ist ein erotisches Stimmungsbild, voller Empfindung, Aufschrei, frühexpressionistischer Emphase. »Sturz und Schrei« hatte einige Jahre später Pinthus ein Kapitel seiner Lyrik-Anthologie überschrieben. Das ist typischer Expressionismus: Aufbruch und Ausbruch der inneren Erlebniswelt, erstickte Sinnlichkeit, die sich befreit, die »röchelnd« nach außen bricht – hätte Benn in dieser Weise weitergeschrieben, sein Stellenwert als Prosaschriftsteller wäre heute ohne Bedeutung.
Im zweiten Text jedoch tritt schon jene Thematik zutage, die dieser Prosa insgesamt ihr Rückgrat gibt: »die Seuche der Erkenntnis«. *Heinrich Mann. Ein Untergang* am Anfang ist vorausweisend und umgreift die Problematik dieser Dichtung; den Rest des kleinen Stückes sehe ich mit Vorbehalt, wie auch die Überschrift. Hier aber, auf der ersten Seite, ist das Thema angeschlagen, das Generalthema der Neuzeit, die Erkenntniskrise. Wenn es Probleme gibt, die symptomatisch sind für die Selbstreflexion des Geistes, Probleme, die sich erhalten haben seit der Aufklärung, dann sind es Probleme transzendentaler Art. Wie kann ich erkennen und was kann ich erkennen. Es klingt merkwürdig, wenn wir heute feststellen, daß Hölderlin und Kleist und andere an dieser »Seuche der Erkenntnis« zugrunde gingen. Nachdem er Kant gelesen hatte, wußte Kleist, daß er die Wahrheit mit dem Verstande nicht erfassen konnte. »Wir können nicht entscheiden, ob das, was wir Wahrheit nennen, wahrhaft Wahrheit ist, oder ob es uns nur so scheint.« Trifft letzteres zu, dann gibt es *die* Wahrheit nicht, nämlich rückgebunden in einem transzendenten Sinne. Dahin reicht eben nur der Glaube, nicht aber der Verstand: zur Existenz Gottes etwa, zur Entstehung der Welt oder zur Unsterblichkeit der Seele. Metaphysik ist seit Kant als Scheinwissenschaft entlarvt, die Denker sind heimatlos geworden, gerade diejenigen, die infolge ihrer preußischen Herkunft mit dem Kopf durch die Wand denken wollten.

»Ach, Wilhelmine, wenn die Spitze dieses Gedankens Dein Herz nicht trifft, so lächle nicht über einen andern, der sich tief in seinem heiligsten Innern davon verwundet fühlt. Mein einziges, mein höchstes Ziel ist gesunken, und ich habe nun keines mehr –

Seit diese Überzeugung, nämlich, daß hienieden keine Wahrheit zu finden ist, vor meine Seele trat, habe ich nicht wieder ein Buch angerührt. Ich bin untätig in meinem Zimmer umhergegangen, ich habe mich an das offne Fenster gesetzt, ich bin hinausgelaufen ins Freie, eine innerliche Unruhe trieb mich ...«

Zehn Jahre, bevor Kleist sich erschießt, berichtet er von dieser fundamentalen Erfahrung. Er schreibt solche Erdbebenberichte seiner Verlobten, die nichts von der Sache versteht. Der Schwester, die wohl etwas ahnt, schreibt er am folgenden Tag: »Mein einziges und höchstes Ziel ist gesunken, ich habe keines mehr.« (23. März 1801) Arbeiten könne er nicht, er wüßte nicht, zu welchem Zwecke. Das ist die Situation Rönnes – hundert Jahre nach der Konsequenz, die Kleist aus seiner geistigen Verzweiflung zog. Man bringt sich jetzt nicht mehr um infolge von Erkenntniskrisen, aber die Krankheit ist immer noch nicht ausgeheilt.

Warum ist Rönne handlungsunfähig? Warum »umleuchtet von seiner Einsamkeit«? Warum schwächt ihn »etwas von oben«? Zerfallen, heißt es, ist die Rinde, die ihn trug, die Hirnrinde, Ort des Verstandes, der Kategorien und der Vernunft. Sie greifen nicht mehr, diese Werkzeuge des menschlichen Geistes, begreifen nicht mehr, was denn tatsächlich die Wirklichkeit ist. Darum die aufbrechenden, auseinanderklaffenden Handbewegungen Rönnes, als ob er eine weiche Frucht aufböge. Dann sieht man, daß es ein Gehirn ist, das er in den Händen hält. Hier im Prosastück *Gehirne* ist das Thema offen zur Hand: Wahrheit und Schein sind nicht auseinanderzuhalten. »Wer glaubt, daß man mit Worten lügen könne, könnte meinen, daß es hier geschähe.« Die Alogik des Satzes verrät eine tiefere Logik. Rational ist Wirklichkeit nicht deutbar. Nicht per Kausalnexus und Kategorialsystem: »er horchte in die Tiefe, wie in dem Augenblick, wo der Schmerz einsetzte, eine fernere Stimme sich vernehmen ließe.« Der Weg geht in Dimensionen innerer Erfahrung, die dem Verstande nicht zugänglich sind. Das ist die Grundstruktur dieser Rönne-Prosa: immer bricht aus der empirischen Kategorialität der Blick aus und erweitert sich in einer inneren Schau. Der Blick geht nach innen. Darum kann Rönne die Kranken nicht mehr behandeln, darum schließt er sich ein, liegt im Zimmer »steif auf dem Rücken«, wie Gregor Samsa in Kafkas Erzählung *Die Verwandlung*. Die Wirklichkeit, die ihn umgibt, ist ihm fremder geworden als alles Fremde, Fernliegende, Unbekannte. Warum soll er handelnd eingreifen? »Was solle man denn zu einem Geschehenen sagen? Geschähe es nicht so, geschähe es ein wenig anders.«

Alles ist relativ, ist Zufall geworden, seit Denken und Handeln auseinandertraten, seit Subjekt und Objekt zerfielen in ihrer Verbindungsstruktur. Erkennen und Erkanntes sind disparat geworden. Erkennendes Subjekt findet nicht Identität mit dem erkannten Objekt. Darum bricht Rönne auf aus der Welt empirischer Kategorialität. »Aber nun geben Sie mir bitte den Weg frei, ich schwinge wieder –« ruft er dem Chefarzt zu. Er, der Aufbrechende, Ausbrechende, mit seinem »blauen Anemonenschwert«, ein Ritter innerer Gesichte, hier Berufsaussteiger, der Versinkende in »Trümmern des Südens« – in »Entschweifungen der Schläfe«. Diese Art von Prosa war neu, in ihrer Art vorbildlos. Das unterscheidet *Gehirne* von den vorausgehenden Stükken. Jetzt ist in einem autarken Sinne Sprache geworden, was vorher nur ein Thema war. In *Heinrich Mann. Ein Untergang* steht, autobiographisch bezogen, noch der direkte Hinweis: »Früher in meinem Dorf wurde jedes Ding nur mit Gott oder dem Tod verknüpft und nie mit einer Irdischkeit. Da standen die Dinge fest auf ihrem Platze und reichten bis in das Herz der Erde.« Diese Dorfsituation, geistig und mythisch vor der Aufklärung liegend, wird schlicht als Heimat apostrophiert. Ein Paradies, ein Garten Eden geistiger Unschuld entsteht in dieser außersozialen Perspektive. Das ist romantische Welt-Deutung. Die Vertreibung aus dem Paradiese gehört zu den ältesten Märchen. »Bis mich die Seuche der Erkenntnis schlug: es geht nirgends etwas vor; es geschieht alles nur in meinem Gehirn. Da fingen die Dinge an zu schwanken, wurden verächtlich und kaum des Ansehens wert.«

Diese Erkenntnis der Bewußtseinssituation ist vor 1913 schon da, ihre sprachliche Ausformung in künstlerischer Prosa beginnt 1914. Damit ist zugleich gesagt, daß hier die Unterscheidung zu treffen ist, die immer ansteht, wenn es um Prosa geht: einmal ist Sprache Transportmittel, erzählt etwas, erfindet Handlungen, Figuren, staffiert sie aus, etwa im Sinne psychologischer Thematik, zum anderen ist Sprache in einem artistischen Sinne selbst Ausdrucksträger. Episch transportiert sie im ersten Falle Informationen, artistisch ist sie im zweiten Falle in einem fast autonomen Sinne Ausdruck von Bewußtsein. Darum wird nicht erzählt, insgesamt nicht in dieser Prosa; weder gibt es den Erzähler noch den erzählten Stoff; Erzählen geht zeitlich vor, erzeugt räumliche Phantasie. Alles das ist nicht der Fall. Lyrische Prosa, wie sie in diesem Buch versammelt ist, verdichtet im äußersten Sinne existentielle Erfahrung, dokumentiert Selbstbewußtsein und Weltbewußtsein dessen, der schreibt. Er selbst ist die Welt, und sein Bewußtsein ist Sprache. Die Perspektive ist nach innen zentriert, Außenorientierung fällt fort. Wenn Ich und Welt nicht feststehen, sucht Sprache Orientierung. Das gilt allgemein für Dichtung. Hier aber leistet Spache immer Vermessungsarbeit, setzt Zeichen bedingungsloser Introversion. Ich schreibe, also bin ich. Gerade dann, wenn Ich und Welt sich aus gemeinsamer Verankerung gelöst haben, wenn Subjekt und Objekt auseinander driften, wird solche Dokumentation zu zwanghafter Tätigkeit.

Wir kennen von Kafka das Bekenntnis zu solchem künstlerischen Zwang. Das Schreiben, sagt er, das bin ich selbst. Nur schreibend existiere er, sein ganzes Wesen sei Literatur, bekennt er immer wieder. Und flehentlich schreibt er an Felice: »Du hast es nicht genug begriffen, daß Schreiben meine einzige innere Daseinsmöglichkeit ist...« (20. April 1913) Gottfried Benn hat immer erneut der Sprache einen sakralen Charakter zugeschrieben: am Anfang war das Wort und es wird am Ende sein. »Das Wort ist die Selbstbegegnung der Schöpfung und ihre Selbstbewegung.« Benn sagt das in einem Brief mit Hinweis auf Rönne. Dieser begegne sich selbst. Das heißt, der Dichter begegnet sich selbst in dieser von ihm geschaffenen Figur. Eine äußere Realität gibt es nicht mehr. Das demonstriert Rönne.

Besessen von Sprache verdichtet er Träume, die nur sprachlich träumbar sind. Rönne selbst ist Sprache. »Also eine Elevation durch das Wort, eine Sakramentation des Worts, ein Heiligungs- und Erlösungsphänomen mit Hilfe des dichterischen Worts – das ist Rönne.« (22. November 1950) Rönne der Selbsterreger mittels Sprache, der Provokateur jener bildhaft rauschenden Fluten, die ihn tragen, davontragen in innere, mythische, prälogische Fernen. Immer erneut macht er sich auf zu dieser inneren Reise. Weil er die Tatsachenwelt verachtet, ihre Sinnleere nicht aushält, weil ihn die Banalitäten des Alltags erdrücken, steigt er auf, steigert sich zur Erhebung, Erhöhung, zur Elevation. »Ich wollte immer auffliegen wie ein Vogel aus der Schlucht.« (*Gehirne*)

Die Reise beginnt an der Grenze von Wirklichkeit und Traum: »er nur sandte Blicke über die Dinge, gelähmt von Sehnsüchten nach einem Azimuth ... nach einem Wort, das ihn erfaßte.« Nur scheinbar rhetorisch stellt er sein Tun in Frage. »Wohin trug er sich denn, etwa in das All? War er der Träumer denn, weich streifend den Hang, oder der Hirt auf den Hügeln?« In immer neuen Schüben von Halluzinationen erschafft Rönne sich selbst. Schafft den Zustand neuer Erkenntnis, schafft Wirklichkeit aus Schwingungen der Existenz. »Aber nun geben Sie mir bitte den Weg frei, ich schwinge wieder – ich war so müde – auf Flügeln geht dieser Gang – mit meinem blauen Anemonenschwert – in Mittagsturz des Lichts – in Trümmern des Südens – in zerfallendem Gewölk – Zerstäubungen der Stirne – Entschweifungen der Schläfe.« (*Gehirne*) Die Grundstruktur dieser Prosa ist damit entworfen. Die kategoriale Müdigkeit, die Verfestigung der Hirnrinde durch logische Verklammerung, rationale Verengung von Stirn und Schläfe – alles das wird gesprengt, und es beginnt die innere Reise in ein vorgestelltes Land, das außerhalb von Raum und Zeit liegt. Dieser Süden ist scheinbar nur die Mediterranée, dieses Blau ist scheinbar nur das Meer, und die Trümmer sind nur der Schein vergangener, einheitlicher Kulturstufen.

Am Ende der Rönne-Phase reflektiert der Privatdozent im *Garten von Arles* die Problematik dieser »hyperämischen Metaphysik«: das ist die rauschhafte Wirklichkeitsherstellung mittels südlicher Visionen. Die Absage an kategoriales

Denken und quantifizierende Wissenschaft, an Verdinglichung und Versachlichung der Welt als Erlebnisinhalt, Absage an alle zerebralen Sinnkonstruktionen der Geschichte: »die Sinnlosigkeit dieses Schlachtfelds um den Sinn.« Heraklit wird gegen Kant ausgespielt, Erfahrungen der Naturphilosophen gegen die Transzendentalanalytiker: »das Ich ist außerhalb des Logos und die Krankheit über der Welt.« Kant wird als »Kreuzspinne« apostrophiert, als Produzent »schematisierbarer Verdinglichungen«, er steht als Signum für das »Nördlich-Diskursive« – wie eine »Eisenklammer« umschließt kategoriales Denken als »Kantkrone« die Stirn. Wirklichkeit als rational organisierte Stoffülle ist nur noch denkbar, nicht mehr erlebbar. Erfahrung als quantifizierte Registratur muß neu geöffnet werden in Richtung innerer Strukturerfassung. Als Fazit notiert dieser Privatdozent und Nachfolger Rönnes: »Durchbruch aus der Zone des Gedankens in die des Seins, letzte Dränge des Zeitlich-Giltigen in das Unendlich-Zeitlose, fiebernde Jaktationen des Individuums in das Unbedingte –«. Die neue Wirklichkeit ersteht als Vision vorlogischer, südlicher Geschichtlichkeit im Erfahrungsraum einer inneren Geographie. Einige Jahre später nimmt Benn in dem autobiographischen Essay *Epilog und Lyrisches Ich* zu dem Problemkreis noch einmal Stellung. Diese innere Geographie ist konstelliert aus Worten. Blau etwa ist das »Südwort schlechthin«, imaginativ von »enormem *Wallungswert,* das Hauptmittel zur *Zusammenhangsdurchstoßung*«. Anemonenwald, Olive oder Theogonien – die Kraft des Wortes sei unerschöpflich. Wörter sind Speicher mythischer Erinnerung und Erfahrung. Im produktiven Rausch eröffnen sie ihren Inhalt – »und Jahrtausende entfallen ihrem Flug«. »Wir werden uns damit abfinden müssen«, sagt Benn später in *Probleme der Lyrik,* »daß Worte eine latente Existenz besitzen, die auf entsprechend Eingestellte als Zauber wirkt und sie befähigt, diesen Zauber weiterzugeben.«

Das ist die Frage, die heute der Leser sich beantworten muß: wirkt dieser Zauber noch? Ist die Erlösungstechnik Rönnes übertragbar? Oder registrieren wir nur? Wiederholen wir Begriffe wie »Zusammenhangsdurchstoßung« oder »Wirklichkeitszertrümmerung« formal und unverbindlich, ordnen wir sie der Sphäre rationaler Faßbarkeit zu, so entkräften wir den Zauber und schaffen jene Banalität, die überwunden werden soll. In jedem Falle ist die autobiographische Nuance ernst zu nehmen. Im *Epilog* stehen Sätze, denen auch heute nicht auszuweichen ist. »Ich versuchte, mir darüber klar zu werden, woran ich litt.« Das war in jener Zeit, als der Sanitätsarzt Benn in Brüssel lebte und Rönne erschuf: »das Leben schwang in einer Sphäre von Schweigen und Verlorenheit, ich lebte am Rande, wo das Dasein fällt und das Ich beginnt. Ich denke oft an diese Wochen zurück; sie waren das Leben, sie werden nicht wiederkommen, alles andere war Bruch.« In dieser gesteigert produktiven Phase diagnostiziert Benn jene Krankheit, die auch heute noch virulent ist »als Depersonalisation oder als Entfremdung der Wahrnehmungswelt«. Die Diagnose umgreift ein weites Feld: metaphysische, transzendentale, psychologische und soziologische Schichten sind zu verzeichnen. Rönne repräsentiert sie exemplarisch, nicht individuell. Schon der autobiographische Text geht reflektorisch auf Distanz. »Wie soll man da leben? Man soll ja auch nicht.«

Das bedeutet, daß auch der ethische Imperativ der Selbsterhaltung fortgefallen ist. Der Kontaktverlust ist total. Der erkenntniskritischen Relativierung steht die soziale Desintegration zur Seite. Von metaphysischen Positionen ganz zu schweigen. Ein tragendes Realitätsbewußtsein ist nicht mehr zu erstellen. So aufgezeichnet in der autobiographischen Skizze *Lebensweg eines Intellektualisten* (II) im Hinblick auf die Zeit in Brüssel und im Hinblick auf Rönne. Fest steht, daß es »diese Wirklichkeit« nicht gibt: die zivilisatorische mit ihrem Anspruch auf Kategorialität. Das gilt vom Wissenschaftsanspruch bis zur Casino-Banalität. Alles ist nichtig. Der sogenannte Boden der Tatsachen erweist sich als Sumpf anthropologischer Fäulnis. »... das Jahr 1915/16 in Brüssel war enorm, da entstand Rönne, der Arzt, der Flagellant der Einzeldinge, das nackte Vakuum der Sachverhalte, der keine Wirklichkeit ertragen konnte, aber auch keine mehr erfassen, der nur das rhythmische Sichöffnen und Sichverschließen des Ich und der Persönlichkeit kannte, das fortwährend Gebrochene des inneren Seins und der, vor das Erlebnis von der tiefen, schrankenlosen mythenalten Fremdheit zwischen dem

Menschen und der Welt gestellt, unbedingt der Mythe und ihren Bildern glaubte.« So die Figur im Deutungsspektrum ihres Erfinders. »Wir erblicken also hier einen Mann, der eine kontinuierliche Psychologie nicht mehr in sich trägt.« Nur in Halluzinationen ist er da, nur innerlich gesteigert schafft er sich *seine* Wirklichkeit aus Schwingungen der Existenz. »Er fühlte sich gefestigt. Er schwang über die Boulevards; es war ein Wogen hin und her. Er ging beschwingt ...« (*Die Eroberung*)

Was Benn im *Lebensweg eines Intellektualisten* beschreibt, trifft gleichermaßen auf ihn wie auf die erfundene Szenerie zu. Das gibt der fiktionalen Ebene ihre Verbindlichkeit. Autobiographie und ästhetische Darstellungswelt sind nur formal zu trennen, nicht essentiell. Im Zentrum steht die Frage nach dem Ich. Die Frage nach Bewußtsein und Selbstbewußtsein. Warum soll dieses Ich äußerlich auf Reisen gehen, wenn es alle Möglichkeiten und Notwendigkeiten erfahrungsmäßiger Entfaltung in sich birgt? Rönne wollte nach Antwerpen fahren – aber er weiß, daß eine solche Reise nur zur »Bestätigung tiefster Zerrüttung« führen kann. Das ist der Problemfall des Autors, sein Lebensweg ist nur im Sinne dieser Krise zu verstehen. Die Konsequenz wäre der totale Rückzug aus jeder Art von Öffentlichkeit. Er habe es oft gesagt, meint Pascal in den *Pensées*, »daß alles Unglück der Menschen einem entstammt, nämlich, daß sie unfähig sind, in Ruhe allein in ihrem Zimmer bleiben zu können.« (P 139) Benn beruft sich auf dieses Wort Pascals im *Roman des Phänotyp*. Außenwelt und Innenwelt sind auseinandergefallen, aber das ist nicht die letzte Antwort Benns. »Es mußte etwas Drittes eintreten, eine Vermischung, und der strebte er unaufhörlich zu, etwas, was gleichzeitig eine Aufhebung war und eine Verschmelzung, aber das gab es nur für Momente, in Fallkrisen, von Durchbruchscharakter, und das war immer der Vernichtung nahe.« Das antinomische Wirklichkeitsprinzip bleibt dabei bestehen: hier das Leben und dort der Geist. Beide kommen nicht zusammen. Der Weg nach innen hebt die Weltspaltung nicht auf. Es sind zwei Ebenen, die das Dasein bestimmen. Das hat Benn später in *Doppelleben* definitiv zum Ausdruck gebracht. Ich und Welt finden nicht mehr zusammen. In den Stunden des mystischen

Erlebens erfährt das Ich zwar die Möglichkeit eigener Existenz, aber ebenso die Möglichkeit der Vernichtung. Die Rückkehr in die Banalität des Alltags kann tödlich sein.
Was hier anklingt, ist ganz allgemein das Phänomen der Steigerung des Erlebens, ob es nun religiös oder geistig oder vital sich vollzieht. Das Problem der Ekstase ist das Vakuum, das sie hinterläßt. Der immer neue Versuch der Steigerung ist wohl naturgegeben, und im Banne eines zwanghaften Vollzugs steht auch der Geist. Die Vorgänge der produktiven Sphäre hat Benn oft in dieser Weise beschrieben. Er hatte von Nietzsche die orgiastische Kunstlehre übernommen. Ästhetisch schlägt sie zu Buche in der »Novelle« *Der Geburtstag*: »manchmal eine Stunde, da bist Du; der Rest ist das Geschehen. Manchmal die beiden Fluten schlagen hoch zu einem Traum.« Erst zum Schluß ist geschehen, was zu Anfang thematisch entworfen wird. Die Fundamentalfrage nach dem »Sinn des Daseins«, die Erkenntnisfrage (»Wie hatte er das alles erlebt...«), die Identitätsfragen nach Namen und Beruf stehen voran. Dann beginnt die Selbststeuerung: das Selbstgespräch, die Selbstaufforderung, die Steigerung der inneren Erlebniswelt. »Nun ist es Zeit, sagte er sich, daß ich beginne. In der Ferne rauscht ein Gewitter, aber ich geschehe.« Die Begegnungspunkte der Außenwelt leiten seinen Drang zur steigernden Assoziation. »Er trieb sich an... Mühelos nahte sich... Noch hingegeben der Befriedigung, so ausgiebig zu assoziieren... Und nun vollzog sich...« Der poetischen Steigerung mittels assoziativ gereihter Bildketten steht die erotische Steigerung zur Seite. Aber auch sie ist poetisch intendiert, denn der Vorgang selbst ist nicht realiter zugegen, auch er ist ein Produkt der Imagination. Edmée – so *sollte* sie heißen.
In Wirklichkeit (wie man sagt) ist sie nicht da, außenempirisch nicht faßbar, sie muß erst erschaffen werden, wie die Herren, die er heraufbeschwört, um sie phantastisch zu widerlegen. Die Herren Wissenschaftler, die positivistisch glauben an den »großen Aufbau des Wissens und Erkennens des Wirklichen« – da kann Rönne nur lachen. Er hat die Wirklichkeit im Griff, die innere, selbstgesteuerte. »Gestatten Sie, daß ich Sie erschaffe... schon steigen Sie

auf.« So ist das Prosastück durchzogen von den Befehlen des Ich, die versuchen, Ordnung zu schaffen in den Kaskaden der Bilderfluten. Der Ausstieg aus raumzeitlicher Kategorialität gelingt. »Verklärt stand er vor sich selbst. Wie er es hervorspielte, ach spielte! regenbogente! grünte! . . . Starkes Leben blutete durch sein Haupt.« Das ist die »hyperämische Metaphysik«. Das Leben findet im Kopfe statt, in der Phantasie, im Bezirk produktiver Erfindung. Das ist die Kunstlehre. Darum ist der Künstler auch der einzige, der mit dem Leben fertig wird, der über die Dinge entscheidet, wie Benn verschiedentlich sagt. (»Der Künstler ist der einzige, der mit den Dingen fertig wird, der über sie entscheidet.« *Der Ptolemäer*) Das ist geistig im Sinne von Wahrnehmung und Wesensbestimmung gemeint, nicht politisch oder ökonomisch. So kommt kulturmorphologisch der Satz in die »Novelle«: »Welches war der Weg der Menschheit gewesen bis hierher? Sie hatte Ordnung herstellen wollen in etwas, das hätte Spiel bleiben sollen. Aber schließlich war es doch Spiel geblieben, denn nichts war wirklich. War er wirklich? Nein; nur alles möglich, das war er.« Dieser Zustand fundamentaler Relativierung fordert als Rettung den Ausstieg, den Aufstieg. »Hilfe, schrie er, Überhöhung!« Das ist Rönne im zweiten Teil der »Novelle«, die den Zwang zur Ekstase dynamisch vermittelt. »Er jagte herunter.« – »Er floh tiefer in die Gasse.« – »Wo war sein Süden hin?« – »Er hetzte in eine Kaschemme; er schlug sich mit Getränken . . .« Bis die Verwandlung gelingt. Die Wirklichkeiten schlagen hoch zu einem Traum, eine Flöte hatte das Thema intoniert, die Kunst verwandelt. »Rönne sah um sich: verklärt, doch nichts hatte sich verändert. Aber ihm: bis an die Lippen stand das Glück.«
Vom Lokalen her mag es das Morellenviertel geben, irgendwo, als Auslöser der Phantasien, aber als solches ist es ohne Bedeutung, ersetzbar. Es suggeriert die Willkür des Lebens, das sich vollzieht, fremd und unverändert, während das erlebende Ich sich steigert bis an die Grenze der Ekstase. Die Verwandlung gelingt, weil die Magie der Kunst im Spiel ist. Der die Flöte bläst – »blau ein Lied« – das ist Rönne, aber nicht der Mann in Fleisch und Blut, vielmehr der Doppelgänger, die erfundene Figur. Rönne erfindet sich selbst, setzt aus sich frei den Traum poetischer Ver-

klärung. »Es mußte ein Mann gehen, der sie blies.« Und ganz zum Schluß dann, nachdem noch einmal der Ton der Flöte erklang über dem Morellenviertel, nachdem die Verwandlung gelungen ist: »Da enteilte ein Mann. Da schwang sich einer in seine Ernte, Schnitter banden ihn, gaben Kränze und Spruch.« Die poetische Verklärung ist geschehen, sie geschah ihm, Rönne, so wie ihm alles geschieht, sprachlich imaginativ, auch die Olive. Nimmt man die poetische Metapher des *Geburtstags* ernst, und es gibt keinen Grund, das nicht zu tun, wird verständlich, was Benn in dem zitierten Brief schreibt: »eine Sakramentation des Worts, ein Heiligungs- und Erlösungsphänomen mit Hilfe des dichterischen Worts – das ist Rönne.« Das macht zugleich deutlich, daß soziopolitische Erklärungen hier zu kurz greifen. Verhaltensstörungen und Kontaktverluste gibt es überall. Das ist zu allgemein. Auch biographische Ableitungsversuche reichen nicht an die Grenze jener Dimension, um die es hier geht. Es geht um das Poetische, um den Geist, der sich verbindet mit den Dingen, der sie erfüllt und tragfähig macht und damit erträglich. Diese Möglichkeit der Erlösung hatten die Romantiker noch im Auge, aber nach Hegel glaubte niemand mehr daran. Der Materialismus trat seinen Siegeszug an. Aber auch das liegt schon hinter Benn, die Auflehnung gegen den Materialismus ist nur eine Vorstufe. Das Ziel ist die Erlösung, aber diese gelingt nicht mehr in welthafter Identität. Vielmehr wird Welt als Sprache nach innen gezogen. Dort geschieht die Verwandlung.

Benn hat für diesen poetischen Transformationsprozeß ein ästhetisches Medium gefunden. Rönne selbst ist Sprache. Er kann nicht beschrieben werden in einem konventionell epischen Sinne. Das ist die Neusetzung dieser Prosa. Das macht historisch ihre Bedeutung aus. Wenn die psychologische Kontinuität in der Weise zerfallen ist, wie erkenntniskritisch und metaphysisch die Substanz des Menschen zerfiel, dann ist erzählerisch hier die Konsequenz gegeben. Als Figur »ein Wurf von Formen, ein Spiel in Fibern, sinnlos und das Ende um allen Saum.« (*Die Reise*) Das ist konsequent die Auflösung jeder empirischen Struktur von Personalität. »Rönne, ein Gebilde, ein heller Zusammentritt, zerfallend, von blauen Buchten benagt, über den Lidern kichernd das Licht.« Am Ende ist jenes sozialgeschwächte

Ich im Umkreis der Casino-Welt ein Abstraktum geworden, eine Metapher, ein purer Verweis. Natürlich muß Rönne sich behaupten vor den kollegialen Dummköpfen, aber nur scheinbar integriert er sich, und auch das nur als Vorstufe der Lösung, Loslösung, Erlösung, die hier gelingt. So steht am Ende dieses Prosastückes wiederum die magische Formel. »Denn es war vollbracht, es hatte sich vollzogen. Über den Trümmern einer kranken Zeit hatte sich zusammengefunden die Bewegung und der Geist, ohne Zwischentritt.« Der Leser hat den Weg hierher nicht klar ergründen können. Keine Geschehnisse, keine Handlungen, keine Psychologie leiten ihn. Immer ist im erzählten Vollzug ein Sprung, der aus der Realität hinausführt in die Irrealität. Logisch ist gar nichts unter Beweis zu stellen. Scheinbar geschieht das Unsinnige. Dann nämlich, wenn die Leserperspektive sich auf Tatsachen fixiert hat. Auf jenen Herrn Jansen etwa, den entrüsteten Kongokenner, auf jene ominöse Tropenfrucht, die im Gespräch ist, auf Rönnes Triumph infolge sozialer »Einreihung«. Alles das ist äußere Staffage, eine Art Startbahn der Phantasie, keine Detailansammlung im Sinne realistischer Erzählhaltung, die psychologische Zwecke verfolgt.

II

»Das ist natürlich ein Irrealitätsprinzip, dies Rönnesche Prinzip ...«, gesteht Benn im *Lebensweg eines Intellektualisten.* Die Welt als Traum – wie kann man da leben? Benns Antwort: man soll ja auch gar nicht, spricht gegen das banale, kategoriale Leben. Dem steht entgegen jenes provozierte Leben, um das sich alles dreht im Werke Benns. Nur wird später in der Prosa das erzählte Ambiente karger, hervor tritt das essayistische Moment. Die Versöhnung des Bildhaften in der frühen Prosa ist als Positivum festzuhalten. Wird Welt auch nicht mehr erzählt in herkömmlicher Weise, so wird sie doch illuminiert. Expressiv werden elementare Fakten der Welt assoziiert. Kombiniert werden die sinnlichen Partikel der Erfahrung; aufgereiht erscheinen sie leuchtend an einem spirituellen Horizont. Das bedeutet Destruktion der Alltagswelt und Konstruktion der Wirklichkeit in neuer Form. Eine Art von transzendentaler

Utopie ersteht vor dem Auge des Lesers, wenn dieser der logischen Stringenz den Abschied gegeben hat. Das ist fundamentale Ästhetik: die neue Sehweise, hier die akausale Verknüpfung des Seienden, um vorzustoßen in die *Zone des Seins.* Diese Kontamination Bennscher Formeln ist zugleich ein Beleg der Situation, aus der sie stammen. Der ontologische Optimismus des Jahrhundertanfangs schlägt sich darin nieder. Der Enthusiasmus der expressionistischen Generation, die das Leben noch einmal metaphysisch erfahren und ergründen wollte.

Geblieben in seiner faszinierenden Autarkie ist der Bildcharakter dieser Dichtung, diese in freier Assoziation erstellte Welt, diese poetische Wirklichkeit, die rein ästhetisch konstelliert ist und die von der Intensität ihrer strukturalen Gesetze lebt. Diese Strukturen sind weder beschreibend noch funktional als Aussage aufzufassen, schon gar nicht folgen sie grammatischer Logik. Sie suggerieren Bilder auf der Basis substantivischer Setzung, umgehen die Ratio, um evokativ zu entzünden, expressiv zu erregen die Bereiche mystischer Bildschau. Ihre Ordnung rührt her von einem Steuerungssystem, das gedanklich abgesichert ist. Sonst wäre Bildchaotik die Folge dieser Technik. Der Leser spürt das, und um so mehr verwundert ihn die Zuordnung der Einzelteile an der Grenze scheinbarer Konfusion. Poesie und Prosa sind hier in eine unmittelbare Nähe zusammengerückt. Die Nahtstellen der Montage, wo spontane Bildsetzung mit intellektueller Konturierung zusammentrifft, sind nur bei scharfer Analyse erkennbar. Die Richtlinien der absoluten Prosa, die später im *Roman des Phänotyp* theoretisch entwickelt werden, sind hier sinnlich ins Bild gesetzt. Die frühen »Novellen« (so von Benn definiert) sind existentielle Prosa, gegen romanhaftes Erzählen gerichtet, gegen die Darstellung einer individuellen Peripherie. »Warum Gedanken in jemanden hineinkneten, in eine Figur, in Gestalten, wenn es Gestalten nicht mehr gibt? Personen, Namen, Beziehungen erfinden, wenn sie gerade unerheblich werden?« Der existentielle Typ wird ästhetisch repräsentiert durch »punktuelle Perspektiven«.

Dieser existentielle Typ, von dem im *Roman des Phänotyp* nur noch gesprochen wird, ist in der frühen Prosa als Entwurf da, eben Rönne, depersonalisiert, denaturiert zwar, aber voll entfaltet in seinen Träumen, die sprachlich zugegen sind. Ein Vierteljahrhundert später bekennt sich der Autor immer noch zu denselben Erlebnis- und Produktionsbedingungen. »Das unmittelbare Erleben tritt zurück. Es brennen die Bilder, ihr unerschöpflicher beschirmter Traum.« So faßt Benn 1944 seine poetische Erlebnisform zusammen. In dem Abschnitt *Summarisches Überblicken.* Die Kunstform ist weiterhin konstitutiv geblieben für ihn. »Ein Held, der sich wenig bewegt, seine Aktionen sind Perspektiven, Gedankengänge sein Element.« (*Bordeaux*) Die halluzinative Wirklichkeitserstellung hat ihre Gültigkeit behalten. »Selbstentzündung, autarkische Monologie ... Alles, was zurückbleibt, sind Dinge, die in Bewegungslosigkeit geschaffen wurden ...« Aber hier, im *Roman des Phänotyp,* wie im *Ptolemäer,* dominiert das Moment des Essayistischen. Die Figur dessen, der das alles innerlich erlebt, ist schattenhaft zurückgetreten. Ein erzählbares Ich gibt es nicht mehr, es hat sich aufgelöst im Perspektivismus abstrakter Visionen. Auch der Ptolemäer ist keine Figur mehr von Existenz. Rönne war eine solche Figur. Das expressionistische Literaturklima hatte ihm seine Ausstattung gegeben, wenn auch nicht psychosomatisch, so doch mit Gebärden und Gesten von unverkennbarer geistiger Individualität. Benn hat rückblickend verschiedentlich mit Emphase von dieser Produktionsmöglichkeit gesprochen. Rönne war für ihn selbst zur Identifikationsfigur geworden. Die spätere Prosa sah er mit Skepsis: »nicht diese an Gegenstände u. Figuren herangekneteten Gedanken! Das kann ich nicht, das sollte ich lieber lassen, sage ich mir heute.« So über *Weinhaus Wolf* an den Brieffreund Oelze (22. 12. 1943).

Die Rönne-Prosa tendiert immer zum Grenzbereich reiner Poesie, die spätere Prosa zum Essay. Verbindend ist das Produktionsideal der absoluten Prosa. »In jedem Satz: *Alles.* Dies Princip der *absoluten Prosa,* in der kein Satz im Zusammenhang mit psychologischen und erlebnismässigen Herkunftsäusserungen mehr steht, war das Princip, das mir wahrhaft erschien. In jedem Satz: Alles. Solche Sätze sind nicht zu *verstehen,* sie enthalten nur sich selbst. Ich vermute, dass die zukünftige Prosa etwas von dieser nackten Absolutheit enthalten wird.« (An Oelze, 30. 3. 1949) Die

»Konkrete Poesie« hat auf der Basis der Sprachphilosophie später versucht, dieses Ideal in die Tat umzusetzen. Die Intentionen sind klar, die Ergebnisse problematisch. Benn sah für sich die Problematik in der Auszehrung des Bildhaften. Mit Blick auf seine späte Prosa verweist er im zitierten Brief auf jene glückhaft gelungene Passage reiner Bildlichkeit im *Roman des Phänotyp*, die noch einmal Stilzüge der frühen Prosa aufgreift. »Aber zum Schluss: diese Stelle *Summarisches Überblicken* ist mir eine der liebsten und geschlossensten der letztjährigen Prosa. Sie erfüllt mich mit Wehmut, weil sie mir zeigt, wohin ich vielleicht bewusster hätte gehen sollen.« Nietzsches »Versuch einer Selbstkritik« (1886) – der die gesamte Kunstlehre enthält – rückblikkend geschrieben auf die *Geburt der Tragödie* (1870/71), enthält das bekannte Wort: »Sie hätte *singen* sollen, diese ›neue Seele‹ – und nicht reden!«
Wenn Kunst die Existenz des Künstlers dokumentiert, so zeigt sich im Entwicklungsgang der Prosa Gottfried Benns der Formwandel inneren Erlebens. Die bildhaft-poetischen Intentionen haben sich mit den Jahren im lyrischen Ausdruck kondensiert, der Prosa wurden die analytischen Funktionen übertragen. Zunehmende Distanz gegenüber eigenen Erlebnisvorgängen, die mit dem Alter sich bemerkbar macht, führt in Verbindung mit dem Nachlassen jener expressiven Schubkräfte, die generationsbedingt waren, in der Prosa zur Dominanz des Gedanklichen. Ein Vorgang, der literaturgeschichtlich zu Vergleichen anregt. Auch ein so großer Epiker wie Goethe mildert seinen Stil nach der Sturm-und-Drang-Phase des *Werther* in *Wilhelm Meisters Lehrjahren.* Im Alter wird er dann zunehmend aphoristisch. Und Benn notiert in einem Brief Bedenken gegenüber dem *Roman des Phänotyp*, die bei scharfer Kritik auch auf die *Wanderjahre* zutreffen könnten. »Eine reine Materialanhäufung, ungegliedert u. inkohärent.« (An Oelze, 22. 1. 1948) Natürlich sind kritisch immer rettende Perspektiven zur Hand, wenn man sie haben will, etwa spiegelbildliche Funktionen oder andere synthetisierende Momente, aber man sollte die spezifischen Ausdrucksnuancen eines Kunstwerks nicht abfeilen in ihren Konturen. Hier sind es die Widersprüche einer grundsätzlich antinomischen Struktur, der Riß des Bewußtseins ist nicht mehr

zu heilen, Ich und Welt sind nun endgültig getrennt. Die Neurose ist konstitutiv, existentiell wie bewußtseinsmäßig und ästhetisch konsequent als Stil. Benn selbst ist betroffen von der unabdingbaren Härte seiner literarischen Lageberichte. »Ich hatte einen schweren Schock bekommen, als ich den *Phänotyp* nochmal las, nach 3½ Jahren. Unmögliches Etwas! Darf niemand sehn, sonst bin ich mit Recht gestrichen u. geliefert.« Das steht im Zusammenhang der Aussage, daß es sich hier um reine Materialanhäufung handelt, ungegliedert und inkohärent. Aber der Schock hat mit landläufigen literarischen Qualitätsfragen nichts zu tun, er ist im wahren Sinne des Wortes ein ästhetischer, nämlich die Wahrnehmung betreffend: so ist die Situation, und das ist meine Situation in aller Ausweglosigkeit. »Ach, ahnte doch jemand, wie schwer es ist, Dinge zu schreiben, die man später selber als zu problematisch und fragwürdig empfindet, nicht weil sie schlecht wären – das steht auf einem anderen Blatt – sondern weil sie abwegig und neurotisch sind – und damit sind wir schon wieder beim *Phänotyp*, dessen einziges Thema die Neurose ist, vielmehr der selber und als solcher eine Neurose ist, nämlich eine Ausdrucks- und Darstellungsneurose bei völlig zerstörtem Objekt-Subjektverhältnis und bei völlig abgebauter Psychologie.« (An Max Niedermayer, 18.9.1948)
Benn spricht auch in diesem Zusammenhang von der absoluten Prosa, die Ausdruck der existentiellen Situation ist. Und er verweist auf die historische Tatsache, daß diese Kunstrichtung kaum Verbreitung gefunden hat. Ihm stünden nur Carl Einsteins *Bebuquin* (1912) und Gides *Paludes* vor Augen. Man hat auf Georg Heyms Novellenbuch *Der Dieb* (1913) verwiesen, das auf Benn zweifellos beeinflussend gewirkt hat. Auch die frühe Prosa von Joyce ist im Umkreis der absoluten Stiltendenzen genannt worden, etwa die Darstellung der eigenen Jugendentwicklung in der Figur des Stephen Dedalus: *A portrait of the artist as a young man*, 1916 parallel zur Rönne-Prosa erschienen. Stärker noch repräsentieren die späteren großen Prosawerke von Joyce diese spezifische Stillage. Sie ist Ausdruck der allgemeinen europäischen Kunstsituation, die der Begriff der absoluten Kunst plakativ umreißt. Wenig beachtet bisher wurde in diesem Zusammenhang der spezifische Aus-

drucksstil, den 1911 schon Carl Sternheim in die deutsche Literatur eingeführt hatte, diese Verbindung von Expression und Präzision, die äußerste Verknappung von Sprache durch Weglassen von Artikel und Attribut, durch ungewöhnliche Umstellung der Satzglieder, etwa Voranstellung des Genitivs, des Verbums, oder Herausstellung des Substantivs. Momente sprachlicher Gestaltung, die für die frühe Prosa Benns kennzeichnend sind. Der Einfluß Sternheims ist unverkennbar. Dieser Stil skizziert mit kurzen Strichen das Charakteristische eines Vorgangs. Das Wesentliche einer Sache wird durch Übertreibung herausgestellt. »Der neue Diesterweg, der südliche ... Er war der Herr mit Tik, der Überhöhte, vor dem das Wirkliche erlag ... der das Hauptwort handhabt wie ein Messer, mit dem er Fische frißt.« Alles zielt auf den Kern des Themas, auf das Typische der Situation. Benn thematisiert den Einfluß im Prosastück *Querschnitt*: »Könnte ich den Verlauf dieser Operation nicht Sternheimsch diktieren: mit Worten pflastern, einen fabelhaften Zement?« Die Darstellung gesteigerter, ekstatischer Lebensvollzüge gelingt durch plastische Überzeichnung. Äußerste Intensität halluzinatorischer Erfahrung soll vermittelt werden. Ziel der Darstellung ist solche Intensität selbst, eben nicht Beschreibung von Handlung, Stimmung, psychologischer Gefühlssphäre.

Nicht das Besondere im Sinne individueller Erlebnisvorgänge soll geschildert werden, sondern das Allgemeine soll aufgerissen werden in »Schichten dieses Querschnittes von Begriff«. 1919 äußerten sich in der Reihe »Tribüne der Kunst und der Zeit« zahlreiche Schriftsteller zum Thema »Schöpferische Konfession«. Gottfried Benn notierte zur Produktionsproblematik seiner expressionistischen Prosa: »Mich sensationiert eben das Wort ohne jede Rücksicht auf seinen beschreibenden Charakter rein als assoziatives Motiv und dann empfinde ich ganz gegenständlich seine Eigenschaft des logischen Begriffs als den Querschnitt durch kondensierte Katastrophen. Und da ich nie Personen sehe, sondern immer nur das Ich, und nie Geschehnisse, sondern immer nur das Dasein ...« Das ist zusammenfassend die Charakterisierung dieser sprachmonomanen Prosa, die hinsichtlich ihrer Strukturierung einzigartig

dasteht in der Kombination bildhafter und intelligibler Elemente. Der Begriff lyrische Prosa sagt prägnant, was hier der Fall ist. »Zum Beispiel das Rhododendronbeet, an das eben die Flut der Blüte pocht, oder das Haus, um das die Trauben der Glyzinie klingen – – wo wäre etwas, das sich nicht zersplittern ließe in Regenbogen und Fontänen und in den Rausch der Zusammenhangsentfernung. Weil alles stirbt, weil alles kürzer ist als das Wort und die Lippe, die es will sagen, weil alles über seinen Rand zerbricht, zu tief geschwellt von der Vermischung. Weil ich kein Ich mehr bin, sind meine Arme schwer geworden.« (*Querschnitt*)
Lyrische Prosa als Verkettung assoziierter Bildreihen ist auf grammatikalische Verknüpfung in logisch-konventioneller Absprache nicht angewiesen. *Das letzte Ich* ist in diesem Sinne ein literarisches Phänomen, sprachlich die Einlösung endogener Sehnsucht nach Befreiung aus dem Joch transzendentaler Negation: »O Ich, kaudinisch einsam unter der Verneinung ...« Überwunden ist »der Aposterioristik tödliches Fanal«, außer Kraft gesetzt »begreifendes Erkennen«, vernichtet die »Wrackigkeit der antithetischen Struktur« – »das sogenannte erkenntnistheoretische Problem« – »das Röcheln nach dem absoluten Wort«. Beflügelt von Sprache in bildsuggestiver Steigerung gelingt die Entrükkung in Zonen reimhaft geschlossener Erfahrung: »gibt es ein Paradies auf Erden, so ist es hier –«
Wie ein Wellenschlag äußerster Erlebnisfähigkeit endet so die frühe Prosa. *Alexanderzüge mittels Wallungen* ist schon das schmerzhafte Eingeständnis, daß Aufstieg und Erlösung nicht mehr gelingen. Das Prosastück endet dort, wo früher für Rönne die halluzinative Steigerung begann. Auffallend ist die autobiographische Skizzierung Rönnes, altersmäßig wie physiognomisch haben wir die Statur des Autors vor uns. Der Ort ist Berlin. Thematisch dominiert die Zeitkritik, der politische Affront, die Ablehnung von Öffentlichkeit als Persiflierung eitler Selbstdarstellung des »öffentlichen Menschen« insgesamt. Der Blick ist nach außen gerichtet, und er trifft konsequent, weil aus der Innerlichkeit kommend, vom Traum nach Vollkommenheit bestimmt, auf äußerste Mißstände. »Bizarre Epik des Augenblicks« heißt das Stichwort in *Urgesicht.* Auch hier die autobiographische Nuance verbunden mit der Wehmut

des poetischen Rückblicks. »Fern und gelöst die Jahre der Jugend, die Züge des Stürmens, die Krankheit des großen Flugs.« Stille ist eingetreten, Ruhe in der Bewegung, eine »Klarheit ohnegleichen«, eine außerordentliche »Leichtigkeit«, Rückzug: »wie lautlos und leicht in meinem Raum!« Die Position des Beobachters, die allen weiteren Prosastükken ihre Erzählperspektive gibt, ist erreicht. Jemand steht am Fenster und sieht in die Nacht, jemand sitzt in einem Weinhaus und beobachtet, jemand behandelt seine Kunden und spricht mit ihnen in großer Distanz, bis zum Schluß der *Radardenker* auf seinem Holzstuhl sitzt und vom Fenster aus die Straße überblickt. Ein Roman im Sitzen – so nannte Benn insgesamt diese Erzählhaltung. Aber den Sitzenden bewegt innerlich die Welt, an der er äußerlich nicht mehr teilnehmen mag.
Metaphysisch ist diese Perspektive intendiert, das zeigt sich immer deutlicher. Verächtlich markiert sie die grotesken Verwerfungen der Zivilisation, menschliches Versagen, soziales Unrecht, kapitalistische Praxis. Jener Arzt und »Villenzusammenforscher« in *Urgesicht*, dessen Hochmut typisch ist für die herrschenden Schichten, oder das Publikum in den Foyers der »Kunsttempel«, das sich auserwählt fühlt (*Saison*). Von der Tatsache des Lebens, seinen Gesetzen und Forderungen begreifen diese Menschen nichts. Gesellschaftlich orientiert, gehen sie an der Unergründlichkeit des Daseins achtlos vorbei. Gegen die Vordergründigkeit dieser Lebensform, gegen Genußegoismus und bornierten Statuswahn setzt diese Perspektive ihr existentielles Erfahrungsfeld als Gewicht. Irrational strukturiert reicht diese Erfahrung durch mythische Schichten in prälogische Gründe archetypischer Erbmasse. Das ist nicht wörtlich zu nehmen, vielmehr als Provokation und Gegenposition. Jungsche Analysen sollen hier nicht angestellt werden, und prähistorische Verifikationsversuche auf wissenschaftlicher Basis führen ins Absurde. Die Sammelbegriffe des Traums, der halluzinativen Steigerung, der Bewußtseinserweiterung, der empirischen Zusammenhangsdurchstoßung, der Wirklichkeitszertrümmerung seien hier nur in Erinnerung gerufen. Wissenschaftlich exakt lassen sich diese Vorstellungsbereiche ohnehin nicht dingfest machen. Verstanden als kulturkritisches Anti-

thema haben sie ihren funktionalen Wert. Problematisch werden sie erst im Sinne dogmatischer Weltanschauung. Kulturkritik wie in *Saison* ist auch heute noch von erfrischender Bravour. Manches ist spielerisch zu nehmen in der Übertreibung, die Stilisierungen werfen Schlaglicht und schaffen Distanz. Nach der Berechtigung solcher Ironie zu fragen, hieße das Spiel verderben. Die Welt ist eine Bühne, und so wird sie dargestellt. Eine spezifische Leichtigkeit des Verfahrens ist dieser Prosa eigen, das Tänzerische des Denkens und Sprechens, das Benn von Nietzsche als Ideal übernahm. Hier werden ätzende Thesen einer korrumpierten Menschheit vor die Füße geschmissen. Rönne leidet nicht mehr. Die mittlere und spätere Prosa ist unter anderem auch Erlösung in der Sphäre intelligibler Luzidität. Ab *Weinhaus Wolf* um so dringlicher, als die Zeitverhältnisse geistig keinen Freiraum mehr ließen. Der biographische Hintergrund ab 1933 ist ebenso ins Auge zu fassen wie die politische Situation, will man der Schärfe dieser Prosa gerecht werden. Detaillierte Auskunft im Biographischen und Zeitgeschichtlichen geben die Briefe an jenen Herrn Oelze, den Benn zu Anfang dieser Zeit kennenlernte. *Weinhaus Wolf* ist die fiktionale Zusammenfassung der brieflichen Thematik von fünf Jahren. Die Erzählform ist ein äußeres Gerüst, dem Benn selbst skeptisch gegenübersteht. Aus Rönne ist ein Konsulatsbeamter geworden: »hinter der Maske Bilder und Erinnerungen an vergangene Jahre, Erinnerungen an Tahitis schmalen Strand ...« Aber hier »geschieht« ihm nicht mehr das Südliche, hier im Weinhaus reflektiert der Weltbeobachter den »geschichtlichen Kern«.
Geschichtskritik bedeutet Kritik der politischen Situation als Anmaßung der neuen Machthaber. Was berechtigt die »weißen Völker« überhaupt, einen Herrschaftsanspruch zu postulieren? Eine Frage von hochaktueller Brisanz, damals schon, 1937. Wer macht Geschichte? Eben jene Vertreter der »weißen Rasse«, die sich legitimieren durch »Genuß ... Niederkämpfen der Konkurrenz, wirtschaftliche Triumphe ... Individualitäten! Orgasmus zu seiner Stunde, später Weihwasser, auch Teilnahme an Festen.« Dieser ephemeren Schicht bürgerlichen Handelns wird die »Gestaltungssphäre« kontrastiv entgegengehalten, die Kunst, der Geist.

Zum ersten Mal in der Prosa Benns wird unversöhnlich die geschichtliche Spaltung aufgezeigt: »Handeln ist Kapitalismus, Rüstungsindustrie ... Begründung von Massenmorden: Raub und Verklärung –: der Mechanismus der Macht.« Auf der Gegenseite Geist und Kunst, die Möglichkeiten mystischer Erfahrung und Meditation: »einmal der Geschichtliche und einmal der Zentrale, einmal der Handelnde und einmal der Tiefe, einmal das Leben und einmal der Geist.« Der Leser, so fordert der Text, muß sich entscheiden im Zuge der »Antithese von Leben und Geist«. Daß dieser Geist religiöser Substanz ist, daran läßt der Text keinen Zweifel. Biblisch-christliche Allusionen deuten das an. Die Antithetik ist unauflösbar: Verbrecher und Mönche. (*Der Ptolemäer*) Der Leser also kann sich entscheiden, wobei die Berufsbezeichnungen nicht wörtlich zu nehmen sind. Mit der Entscheidung ist verbunden jene altchristliche Drohung der Verdammnis. »Leben wolltet Ihr, Euer weißes, erfülltes, sich verwirklichendes Leben im Prunk der Derbys und im Schnee der Regatten, – jetzt kommt keine Gnade mehr, jetzt kommt die Nacht.« Sarkastisch lautet das Fazit: »Nichts gegen die Ordnung der Erde, – doch wer Leben sagt, ist schon gerichtet ...«
Wie immer die Geschichtssituation beschaffen sein mag, die der Leser erfährt, er tut gut daran, Distanz zu wahren gegenüber der Suggestion des Textes. »Nur nicht handeln! Wisse das und schweige. Asien ist tiefer, aber verbirg es!« Das ist keine Aufforderung zur allgemeinen Apathie oder Anstiftung zur Völkerwanderung in die asiatische Emigration. Es bedeutet vielmehr Auseinandersetzung mit einer geschichtsphilosophischen Problematik, die zurückreicht in die aktivistischen Wurzeln des Griechentums und die als Diskussion von vita activa oder vita contemplativa das Abendland durchzog. Mystik ist keine Erfindung Gottfried Benns, und Aufklärungskritik erhob sich schon im Jahrhundert des Rationalismus. Das Reflexionsfeld ist nicht zu durchmessen, das sich in dieser Prosa auftut. Ebenso weit wie problematisch mag es jüngeren Lesern Anlaß geben, zu staunen über die Komplexität von Geistesgeschichte.

III

Die materielle Ausdehnung von Welt soll verlöschen und die innere »Vereinigung mit der verlorenen Dingwelt« sich vollziehen. Der Ptolemäer vertritt diese Lehre nicht anders als der Beobachter im Weinhaus. Immer noch ist der Blick nach innen gerichtet: »wer nach innen lebt, sieht eine große Vereinigung« – diese Zusammenfassung des Phänotyp dokumentiert die Kontinuität. Die Perspektive der späten Prosa ist insgesamt einheitlich strukturiert. Der Blick ist gelöster, freier als in der frühen Prosa. Vieles hat sich relativiert in der Ambivalenz der Einerseits-Andererseits-Struktur, von der im *Phänotyp* die Rede ist. Diese »Verschmelzung eines Jeglichen mit den Gegenbegriffen« ist weder dialektisch zu verstehen noch synthetisierend angelegt. Die punktuellen Perspektiven werden hochgespielt und genügen sich wie Fontänen in einem Park. »Also in sich selber seine Springbrunnen hochwerfen, seine Echowände errichten!« (*Phänotyp*) In *Doppelleben* wiederholt Benn das Bild der Fontäne mit Blick auf den *Ptolemäer.* Die Perspektive ist einheitlich: immer noch wird Wirklichkeit partikular im Brennpunkt der Perspektive gesammelt. Historische Reminiszenzen, geographische Details, möglichst exotischer Genese, mythische Andeutungen, aktuelle Fakten füllen die enzyklopädische Ausdehnung des Denkraumes moderner Bewußtseinswelt. Immer noch wird mit Zitaten und Aphorismen, mit Bildketten und rhythmischen Sequenzen, mit polemischem Witz und pointierender Karikatur esoterisch und sprunghaft jene spezifische Ausdruckswelt konstelliert, montiert und evoziert, die unvergleichbar ist im literarischen Rangfeld. Aber verlagert hat sich, gegenüber der Expressionismusphase, die somatische Schubkraft, die früher explosiv in Erscheinung trat. Insgesamt ist kritische Distanz zu verzeichnen, auch bei der Betrachtung der Notwendigkeit, perspektivisch Welt zu bündeln und somit Wirklichkeit zu sammeln.

Es ist, als ob die registrierende Existenz sich selbst historisch geworden sei. Man müsse schauen, zurücktreten, »sich erheitern«, heißt es im *Phänotyp.* Dann eben verbinde sich alles mit allem, selbst die Ungeheuerlichkeiten der Geschichte mit den zerbrechlichen Zeichen der Erlösung:

»dann knospen die Galeeren«. Neutralisiert sammeln sich jetzt im inneren Bewußtseinsstrom des Subjektes simultan die heterogensten Objekte: die registrierende Existenz leidet nicht mehr. Gelassenheit ist eingetreten, Windstille des Daseins. Selbst wenn um sie her die Welten versinken, Phänotyp wie Ptolemäer halten sich in ruhiger Distanz. Daß man dieser Haltung den Vorwurf des Zynismus gemacht hat, verwundert nicht. Der Hitlerwahn hatte Europa in den Abgrund gebracht, und zum gleichen Zeitpunkt erheitert sich hier das Bewußtsein im summarischen Überblicken der Kultur, der Geschichte, ihres Prunks und ihres Unrechts. »Wenn man das Ganze überblickt, ist es von großer Unverständlichkeit, aber wahrlich der Wunder voll.« Geschrieben in jener Landsberger Kaserne, Frühjahr bis Sommer 1944, aus der Benn vor den anrückenden Russen floh in ein zertrümmertes Berlin. Deutschland war ruiniert, aber weder hier im *Phänotyp* noch einige Jahre später im *Ptolemäer* wird ein Klagelied angestimmt. Phänotyp und Ptolemäer lehnen sich weit zurück in der Akzeptation der Lage. Sie wissen, daß Geist und Leben zwei völlig getrennte Welten sind. Daß nur in einem Doppelleben das Dasein zu überstehen ist. Die Handelnden haben gehandelt. Geschichte hat sich wieder einmal als Massenmord erwiesen.

Die Distanzierung ist perfekt. Das ist stilisierter Perspektivismus, der sich selbst ins Auge faßt. Der konstitutionelle Relativismus bewährt sich. Auch im *Ptolemäer* treten in dieser Form Fiktionalität und Autobiographie zusammen im Grenzbereich existentieller Manifeste. Die Struktur dieser chimärischen Prosa entdeckt sich als Lebensform. Ironie und Sarkasmus kennzeichnen die Haltung scharfer Kulturkritik. Ist der Leser frei von Widerstand, kann ihn diese Prosa erheitern. Das ist ungeheuerlich angesichts der in Frage stehenden Situation. Die Ruinenlandschaft Berlins ist die vollkommene Adäquation der skizzierten Bewußtseinsprotokolle. Geschichtlich wäre die Sinnwidrigkeit perfekt, wenn das Subjekt nicht seine Freiheit feiern könnte; die Überwindung äußerster Sinnleere durch Verdichtung ihrer Erfahrung im künstlerischen Ausdruck setzt Positionen selbst gegen monströse Zerstörung. An der Grenze des rational Begreiflichen gelingt die Freiheit existentiellen Verfügens durch Kunst.

Weil Geist und Leben auseinanderfielen, kommt es zu diesen unbegreiflichen Katastrophen. Das ist die praktische Konsequenz der geistesgeschichtlichen Analyse. Privat hatte Rönne daran gelitten, ganz allgemein erkenntniskritisch, daß Geist und Leben ihm zerfallen waren. Er trug diese Krise aus, und sein Erfinder und Autor ging gehärtet aus diesem Kampf hervor. Die Technik des Geistes, die er sich schuf, ist eine Überlebenstechnik. Spiel und Distanz sind eine »besondere Form der Tarnung«, wie er in *Doppelleben* gesteht. Im Schönheitsinstitut des Ptolemäers sind Handeln und Denken streng separiert. Autobiographisch kommentiert Benn ironisch die Ironie der Ptolemäer-Welt. Der Sinn solcher doppelten Brechung ist die klare Existenzaussage: »ich befinde mich außerordentlich wohl dabei, jedenfalls viel wohler als in früheren Lebensperioden, in denen ich diese innere Technik noch nicht besaß, als ich noch im lebensüblichen Sinne: litt. Leiden – was ist das überhaupt?« (*Doppelleben*) Der Stil der Verneinung schafft die Möglichkeit solcher Befreiung. Im *Roman des Phänotyp* wird darüber reflektiert. Verneinung sei das »metaphysische Wesen des Denkens«, als solches »Detailbekämpfung, Antiemotionismus, Eindrucksfeindlichkeit«. Verneinung ist die Ausdrucksform des Geistes, dessen auswählendes, zentralisierendes Prinzip, das im Begriff kondensiert. Unter Mißachtung der banalen Lebensperipherie des Alltäglichen schafft Geist Erkenntnis und Form und in der Kunst dem Dasein Kontur.

Hier in dieser Prosa gibt er in der Unübersehbarkeit und Multivalenz moderner Lebensweise durch die Freiheit spielerischen Verfügens Halt. Scheinbar erbarmungslos wird die konkrete Wirklichkeit gesehen. Kein Ausweg wird eröffnet, keine Hoffnung registriert, kein Trost geboten. Nur das Spiel als Bewegung des Geistes schafft die Balance. In die geschichtliche Sinnleere hinein wird als letzter Sinn gesetzt die Freiheit des Bewußtseins, die transzendierende Freiheit des Menschen gegenüber Natur und Geschichte. Geist setzt kraft seines überwindenden Widerstandes eine absolute Position. Das Absolute, von dem immer wieder die Rede ist in dieser Prosa, betrifft zugleich die Existenz in ihrer Selbstbehauptung wie die Kunst in ihrer Strukturierung. Provozierender kann gar nichts sein als diese absolute

Steigerung des menschlichen Bewußtseins angesichts der historischen Situation.
So muß man diese Prosa lesen, als Widerstand, als Aufstand gegen die Sinnlosigkeit: »man beende endlich dies konfuse Gerede von Leben und Glück«, heißt es zu Beginn des *Ptolemäer.* Dieser Winter sei viel zu hart, um zu lamentieren. Gegen die winterliche Situation der Welt helfe nur Haltung. In der Weise, wie sie in *Doppelleben* beschrieben wird und wie sie bekräftigt wird mit den Versen, die diese autobiographische Studie beschließen. Empfohlen wird das Plakat auf dem Schreibtisch, mit der Aufschrift: »das ist nicht anders! Haltung!« Wenn diese Prosa die Tendenz hat, den Menschen als Einzelfall auszulöschen, so ist das nicht inhuman gedacht als Verweigerung von Mitleid; es ist gedacht als Erkenntnis der Fruchtlosigkeit humanitären Geredes. Verneinung als Kampfprinzip des Geistes ist letztlich Bejahung einer Überlebensmöglichkeit. Ironie ist beharrlicher Widerstand gegen Konturaufweichung. Ironie ist eine Waffe und diese Haltung insgesamt eine fast ausweglose Position von Tapferkeit.
Wenn durch Anordnung von Sprache in Sätzen in suggestiver Ausstrahlung Schönheit sich vermittelt, bekundet sich darin der Wille zur Affirmation. Damit ist das dumme Gerede vom Nihilisten Benn aus der Welt geschafft. Die Aggressivität dieser Sprache hatte die Kulturbewahrer zu ihrem Urteil bewogen. Heute sehen wir diese Sprache historisch, sowohl in ihrer expressiven Eigenart, daß explosiv oder sprunghaft jeweils der Satz zum Ergebnis drängt, zum unumstößlichen Resultat, zur Pointe, ohne Ableitung und Umschweife, als auch im Hinblick auf die multiple Summation von Wirklichkeitspartikeln. Diese Stilmomente sind uns fremd geworden, wie der Glaube an die Kraft des Geistes in seiner Unumstößlichkeit. Stilisierende Typologie, expressiv und zeichenhaft, ist ebensowenig Eigenart heutiger Literatur, wie die Ausdrucksenergie als Zeichen existentieller Setzung uns noch vertraut ist. Die Antithese von Geist und Leben ist weder gelöst noch überwunden, sie ist für uns ganz einfach inhaltlos geworden. Sie hat ihre Bedeutung verloren.
Manches klingt uns heute wie das Endspiel des Historismus in artistischer Variation. »Wohin das Auge schweift: Mög-

lichkeiten, Motive, Anspielungen, Perspektiven, – in ihr äußert sich die Konsolidierung, der Zuwachs an Fond.« (*Phänotyp*) Absolute Prosa ist, so gesehen, noch einmal der Versuch, Totalität von Erfahrung einzuholen. Ihre Bezeichnung als existentielle Prosa hat Berechtigung in der Identität von Autor und Text. Benn hat in *Doppelleben* den Produktionsvorgang in diesem Sinne geschildert (*V. Literarisches*). Er selbst ist der Phänotyp, der seine Melancholie als Aggregatzustand notiert, der aber auch den Rausch des Überblickens auskostet als Trunkenheit. So sind die einzelnen Partien dieser Prosastücke entstanden. »Das war eine Fontäne von notierten Sachen, studierten Einzelheiten und dann schleuderte ich sie hin. Das war Leben!« Benn bezeichnet den Prozeß als dionysisch. Das könnte leichtfertig zu Rückschlüssen führen hinsichtlich der Produktionsbedingungen. Im Sinne Nietzsches steht daneben apollinisch die Form als Ergebnis, das sprachliche Protokoll, das in Rhythmus und Spannung den Erlebnisvorgang des Geistes festhält. So wird Nihilismus überwunden in der Weise, wie Nietzsche es in seiner Kunstmetaphysik proklamiert hatte. Die Überwindung allerdings gilt nur für den Künstler, den Schaffenden, der im Augenblick des Schöpfungsvorganges die Sinnleere bannt.

»Es kommt nämlich darauf an, *was man aus seinem Nihilismus macht.*« Dieser flotte Ton in *Doppelleben* – wie in der übrigen Prosa – kann erheitern. Nur ist damit die Frage des allgemeinen Wertzerfalls als Grundfrage des Nihilismus nicht beantwortet im Sinne verbindlicher neuer Wertsetzung. Benn weiß das, denn die Ironie des Stils ist zugleich die Feststellung, daß es eine allgemeinverbindliche Wahrheit nicht mehr gibt. »Stil ist der Wahrheit überlegen, er trägt in sich den Beweis der Existenz.« Die Lehre dieser späten Prosa gilt nur für den Künstler. Die Botschaft nämlich, daß nur die Kunst sich widersetzen kann dem Verlust des Bestimmten und Absoluten innerhalb der Relativierung der europäischen Gedankenwelt. Und erfolgreich kann das nur tun eine perspektivistische Kunst, wie sie hier mit allen Zeichen geistiger Vitalität entworfen ist. Das ist Selbstlegitimation und Existenzstabilisation zugleich. Das Sammeln der Einzeldinge in ihrer antithetischen und antisynthetischen Struktur widersetzt sich trotzig dem Nihilis-

mus: »Verharren vor dem Unvereinbaren«. Das ist kein Pessimismus, das ist ein Kampfprinzip. Und als solches ist es übertragbar in den Bereich nichtkünstlerischer Praxis. Haltung und Tapferkeit sind praktisch die Botschaft dieser Prosa. Dem widerspricht nicht die Schwermut, die dieser Haltung zugrunde liegt. Trauer und Wehmut sind Abschiedsgesten – und der Abschied gilt hier einer Welt, die einmal sinnvoll strukturiert war. Abgezogen von der Erde, heißt es im *Ptolemäer*, haben sich: »der Geist oder die Götter oder das, was menschliches Wesen gewesen war.« Es blieben: »die Soziologie und das Leere«.
Es ist die Aufgabe des Dichters, über die Grenze unserer täglichen Beschränktheit hinauszuschauen. Was führte hinaus als Perspektive über das Beharren und Verharren in Tapferkeit? Die Frage gestellt aus zeitgenössischer Sicht, als nach dem Krieg die späte Prosa erschien, findet ihre Antwort in den Öffnungen metaphysischer Art, die dem Gebäude insgesamt eingesetzt sind. *Blicke* lautet der Titel eines kleinen Stückes im *Roman des Phänotyp*. Wenige Sätze fassen den Ausblick zusammen: »Die jenseitigen Dinge sind einem viel näher als die nahen, ja, die gegenwärtigen sind das Fremde schlechthin. ›Ich studiere vielleicht Einzelheiten, aber ich bin kein Beobachter‹, – gilt für jedes Genie. Dafür hat es jene Blicke, jene Anfälle von Blicken auf Himmel und Sommertage ferner Zeiten ... Etwas Unstillbares ist dabei, etwas, das das Herz zerreißt.« Und im weiteren Verlauf der Darlegungen heißt es dann synoptisch: »Durch alles dies muß man hindurch, es auf sich wirken lassen, es durchdenken. Dies wird dir auferlegt für deine Jahre, die ein unerrechenbarer Tod begrenzt. Für etwas, das jenseits deiner liegt, bist du erschaffen.«

Alphabetisches Verzeichnis der Prosa und Autobiographie

Der Herausgeber

Bruno Hillebrand, geb. 1935, studierte Literatur, Kunst und Philosophie in München, Wien und Berlin. Promovierte 1963 in München mit einer Arbeit zur Kunsttheorie von Benn und Nietzsche. Habilitierte sich 1969 an der Universität München. Seit 1971 o. Professor für deutsche Literatur an der Universität Mainz. Mitglied der Akademie der Wissenschaften und der Literatur. 1981/82 Mitglied des Institute for Advanced Study, Berlin. Wissenschaftliche Veröffentlichungen: Artistik und Auftrag. Zur Kunsttheorie von Benn und Nietzsche (1966); Mensch und Raum im Roman. Studien zu Keller, Stifter, Fontane (1971); Theorie des Romans (1972, Neuauflage 1980); Nietzsche und die deutsche Literatur (2 Bände, 1978); Zur Struktur des Romans (1978); Gottfried Benn (1979). – Literarische Veröffentlichungen: Sehrreale Verse (Gedichte. 1966); Reale Verse (Gedichte. 1972); Versiegelte Gärten (Roman. 1979); Über den Rand hinaus (Gedichte. 1982). Lyrik in Zeitschriften und Anthologien. Zahlreiche Essays in literarischen Sammelbänden.